A TINTA DA MELANCOLIA

JEAN STAROBINSKI

A tinta da melancolia

Uma história cultural da tristeza

Tradução
Rosa Freire d'Aguiar

1ª reimpressão

Companhia Das Letras

Cet ouvrage, publié dans le cadre du Programme d'Aide à la Publication 2014 Carlos Drummond de Andrade de la Médiathèque de la Maison de France, bénéficie du soutien du Ministère français des Affaires Étrangères et Européennes.

Este livro, publicado no âmbito do Programa de Apoio a Publicações 2014 Carlos Drummond de Andrade da Mediateca da Maison de France, contou com o apoio do Ministério francês das Relações Exteriores e Europeias.

Grafia atualizada segundo o Acordo Ortográfico da Língua Portuguesa de 1990, que entrou em vigor no Brasil em 2009.

Título original
L'Encre de la mélancolie

Capa
Alceu Chiesorin Nunes

Imagem de capa
Bashustskyy/ Shutterstock

Preparação
Paulo Werneck

Índice onomástico
Luciano Marchiori

Revisão
Jane Pessoa
Thaís Totino Richter

Dados Internacionais de Catalogação na Publicação (CIP)
(Câmara Brasileira do Livro, SP, Brasil)

Starobinski, Jean
A tinta da melancolia: Uma história cultural da tristeza / Jean Starobinski ; tradução Rosa Freire d'Aguiar. – 1ª ed. – São Paulo : Companhia das Letras, 2016.

Título original: L'Encre de la mélancolie
ISBN 978-85-359-2824-2

1. Melancolia – Aspectos sociais 2. Melancolia na literatura I. Título.

16-07562 CDD-128.37

Índice para catálogo sistemático:
1. Melancolia : Literatura francesa : Antropologia filosófica 128.37

[2022]

EDITORA SCHWARCZ S.A.
Rua Bandeira Paulista, 702, cj. 32
04532-002 — São Paulo — SP
Telefone: (11) 3707-3500
www.companhiadasletras.com.br
www.blogdacompanhia.com.br
facebook.com/companhiadasletras
instagram.com/companhiadasletras
twitter.com/ciadasletras

A obra de Jean Starobinski é um movimento perpétuo.

Como uma anatomia que decompõe para expor, este livro não esconde os estratos dos textos múltiplos. Caminhamos assim num "romance enciclopédico", de leituras em escritas, de escansões em ressonâncias, umas com as outras, nas quais os leitores são agarrados por um saber sempre em vias de elaboração.

Escritos durante mais de meio século, os textos que formam este volume restituem variações antigas, ligadas ao desenvolvimento de pesquisas mais recentes sobre um mesmo tema, que alimentou toda a obra de Jean Starobinski: *A tinta da melancolia*.

Maurice Olender

Sumário

Prefácio

Ao fim de um período em que fui residente (1957-8) no Hospital Psiquiátrico Universitário de Cery, perto de Lausanne, pareceu-me oportuno dar uma espiada na história milenar da melancolia e de seus tratamentos. A era das novas terapêuticas medicamentosas acabava de se abrir. O objetivo daquele texto, destinado a médicos, era convidá-los a levar em conta a longa duração em que se inscrevia a atividade de todos eles.

Depois de formado em letras clássicas na universidade de Genebra, fiz estudos, em 1942, que me levaram ao diploma de medicina. Porém, as funções de assistente de literatura francesa na faculdade de letras de Genebra sempre me mantiveram ligado ao campo literário. Perfilava-se um projeto de tese sobre os inimigos das máscaras (Montaigne, La Rochefoucauld, Rousseau e Stendhal), enquanto eu aprendia a auscultação, a percussão, a radioscopia. Com os estudos médicos concluídos em 1948, por cinco anos fui residente na Clínica de Terapêutica do Hospital Cantonal Universitário de Genebra.

A dupla atividade médica e literária prolongou-se nos anos 1953-6, na Universidade Johns Hopkins, de Baltimore. Mas dessa vez a tarefa principal foi o ensino de literatura francesa (Montaigne, Corneille, Racine), desdobrada, no entanto, por uma presença regular às grandes consultas e às confrontações clínico-patológicas do Hospital Johns Hopkins. Beneficiei-me dos recursos do

Instituto de História da Medicina, onde ensinavam Alexandre Koyré, Ludwig Edelstein e Owsei Temkin. Tive a oportunidade de encontrar várias vezes o neurologista Kurt Goldstein, cujos trabalhos tanto contaram para Maurice Merleau-Ponty. Na faculdade de *Humanities*, tive um intercâmbio diário com Georges Poulet e Leo Spitzer.

Dessa temporada em Baltimore resultou uma tese de literatura francesa, defendida na universidade de Genebra, cujo título era *Jean-Jacques Rousseau: A transparência e o obstáculo* (Plon, 1957, e Gallimard, 1970). O primeiro esboço de um estudo sobre Montaigne só chegou à forma completa numa publicação mais tardia (*Montaigne em movimento*, Gallimard, 1982).

Relato essas diversas fases dos meus jovens anos para dissipar um mal-entendido. Volta e meia sou considerado um médico que largou a profissão, passou à crítica e à história literária. Na verdade, meus trabalhos foram mesclados. O ensino da história das ideias que me foi confiado em Genebra em 1958 prosseguiu de modo ininterrupto com temas que tocavam a história da literatura, da filosofia e da medicina, em especial da psicopatologia.

De meu interesse pela história da melancolia resultou uma primeira exposição narrativa, quase um relato, que permanece em suspenso na data fatídica de 1900.

Escolhi abrir o presente livro tornando público esse primeiro estudo, que por muito tempo circulou "por baixo do pano". Foi impresso em 1960, em edição não comercial, na série das *Acta Psychosomatica* publicada em Basileia pelos laboratórios Geigy. Essa *Histoire du traitement de la mélancolie* foi uma tese apresentada em 1959 na faculdade de medicina da universidade de Lausanne.

Desde o projeto inicial, meu trabalho não devia cobrir as inovações ocorridas ou codificadas depois de 1900 no tratamento das síndromes depressivas. Os responsáveis pelos laboratórios Geigy desejavam que a continuação fosse feita, para o século XX, por Roland Kuhn (1912-2005), médico-chefe do hospital psiquiátrico cantonal de Münsterlingen (Turgóvia). Sua experiência de clínico ultrapassava de longe a minha. Ele fora o primeiro a pesquisar as propriedades farmacológicas de uma substância tricíclica, a imipramina (Tofranil), que marcou época na história do tratamento medicamentoso da depressão melancólica. Desconheço as razões pelas quais o projeto não pôde ser realizado. Roland Kuhn, atento às inovações farmacológicas, não queria renunciar aos enfoques filosóficos ou "existenciais" da doença mental. Ligado a Ludwig Binswanger e à sua *Daseinsanalyse*, próximo mais tarde de Henri Maldiney, desejava que a prática psiquiátrica não perdesse de vista os conteúdos da experiência vivida. Um de meus trabalhos demonstra o interesse que tive pelas pesquisas de Roland Kuhn. É um artigo, publicado primeiro em *Critique* (n. 135-6, 1958), depois republicado com o título "L'Imagination projective" em *La Relation Critique*. Refere-se notadamente à obra de Kuhn, *Phénomenologie du masque à travers le test de Rorschach* [Fenomenologia da máscara por meio do teste de Rorschach], publicada em 1957 com prefácio de Gaston Bachelard.[1]

Encerrei toda atividade médica em 1958. Portanto, não me foi mais possível fazer um julgamento de primeira mão sobre os resultados dos mais recentes tratamentos antidepressivos. Parte de meu ensino na universidade de Genebra permaneceu, contudo, dedicado a temas relativos à história médica.

Por mais de meio século, vários temas ou motivos ligados à melancolia orientaram meus textos. Em sua forma atual, graças ao trabalho exercido na amizade com Maurice Olender, este livro, nascido em 1960, pôde se aproximar de um alegre saber sobre a melancolia.

Genebra, maio de 2012

Agradeço a Fernando Vidal, que tanto contribuiu para a constituição deste volume.

PARTE I

HISTÓRIA DO TRATAMENTO DA MELANCOLIA

Introdução[1]

Não é possível retraçar a história do tratamento da melancolia sem interrogar a história da própria doença. Pois não só as terapêuticas modificam-se era após era, mas os estados designados pelo nome de melancolia ou depressão não são idênticos. O historiador está aqui em presença de uma dupla variável. Apesar de toda a nossa vigilância, certas confusões são inevitáveis. É mais ou menos impossível reconhecer no passado as categorias nosológicas que hoje nos são familiares. As histórias de pacientes que encontramos nos livros antigos incitam-nos às vezes à tentação de um diagnóstico retrospectivo. Mas sempre falta alguma coisa: em primeiro lugar, a presença do doente. Nossa terminologia psiquiátrica, tão frequentemente hesitante diante do paciente em carne e osso, não pode se prevalecer de maior certeza quando só se tem diante de si um relato ou uma história. As historietas psiquiátricas, com que se contentava a maioria dos médicos até o século XIX, são tão divertidas quanto insuficientes.

Esquirol gostava de repetir que a loucura é a "doença da civilização". As doenças humanas, de fato, não são puras moléstias naturais. O paciente suporta seu mal, mas também o constrói, ou o recebe de seu meio; o médico observa a doença como um fenômeno biológico, mas, ao isolá-la, ao designá-la, ao classificá-la, faz dela um ser da razão e expressa um momento particular dessa aventura coletiva que é a ciência. Do lado do doente, como do lado do médico, a doença é um fato da cultura, e muda com as condições culturais.

Compreende-se facilmente que a persistência da palavra "melancolia" — conservada pela linguagem médica desde o século V antes da era cristã — não demonstra nada além do gosto pela continuidade verbal: recorremos aos mesmos vocábulos para designar fenômenos diversos. Essa fidelidade lexicológica não é uma inércia: enquanto se transforma, a medicina quer afirmar a unidade de seu modo de agir através dos séculos. Mas não devemos nos enganar com a semelhança das palavras: por trás da continuidade da *melancolia*, os fatos indicados variam consideravelmente. Desde o momento em que os antigos verificavam um medo e uma tristeza persistentes, o diagnóstico lhes parecia garantido: aos olhos da ciência moderna, eles confundiam assim depressões endógenas, depressões reacionais, esquizofrenias, neuroses ansiosas, paranoias etc. Desse conglomerado primitivo, certas entidades clínicas mais distintas se destacaram aos poucos, e sucederam-se hipóteses explicativas as mais contraditórias. Assim, os medicamentos propostos no correr dos séculos para o tratamento da melancolia não se dirigem nem à mesma doença nem às mesmas causas. Uns pretendem corrigir uma discrasia humoral, outros visam a modificar um estado particular de tensão ou de relaxamento nervoso, outros ainda são aplicados para desviar o doente de uma ideia fixa. Está claro que os diferentes tipos de tratamento que vamos encontrar dirigem-se a estados clínicos e a sintomas que hoje julgaríamos muito distantes uns dos outros.

Praticamente toda a patologia mental pôde ser relacionada, até o século XVIII, com a hipotética atrabílis: um diagnóstico de melancolia implicava certeza absoluta quanto à origem do mal; o responsável era esse humor corrompido. Se as manifestações da doença eram múltiplas, sua causa era bastante simples. Refutamos essa inocente segurança baseada no imaginário. Não temos mais a presunção de decidir categoricamente a natureza e o mecanismo da relação psicofísica. À falta de poder dar a todas as depressões um substrato anatomopatológico, como pôde fazer para a paralisia geral, a psiquiatria do século XIX esforçou-se em isolar variedades mórbidas sintomáticas ou "fenomenológicas". Tornando-se mais precisa, a noção moderna de depressão abarca um território muito menos vasto que a melancolia dos antigos. A etiologia fácil e inverificada, que caracteriza o espírito pré-científico, foi substituída pela descrição rigorosa, e corajosamente admitiu-se que as verdadeiras causas continuavam a ser desconhecidas. Uma medicação pseudocientífica e pseudocausal deu lugar a um tratamento mais modesto, que se reconhece puramente sintomático. Essa modéstia pelo menos deixa o caminho livre para a pesquisa e a invenção.

Os mestres antigos

HOMERO

A melancolia, como tantos outros estados dolorosos ligados à condição humana, foi sentida e descrita bem antes de ter recebido seu nome e sua explicação médica. Homero, que está no começo de todas as imagens e de todas as ideias, nos faz captar em três versos a miséria do melancólico. Releia-se, no canto VI da *Ilíada* (versos 200-3), a história de Belerofonte, que sofre inexplicavelmente a cólera dos deuses:

Objeto de ódio para os deuses,
Ele vagava só na planície de Aleia,
O coração devorado de tristeza, evitando os vestígios dos homens.

Tristeza, solidão, recusa a qualquer contato humano, existência errante: esse desastre não tem razão de ser, pois Belerofonte, herói corajoso e justo, não cometeu nenhum crime contra os deuses.[2] Muito pelo contrário: as suas desgraças, o seu primeiro exílio, se devem à sua virtude; todas as suas provações lhe vieram ao ter recusado os galanteios culpados de uma rainha, que o despeito transforma em perseguidora. Belerofonte afrontou valorosamente a sua longa série de trabalhos, venceu a Quimera, desarmou as emboscadas, conquistou a sua terra, a sua esposa, o seu repouso. E eis que desaba no momento em que tudo parece ter sido concedido a ele. Terá ele, na luta, esgotado as suas energias vitais? Terá, na falta de novos adversários, voltado contra si mesmo a sua fúria? Deixemos essa psicologia, que não existe em Homero. Detenhamo-nos, ao contrário, na imagem, muito impressionante, e num exílio imposto por decreto divino. Os deuses, em seu conjunto, acham bom perseguir Belerofonte: o herói, que soube tão bem resistir à perseguição dos homens, não tem estatura para combater o ódio dos deuses. E quem persegue a hostilidade universal dos olimpianos já não tem gosto nos encontros humanos. Eis algo que deve reter a nossa atenção: no mundo homérico, tudo se passa como se a comunicação do homem com os seus semelhantes, como se a retidão do seu caminho, precisassem de uma garantia divina.[3] Quando esse favor é recusado pelo conjunto dos deuses, o homem é condenado à solidão, à tristeza "devorante" (que é uma forma de *autofagia*), às corridas errantes na ansiedade. A depressão de Belerofonte nada mais é que o aspecto psicológico dessa deserção do homem pelas potências superiores. Abandonado pelos deuses, faltam-lhe qualquer recurso e toda a coragem para permanecer entre seus semelhantes. Uma cólera misteriosa, pesando do alto sobre ele, afasta-o dos caminhos trilhados pelos homens, desvia-o de todo objetivo e de todo sentido. Será isso loucura, *mania*? Não: no delírio, na *mania*, o homem é incitado ou habitado por uma potência sobrenatural, cuja presença ele sente. Aqui, tudo é afastamento, ausência. Belerofonte parece-nos vagar no vazio, longe dos deuses, longe dos homens, num deserto ilimitado.

Para se liberar de sua "negra" tristeza, o melancólico não tem outro recurso além de esperar ou se conciliar com o retorno da benevolência divina. Antes que ele possa dirigir a palavra aos homens, é preciso que uma divindade lhe devolva a indulgência de que foi destituído. É preciso que cesse essa situação de abandono. Ora, a vontade dos deuses é caprichosa...

Mas Homero é também o primeiro a evocar a potência do medicamento, do *phármakon*. Mistura de ervas egípcias, segredo das rainhas, o nepentes entorpece os sofrimentos e refreia as mordidas da bile. É justo que seja Helena, por cujo amor todo homem está disposto a tudo esquecer, quem detenha o privilégio de dispensar a bebida do esquecimento: esta atenuará o desgosto, secará por um tempo as lágrimas, inspirará a aceitação resignada das sentenças imprevisíveis dos deuses. E era mesmo na *Odisseia* (canto IV, verso 219 ss.), poema do herói engenhoso e de seus mil recursos, que convinha vermos surgir esse maravilhoso artifício pelo qual o homem acalma os tormentos que se ligam a seu destino violento e à sua condição turbulenta.

Portanto, se Homero oferece-nos uma imagem mítica da melancolia em que o infortúnio do homem resulta de sua desgraça diante dos deuses, ele também nos propõe o exemplo de um apaziguamento farmacêutico da tristeza, que nada deve à intervenção dos deuses: uma técnica completamente humana (cercada talvez de certos ritos) escolhe as plantas, espreme, mistura, decanta seus princípios a um só tempo tóxicos e benéficos. Seguramente, a mão lindíssima que prodigalizará a bebida não deixa de aumentar a eficácia da droga, que também tem a ver com o feitiço. A tristeza de Belerofonte se origina no Conselho dos Deuses; mas os armários de Helena contêm o remédio.

OS TEXTOS HIPOCRÁTICOS

"Quando o temor e a tristeza persistem por muito tempo, é um estado melancólico."[4] Eis, portanto, que aparece a *bile negra*, a substância grossa, corrosiva, tenebrosa, designada pelo sentido literal de "melancolia". É um humor natural do corpo, como o *sangue*, como a *bile amarela*, como a *pituíta*. E, da mesma forma que os outros humores, pode sobreabundar, se deslocar para fora de seu centro natural, se inflamar, se corromper. Daí resultarão diversas doenças: epilepsia, loucura furiosa (mania), tristeza, lesões cutâneas etc. O estado que hoje chamamos de melancolia não é mais que múltiplas expressões do poder patogênico da bile negra, quando o seu excesso ou a sua alteração qualitativa comprometem a *isonomia* (isto é, o equilíbrio harmonioso) dos humores.[5]

Tudo leva a crer que a observação dos vômitos ou das fezes negras deu aos médicos gregos a ideia de que estavam em presença de um humor tão fundamental quanto os três outros. A cor escura do baço, por uma associação fácil, permitiu-lhes supor que esse órgão era a sede natural da bile negra.[6] E era satisfatório para o espírito poder estabelecer uma correspondência estreita entre os quatro humores, as quatro qualidades (seco, úmido, quente, frio) e os quatro elementos (água, ar, terra, fogo). Ao que era possível acrescentar, para constituir um mundo simétrico, as quatro idades da vida, as quatro estações e as quatro direções do espaço, de onde sopram quatro ventos diferentes. A melancolia, em virtude da analogia, se veria ligada à terra (que é seca e fria), à idade pré-senil e ao outono, estação perigosa, na qual a atrabílis exerce sua maior força. Assim se constrói um cosmo coerente, cujas quadripartições fundamentais se encontram no corpo humano, e nas quais o tempo é apenas o percurso regular de quatro estações.

Reduzida à sua justa proporção, a "melancolia" é um dos ingredientes indispensáveis da *crase* que constitui o estado de saúde. Assim que ela se torna preponderante, o equilíbrio é comprometido e segue-se a doença. O que equivale a dizer que as nossas doenças procedem do desacordo entre os próprios elementos de que a nossa saúde se compõe.

O sistema dos quatro humores só é claramente afirmado no tratado da *Natureza do homem*, tradicionalmente atribuído a Políbio de Cós, genro de Hipócrates. Outros tratados, como o *Antiga medicina*, parecem admitir a existência de uma variedade maior de humores, cada um com suas propriedades particulares. A especulação científica certamente desempenhou papel importante na adoção da "bile negra" como quarto parceiro, ao lado do sangue, da pituíta e da bile amarela. Convicções populares e irracionais provavelmente também intervieram. Antes que a doutrina médica tivesse tomado forma, na Ática se acreditava, por volta do final do século v, nos malefícios psíquicos da bile negra.[7] É o adjetivo *melancholos* que Sófocles utiliza para designar a toxicidade mortal do sangue da Hidra de Lerna em que Héracles banhou suas flechas.[8] O centauro Nesso, varado por uma dessas flechas, morreu, e as propriedades venenosas da hidra serão transmitidas, numa segunda diluição, para a vítima. Recolhido por Dejanira, o sangue de Nesso servirá para tingir a famosa túnica: o contato com ela transmitirá a Héracles uma queimadura intolerável, que o precipitará no suicídio heroico. Encontramos aqui um belo exemplo de *imaginação substancial*:[9] o veneno melancólico é um fogo escuro, que age em doses ínfimas e é perigoso em concentrações oligodinâmicas; é um composto duplo, em que os poderes nefastos da cor negra e as propriedades corrosivas da bile se potencializam. O negro é sinistro, tem a ver com a noite e a morte; a bile é amarga, irritante, acre. É evidente, em certos textos hipocráticos, que a bile negra é imaginada como um produto de concentração, como uma borra residual deixada pela evaporação dos elementos aquosos dos outros humores, sobretudo a bile amarela. À bile negra junta-se o prestígio tremendo das substâncias concentradas, que reúnem no menor volume um máximo de potências ativas, agressivas, corrosivas. Muito mais tarde, Galeno atribuirá à atrabílis uma estranha vitalidade: ela "morde e ataca a terra, incha, fermenta, faz nascer bolhas parecidas com as que se elevam nas sopas em ebulição".[10] Por sorte, no organismo saudável os outros humores intervêm para diluir, refrear, moderar essa violência. Numa mistura bem dosada, sua nocividade se atenua e se suaviza. Mas cuidado com o mínimo excesso de bile negra! Cuidado com o menor de seus aquecimentos: uma coisinha de nada derrubará todo o equilíbrio. De todos os humores, é aquele cujas variações são mais rápidas e mais perigosas. Como o ferro, dirá um texto aristotélico, a atrabílis pode passar do extremo frio ao mais intenso calor. E o perigo diz respeito à própria razão.[11]

A tristeza e o receio constituem, para os antigos, os sintomas cardeais da afecção melancólica. Mas uma simples diferença de localização do humor atrabiliário determinará mudanças um tanto consideráveis na sintomatologia:

> Os melancólicos tornam-se em geral epilépticos, e os epilépticos, melancólicos; desses dois estados, o que determina um em detrimento do outro é a direção que a doença toma; caso se fixe no corpo, a epilepsia; caso na inteligência, melancolia.[12]

Aqui intervém uma ambiguidade. A palavra "melancolia" designa um humor natural, que não pode ser patogênico. E a mesma palavra designa a doença mental produzida pelo excesso ou pela desnaturação desse humor quando ele se interessa principalmente pela "inteligência". Porém, essa desordem não se dá sem algum privilégio: ela confere a superioridade de espírito, acompanha as vocações heroicas, o gênio poético ou filosófico. Essa afirmação, que encontramos nos *Problemata* aristotélicos, exercerá uma influência considerável na cultura do Ocidente.

O que resta, apesar da dificuldade que sentimos em transpor os termos antigos em noções modernas, é a grande clareza com que os textos hipocráticos atribuem os sintomas neuropsiquiátricos (depressão, alucinações, estados maníacos, crises convulsivas) a uma origem somática e humoral: excesso ou corrupção dos humores, aquecimento ou resfriamento, entupimento ou obstrução de certas vias que deveriam estar desobstruídas. Todas as causas são físicas.[13] Por conseguinte, a sanção terapêutica será da mesma ordem: evacuação, derivação do humor de uma região do corpo para outra, resfriamento ou aplicação de calor por banhos dados na temperatura adequada, correção do regime alimentar.

Entre as causas que levam ao desequilíbrio humoral, a dieta e o exercício desempenham, ambos, um papel importante, comparável ao do clima e do ar ambientes. Ora, a dieta, o exercício, os banhos, o sono são da esfera da decisão pessoal do sujeito — desde que se trate de um homem livre, que tenha os meios de organizar como bem entende o seu modo de vida. Os erros, o desregramento dos ritmos da vida cotidiana não deixam de ter consequências: por ignorância ou indiferença, por gula ou falta de exercícios, é possível tornar-se melancólico. O tratamento consistirá essencialmente num retorno à disciplina adequada, numa retificação da dieta, com a ajuda ocasional de remédios. Assim, embora a causa imediata do mal seja interpretada exclusivamente em termos de mecanismo somático, as causas mais distantes residem em grande parte no comportamento do sujeito, e o processo do tratamento apela, em geral com muita insistência, para a vontade e a iniciativa sensata do paciente. Ali mesmo onde todas as medidas só visam a restabelecer no organismo um equilíbrio puramente quantitativo, o doente deve se deixar instruir, deve aprender a reconhecer a necessidade moral da proporção numérica, e é convidado a fazer o esforço que vai lhe permitir regular melhor o seu comportamento cotidiano: a sua razão condenará os abusos que cometeu, ele aprenderá a melhor escolher os alimentos, a repartir melhor as horas de descanso e de atividade. Como bem mostrou Werner Jaeger,[14] a medicina helênica é uma *paideia*, uma educação em que o homem aprende a tratar pessoalmente do seu corpo segundo as exigências da razão. Uma verdadeira psicoterapia se associa assim a um tratamento dirigido às causas puramente somáticas.

Mas um tratamento desse gênero supõe que o doente seja bastante sensato para dialogar com o médico e deixar-se instruir por ele. O que acontece se o doente já não dispuser da razão? Nesse caso, os meios físicos e farmacêuticos passam ao primeiro plano: a doença é atacada por medicações que provocam abundantes evacuações e que, para completar, submetem o paciente a um choque bem violento. Assistamos a um tratamento hipocrático:[15]

> Preocupação, doença difícil: o doente parece ter nas vísceras como que uma espinha que o pica; a ansiedade o atormenta; ele foge da luz e dos homens, gosta das trevas; está dominado pelo temor; o septo frênico forma uma saliência no exterior;

quando o tocamos, ele sente dor; tem medo; tem visões assustadoras, sonhos pavorosos, e às vezes vê mortos. A doença ataca em geral na primavera. Esse doente deverá beber o heléboro, e sua cabeça será purgada; e, depois da purga da cabeça, será administrado um medicamento que faz evacuar. Em seguida será prescrito leite de jumenta. O doente comerá pouquíssimos alimentos, se não estiver fraco; esses alimentos serão frios, relaxantes, nada acre, nada salgado, nada oleoso, nada doce. Não se lavará com água quente; não beberá vinho; ater-se-á à água; ou então seu vinho será cortado com água. Nada de ginástica, nada de passeios. Por esses meios, a doença se cura com o tempo; mas, se não for tratada, acaba com a vida.

Embora o autor aqui não acuse explicitamente a atrabílis, sabemos que é realmente essa substância que ele se esforça em evacuar, pois recorre a um medicamento — o heléboro — que permanecerá durante séculos o específico da bile negra, e por conseguinte da loucura. Será o medicamento-tipo, aquele cujo nome é suficiente para indicar o uso a que se destina por tradição. No século XVII, nenhum leitor precisará de comentário para entender estes versos de La Fontaine,[16] em que a lebre zomba da tartaruga:

Minha comadre, precisas ser purgada
Com quatro grãos de heléboro.

Mesmo ao cair em desuso, os tratados e dicionários médicos continuarão a mencioná-lo, garantindo-lhe sobrevida acadêmica: no início do século XIX, o heléboro ainda ocupa um lugar importante nas enciclopédias médicas, em que a maioria dos autores (Pinel, Pelletan)[17] expõe as razões que tiveram para abandonar definitivamente esse tratamento; mas outros, como Cazenave,[18] tentando lhe dar uma justificativa ao gosto do momento, invocam o "contro-estimulismo".

O heléboro que os antigos usavam para evacuar a bile era um extrato ou uma decocção da raiz do *Helleborus niger*, ou talvez, às vezes, do *Helleborus viridis*, menos tóxico. Sabemos que o princípio ativo dessa ranunculácea, que tem certo efeito cardiotônico, produz sobretudo diarreias e vômitos. Irritante para as mucosas, o extrato de heléboro pode provocar fezes pretas ou hemorrágicas: os antigos tinham assim a ilusão de terem livrado o organismo de um acúmulo de atrabílis.

Se é evidente que os hipocráticos só obedecem a motivos racionais ao ministrarem o heléboro, há motivo de crer que o emprego desse vegetal data de um período mais antigo e que crenças mágicas se ligam a ele. O testemunho de Plínio, o Velho, é muito eloquente:

> Melampo, tão célebre na arte da adivinhação, deu o seu nome a uma espécie de heléboro chamado *melampodion*. Segundo certos autores, essa planta foi descoberta por um pastor que usava o mesmo nome. Tendo descoberto que purgava as cabras que a tinham comido, ele fez as filhas de Preto tomar seu leite, e as curou da loucura.[19]

Segundo esse mito pastoral, as três filhas de Preto, pensando terem se tornado vacas, vagavam pelos campos. A doença fizera cair os cabelos delas. Como preço pelo êxito do tratamento, o rei Preto concedeu a Melampo uma delas, Ifianassa, devidamente recuperada de espírito e novamente dotada de cabelo. Mas continuemos a nossa leitura de Plínio:

> Só o heléboro-preto é chamado melampódio; com ele se perfumam as casas; espargem-no para purificar o gado, juntando-lhe certas invocações; colhem-no com cerimônias particulares. Primeiro traça-se com uma espada um círculo em torno da planta; em seguida, aquele que deve cortá-la vira-se para o Oriente e pede, com uma prece, o consentimento dos deuses; observa, ademais, se vê uma águia voando no ar, pois esse pássaro aparece quase sempre durante a operação, e caso se aproxime de quem corta a planta é sinal de que este morrerá no ano.[20]

Portanto, a colheita do heléboro, assim como a da mandrágora — de que falaremos — nada tem de fácil: uma planta cuja força é tão terrível colhe-se com respeito. E até mesmo quando a superstição não intervém, como nas *Cartas* apócrifas de Hipócrates, a colheita do heléboro é objeto de uma profusão de pequenos conselhos, demonstrando a importância extrema atribuída às variações físicas que podem afetar o teor do vegetal em princípios eficazes:

> Recolhe as plantas sobretudo nas montanhas e nas altas colinas; são mais densas e mais ativas que as plantas mais aquosas, por causa da densidade da terra e da tenuidade do ar; pois o que atraem têm mais vida [...]. Que tudo o que for suco e sumo

líquido seja carregado em vasos de terra; que tudo o que for folhas, flores ou raízes o seja em vasos de terra novos, bem fechados, a fim de que, atingidos pelo sopro do vento, não percam, numa espécie de lipotimia, a virtude medicamentosa.[21]

A planta é manipulada como uma matéria preciosa, como um tesouro vegetal; é preciso protegê-la, preservá-la, fechá-la num recipiente fresco e escuro; é uma criatura viva que se deve manter em vida. Pois o intervalo que se passa entre a colheita e a administração ao doente comporta inúmeros riscos, sendo o mais grave a perda de força, como um perfume que se evapora. Daí as precauções muito grandes visando capturar e conservar esse ser misterioso que é o "princípio ativo" da planta. É necessário seguir as instruções do mestre; só ele sabe qual *concentração* de vontade deve se impor para garantir a própria concentração do medicamento que se colhe e se prepara. Um "rizotoma" distraído, uma manipulação negligente são punidos pela inativação da substância temível e frágil.

As virtudes do heléboro são um exemplo excelente dessa valorização sonhadora que se liga, nos tempos pré-científicos, a certas substâncias privilegiadas. A imaginação é propensa a construir toda uma farmacologia fabulosa; as drogas são, assim, investidas de uma dupla exigência: a do poder específico e a da panaceia. Ora se quer que a "boa erva" seja o exato antídoto de um veneno, a cura única e quase predestinada de um mal particular, ora conferem-lhe um poder infinitamente extenso, uma espantosa polivalência, que justifica o seu emprego numa profusão de doenças muito diferentes umas das outras. Uma planta soberana sabe ser a um só tempo um específico e uma panaceia.

O heléboro está nesse caso. Específico da melancolia, ele é até mesmo, se colhido em locais privilegiados, dotado de uma espécie de superespecificidade. Nos arredores da cidade de Anticira, na Fócida, colhia-se uma variedade particularmente eficaz: um heléboro de luxo, último recurso do melancólico e do epiléptico. "Navegar rumo a Anticira" tornara-se uma locução proverbial. E fazia-se a viagem de muito longe.

Mas, de seu lado, Plínio e Dioscórides[22] alongam, condescendentes, a lista das virtudes do heléboro: é bom para a paralisia, a loucura, a hidropisia, a gota e as outras doenças das articulações; como colírio, clareia as belidas do olho; amadurece e limpa as escrófulas, os abscessos que supuram, os tumores duros, as fístulas, as impigens; tira as verrugas; cura até a sarna dos quadrúpedes.

Quantas virtudes simultâneas! Uma droga só é realmente poderosa quando suas indicações são superabundantes.

Se o emprego de um purgante tão violento quanto o heléboro parece necessário ao médico hipocrático, é muitas vezes para suprir uma evacuação "natural" que é interrompida: o acesso melancólico é atribuído, frequentemente, à supressão das regras, do fluxo hemorroidal, e mesmo de uma supuração cutânea. A atrabílis torna-se patogênica porque não é mais eliminada. O restabelecimento espontâneo de seu escoamento é então considerado um fenômeno de bom augúrio: "Na melancolia com acidentes de *frenite* o restabelecimento das hemorroidas é favorável".[23]

Essa teoria mereceu crédito por muito tempo; para curar ou aliviar os melancólicos, é preciso "convocar" ao exterior um humor recolhido. Autores tão recentes como Esquirol[24] ou seu discípulo Calmeil,[25] embora repudiando a teoria humoral, continuam a recomendar os métodos chamados "revulsivos": é útil despertar uma dermatose; sangrias na vulva ou no ânus deverão "substituir as hemorroidas" ou "restabelecer o fluxo menstrual"; os sedenhos, as ventosas, os rubefacientes servirão ao mesmo objetivo. E quando os autores do século XIX colocam sanguessugas nas têmporas dos doentes, apenas realizam a "purga" seletiva da cabeça, cuja primeira menção acabamos de encontrar no texto hipocrático. Os antigos teriam ainda administrado os sialagogos, ou irritantes da mucosa nasal (errinos). Deve-se sangrar na melancolia? A oportunidade dessa medida também será alvo de discussões que se prolongarão até o século XIX. Problema difícil para os partidários escrupulosos do humoralismo: que fazer, na verdade, se o mal provém da mistura desastrosa do sangue e da bile negra? Seria preciso poder eliminar o excesso de atrabílis sem por isso empobrecer o organismo de um sangue que lhe é necessário. Pode-se enxergar na sangria uma justificação mais sólida atribuindo a melancolia à "pletora dos capilares cerebrais", como o farão certos autores dos séculos XVIII e XIX. Não é raro ver técnicas antigas ou atrasadas, sustentadas por sua reputação de eficácia, manterem-se recorrendo a justificativas e racionalizações periodicamente rejuvenescidas. No caso, um mesmo princípio terapêutico foi por muito tempo respeitado: o que recomenda a subtração de uma substância orgânica cuja pletora, comprometendo o equilíbrio orgânico, altera as funções do cérebro.

Acabamos de assistir ao nascimento da terapêutica revulsiva e evacuadora da melancolia. Não é sem interesse ver com que precauções, em 1870, Calmeil questiona sua eficácia e dela se despede. Um documento como o que citaremos é o melhor exemplo da extraordinária persistência da autoridade ligada às medicações antigas:

> Não posso senão inclinar-me perante a opinião de meu mestre, e respeitar opiniões que têm curso na ciência desde a origem de nossa arte. Dou grande importância à teoria das revulsões; observei, como todo mundo, casos de cura coincidindo com o retorno do fluxo menstrual, com o retorno do fluxo hemorroidal, com a formação de um abscesso afastado, com uma abundante erupção furunculosa; aceito considerar essas diferentes manifestações, assim como outros tantos movimentos críticos, e atribuir-lhes sem pensamentos preconcebidos o restabelecimento da razão; não obstante, sou levado a crer que se exageraram a frequência e a importância desses efeitos críticos, e que se considerou a repetição dos fatos pouco frequentes como uma necessidade.[26]

Uma medicação de outra ordem aparece também nos textos hipocráticos: a mandrágora, cuja ação é sobretudo sedativa: "As pessoas tristes, doentes e que querem se estrangular, faça-as tomarem de manhã como bebida a raiz da mandrágora numa dose menor que a necessária para causar o delírio".[27]

Ainda se falará disso por muito tempo, e a lenda acrescentará seu comentário fabuloso à sóbria observação dos efeitos medicamentosos. Estes aproximam-se da ação vagolítica e alucinógena da beladona. Segundo certos autores antigos, essa droga maravilhosa e perigosa é capaz de agir à distância, só por seus vapores. Para Celso,[28] as "maçãs" da mandrágora, colocadas debaixo do travesseiro, são um meio poderoso de proporcionar o sono aos maníacos e aos melancólicos agitados: não se deve recorrer a isso antes de ter tentado o efeito de meios menos violentos. Essa terapêutica por inalação será praticada na Idade Média como um método de anestesia. A esponja que o cirurgião Ugo Borgognoni fazia seus pacientes respirarem fora banhada num líquido contendo papoula, meimendro e mandrágora.[29] Impregnada dessas substâncias, depois secada ao sol, a esponja era mergulhada na água quente pouco antes da intervenção; é evidente, observa Luigi Belloni, que só a inalação teria sido pouco eficaz; o paciente ingurgitava uma parte do líquido, e entrava num estado de estupor semelhante ao que provocamos ministrando uma mistura de opiáceos e alcaloides de beladona. Na época do Renascimento, encontraremos de novo a mandrágora entre as múltiplas ervas que constituem os medicamentos de respirar, dos quais se compõem os *cheiros*, as *bonecas*, os *frontais*... Sem dúvida, na diluição adequada, todos se arriscam a beber o temível extrato. Iago promete a Otelo um tormento que a mandrágora não terá forças para entorpecer:

Nem a papoula, nem a mandrágora,
Nem todas as poções soporíferas do mundo
Jamais te restituirão esse doce sono que ontem provavas.[30]

Hipérbole: qual não deverá ser a agudeza da dor para superar os poderes narcóticos do ópio e da mandrágora!

Mas desde a Antiguidade também se atribuíram à mandrágora propriedades afrodisíacas: os filtros de Circe continham mandrágora. E John Donne, que dedica a ela várias estrofes do *Progresse of the Soule*, atribui-lhe o poder antitético de incendiar os espíritos ou de acalmá-los, dependendo se se usam suas "maçãs" ou suas folhas:[31]

His apples kindle, his leaves, force of conception kill.[32]

A mandrágora, vegetal antropomórfico carregado de projeções fabulosas, leva a imaginação para um campo encantado que não se deixa facilmente circunscrever.[33] Em presença de tal supersaturação mítica, torna-se impossível isolar um poder verdadeiramente específico. As propriedades antidepressivas da mandrágora, suas aplicações ao *taedium vitae* são perdidas e confundidas na profusão de seus poderes mágicos. A mandrágora não entra facilmente numa terapêutica visando restabelecer o equilíbrio psíquico: é um fruto proibido, perigoso de conhecer, portador de morte e de êxtase. Os que a prescrevem, nos séculos XVI e XVII, logo serão suspeitos de praticar as artes proibidas e de manter um comércio abominável com o demônio.

CELSO

A terapêutica psiquiátrica de Asclepíades, relatada pelo enciclopedista romano Celso, comporta uma infinidade de métodos, que se somam aos preconizados pelos textos hipocráticos. Na "tristeza que parece depender da atrabílis", uma psicoterapia de encorajamento vem completar as medidas puramente somáticas (dieta, abstinência de vinho, fricções e banhos, remédios evacuadores):

> É preciso afastar do doente toda causa de pavor. Tentar-se-á distraí-lo com as histórias e os jogos que mais lhe agradam em estado de saúde. As suas obras, se as faz, serão elogiadas com complacência, e lhe serão recolocadas diante dos olhos. Suas tristes imaginações serão combatidas por doces admoestações, fazendo-o sentir que nas coisas que o atormentam ele deveria encontrar um motivo mais de encorajamento que de inquietação.[34]

O melancólico deve ser alegrado, serenado: deve-se tentar devolver-lhe a sensação do seu valor. Para afastar as suas convicções sombrias, deve-se agir de modo que o mundo se aclare e se suavize ao seu redor. A música é um bom meio de vivificar a atmosfera ambiente: "Para arrancar esses doentes de seus tristes pensamentos, será útil empregar as sinfonias, os címbalos e alguns outros meios barulhentos".[35]

Se Celso se ativesse a isso! Mas ele também conhece métodos mais brutais: as correntes, os castigos, o choque causado por um terror súbito — tratamentos destinados em especial aos agitados que não querem aceitar nada. Com certeza essa terapêutica enérgica foi aplicada a doentes sofrendo de melancolia ansiosa. "De fato, esse abalo pode ser útil, arrancando-os de sua situação primeira." Vê-se aparecer aqui um método que se perpetuará até os nossos dias: o doente mental parece tomando um caminho errado, extraviado, fora de nosso alcance, vítima de um mau sonho. Uma "má vontade" o possui e o convida a desafiar maldosamente os esforços dos que querem trazê-lo de volta para o caminho certo. O "abalo profundo" que Celso pretende imprimir aos melancólicos tem como intenção despertá-los desse sonho, chamá-los a nós e a eles mesmos, torná-los de novo acessíveis às nossas palavras. O ato brutal do terapeuta, proibindo qualquer condescendência taciturna, desentocará a razão do esconderijo onde ela se enfia, a intimará a responder ao chamado.[36] De fato, a indicação principal desse tratamento é a agitação hílare, a mania furiosa: deve-se tratar o contrário pelo contrário. Quanto aos tristes, Celso lhes reserva cuidados mais atentos:

> Quando o humor torna-se demasiado sombrio, é bom empregar, duas vezes por dia, fricções leves, mas prolongadas por muito tempo: deve-se fazer também afusões frias na cabeça e prescrever banhos de água e de óleo [...]. Não convém deixar essas pessoas sozinhas ou com desconhecidos, tampouco com pessoas que elas desprezem ou que lhes sejam indiferentes. Deverão mudar de país e, se recuperarem a razão, viajar todos os anos.[37]

Sumariamente, mas muito nitidamente, os fatores afetivos e ambientais são postos em jogo. Realcemos também o conselho de viajar, que aparece aqui pela primeira vez: ainda voltaremos a isso.

Convém sublinhar muito em especial as linhas que Celso dedica ao tratamento da insônia dos melancólicos. Ele conhece a potência do ópio, mas a teme. A decocção da papoula ou do meimendro corre o risco de "mudar o frenesi em letargia". Portanto, é preciso começar por outros meios, mais suaves, e que comportam menos riscos. Será possível aplicar na cabeça um "unguento de açafrão misturado com o de íris", também será possível friccionar longamente a cabeça, depois de tê-la raspado, mas exercendo um movimento bastante suave "para que a pele só conserve um rastro disso":[38]

> O barulho da água que cai de um tubo posto perto do doente, o passeio de carro depois da refeição e durante a noite, e sobretudo o balanço de uma cama suspensa são meios de convidar ao sono.

Se a insônia é tenaz, deve-se tentar ainda a aplicação de ventosas escarificadas na nuca. E se todas as medidas prudentes fracassarem, em último caso caberá recorrer à perigosa papoula, ou serão colocadas maçãs da mandrágora debaixo do travesseiro.

SORANO DE ÉFESO

A doutrina médica de Sorano de Éfeso nos foi transmitida, entre outros, pela tradução que Célio Aureliano fez para o latim de seu grande tratado sobre as *Doenças agudas e crônicas*.[39] Sorano pertence à escola metódica e só tem desprezo pela interpretação humoral da melancolia, que ele rejeita como um vão jogo de palavras. A causa real, a seu ver, é um estado de grande *estricção* das fibras. Os sintomas principais são a ansiedade e o abatimento, a tristeza silenciosa, a animosidade com os próximos. Os melancólicos desejam ora viver, ora morrer; acreditam que se armam ciladas contra eles; choram sem razão, murmuram frases absurdas, depois começam a rir abruptamente; a região epigástrica fica inchada, sobretudo depois das refeições. Embora não queira admitir, como o sugeriam escolas rivais, uma passagem possível da "mania" à "melancolia", Sorano propõe para as duas afecções um tratamento sensivelmente análogo. Desconfia das drogas violentas demais, como o aloé e o absinto; o ópio parece-lhe perigoso, assim como o vinho. Não é partidário do jejum nem dos exercícios amorosos. Considera inútil o confinamento no escuro. O uso da música parece-lhe charlatanesco.

Entre os tratamentos que Sorano recomenda, os cataplasmas têm um lugar muito importante. Ele considera a melancolia uma doença grave, cuja sede principal é o esôfago (ao passo que a mania afeta a cabeça). Daí a vantagem em aplicar cataplasmas entre as omoplatas ou na região epigástrica.

No entanto, medidas psicoterápicas e certa forma terapêutica "ativa" não são negligenciadas. Sorano recomenda levar o paciente ao teatro. Que o melancólico vá ver peças alegres; que os loucos satisfeitos consigo mesmos sejam conduzidos a obras trágicas. Graças ao teatro, pode-se consolidar o tratamento por uma espécie de antidotismo afetivo.

E assim que for possível deve-se pedir ao convalescente que escreva discursos e os leia; a plateia, composta por familiares, deverá se mostrar aprobatória; manifestará grande interesse, elogiará sem reservas a obra apresentada. Depois do exercício retórico, o paciente se submeterá a uma leve fricção e fará um passeio fácil. Quanto aos que não têm cultura literária, serão questionados sobre as ocupações que lhes são familiares, e o seu espírito será mantido desperto por jogos que os obriguem a calcular etc. Essa psicoterapia prefigura a que preconizará Wilhelm Griesinger: assim que o doente entra em convalescença, é preciso "fortificar o antigo *eu*", guiá-lo "no sentido das coisas que anteriormente o interessavam". Pois, Griesinger acrescentará,[40] "há indivíduos em quem a integridade do pensamento e da vontade é ligada da maneira mais íntima às ocupações externas de sua vida; certos operários só reencontram a unidade completa de sua individualidade anterior retomando os trabalhos; para certos músicos, é preciso o som de seu instrumento". Para curar a melancolia, Sorano tem confiança nesse sensato entusiasmo. Contentando-se com uma farmacopeia muito restrita, tem certeza de vencer em eficácia os métodos das seitas rivais. Nele a prudência se alia a um belo otimismo, que não quer perder a esperança na razão do melancólico: por mais profunda que seja a doença, corpo e espírito têm recursos intactos, que o médico deve estimular.

ARETEU DA CAPADÓCIA

As páginas que Areteu[41] dedica ao tratamento da melancolia traem certas dúvidas sobre a possibilidade de obter a cura em todas as circunstâncias. Pode acontecer que o melhor remédio — o heléboro — mostre-se ineficaz, sobretudo quando se deixou a doença se implantar há muito tempo. Contentemo-nos então com paliativos:

> É impossível curar todas as doenças. O médico capaz de fazê-lo seria mais poderoso que os deuses. Portanto, já que não pode conseguir desenraizar o mal, está em seu poder suavizá-lo, acalmá-lo e atenuá-lo por algum tempo.[42]

Quais serão os nossos recursos? Claro, purgantes e colagogos, um "regime analéptico", mas também os banhos em águas termais:

> Os banhos impregnados de betume, enxofre, alúmen e de muitas outras substâncias medicinais são, nesse caso, extremamente úteis: além de umectarem e amolecerem a pele demasiado seca e densa dos melancólicos, a temporada que os doentes passam ali traz uma diversão agradável ao tédio de um tratamento longo.[43]

Esse conselho será muitas vezes repetido. O método da *diversão* será objeto de numerosas especulações e requintes: se admitimos que a distração é salutar, é preciso variá-la de mil modos. As estações de águas são em geral organizadas de modo a oferecer ao mesmo tempo as suas águas e as suas diversões: veremos que os séculos XVIII e XIX se aplicaram em aperfeiçoar esse tipo de tratamento... Tampouco esqueceremos a descrição da pele muito seca dos melancólicos. Com a magreza, a tez escura, a constipação persistente, a flatulência dos hipocôndrios, é um sinal patognomônico.

Restam os estados de tristeza que se parecem em todos os pontos com a melancolia, mas não decorrem da atrabílis: suas causas são morais e passionais. Se soubermos discerni-las, poderemos agir sobre elas e obter curas que parecerão milagrosas. Areteu coloca um problema de diagnóstico diferencial:

> Relata-se [...] que um particular que parecia atacado por uma doença incurável, tendo se apaixonado por uma moça, foi curado pelo amor, o que os médicos não conseguiram fazer. Quanto a mim, penso que esse doente tinha sido outrora extremamente apaixonado por essa jovem pessoa, e que não tendo conseguido realizar o seu amor tornara-se sombrio, triste, sonhador, e dera a impressão, aos olhos de seus conterrâneos que não conheciam a causa do mal, de estar sofrendo de melancolia; mas que tendo em seguida mais sucesso e desfrutado do objeto desejado, tornara-se menos sombrio e menos atrabiliário, pois a alegria se dissipou dessa aparência de melancolia, e que, apenas desse ponto de vista, o amor se transformou em médico e venceu a melancolia.[44]

Verdadeira ou falsa melancolia? Parece que aqui Areteu adota a distinção que nos é familiar, entre a doença endógena (a única a fazer jus ao nome de melancolia) e a depressão reacional. O humoralismo antigo permitia teoricamente diferenciar os casos em que tudo reside na tristeza e no rancor daqueles decorrentes primitivamente de uma discrasia, isto é, de uma alteração somática. Causas tão diferentes não provocam tratamentos radicalmente opostos? Aqui, a satisfação de um desejo frustrado; ali, os evacuantes ou os solventes da atrabílis... Essa separação seria cômoda, e seria vista como vantajosa por um certo gosto pela nitidez lógica; mas o que torna enfim essa distinção bem pouco operante é o "psicossomatismo" tão frequente no raciocínio médico dos antigos. As causas morais ecoam na estrutura física do organismo, modificam o "temperamento" ou o "tônus" geral: este, que não é atrabiliário por sua constituição, ou pelo efeito do meio físico, pode, porém, tornar-se, por meio da preocupação, da desgraça, da paixão frustrada, do estudo. Há "temperamentos adquiridos". As disposições da alma sempre se traduzem no corpo. Se a causa moral, se a paixão nociva não são suprimidas depressa, o resultado será uma desordem orgânica nem menos profunda nem menos violenta que se todo o processo tivesse desde o início se desenvolvido no corpo. Os autores médicos não carecerão de explicações físicas para justificar os fenômenos dessa ordem: assistimos a verdadeiras traduções somáticas que permitem dar às situações morais equivalentes fisiológicos precisos. Assim, segundo Galeno,[45] o amor frustrado obriga a uma continência anormal, que será nociva para o cérebro pelos efeitos de retenção do líquido seminal: essa substância, se demasiado retida no organismo, degenera com o tempo e envia para o cérebro vapores tóxicos, análogos por seus malefícios aos vapores decorrentes da estase da atrabílis nos hipocôndrios. E, por conseguinte, o exercício fisiológico do amor torna-se uma forma de evacuação, comparável ao fluxo das hemorroidas ou à transpiração.

Quase todos os autores mais tardios abordarão, no capítulo da melancolia, a questão do papel terapêutico do coito. Alguns, como Rufo de Éfeso,[46] vão lhe atribuir maravilhas. O que será, para médicos mais castos e mais preocupados com a moral, uma ocasião para longas refutações: os excessos venéreos e a devassidão não serão, antes, causas constantes de melancolia?

Distinta por sua origem, mas idêntica pelas alterações produzidas, a tristeza amorosa terá o direito de constituir uma variedade peculiar de melancolia, e atravessará a história médica com um cortejo de lendas e histórias comoventes que os tratados mais sérios reproduzirão de era em era. A mais típica dessas histórias, que serve de modelo a todas as outras, vem de Plutarco: é a história da paixão inconfessável que queima o jovem príncipe Antíoco, louco pela princesa Estratonice, e que seu pai, Seleuco, acaba de desposar. Culpado e desesperado, ele se deixa morrer de inanição, "fingindo ter alguma doença interna e secreta dentro do corpo. Mas não consegue fingir tão finamente sem que o médico Erasístrato percebesse com facilidade que seu mal procedia de amar".[47] Para descobrir o objeto desse amor, Erasístrato manda entrar diversas pessoas no quarto do jovem príncipe; não demora a descobrir que a rainha Estratonice provoca no doente "os sinais que Safo escreve dos apaixonados, a saber, que a palavra e a voz lhe falhavam, o rosto se tornava vermelho e inflamado, que de repente ele lhe lançava olhadelas, e depois lhe vinha um suor súbito, o seu pulso se acelerava e se elevava; e, por fim, depois que a força e o poder da alma estavam todos prosternados, ele ficava como uma pessoa arrebatada e radiante, com o espírito fora de si, e empalidecia". Seleuco, informado prudentemente pelo médico, declara-se disposto a dar tudo o que possui para salvar o filho. Remédio heroico: cede-lhe Estratonice e uma parte de seu reino. Antíoco, tendo encontrado a "satisfação edipiana", cura-se depressa.

Não surpreende que essa forma singular de melancolia encontre-se mil vezes mencionada na era barroca! Robert Burton dedica-lhe parte importante de sua *Anatomia da melancolia*[48] (1621). Jacques Ferrand escreve um livro a respeito.[49] Trata-se de um tormento moral que tem a propriedade de se encarnar, de se marcar por uma deformação e uma alteração sensíveis do corpo; a metáfora do amor que consome é aqui tomada ao pé da letra: o querer-morrer vence pateticamente o querer-viver. O "mal de amor" é uma forma de "superexpressão" somática, em que o corpo *demonstra* a impossibilidade em que se acha de sobreviver na ausência do ser amado: mesmo sendo um fenômeno conhecido em todas as épocas, sua imagem literária mais desenvolvida só pode ser o apanágio de uma cultura que recorre, ela mesma, na maioria de suas produções, às formas mais exageradas da expressão.

GALENO

Se não inova por suas prescrições terapêuticas, Galeno deve prender a nossa atenção por outro motivo: ele fixa a descrição e a definição da melancolia que farão autoridade até o século XVIII e mesmo além.[50] A divisão que propõe servirá de moldura para tudo o que se escreverá sobre o tratamento dessa doença. As obras médicas da Idade Média, do Renascimento e da idade barroca são apenas, em grande maioria, uma estudiosa paráfrase de Galeno, diversamente ornamentada com novas provas e enriquecida por algumas receitas inéditas. Escamoteia-se algum detalhe, mas o edifício permanece inteiro: por muito tempo a originalidade consistirá não em contestar o saber tradicional, mas em sobrecarregá-lo, em acrescentar-lhe algo. No final, o amontoado excessivo conclama o gesto que faz tábua rasa. Ninguém, entretanto, teve o poder de fazer esse gesto de modo decisivo. A concepção galênica da melancolia não desapareceu de uma vez, desagregou-se lentamente.

Para Galeno, a melancolia decorre inegavelmente da bile negra: a teoria dos humores, recusada ou questionada por diversas escolas antigas, recupera aqui todos os seus direitos. Mas o excesso de bile negra pode se manifestar e se desenvolver em diferentes lugares do organismo, provocando novos sintomas a cada vez.

É possível, primeiro, que a alteração do sangue se limite ao encéfalo: "E isso acontece de dois modos, ou o humor melancólico ali se joga, vindo de outro lugar, ou é gerado ali mesmo. Ora, ele é gerado pelo calor considerável do local, que queima a bile amarela, ou a parte mais espessa, ou a mais negra do sangue".[51]

Em segundo lugar, é possível que a atrabílis se espalhe nas veias de todo o organismo. Nesse caso, o encéfalo será igualmente atingido, mas só "em consequência da afecção comum". A sangria do braço, para quem queira se certificar disso, permite a saída de um sangue muito preto e muito espesso. Impossível se enganar!

Por fim, encontraremos casos em que "a doença tem a sua origem no estômago". Então há entupimento, estase, obstrução, flatulência na região dos hipocôndrios — daí o nome de afecção hipocondríaca que a doença recebe. Ela se manifesta por eructações, calores, digestões lentas, flatulências. "Ora sobrevêm violentas dores de estômago que se propagam nas costas; ora o doente vomita substâncias quentes, ácidas, que causam incômodo nos dentes. Do estômago inchado e repleto de bile negra sobem vapores ao encéfalo, ofuscam a inteligência e produzem os sintomas melancólicos." Portanto, segundo a definição clássica, a hipocondria é uma doença orgânica da região abdominal superior, onde se acumula um excesso de atrabílis e de onde exalações tóxicas se elevam até o encéfalo. Os nosógrafos do século XVIII e do início do século XIX (Boissier de Sauvages, Cullen, Pinel) também definiam a hipocondria pela associação de distúrbios digestivos reais com uma exagerada preocupação, alimentada pelo doente, a respeito de sua saúde. Este último elemento, que de início era apenas um sintoma acessório, vai se tornar por fim o fato central e principal.

Galeno defende com muita eloquência a teoria dos "vapores": essas fumaças que sobem do estômago explicam não só as ideias negras mas também certas alucinações; obscurecem o espírito, criam visões endógenas, análogas às imagens entópticas:

> Os melhores médicos concordam em dizer que não são somente essas afecções, mas também a epilepsia, que se jogam na cabeça ao derivar do estômago. Os melancólicos estão sempre às voltas com temores; mas as imagens fantásticas nem sempre se apresentam a eles da mesma forma. Assim, um deles imaginava ser feito de conchas, e por conseguinte evitava todos os passantes com medo de ser triturado [...]. Outro temia que Atlas, cansado do peso do mundo que sustenta, chegasse a sacudir o seu fardo e assim esmagasse a si próprio, fazendo ao

> mesmo tempo com que todos morrêssemos. [...] Existem diferenças entre os melancólicos. Todos estão dominados pelo medo, pela tristeza, mas nem todos desejam morrer. Ao contrário, há aqueles em quem a própria essência da melancolia é o medo da morte. Outros parecerão estranhos, temem a morte e ao mesmo tempo a desejam. Assim como as trevas externas inspiram o medo em quase todos os homens [...] assim também a cor da bile negra, ao escurecer como as trevas escurecem a sede da inteligência, gera o medo.[52]

Portanto, contamos três variedades distintas de melancolia:

1. Uma afecção melancólica, localizada no encéfalo;
2. Uma afecção generalizada, em que a atrabílis passa para o sangue de todo o organismo, inclusive para o encéfalo;
3. Uma afecção melancólica situada primitivamente no estômago e nos órgãos digestivos — a hipocondria —, atingindo o encéfalo por exalações e vapores.

Burton, em 1621, ainda seguira, muito vigorosamente, essa divisão, acrescentando-lhe a melancolia amorosa (que Galeno não desconhecia) e a melancolia religiosa, doença mais moderna. E Burton é apenas um "sábio" entre muitos outros.

As regras do tratamento se depreendem muito facilmente a partir dessa divisão. Inútil dirigir-se ao estômago se o mal reside na cabeça; e se é o organismo inteiro que é atingido, como descuidar das sangrias, dos banhos?

> Quero citar o seguinte fato de que meus amigos foram testemunhas: curei, com a ajuda de inúmeros banhos e de um regime suculento e úmido, uma semelhante melancolia sem outro remédio, quando o humor incomôdo, não tendo se demorado muito tempo, não era difícil de evacuar.[53]

Mas se a doença já é inveterada, o tratamento apresentará grandes dificuldades. É claro que será preciso respeitar mais estritamente ainda um regime que proíbe as carnes *negras* (cabra, boi, bode, touro, burro, camelo, lebre, javali, raposa, cachorro etc.); serão evitadas as couves, as lentilhas, os pães de farelo, os vinhos encorpados e escuros, os queijos velhos. Seguimos aqui, em todas as suas consequências, uma intuição qualitativa que incrimina as potências nocivas do *negro* e do *acre*. Os alimentos escuros e "fortes" são os precursores dessa negra exalação que vem escurecer os nossos espíritos. Esses alimentos são de antemão carregados de tristeza e de medo. É preciso recorrer a alimentos alegres, claros, jovens, macios, ricos em benfazeja umidade.

Se ao menos a melancolia só viesse dos alimentos "melanogênicos", seria fácil expulsá-la e evitá-la. Mas o risco está em outro lugar: a bile negra patológica é um resíduo de combustão, uma espécie de alcatrão espesso, que por sua vez pode se inflamar. É um carvão humoral. Qual não é a sua potência tóxica, a agressividade destruidora de uma substância capaz de pegar fogo por uma *combustão segunda*! Ora, todas as substâncias naturais podem, em seguida a uma primeira inflamação, transformar-se em humores "adustos": bile adusta, sangue adusto, que entrarão no metabolismo terrível da cor negra. Alcatrão viscoso que queima para deixar um resíduo ainda mais escuro e espesso: matéria pesada, com a qual o espírito se entenebrece.

A INTERVENÇÃO DO FILÓSOFO

As doutrinas médicas que acabamos de passar em revista aplicam à melancolia um tratamento quase exclusivamente somático. Poderíamos acrescentar os autores posteriores a Galeno: Alexandre de Trales,[54] Oribásio,[55] Paulo de Égina,[56] Aécio de Amida.[57] Como vimos, eles não desconhecem a possibilidade de uma origem moral da melancolia; não ignoram o valor de certas medidas psicológicas: locais arejados, nem muito iluminados nem muito escuros; diversão, distração, atividade moderada, reconforto propiciado por pequenas satisfações de vaidade, afastamento de objetos ou de pessoas que possam ser causa de tristeza. Mas, por sua própria definição, a melancolia implica um dano físico e requer um tratamento, apoiando-se em primeiro lugar na desordem do corpo. Quando tal diagnóstico era feito, com certeza estava-se em presença de uma alteração geral bastante acentuada, e o sujeito devia parecer, visivelmente, um grande doente, passível de receber cuidados médicos com total urgência. Porém, diante dos casos duvidosos o médico tinha a possibilidade de se recusar a prestá-los. Assim como o internista, em nossos dias, reencaminha alguns de seus pacientes para o psicólogo ou para o padre, o médico antigo tinha o recurso, para os que não lhe pareciam profundamente atingidos em seus corpos, de dirigi-los a Esculápio[58] ou aos filósofos.[59] Sem dúvida, o médico pretendia continuar a regular o regime, a prescrever o programa diário de banhos e exercícios: só que, na medida em que não lhe parecia haver a intervenção de um distúrbio orgânico, apaziguar a tristeza e a preocupação não era mais de sua alçada. A partir de que limite há de fato uma desordem melancólica, ou seja, loucura? A partir de que sintomas é necessário recorrer ao heléboro? O médico antigo não desconhecia essa questão, que se refere à própria definição do estado do doente. O bom médico, armado de ciência, tem a decisão em seu poder: discrimina o que é doença e o que não é, e ao fazê-lo por vezes esbarra na opinião corrente. Poderá proclamar são de espírito um homem que o tolo público julgue doente. E vice-versa.

Nada mais instrutivo a esse respeito que as *Cartas* atribuídas a Hipócrates.[60] Esses textos são certamente apócrifos e tardios, mas sua falta de autenticidade nada tira de seu valor revelador... Os abderitanos enviaram o grande médico para cuidar de um de seus mais famosos cidadãos, o filósofo Demócrito, que enlouquecera. Hipócrates acorreu, tendo feito todos os preparativos para uma cura pelo heléboro. Mas, como bom clínico, pede para primeiro conversar com o paciente. Encontra Demócrito em seu jardim, mergulhado em estudos de anatomia. Inicia-se a conversa sobre os mais elevados assuntos de física e filosofia. Não é preciso mais que isso para convencer Hipócrates da perfeita saúde mental de seu interlocutor. Só o acusam de loucura porque não o compreendem direito. Se há loucura, é muito mais do lado dos abderitanos que ela se encontra. A chegada do médico recolocou todas as coisas em seu lugar: a sua decisão, o seu olhar reverteram a situação. O povo via em Demócrito um doente; mas, na verdade, isto é, segundo o julgamento médico, que tem força de lei nesse domínio, o suposto louco é o único homem plenamente sensato. É o povo que se deve curar — contanto que haja heléboro suficiente, e que o povo reconheça que está desviado da razão. Robert Burton comentará longamente essa história; La Fontaine a transformará em tema de uma de suas fábulas.[61]

Assim que tinha os meios, um romano da época imperial contratava os serviços de um médico, o qual consultava diariamente. Nisso veríamos, em linguagem moderna, uma tendência hipocondríaca não menos acentuada do que esta, cujo singular desenvolvimento a civilização atual favorece. Mas em certas situações de depressão e ansiedade o homem antigo se dirigia a outros além do médico. Ora recorria a cultos de mistérios,[62] ora ao filósofo.

Se há na Antiguidade uma psicoterapia dos estados depressivos, é nos textos dos filósofos que a encontramos, na forma de exortações morais ou "consolações". O que são a maioria das cartas e dos tratados morais de Sêneca senão consultas psicológicas, respondendo à demanda muito premente de um amigo aflito? Sem dúvida, a "clientela" de Sêneca não comporta psicoses caracterizadas: ele prodigaliza os seus conselhos a "pequenos ansiosos", a neuróticos, a instáveis, isto é, aos que hoje recorreriam ao auxílio da psicanálise. Oferece uma "psicoterapia de apoio" a homens que vivem sob o perigoso olhar de Nero. O *taedium vitae*, a *nausea* de que um Quinto Sereno se queixa a Sêneca trai, aos olhos dos modernos, uma depressão de tipo neurótico, bem mais que uma melancolia endógena; ele pede conselhos que façam cessar essa flutuação inquieta do espírito, da qual não consegue se livrar. E Sêneca responde com uma bela análise do tédio, de que Baudelaire haverá de se lembrar:

> O mal que nos trabalha nos lugares onde estamos está em nós; não temos forças para suportar o que quer que seja, incapazes de sofrer a dor, impotentes para desfrutar o prazer, impacientes com tudo. Quantas pessoas convocam a morte quando, depois de terem experimentado todas as mudanças, veem-se voltando às mesmas sensações, sem conseguir sentir nada de novo, e no próprio seio das delícias exclamam: Como! Sempre a mesma coisa![63]

Como se livrar desse fastio e dessa angústia? Será preciso submeter-se às exigências de uma virtude estrita e severa? Domesticar a nossa vontade por um combate heroico? Sêneca não pede tanto. Não fala para o sábio, que é feliz, e capaz de grandes coisas. Quer ser ouvido e seguido pelo homem corrente, cuja hesitação e fraqueza ele conhece de antemão. Os conselhos que dá estarão ao alcance de todos: saber alternar o esforço e a descontração, a solidão e a conversa; não ficar constantemente fixado no mesmo objeto; consentir em reservar certas horas para o jogo e o divertimento; não esquecer que o corpo precisa do sono e lhe dar uma ração suficiente, sem excesso nem parcimônia. Também é preciso variar a existência com passeios e viagens. E o vinho, contanto que não ultrapasse a embriaguez alegre, pode ser às vezes libertador. (Aqui se vê que o filósofo concede prazeres que o médico o mais das vezes proíbe.)

À flutuação infeliz da alma inquieta e que se sente mal em qualquer lugar, Sêneca opõe o ideal de uma vida movente e variada, em que o homem se outorga o direito de ritmar como bem entende a sucessão dos prazeres e das ocupações, respeitando também os ritmos fundamentais da natureza. O que poderia à primeira vista espantar é que um estoico se ponha em favor da descontração; mas o sistema estoico não aprova uma tensão que ultrapasse as exigências da lei natural. Portanto, Quinto Sereno não deve se acorrentar a um dever de perfeição estrito demais. A esse interlocutor obcecado pelo ideal de um civismo nunca puro demais nem ativo demais, Sêneca responde acalmando e suavizando a imagem de sua obrigação verdadeira. Tenta aliviar o amigo angustiado moderando a reivindicação muito imperiosa da consciência moral (ou do "superego") que o atormenta. A tranquilidade da alma não é uma sabedoria imóvel e paralisada; é um movimento livre, descontraído, sem choque e sem arrebatamento.[64]

A lição de Sêneca também será a de Goethe. Meditando, em *Poesia e verdade*, sobre as circunstâncias e o clima cultural que favoreceram a criação de *Werther*, ele analisa o "tédio da vida" e o define como um defeito da participação nos ritmos da natureza:

> Todo o encanto da vida é baseado no retorno regular dos objetos exteriores. A alternância do dia e da noite, das estações, das flores e das frutas, e de tudo o que vem a nós por períodos fixos, de que devemos e podemos desfrutar, eis as verdadeiras engrenagens da vida terrestre. Quanto mais somos abertos a esses prazeres, mais nos sentimos felizes: mas se a diversidade desses fenômenos se agita diante de nossos olhos sem que participemos dela, se não somos receptivos a essas doces tentações, então sobrevém o maior mal, a mais grave doença: consideramos a vida um peso nauseabundo.[65]

E, para os que têm o dom da poesia, a libertação é poesia.

O peso da tradição

O PECADO DE ACEDIA

O médico antigo trata da "paixão" do corpo; o filósofo se aplica em curar as "doenças" da alma. As analogias são grandes e justificam as confusões, voluntárias ou não, do vocabulário. De onde quer que venha, a tristeza depressiva exige uma medicação, pela palavra, pela droga, pelo regime diário.

No mundo cristão torna-se infinitamente mais importante distinguir entre a doença da alma e a doença do corpo. A doença da alma, se a vontade consentiu, será considerada um pecado, e exige uma punição divina, ao passo que a doença do corpo, longe de suscitar uma sanção do além, representa uma prova meritória. Nem sempre é fácil saber se estamos lidando com uma ou com outra. E as afecções depressivas constituem um problema especialmente espinhoso. Com muita frequência os Pais da Igreja tiveram de dar sua opinião: trata-se de uma afecção melancólica precisando de tratamento médico?[66] Ou de um pecado de tristeza? Um ataque de acedia? E a própria acedia é um pecado de verdade?

E, primeiro, o que é exatamente uma acedia? É um peso, um torpor, uma ausência de iniciativa, um desespero total diante da salvação. Alguns a descrevem como uma tristeza que deixa mudo, uma afonia espiritual, verdadeira "extinção de voz" da alma. Ela seca em nós o poder de palavra e de oração.[67] O ser inferior se tranca em seu mutismo e se recusa a se comunicar com o exterior. (Kierkegaard falará em *hermetismo*.) Assim, o diálogo com o outro e com Deus seca, esgota-se em sua própria fonte. Uma mordaça cobre a boca da vítima da acedia. O homem como que engoliu e devorou a própria língua: a linguagem lhe é retirada. Mas, se aceita isso, se sua alma se compraz nisso, se esse peso, imposto talvez pelo corpo, recebe o assentimento da vontade perversa, então é um pecado mortal. Encontraremos os *accidiosi* no inferno de Dante, na vizinhança dos coléricos, cujo castigo é uma agressão eterna voltada contra eles mesmos. Os *accidiosi* estão enfiados na lama de um imenso atoleiro e fazem ouvir sons que se limitam a gorgolejos confusos. A palavra deles permanece um borborigmo. A afonia espiritual, a impossibilidade de se expressar, é figurada aqui pela imagem alegórica mais vigorosa: os *accidiosi* são uns lambões (no sentido literal desse termo familiar) e por conseguinte são prisioneiros da lama. Só o poeta pode perceber o murmúrio disforme que eles fazem ouvir.

Presos no lodo, diziam: "Sempre fomos tristes sob esse ar leve que alegra ao sol, carregando dentro de nós uma pesada fumaça. A essa hora estamos tristes neste negro lamaçal".

Gorgolejavam esse hino no fundo da garganta, não conseguindo pronunciar uma palavra inteira.[68]

A acedia ataca vítimas escolhidas: anacoretas, reclusos, homens e mulheres que se dedicam à vida monástica e cujos pensamentos deveriam ser todos voltados a esse "bem espiritual" que doravante lhes parece fora de alcance. A ansiedade do coração, segundo Cassiano, assalta-os sobretudo no meio do dia, qual uma febre diária que irromperia em hora fixa. Portanto, esse mal se parece estranhamente com os acessos febris de uma doença puramente somática. Mas Cassiano é propenso a crer que se trata de uma cilada do "demônio do meio-dia", de quem se fala no Salmo 91. Sua presença se traduz a um só tempo por uma paralisia de todos os movimentos espirituais e por um desejo inquieto de deslocamento e viagem. Quando a acedia assalta a alma de sua vítima, inspira-lhe o horror pelo lugar onde ela se encontra, o desgosto por sua cela, o desprezo por seus companheiros. Qualquer esforço espiritual parece-lhe inútil, pelo menos enquanto permanecer no mesmo lugar. Ela é invadida pelo desejo de partir, de procurar a salvação ao longe, em outros lugares, com outros irmãos. Olha para todos os lados a fim de saber se alguém vai lhe visitar, suspira ao se ver só; entra e sai da cela sem parar, e a todo instante olha o sol como se ele demorasse a descer; assim, por uma confusão insensata do espírito, como se a terra se enchesse de trevas, ela se torna ociosa e vazia de qualquer ato de devoção, esperando como único remédio para tão grande acometida espiritual a visita de um irmão ou o consolo do sono... "Aborreço-me ao extremo", dirá o porco de santo Antão na obra de Gustave Flaubert.[69] (O porco simboliza os apetites do ser carnal.)

Evidentemente, trata-se aqui de uma forma peculiar de neurose ou de psicose de reclusão, que nada tem em comum com as nossas depressões endógenas. Nisso veríamos uma espécie de descompensação psíquica, ocorrendo em indivíduos que não têm a força necessária para suportar a existência solitária. Pode se juntar a isso uma preocupação exagerada com a salvação e a danação — preocupação que fará a essência da "melancolia religiosa" dos autores do Renascimento e do século XVII. Mas o fato é que, desde a Idade Média, o eremita aparece quase constantemente nas alegorias que representam o "temperamento melancólico" ou, o que dá quase no mesmo, os *filhos de Saturno*.[70] De um lado, o temperamento melancólico predispõe a uma contemplação e às atividades intelectuais: isso é, antes de mais nada, um privilégio, e não um mal; de outro, o perigo se liga intimamente às influências favoráveis, e o contemplativo é exposto aos malefícios da acedia: a maioria dos artistas medievais fazem figurar os símbolos da acedia no sombrio campo da atrabílis, apesar das distinções teológicas entre pecado e doença corporal.

Volta e meia o eremita é representado na atitude do trabalho manual: trança cestos de palha, por exemplo. Essa imagem não é acidental: revela um fato típico. O trabalho é, na verdade, o grande método que os Pais da Igreja propuseram para lutar contra a melancolia da vida solitária. "Rezem e trabalhem!" Um solitário só deve abandonar a oração para trabalhar com as mãos. É esta, segundo Cassiano, a única terapêutica eficaz para a tristeza e a acedia: resistam com todas as suas forças à tentação de fugir para longe, lutem onde vivem, mantenham-se firmes e imóveis, ocupando e cansando o corpo. Vemos aparecer aqui, como mais tarde em Petrarca,[71] a metáfora da cidadela assediada. A acedia o cerca, o encarcera, na intenção de derrubá-lo e abatê-lo. É inútil querer evitá-la dando-lhe as costas: seria lhe dar a vitória. O verdadeiro "atleta de Cristo" enfrenta-a corajosamente. Cassiano cita com admiração o curioso exemplo de um solitário do Egito que todo ano queimava o produto de seu trabalho, a fim de ter constantemente uma tarefa nova na qual se aplicar. É verdade que, quando a possibilidade se apresenta, os produtos excedentes podem ser distribuídos de forma caritativa aos pobres e aos prisioneiros. Mas mesmo que ainda assim não houvesse nenhum uso a dar ao produto do trabalho, não se deveria ficar ocioso. Portanto não é de jeito nenhum o lucro econômico do trabalho que importa para os Pais da Igreja, mas seu valor terapêutico, e o ganho espiritual que daí retira quem a ele se dedica. O homem laborioso escapa de ser assediado pelo tédio, pela vertigem do tempo vazio; resiste às tentações de uma ociosidade culpada. Pois o que conta não é o que o trabalho produz graças à transformação da natureza: é o que o labor permite repelir. O trabalho é bom não porque modifica o mundo, mas porque é a negação do ócio. Ora, a acedia evolui no círculo vicioso do ócio. Dele procede e o agrava, paralisando qualquer atividade espiritual. É o fascínio por um ócio que se aprofunda e se envisca em si mesmo. Digamos que o trabalho — em relação à contemplação, à prece, ao pensamento na salvação — é uma diversão e uma distração. Mas é também um meio de se agarrar aos lugares que a acedia nos convida a deixar, em troca de longínquos locais, sedutores e enganadores. Na verdade, o trabalho tem como efeito ocupar inteiramente o tempo, que só pode ser dado à oração e aos atos de devoção. A sua função é tapar as brechas por onde o demônio poderia penetrar, e também por onde o pensamento ocioso poderia escapar. Assim, o devaneio, que corria o risco de se tornar vagabundo e culpado, é absorvido e encerrado numa atividade fixa: realiza-se uma implantação salutar. O trabalho orienta numa direção concreta e inocente energias que, sem ele, teriam se dispersado por todos os ventos e todas as tentações. Ele interrompe o vertiginoso diálogo da consciência com o seu próprio vazio, interpõe resistências e obstáculos, e em contato com eles a alma pode esquecer a sua insatisfação; prende-a *aqui*, ao passo que a acedia teria cantado para ele os louvores de um quimérico além.

"Não sejam solitários, não sejam ociosos", é a conclusão a que chega Robert Burton, no fim do capítulo sobre o tratamento da melancolia religiosa.[72] Mas, aos meios espirituais, no trabalho acrescenta-se uma longa lista de métodos "físicos" que são, na verdade, de ordem mágica, ou astrológica. Várias precauções valem mais do que uma: se o demônio está na jogada, é preciso fazer de tudo para expulsá-lo. E, mesmo se os sintomas médicos da melancolia estão presentes, não é possível considerar-se livre dos ataques dos espíritos infernais: pois "o diabo opera pela mediação dos humores, e doenças mistas devem ter remédios mistos".[73] Portanto, não é inoportuno garantir-se simultaneamente contra a atrabílis e contra o Maligno. *Melancholia balneum Diaboli.** Aceitemos, por conseguinte, os amuletos, as ervas, as pedras recomendadas pelos bons autores: safiras, crisolitas, carbúnculos, arruda, hortelã, angélica, peônia, hipérico — a que se soma a betônica, contanto que tenha crescido num cemitério, esclarece Burton.

"Mas é preciso cultivar o nosso jardim": o conselho de Candide é apenas a versão secularizada daquele que dava Cassiano. O tédio (ou *spleen*) tendo substituído a acedia, a medicação permanece a mesma. Swift, que conhecia a sua teologia, evoca essa terapêutica em *Viagens de Gulliver*. É um Houyhnhnm que o aplica a um Yahoo:

> [...] por vezes um *Yahoo* por Capricho encolhia-se num Canto e lá se deitava a urrar, e gemer, e expulsar todos os que dele se aproximassem, mesmo se fosse jovem e gordo, e não lhe faltasse Comida nem Água; tampouco podiam os Criados imaginar que Mal o estaria a afligir. E o único Remédio que conheciam era obrigá-lo a ocupar-se com algum Trabalho pesado, pois assim em seguida ele infalivelmente voltava a si. Quanto a isso, permaneci em silêncio por Parcialidade em relação a minha própria Espécie; no entanto, aqui me pareceu residirem as verdadeiras Sementes da *Melancolia*, que só ataca os Preguiçosos, os Voluptuosos e os Ricos; os quais, se fossem obrigados a submeter-se ao mesmo Regime, certamente haveriam de curar-se.[74]

Encontramos aqui a prefiguração de todas as "terapêuticas pelo trabalho". Mas são trabalhos forçados, aplicados sem piedade. O estado depressivo aparece como consequência, e quase como castigo de uma existência culpada. A doença é a retribuição do pecado (como ainda dirá Heinroth no início do século XIX). A cólera e a ironia de Swift denunciam no *spleen* o grotesco contragolpe da ociosidade imoral. O remédio é um castigo corretivo.

* A melancolia é o banho do Diabo. (N. T.)

É muito frequente os autores medievais ligarem a melancolia humoral (e outras doenças) ao pecado original. Nada é mais certo para Hildegarda de Bingen:

> No momento em que Adão desobedeceu à ordem divina, nesse instante mesmo a melancolia se coagulou em seu sangue, da mesma maneira que a claridade foi abolida quando a luz se apagou, e da mesma maneira que a estopa ainda quente produz uma fumaça malcheirosa. Assim ocorreu com Adão, pois enquanto nele a luz se apagava, a melancolia se coagulou em seu sangue, do qual se elevaram a tristeza e o desespero; com efeito, no momento da queda de Adão o diabo insuflou-lhe a melancolia, que torna o homem morno e incrédulo.[75]

Mas, por sorte, há os remédios indicados por Deus; e esses remédios nos são oferecidos na natureza: o mais das vezes, os símplices e, eventualmente, animais ou pedras. Para aqueles males que nos vêm do diabo, há ervas e receitas. Hildegarda oferece-as gentilmente. Assim, para as dores de cabeça causadas por uma melancolia febril, nada se equipara a uma mistura de sálvia, malva, óleo de oliva e vinagre, com a qual vai se untar e envolver o crânio dolorido. "Pois o suco de malva dissolve a melancolia e o suco de sálvia a resseca, o óleo de oliva acalma a fadiga da cabeça adoentada, ao passo que o vinagre retira a pontada ofensiva da melancolia." Há outros remédios: a carne dos pássaros, o pulmão do cisne...[76]

Assim, contra o fundo do saber médico dos antigos, incompleta ou indiretamente conhecido, a Idade Média fantasia comentários teológicos, estabelece uma rede de correspondências e analogias cósmicas. Propõem-se mil receitas que se valem de um segredo muito antigo, de uma origem distante, às vezes árabe ou oriental; louvam-se drogas cujo poder é atribuído ora à raridade de seus ingredientes, ora ao saber maravilhoso de seu inventor, ora ao favor especial de um santo local. Outras ervas, enfim, devem sua boa reputação ao milagre diário que as faz crescer em nosso jardim, ao alcance da mão. É possível que o cirurgião reivindique o tratamento dos melancólicos: por analogia com o tratamento heroico da epilepsia,[77] ele procede à trepanação, a fim de criar um orifício por onde os vapores negros da atrabílis possam escapar. Certas sobrecargas mágicas ou astrológicas vão complicar os procedimentos herdados da Antiguidade. A sangria não é um procedimento simples. Como cada parte do organismo está na dependência de um dos doze signos do zodíaco, a escolha da veia a sangrar exige que se consulte o céu; é preciso, ademais, ter em conta as fases da lua. Um calendário circular — a *volvella* — permite encontrar o caminho certo: um erro teria consequências extremamente graves.[78]

Assim sendo, as doutrinas antigas constituem na Idade Média o fundamento de toda autoridade médica, mas são alvo de variantes, comentários, especulações, tendendo a reforçar a coerência e a simetria de um universo que se quer sem lacunas. Asserções tão sedutoras como inverificáveis são vistas como verdades tangíveis, com o único fim de consolidar as analogias que ligam o microcosmo ao macrocosmo.[79] Esse maravilhoso edifício conceitual só vai se concluir tardiamente, no Renascimento; quando tiver alcançado a sua textura mais densa, todos os fenômenos do mundo natural vão se entredesignar, numa polifonia de correspondências imaginárias.

CONSTANTINO, O AFRICANO

Não esqueçamos, por outro lado, que a Idade Média é a época dos lugares-comuns, dos *topoi*, isto é, dos temas transmitidos e retomados de um autor a outro.[80] Se folhearmos os textos medievais à procura de indicações sobre o tratamento da melancolia, ficaremos surpresos de encontrar não só um mesmo enfoque humoral do assunto, mas uma mesma divisão da matéria, receitas transcritas sem modificação de um autor a outro, e até histórias sempre idênticas. É muito raro encontrar uma ideia importante que não date da Antiguidade.

Analisemos, à guisa de exemplo, um texto cujo mérito é, com certeza, ser o primeiro a reimplantar a tradição antiga, enriquecida de aportes árabes. Refiro-me ao *De melancholia*, de Constantino, o Africano.[81] Esse texto, claro e agradável, está isento das contaminações mágicas e demonológicas que vão se fazer mais frequentes em seguida. Constitui um laço muito precioso entre a ciência da Antiguidade tardia e a Idade Média cristã.

Depois de uma primeira parte dedicada à descrição, aos sintomas, às causas e à classificação dos diferentes tipos de afecção melancólica, Constantino, o Africano, enuncia as suas diretivas terapêuticas, numa segunda parte que comporta nada menos que nove páginas in-fólio e meia, na grande edição de Basileia.

A melancolia depende muito do estilo de vida que se leva. Constantino, que passou o fim da vida em Monte Cassino, sabe muito bem que certos esforços do espírito predispõem a essa afecção: a melancolia afeta sobretudo os religiosos e os solitários, "por causa de suas pesquisas eruditas, do cansaço de sua memória, da preocupação que lhes dão suas fraquezas intelectuais". Para remediar a melancolia, não basta ministrar medicamentos, também é preciso reorganizar o estilo de vida do paciente. A *pharmacia* deve ir de par com a ordenação e a regulação de "seis coisas necessárias" (também chamadas as "seis coisas não naturais"), a saber:

1. O ar;
2. Os alimentos e as bebidas;
3. A retenção e a expulsão;
4. O exercício e o repouso;
5. O sono e a vigília;
6. As paixões da alma.

Numa melancolia perigosa e ameaçadora para a razão, o tratamento propriamente dito deverá ser precedido de um período preliminar, no qual será feito um esforço para cuidar do mais urgente, isto é, dos sintomas mais agudos: em seguida, será tratada a expulsão das "matérias corrompidas" e serão purificados os lugares do corpo que as continham. Portanto, é preciso atacar sem demora os "acidentes terríveis" da melancolia e tentar suprimi-los. As falsas suspeitas, a imaginação pervertida, há que dissipá-las suavemente com palavras sensatas e agradáveis; retiremos as ideias que se "implantaram" no espírito do doente e, para isso, recorramos à música variada (*cum diversa musica*) e ao vinho claro, de buquê leve (*cum vino odorifero claro, et subtilissimo*). Em seguida, se a doença se localiza na cabeça, raspemos a cabeça do paciente e façamos aplicações de leite de mulher ou de leite de jumenta. Não esqueçamos de purgar o encéfalo com esternutórios: o leite de mulher também é bom para esse uso. Jamais se descuidará da cabeça, ainda que a doença tenha seu centro nos hipocôndrios: ela sempre sobe para a parte superior do corpo. Na forma hipocondríaca, a alimentação será melhorada e uma feliz digestão será favorecida. Como o humor melancólico é seco e frio, será necessário prescrever pratos úmidos e mornos: peixes frescos, frutas bem maduras, cordeiros tenros, frangos, todos os tipos de fêmeas animais jovens etc. Serão proibidas, como já dizia Galeno, as carnes velhas e pesadas, o atum, a baleia; serão consideradas nocivas todas as leguminosas, que aumentam as flatulências. O vinho cortado e leve é muito recomendado: alegrará a alma por seu suave calor. Se possível, a casa deverá ser orientada para o levante e receber o vento do Leste. Os banhos mornos farão grande bem; será possível recorrer à água fria no verão. É excelente fazer um pouco de exercício, e em especial passear no raiar do dia, em lugares secos e perfumados; assim o corpo se fortalece e expulsa melhor o excesso que deve expelir: as fezes, a urina, o suor são mais facilmente eliminados. Se o exercício provocar certo cansaço, o banho quente o dissipará, e depois o corpo será esfregado com unguentos quentes e úmidos. O problema da retenção e da evacuação leva Constantino a considerar todas as medicações purgativas. O coito também é uma forma de evacuação: Constantino o recomenda, apelando para a autoridade de Rufo de Éfeso. Não vemos animais muito excitados tornarem-se mansos e calmos depois do acasalamento? É benéfico dormir muito. Em caso de insônia tenaz, as massagens, os banhos de pé, as fricções no crânio podem ajudar o sono a chegar. Sobretudo, é preciso cuidar da doença no início, pois a atrabílis é uma substância difícil de expulsar quando a deixamos se acumular durante uma doença prolongada: é um depósito espesso, uma matéria suja, densa e pesada. As formas crônicas, cuja terapêutica é muito complicada, resultam do estudo, da gulodice, de uma alimentação corrompida.

As drogas recomendadas visam a purgar, digerir ou dissolver a bile negra: os xaropes e apózemas devem sua ação sobretudo à presença do heléboro, da escamônea, da cássia, da coloquíntida e do ruibarbo, incrementados com ervas aromáticas, mirobalâneas citrinas, amêndoas, pistaches. Eis uma das prescrições de Constantino, o Africano — note-se que é destinada a uma variedade bastante grande de afecções, em que a bile negra manifesta o seu poder corrosivo:

> Apózema eficaz para a purgação da bile negra, para os melancólicos, os impetigosos, os sarnentos, os cancerosos, os epilépticos, cuja afecção se deve à atrabílis:
> Tomilho, açafrão, heléboro preto e branco aná 50 dracmas
> Água quente..10 libras.
> Depois de cocção e redução a um terço, filtrar, pôr num caldeirão, acrescentar açúcar retorcido, vinho cozido, ao todo 7 libras.
> Cozer, peneirar, de modo que o líquido tenha boa aparência.

Fazer beber 5 onças, com um pouco de óleo de amêndoas. Se o doente estiver constipado, acrescentar um escrúpulo* de escamônea.

Excetuando o heléboro, temos aqui uma excelente receita de aperitivo.

O RENASCIMENTO

O Renascimento é a idade de ouro da melancolia. Sob a influência de Marsílio Ficino e dos platônicos de Florença, a melancolia-temperamento aparece como o apanágio quase exclusivo do poeta, do artista, do grande príncipe, e sobretudo do verdadeiro filósofo.[82] Ele mesmo melancólico, e nascido, além do mais, sob o signo de Saturno, Ficino editou, em seu *De vita*, toda uma arte de viver destinada ao intelectual. Ensina a tirar partido da influência favorável da melancolia e a conjurar os perigos que não cessam de acompanhá-la. Voltaremos mais em detalhe à doutrina de Marsílio Ficino no capítulo dedicado ao tratamento da melancolia pela música.

Em certos inovadores aventureiros, como Paracelso, esboça-se uma terapêutica que pretende modificar diretamente o espírito.[83] Para tratar dos estados melancólicos, ele não recorre a evacuantes da atrabílis, mas a "medicamentos que provocam o riso", e se o riso assim suscitado é excessivo, o médico restabelecerá o equilíbrio ministrando "drogas que provoquem a tristeza". Quem quer obter esses efeitos deve, evidentemente, convocar toda a força dos *quintae essentiae*. Eis a lista que Paracelso dá dos medicamentos "que fazem o humor alegre, que expulsam toda tristeza, que liberam da tristeza o entendimento e lhe permitem ir livremente para a frente":

aurum potabile
ambra acuata
cordiale grave
croci magisterium
manna maris
laetitia veneris

* Antiga unidade de medida de peso que valia a 24ª parte de uma onça. (N. T.)

Os remédios "espagíricos" de Paracelso pretendem ter um poder que hoje chamaríamos de "psicofarmacológico". Mas há uma distância entre a intenção e a real eficácia.

A maioria dos outros médicos é muito mais respeitosa da autoridade das tradições. Se abrirmos, por exemplo, uma obra que nasceu quase cinco séculos depois da morte de Constantino, o Africano, o *Discours* de André du Laurens (latinizado em Andreas Laurentius), só encontraremos enriquecimentos da doutrina antiga, sem nenhuma modificação fundamental.[84] Du Laurens, primeiro médico de Henrique IV, é um homem muito erudito. Não é um grande sábio, mas sabe oferecer habilmente o que sua época espera do médico. E o sucesso lhe sorri. Sua carreira é gloriosa. Seu livro sobre a melancolia conhecerá dez edições entre 1597 e 1626, sem contar as traduções latinas, inglesas, italianas. Ele cita gravemente Aristóteles, compara a opinião de Galeno à dos árabes, esforça-se em tornar-se inteligível para o leitor noviço. As medidas que recomenda são mais numerosas, mais requintadas que as de Constantino, o Africano. Para esse médico que cuida dos nobres e dos reis, a melhora do ar é objeto de instruções delicadas: o médico se faz perfumista. Não basta orientar o quarto na direção do levante, é preciso "jogar no quarto muitas flores de rosas, violetas, nenúfares". A flor de laranjeira, as cascas de limão, o benjoim vêm também acrescentar seus aromas. Serão dispostas bacias cheias de água quente para combater a secura do ar. E como o ar não é apenas carregado de odores, mas também atravessado por imagens e raios luminosos, deve-se tomar cuidado com as cores em meio às quais o doente estará. É bom, garante Du Laurens, fazer os melancólicos verem "cores vermelhas, amarelas, verdes, brancas". Assim estarão imersos num banho de alegria perfumada e luminosa.

A alimentação também deve ser minuciosamente regulada. A escolha dos alimentos em Du Laurens e em todos os médicos do Renascimento é ditada por uma preocupação com a alegria, a leveza, o frescor úmido. São qualidades psíquicas que ele se esforça em infundir e incorporar ao paciente. O peixe de rio e de água clara é claridade comestível, que por conseguinte clareará os humores sombrios. A isso se acrescentarão os ovos frescos, as carnes tenras e leves, as sopas em que se cozinharão ervas umidificadoras (borragem, buglossa, pimpinela, endívia, chicória, lúpulo etc.). "As cevadas descascadas, as amêndoas e a papa servirão infinitamente para mandar vapores suaves ao cérebro."

A esse respeito, as frutas desempenham um papel privilegiado: a uva, em especial, traz ao mesmo tempo a doçura, a frescura, a claridade. A bondade da natureza acrescenta um efeito suavemente evacuante, tão necessário ao melancólico. Nenhuma surpresa se, nos séculos seguintes, a cura pela uva continue a ser um dos tratamentos favoritos da depressão.

Por mais euforizante que pareça esse regime, é preciso, porém, esperar uma forte resistência por parte do melancólico: pois falta-lhe a vontade de se curar. Pior ainda, ele é apegado à sua doença; uma estranha perversão o faz amar "o ar grosseiro, obscuro, tenebroso, fedorento"; nele o paciente se apraz, e "segue-o por todo lado". Aliás, o melancólico não se limita a procurar esse "ar tenebroso"; inúmeros autores estão convencidos de que "vapores da melancolia" exalam de sua boca. Numa forma volátil, a atrabílis cerca o doente. Alguns chegam até a temer um contágio: se esses vapores são muito densos, um homem saudável corre certo risco em respirá-los. É o que pensa Vanini, que cita o caso de um prudente alemão que durante a Semana Santa fazia as suas devoções em casa, temendo que na igreja aspirasse uma quantidade muito grande de vapores de melancolia exalados pela multidão de fiéis contritos.[85] "Há nisso razão para se espantar?", acrescenta Vanini. "A experiência não prova que um homem se torna raivoso se dorme sob uma árvore que um cão raivoso mordeu?" Não se trata aqui de uma crença mágica, nem de uma ação misteriosa: a substância tóxica, difundida pelo doente, guarda todo o seu poder nocivo; o mal se transmite pelo hálito e pelos eflúvios.

Para que o melancólico não se afunde na solidão bestial que caracteriza o extremo dessa doença, Du Laurens recomenda as conversas, as histórias agradáveis, a música. Importa obrigar esses doentes a dialogar e conservar uma existência social. Seu círculo deverá saber habilmente entremear a condescendência e o trato rude:

> Os melancólicos jamais devem estar sozinhos, sempre é preciso lhes dar companhia que lhes seja agradável, sempre se deve elogiá-los e lhes dar uma parte do que querem, por medo de que esse humor, que é por natureza rebelde e teimoso, se amedronte; às vezes é preciso repreendê-los em suas loucas imaginações, ralhar com eles e fazê-los envergonhar-se de sua covardia, tranquilizá-los o mais possível, elogiar suas ações...

Como essa psicoterapia parece elegante e benigna, se comparada ao método de Jacques Dubois de Amiens! Este, menos livresco e provavelmente mais experiente, conhecia o perigo de suicídio que acompanha as depressões. Ali onde Du Laurens aconselha as companhias agradáveis, Dubois apela mais facilmente para guardas robustos: retiremos as armas dos melancólicos, impeçamo-los de se aproximar das janelas. E caso finjam atacar os outros ou a si mesmos, amarremo-los e batamos neles.[86] A maneira suave e a maneira forte se opõem: muitas outras vezes encontraremos esse contraste entre os meios violentos e os que recorrem a um arranjo sutil de impressões sensíveis, delicadamente matizadas.

Quanto ao tratamento farmacológico, há quase unanimidade entre os médicos do Renascimento sobre os três grandes tipos de medicamentos que convém aplicar. É preciso combinar: os *evacuativos*, que expulsam o humor corrompido; os *alterativos*, que diluem, suavizam, umedecem os depósitos de bile negra, mas sem exercer sobre eles ação mobilizadora; os *confortativos*, cujas virtudes roborativas e cordiais devolvem ao paciente o vigor e a alegria. Cada um desses três grupos de remédios inclui receitas e métodos infinitamente diversificados. Os evacuativos comportam as purgas, os remédios eméticos, as sangrias, as diversas espécies de ventosas, os sedenhos, as sanguessugas, os esternutatórios... Há lugar para mil inovações de detalhe, aliás perfeitamente insignificantes, enquanto o próprio princípio do tratamento permanece imutável.

Para as insônias dos melancólicos, Du Laurens enumera uma quantidade espantosa de drogas. São, o mais das vezes, os símplices e as especiarias mais inocentes. Mas a papoula se insinua em sua companhia. Du Laurens tem conhecimento do *laudanum* fabricado pelos "químicos", que são os discípulos próximos ou distantes de Paracelso. Essa substância é de manipulação perigosa, e não seria demais recomendar prudência:

> No uso de todos esses medicamentos narcóticos internos, é preciso se comportar com muito discernimento, por medo de que, querendo dar repouso ao pobre melancólico, nós o façamos dormir perpetuamente.
>
> É a razão pela qual os nossos hipnóticos preferidos serão pós sutis, espalhados sobre a cabeça ("pós capitais"), banhos e loções nas pernas que atrairão para as extremidades todas as fumaças nocivas. É possível também, sem nenhum pe-

rigo, aplicar emplastros e unguentos; pousar sobre o coração ou sobre a fronte "epitemas", "frontais"; compor ramalhetes e "pomos de cheiros":

É possível fazer um pomo que se cheirará. Pegue semente de meimendro, casca de raiz de mandrágora, semente de cicuta, uma dracma de cada, um escrúpulo de ópio, um pouco de óleo de mandrágora, misture tudo isso com os sucos de fumária e sempre-viva e faça um pomo; o qual se você cheirar o fará dormir muito bem; acrescente para a correção um pouco de âmbar e almíscar.

Como vemos, a farmácia do melancólico é bem fornida. Se ele resolver se cuidar, deverá arrumar em torno de si mil potes e garrafas; graças a Du Laurens, a Burton, aprenderá talvez a confeccionar pessoalmente xaropes, poções, tigelas, tabletes, conservas, pastas, maçapães, decocções, elixires, pastilhas almiscaradas, eletuários, opiatos... Uma profusão de drogas que apenas respondem ao polimorfismo dos sintomas da melancolia. Um mal tão diversificado pede remédios compósitos. Francesco Gerosa, em sua *Magia* (publicado em 1608, em Bérgamo), propõe um remédio contra a melancolia que tem nada menos que 95 ingredientes! Os malefícios da melancolia são uma legião: é preciso opor-lhes medicamentos-falange.

Por seus próprios nomes, certas drogas anunciam o efeito prazeroso que visam a produzir: *confectio laetificans*, pó de alegria; outras, como o *eletuário de pedras preciosas*, o ouro potável, o bezoar, cativam nossa imaginação e fazem sonhar com o poder benéfico que se liga às matérias raras. Ao folhear o grande inventário que Burton nos dá, vê-se que o arsenal terapêutico da melancolia mobiliza recursos tirados de todas as partes do universo.

Essa riqueza de medicamentos deveria tranquilizar e realegrar o melancólico, dar-lhe a sensação de estar cercado, protegido, cuidado. Aí ele pode encontrar a imagem de uma natureza tão profusa como benfazeja. Tudo se passa como se os médicos do Renascimento se engenhassem em oferecer ao melancólico, até na multiplicação das drogas, o espetáculo de uma diversidade feliz e de uma inesgotável produtividade. Não é esse um benefício para a existência melancólica, que é monótona e que se tranca na convicção de sua pobreza e de sua esterilidade? Sem que os terapeutas tenham verdadeiramente pensado nisso, sua polifarmácia e sua polipragmasia realizavam uma espécie de antidotismo psíquico, opondo os tesouros de um vasto universo à penúria desestimulante do melancólico. O mundo não é nem tão estreito nem tão vazio quanto você pensa!

Du Laurens não é um homem isolado. Dá forma a um saber livresco, que outros ensinam tão bem quanto ele, e que as gerações seguintes, por sua vez, retomarão. Teríamos encontrado as mesmas diretivas de tratamento em Jean Fernel,[87] em Timothy Bright,[88] em Felix Platter.[89] Os grandes compiladores do século XVII nada mudarão. Os inúmeros autores de teses de doutorado dedicadas à melancolia evitarão atentar contra a doutrina de seus mestres. Boerhaave manterá a concepção humoral da melancolia.[90] Como se surpreender se, com a suposta causa permanecendo a mesma, o tratamento recorre invariavelmente aos mesmos procedimentos?

Escutemos Raulin, conselheiro-médico ordinário de Luís XV, que dedica aos *vapores* um livro inteiro:

> A melancolia vem sempre da dissipação da serosidade do sangue, e das partes mais divididas desse líquido; quando é despojado de seu veículo, só consegue circular com lentidão [...]. Quando as matérias que causam a melancolia se fixam nas vísceras do abdômen, vão geralmente para o espírito, tornam triste, inquieto [...]. A matéria dos entupimentos que causam esses sintomas é ordinariamente espessa, viscosa, e difícil de destruir; em breve ela toma, ou tomou o aspecto que deve conservar durante toda a doença; é ácida ou rançosa; distinguimo-la pelas impressões que causa no estômago ou na boca, e pela natureza dos arrotos; são dados em quantidade, e ordinariamente têm um ou outro gosto [...]. Como essas causas da melancolia são diferentes, exigem também uma cura diferente; se os arrotos são ácidos, damos remédios em condições de dividir e destruir as matérias acres; se são nidorosos, damos ácidos [...]. Quando os arrotos são acres, nada convém melhor que sabão com sal de absinto, raiz de valeriana, de genciana e de outras plantas da mesma qualidade; também nos servimos com sucesso de gomas que dissolvem sem irritar, como a assa-fétida, o opopânace, o gálbano, o sagapeno, o olíbano.[91]

Quantos finos esclarecimentos nos dão os arrotos! A teoria clássica da melancolia se enriquece com um "teste", mas não sofre modificações. Todavia, a originalidade terapêutica de Raulin consiste em dar preferência aos remédios "alterantes" e "dissolventes", cuja ação é mais suave e mais segura que a dos vomitórios e purgantes. Estes podem ser até mesmo nefastos; "dissipam ainda mais e penetram mais e mais nos pequenos vasos dos hipocôndrios as matérias viscosas e tenazes que causam a doença; aliás, fazendo violência a esses pequenos vasos, que são extremamente moles, corre-se o risco de rompê-los e causar congestões incuráveis". Se os doentes são purgados, cuidado com o infarto e a equimose melancólicas! A clientela, sobretudo feminina, de Raulin devia ser grata a ele por essa prudência. No mais, as antigas terapêuticas umidificadoras são muito oportunas, pois o objetivo visado é amolecer sem purgar, dar a um humor viscoso e concentrado a serosidade que lhe falta, liberar suavemente os vasos obstruídos, fluidificando o lodo pesado da melancolia. O clister, ministrado com delicadeza, pode fazer maravilhas.

SOBREVIVÊNCIAS

A longa sobrevida da teoria da atrabílis não deve nos surpreender. Ela não se deve apenas à inércia escolar, à docilidade obtusa, à ausência de espírito crítico. A atrabílis é a condensação metafórica da experiência direta que podemos fazer da melancolia e do homem melancólico. Até que a ciência se armasse de métodos anatômicos e químicos bastante precisos para demonstrar que a atrabílis era uma visão do espírito, esse humor negro permanecia a representação mais satisfatória e a mais sintética de uma existência dominada pela preocupação com o corpo, com o peso da tristeza, pobre em iniciativas e em movimento. Não podemos deixar de admitir, hoje, a pertinência simbólica e expressiva da imagem da bile negra. Ainda não abandonamos completamente essa maneira de ver, e talvez ela corresponda a uma intuição fundamental, cuja validade nos seria demonstrada por uma análise fenomenológica um pouco profunda. Sem recorrer expressamente à imagem de um humor espesso, pesado e negro, circulando com lentidão e soltando vapores escuros, dizemos de um melancólico que sua mímica é *apagada*, que sua motricidade é como que *pegajosa*, que ele é dominado por ideias *negras*. Somos conscientes de, assim, apelar para metáforas; no entanto, é difícil encontrarmos os termos descritivos que não sejam análogos àqueles que a teoria humoral usava, em seu sentido literal, para caracterizar as propriedades físicas da bile negra. A atrabílis é uma metáfora que se ignora, e que pretende se impor como um fato decorrente da experiência. Pois a imaginação quer crer numa *matéria* melancólica, até prova em contrário. E é só depois de ter renunciado ao sentido substancial que ela admite a existência de um sentido figurado.

Basta pensar no valor alegórico de que se podem revestir as terapêuticas clássicas da melancolia para compreender por que gozaram de simpatia por tanto tempo. O emprego de purgantes realiza concretamente um sonho de *libertação*; os "confortativos" *restauram* o corpo; os dissolventes restabelecem a *homogeneidade* dos sucos internos; os unguentos e as massagens *amaciam* os membros; não há nenhuma dessas operações que não tenha seu equivalente psíquico, e que talvez não o induza. Nossas psicoterapias modernas pretendem realizar no nível do *eu* efeitos análogos aos que os terapeutas do passado tentavam obter no nível do corpo. Acreditando agir sobre a causa material da doença, eles praticavam, sem saber, um tratamento psicológico em que a afetividade do doente era constantemente solicitada, embora se tratasse só de seu corpo. Na verdade, a prática dos evacuativos, dos diluentes e dos roborativos obrigava o paciente a "somatizar" a sua representação da doença e a imitar com o corpo o processo da "catarse" e da reconstrução psíquica. O método devia, talvez, contar com alguns sucessos para se transmitir com tanta regularidade de uma geração a outra.

Tudo isso explica por que a teoria da atrabílis só muito devagar cedeu o terreno que ocupava; também por que as terapêuticas que ela era a única a justificar tentaram sobreviver a ela, apelando para teorias diferentes ou fazendo-se passar por puramente empíricas.

Já é ousado questionar, como o faz o autor do artigo "Melancolia" da *Encyclopédie*, o mecanismo que liga o delírio melancólico aos distúrbios gástricos e esplênicos desses doentes. Os raciocínios dos antigos lhe parecem insatisfatórios. Mas embora esses fenômenos sejam dificilmente explicáveis, eles conservam a seus olhos a qualidade de fatos de experiência. Ele está convencido de que as matérias vomitadas por esses doentes são quase sempre "grossas como a pez" e que essas "evacuações muitas vezes foram salutares". Sem a menor hesitação, dá como certa a história "de um homem que foi curado de melancolia por um suor azulado que saiu em abundância do hipocôndrio direito", e aceita sem maiores críticas o caso de um melancólico "que foi muito aliviado por uma excreção abundante de urina preta". Já que tais são os fatos, a purgação é sempre o melhor tratamento. Se os efeitos do heléboro parecem desiguais e perigosos, ele compensa adotando purgantes químicos: "os aperitivos salinos, o salitre, o sal de Glauber, o sal de Seignette, o tártaro vitriolado", ao que se acrescentará, pelo final do século XVIII, o calomelano.

SYDENHAM

Quando Sydenham atribui a histeria e a hipocondria à desordem e à corrupção dos espíritos (compreenda-se: espíritos animais), acentua em especial a fraqueza do sangue, incapaz de refrear e disciplinar as emanações provenientes dos "sucos degenerados".[92] O interesse do terapeuta se concentra, pois, no sangue: é preciso, acima de tudo, fortificar os espíritos fortificando o sangue onde eles se originam. A evacuação terá apenas um papel menor no tratamento da hipocondria: convém até mesmo desistir de vez da sangria ou das purgações se os doentes estão muito debilitados. O essencial é restituir ao doente as energias que lhe faltam: por conseguinte, sem se afastar demais da tradição, Sydenham dá maior valor à medicação roborativa, sobretudo aos marciais. Portanto, mais que prestarmos atenção à atrabílis, pensemos em reforçar os antagonismos do humor negro, peçamos socorro à parte que permaneceu saudável. Se o sangue, nessa afeccção, está enfraquecido e languescente, é preciso torná-lo mais generoso, e o ferro pode contribuir admiravelmente, mais ainda se o tomamos tal como sai das mãos da natureza, por exemplo bebendo a água das fontes ferruginosas. Ao ferro se acrescenta a quinquina, droga maravilhosa para fortificar o sangue e os espíritos. A dieta láctea pode servir ao mesmo objetivo:

> Como o leite é um alimento muito simples, é perfeitamente digerido, e com menos dificuldade que muitos outros nutrientes; o que produz, necessariamente, bom sangue, e espíritos de mesma natureza.[93]

O leite não é a substância ideal, que proporcionará ao melancólico a suavidade e o rejuvenescimento que lhe são necessários? O leite dá um sangue de criança: "Embora o leite forneça um alimento cru e leve, não deixa de produzir um sangue doce e balsâmico". E o comentarista prolonga o devaneio numa direção que é muito natural seguir (Constantino, o Africano, já se deixara seduzir pelo mesmo fantasma):

> O leite de mulher é o mais suave, o mais leve, e o mais conforme à nossa natureza. Os Autores relatam curas maravilhosas que ele operou, mas a dificuldade é ter quantidades suficientes.[94]

Ah, sem dúvida! Como obter bastante leite de mulher para um adulto, para que ele se tornasse a sua alimentação exclusiva? Pois só é possível aproveitar essa terapêutica quando se afasta qualquer outro alimento: o melancólico é convidado a uma regressão completa, e para se restaurar de verdade deve voltar a ser uma criança alimentada no seio. Outro método, mais próprio ao adulto, será "animar o sangue e os espíritos": montar a cavalo quase todo dia:[95]

> Esse exercício, pelos solavancos redobrados que causa aos pulmões, e sobretudo às vísceras do baixo-ventre, livra o sangue dos humores excremenciais que ali se estagnam, dá elasticidade às fibras, restabelece as funções dos órgãos, reanima o calor natural, evacua pela transpiração ou de outra maneira os sucos degenerados, ou então os restabelece em seu primeiro estado, dissipa as obstruções, abre todos os corredores e, por fim, pelo movimento contínuo que causa ao sangue, o renova, por assim dizer, e lhe dá um vigor extraordinário.[96]

À guisa de exemplo, Sydenham relata o caso de um prelado da Inglaterra que, "tendo esgotado as suas forças por uma aplicação excessiva ao estudo, caiu na afecção hipocondríaca, cuja duração corrompeu todas as leveduras do corpo e arruinou todas as digestões". Enquanto o paciente está quase moribundo, todas as outras terapêuticas se revelam vãs e perigosas, mas os passeios a cavalo fazem maravilhas.

FRIEDRICH HOFFMANN

A teoria da atrabílis parece ausente dos textos de Friedrich Hoffman, médico "sistemático", adversário da quimiatria e pouco propenso a aceitar as asserções do velho humoralismo. Mas ele apenas transfere ao sangue as qualidades de lentidão, espessura e preguiça que os antigos atribuem à atrabílis. Para Hoffmann, a melancolia é uma afecção local do cérebro, causada por um *status strictus*, um espasmo da dura-máter:

> Quando a dura-máter se comprime de modo que os sínus se tornam mais estreitos, e que o sangue tem mais dificuldade para passar, nascem na alma diferentes impressões de tristeza ou medo sem fundamento, que por vezes vão até o desespero, e são acompanhadas de um distúrbio da inteligência.[97]

Nada mais diferente dos vapores negros evocados pela teoria galênica: uma mecânica simples e rigorosa explica a melancolia e a sua lentidão pelo embaraço da circulação do sangue no crânio. Mas o fato é que se incriminam de novo a viscosidade e o espessamento de um "suco" orgânico que é preciso umedecer, ou que a clássica sangria evacuará, se necessário. Assim, embora se dirija ao sangue e não mais à atrabílis, a terapêutica permanece sensivelmente a mesma. De fato, a nova teoria de Hoffmann, pelo recurso à explicação somática, é muito semelhante à antiga: continua a interpretar a doença evocando alterações materiais imaginárias, nas quais reconhecemos hoje o equivalente metafórico do estado de espírito melancólico.

ANNE-CHARLES LORRY

O século XVIII demonstra grande interesse pelos fenômenos convulsivos. Mas como classificá-los? É bastante cômodo seguir o exemplo de Sydenham, que considera a histeria da mulher e a hipocondria do homem como uma doença única. Podemos, no entanto, ficar com os "espíritos animais" da fisiologia cartesiana. Agora que os anatomistas conhecem melhor as estruturas nervosas, vai se atribuir aos nervos boa parte dos sintomas. É assim que o francês Anne-Charles Lorry, num livro publicado em 1765, separa por princípio uma *melancolia humoral*, devida à atrabílis, que se reconhece pela predominância dos distúrbios digestivos, e uma *melancolia nervosa*, "sem matéria", que não depende dos humores, mas dos sólidos, e na qual predominam os fenômenos convulsivos.[98] Como se produz a melancolia nervosa? É uma doença cujo mecanismo se situa no nível das fibras que constituem o nosso organismo: um espasmo excessivo as contrai, mas ao espasmo se sucedem necessariamente a atonia, a fraqueza, a lassidão, a languidez. Assim se explicam as alternâncias de paroxismos e de fraquezas. E qual terapêutica decorre disso? Primeiro, fortalecer o organismo, dar às fibras um bom tônus, que não se deixe facilmente levar pelo espasmo e que não se relaxe a ponto de ficar muito mole. No eretismo, é preciso dar medicações que serenem e distendam, como o álcali volátil. Às vezes, por um singular paradoxo, é por um espasmo mais violento que se obtém o relaxamento: *spasmus spasmo solvitur*. A atonia deve ser combatida, ao contrário, por roborativos e analépticos. Lorry, cuja erudição clássica é impecável, passa em revista toda a tradição: prescreva exercícios, jogos, banhos; não, acima de tudo não vá sangrar ou purgar, já que não há nada que deva ser evacuado! Ministre alimentos fortificantes e leves, leite, frutas, e sobretudo uvas. (Como se vê, Lorry receita para fortificar os nervos o que Sydenham prescrevia para fortificar o sangue!) No momento de maior *tensão* das fibras nervosas, não vá prescrever quinquina: embora ela passe por ser um "tônico espasmódico", só fará aumentar mais a tensão. Mas prescreva-a corajosamente quando prevalecer a atonia. Ative, anime o espírito com conversas, trabalhos, viagens. Por que os médicos raramente sofrem de melancolia nervosa? É, responde Lorry, porque se ocupam das desgraças dos outros.

O ideal da saúde recuperada formula-se como uma "homotonia": uma harmonização do tônus fibrilar do organismo inteiro; a felicidade, a euforia são uma tensão média, capaz de se adaptar com flexibilidade às exigências da vida. Nenhuma necessidade de expulsar uma matéria parasitária. O tratamento que a melancolia nervosa demanda é a doce estimulação, a animação e a moderação simultâneas das energias interiores, a regulação sábia que leva à harmonia as cordas do instrumento delicado e frágil que é o nosso organismo.

Compreende-se que Lorry desconfie do ópio: esse medicamento lhe parece um depressivo cujo efeito traz o perigo de acentuar ainda mais a lentidão e a atonia decorrentes da doença. Ninguém desperta de um sono opiáceo sem atonia, ou sem espasmo compensatório. E caso se dê novamente ópio para combater esses efeitos, terá se afastado um mal em troca de um mal maior. Quanta prudência Lorry já não preconiza no emprego dos "antiespasmódicos roborativos" como a raiz da valeriana silvestre! (Sydenham, que não poupa entusiasmo pelas virtudes da "lágrima da papoula", reserva o láudano para as cólicas e os vômitos histéricos; hesita muito em preconizá-lo como sedativo da angústia; não há o risco de se tranquilizar muito fortemente o doente?)

O livro de Lorry marca o limite exato entre dois momentos do pensamento psiquiátrico. Situa-se no instante aparentemente indeciso em que a concepção nova surge ao lado da teoria antiga, pretendendo completá-la, não suplantá-la. Por um tempo bastante curto, a ideia nova e a ideia ultrapassada parecem que não são incompatíveis: todos se empenham em combiná-las elegantemente. Uma precária linha divisória separa os respectivos campos. A melancolia nervosa e a melancolia humoral formam um par simétrico. Mas o equilíbrio é instável: a melancolia humoral já cedeu metade de seu território, e em breve abandonará o resto.

A época moderna

NOVOS CONCEITOS

A filosofia sensualista do século XVIII, dando à percepção e à sensação papel determinante no desenvolvimento das nossas ideias ou das nossas paixões, conferia aos nervos e ao sistema nervoso uma responsabilidade maior. Embora as funções principais do cérebro e dos nervos fossem conhecidas de longa data, coube ao século das Luzes atribuir-lhes a primazia mais indiscutível. O sistema nervoso é essa vasta rede sensível pela qual o homem percebe a si mesmo, toma conhecimento do mundo e reage às impressões que lhe são comunicadas. São os nervos e o cérebro que comandam o comportamento intelectual e físico do indivíduo. E é por uma desregulação das operações nervosas que se constitui a doença mental. A irritabilidade (cujo papel capital na maioria dos fenômenos fisiológicos Albrecht von Haller se empenhou em descrever) explica as desordens do espírito sem que seja necessário passar pelo intermediário da atrabílis e dos sucos corrompidos. A teoria antiga rezava que os sintomas melancólicos eram o resultado de uma agressão do cérebro (ou dos "ventrículos") por um humor que nascera em outro lugar: a doença era a expressão de um conflito entre o órgão cerebral e uma substância estranha. Assim, o autor do artigo "Melancolia" da *Encyclopédie* escreve:

Todos os sintomas que a constituem são, o mais das vezes, excitados por certos vícios no baixo-ventre, e sobretudo pela região epigástrica. Há todas as razões para presumir que é aí que reside ordinariamente a causa imediata da melancolia, e que *o cérebro é apenas simpaticamente afetado.*

Mas de agora em diante tudo acontece no próprio sistema nervoso, a desordem diz respeito a um só órgão em suas diversas partes. A melancolia é uma doença do ser sensível. Para os autores do século XVIII ela costuma se caracterizar por alternâncias de hiperestesia e hebetismo. A definição que enfim prevalecerá vai ser totalmente intelectual: a melancolia é o predomínio desmedido que uma *ideia exclusiva* exerce sobre o espírito. Escutemos Pinel:[99] a melancolia "consiste num *falso julgamento* que o doente faz sobre o estado de seu corpo, que ele acredita estar em perigo devido a causas leves, em que ele teme que seus problemas tenham um desfecho desagradável". Os teóricos da ideia exclusiva também podem encontrar precursores entre os antigos e convocar a sua autoridade: "A melancolia, disse Areteu, é uma afecção sem febre, na qual o espírito triste fica sempre fixado na mesma ideia e a ela se apega teimosamente".[100] A ideia exclusiva, o falso julgamento não são sintomas secundários: constituem a essência mesma da doença. É por isso que os autores do início do século XIX, como Esquirol, esforçam-se em banir toda reminiscência humoral e aconselham riscar do vocabulário científico a palavra "melancolia", que abandonam aos poetas e aos vulgos. O melhor, a seu ver, é forjar novos termos: "monomania triste", ou "lipemania".[101]

Mas a antiga teoria humoral não desaparece de vez. Mantém-se até mesmo bem firme numa posição de defesa: embora se repudie o conceito da atrabílis patogênica, conserva-se a noção de um temperamento melancólico. Trata-se simplesmente de um tipo constitucional "em que predomina o sistema hepático". Cabanis[102] é um dos principais responsáveis por essa fidelidade à antiga teoria dos temperamentos (sanguíneo, bilioso, melancólico, fleumático) e a eles acrescenta significativamente um temperamento nervoso e um temperamento muscular. Por si só, o temperamento jamais produzirá a doença mental: define uma predisposição, constitui o fundo orgânico, em geral hereditário, sobre o qual o processo psicológico poderá se desenvolver. O temperamento melancólico não faz a melancolia: oferece-lhe um terreno propício. Representa a base *física*, sem a qual as transformações *morais* não aconteceriam.

É a razão pela qual os antigos tratamentos, que se dirigiam à atrabílis e que se acreditava que atacassem a própria causa da doença, ainda podem ser ministrados. Embora já não lhes reconheçam eficácia causal, admite-se que agem sobre a predisposição, sobre o "terreno". Assim, o remédio ou o processo que era considerado específico permanece em uso, mas à guisa de adjuvante.

Em outro ponto — a noção de hipocondria —, há também um esforço de manter em vigor certos aspectos da doutrina antiga. Se os autores do início do século XIX consideram a melancolia (ou lipemania) como um delírio exclusivo cujas causas são sobretudo morais, eles distinguem a hipocondria, que definem como um distúrbio digestivo acompanhado de temores exagerados do doente em relação a seu estado físico: é uma dispepsia de repercussão psicológica. Portanto, nem tudo está rompido com a tradição: mantém-se a noção de um distúrbio mental cuja causa é visceral. Ainda será preciso esperar quase meio século para que qualquer menção a uma origem dispéptica desapareça da descrição da hipocondria, e para que essa afecção seja considerada um mero comportamento, sem ligação causal com a região anatômica dos hipocôndrios. É significativo, porém, que os autores do século XIX atribuam ao mal hipocondríaco uma amplidão consideravelmente menor que à lipemania. A doença mental de origem abdominal lhes parece muito menos grave e menos digna de atenção que o transtorno devido a causas "que agem mais diretamente sobre o cérebro, sobre a sensibilidade, a inteligência" (Esquirol).

Desnecessário dizer que a melancolia, tal como é concebida pelos grandes psiquiatras da escola francesa, admite todos os tratamentos tradicionais: purgativos, dissolventes, digestivos. Todo o arsenal terapêutico dirigido outrora contra a atrabílis permanece ao alcance da mão. Por que não se usariam esses remédios testados pelos séculos? Seriam talvez eficazes independentemente das teorias errôneas que justificavam o seu emprego e que explicavam a razão dos seus efeitos? Aceitemo-los como receitas empíricas. Ou ajustemos a eles as nossas novas teorias. Purguemos os hipocondríacos e os melancólicos, não porque é preciso expulsar a bile negra, mas simplesmente porque bem sabemos que esses doentes são em geral muito constipados e se sentem melhor depois de uma purga. Ministra-se, assim, idêntico tratamento por outros motivos. Poderia ser ministrado até sem motivo, simplesmente porque a tradição o impõe, e porque, na falta de algo melhor, é preferível prescrever uma medicação sintomática na qual não se deposita muita esperança a não prescrever nada.

Como se espantar que o gesto terapêutico ainda seja dirigido pela teoria defunta, quando o próprio olhar do observador permanece singularmente prevenido? Continuam-se a encontrar no cérebro dos doentes mentais "derramamentos de humores corrosivos", veem-se vasos "recheados de matérias enegrecidas, pegajosas e deletérias".[103] Esquirol, que não admite a origem abdominal da lipemania, não deixa de verificar com surpreendente frequência ptoses e "deslocamentos" do cólon transverso.[104] É verdade que, enquanto ainda continuam enfeitiçados pelos antigos dogmas, os sábios procuram igualmente confirmações anatômicas, tangíveis e visíveis, capazes de dar um substrato concreto à teoria nervosa da melancolia. Que sorte, então, poder tomar como avalista Morgagni, que no cérebro e na medula dos loucos observa diferenças consistentes. É a imagem macroscópica e grosseira do "desequilíbrio nervoso".

Cabanis contenta-se com isso e considera satisfatória a explicação: "O mais das vezes, a moleza de certas partes estava em contradição com a firmeza de outras; o que pareceria explicar diretamente a falta de harmonia das funções por aquela das forças tônicas próprias às diversas partes de seu órgão imediato".[105] Essa hipótese, desnecessário acrescentar, terá apenas uma vida fugaz.

PINEL E ESQUIROL

Ao ler os textos de Pinel, percebemos que o recurso às terapêuticas antigas é mais ou menos constante, quando o tratamento ideal de uma doença cujas causas são sobretudo morais deveria se fixar principalmente nas *impressões* tidas pelo paciente. A prática não pode seguir de imediato os postulados de uma teoria nova, que ainda tateia, que ainda não publicou suas regras, e sobre a qual ainda não se obteve a completa anuência universal.

Eis uma história que nos dá uma ideia bastante precisa de como Pinel observava seus pacientes e tratava deles:

> Um operário dedicado a um trabalho sedentário veio me consultar, pelo fim de outubro de 1783, sobre uma perda de apetite, uma tristeza excessiva e sem causa conhecida, enfim, uma tendência insuperável para ir se jogar no Sena. Sinais inequívocos de uma afecção gástrica fazem prescrever o uso de certas bebidas

> relaxantes, e por alguns dias o soro do leite. O ventre torna-se muito mais livre, e o melancólico, muito pouco atormentado com suas ideias de destruição durante o inverno, livra-se dela durante a primavera, e olhamos sua cura como completa; mas no declínio do outono, novo retorno das crises, véu sombrio e enegrecido espalhado sobre toda a natureza, impulso irresistível para o Sena a fim de ali terminar sua vida; [...] logo tivemos a prova mais autêntica de que ele executou seu projeto funesto e seguiu seu cego desespero.[106]

Mas o que teria feito Pinel se não tivesse encontrado os sinais gástricos que justificassem a medicação? Os princípios que ele formula com mais constância para a terapêutica da melancolia convocam sobretudo um *tratamento moral.* A história que acabamos de relatar serve de exemplo a Pinel para mostrar tanto o valor como os limites de certos "remédios simples": esse gênero de medicação mostra-se, o mais das vezes, insuficiente, e muito inferior, por seus efeitos, aos meios que desencadeiam uma "emoção viva e profunda". Se queremos provocar "uma mudança sólida e durável", é preciso agir sobre as paixões, os hábitos, as sensações, inspirando habilmente sensações, hábitos e paixões diferentes daqueles que a doença implantou:

> É impossível curar radicalmente a melancolia, se não se destroem as causas que a produzem. Portanto, é de primeira necessidade ter conhecimento prévio dessas causas. Lembrando as que são mais frequentes, sentiremos que só produzindo nos melancólicos impressões enérgicas e por muito tempo continuadas sobre todos os seus sentidos externos, só combinando habilmente todos os meios do campo da higiene, é que será possível produzir uma mudança duradoura e obter um feliz desvio das ideias tristes dos melancólicos, e até mesmo mudar seu encadeamento vicioso e descobrir qual é o pequeno número de casos em que os medicamentos são necessários.[107]

Mas um tratamento moral só tem possibilidade de dar certo se o paciente estiver em condições de responder, isto é, se ainda for sensível às impressões que se desejam produzir nele. Por essa razão a correção terapêutica deve intervir no início da doença, num momento em que o espírito do doente ainda está bastante disponível para se deixar reeducar:

> Os autores de todos os tempos observaram que a melancolia é, em geral, tão mais difícil de curar quanto mais antiga ela é. Essa observação é comum a todas as doenças nervosas, em que o poder do hábito modifica a tal ponto a economia animal, que produz nela uma tendência a reiterar atos já exercidos mais ou menos frequentemente. Portanto, é no começo que mais se deve esperar mudar o hábito físico e moral dos melancólicos, excitar-lhes outras tendências, produzir uma nova ordem de modificações que recoloque sua alma no livre exercício de suas faculdades, fazendo renascer enfim a saúde.[108]

Um mal essencialmente psíquico exige remédios de ordem psicológica. Como escolhê-los? Os meios capazes de impressionar são limitados. Quais serão eficazes? A dificuldade é conseguir encontrar os que serão exatamente apropriados ao estado do paciente: há uma técnica precisa que permita escolher, com conhecimento de causa, um método mais que outro? Se é verdade que o homem reage às impressões exercidas sobre ele, ainda assim é preciso conhecer a *lei* dessa reação. A tarefa então imposta ao psicoterapeuta não é imensa? Espera-se dele um saber universal. Deverá não só possuir todos os segredos da psicologia, mas conhecer com exatidão a história pessoal de cada um de seus pacientes. Esquirol não se apavora e convida-nos a enfrentar alegremente essa tarefa:

> Quem quer aprofundar o estudo da monomania não pode ser alheio aos estudos relativos aos progressos e à marcha do espírito humano; assim, essa doença está em relação direta de frequência com o desenvolvimento das faculdades intelectuais; quanto mais a inteligência é desenvolvida, mais o cérebro é posto em atividade, mais é de se temer a monomania. Não há progresso nas ciências, invenção nas artes, inovação importante que não tenham servido de causas à monomania, ou que não lhe tenham emprestado suas características. O mesmo ocorre com as ideias dominantes, os erros gerais, as convicções universais verdadeiras ou falsas que imprimem um caráter próprio a cada período da vida social [...]. A monomania é essencialmente a doença da sensibilidade, repousa inteiramente em nossas afeições; seu estudo é inseparável do conhecimento das paixões, é no coração do homem que tem sua sede, é ali que é preciso pesquisar para captar todas as suas nuances.[109]

As consequências terapêuticas que Esquirol tira daí parecem-nos hoje um pouco limitadas. A medicina moral tal como ele a concebe é, antes de tudo, um testemunho de boa vontade e de compaixão:

> A medicina moral, que procura no coração as primeiras causas do mal, que lastima, que chora, que consola, que partilha os sofrimentos e desperta a esperança, costuma ser preferível a qualquer outra.[110]

Todavia, é verdade que Esquirol não promete êxitos fáceis: "Antes de qualquer medicação é preciso estar bem convencido de que essa doença é teimosa, difícil de curar".[111] O que equivale a dizer que não é possível se prevalecer de um conhecimento perfeito do coração humano nem de uma técnica que o modificasse infalivelmente. Outros, que tiveram a mesma ambição antes de Esquirol, também reconheceram o próprio malogro. Rousseau sonhara com uma moral sensitiva, em que as nossas ações fossem imperceptivelmente dirigidas pela ordenação dos excitantes sensíveis do mundo exterior: cores, sons, paisagens etc. Mas abandonou a empreitada no meio do caminho. Stendhal, grande leitor de Cabanis e dos "ideólogos", sonhou em guiar os seus atos por meio de uma "lógica" soberana que lhe desse tanto o domínio dos seus próprios sentimentos quanto o dos sentimentos dos outros. Isso permanecerá um sonho de poder, muito longe de qualquer possibilidade de realização.

OS MÉTODOS DO "TRATAMENTO MORAL"

"Cada melancólico deve ser conduzido segundo um conhecimento perfeito do alcance de seu espírito, de seu caráter e de seus hábitos, a fim de subjugar a paixão que, dominando seu pensamento, entretém seu delírio."[112] A tarefa principal da terapêutica é "destruir a ideia exclusiva",[113] segundo a expressão de Pinel.[114]

Aos olhos de Pinel e Esquirol, o melancólico é vítima de uma ideia que ele formou, a qual leva dentro dele uma vida parasitária. Expulse, destrua, dissolva, consiga explodir essa ideia dominante, e a doença desaparecerá junto com ela. A monomania se edifica inteiramente em torno de um "núcleo" patológico, cuja natureza é mental: paixão, convicção, julgamento errado. Tudo procede da ideia delirante. E os psiquiatras da escola francesa dão desse corpo estranho uma imagem tão concreta, tão objetiva, tão "coisificada", que ela exige medidas que guardam analogias com as que os médicos do passado aplicavam à atrabílis. O parasitismo da ideia exclusiva é o equivalente intelectual do parasitismo humoral da bile negra. Os psiquiatras franceses do século XIX falarão frequentemente de *revulsão moral*, transpondo para o plano psíquico um termo da terapêutica somática. (Aos que ficariam tentados a sorrir, lembremos que a psicanálise, ao menos no início, figurava os *complexos* como coisas, e a *catarse* como uma verdadeira purgação moral.)

Passemos em revista alguns métodos pelos quais se tentou liberar o melancólico de sua opressão taciturna, reanimá-lo, devolvê-lo a si mesmo desviando-o de sua tristeza. O interesse desse estudo ultrapassa o plano anedótico em que de início parece se situar. Por mais que se saiba que essa forma ainda ingênua de psicoterapia não está em condições de cumprir suas promessas, isto é, de destruir ou reabsorver o delírio melancólico, ela nos dá, porém, a ocasião de flagrar certos aspectos do comportamento terapêutico, de observar ao vivo certas atitudes espontaneamente adotadas pelo psiquiatra em presença do deprimido. Não demoraremos a observar, em especial, que a relação do médico com o melancólico oscila entre a generosidade indulgente e a severidade brutal. Diante da dificuldade que ele sente em estabelecer a comunicação com o doente no plano neutro e médio da conversa ordinária, tudo se passa como se procurasse forçar o acesso ao mundo ensombrecido em que o deprimido se fechou. Métodos condescendentes e métodos duros pretendem alternadamente obter a eficácia mais segura para quebrar as defesas e atingir a consciência do doente. Outrora, acreditava-se que todas as posologias deviam ser duplicadas se quiséssemos que um remédio fizesse efeito no organismo de um louco.[115] No tratamento moral, o médico é igualmente tentado a *exagerar* a iniciativa terapêutica recorrendo a uma forma de comunicação caricatural, como se o doente, inacessível à linguagem e aos procedimentos banais, devesse ser mais sensível a medidas extraordinárias, em especial a provas excessivas de benevolência ou autoridade. Essas dificuldades de acesso, astúcias e violências são mais explicáveis na medida em que, sob o nome de melancolia e lipemania, designavam-se não só verdadeiros depressivos mas também doentes que, incontestavelmente, teriam sido considerados hoje esquizofrênicos paranoides. A ideia fixa, o "delírio exclusivo", podia se referir tanto à imagem alucinatória esquizofrênica como à ideia delirante do paranoico, ao tema obsessional do neurótico ou enfim ao monoideismo do melancólico, segundo a nomenclatura psicopatológica moderna. Pouco importa: mesmo que a palavra "melancolia" fosse então tomada numa acepção diferente e mais vasta, não devemos duvidar de que os que hoje consideraríamos melancólicos e deprimidos seriam, em todo caso, incluídos nas indicações do tratamento moral.

A fraude caridosa representa uma das formas extremas do método complacente. O terapeuta resolve se aproximar do melancólico fingindo acreditar, como ele, na sua ideia delirante; concede-lhe que ele tem razão. Em vez de ser contraditado, o doente se sentirá aprovado, amistosamente afagado: alguém o compreende, ele não está mais só, pode livremente se entregar. A partir dessa cumplicidade, um diálogo poderá começar, diálogo seguramente inautêntico, já que o médico está de má-fé. Mas o objetivo desse diálogo é comprometer o doente numa ação ao término da qual ele verificará concretamente, com os seus próprios olhos, a destruição do objeto que era o tema do seu delírio. Para isso é preciso que o médico recorra a diversos estratagemas, que ao mesmo tempo satisfarão a vontade do doente e o levarão a renunciar ao comportamento insensato.

Esse método quase pedagógico é muito antigo. Quando a doença mental parece depender inteiramente de uma só imagem alucinatória, de uma só convicção errônea, por que não acumular todas as astúcias, todos os esforços da dialética para fornecer a prova tangível da inexistência do objeto imaginário, ou, na falta de algo melhor, para obrigar o doente a mudar de comportamento permanecendo, porém, vinculado à sua ideia delirante? Não faltam na literatura antiga exemplos dessa ordem: um melancólico acredita não ter mais cabeça; o seu médico o cura fazendo-o vestir uma capa de chumbo etc. E são justamente esses exemplos que Pinel e Esquirol mais gostam de transcrever em seus próprios textos. Os casos que eles relatam já foram mil vezes relatados: vêm de Alexandre de Trales, de Du Laurens, de Zacutus, de Pierre Forest, de Sennert, de Nicolaes Tulp etc. Essas histórias recebem agora um valor exemplar que nunca tinham tido antes: trazem a ilustração lendária da eficácia das ficções curativas que revidam vitoriosamente as ficções delirantes. Leiamos certas passagens do artigo que Pinel dedica à "Melancolia" na *Encyclopédie méthodique*:[116]

Às vezes é muito urgente destruir certas ideias quiméricas que dominam os melancólicos a ponto de impedi-los, em certos casos, de satisfazer as necessidades mais urgentes. Um melancólico imaginava estar morto, e por conseguinte não queria comer. Todos os meios empregados para fazê-lo ingerir algum alimento fracassaram: ele corria o risco de morrer de fome quando um de seus amigos teve a ideia de fingir-se de morto. Pôs-se este último num caixão diante do melancólico e alguns momentos depois deram-lhe o jantar: o melancólico, vendo o falso morto comer, pensou que podia fazer o mesmo e se impôs o dever de imitá-lo. Um outro se obstinava em prender a urina por vários dias, temendo inundar seus vizinhos; foram lhe anunciar que a cidade onde morava estava às voltas com um incêndio que ia reduzi-lo a pó se ele não se apressasse em urinar. Esse estratagema o convenceu. Um pintor melancólico pensava ter todos os ossos do corpo moles como cera; por conseguinte não ousava dar um só passo. Tulp foi chamado e pareceu plenamente convencido da verdade de seu acidente; prometeu-lhe remédios infalíveis, mas o proibiu de andar durante seis dias, depois dos quais o permitia fazê-lo. O melancólico, pensando que era preciso todo esse tempo para os remédios agirem, fortalecê-lo e endurecer seus ossos, obedeceu rigorosamente, depois do que passeou sem medo e sem dificuldade.

Um homem que perdia a esperança de sua salvação quis se dar a morte. Lusitanus ordenou que um amigo do melancólico se apresentasse a ele, durante a noite, na forma de um anjo, carregando uma tocha acesa na mão esquerda e um gládio na mão direita. O falso anjo abriu o cortinado da cama, acordou o doente e lhe anunciou que Deus lhe dera a remissão de todos os pecados que ele cometera. Esse estratagema deu certo, a alma timorata recuperou a tranquilidade e a saúde logo voltou.

Várias vezes se conseguiu curar melancólicos que estavam convencidos de ter serpentes ou rãs no estômago pelo seguinte método: o médico parecia crer na verdade do fato, receitava o emético; punham-se furtivamente rãs ou serpentes no vaso onde eles vomitavam. Essa astúcia é um específico contra o erro da imaginação desses doentes.

Pinel realizou pessoalmente algumas tentativas desse tipo, cujo triunfo foi duvidoso. Um melancólico se acredita culpado: Pinel manda simular um tribunal que o absolve. "Esse estratagema", diz Esquirol, "deu certo, mas o sucesso foi de curta duração, pela imprudência de um indiscreto que disse a esse mesmo homem que o haviam enganado."[117] O delírio de culpa, ainda que sem a intervenção do indiscreto, provavelmente levaria a melhor. Observaremos a frequência das ocasiões em que o emprego do "estratagema" leva o médico a encenar toda uma ação teatral. Para juntar-se ao doente em seu universo aberrante, para armar um grande golpe que provocará o *desfecho* da ficção delirante, o médico constrói um cenário e endossa um figurino que espera impor ao doente como uma representação exata do tema delirante. O disfarce aqui não é um jogo: o doente deve manter a convicção de assistir a um acontecimento real e importante. Dão-lhe a réplica na sua linguagem, abordam-no segundo o seu quadro de referências: para dar certo, a ilusão deve ser total. A pretexto de contato eficaz com o alienado, o próprio médico se aliena na transposição teatral. J. C. Reil, falando da influência dos objetos visíveis sobre a alma, quer que eles sejam empregados com solenidade e com um ritual imponente: toda casa de alienados deve ter um teatro em bom estado de funcionamento, guarnecido com todos os acessórios necessários, equipado de máscaras, maquinaria e cenários; os nossos psicodramas não fazem melhor do que isso:

> O pessoal da casa devia ter um treinamento dramático completo, de modo a poder representar todos os papéis, segundo as necessidades de cada paciente, e alcançando o mais alto ponto de ilusão: deverá saber representar um juiz, um carrasco, um médico, anjos descendo do céu, mortos saindo do túmulo. Um teatro desse tipo poderia representar prisões e fossos de leões, cadafalsos e salas de cirurgia. Uns Dons Quixotes seriam sagrados cavaleiros, parturientes imaginárias ali dariam à luz, loucos trepanados, pecadores arrependidos seriam solenemente absolvidos de seus crimes. Em suma, o médico poderia, dependendo dos casos individuais, fazer o uso mais variado desse teatro e de suas instalações, poderia estimular a imaginação levando em conta, a cada vez, um objetivo preciso, poderia despertar a lucidez, suscitar paixões contrárias, medo, pavor, espanto, angústia, a calma da alma, atacar a ideia fixa da loucura.[118]

Mas, num palco tão bem instalado, como o doente pode ignorar que representa ou assiste a um espetáculo? Terá ele, a qualquer preço, que levar o espetáculo a sério? Não é possível oferecer-lhe um espetáculo como puro divertimento? Já fazia muito tempo que os médicos consideravam o teatro não como um meio de exteriorizar a ideia fixa e destruí-la em sua imagem concreta, mas como um simples meio de esquecê-la. No entanto, várias vezes pensou-se que o espetáculo deveria, se possível, comportar alguma alusão à situação do doente, de modo a cativá-lo. Assim, numa peça de John Ford, *The Lover's Melancholy*, o médico Corax tenta curar um príncipe melancólico apresentando-lhe um balé em que desfilam ou dançam diferentes tipos de melancólicos. No início do século XIX encena-se a comédia em Charenton. A iniciativa foi tomada por um dos pacientes da casa de saúde: o marquês de Sade. O diretor do estabelecimento, o sr. De Coulmier, é favorável a essa experiência. Mas o médico-chefe, Royer-Collard, é totalmente contra. No dia 2 de agosto de 1808, ele escreve ao ministro da Polícia Geral:

> Teve-se a imprudência de formar um teatro nesta casa, a pretexto de representar uma comédia pelos alienados, e sem refletir nos funestos efeitos que um aparato tão tumultuoso devia necessariamente produzir em suas imaginações. O sr. De Sade é o diretor desse teatro. É ele que indica as peças, distribui os papéis e preside aos ensaios. Ele é o mestre de declamação dos atores e das atrizes, e forma-os na grande arte do palco. No dia das representações públicas ele tem sempre um certo número de entradas à sua disposição e, instalado no meio dos assistentes, faz em parte as honras da sala. É até mesmo autor nas grandes ocasiões [...]. Não é necessário, penso, fazer Vossa Excelência sentir o escândalo de tal existência e lhe representar os perigos de toda espécie que se ligam a isso. Se esses detalhes fossem conhecidos do público, que ideia se teria de um estabelecimento onde se toleram abusos tão estranhos? Como se quer, aliás, que a parte moral do tratamento da alienação possa se conciliar com eles? Os doentes, que estão em comunicação diária com esse homem abominável, não recebem o tempo todo a impressão de sua profunda corrupção? E só a ideia de sua presença na casa não é suficiente para abalar a imaginação até daqueles que não o veem?[119]

Farão outras tentativas, com outros diretores, e dessa vez sob vigilância médica. Os melancólicos vão se deixar divertir? Método ambíguo, que comporta riscos: Esquirol observará ser comum que os melancólicos interpretem as gargalhadas da comédia como uma irrisão voltada diretamente contra eles. Longe de se alegrarem, irritam-se e afligem-se. Mais vale evitar esse sofrimento. Suprimamos tudo o que possa lembrar a ideia fixa. Não nos esforcemos em representá-la, ainda que seja para exorcizá-la. O teatro, pensa Leuret,[120] deve ser o meio de atrair o melancólico para um mundo diferente do seu. Ele está inativo: vai aprender um papel, vai se animar no palco. Ele está triste: façamo-lo representar a comédia. Assim, os apáticos serão obrigados a pegar um ritmo mais alerta, a imitar a alegria. A função da atividade teatral para Leuret é essencialmente modificar o *tempo* do melancólico, imprimir-lhe uma aceleração benéfica.

A comédia da fraude piedosa não passa de uma quimera. Mas é sedutora, pois dá a esperança de acabar de uma só vez com a convicção delirante. Vale a pena, parece, fazer as maiores despesas com a encenação se visarmos provocar o milagre de uma cura súbita. Para tirar o doente de sua depressão, na qual nada parece tocá-lo, é preciso uma brusca revolução, um *coup de théâtre*. Quase sempre, apesar de toda a sua boa vontade, o médico fica a ver navios. A pesada maquinaria que põe para funcionar não *diz* nada ao doente, e este é bastante lúcido para identificar a astúcia e ignorá-la. O *Henrique IV* de Pirandello pode servir aqui de ilustração.

As astúcias terapêuticas que Pinel enumera estão longe de se parecerem umas com as outras e de tenderem igualmente à liquidação da ideia delirante. Entre os procedimentos evocados, há um certo número cujo objetivo é bastante limitado: modificar só num ponto o comportamento do doente — por exemplo, fazê-lo aceitar ingerir alguma comida: nesse caso, não só a ideia fixa deixa de ser atacada, como é preservada, é explorada com o objetivo imediato de restabelecer as atividades vitais interrompidas. Em vez de desaparecer, torna-se o pivô do tratamento moral.

Observaremos, além disso, que o médico paradoxalmente parece esperar, embora respeitando a ideia delirante do doente, uma cooperação lógica que este último não está em condições de lhe dar. Esses diversos estratagemas só eram eficazes se o paciente, admitindo deixar-se convencer pela discussão, admitia a validade do princípio de contradição e se submetia a ele inteiramente. Ora, verificou-se que os grandes melancólicos, ainda que possam seguir o esforço do raciocínio consolador, não se sentem *interessados* por ele: a lógica não atinge a zona em que se implanta a ideia delirante. Aqui, o erro é crer que a ideia é o centro ou o núcleo fundamental da doença, quando é apenas a verbalização ocasional, a expressão contingente. O distúrbio se situa num nível afetivo pré-verbal, pré-lógico, inacessível a qualquer enfoque raciocinante. Pinel, como bom observador que é, não demora a se dar conta disso: "Se conseguimos trazer muitos melancólicos de volta à razão delirando junto com eles, com frequência também acontece de, quando parecemos concordar com a opinião deles, eles se deleitarem com sua ideia e a ela se aferrarem bem mais teimosamente".[121] Pela mesma razão, Griesinger desaconselhará formalmente "entrar nas ideias do doente" e "apoderar-se do que ele diz para disso fazer uma alavanca dialética".[122] Aliás, Pinel sabe muito bem que, para obrigar os melancólicos a se alimentar, a sonda gástrica (ou a ameaça da sonda) é mais eficaz que os estratagemas: "Num caso em que todos os meios que acabo de citar tinham fracassado, mandei comprar uma sonda elástica que foi introduzida numa das narinas, com a ajuda da qual fizeram passar para o estômago um pouco de substância líquida".[123] Notemos que a sonda elástica deve ser comprada: ainda não faz parte do equipamento obrigatório do hospital psiquiátrico. O seu emprego resulta de uma iniciativa excepcional do "médico-chefe". Desde meados do século XIX, o seu uso vai se generalizar: será menor a preocupação em fazer com que os doentes se decidam a comer por estratagemas psicológicos complicados. A sonda, que era o último recurso de Pinel, vai se tornar um meio bastante habitual.

Segundo os teóricos do tratamento moral, o médico não deve se limitar ao raciocínio nem solicitar unicamente as reações intelectuais do paciente: melhor fará se suscitar, com conhecimento de causa, paixões ou emoções cuja ação contrariará mais energicamente a tristeza obstinada do melancólico. Toda a questão é saber quais emoções convém provocar. Devem-se multiplicar as emoções agradáveis, é possível adormecer, apagar suavemente as convicções tristes? Deve-se ao contrário sacudir o melancólico, acuá-lo no refúgio onde ele se retira, impor-lhe um choque desagradável que o desperte de sua depressão? Aqui, a imaginação terapêutica se compraz nos extremos. Ou afagarão o paciente, ele será mimado como a uma criança, domesticado na base de prazeres; ou será intimidado, sacudido pelo terror, maltratado. Nada de meio-termo: se não recorrem às emoções extremas, não mexerão com essa criatura pesada e inerte que é o melancólico, não provocarão nele nenhuma mudança, ele permanecerá prisioneiro de suas inibições e de seu monoideismo sombrio. A vitalidade, a excitabilidade, a sensibilidade do melancólico são fracas: é preciso haver emoções extraordinárias para reanimá-lo e pô-lo em movimento.

É curioso ler, em Reil ou em Heinroth, a lista dos "meios psíquicos" destinados a despertar a sensibilidade do melancólico e fazê-lo reagir aos excitantes externos. Reil, em particular, numa linguagem marcada pela filosofia da época, faz gravemente a conta dos métodos "pelos quais o estado do corpo é modificado de tal forma que sua representação por meio do sentido comum no órgão da alma afeta a alma de maneira agradável ou desagradável".[124] O prazer animal pode vir de um sentimento cenestésico de saúde corporal, pode ser provocado pelo vinho, pelo suco da papoula e pelos excitantes leves, que "provocam uma tensão transitória das forças".[125] Reil inclui aí o calor do sol, as fricções e o roçar, o banho morno, as cócegas nos limites em que são agradáveis; admite que as manipulações do magnetismo animal poderiam ser eficazes "pela doce excitação da pele e pela elevação da vitalidade".[126] Reil sabe muito bem que o ato sexual é a sensação corporal mais violenta e mais agradável: leu o tratado de Chiarugi,[127] "que permite seu uso sem hesitação aos doentes mentais e que afirma que é esse um excelente adjuvante para a cura da melancolia".[128] Conviria, pensa Reil, empregar moças públicas para a satisfação dos homens. A situação das mulheres melancólicas é mais delicada: podem engravidar. No entanto, a gravidez não chega a ser nociva para o seu estado mental. Muito ao contrário: "Os dois polos do corpo, a cabeça e os órgãos genitais, são ligados por uma notável reciprocidade. As excitações de uma dessas extremidades, pelo ato sexual e pela gravidez, liberam da congestão a extremidade oposta...".[129] Todas essas sensações agradáveis podem, além disso, ser consideravelmente aumentadas caso se tome o cuidado de provocar antes certas sensações dolorosas ou desagradáveis: fome, frio, sede. Os excitantes doloríficos previamente ministrados têm a insigne vantagem de tornar os pacientes mais dóceis e mais sensatos: serão mais acessíveis aos bons tratamentos que, por comparação, os reconciliarão com o mundo e com os homens, devolvendo-lhes o contentamento, a esperança, a alegria, o amor e o reconhecimento. A esses meios que afetam o conjunto do corpo deve-se evidentemente acrescentar os que agem sobre os órgãos dos sentidos em particular: o tato, a audição, a visão. Pode-se exibir sucessivamente uma série de objetos, o que obrigará a alma a permanecer atenta, como diante das imagens da lanterna mágica; mas também é possível contentar-se em apresentar um só objeto, cuja contemplação excitará uma resposta mais ativa, em que a alma dará livre curso à imaginação, ao sentimento, ao desejo. Prazer ou exercício, é sempre uma obrigação de ficar vigilante: será preciso distinguir perfumes, tocar objetos estranhos no escuro, escutar cantos e concertos tocados em instrumentos surpreendentes. Conhecem o *teclado de gatos*?

Os gatos eram escolhidos de acordo com a escala, e postos em fila com o rabo virado para trás. Martelos guarnecidos de pregos pontudos podiam se abater sobre esses rabos, e o gato assim atingido emitia sua nota. Quando se tocava uma fuga nesse instrumento, e sobretudo se o doente era colocado de modo a nada perder da fisionomia e das caretas desses animais, a própria mulher de Ló teria sido tirada de sua rigidez e recuperaria a razão. A voz do asno é ainda mais perturbadora. É pena que, com seu pequeno talento, ele ainda tenha seus caprichos de artista. Mas, já que pífaros imitando as vozes de numerosos animais puderam ser construídos tendo em vista a caçada, por que não seria possível inventar instrumentos que reproduzissem esses estranhos *voces brutorum*, instrumentos que encontrariam seu lugar no equipamento das casas de alienados, ao lado do realejo, cujo uso foi recentemente recomendado?[130]

É mais que evidente que Reil não se contenta aqui em procurar um prazer banal. Empenha-se em reforçar o prazer pela surpresa: daí esse desabrochar do cômico e do disparate, destinado a pegar o doente desprevenido, desmontando por assim dizer todas as suas defesas.

Mas emoções vivas e *desagradáveis* não terão um efeito mais poderoso? Não têm elas mais chances, pela revolução interna que provocam, de desenraizar a ideia fixa? No tumulto, uma vitalidade latente tem talvez uma chance de levar a melhor, e de restituir ao doente o pleno emprego de suas forças. Pinel está convencido disso:

> Vimos muitas vezes uma emoção profunda e brusca produzir bons efeitos, e até efeitos duradouros. É sobretudo quando os melancólicos estão nesse estado de apatia, de indiferença, sem desejo, sem aversão, que costumam se suicidar; é sobretudo, digo, nesses momentos que uma afecção viva tal como a cólera, por exemplo, pode ser excitada com sucesso. Mesmo quando não cura, a cólera produz neles uma mudança momentânea que lhes é vantajosa; dá naquele instante mais atividade a certas funções de sua economia, e eles sentem um alívio manifesto.[131]

A prova é esse "homem de letras francês" que, durante uma temporada em Londres, se prepara para jogar-se no Tâmisa. Ladrões o atacam inesperadamente: ele se indigna, faz esforços extremos para se soltar de suas mãos, não sem sentir o pavor mais profundo e a mais terrível perturbação. A luta chega ao fim e produz-se nesse instante uma revolução no espírito do melancólico, e assim se inicia uma cura que será duradoura e completa.[132] Outro exemplo: esse homem de que fala Boerhaave, que ficava sempre sentado porque estava convencido de ter coxas de vidro. Esbarrado por uma criada, "ele se pôs numa raiva violenta, a ponto de se levantar e correr atrás da criada para bater nela. Quando voltou a si, ficou muito surpreso de conseguir se sustentar, e viu-se curado".[133]

Até onde ir no emprego das emoções vivas? Pinel indigna-se contra os autores que preconizam o banho de surpresa, isto é, a imersão brusca e prolongada na água fria. E mantendo o doente debaixo da água até o limite do sufocamento e da morte, Van Helmont pretendia "matar, apagar ou obliterar a imagem da loucura,"[134] abolir um ser parcial que se implantou abusivamente no corpo doente. Boerhaave, Cullen, Reil, Heinroth etc. continuam fiéis a esse procedimento. Para Reil, é bom que haja "na vizinhança das casas de alienados rios e lagos, e nesses estabelecimentos é preciso haver duchas e tubos, piscinas onde se possa imergir os doentes, e botes providos de um alçapão que abra para a água".[135] O próprio Pinel conta uma história em que o sucesso inicial do método fica comprometido pela desconfiança e pelo ressentimento da doente:

> Uma senhora estava atacada havia muito tempo por uma melancolia que não conseguira ceder a nenhum dos remédios que lhe haviam ministrado diferentes médicos. Convenceram-na a ir para o campo; levaram-na a uma casa onde havia um canal, e a jogaram na água sem que ela esperasse. Pescadores estavam preparados para retirá-la prontamente. O pavor lhe devolveu a razão, que ela conservou por sete anos. Quiseram tentar de novo jogá-la num canal; mas ela desconfia dos que se aproximam e se afasta precipitadamente assim que avista água nos lugares por onde passeia.[136]

Eis, portanto, uma hidrofobia provocada pelo próprio método que tinha fama de ser um excelente remédio para a hidrofobia. O vivo requisitório de Pinel prova que o método ainda estava longe de ser abandonado:

> Mas é possível dissimular os inúmeros inconvenientes ligados a essa prática? Tem-se o cuidado de calcular os efeitos combinados que podem produzir, num caráter muito irascível, uma impressão forte do frio sobre toda a superfície do corpo, os meios violentos empregados para operar essa imersão, a deglutição

> forçada de certa quantidade de líquido, o medo de uma sufocação iminente contra a qual o alienado não consegue se defender, seus esforços exaltados e tumultuados para escapar de um perigo premente, sua cólera concentrada contra as pessoas do serviço que executam medidas tão opressivas? Quantos outros abusos são inevitáveis e próprios para levar ao auge a exasperação do alienado, a irrisão e a dureza grosseira dessas pessoas do serviço, que tomam como uma espécie de brincadeira recreativa sua situação sofrida, os desprezos e os comentários insultantes que opõem a seus gritos e às suas queixas amargas, enfim, um remédio que só se deveria ministrar com um sentimento penoso, convertido numa espécie de divertimento grosseiro e bárbaro![137]

O melancólico, cuja agressividade é dirigida contra si mesmo, encontra talvez a ocasião de estabelecer com o mundo exterior uma relação de resistência e combate: uma espécie de reviravolta brutal, combinada com os efeitos da anoxia, o arranca de sua monotonia. A indignação age como um excitante: se o método teve alguns êxitos passageiros, foi a essa descarga de agressividade que o deveu. Mas, denunciando a brutalidade das "pessoas do serviço", Pinel evidencia perfeitamente o sadismo que intervém no comportamento do terapeuta com a desculpa de despertar a receptividade do paciente ou de torná-lo dócil. Nessas manobras sádicas, o elemento punitivo e moralizador raramente está ausente. Como é reveladora a atitude de Esquirol, que partilha em geral da visão humanitária de seu mestre contra o uso do banho de imersão na água fria, mas admite exceções em que é preciso recorrer a eles! Em que casos? A resposta não deve nos surpreender: "Quando a melancolia é provocada pelo onanismo".[138] Quando a depressão pode ser atribuída a "hábitos degradantes" ou a uma vida desregrada, há razões peremptórias para voltar a ser carrasco. Se consultarmos Reil, não nos sentiremos desarmados: seus recursos comportam todos os meios clássicos, os esternutatórios, os sedenhos, as moxas, os vesicatórios, a inoculação da sarna; ele hesita diante de procedimentos como ferros em brasa ou cera escaldante; "basta ameaçar o paciente ou fazê-lo sentir um leve gostinho".[139] Mas não vê objeção em fustigar o doente com urtigas: isso "provoca uma coceira dolorosa que obriga o mais insensível a se mexer";[140] para os alienados cujo comportamento o merece, serão reservados cacetetes e as "formas inofensivas da tortura".[141] Quanto às cócegas, violentas, Reil as recomenda e comunica uma experiência pessoal:

Escovando a planta dos pés, ministrando esternutatórios, pondo o doente debaixo de uma coluna de água, só me foram necessários alguns dias para obrigar um alienado, mudo há muito tempo, a se mexer e responder às perguntas. Da mesma forma, os percevejos, as formigas, as lagartas processionárias provocam uma sensação cutânea desagradável. Um balde cheio de enguias vivas, onde se pôs o doente sem que ele soubesse o que havia ali dentro, deve ter causado por si só uma impressão bastante profunda, e mais ainda pelos jogos de uma imaginação atormentada.[142]

O grande negócio, afirmará Heinroth, é, "diante da tentação do doente de se abismar em si mesmo, manter ou despertar sua receptividade, por mais caro que isso deva custar. Pois se o poder da gravidade vencer, toda esperança estará perdida para o futuro".[143] Maximilian Jacobi, por volta de 1850, aplica no alto do crânio, previamente raspado, uma pomada sinapizada cujo efeito vai até a necrose do osso.

Por mais caro que isso deva custar... A escola francesa vai se ater à *ducha*. Não é um método indolor. Para se ter uma ideia da impressão desagradável que ela provocava, basta reler o que Pinel nos diz das experiências praticadas por Esquirol em si mesmo:

O reservatório de líquido era elevado dez pés acima de sua cabeça; a água estava dez graus abaixo da temperatura atmosférica; a coluna de água tinha quatro linhas de diâmetro e caía diretamente sobre sua cabeça; parecia-lhe a todo instante que uma coluna de gelo vinha se quebrar sobre essa parte: a dor era muito aguda quando a queda de água ocorria sobre a sutura frontoparietal; era mais suportável quando dirigida sobre o occipital. A cabeça ficou como que entorpecida mais de uma hora depois da ducha.[144]

A ducha será uma das grandes armas do tratamento moral da melancolia, tal como o entende F. Leuret. A ducha, ou a ameaça da ducha, pois qualquer um que a experimentou prefere não recomeçar. Eis, em detalhes, a história do tratamento de Pompée M.:

No dia seguinte, ocupei-me do tratamento de M...; mandei o levarem ao banho e, por causa de sua doença, de seu desespero, de sua fraqueza, de sua inação, dei-lhe a ducha. Ele passou mal e pediu misericórdia.

— É um remédio — eu lhe disse — que é muito eficaz, embora um pouco duro; vou continuá-lo todo dia, até que você não precise mais dele.

— Mas eu não preciso mais.

— Já? E a sua fraqueza, que o impede de trabalhar?

— Ela já não é tão grande, e acho que agora poderei trabalhar.

— Não acho; e, aliás, você está tão triste!

— Não estarei mais.

— Mas agora está triste.

O doente fez um esforço para sorrir e me mostrar, com isso, que não estava triste. Persegui-o com perguntas que tinham como objetivo fazê-lo ver que não o via em tão bom estado como ele pretendia; e me deu respostas tão afirmativas quanto conseguiu, para me convencer da feliz mudança que sentia. Deixei-o sair do banho, *prometendo-lhe* levá-lo lá, assim que eu percebesse, por seu ar triste, por suas palavras ou sua inação, que ainda precisava. Só precisou duas ou três vezes. Se eu o via um pouco triste, abordava-o parecendo ter pena dele, perguntando-lhe onde sofria, lembrando-lhe seus infortúnios, sua eternidade, sua mudança de ser, e se ele se deixava agarrar nessa armadilha, logo era enviado ao banho. Foram necessárias muito poucas lições semelhantes para mudar seus discursos e suas ações; comigo assumia um ar alegre e aberto; diante dele eu ordenava que me fizessem um relatório exato da maneira como passava seu tempo, o que o obrigou a ficar prevenido contra seus vigilantes e a ser com eles alegre e aberto como era comigo.

Já que estava alegre, podia alegrar os outros. Confiei-lhe melancólicos para passear e para distrair; executou essa tarefa sem demasiada falta de jeito. Trabalhou; o trabalho dos campos, estabelecido com tanto êxito pelo sr. Ferrus, no hospício de Bicêtre, foi uma benesse para ele, como é para a maioria dos alienados que aceitam ou são obrigados a se dedicar a isso; e M…., considerado curado, embora ainda *monótono*, recuperou a liberdade.[145]

Como vemos, a ducha constitui o tratamento de choque, que se aplica na fase inicial. É o método pelo qual se ataca a atitude patológica. A terapêutica pelo trabalho intervém num segundo tempo, em que a personalidade se reconstrói. Leuret está convencido de que pode não só abolir a expressão manifesta de um estado depressivo como também conjurar esse próprio estado, impedindo-o de se exteriorizar. "Tal doente que se resigna a uma ducha não se resigna a duas; e se você o previne de antemão o que o espera, se ele sabe, por experiência ou de outra maneira, que você cumprirá sua palavra, frequentemente será domesticado sem uma gota d'água."[146] O terror impõe uma alegria simulada, mas que acaba por se tornar verdadeira.

Sublinhemos aqui um fato que não é desprovido de interesse: a ducha e os outros meios físicos utilizados por seu valor "moral" são, na maioria, antigos procedimentos ou antigos remédios cuja introdução fora justificada pela teoria da revulsão dos humores. Os terapeutas do início do século XIX atribuem à irritação nervosa e à emoção os efeitos principais das medicações primitivamente destinadas a expulsar ou a fazer a atrabílis derivar. Os urticantes, os vesicantes, a inoculação ou a injeção de doenças cutâneas tinham, primeiramente, o objetivo de provocar uma eliminação do humor patológico: agora são os meios de despertar uma excitabilidade amortecida, de estimular a receptividade, ou simplesmente de domesticar os recalcitrantes. Os remédios eméticos, que eram especificamente destinados a produzir uma evacuação de bile negra, assumem uma função muito diferente em Esquirol:

> Ministra-se o tartrato antimoniado de potássio, em pequenas doses aproximadas, seja para deslocar a irritação, seja para agir sobre a imaginação dos doentes que se acreditam bem de saúde: as dores gástricas ou intestinais que eles sentem atraem sua atenção, os convencem de que estão doentes e os determinam a tomar os remédios adequados.[147]

No tratamento de repugnância que Heinroth recomenda, e no qual ele recorre ao tártaro estibiado, as matérias eliminadas pelo vômito só têm papel secundário. O importante é a repugnância, que desvia o paciente de seus pensamentos habituais e fixa a sua atenção num fenômeno somático real e desagradável. Porque são desagradáveis, os antigos revulsivos humorais tornam-se meios de *revulsão moral*: "deslocam a irritação", impõem uma distração. A ideia de "deslocamento" permanece idêntica, mas não a representação que é feita da "coisa" deslocada. Desvia-se o pensamento do doente, não mais os seus humores.

Certos médicos (e o próprio Esquirol) se esforçam em não romper completamente com a noção de revulsão humoral nem com a noção — da escola metódica — do espasmo, do *status strictus*. Fazem até mesmo um esforço conceitual para encontrar as definições que possam designar tão bem os fenômenos somáticos quanto os fatos psíquicos. Assim, para explicar os bons efeitos da hidroterapia nas depressões, Brierre de Boismont os relaciona com um princípio de Trousseau: "Considerando uma dada lesão, produzir artificialmente em outro lugar uma lesão mais enérgica e menos perigosa, a fim de atenuar a primeira".[148] E Esquirol: "As afusões de água fria, provocando no exterior uma reação nervosa, fazem cessar o espasmo interno e provocam uma solução feliz para a doença".[149] O que isso significa? Ao enfrentar a lesão secundária, artificialmente provocada, o organismo libera parte das forças que empregava em perceber e combater a lesão primitiva. Tudo acontece, portanto, como se a doença não fosse constituída pela intensidade da lesão, mas pela atenção excessiva que o organismo lhe dedica, por um acréscimo de energias defensivas. Longe de enfraquecer a luta contra a psicose, a revulsão alivia o doente, permitindo-lhe dedicar-se a uma luta inesperada e "distrativa". O revulsivo, seja qual for, oferece apoio para um mecanismo de *conversão*. Que se interprete essa conversão em termos substanciais (os humores), mecânicos (o espasmo), psicológicos (a emoção, a irritação) ou intencionais (a atenção a...), sempre se trata do mesmo esquema dinâmico.

Aliás, em plena era humoral, os médicos e seus pacientes já sabiam muito bem que um componente imaginário intervinha na eficácia das drogas. Para que elas tenham pleno êxito, é preciso que comovam desagradavelmente. Montaigne escreve: "As drogas não têm efeito para aquele que as toma com apetite e prazer".[150] Assim, independentemente de qualquer ação sobre os humores, as "essências histéricas" agem pela presença dos cheiros fétidos, de ervas nauseabundas, graças aos quais os espíritos "radiantes" ou desordenados retomam posse de si mesmos. A fetidez é uma punição, um chamado à ordem.

AS PIRUETAS

Na segunda metade do século XVIII, no momento em que se passa de uma interpretação humoral a uma concepção nervosa da melancolia, estranhos métodos terapêuticos foram propostos, cuja atração residia no fato de pretenderem ser eficazes por uma multiplicidade de ações: efeito evacuante, efeito moral, efeito de intimidação, efeito soporífico e sedativo, efeito mecânico sobre a massa sanguínea. Esforçam-se em agir em todos os planos, em ganhar em todos os quadros. Qual princípio usar para isso? Um dos mais simples da física, a força centrífuga. Maupertuis, em meados do século XVIII, já tinha pensado em recorrer às *piruetas* a fim de expulsar para as pernas o excesso de sangue que entope o cérebro e ameaça provocar congestão ou apoplexia. (Voltaire, é claro, não deixa de ironizar a respeito dessa terapêutica singular.)[151] A mesma ideia reaparecerá em 1765, na pena de um dinamarquês, o dr. C. G. Kratzenstein.[152] O autor, que não relata nenhuma experiência terapêutica, afirma simplesmente "ter se curado em Petersburgo de uma enxaqueca obstinada pelo uso de uma máquina giratória, que constitui uma diversão favorita do povo russo e que parece semelhante aos carrosséis que se veem nas feiras". Erasmus Darwin, avô do naturalista, inventará por sua vez uma máquina giratória que aplicará no tratamento dos alienados. Leiamos a descrição que dela lhe dá Joseph Mason Cox:

> Fixa-se uma coluna perpendicular ao chão e ao teto por uma viga, na qual ela roda sobre si mesma, por meio de um braço horizontal mais ou menos elevado. Prende-se o doente numa cadeira fixada na coluna, ou numa cama suspensa no braço horizontal. Põe-se então a máquina em movimento, mais ou menos rapidamente, com a ajuda de um criado, seja por um simples impulso, seja pela intervenção de uma roda dentada pouco complicada, que é fácil imaginar e que tem a vantagem de dar ao movimento da máquina o grau de velocidade que se quer. Esse movimento quase sempre produz, sobre as pessoas que se sentem bem, a palidez, a fraqueza, as vertigens, náuseas, e às vezes uma abundante evacuação de urina [...]. Conhecem-se, aliás, os bons efeitos dos vomitórios na maioria dos alienados; mas nem sempre é fácil fazer os doentes tomá-los, nem determinar a dose necessária, nem moderar seu efeito. O movimento giratório, ao contrário, reúne todas essas vantagens; pode-se à vontade retardá-lo ou acelerá-lo, prolongá-lo ou suspendê-lo, de maneira a produzir uma simples vertigem, leves náuseas, ou um vômito completo.[153]

A cadeira rotatória é, portanto, um emético matizado. Leva os mais recalcitrantes a vomitar, e seus efeitos podem ser cientificamente dosados. O médico se convence assim de que age de modo preciso, matemático, controlado: parece-lhe que escapa dos acasos inseparáveis da ministração do heléboro ou do tártaro estibiado. Pela máquina giratória, age-se sobre o sistema nervoso, que por sua vez modifica a circulação, a atividade cardíaca, a motilidade do estômago. O efeito é realmente universal, e não se detém unicamente no "físico":

> Ademais, age na alma tanto quanto no corpo; inspira um medo salutar, e via de regra basta ameaçar o doente com a máquina giratória, quando ele experimentou uma ou duas vezes as sensações penosas que ela proporciona, para conseguir que tome ou faça tudo o que se quer; e se o caso fosse tal que se pudesse presumir que a revolução operada por um grande medo fosse capaz de contribuir para sua cura, o que inspira essa máquina temível seria capaz de ser extremamente aumentado pelo concurso da escuridão, dos barulhos extraordinários que o doente seria obrigado a ouvir durante a série de piruetas, dos odores que o fariam respirar, ou de qualquer outro agente apropriado para causar ao mesmo tempo uma viva impressão sobre seus sentidos. Mas remédios tão heroicos demandariam muitas precauções, habilidade e julgamento, e seria imprudente recorrer a eles fora da presença do médico. No entanto, a fraqueza produzida pela série de piruetas nunca é de temer. Por vezes vi o doente quase completamente paralisado pela ação prolongada desse remédio. Foi necessário a força e a habilidade de vários homens para colocá-lo na máquina. Um só o retirava com facilidade e o levava para seu leito. Um sono profundo era a continuação dessa prostração, e ao despertar o doente se via curado sem o socorro de nenhum outro remédio. Numa palavra, muitas vezes vi o movimento giratório ter sobre os alienados os mais felizes efeitos, jamais nenhum inconveniente permanente. Os sintomas que produz têm bastante analogia com os que decorrem do enjoo, que sabemos não ter jamais consequência perigosa, por mais violento e prolongado que seja. Vimos mesmo mais de uma vez a tísica e outras doenças crônicas se curarem por longas viagens no mar.

A máquina rotatória terá sua hora de sucesso em todos os hospitais da Europa. Heinroth, que nos casos leves de melancolia contenta-se em recomendar distrações e viagens, quer que se recorra à *Drehmaschine* quando o doente mergulha em si mesmo, deixa-se ganhar pela "potência da gravidade"[154] e torna-se dificilmente acessível. A máquina giratória assume a posição de excitante, e Heinroth pede a ela que restaure uma "receptividade" fraquejante. Os próprios psiquiatras franceses, tão atentos a só agirem por meios humanos, vão se deixar seduzir e farão os seus doentes dar piruetas segundo o método darwiniano. Mas Esquirol não será um grande entusiasta: "Ela provoca a epistaxe, faz temer a apoplexia, joga na maior fraqueza, traz a síncope e expõe a outros acidentes mais ou menos alarmantes, o que faz ser rejeitada".[155] Mas há mais de uma analogia entre a vertigem provocada pelas piruetas e a *vertigem voltaica*, cujo efeito salutar Babinski,[156] mais de cem anos depois, descreverá.

A VIAGEM

Quando se tem a chance de poder tratar uma melancolia no início, o remédio específico é viajar. Esse é o conselho que Heinroth dá.[157] Não é o primeiro nem o único a tê-lo formulado. Celso, como vimos, já fizera essa recomendação. No entanto, o homem errante, o peregrino, o viajante, segundo as crenças e imagens da cultura medieval, são justamente os que sofrem o aspecto nefasto do temperamento melancólico e sobre quem pesa a influência sinistra de Saturno. Viajar, vagar, é o mal de Belerofonte; é um sintoma da acedia: não é de jeito nenhum o seu remédio. Durante a grande moda elisabetana da melancolia,[158] uma das figuras mais típicas do atrabiliário apareceu na forma do *malcontent traveller*: ele percorreu a Europa, dissipou-se na Itália, e de lá trouxe um humor sombrio, um execrável ateísmo, uma misantropia a toda prova. (O Jaques de *As You Like It* é um espécime muito eloquente.) A melancolia se ganha ao correr o mundo. Vejam-se os sonetos romanos de Du Bellay[159] e toda a literatura sobre a *nostalgia*[160] que vai se desenvolver a partir do século XVII. A nostalgia — variedade particular da melancolia — é curada da forma mais simples do mundo, pelo retorno ao país natal.

Mas o homem das grandes cidades, em especial na Inglaterra, tende cada vez mais a atribuir a sua prostração, as suas ideias negras, sua angústia à influência conjunta do clima insular, das insônias, dos trabalhos e dos prazeres da grande cidade. Sonha então em se livrar da melancolia evadindo-se do círculo escuro da cidade enfumaçada e lamacenta: imagina a salvação por uma conversão à vida bucólica ou silvestre. Uma simples viagem ao campo, uma caçada, exercícios de ginástica, o divertimento da pescaria (veja-se Robert Burton ou o *Compleat Angler* de Izaak Walton) já são mudanças muito salutares. Permitem se livrar por um tempo dos fedores da cidade, das bebidas fortes, das companhias dissolutas, das tentações da glutonaria. Num livro curioso chamado *The English Malady*,[161] o dr. Georges Cheyne conta a história de seu próprio *spleen*. Ele acusa a vida ímpia para a qual, com amigos duvidosos, se deixou arrastar: tabernas, bebidas alcóolicas, pecados numerosos, tudo isso fez dele um homem "excessivamente gordo"[162] e profundamente melancólico. O campo, o regime lácteo, a abstenção de licores fortes (basta a cerveja!), várias purgações, a leitura assídua de livros sacros produziram uma notável melhora no seu estado. De agora em diante, ele prega que se siga o seu exemplo e se imite o seu estilo de vida. Não faltaram "spleenéticos" para escutá-lo: quase todos se acreditam ou se reivindicam melancólicos. O público, porém, preferirá dar ouvidos aos conselhos que um poeta, Matthew Green, lhe apresenta num espírito menos puritano; *The Spleen* formula as receitas de uma arte de viver: variem seus prazeres, divirtam-se com moderação, provem alternadamente as distrações da cidade e as alegrias do campo.[163]

Mas uma viagem ao campo, um passeio a cavalo são apenas pequenos métodos, bons para os pequenos incômodos. Quando se tem muito *spleen* e muito dinheiro, impõe-se uma viagem mais longa. "Sabe-se", dirá Pinel, "que as viagens são os meios que mais dão certo com os ingleses para dissipar sua sombria melancolia."[164] O *Grand Tour* que empreendem, no século XVIII, os jovens ingleses endinheirados e que os leva às paisagens solares da Itália não é uma simples viagem a passeio: trata-se, sem dúvida, de conhecer o mundo, mas curando ou acalmando uma melancolia gerada pelos estudos sedentários, pelo clima frio, pelo temperamento. Viajar será, portanto, acumular os benefícios da educação prática e do tratamento específico. É interminável a lista dos jovens e menos jovens *splenetic travellers* que percorrem as estradas da Europa: Horace Walpole, Smollett, Boswell, Beckford, Goldsmith, Sterne... Todos são verdadeiros depressivos? O *spleen* é uma neurose e uma "pose social": é produto da cultura. Mas por que não incluir na lista das depressões "reacionais" as que a cultura, a moda, a literatura inspiram? Observemos que esses itinerantes melancólicos transmitiam o seu mal aos autóctones e lhes forneciam modelos facilmente imitáveis. Jean-Jacques Rousseau, aos 26 anos, tomado por uma "negra melancolia" e convencido de ter um "pólipo no coração", larga a sra. de Warens e vai a Montpellier: apresenta-se a seus companheiros de viagem como um inglês de nome Dudding. Por que esse disfarce e esse pseudônimo? Rousseau, que acabara de ler os romances do abade Prévost, sabia que o verdadeiro melancólico é necessariamente um inglês. Esse nome de empréstimo o ajudava a construir a personalidade e a doença prestigiosas que ele desejava ter. (Bastará uma aventura amorosa com uma mulher madura e um tanto experiente — a sra. De Larnage — para dissipar todos os sintomas do mal: remédio que conhecemos.)[165]

L.-F. Calmeil, aluno de Esquirol, formula em 1870 conselhos que evocam uma estrutura social bem diferente da nossa: existe uma classe de nobres ou de ricos melancólicos, cuja infâmia da internação todos se esforçam em evitar, e que são enviados ao estrangeiro para ali "mudarem de ideias". Seguido por todas as comodidades de uma casa, acompanhado às vezes por um médico, o melancólico é conduzido, com grandes despesas, pelos caminhos do mundo clássico greco-latino. O museu suplanta o hospício:

> As viagens podem ser aconselhadas aos melancólicos dóceis que têm o privilégio da fortuna, sobretudo se possuem um certo grau de instrução, o gosto pelo estudo, as artes ou as letras. As viagens têm a vantagem de excitar a curiosidade ou a surpresa dos melancólicos, de fazer passar rapidamente diante de seus olhos uma grande variedade de objetos, de seduzir sua imaginação pela beleza dos sítios, de surpreendê-la pela beleza da natureza ou pela perfeição dos monumentos ou das obras-primas que até então eles só conhecem de nome. As viagens se realizam geralmente sob a direção de jovens esclarecidos e instruídos; estes podem, numa região de montanhas, atrair o interesse daqueles que esperam curar para o estudo da botânica, para o estudo dos insetos ou da geologia. Num país como a Itália, como a Grécia, exumarão lembranças clássicas. Em Nápoles, em Roma, em Florença atrairão os olhares de seus pacientes para a perfeição da estatuária antiga, para as ruínas dos monumentos, para as obras-primas dos maiores pintores. Em Atenas, vão conduzi-los às ruínas do Partenon; eles vão se dar conta mais cedo ou mais tarde de que seus melancólicos se *repatriaram* com a esperança e as coisas da vida.[166]

Diante de tantas riquezas, como o doente poderia continuar a se sentir empobrecido? Aqui se supõe, um pouco ingenuamente, que o doente pode perceber e receber tudo o que se pretende oferecer a ele: será capaz de absorver tudo isso? Cobrem-no generosamente de paisagens e obras de arte: reagirá a isso? Que belo otimismo cultural transparece nessas linhas de Calmeil! Para ele, a pátria da arte clássica é naturalmente a pátria da esperança e da vida. Ele poderia temer o contrário, se tivesse se reportado a tantos textos românticos em que o espetáculo das ruínas clássicas provoca a sensação melancólica e a consciência da inutilidade de nossa existência, mais do que nos ajuda a combatê-las.

Depois de ter tanto esperado das viagens, chega-se a constatar que o método costuma se chocar com o fracasso. As sete maravilhas do mundo deixam indiferente o verdadeiro deprimido. B.-A. Morel, que acompanhava uma doente na Itália, viu-a ficar passiva diante de todas as pinturas, todos os espetáculos, todas as músicas, e diante dos edifícios mais extraordinários. A melhora só se produziu quando foi confrontada com um espetáculo penoso. O médico a fez visitar um orfanato, e a visão dessa miséria "desperta sua sensibilidade moral":

> Fiquei surpreso de ver que a paciente, que nos museus públicos só andava de cabeça baixa e dando surdos gemidos, agora lançava olhares cheios de um enternecimento inteligente para as numerosas crianças que nos cercavam. Escapava-lhe até, quando acreditava não ser avistada por nós, dirigir carícias furtivas a esses pobres órfãos.[167]

Inacessível aos esplendores, a paciente reagiu melhor a um tratamento moral em que foi convidada a *dar* a sua afeição. Teria encontrado órfãos sem sair de Paris.

Todos os autores do fim do século XIX estabelecerão como princípio que as viagens jamais poderão curar um melancólico: só serão úteis durante a convalescença, como preliminar à retomada da vida ativa. No auge da doença, os felizes efeitos que se poderiam atribuir a elas só se devem, na realidade, ao isolamento, à separação do meio familiar, ao afastamento das preocupações cotidianas. Esses médicos, mais preocupados com os arranjos razoáveis de que podem se beneficiar a maioria dos doentes, recomendarão recorrer à internação e à estrita vigilância (em razão do perigo de suicídio), e depois a passeios em torno do hospital, a trabalhos manuais, à supressão de todas as causas que poderiam "aumentar a irritabilidade das funções nervosas" (B.-A. Morel). Os benefícios das viagens podem, pois, ser obtidos sem tantas despesas: talvez o esforço no próprio local onde se mora, a ginástica valham os passeios mais distantes... A nossos olhos, a viagem vigiada, em certos casos como nas depressões esquizofrênicas moderadas, pode oferecer a dupla vantagem de separar o doente do seu meio habitual e de lhe evitar o traumatismo da internação. A longa viagem, em suma, é apenas um modo luxuoso de satisfazer a exigência formulada em 1880 por B. Ball: "Isolar o doente, retirá-lo de seu ambiente, subtraí-lo dos aborrecimentos de família, das preocupações de negócios, das excitações que renascem sem cessar e o mantêm num estado de hiperestesia moral".[168] Aos pobres, só se pode oferecer o hospício; aos mais ricos, Florença, Roma, Nápoles, Atenas.

O ESTABELECIMENTO TERMAL

Mas, entre o cruzeiro clássico e a internação, há uma solução intermediária, um meio-termo que vai angariar justamente a simpatia da média burguesia: a estação de águas, o estabelecimento termal. Na Idade Média, no Renascimento, é o calor das fontes naturais ou o seu excepcional frescor o que mais interessa aos médicos; eles veem aí um meio de remediar a *intempérie* do corpo: uma fonte fria convirá à intempérie quente e vice-versa. Caso se prefira recorrer à terminologia dos adeptos do metodismo, serão distinguidas as águas que comprimem e as que relaxam as fibras. Serão feitas observações sobre as virtudes curativas do ferro, do enxofre, do alúmen. E tão grande é a maravilha de uma fonte quente que lhe atribuem mil virtudes curativas: é uma panaceia. Mercurialis[169] envia a Luca os melancólicos; mas Montaigne também vai até lá para tratar seu cálculo renal.[170] Sydenham, conforme vimos, recorre de bom grado ao tratamento marcial e envia os seus hipocondríacos para tomar as águas ferruginosas. Encontra-se em Boerhaave[171] a história de um homem erudito e melancólico a quem o ilustre médico dá para ler um livro sobre as águas de Spa. O paciente, que primeiro não admitia reconhecer o seu mau estado de saúde (anosognosia que Boerhaave diz ter constatado em muitos melancólicos), deixa-se ganhar pela descrição dos efeitos benéficos da cura e acaba por ir a Spa, convencido de que deve tirar proveito da ida: volta curado. Ao longo de todo o século XVIII, Spa[172] será uma das metrópoles europeias do *spleen* e da melancolia: o que indica que ali se leva uma vida alegre, a pretexto de tratamento adjuvante. Aventureiros, jogadores, impostores marcam encontros por lá, como em todas as estações de águas. Contrariamente às tendências moralizantes do século XIX, os homens do século XVIII consideram a *dissipação* um remédio válido para o tédio e para essa variedade de melancolia que Boissier de Sauvages chama *melancolia inglesa*,[173] que consiste no desgosto irracional pela vida e num pendor quase irresistível ao suicídio. Não lemos sem achar graça o elogio que Pinel faz às curas termais, não tanto pelo valor das águas como pelos benefícios da distração. Não espanta que cite a esse propósito o dr. Bordeu, que foi amigo de Diderot e médico da alta sociedade no reinado de Luís XV:

> O tratamento das águas minerais empregadas na sua fonte, diz Bordeu, é sem contestação, de todos os socorros da medicina, o melhor em condições de operar, para o físico e para o moral, todas as revoluções necessárias e possíveis nas doenças crônicas. Tudo concorre para isso: a viagem, a esperança do êxito, a diversidade dos alimentos, o ar sobretudo que se respira, e que banha e penetra o corpo, o espanto em que as pessoas se encontram no local, a mudança das sensações habituais, os conhecimentos novos que se fazem, as pequenas paixões que nascem nessas ocasiões, a honesta liberdade de que se desfruta: tudo isso muda, transtorna, destrói os hábitos de incomodidades e doenças às quais são sobretudo sujeitos os habitantes das cidades.[174]

Em meados do século XIX, vemos se multiplicarem os "estabelecimentos hidroterápicos", que estão a meio caminho entre o hotel (ou pensão de família) e a "casa de saúde". Ali às vezes se passava mal em matéria de alimentação, pois o regime lácteo devia também exercer os seus benefícios para reforçar o efeito dos banhos e das duchas. O melancólico, nesses estabelecimentos, evitava a desonra da internação, numa época em que o público burguês considerava a doença mental como particularmene infamante (não se diz que ela é um sintoma de "degenerescência"?). Em compensação, nada protegia o doente contra o surto suicida. No final do século, a medicina de hospício terá teoricamente retomado posse dos verdadeiros depressivos. Os estabelecimentos hidroterápicos vão se contentar com uma clientela, aliás muito abundante, de "neurastênicos". Entre estes, quantos melancólicos desconhecidos? Aqui ou ali, o escândalo de um suicídio imprevisto vem lembrar ao hidroterapeuta a utilidade maior dos "estabelecimentos fechados".

A MÚSICA

Os apóstolos do tratamento moral da melancolia atribuem grande importância à música, embora costumem ficar muito embaraçados quando se trata de esclarecer a sua técnica de aplicação e explicar exatamente o seu modo de ação. Mas todos, sem exceção, apelam para o passado lendário dessa forma de terapêutica. Não se poderia dizer que o recurso à música acompanha toda a história cultural da melancolia? É claro que cada época tem uma ideia diferente do efeito que os sons e ritmos exercem sobre a alma. Se é verdade que se recorre com muita constância à música, a justificação do seu emprego apoia-se em argumentos que mudam no correr da história. Mais ainda que as outras medicações, a música oferece-nos o exemplo de um meio que permanece idêntico, mas cuja interpretação se modifica ao sabor das teorias científicas ou das crenças.

"Todas as vezes que o espírito de Deus o acometia, Davi tomava a lira e tocava; então Saul se acalmava, sentia-se melhor e o mau espírito o deixava." (Primeiro Samuel 16,23.) Se ficarmos o mais perto possível do texto bíblico, Saul é um possesso, é habitado por um espírito maléfico, e a harpa de Davi é um instrumento mágico. No mundo grego, bastará mencionar as curas que os coribantes efetuavam pelas danças e pela música: Platão diz que, assim, aliviavam terrores e angústias fóbicas.[175] Aqui também o papel da música é mágico e encantatório. O que pensarão os médicos a respeito disso? Celso, conforme vimos, recorre de bom grado à música (e aos ruídos). Sorano, de seu lado, mostra-se desconfiado: não porque a música lhe pareça desprovida de poder, mas, ao contrário, porque o seu poder é grande e nem sempre pode ser dirigido no sentido que se deseja:

> Na realidade, a música congestiona a cabeça, e é o que se pode ver nas pessoas em perfeita saúde; em certos casos, está atestado que provoca a loucura: quando os inspirados cantam suas profecias, parecem como possuídos pelo deus.[176]

A música é um método confuso, que não pode ser aplicado de maneira racional e com precisão suficiente. A sua força tem algo terrível, pois não sabemos dominá-la.

Nem todos os autores terão os mesmos escrúpulos, e a Idade Média se prevalecerá corajosamente do exemplo de Davi, ou daquele de Orfeu. Um documento muito interessante, que data de 1500, mostra-nos como os eclesiásticos faziam para curar um "melancólico". Trata-se do pintor Hugo van der Goes, que enlouqueceu abruptamente:[177]

> Ele se dizia condenado e fadado à danação eterna, e queria dar-se voluntariamente a morte (o que teria feito se as testemunhas não o tivessem impedido à força) [...]. Levaram-no sob custódia a Bruxelas: o Padre superior Thomas foi chamado; depois de investigação e exame, estimou que o paciente estava agitado pelo mesmo mal que Saul. E, lembrando-se de como Saul se aliviara quando Davi soara a cítara, ordenou imediatamente que tocassem diante do irmão Hugo música em abundância, e lhe apresentassem outros espetáculos recreativos, pelos quais esperava expulsar as fantasias mentais.

Qual é aqui a função exata da música? É provável que não seja nada além de uma distração agradável. Mas a lembrança do valor encantatório da melopeia ainda permanece viva por trás do emprego "recreativo" da música ligeira.

Na mesma época, ambições especulativas mais altas se manifestam, sustentadas por uma tradição que data de Platão e dos escritos de Ptolomeu. O espanhol Ramos de Pareja, cuja *Música prática* é publicada em 1482, associa as quatro tonalidades fundamentais aos quatro temperamentos e aos seus planetas. O *tonus protus* corresponde à fleugma e à Lua, o *tonus deuterus* à bile e a Marte, o *tonus tritus* ao sangue e a Júpiter, o *tonus tetartus* à melancolia e a Saturno. Mas é sobretudo em Marsílio Ficino e nos seus discípulos que vai se efetuar a mais audaciosa construção teórica, unindo numa doutrina coerente (coerente demais) a filosofia, a medicina, a música, a magia e a astrologia.

O *De vita triplici* que Ficino publica em 1489 é um manual de higiene para uso dos intelectuais (*literati*). Um grave perigo os espreita: a perda excessiva do espírito sutil (*spiritus*) que serve de instrumento à alma imaterial, e que a atividade intelectual consome em grandes quantidades. Essa combustão provoca uma discrasia melancólica extremamente perniciosa, nefasta sobretudo para os que lhe são predestinados pelo astro que presidiu seu nascimento: Saturno. Mas é igualmente a Saturno e à melancolia que o filósofo, o poeta, o intelectual devem os seus dons contemplativos. O temperamento melancólico comporta uma profunda ambiguidade: gênio e doença podem igualmente decorrer dele. Ter nascido sob o signo de Saturno, como Ficino, implica a um só tempo privilégios soberanos e riscos consideráveis. Tudo deve ser posto em ação — higiene, dieta, remédios, orações — para conjurar os aspectos perigosos desse destino. A tarefa mais urgente é providenciar uma "recarga" de *spiritus*, que nos devolverá a energia substancial que perdemos. É preciso tentar absorvê-la por onde quer que a natureza a oferece. É com uma verdadeira "restauração" espiritual que Ficino está preocupado; faz com que participem dela as substâncias ricas em "espírito": os perfumes, os vinhos (espirituosos), e sobretudo aqueles cujo buquê é perfumado. Não esquece os meios tradicionais: as purgações, os exercícios do corpo (com exceção do ato sexual, altamente perigoso pela perda de espírito que provoca). Mas precisa de auxílios mais poderosos que os vinhos capitosos e o perfume das flores. Se o mundo tem uma alma e um corpo, tem também um *spiritus* que serve de intermediário entre um e outro. E como o *spiritus* do homem é parente daquele do mundo, deveríamos poder nos servir das reservas cósmicas. Como captar essa preciosa substância? Os astros, sobretudo os planetas, são fontes generosas disso, mas de qualidade desigual. A influência de Apolo e a de Júpiter são os únicos verdadeiros antídotos contra os males em que incorrem os melancólicos: esses astros fazem fracassar a influência maligna despejada por Saturno. Ficino aceita toda uma magia talismânica que, por meio de pedras, sinais e imagens apropriadas, atrai para o seu portador a influência dos "sóis" fastos. E há ainda algo melhor que os talismãs: a harmonia musical, os hinos que Orfeu e os *prisci theologi* [antigos teólogos] cantavam. A música, sobretudo se acompanha hinos órficos e encantações aprendidas com os hermetistas, tem um poder muito grande. É uma operação mágica, pela qual o músico apela a um *spiritus* cósmico que aumentará a sua própria reserva de *spiritus*. Estamos, aqui, nos confins das artes proibidas. Trata-se de comandar "gênios planetários"? A Igreja não poderia tolerar esse comércio com os espíritos impuros. Ficino propõe, no geral, uma explicação que lhe permite ficar nos limites da ortodoxia. As suas preces aos planetas não são verdadeiras evocações: só têm como objetivo tornar o seu corpo mais apto a receber a influência solar ou "jovial". Seja como for, trata-se de "beber", de acumular em si uma matéria invisível que a saúde do organismo não pode dispensar; o verbo latino *baurire*, que aparece com frequência na pena de Ficino para designar esse ato, trai a necessidade "oral" de absorver, de extrair, de matar a sede, que se manifesta tão fortemente durante o Renascimento. Pensem no oráculo da Dive Bouteille: "Trinc!".*

Ficino esforçou-se em dar uma explicação física para o efeito da música. O ar posto em vibração pelos sons evapora e torna-se análogo ao *spiritus*, excitando e aumentando o espírito que nos habita:

> O som musical, pelo movimento do ar, move o corpo: pelo ar purificado, excita o espírito aéreo que é o laço entre o corpo e a alma; pela emoção, afeta os sentidos, e ao mesmo tempo a alma; pela significação, toca o intelecto: finalmente, pelo próprio movimento do ar sutil, penetra profundamente e com veemência; por sua harmonia, acaricia suavemente; pela conformidade de sua qualidade, nos inunda com uma maravilhosa volúpia: por sua natureza tanto espiritual como material, agarra de um só golpe o homem inteiro, e o possui completamente.[178]

Observemos além disso que, segundo os conselhos e o exemplo de Ficino, o melancólico executará e por vezes inventará ele mesmo as árias musicais. É ele que cantará, é ele que tocará a lira. O doente e o músico, o Saul e o Davi, são aqui um só e mesmo homem. Portanto, a música não é mais uma medicação externa que um jovem (a juventude é sanguínea!) ministra a um velho melancólico. É uma operação interna pela qual o homem melancólico esforça-se em acalmar e equilibrar a sua própria natureza atormentada. É, de certa forma, uma operação refletida e narcisista: tem a sua fonte no gênio melancólico, e o objetivo que visa é temperar uma constituição frágil, cuja discrasia se deve, em grande parte, aos êxtases contemplativos provocados pela arte e pela poesia.

A influência de Ficino persistirá por muito tempo. As suas ideias sobre a música se encontrarão em poetas como Ronsard, e também num mágico e cabalista como Agrippa de Nettesheim.[179] Em 1650, em sua *Musurgia universalis*,[180] o padre Athanasius Kircher dedica um longo capítulo à *Magia musurgico-iatrica*: se nem todas as doenças podem ser curadas pela música, as que resultam da bile amarela ou da atrabílis são muito favoravelmente influencia-

* Referência ao *Cinquième Livre*, obra póstuma de Rabelais, em que Pantagruel e seus amigos saem em busca do oráculo da Dive Bouteille (a Diva Garrafa). "Trinque" ou "Trinch" significa beber. (N. T.)

das por ela. Kircher está convencido de que existe uma arte de fascinar os homens pelos sons, e que é mesmo possível invocar os demônios por esse meio.

Burton, em sua gigantesca *Anatomia da melancolia*,[181] reuniu todos os exemplos disponíveis de cura pela música. Até acrescentou outros, de sua própria lavra, de um modo que denota um sentido poético bastante aguçado:

> Uma trombeta que soa de improviso, um carrilhão de sinos, a melodia que um charreteiro assobia, um garoto que canta uma balada de manhãzinha na rua, eis algo que transforma, vivifica, recreia um paciente agitado que não conseguiu dormir de noite.

No século XVII, uma profusão de teses, dissertações, tratados esforçam-se em provar que as vibrações musicais dividem, subtilizam, fluidificam as matérias espessas da atrabílis. No século XVIII, vai se falar mais facilmente do efeito da música sobre as fibras do organismo. Lorry, que introduziu a noção de *melancolia nervosa*, dedica um longo capítulo às virtudes da música.[182] Atribui-lhe um triplo efeito: excitante, calmante, harmonizante. Por um efeito mecânico fácil de imaginar, vibrações musicais regulares restabelecem a homotonia das fibras.

Chegarão até mesmo a precisões técnicas muito elaboradas. Um médico de Nancy, F.-N. Marquet, escreve um livro sobre uma *Nouvelle Méthode facile et curieuse, pour connoitre le pouls par les notes de la musique* [Novo método fácil e curioso para tomar o pulso pelas notas musicais], e seu compatriota Pierre-Joseph Buchoz a ele acrescenta um *Mémoire sur la manière de guérir la mélancolie par la musique* [Memória sobre a maneira de curar a melancolia pela música]:

> A Música que se deve empregar para a cura dos temperamentos melancólicos secos deve começar pelos tons mais baixos, e elevar-se em seguida insensivelmente para os mais altos; é por essa gradação harmônica que as fibras rígidas, habituadas com os diferentes graus de vibração, deixam-se insensivelmente vergar. Aqueles que, ao contrário, têm um temperamento melancólico e úmido pedem para sua cura uma Música alegre, forte, viva, variada, porque é mais adequada a mexer com as fibras e a esticá-las.
>
> Portanto, se os nervos enlanguescem e se prostram, se os líquidos são espessos e incapazes de movimentos, se a alma e o corpo são fortemente afetados, é preciso recorrer a uma Música simples, sonora, agradável; essa Música titila o

nervo auditivo e os outros nervos simpáticos que, sendo agradavelmente tocados, aguilhoam a linfa espirituosa, dissolvem e dividem os líquidos, tornam-nos mais próprios aos movimentos; fortalecem, alegram o coração e tornam as secreções mais fáceis; daí vêm as ideias doces e agradáveis, daí os membros ficarem mais dispostos, o espírito mais alegre, e as funções animais se fazerem melhor.[183]

Esse texto expressa muito ingenuamente o desejo "científico" de dar uma imagem clara e distinta do mecanismo pelo qual o físico da audição influencia o "moral". Buchoz remete a uma física elementar, facilmente inteligível e que dá a ilusão da evidência. Adotando o tom seguro da verdade científica, ele ensina um método diferenciado, que permite tratar cada caso de modo apropriado. Pretende possuir o saber que lhe permitirá agir de modo matizado e específico sobre o organismo do paciente. Falsa precisão, que vai de uma ciência falsa a uma técnica totalmente imaginária.

Mas convém lembrar que na mesma época os próprios músicos eram muito tentados a construir, nas mesmas bases, uma teoria das paixões (*Affektenlehre*)[184] em que cada movimento afetivo encontrasse a sua justa expressão sonora.

Os teóricos do tratamento moral vão se interessar muito pela terapêutica musical da melancolia. Pois, embora a seus olhos a melancolia se cristalize em torno de um núcleo intelectual, de uma "ideia fixa", ela deve ser atingida e modificada no nível dos sentimentos e das paixões, isto é, num ponto mais profundo que aquele do raciocínio e do pensamento conceitual. Ora, a música aparece-lhes como o meio privilegiado que saberá atingir diretamente o ser afetivo, sem passar pelas representações e pelas ideias. Age imediatamente na alma. É o que diz Rousseau;[185] e é o que repete P.-J.-G. Cabanis, amigo de Pinel, o mestre da escola dos "ideólogos":

A força, de maneira geral, da música sobre a natureza viva prova que as emoções próprias ao ouvido estão longe de poderem ser todas reduzidas a sensações percebidas e comparadas pelo órgão pensante: há nessas emoções alguma coisa de *mais direto* [...]. Existem associações particulares de sons, e mesmo simples inflexões que se apoderam de todas as faculdades sensíveis; que, *pela ação mais imediata*, fazem nascer instantaneamente na alma certos sentimentos que as leis primitivas da organização parecem lhes ter subordinado. A ternura, a melancolia, a dor sombria, a viva alegria, o júbilo brincalhão, o ardor marcial, o furor podem ser ora despertados, ora acalmados por cantos de uma simplicidade notável: eles o serão mais certamente na medida em que esses cantos forem simples, e as frases que os compõem, mais curtas e mais fáceis de captar.

Todos esses efeitos entram evidentemente no campo da simpatia, e o órgão pensante aí só toma uma parte real como centro geral da sensibilidade.[186]

J. C. Reil propõe ideias perfeitamente semelhantes:

A música fala a nosso ouvido por sons desarticulados, e daí se dirige imediatamente a nosso coração, sem ter de passar, como a eloquência, pela intermediação da imaginação e do entendimento. Ela põe em tensão nossa sensibilidade, solicita o movimento sucessivo de nossas paixões, convoca-as com doçura para surgirem do fundo de nossa alma. A música acalma a tempestade da alma, expulsa os nevoeiros da tristeza, e apazigua, às vezes com o maior sucesso, o tumulto desenfreado da fúria. É por isso que costuma ser benéfica na agitação furiosa, e é quase sempre eficaz nas doenças mentais associadas a um estado depressivo [*Schwermuth*].[187]

Mas como fazer isso? Como passar dessa teoria sedutora às aplicações práticas? Reil reconhece que as observações e os resultados ainda são insuficientes:

Em que casos e em que momento a música deve ser empregada? Que espécie de música para cada caso, e com que instrumentos? Pois é fora de dúvida que, no asilo de alienados, é preciso recorrer a uma composição especial e a instrumentos particulares conforme a tendência do doente à rigidez ou à agitação desordenada, segundo a forma de sua loucura, segundo as modificações particulares de seu estado afetivo, e segundo o grau de atividade de sua alma.[188]

Para J. Mason Cox, a música ocupa um lugar entre as distrações que desviarão o espírito do paciente "dos tristes objetos que o agitam". Trata-se de "fixar a atenção do doente", obrigá-lo a levar o seu interesse para outra coisa além das ideias sofridas que ele rumina constantemente. É possível lhe pedir para fazer uns nós ou uma tapeçaria, é possível também fazê-lo ouvir música:

> Vi pacientes que estavam mergulhados numa profunda letargia retomarem consciência só com o auxílio da música. Vi outros, que estavam completamente alienados, e a quem ela devolveu a razão. Acompanhei, entre outros, um tratamento desse gênero, notável, num militar em estado de demência, que por várias semanas não se mexera na cama, não proferira uma só palavra e não ingerira nenhum alimento senão à força. Imaginou-se mandar levar para perto de sua cama um pífaro que, tocando diferentes melodias, variadas com muita habilidade de acordo com os efeitos que pareciam produzir, primeiro excitou sua atenção, em seguida despertou-lhe um interesse bem marcado por seus olhares animados e pela atividade com que batia o ritmo, produziu sucessivamente as sensações mais agradáveis assim como o próprio paciente me disse depois da cura, trouxe à sua memória lembranças próprias a lhe causar uma profunda impressão, suscitou novas sequências de ideias, e pareceu dissipar gradualmente as ilusões de seu entendimento. Em resumo, só com a ajuda desse meio, o paciente se levantou, vestiu-se ele mesmo, voltou pouco a pouco a seus antigos hábitos de ordem e limpeza e recuperou enfim toda a razão, sem que se recorresse a outros remédios além de leves tônicos.[189]

Talvez não seja isso uma simples diversão, mas um efeito particular da música agindo sobre a alma como uma medicação específica: "Assim viram-se infelizes alienados, cuja sensibilidade era tal que não podiam suportar nenhum dos meios ordinários de cura, serem acalmados instantaneamente pelos acordes variados e suaves de uma harpa eólia. Talvez até, em certos casos, fosse conveniente testar o que produziria uma suíte ou um conjunto de sons os mais discordantes, em especial se o paciente tivesse um ouvido musical capaz de ser vivamente afetado por essa discordância".[190] Cox, que primeiro só falara em distração, dá a entender que existe um misterioso mecanismo psicofísico cujo conhecimento exato permitiria ao terapeuta modificar à vontade o estado mental do paciente.

É provável que sejam maiores as chances de ter sucesso se, por sorte, o paciente for músico, e se lhe derem a possibilidade de tocar o seu instrumento favorito: associam-se assim os benefícios do tratamento ativo com os efeitos próprios da música. Leuret, entre os êxitos do tratamento moral dos melancólicos, relata a cura de um músico melancólico a quem se dá a escolha entre o seu violino e a terrível ducha. O paciente, depois de certa hesitação, aceita o instrumento e toca *A Marselhesa*:

Enquanto ele está tocando, levo-o à escola: canta-se, ele acompanha os cantores, e uma hora se passa sem que ele pare de fazer música. Nos dias seguintes ele continua, embora de bastante má vontade. Às vezes sou obrigado a lembrar-lhe que há uma ducha pertinho da escola, mas não recorro a ela. Pouco a pouco seu rosto se anima; seu jogo, primeiro bastante lento, ganha celeridade. Vê-se em suas maneiras uma liberdade que não se conhecia no hospício. Às vezes sorri, sobretudo quando cantam desafinado; mas não se aborrece, serve de bom grado de guia aos cantores que lhe apresento e torna-se o homem necessário de todas as nossas manhãs musicais. Diz também, de longe em longe: "O que querem de mim?", mas depois de refletir sobre sua posição, depois de se assegurar de que está cercado de alienados, de que está sob a direção de um médico, adquire alguma confiança [...]. A cura de P... se deve certamente ao fato de que fez música. Portanto, a música teve sobre esse paciente a influência que lhe atribuíam os antigos no tratamento da loucura? Ou será que P... só se curou porque, fazendo música, retomou sua antiga profissão? Essas duas causas, a meu ver, contribuíram para sua cura, e eu não saberia dizer qual das duas deve ter a maior parte no resultado obtido.[191]

Portanto, uma vez mais é a chantagem da ducha que obriga o doente a se mostrar ativo. Mas Leuret é categórico: a música é salutar, e o é duplamente se for praticada pelo próprio doente. Claro, "há alienados a cujo estado a música convém, outros para os quais seria nociva". E é sobretudo na melancolia que ela será útil. "Caso se trate de um alienado bem triste, bem apático, a música, se ele a fizer, será de certa forma o contraveneno de suas ideias loucas, haverá luta, e se a música vencer, as ideias loucas serão rejeitadas e vencidas. Ouvir música seria talvez sem eficácia; mas fazê-la, prestar atenção ao que se executa, eis uma diversão cuja eficácia é incontestável."[192]

Esquirol, de seu lado, fez experiências desfavoráveis. Vale a pena reler as páginas em que as relata:

Tive de experimentar a música como meio de curar os alienados; tentei de todas as maneiras e nas circunstâncias mais favoráveis ao êxito. Às vezes ela irritou, até provocar a fúria, volta e meia pareceu distrair, mas não posso dizer que tenha contribuído para curar: foi vantajosa para os convalescentes.

Um lipemaníaco, para quem seu irmão fazia música com os melhores mestres de Paris, tornava-se furioso, embora os músicos estivessem num apartamento separado do seu; ele repetia às pessoas que estavam perto de si: "É execrável tentar se alegrar quando estou num estado tão pavoroso". Esse irmão, até então ternamente amado, foi tomado em aversão pelo paciente.

Observei vários alienados, músicos muito habilidosos que, durante a doença, só ouviam tons desafinados; a melhor música primeiro os agitava, os contrariava e acabava por irritá-los. Uma senhora que fora apaixonada por música começava tocando e cantando melodias que lhe eram familiares; mas instantes depois o canto parava e a paciente continuava a tocar algumas notas no piano, e os repetia no tom mais monótono e mais cansativo por várias horas a fio, se não tivessem o cuidado de distraí-la e fazê-la largar o instrumento.

Eu tinha feito muitas aplicações parciais da música, quis experimentá-la com as massas: minhas experimentações foram feitas durante o verão de 1824 e o de 1825. Certos músicos eminentes da capital, secundados por alunos do Conservatório de Música, se reuniram por vários domingos seguidos em nosso hospício: a harpa, o piano, o violino, alguns instrumentos de sopro e vozes excelentes concorriam para tornar nossos concertos tão agradáveis como interessantes.

Oitenta mulheres alienadas, escolhidas entre as convalescentes, as maníacas, as monomaníacas tranquilas e algumas lipemaníacas, estavam sentadas comodamente no dormitório dito das convalescentes, diante dos músicos reunidos num aposento que precede esse dormitório e serve de ateliê [...]. Melodias em todos os tons, em todos os modos, em todos os ritmos foram tocadas e cantadas, variando o número e a natureza dos instrumentos; diversos grandes trechos de música foram assim executados. Minhas alienadas estavam muito atentas, suas fisionomias se animavam, os olhos de muitas ficavam brilhantes, mas todas permaneciam tranquilas: algumas lágrimas correram, duas delas pediram para cantar uma ária e para ser acompanhadas; prestamo-nos a esse desejo.

Esse espetáculo novo para nossas pobres doentes não deixou de ter influência, mas não obtivemos nenhuma cura, nem mesmo melhora em seu estado mental... Podem me objetar talvez que a música, não sendo usual para as mulheres no Salpêtrière, devia produzir pouco efeito nelas; mas eu testara, e testara constantemente, a música com os alienados que a haviam cultivado com sucesso durante toda a sua vida, e até com músicos de grande maestria, e tampouco fui mais feliz. Não concluirei a partir desses insucessos que seja inútil fazer música para os alienados ou estimulá-los a fazê-los eles mesmos; se a música não cura, distrai, e por conseguinte alivia; traz algum alívio à dor física e moral; é evidentemente útil aos convalescentes, portanto não se deve afastar seu uso.[193]

Enquanto os partidários de uma terapêutica pela música argumentavam, apoiando-se em suas opiniões, com histórias isoladas e anedóticas de pacientes, Esquirol recorre a uma vasta pesquisa estatística: faz uma experiência com a *massa*. É assim que se dissipam as lendas e os preconceitos médicos. Apesar das objeções de Leuret (que o critica por não operar uma seleção prévia dos casos capazes de reagir favoravelmente), o ponto de vista de Esquirol prevalecerá em definitivo desde meados do século XIX. É esse ponto de vista que Griesinger defende quando coloca a música entre os meios de ocupar o paciente e sobretudo de trazê-lo à sua existência anterior. Sendo o grande princípio curativo "fortalecer o eu antigo", a prática da música só tem sentido para os que já a haviam experimentado. De nada serve "querer forçar um indivíduo que detesta música a tocar um instrumento".[194] Qualquer jogo servirá muito melhor para isso. No final das contas, a música é reduzida ao papel de terapêutica ativa, tal como a jardinagem, o ateliê, a ginática e os exercícios intelectuais. Embora os homens do século XIX tenham tido às vezes a ideia de uma "religião da música", a psiquiatria positivista do fim do século renunciou em definitivo às ambições mágicas do Renascimento, e se resignou prudentemente a tudo ignorar do mecanismo pelo qual os excitantes sonoros agem sobre os sentimentos e as paixões. Embora considere certa a "lei das associações", ela aceita admitir que é impossível determinar com exatidão a natureza dos *stimuli* que orientariam as associações no sentido desejado pela terapêutica. A maturidade científica consiste em saber aceitar a imprecisão ali onde a ciência não pode ser racionalmente dominada, e em não preferir a ela a falsa precisão.

O TRATAMENTO FAMILIAR

Desde meados do século, os apóstolos do tratamento moral tinham se voltado para as possibilidades de uma terapia social, de uma "socioterapia". A música lhes interessa infinitamente menos que as "colônias agrícolas" (cujo exemplo é fornecido por Gheel na Bélgica) ou o "tratamento familiar": passado o período agudo, no qual intervêm as medidas coercitivas e as medicações físicas (banhos prolongados, afusões frias, fricções secas, sangrias, tônicos, antiespasmódicos, alimentação com sonda, morfina), Brierre de Boismont recomenda antes de tudo a "vida em família". Não o retorno do paciente para sua família, mas a organização familiar do meio terapêutico e, no caso, da clínica particular. É desejável que uma mulher assuma a direção dessa forma de tratamento contínuo:

> Só as mulheres podem se dedicar a esse santo sacerdócio, e os exemplos do bem que podem fazer as encoraja nessa via de sacrifício.
>
> Quando pegamos, em 1838, a direção da casa de saúde da Rue Neuve Sainte-Geneviève, compreendemos que era preciso opor aos inúmeros inconvenientes desse estabelecimento um método de tratamento que pudesse lutar com vantagem contra os obstáculos que o lugar apresentava. A vida em família, cuja ideia a excelente e respeitável sra. Blanche nos sugerira, pareceu-nos o meio por excelência. Amparei-me, para a execução dessa tentativa, na digna companheira que a Providência me dera. Convencida das vantagens apresentadas por esse modo de tratamento para os doentes, ela reuniu em seu apartamento monomaníacos de toda categoria, sobretudo os que queriam atentar contra seus dias e estavam às voltas com sombrias tristezas ou assaltados por alucinações dolorosas, às vezes até mesmo alienados que tinham pensamentos de morte contra os outros. Esse apostolado não durava uma hora ou duas, mas o dia inteiro. Ali, o tempo todo no meio deles, chamando-os à razão, encorajando-os, repreendendo-os, ou brincando com eles, de acordo com as circunstâncias, ela recebia os visitantes, fazia seus negócios e forçava seus hóspedes a ser espectadores do que se passava [...]. A contragosto, os monomaníacos absortos em sua ideia fixa eram forçados a escutar o que se dizia. Essa variedade de personagens, de conversas, de objetos exercia a longo prazo influência em seus espíritos, e poderíamos citar exemplos cheios de interesse de doentes semelhantes a estátuas, não escutando nada, ou desesperados, anunciando resoluções sinistras, fazendo sem parar os mesmos discursos, e que essa pressão de todos os momentos acabava por abalar, tirando de seu embotamento e trazendo às realidades da vida.[195]

As nossas "psicoterapias de grupo" já estão mais que prefiguradas na casa do dr. Brierre de Boismont. Assim, não espanta que ele tenha observado um fenômeno que hoje chamaríamos de "transferência":

> A época em que se deve iniciar esse tratamento varia segundo a natureza dos sintomas; assim, com frequência é necessário esperar que os doentes estejam mais calmos, que não tenham mais que sua ideia fixa. O melancólico-suicida que foi mantido, durante o período agudo, por dez ou doze horas no banho, aquele que foi submetido à alimentação forçada, aqueles com os quais fomos forçados a recorrer às medidas coercitivas, não podem deixar de reconhecer, pelo contraste dos meios, que as medidas rigorosas empregadas contra eles eram ditadas só por seu interesse. Essa separação dos doentes de quem antes eles eram os companheiros exerce uma influência salutar em seu espírito, despertando outros sentimentos. Quantos pensamentos sinistros vimos desaparecerem nesse contato diário! Mais de uma vez, convalescentes hesitaram em nos abandonar e, o que é uma recompensa bem doce, vínculos agradecidos e duradouros se formaram.[196]

Portanto, a mulher do psiquiatra vê-se, aqui, confiar uma missão penosa e às vezes perigosa. Para completar, adquire uma experiência nova e profunda do comportamento patológico. O tratamento contínuo provoca a observação contínua. Sob o olhar sagaz da sra. Brierre de Boismont, a teoria consagrada que definia a melancolia como um "delírio parcial" revela-se insustentável. A melancolia atinge a pessoa em seu conjunto, não poupa realmente nenhuma faculdade:

> Essa observação de todos os dias, de todas as horas, de todos os minutos, reproduzida com perfeita exatidão de memória pela companheira dedicada que nos é de tão grande auxílio, dando-nos a convicção do laço comum que une todas as ideias, não nos permitiu acreditar na existência de um delírio parcial absolutamente circunscrito [...]. Por que então recusar ao espírito a unidade, que é a lei da fisiologia, da patologia e do universo?[197]

Que conclusão tirar dessas notáveis constatações? Que a figura materna desempenha um grande papel no tratamento dos estados depressivos? Brierre de Boismont ainda não chegou lá. Mas pelo menos dirige aos psiquiatras um conselho que nós nos recriminaríamos por não lembrar:

> Deveríamos recomendar aos médicos que se destinam ao tratamento dos alienados dedicar um grande cuidado na escolha da própria mulher, pois ela pode prestar imensos serviços ao estabelecimento, e há aqueles que só ela pode prestar.[198]

É POSSÍVEL CRIAR OBSTÁCULO À HEREDITARIEDADE?

O humoralismo clássico, conforme vimos, liga a melancolia a uma alteração material definida. Para ele não há estado melancólico sem presença da atrabílis nos hipocôndrios, no cérebro ou no sangue. Esse determinismo é aparentemente muito simples. A variedade e as nuances intervêm, no entanto, na descrição dos mecanismos, perfeitamente hipotéticos, que levam à formação da bile negra: o temperamento hereditário, a dieta, o mau ar, a falta de exercício físico, a retenção do fluido seminal, o trabalho intelectual, as preocupações religiosas, o amor fracassado, o ciúme, todos podem contribuir. A produção da substância atrabiliária explica-se, assim, a partir tanto de causas materiais como de causas intelectuais ou afetivas. Mas essas diversas causas afastadas só produzem o estado melancólico por intermédio de uma *matéria* específica endógena, que será a sua causa imediata. A terapêutica tem então a escolha entre a ação direta sobre a causa aproximada (sangria, revulsão, purga) e as medidas destinadas a influenciar as causas distantes (dieta, higiene, horário das atividades, sono etc.).

Todas as teorias, a da melancolia *sem matéria*, depois a da ideia fixa e a do delírio parcial, tendem a conferir a primazia aos fenômenos nervosos, intelectuais ou afetivos. E como o sistema nervoso é, antes de tudo, um aparelho de relação, a melancolia (a "lipemania") aparece como um fenômeno essencialmente reacional e psicogênico. O estado depressivo, embora favorecido pela predisposição física ou pelo temperamento, é o mais das vezes interpretado como a consequência de um choque psíquico ou de uma tensão excessiva, decorrente das circunstâncias externas. A tristeza depressiva é o eco duradouro de uma "ideia aflitiva" da qual o sujeito não consegue se livrar. Os fenômenos somáticos tendem, então, a passar ao nível de consequências do estado melancólico. As medicações que agem violentamente sobre o corpo não são mais vistas como específicas: apenas preparam o sujeito para receber o tratamento moral. Este, modificando as impressões, as sensações, o curso das ideias, terá como privilégio agir sobre a própria doença, ou ao menos iniciar uma reação mental que atacará e desagregará esse corpo estrangeiro que é a ideia fixa. O verdadeiro tratamento causal e específico visará, primeiro, a suprimir os excitantes nocivos, a transformar o ambiente de modo que o doente ali já não encontre as pessoas nem os objetos responsáveis pela doença (nada de consolações religiosas para aqueles que a excessiva devoção tornou melancólicos); em seguida, influências benéficas poderão ser impostas: música, palavras, espetáculos, atividades, jogos, viagens. A arte do terapeuta consistirá em saber escolher e dosar esses *stimuli* de maneira a obter as transformações favoráveis nos prazos mais curtos. Se o tratamento humoral parece muitas vezes inspirado por um sonho de taumaturgia material, o tratamento psicológico, no início, transpõe essa ambição para um plano diferente e aparenta querer se tornar uma virtuosidade ideal, que dominaria magistralmente todas as notas e todos os registros da sensibilidade nervosa.

Sem dúvida, essa psicologia continua a ser totalmente mecanicista: representa as sensações, as paixões, as ideias como coisas ou processos materiais. Para ela é difícil conceber que um comportamento patológico não se acompanhe de uma lesão, mais ou menos marcada, da substância nervosa. Até mesmo quando a evolução depressiva é desencadeada por um acontecimento puramente afetivo, custa-se a crer que um estado de depressão duradouro e grave não cause, a longo prazo, nenhuma modificação orgânica: é preciso admitir que as emoções modificam o corpo, e particularmente o tecido nervoso. Falando do cérebro, J.-P. Falret escreve, em 1864: "Não se pode exercer uma ação sobre esse órgão sem agir ao mesmo tempo sobre as ideias ou os sentimentos; e reciprocamente não se pode agir sobre as ideias ou os sentimentos sem reagir de imediato sobre o cérebro ou o sistema nervoso por inteiro".[199] Por conseguinte, mesmo que a doença não comece por uma lesão orgânica, esta sempre acaba por se constituir. Daí o interesse apaixonado que a psiquiatria do século XIX manifestou pelas pesquisas sobre as lesões anatômicas. Essas pesquisas tiveram um sucesso notável: a presença, verificada em 1822 por Antoine-Laurent Bayle, de um tipo particular de meningite nos pacientes mortos de paralisia geral.[200] Não seria possível esperar encontrar tal substrato somático na melancolia? A anemia, a hiperemia, o edema cerebral foram sucessivamente incriminados. Sobretudo a isquemia, que Theodor Hermann Meynert[201] afirmava ter constatado na maioria dos casos. Mas nisso não havia prova cabal: todos gostariam de ter imagens precisas, originais, patognomônicas. Na falta de substrato anatômico, concentraram-se na observação clínica minuciosa, na pesquisa estatística e na determinação dos fenômenos fisiológicos mensuráveis (pulso, temperatura, pressão). A lipemania, a monomania, a melancolia tradicionais, entidades vastas e confusas, não pediam para ser desmembradas em variedades clínicas mais distintas, mais bem definidas? A partir de uma classificação mais fina, uma melhor terapêutica talvez se revelasse possível. Um dos primeiros dados recolhidos e confirmados pela observação foi o caráter frequentemente hereditário e familiar dos estados depressivos.

Pinel já falava das loucuras hereditárias ou "originárias". No entanto, só sublinhara esse fato para a mania. Quando J.-P. Falret propuser sua clássica descrição da *loucura circular*, verificará com muita frequência o seu surgimento hereditário. Brierre de Boismont fará as mesmas constatações sobre a tendência ao suicídio. A partir de então, a influência dos fatores externos, do meio, das condições de vida, das decepções sentimentais não poderá mais ser considerada como predominante: essa influência externa passará ao nível de causa ocasional. O papel da constituição congenital terá um peso infinitamente maior. Novamente, a doença depressiva aparece como produto de uma estrutura somática, como um processo endógeno. O ritmo próprio da *loucura circular* não é acessível às influências externas. É por uma lei interna que ela faz com que se sucedam o estado maníaco, o estado de depressão e o intervalo lúcido. Portanto, ninguém se espantará se, sobre a questão do tratamento dessa afecção, J.-P. Falret conclamar o seu leitor a um acréscimo de vigilância clínica, a uma melhor observação da evolução natural das doenças mentais. Ele não tem nenhuma "arma terapêutica" a propor:

> Com efeito, como instituir um tratamento e se dar conta do modo de ação dos meios empregados, se previamente não se estabeleceram distinções rigorosas entre os fatos das doenças mentais? Como se dar conta da ação dos meios terapêuticos se não operamos sobre fatos similares, ou ao menos análogos, e se não conhecemos de antemão a evolução natural da doença? No entanto, é nessa desagradável direção que será instituído o tratamento enquanto os agentes curativos forem unicamente dirigidos contra a loucura em geral, e mesmo contra a mania e a melancolia, já que sob essas denominações estão incluídos estados doentios que exigem ser cuidadosamente distinguidos.[202]

Mas nenhum médico gosta de permanecer inativo. E tão grande é a força da tradição que Falret retoma a opinião dos antigos sobre a origem abdominal da melancolia, opinião que ele se esforça em modernizar, adornando-a com hipóteses neurológicas ao gosto do dia:

> [A melancolia] nos parece, como aos autores antigos, ter mais frequentemente do que se pensa sua origem e sua causa principal nos distúrbios variados dos órgãos do baixo-ventre e, sobretudo, no sistema nervoso do grande-simpático. Assim, aconselhamos com frequência aplicações de naturezas diversas nas paredes abdominais dos melancólicos e partilhamos da opinião de nosso saudoso confrade, o dr. Guislain, que preconizara a permanência na cama como um meio muitas vezes útil em certas variedades da melancolia.[203]

Falret é inconsequente? A crença num determinismo hereditário da melancolia deveria conduzi-lo a um completo niilismo terapêutico? Vimos que, segundo ele, o físico e o moral sempre exercem uma influência recíproca. De acordo com esse princípio, uma lesão somática pode, até certo ponto, ser modificada por intermédio do psiquismo: Falret não quer aceitar as limitações impostas às perspectivas terapêuticas pelos médicos da "escola organicista":

> Acreditamos que todo método dito moral age ao mesmo tempo sobre o físico, e que todo método dito físico, agindo sobre o sistema nervoso, reage ao mesmo tempo sobre o moral, ou sobre as faculdades intelectuais e afetivas [...]. Sem essa teoria, custaríamos a conceber a eficácia possível do tratamento moral sobre uma afecção cuja condição orgânica primeira reside numa lesão do cérebro ou das outras partes do organismo. Mas [...] essa lesão inicial, desconhecida em sua essência, é capaz de ser, ela mesma, modificada pelo exercício das faculdades intelectuais e afetivas.[204]

A verificação do papel da hereditariedade nos estados depressivos não deveria, assim, paralisar a ação terapêutica. Ao contrário, ela convoca de modo mais urgente ainda uma medicação preventiva, uma série de medidas profiláticas. Assim, Brierre de Boismont, convencido de que "a loucura ataca por via da hereditariedade o princípio psicossomático",[205] estima que a prevenção do suicídio não se limita à proibição dos casamentos consanguíneos, ou entre pessoas de hereditariedade análoga. É preciso tomar o maior cuidado com a educação moral e religiosa dos filhos que sabemos serem oriundos de "pais suicidas", dar-lhes, desde a mais tenra idade, armas que lhes permitiram afastar as ideias de destruição, caso se apresentem.

É uma das mais interessantes e fecundas contradições da medicina romântica essa convicção simultânea de uma fatalidade hereditária (ou devida à degenerescência) e de uma força eficaz dos fatos sociais, entre os quais a *palavra* educativa tem papel preponderante. Higiene e pedagogia, sem a adição de nenhum outro remédio, podem ser, segundo a expressão de Brierre de Boismont, "modificadores da hereditariedade". Encontraremos no dr. Cerise uma teoria muito desenvolvida da eficácia orgânica da linguagem, na qual ele vê um laço fundamental que une o organismo individual à realidade social. Ensinar um objetivo de atividade é, pelo meio da palavra, transformar o próprio corpo do sujeito:

> Um objetivo de atividade é uma fonte de ideias e sentimentos que determinam a produção de um grande número de fenômenos de inervação cérebro-muscular, cérebro-ganglionar, intracerebral e cérebro-sensorial.
>
> O médico não deve somente ter em conta a influência fisiológica exercida por um objetivo de atividade especial e individual; deve também ter em conta aquela exercida por um objetivo de atividade geral e social, fundador e conservador de nacionalidades. É num objetivo comum de atividade que se encontra a razão principal dos caracteres gerais que distinguem os povos, as tribos e as castas.[206]

O projeto humano é responsável pela estruturação psicofísica: a neurologia do dr. Cerise desemboca numa moral social e numa metafísica espiritualista. Ao lado de ideias liberais e "progressistas", Cerise e seus amigos reintroduzem na terapêutica psiquiátrica o recurso à religião e ao "espiritualismo cristão" que Pinel, herdeiro da idade das Luzes, condenara por correr o risco de ensombrecer o horizonte vital do melancólico. (O livro de Pinel contém bom número de casos, retomados de obras inglesas recentes, sobre melancolias decorrentes da exaltação metodista.) Assim como a hereditariedade parece implicar um determinismo global, o apelo do "objetivo de atividade" oferece a perspectiva de uma liberdade igualmente global, pela qual o homem transcenderia o domínio do determinismo fisiológico estrito e faria do seu corpo o instrumento dócil do seu projeto. O homem escapará à tristeza e à melancolia se conseguir se dedicar ao seu objetivo de atividade sem deixar que sobrevenham os "fatos de inervação antagonista" que contrariam sua ação: a euforia expansiva resulta da "inervação sinérgica", graças à qual o organismo coopera totalmente com a realização do desejo, isto é, com a realização da "obra social".

INOVAÇÕES E DECEPÇÕES

O século XIX não é apenas o século das afirmações deterministas ou das especulações românticas sobre o destino social do homem. É a época da grande expansão industrial e técnica, e vê surgirem, em ritmo constantemente acelerado, invenções físicas e novos corpos químicos. Ora, a melancolia, como toda doença insuficientemente explicada e para a qual não existe nenhum medicamento específico de modo confirmado, apela para a tentativa sucessiva de todas as descobertas, à medida que elas aparecem; convida a tentar a aplicação de todos os novos princípios ativos que são isolados. Sempre vale a pena arriscar a experiência. E, para cada produto, quase sempre as primeiras experiências parecem autorizar alguma esperança, encontram espíritos fascinados ou interessados que o louvam antes que o valor do tratamento tenha sido suficientemente posto à prova.

No fim do século XVIII, Perfect[207] elogia as virtudes da cânfora e do almíscar (conhecidos, aliás, havia muito tempo). J. Mason Cox é um entusiasta da digitális[208] e lhe atribui o primeiro lugar entre os eméticos: como ela provoca, além dos efeitos circulatórios, uma forte náusea, os seus efeitos sobre a loucura parecem certos. A água de louro-cereja,[209] o morrião vermelho (*anagallis*)[210] também têm os seus seguidores. Na hora do magnetismo,[211] depois na do hipnotismo, vão atacar a melancolia, assim como todas as outras doenças, por esses métodos. O fluido elétrico, quase desde as suas primeiras e balbuciantes descargas, é experimentado sob todas as suas formas: pelo fim do século XIX, faradizam-se os melancólicos.[212] Desde seu surgimento, os anestésicos — o éter, o clorofórmio — foram aplicados às formas ansiosas e agitadas da doença: primeiro se prestou atenção aos casos bem-sucedidos, depois aos incovenientes dessas substâncias. O haxixe teve a sua moda. Assim que a administração hipodérmica dos medicamentos se espalhou, apelou-se para esse novo procedimento e injetaram-se as substâncias mais diversas, indo do cloreto de sódio ao "líquido nervoso", passando pela cânfora, pela morfina, pelo soro canino, pelo líquido testicular... Uma vez confirmado o papel do fósforo na fisiologia nervosa, todos esperaram ver os melancólicos (e os "neurastênicos") reagirem favoravelmente à administração do óleo de fígado de bacalhau fosforado. A esperança, a cada novo medicamento, renasce para dar lugar a uma quase completa decepção: é preciso se resignar em ter encontrado apenas um novo adjuvante.

Teorias contrárias coexistem tranquilamente. Assim como outrora incriminavam-se simultaneamente, entre as causas da melancolia, a continência e os excessos venéreos, invocam-se, em meados do século XIX, uma após outra, a hiperemia cerebral crônica e a vasoconstrição dos vasos que irrigam os centros nervosos. Assim, os médicos continuam a aplicar sanguessugas nas têmporas ou na nuca. Mas ao mesmo tempo recorrem ao nitrito de amila para obter uma vasodilatação cerebral e justificam o "tratamento pelo leito" pela necessidade de obter uma melhor irrigação da extremidade cefálica. Outro paradoxo: a melancolia necessita ao mesmo tempo de excitantes e calmantes. Considerada um estado de esgotamento nervoso, de hipoexcitabilidade, de fadiga crônica, a depressão parece que deve ser, felizmente, influenciada pelos excitantes, os tônicos, os "nervinos": banhos de ar comprimido, inalações de oxigênio, exposição à luz vermelha, banhos quentes, massagens, protoxalato ou iodeto de ferro, arsênico, esgalho de centeio, estricnina, eserina, estrofanto, sem esquecer a velha quinquina. Mas não se corre o risco, com a maioria desses métodos, de agravar a insônia, de acentuar certos estados de agitação ansiosa? Assim como a neurastenia aparece como uma "fraqueza irritável", a melancolia deixa entrever a coexistência de um déficit da energia nervosa e de uma excitabilidade anormal. B. Ball chega a incriminar nitidamente uma forma particular de excitação, que explica melhor os fenômenos depressivos: "A depressão que parece caracterizar a lipemania não passa, com muita frequência, de uma *excitação invertida*; eis por que a sedação do sistema nervoso é uma das indicações mais importantes a praticar".[213] Hoje diríamos: uma agressividade recalcada.

Para acalmar essa excitação ansiosa, é preciso procurar algo novo? Não podemos, ao menos uma vez, aceitar a doação que nos faz a tradição — o ópio — e lhe sermos gratos? O suco ou os grãos da papoula, antes que a lei pensasse em controlar o seu uso, tinham o seu lugar na farmácia pessoal do melancólico, um lugar de honra, que não era o da medicação corrente e banal, mas o da reserva preciosa, do *ultima ratio* [última solução], do último recurso perigoso e poderoso. Pelo final do século XVIII, o láudano tornou-se um remédio mundano: os entediados e as mulheres "vaporosas" o convocam em seu auxílio não só contra a tosse, a cólica, as dores, mas, como Julie de Lespinasse, contra os pavores da *taedium vitae*.[214] Aos vinte anos, Benjamin Constant, iniciado no láudano pela sra. De Charrière, terá constantemente um pequeno frasco da substância:[215] um meio fácil de, eventualmente, simular o suicídio. Coleridge começa a tomá-lo para dores reumáticas, e depois não consegue mais se separar dele. De Quincey, a pretexto de dores de dentes, estabelece com a droga uma ligação que durará muito tempo.[216] Nos últimos anos do século XVIII, dois médicos, Ferriar na Inglaterra e Chiarugi na Itália, relatam os sucessos notáveis obtidos com o ópio na melancolia. Sem dúvida, os efeitos sedativos podem ser às vezes excessivos: serão evitadas as prescrições de ópio para as pessoas demasiado enfraquecidas, mas também é possível atenuar o efeito narcótico do ópio associando a ele, em dose apropriada, um tônico excitante como a quinquina. Essa combinação medicamentosa, proposta primeiro por Ferriar,[217] é correntemente usada por Pinel nos casos de mania. A primeira menção feita, ao nosso conhecimento, a um tratamento de ópio em doses progressivas, não só destinada a propiciar o sono mas com a intenção de acalmar a angústia depressiva, aparece numa nota que o genebrino Louis Odier acrescenta à sua tradução de Cox,[218] nota que ele julga útil introduzir para contestar a afirmação do médico inglês para quem o ópio jamais teria possibilitado um efeito permanente, nem sequer um alívio momentâneo:

> O ópio me parece [...], entre todos os remédios, aquele com que se pode prometer mais êxito nessa doença. Uma jovem senhorita caíra havia muito tempo numa melancolia profunda que lhe inspirava o maior desespero e a maior aversão pela vida. Ela tentara várias vezes suprimi-la. Um dia, pediu-me com insistência para lhe dar um veneno. Primeiro tentei dissuadi-la. Mas por fim prometi lhe dar um remédio que a mataria ou a curaria. Prescrevi-lhe uns pós compostos de um grão de ópio e seis grãos de almíscar, que ela devia tomar de quatro em quatro horas. Esse remédio, que ela tomou confiante na esperança de terminar sua vida (pois olhava sua cura como absolutamente impossível) primeiro excitou sua atenção e a fez passar uma noite calma à espera da morte. Aumentei gradualmente a dose e levei-a sucessivamente a trinta grãos de ópio por dia, combinados com igual quantidade de almíscar. Sob a feliz influência desses pós, ela recuperou gradualmente a calma, a esperança e, enfim, a certeza de uma cura completa, que não demorou a se realizar.

Fato interessante, produzem-se recaídas, mas que Louis Odier consegue influenciar de modo igualmente rápido com a ajuda do mesmo tratamento.

O emprego do ópio (ou da morfina, isolada em 1805 por Sertürner) vai se difundir e se impor. É longa a lista dos psiquiatras que, em meados do século XIX, afirmam-se partidários convencidos desse tratamento: Michéa,[219] Brierre de Boismont, [220] Guislain,[221] Zeller, Griesinger,[222] Engelken,[223] Erlenmeyer,[224] Seymour...[225] Quase todos usam o método das doses progressivas.

"Ó, justo, sutil e poderoso ópio!"[226] Nem sempre ele deixa escapar os que entraram em sua dependência. A euforia opiácea não costuma ser mais perigosa que a disforia depressiva? E certos pacientes, em vez de se acalmarem, se agitam. Todos desejam encontrar sedativos mais fáceis de manipular. Alguns solanáceos, que de muito longa data fazem escolta ao ópio nas farmacopeias, são lembrados: a beladona, o estramônio, o meimendro. Magnan, em seguida a Näcke, dará grande destaque aos efeitos da hioscina na melancolia.[227] Mas P. I. Kovalevsky,[228] num livro cuja tradução francesa será publicada em 1890, declarará que o ópio e a hiosciamina estão, de agora em diante, definitivamente destronados pelo hidrato de cloral. Como muitos outros, Kovalevsky pensou que a cocaína seria o analgésico ideal para a neurastenia e a melancolia: preconizou a sua administração em doses elevadas. O desencanto não demorou. Talvez fosse melhor ater-se, para a ansiedade, aos mais inocentes brometos. Mas eis que aparecem novos hipnóticos: sulfonal, uretana, paraldeído... Infelizmente, a medicação que diminui a agitação e a insônia favorece o estupor!

1900: LIMITES PROVISÓRIOS DA ASSISTÊNCIA MÉDICA

"Não há tratamento causal da psicose maníaco-depressiva", dirá Kraepelin no fim do século XIX.[229] Pode-se falar de cura do melancólico? pergunta J. Luys.[230] Não. "A doença está sempre latente e, sob a influência de uma causa ocasional, ele é capaz de ter uma nova recaída." Mais ainda que a psiquiatria romântica, a ciência do fim do século está convencida da força do "germe da predisposição hereditária". Luys observa, na maior parte do tempo, evoluções implacáveis. Reviu seus pacientes, aparentemente curados, "várias vezes, com dois ou três anos de distância, recaírem, levantarem-se para recaírem mais tarde, e afinal encaminharem-se, com muitas esquisitices de caráter, com acompanhamento de extravagâncias, para um estado de passividade de caráter, a primeira etapa da demência."

Consultemos por fim uma monografia séria, da mesma época, a obra de Roubinovitch e Toulouse:[231] nela encontramos um capítulo completo e eclético sobre o tratamento da melancolia, numerosos meios farmacológicos, recomendações variadas sobre as medidas de higiene e sobre os procedimentos morais. Mas os autores têm bastante experiência para admitir que não dispõem de nenhum tratamento específico que seja constantemente eficaz e universalmente válido. Foram-se os tempos em que era possível sonhar com uma droga que operasse uma revulsão completa (como o heléboro) ou um tratamento moral capaz de abolir a ideia fixa que constitui o núcleo delirante da doença. Há mil meios, e não há nenhum tratamento infalível. Mil pequenas armas que nos deixam desarmados. É preciso justapor pacientemente as iniciativas terapêuticas, estando de antemão certo de que nenhuma delas será decisiva. A impotência poderia nos levar a buscar refúgio no niilismo: nada age, portanto não façamos nada. Mas a medicina detesta ficar de mãos vazias. A outra eventualidade, em casos assim, é a polifarmácia, a tentativa de todos os meios imagináveis: já não será uma polifarmácia ambiciosa, como a dos médicos do Renascimento, que Pinel atacava com muita razão. Uma diversidade modesta, como que desencorajada, que se desculpa de antemão pela baixa eficácia.

A maioria dos métodos que tinham se proclamado específicos ainda estão presentes [em 1960], mas julgados sobriamente e reduzidos a suas mínimas pretensões: banha-se, purga-se, sinapiza-se, ministram-se tônicos e sedativos. Mas não se promete curar verdadeiramente a melancolia: aliviam-se o deprimido e alguns dos seus sintomas mais sofridos. Impede-se o pior, nutrindo o doente e prevenindo, por uma vigilância constante, os seus impulsos suicidas. Não lhe *impõem* nenhuma atividade forçada, já que não se pretende mais ter controle sobre os mecanismos mentais. Já não temos a pretensão de acreditar que transformamos o paciente: apenas fornecemos a ele as melhores chances para que ele mesmo se transforme, por uma iniciativa oriunda da sua própria espontaneidade. Na falta de poder influenciar com absoluta certeza a própria doença, multiplicam-se as intervenções simplesmente "adjuvantes" sobre as quais o processo de restituição poderá se apoiar; o velho sonho de uma intervenção milagrosa que atinja a causa oculta é, assim, banido. Os psiquiatras de 1900 aceitaram reconhecer que a cura é obra do médico apenas em pequena medida: é o ato arbitrário e misterioso pelo qual o organismo, segundo a sua própria vontade, responde aos socorros que lhe são dados. Na melancolia, talvez o corpo esteja fora de condições de responder... A medicina resigna-se a essa humildade: não possui uma técnica científica, controlável, que livre o organismo do seu estado de inibição, que modifique essa cenestesia sombria que faz o fundo da consciência depressiva. Nada lhe permite intervir no distúrbio da *vitalidade* que constitui o estado de base da melancolia. Sua única função, que não é desprezível, é dar assistência, sabendo porém que não poderá fazer outra coisa além de *assistir* à evolução de uma depressão. Não é uma tarefa insignificante, todavia, cuidar das necessidades mais urgentes e manter o paciente em vida, mesmo que nada se possa fazer para despertar as funções e as regulações mais profundas.

No entanto, a psicologia do fim do século XIX admite perfeitamente a possibilidade de uma cura da melancolia a partir de um tratamento físico. "A melancolia", escreve Georges Dumas, "não existe como entidade mental." Ela "nunca é mais que a consciência do estado do corpo".[232] A medicina, em princípio, é inteiramente qualificada para intervir nesse "estado do corpo". Só que, nesta data, não tem nenhum poder sobre as estruturas somáticas específicas a partir das quais o indivíduo sente o seu "tempo interior", a cor afetiva do seu horizonte, a qualidade de desafogo ou de mal-estar que acompanha os seus atos e os seus pensamentos. O homem melancólico, por algumas dezenas de anos mais, permanecerá o tipo mesmo do ser inacessível, prisioneiro de uma masmorra cuja chave ainda precisa ser encontrada.

Bibliografia da tese de 1960

OBRAS GERAIS

ACKERKNECHT, Erwin H. *Kurze Geschichte der Psychiatrie*. Stuttgart, 1957.

LAEHR, Heinrich. *Die Literatur der Psychiatrie, Neurologie und Psychologie von 1459 bis 1799*. 3 v. Berlim, 1900.

LAIGNEL-LAVASTINE, Maxime; VINCHON, Jean. *Les Malades de l'esprit et leurs médecins du XVI*[e] *au XIX*[e] *siècle*. Paris, 1930.

LEWIS, Aubrey J. "Melancholia: Historical Review", *J. Ment. Sci.*, 80, 1, 1934.

LEWIS, Nolan Don Carpentier. *A Short History of Psychatric Achievement*. Nova York, 1941.

SEMELAIGNE, Louis-René. *Les Grands Aliénistes français*. 2 v. Paris, 1894.

______. *Les Pionniers de la psychiatrie française avant et après Pinel*. 2 v. Paris, 1930-2.

VIE, Jacques. *Histoire de la psychiatrie*. In: LAIGNEL-LAVASTINE, M. *Histoire générale de la médecine*. v. 3. Paris, 1949.

ZILBOORG, Gregory; HENRY, George William. *A History of Medical Psychology*. Nova York, 1941.

OBRAS ESTUDADAS

AÉCIO DE AMIDA. *De melancholi*. In: *Claudii Galeni opera omnia*. Org. de C. G. Kühn. v. 19. Leipzig, 1830.

AGRIPPA DE NETTESHEIM, Henricus Cornelius. *De occulta philosophia*. Colônia, 1533.

ALEXANDRE DE TRALES. *Libri duodecim*. Basileia, 1556.

ARETEU DA CAPADÓCIA. In: KÜHN, C. G. *Medicorum Graecorum opera quae extant*. v. 24. Leipzig, 1828. Trad. francesa, de L. Renaud: *Traité des signes, des causes et de la cure des maladies aiguës et chroniques*. Paris, 1834.

ARISTÓTELES. *Problemata*.

BABINSKI, Joseph. "Guérison d'un cas de mélancolie à la suite d'un accès provoqué de vertige voltaïque". *Rev. Neurol.*, 11, 525, 1903.

BALL, Benjamin. *Leçons sur les maladies mentales*. 2ª ed. Paris, 1880-3.

BAUDELAIRE, Charles. *Journaux intimes*. Org. de Jacques Crépet e Georges Blin. Paris, 1949.

BAYLE, Antoine-Laurent. *Recherches sur l'arachnitis chronique*. Tese. Paris, 1822.

BLACKMORE, Richard. *A Treatise on the Spleen and Vapours*. Londres, 1725.

BOERHAAVE, Herman. *Praxis medica*. 5 partes em 3 v. Pádua, 1728.

BOISSIER DE SAUVAGES, François. *Nosologia methodica*. 5 v. Amsterdam, 1763.

BRIERRE DE BOISMONT, Alexandre-Jacques-François. *Du Suicide et de la folie-suicide*. 2ª ed. Paris, 1865.

BRIGHT, Timothy. *A Treatise of Melancholie*. Londres, 1586.

BROWNE, Richard. *Medicina Musica, or a Mechanical Essay on the Effects of Singing, Musick, and Dancing on Human Bodies, to which Is Annexed a New Essay on the Nature and Cure of the Spleen and Vapours*. Londres, 1674.

BRUCH, Carolus Ludovicus. *De anagallide*. Estrasburgo, 1758.

BURTON, Robert. *The Anatomy of Melancholy*. Oxford, 1621. Org. de A. R. Shiletto. 3 v. Londres, 1893.

CABANIS, Pierre-Jean-Georges. *Rapports du physique et du moral de l'homme*. 2 v. Paris, 1802.

CALMEIL, Louis-Florentin. "Lypémanie". In: *Dictionnaire encyclopédique des sciences médicales*, 2ª série, tomo 3. Paris, 1870.

CAMPANELLA, Tommaso. *Del senso delle cose e della magia*. Org. de A. Bruers. Bari, 1925.

CASSIANO, João. *De institutis coenobiorum*. In: MIGNE, *Patrologia latina*, v. 49 e v. 50.

CAZENAVE, Pierre-Louis-Alphée. "Hellébore". In: *Dictionnaire de médecine*. Org. de N. Adelon et al. 30 v. 2ª ed. Paris, 1832-46, v. 15.

CÉLIO AURELIANO. *De morbis acutis et chronicis*. Trad. inglesa de I. E. Drabkin. Chicago, 1950.

CELSO, Aulo Cornélio. *De arte medica*, III, 18. In: *Corpus medicorum Latinorum*, v. I. Org. de F. Marx. Leipzig; Berlim, 1915.

CERISE, Laurent-Alexis-Philibert. *Des fonctions et des maladies nerveuses*. Paris, 1842.

CHEYNE, George. *The English Malady: Or, a Treatise of Nervous Deseases of all Kinds; as Spleen, Vapours, Lowness of Spirits, Hypochondriacal and Hysterical Distempers etc*. 3 partes. Londres, 1733.

CHIARUGI, Vincenzo. *Della pazzia in genere, et in specie*. 3 v. Florença, 1793.

CONSTANT DE REBECQUE, Benjamin. *Le Cahier rouge*. In: ______. *Oeuvres*. Org. de A. Roulin. Paris, 1957.

CONSTANTINO, O AFRICANO. *Opera*. 2 v. Basileia, 1536-9.

COX, Joseph Mason. *Practical Observations on Insanity*. Londres, 1804. Trad. francesa de I. Odier: *Observations sur la démence*. Genebra, 1806.

CRICHTON, Alexander. *An Inquiry into the Nature and Origin of Mental Derangement*. 2 v. Londres, 1798.

CULLEN, William. *First Lines of the Practice of Physic*. 2 v. Edimburgo, 1777-9.
DANTE. *Divine Comédie*.
DE QUINCEY, Thomas. *Confessions of an English Opium-Eater*. Londres, 1822.
DIDEROT, Denis; D'ALEMBERT, Jean. *Encyclopédie*. 35 v. Paris, 1751-80.
DIOSCÓRIDES DE ANAZARBO, Pedânio. *De materia medica*. 3 v. Org. de M. Wellmann. Berlim, 1906-14.
DONNE, John. *The Poems of John Donne*. Org. de H. J. C. Grierson. Oxford, 1933.
DU BELLAY, Joachim. *Les Regrets*. Paris, 1558. In: ______. *Oeuvres poétiques*. 6 v., org. de H. Chamard, v. 2 (1910). Paris, 1908-31.
DU DEFFAND, Marie. *Lettres à Horace Walpole*. 3 v. Londres, 1912.
DU LAURENS, André. *Discours de la conservation de la veue; des maladies melancholiques; des catarrhes; et de la vieillesse*. Paris, 1597. Trad. inglesa de R. Surphlet: *A Discourse of the Preservation of the Sight; of Melancholike Diseases; of Rheumes and of Old Age*. Londres, 1599. Oxford: *Shakespeare Association Facsimiles*, n. 15, 1938.
DUMAS, Georges. *Les États intellectuels dans la mélancolie*. Paris, 1895.
ENGELKEN, Friedrich. "Die Anwendung des Opiums in Gelsteskrankheiten und einigen verwandten Zuständen". *Allg. Z. Psychiat.*, 8, 393, 1851.
ERLENMEYER, Adolf Albrecht. *Symptômes et traitement des maladies mentales à leur début*. Trad. francesa de J. de Smeth. Bruxelas, 1868.
ESQUIROL, Jean-Étienne-Dominique. *Des Maladies mentales*. 2 v. Paris, 1838.
FALRET, Jean-Pierre. *Des Maladies mentales et des asiles d'aliénés*. Paris, 1864.
FERMIN, Philippe. *Instructions importantes au peuple sur les maladies chroniques*. 2 v. Paris, 1768.
FERNEL, Jean. *Les Sept Livres de la thérapeutique universelle, mis en François par le sieur B. de Teil*. Paris, 1648.
______. *Universa medicina*. Paris, 1567.
FERRAND, Jacques. *De La Maladie d'amour, ou mélancholie érotique. Discours curieux qui enseigne à cognoistre l'essence, les causes, les signes et les remèdes de ce mal fantastique*. Paris, 1623.
FERRIAR, John. *Medical Histories and Reflections*. Londres, 1792.
FICINO, Marsílio. *Opera omnia*. 2 v. Basileia, 1576.
FLAUBERT, Gustave. *La Tentation de saint Antoine* [1874]. In: ______. *Oeuvres complètes*. v. 3. Paris, 1924.
FLEMYNG, Malcolm. *Neuropathia; sive de morbis hypocondriacis et hystericis, libri tres, poema medicum*. York, 1740.
FORESTUS, Petrus. *Observationum et curationum medicinalium ac chirurgicarum opera omnia*. Frankfurt, 1634.
FRACASSINI, Antonio. *Opuscula pathologica, alterum de febribus, alterum de malo hypochondriaco*. Leipzig, 1758.
GALENO. *Claudii Galeni opera omnia*. Org. de C. G. Kühn. 20 v. Leipzig, 1821-33.
______. *Des Lieux affectés*, III, IX. In: ______. *Oeuvres de Galien*. v. 2. Trad. francesa de Charles Daremberg. 2 v. Paris, 1854-6.
GEIGER, Malachias. *Microcosmus hypochondriacus sive de melancholia hypochondriaca tractatus*. Munique, 1651.

GOETHE, Johann Wolfgang. *Poesia e verdade*, livro XIII.
GRAEBNER, Gottfried Lebrecht. *De melancholia vera et simulata*. Halle; Magdeburgo, 1743.
GREEN, Matthew. *The Spleen*. In: *Minor Poets of the XVIIIth Century*. Org. de Fausset. Londres: Everyman's Library.
GRIESINGER, Wilhelm. *Traité des maladies mentales*. Trad. francesa P.-A. Doumic. Paris, 1865.
GUISLAIN, Joseph. *Leçons orales sur les phrénopathies*. 3 v. Gent, 1852.
HARVEY, Gideon. *Morbus Anglicus, or a Theoretick and Practical Discourse of Consumptions, and Hypocondriack Melancholy*. Londres, 1672.
HEINROTH, Johann Christian August. *Lehrbuch der Störungen des Seelenlebens*. 2 v. Leipzig, 1818.
HIGHMORE, Nathanael. *Exercitationes duae; quarum prior de passione hysterica; altera de affectione hypochodriaca*. 3ª ed. Iena, 1677.
HILDEGARDE DE BINGEN. *Hildegardis causae et curae*. Org. de P. Kaiser. Leipzig, 1903.
______. *Subtilitates*. MIGNE, *Patrologia Latina*, v. 197.
HIPÓCRATES. *Oeuvres complètes d'Hippocrate*. Org. É. Littré. 10 v. Paris, 1839-61.
HOFER, Johannes. *Dissertatio medica de nostalgia oder Heimwehe*. Basileia, 1688.
HOFFMANN, Frédéric. *La Médecine raisonnée*. Trad. francesa de J.-J. Bruhier. 9 v. Paris, 1739-43.
HOMERO. *Ilíada*.
______. *Odisseia*.
JACOBI, Maximilian. *Die Hauptformen der Seelenstörungen in ibren Beziehungen zur Heilkunde*. Leipzig, 1844.
KIRCHER, Athanasius. *Musurgia universalis*. Roma, 1650.
KOVALEVSKY, Pavel Ivanovitch. *Hygiène et traitement des maladies mentales et nerveuses*. Trad. francesa de W. de Holstein. Paris, 1890.
KRAEPELIN, Emil. *Psychiatrie*. 8ª ed., 4 v. Leipzig, 1909-15.
KRAFFT-EBING, Richard von. *Lehrbuch der Psychiatrie auf klinischer Grundlage*. 3ª ed. Stuttgart, 1888.
KRATZENSTEIN, Christian Gottlieb. *Dissertatio de vi centrifuga ad morbos sanandos applicata*. Copenhaguen, 1765.
LA FONTAINE, Jean de. *Fables*.
LEURET, François. *Du Traitement moral de la folie*. Paris, 1840.
LORRY, Anne-Charles. *De melancholia et morbis melancholicis*. 2 v. Paris, 1756.
LUYS, Jules. *Le Traitement de la folie*. Paris, 1893.
MAGNAN, Valentin. *Leçons cliniques sur les maladies mentales*. 2ª ed. Paris, 1893.
MARQUET, François-Nicolas. *Nouvelle Méthode facile et curieuse, pour connoitre le pouls par les notes de la musique, 2ª ed., augmentée de plusieurs observations et réflexions critiques, et d'une dissertation en forme de thèse sur cette méthode; d'un mémoire sur la manière de guérir la mélancolie par la musique, et de l'éloge historique de M. Marquet par P.-J. Buchos*. Amsterdam, 1769.
MEYNERT, Theodor Hermann. *Psychiatrie. Klinik der Erkrankungen des Vorderbirns*. Viena, 1884.
MONTAIGNE, Michel de. *Essais*. Org. de A. Thibaudet. Paris, 1946.
______. *Journal de voyage*. Org. de L. Lautrey. Paris, 1906.

MONTANUS, Johannes Baptista (Monte, Giovanni Battista). *Consilia medica omnia*. Nuremberg, 1559.
MOREL, Bénédict-Augustin. *Traité des maladies mentales*. Paris, 1860.
ORIBÁSIO. *Oeuvres d'Oribase*. Texto grego e trad. francesa. Org. de Ulco Cats Bussemaker e Charles Daremberg. 6 v. Paris, 1851-76.
PARACELSO, Theofrasto. *Von den Krankheiten, die der Vernunft berauben*. In: ______. *Sämtliche Werke*. Org. de K. Sudhoff. 1ª parte, v. 2, p. 452. Munique; Berlim, 1930.
PAULO DE ÉGINA. *Pragmateia*. Org. de J. L. Heiberg. In: *Corpus medicorum Graecorum*, IX, 1, 2. Leipzig; Berlim, 1921-4.
PELLETAN, Pierre. "Ellébore". In: *Dictionnaire des sciences médicales*. 60 v. Paris, 1812-22. v. 11 (1815).
PERFECT, William. *A Remarkable Case of Madness*. Rochester, 1791.
PETRARCA. *Opera quae exstant omnia*. 4 tomos em 2 v. Basileia, 1554.
PINEL, Philippe. *Traité médico-philosophique sur l'aliénation mentale, ou la manie*. 2ª ed. Paris, 1809.
______. "Mélancolie". In: *Encyclopédie méthodique*, série Médecine, tomo 9, 2ª parte. Paris, 1816.
PIRANDELLO, Luigi. *Henri IV*. Trad. francesa de B. Crémieux. Paris, 1928.
PLATER, Felix. *Praxeos seu de cognoscendis... affectibus tractatus*. 2 v. Basileia, 1602-3.
______. *Observationes in hominis affectibus plerisque*. Basileia, 1614.
PLÍNIO, O VELHO. *Histoire naturelle*. Texto latino e trad. francesa de P.-C.-B. Guéroult. 3 v. Paris, 1802.
PLUTARCO. *Vies des hommes illustres*. Trad. francesa de J. Amyot. 2 v. Genebra, 1604-10.
POMME, Pierre. *Traité des affections vaporeuses des deux sexes*. Lyon, 1763.
RAMOS DE PAREJA, Bartolomeo. *Musica pratica* [Bolonha, 1482]. Reedição de acordo com os originais. Org. de J. Wolf. Leipzig, 1901.
RAULIN, Joseph. *Traité des affections vaporeuses du sexe*. 2ª ed. Paris, 1759.
REIL, Johann Christian. *Rhapsodieen über die Anwendung der psychischen Curmethode auf Geisteszerrüttungen* [1803]. 2ª ed. Halle, 1818.
RENZI, Salvatore de. *Collectio Salernitana*. 5 v. Nápoles, 1852-9.
ROUBINOVITCH, Jacques; TOULOUSE, Édouard. *La Mélancolie*. Paris, 1897.
ROUSSEAU, Jean-Jacques. *Confessions*. In: ______. *Oeuvres complètes*. v. 1. Org. de B. Gagnebin e M. Raymond. Paris, 1959.
RUFO DE ÉFESO. *Oeuvres*. Texto grego e trad. francesa de Org. de Charles Daremberg e Charles-Émile Ruelle. Paris, 1879.
SÃO JERÔNIMO. *Epistulae*. Org. de I. Hilberg. 3 tomos em 2 v. Viena; Leipzig, 1910-8.
SÊNECA. *De tranquillitate animi*. In: *Dialogues*. v. 4. Org. de R. Waltz. Paris, 1927.
SHAKESPEARE. *Works*. Oxford, 1920.
SPANDAW DU CELLIÉE. *Dissertatio de lauro-cerasi viribus*. Groninga, 1797.
SÓFOCLES. *As Traquínias*.
SWIFT, Jonathan. *Gulliver's Travels*. Londres, 1726.
SYDENHAM, Thomas. *Dissertatio epistolaris... de affectione hysterica*. Londres, 1682. Trad. francesa de A.-F. Jault. In: *Médecine pratique de Sydenham*. Paris, 1774.

SYLVIUS, Jacobus (Jacques Dubois, de Amiens). *Opera medica*. Genebra, 1630.
TISSOT, Samuel-Auguste-André-David. *Essai sur les maladies des gens du monde*. 3ª ed. Paris, 1771.
VANINI, Lucilio. *Dialogi de admrandis naturae reginae deaeque mortalium arcanis*. Paris, 1616.
VOISON, Félix. *Des causes morales et physiques des maladies mentales*. Paris, 1826.
VOLTAIRE. *Oeuvres complètes*. Org. de L. Momand. 52 v. Paris, 1877-85.
WALTON, Izaak. *The Compleat Angler*. Londres, 1653.
ZACUTUS, Abraham. *Opera*. Lyon, 1657.
ZIMMERMANN, Johann Georg. *Über die Einsamkeit*, 4 v. Leipzig, 1784-5.

OBRAS CONSULTADAS

ALLEN, Don Cameron. "Donne on the Mandrake". *Mod. Langague Notes*, 74, 393, 1959.
BABB, Lawrence. *The Elizabethan Malady*. East Lansing, 1951.
BACHELARD, Gaston. *La Formation de l'esprit scientifique. Contribution à une psychanalyse de la connaissance objective*. Paris, 1938.
BELLONI, Luigi. "The Mandrake". In: GARATTINI, S.; GHETTI, V. (org.). *Psychotropic Drugs, Proceedings of the International Symposium on Psychotropic Drugs*. Milão, 1957, pp. 5-9.
______. "Dall'elleboro alla reserpina". *Arch. Psicol. Neurol. Psychiat.*, 17, 115, 1956.
BLEULER, Manfred. *Les Dépressions en médecine générale*. Trad. do alemão do dr. A. Werner. Lausanne, 1945.
BOBER, Harry. "The Zodiacal Miniature of the *Très Riches Heures* of the Duke of Berry. Its Sources and Meaning". *J. Warburg Courtauld Inst.*, 11, 1, 1948.
BUTCHER, Samuel Henry. "The Melancholy of the Greeks". In: *Some Aspects of the Greek Genius*. 3ª ed. Nova York, 1916.
CASTIGLIONI, Arturo. *Histoire de la médecine*. Trad. francesa de J. Bertrand e F. Gidon. Paris, 1931.
CHASTEL, André. *Marsile Fiscin et l'art*. Genebra, 1954.
______. "Melancholia in the Sonnets of Lorenzo de'Medici". *J. Warburg Courtauld Inst.*, 8, 61, 1945.
CURTIUS, Ernst Robert. *Europäische Literatur und lateinisches Mittelalter*. 1ª ed. Berna, 1948 (2ª ed. 1954).
DAREMBERG, Charles. *Histoire des sciences médicales*. 2 v. Paris, 1870.
DODDS, Eric Robertson. *The Greeks and the Irrational*. Berkeley; Cambridge, 1951.
DOUGHTY, Oswald. "The English Malady of the Eighteenth Century". *Rev. Engl. Stud.*, 2, 257, 1926.
DRABKIN, I. E. "Remarks on Ancient Psychopathology". *Isis*, 46, 223, 1955.
EDELSTEIN, Emma Jeannette e Ludwig. *Asclepius. A Collection and Interpretation of the Testimonies*. 2 v. Baltimore, 1945-6.
ERNST, Fritz. *Vom Heimweb*. Zurique, 1949.
FLORKIN, Marcel. *Médecine et médecins au pays de Liège*. Liège, 1954.

GUARDINI, Romano. *De la mélancolie comme témoignage de l'absolu*. Trad. francesa J. Ancelet-Hustache. Paris, 1952.

HÄSER, Heinrich. *Lehrbuch der Geschichte der Medizin und der epidemischen Krankheiten*, v. I: *Geschichte der Medizin im Altertum und Mittelalter*. 3ª ed. Iena, 1875.

HEIBERG, J. L. "Geisterkrankheiten im klassichen Altertum", *Allg. Z. Psychiat.*, 86, 1, 1927.

JAEGER, Werner. *Paideia*, 2ª ed., 3 v. Berlim, 1954 (Cf. v. II, livro III, *Die grieschiche Medizin als Paideia*, pp. 11-58.)

KRISTELLER, Paul Oskar. *The Philosophy of Marsilio Ficino*. Trad. inglesa de V. Conant. Nova York, 1943.

LELY, Gilbert. *La Vie du marquis de Sade*. 2 v. Paris, 1957.

LE SAVOUREUX, Henry. *Contribution à l'étude des perversions de l'instinct de conservation: Le spleen*. Tese. Paris, 1913.

MACHT, David I. "The History of Opium and Some of Its Preparations and Alkaloids". *J. Amer. med. Ass.*, 64, 477, 1915.

MARCEL, Raymond. *Marsile Ficin*. Paris, 1956.

MÜRI, Walter. "Melancholie und schwarze Galle". *Mus. Helv.*, 10, 21, 1953.

PANOFSKY, Erwin; SAXL, Fritz. *Dürers "Melencolia I"*. Leipzig, 1923.

PUSCHMANN, Theodor. *Handbuch der Gechichte der Medizin*. 3 v. Iena, 1902-5.

RAMMING-THÖN, Fortunata. *Das Heimweb*. Tese. Zurique, 1958.

REHM, Walter. *Experimentum medietatis, Studien zur Geistes-und Literaturgeschichte des 19. Jahrhunderts*. Munique, 1947.

SAXL, Fritz. *Lectures*. 2 v. Londres, 1957.

SCHAERER, René. *L'Homme antique et la structure du monde intérieur d'Homère à Socrate*. Paris, 1958.

SCHMIDT, Albert-Marie. *La Mandragore*. Paris, 1958.

SÉGUR, Pierre, marquês de. *Julie de Lespinasse*. Paris, 1905.

SERAUKY, Walter. "Affektenlehre". In: *Die Musik in Geschichte und Gegenwart, allgemeine Enzyklopädie der Musik*. v. I. Kassel e Basileia, 1949-51, pp. 113-21.

SIGERIST, Henry Ernst. *Introduction à la médecine*. Trad. francesa de M. Ténine. Paris, 1932.

______. "The story of tarantism", em D. M. Schullian e M. Schoen (org.), *Music and Medicine*. Nova York, 1948.

TEIRICH, Hildebrand Richard (org.). *Musik in der Medizin*. Stuttgart, 1958.

TEMKIN, Owsei. *The Falling Sickness*. Baltimore, 1945.

THORNDIKE, Lynn. *A History of Magic and Experimental Science*. 8 v. Nova York, 1923-58.

WALKER, Daniel Pickering. *Spiritual and Demonic Magic from Ficino to Campanella*. Londres, 1958.

Quando o nosso trabalho estava no prelo, tomamos conhecimento de:

BANDMANN, Günter. *Melancholie und Musik, ikonographische Studien*. Colônia, 1960.

BINSWANGER, Ludwig. *Melancholie und Manie*. Pfullingen, 1960.

PARTE II

A ANATOMIA DA MELANCOLIA

O riso de Demócrito

Demócrito instalou-se na solidão, afastado da cidade de Abdera. Ele ri indiferentemente de tudo. Os seus compatriotas o consideram louco, e, desejando trazer à razão o seu grande homem, pedem o auxílio de Hipócrates... Essa é a ficção que se desenvolve ao longo das cartas apócrifas que nos foram transmitidas com o *Corpus* hipocrático.

Antes de partir para Abdera, Hipócrates emite a sua opinião sobre os dois sintomas que lhe foram assinalados. Com toda a certeza, rir indiferentemente de tudo, sem respeitar a distinção entre os bens e os males, é loucura: Hipócrates conta comunicar isso a Demócrito, dizendo-lhe francamente: "Você está sofrendo de melancolia, *melancholias*". Mas, acrescenta Hipócrates, a solidão é um sintoma agudo. É preciso saber diferenciar a solidão do contemplativo e a do homem atormentado pela bile negra. Os abderitas não são capazes de fazê-lo. A aparência externa é a mesma, os loucos e os contemplativos "desviam-se dos homens, vendo o aspecto de seus semelhantes como o aspecto de seres estrangeiros". Hipócrates espera encontrar em Demócrito um homem arrastado para uma região superior pelo efeito de um "excessivo vigor da alma". Primeiro, são apenas conjecturas, e para tirar tudo isso a limpo Hipócrates está decidido a ir examinar o pretenso doente, em pessoa. Deve esse favor a um homem excepcional, a uma "obra da natureza". Não aceita nenhuma remuneração. Só tem o desejo de olhar, de escutar aquele que se imagina estar doente, e, assim, chegar ao saber — à *prognosis* — que legitimará a decisão sobre um eventual tratamento, isto é, a administração de heléboro. A conversa do médico e do filósofo é narrada por Hipócrates numa carta famosa (nº 17), conhecida pelo nome de "Carta a Damageta".

Tendo ido para observar, Hipócrates descobre, numa solidão à sombra, um homem estudioso, que lê, medita, observa as entranhas de animais inteiramente abertos. Demócrito o faz saber que disseca os animais para descobrir o núcleo da bile e melhor compreender as causas da loucura. Portanto, a solidão de Demócrito é perfeitamente justificada: não é a do homem atormentado por um humor corrompido, mas a do sábio que procura as causas ocultas e que empreendeu reconhecer, com os seus próprios olhos, a natureza e a situação (*physis kai thesis*) da bile. Domina assim, do alto de todo um conhecimento preciso e objetivo, aqueles que duvidaram da sua saúde e do seu espírito. *Sabe* que a saúde e a doença são uma questão de justa proporção humoral. Os outros não desconfiam de nada, e é loucamente que o declaram louco. Quanto ao seu riso, Demócrito o explica por argumentos que o médico estimará plenamente convincentes. É a universal loucura que provoca a sua hilariedade: "Eu só rio de um só objeto, o homem cheio de desatino, vazio de obras corretas, pueril em seus desígnios, e sofrendo, sem nenhum utilidade, de imensos labores...". Segue-se, em estilo de diatribe, a série virtualmente infinita dos absurdos do comportamento humano. Num longo discurso, Demócrito exibe o seu espetáculo, como se tivesse prazer em descrever os excessos que ocupam a cena inteira do mundo. O discurso acusador chega às raias de uma expressa declaração de misantropia: odiar os homens é obedecer à lei do cosmos, o qual é, ele mesmo, "repleto de misantropia". Só merecem não ser desprezados os que, sabendo conter seus desejos, conhecem os limites "da calma e da perturbação"... Rir, para o filósofo, é a única resposta a dar à universal transgressão dos limites de que ele é testemunha. Os homens são incapazes de verificar a sua própria loucura e de rirem dela. O filósofo, de seu lado, não é exceção; olha para si mesmo e acusa-se: "Não vês que também tenho minha parte de loucura? Eu, que procuro a sua causa, e que mato e abro animais; mas é no homem que se devia procurá-la". Para quem universaliza o julgamento moral, é difícil ter indulgência consigo mesmo: Demócrito zomba da atividade "teorética" em que ele estava absorto um instante antes, tomando como objeto a estrutura material dos corpos vivos. A autorreflexão, ainda que de maneira fugaz, desarma o saber fisiológico que o filósofo tomara como objetivo do seu trabalho mais sério: ele se enganou de objeto, ou de método.

"ESPÍRITOS ACESOS"

Árbirto imparcial, Hipócrates sabe agora quem é louco: os abderitas, não Demócrito. E reportando o seu julgamento sobre a sua própria relação com o pseudodoente de quem devia tratar, decide que Demócrito merece ser ouvido como mestre e terapeuta, enquanto ele assumirá, de seu lado, o humilde papel de discípulo e de paciente. Como vemos, operou-se uma conversão. E assistimos a uma série de superações: conhecer a fonte corporal da loucura é ir muito mais longe que a opinião vulgar, mas essa constatação é, por sua vez, superada pela consciência ética; à loucura que vem das profundezas do corpo opõe-se uma sabedoria que consiste no "vigor da alma". Esta, testemunha da "mutação de todas as coisas", leva seu olhar para o futuro incerto e impõe um limite aos desejos. Corpo e alma são de importância igual, o que torna complementares a filosofia e a medicina, agora admitidas a "viver sob o mesmo teto". O lendário fundador do atomismo atribui assim ao corpo o papel de causa necessária: "O espírito cresce enquanto está presente a saúde, pela qual convém que um homem sábio zele; mas quando a constituição corporal sofre, o espírito já não tem nem mais sequer preocupação com o cuidado pela virtude; pois a doença atual obscurece terrivelmente a alma pela simpatia que é exercida sobre a inteligência".[1]

É possível considerar esse texto uma glorificação da solidão filosófica e uma prova de que o "povo", demasiado propenso a tachar de loucura os que dele se afastam, é "juiz recusável", como dirá La Fontaine na fábula intitulada "Demócrito e os abderitas". A prova da verdade, nas longas cartas de Hipócrates, ou no curto relato versificado de La Fontaine, nega vitoriosamente a melancolia do filósofo.

Todavia, aqui há algo escondido. A dúvida não era ilegítima. Acaso Aristóteles (ou Teofrasto) não tomara como tema de um de seus *Problemata* (XXXI, I) o fato de que "todos os homens de exceção" no que diz respeito à filosofia, à ciência do Estado, à poesia ou às artes, "são manifestamente melancólicos"?[2] Se Demócrito pode ser considerado um "homem de exceção", o mais elementar silogismo faz dele um melancólico. Assim, na doxografia sincretista do Renascimento, em Melanchthon e em Burton, vemos Demócrito tornar-se ao mesmo tempo um áspero declamador da verdade e um homem inspirado e atormentado pela atrabílis. Demócrito se encontra de certa maneira recuperado pela melancolia — não mais no sentido unívoco e grosseiro a que nas cartas hipocráticas ele é visto como incólume, mas no sentido aristotélico, a um só tempo nobre e infinitamente perigoso, que confere à bile negra, segundo a sua temperatura, as virtualidades opostas do ímpeto intuitivo e da prostração estéril.

Para publicar a sua vasta *Anatomia da melancolia* (1621), o scholar oxfordiano Robert Burton assume a máscara de *Democritus Junior*, sem pretender esconder a sua verdadeira identidade. Confere-se o aspecto do doente que conhece a sua doença e se ativa para escrever, pois sabe que trabalhar é um caminho para a cura. Risonho melancólico, qual melhor começo podia dar para sua obra senão um *Satyricall Preface*? Nele, insere uma longa paráfrase da "Carta a Damageta", somada à imagem utópica de um mundo mais bem regulado, do qual a loucura, e portanto a melancolia, estariam banidas.

Limito-me aqui a sublinhar um único ponto: a qualidade de *sátira* que Burton atribui ao prefácio. Uma tradição secular, que data pelo menos de Juvenal, apresenta como imagens tutelares do gênero satírico as figuras contrastadas de Heráclito em lágrimas e de Demócrito sacudindo-se de rir, acrescentando-lhes, ocasionalmente, os grandes cínicos: Diógenes, Menipo. A sátira, segundo os teóricos literários dos séculos XVII e XVIII franceses, ataca os *vícios* e os *ridículos*. A dupla dos filósofos lendários convém perfeitamente a esse duplo alvo de um justo castigo, por haver uma exata correspondência. Mas Demócrito, por si só, pode se encarregar tanto dos vícios como dos ridículos. Seja como for, a tradição doxográfica fazia de Heráclito um outro melancólico. Poderíamos conservar apenas esse traço em comum. Sejam quais forem os patronos que lhe dermos, a melancolia constitui um pretexto suficiente para a voz satírica, tanto para a indignação como para o riso. Que venha ou não associada explicitamente aos precedentes antigos, a melancolia dá o tom à persona autoral do escritor satírico: os exemplos abundam. Régnier e Boileau são os mais notáveis na França. O caso de Wieland e de seus *Abderiter* liga-se a isso, num colorido menos sombrio.

A pretexto do humor negro com o qual ele se declara atormentado, o satírico pode denunciar sem rodeios a marcha do mundo. Vai dizer as verdades mais descorteses e se desculpar por isso alegando a fatalidade da sua constituição corporal. Sua irreverência não poupará ninguém. Para se pôr fora do alcance e afastar a sua responsabilidade, o melancólico acusará o seu astro de nascimento, Saturno, cuja temível influência governa o seu espírito. O satírico tem a seu favor a doutrina que Marsílio Ficino expusera para definir de modo mais geral a condição psicofísica do *literatus*.

Lembro aqui uma história ilustre, que suscitou pesquisas hoje em dia clássicas. O que delas retenho, para o meu propósito atual, é o jogo dos contrários. A distância e o vínculo: a voz satírica é a de um homem que guarda distância, mas que, no seu isolamento, se volta contra a sociedade para fustigá-la. Ei-lo ligado, pela cólera e pelo riso, àqueles que condena, ao grupo do qual não faz parte. A negatividade satírica aviva a relação com os outros, mais do que a suprime. Virando-se contra si mesmo, declarando-se joguete de um ascendente maléfico, o autor satírico nega a sua própria importância. Assim reduzido a nada, pode dizer tudo, sobre si mesmo e sobre o mundo. O que vale essa palavra? A doutrina da melancolia permite considerá-la como o pior desatino, ou como a sabedoria mais perspicaz. Essas palavras são nulas e sem valor (o que deveria desarmar qualquer veleidade de retorção por parte dos poderosos que se estimariam ofendidos); mas revelam, igualmente bem, a verdade, põem a nu os crimes e as usurpações. Obscura, mas brilhante, a hipotética atrabílis possui ao mesmo tempo uma força de ensombrecimento e uma faculdade iluminadora. Em suma, por qualquer lugar por onde passa a melancolia, insinua-se o desdobramento. E o mais perfeito desdobramento — aquele que metaforiza o reflexo no espelho e aquele que garante ao sujeito a precisão e a claridade do seu conhecimento dos objetos — comporta necessariamente, para os teóricos que permanecem ligados ao humoralismo galênico, um componente da melancolia. Lê-se, na pena do padre Bouhours, este curioso eco das lições de Ficino e Huarte:

> As qualidades que criam o belo espírito [...] vêm de um temperamento feliz e de uma certa disposição dos órgãos: são os efeitos de uma cabeça bem-feita e bem proporcional; de um cérebro bem temperado, e repleto de uma substância delicada; de uma bile ardente e luminosa, fixada pela melancolia, e suavizada pelo

sangue. A bile dá o brilhante e a penetração; a melancolia dá o bom senso e a solidez; o sangue dá o encanto e a delicadeza.[3]

Sem dúvida, pode parecer escandaloso que esses humores que temos "em comum com os bichos" e que "estagnam no corpo" sejam "o princípio das mais belas operações da alma". No entanto, prossegue Bouhours, são esses "espíritos acesos" que espalham "na cabeça" o "esplendor seco" de que fala Heráclito, e "é ao clarão desse belo fogo que o entendimento descobre e contempla as verdades mais obscuras". Ele não esquece de acrescentar que, segundo Abelardo, que apresenta em seu favor um trecho famoso da Epístola aos Coríntios (*Videmus nunc per speculum* [Agora vemos por espelho em enigma]), "todos os homens" têm "um espelho na cabeça". E Bouhours logo encontra uma interpretação humoral: "Ele queria dizer que a bile misturada com o sangue formava no cérebro uma espécie de espelho polido e luzidio ao qual a melancolia servia de fundo".[4] O *negro* da melancolia é naturalmente empregado nas metáforas ópticas. Numa famosa quadrinha, Goethe dirá que:

O poema delicado, como o arco-íris,
só se mostra contra um fundo sombrio;
é por isso que o gênio do poeta encontra
na melancolia seu elemento propício.[5]

Bouhours propõe a metáfora do espelho. Ora, os espelhos refletem. Eis-nos chegando ao ponto nodal do nosso propósito. Bouhours não utiliza, na página citada, nem a palavra "reflexão" nem o verbo "refletir", seja em seu sentido óptico (mais antigo), seja em seu sentido "psicológico" (mais recente). Mas o sentido óptico está subentendido, e o sentido psicológico está implícito.

A metáfora do espelho tem uma longa história, independente de qualquer colusão com a melancolia. Mas, quando os dois temas se encontrarem, vão se reforçar e se aprofundar mutuamente. Que se pense na cena em que Hamlet, o príncipe melancólico, mais que se fiar apenas nas palavras do espectro, procura a verdade apresentando a Cláudio o espelho do teatro... O campo da melancolia e o da reflexão não são exatamente passíveis de superposição, é preciso convir: a implicação afetiva da tristeza e do temor não é necessariamente ligada à reflexão — que se trate da *noesis noeseôs*, da reflexão lockiana, kantiana, ou da filosofia reflexiva definida e criticada por Hegel. Mas devemos convir que existe uma área em que reflexão e melancolia se justapõem, e que disso resulta um notável "efeito de sentido". Qualquer reflexão implica um afastamento, e o afastamento *pode* receber o valor de uma perda. Assim que entra em cena a noção de perda, a sombra da melancolia cai na reflexão. A distância é então interpretada como um exílio; a guinada reflexiva aparece como consequência de um banimento.

No pensamento do Renascimento, Saturno, o último dos planetas, é o deus destituído que, no entanto, reinara na idade de ouro. É ele "o sol negro da melancolia",[6] e é ele que possui a visão imediata do empíreo, o *intuitus* do mundo superior, a menos que se aventure, até o desespero, na difícil *especulação* matemático-geométrica. É um expulso que tem como "filhos", na terra, os errantes e reclusos, todos os que vivem na frialdade e na seca, todos os que suportam o tormento da separação... No século XVIII, uma frase famosa de Rousseau insinuará a desgraça da separação reflexiva no campo da história natural:

> Se [a natureza] nos destinou a sermos saudáveis, quase ouso garantir que o estado de reflexão é um estado antinatural, e que o homem que medita é um animal depravado.

De resto, tendo a teoria aristotélica feito da melancolia uma substância multivalente (ao sabor de suas modificações térmicas), os compostos que pode formar com a reflexão são eles mesmos de extrema variabilidade. E, ainda que a interpretação humoral da melancolia se torne obsoleta e dê lugar a uma concepção puramente psicológica, as antropologias do século XVIII não deixarão de fazer dela um temperamento *à parte*. No caso mais favorável, tal como o imagina Kant em suas *Observações sobre o sentimento do Belo e do Sublime*,[7] o melancólico aparece como o mais apto a experimentar o sentimento do sublime, mas também como aquele que é, "em relação a si e aos outros, um juiz severo"; e "não é raro", acrescenta Kant, "que ele esteja insatisfeito tanto consigo mesmo quanto com o mundo".[8] Kant não omite, em sua *Antropologia*, a nostalgia (o *Heimweh*). Esse sentimento, definido como uma variedade por vezes gravíssima da afecção melancólica, é determinado pela separação e por uma reflexão em que domina a ideia obsessiva do retorno à pátria: certas melodias (que Rousseau considera "sinais memorativos") podem tornar insuportável a dor da reflexão nostálgica. Albrecht von Haller dedica a isso um belo artigo no Supplément da *Encyclopédie*.

SONHO DE AUSÊNCIA E DESDOBRAMENTO

O riso de Demócrito, a voz satírica, a melancolia, a reflexão. Esses elementos nos surgiram ao sabor de uma série de encadeamentos que nada tinham de arbitrário. Há dois séculos, essas relações já haviam chamado a atenção, pelo menos na Alemanha, do pensamento estético.

Quando Schiller, em seu ensaio *Poesia ingênua e sentimental*, faz-se o teórico da sátira, é para associá-la à elegia e mostrar um caso exemplar do que entende ao falar de "poesia sentimental". A sátira, surgida na Antiguidade (Horácio), nasce da ruptura do pacto de imediatismo que anteriormente ligara ao mundo natural a poesia ingênua. Será preciso que uma primeira harmonia seja rompida e que sobrevenha, numa situação de exílio, outro tipo de palavra. A perda anima o "sentimento" reflexivo. Traduzo o trecho de Schiller:

> O poeta ingênuo apenas se conforma com a simplicidade da natureza e do sentimento e [...] se limita a imitar a realidade [...]. Ele só pode estar, com respeito a seu objeto, numa única relação [...].
>
> O poeta sentimental *reflete* sobre a impressão que os objetos produzem nele [...]. Está sempre lidando com duas representações e dois sentimentos discordantes, com a realidade como limite e sua ideia, que é o infinito, e a emoção misturada que ele suscita sempre demonstra essa *dupla origem*.
>
> O poeta é satírico quando toma como objeto o afastamento em relação à natureza, e a contradição entre a realidade e o ideal (no efeito sobre o sentimento, as duas coisas significam o mesmo).[9]

Consideramos esse desdobramento como uma manifestação da melancolia. Ora, para Schiller a *Wehmut* (que não é proibido traduzir como "melancolia") colore, com intensidades variadas, a poesia sentimental, e especialmente a elegia, que traz o luto da natureza perdida, do ideal inacessível.

Convém esclarecer a acepção em que Schiller emprega o conceito de reflexão. Não é para si mesmo, para a sua própria subjetividade em ato que o "poeta sentimental" volta o olhar. A reflexão é a atenção que o poeta fixa na *impressão* (*Eindruck*) provocada nele pelos objetos que o cercam. Ele interroga a marca que deixou. E Schiller acrescenta: "É somente sobre essa reflexão que se funda a emoção em que ele mesmo é transportado e na qual nos transporta".[10]

REFLETIR É COMPARAR

O pensamento das Luzes, sob a influência de Locke, admitiu de modo geral que refletir é comparar. A reflexão schilleriana, que confronta "duas representações e dois sentimentos discordantes",[11] permanece uma operação comparativa. Mas não encontra o seu resultado e fim num julgamento neutro. Não se aplica a objetos homólogos, e sim a "ordens de realidade" discordantes. Portanto, é carregada de paixão, de "sentimento", já que as diferenças que verifica têm um alcance ético e ontológico. Por repercussão, elas também têm, para Schiller, um alcance estético. "O objeto é aqui posto em relação com uma ideia, e é só nessa relação que reside sua forma poética."[12] Embora, em certos aspectos, remonte à Antiguidade, a poesia sentimental, em sua coloração dolorosa, concilia-se com a condição do homem moderno. Schiller, como se sabe, inscreve essa convicção no interior de uma estética que pede à arte que harmonize a mistura equilibrada da brincadeira e do sério.

Goethe, aos olhos de Schiller, ficara próximo da "verdade sensível das coisas", e assim reencontrava o antigo privilégio do "poeta ingênuo". Mas era um poeta ingênuo capaz de tratar um "tema sentimental". Disso são exemplos o seu *Werther*, o seu *Fausto*, o seu *Torquato Tasso*, nos quais os tormentos da subjetividade reduzida a refugiar-se em si mesma, em seu lamento do "ideal", são encenados de maneira objetiva.

Portanto, é de *Torquato Tasso*, de Goethe, que tirarei o primeiro dos poucos textos literários que desejo evocar para ilustrar o vínculo que os poetas estabeleceram entre a melancolia e o jogo das imagens refletidas.

Torquato Tasso recebe das mãos da princesa d'Este a coroa que ela colocara primeiro sobre o busto de Virgílio. Mas essa honra, longe de prender o poeta, o incita ao sonho e à fuga; ele aspira a voltar aos bosques que enchera com o canto de sua "bem-aventurada melancolia".[13] Diante da princesa, cuja presença ele parece esquecer, ele monologa e se debruça, em pensamento, sobre uma fonte no meio da floresta: ali descobre a sua própria imagem refletida, e logo em seguida como que estranha, habitante de um glorioso reino de sombra:

E se alguma fonte em seu espelho límpido
mostra-me um homem com maravilhosa coroa,
imóvel e sonhador num reflexo de azul
entre as árvores e os rochedos, acreditarei ver
o Eliseu traçado na superfície mágica das águas.
Em silêncio, recolher-me-ei e perguntarei:
"Quem é esse desaparecido? Esse rapaz
do tempo findo? Portador de uma coroa tão bela?
Quem me dirá seu nome? Seu mérito?".[14]

Êxtase imaginário, propriamente alienante, que sonha com a ausência e produz o desdobramento, logo cercado pelas sombras dos poetas e dos heróis do mundo antigo. A contrapartida desse êxtase é terrível: é a paranoia, que elabora a convicção de uma humilhante maleficência espalhada por todos os cantos. Nesse caso, a melancolia não está mais ligada à agressividade da voz satírica, mas à vulnerabilidade daquele que se acredita ser alvo da agressão e que inutilmente tenta rejeitá-la.

Essa imagem do homem debruçado sobre a fonte ou sobre o riacho conhecerá sua versão paródica. A melancolia romântica, por especulação, vai apreciar ridicularizar as atitudes meditativas da melancolia. O Fantasio de Musset é um esteta melancólico, que prefere a ironia ao queixume, e que gosta de desviar para o absurdo os gestos que outros levam a sério:

Assaltam-me desejos de sentar-me num parapeito, de olhar correr o riacho e me pôr a contar um, dois, três, quatro, cinco, seis, sete, e assim por diante até o dia de minha morte.[15]

Nenhum reflexo, senão o desagradável infinito da série dos números. Büchner, em *Leonce e Lena*, vai se lembrar da tirada de *Fantasio*, modificando-a consideravelmente. Na boca de Valerio, o desagradável infinito se tornará um estribilho ("uma mosca na parede!"),[16] repetido a não mais poder, até o fim da vida... Mas a melancolia do espelho não está ausente dessa comédia. A princesa Lena se pergunta: "Então sou como a pobre fonte sem defesa, que deve refletir, em sua profundeza silenciosa, cada imagem que se debruça sobre ela?".[17] A Fantasio, que não olha para a sua própria imagem, corresponde Lena, entregue a todos os reflexos, superfície passiva e que deplora não ter nem sequer a modestíssima liberdade de uma flor.

Em pelo menos uma de suas formulações teórico-míticas — refiro-me ao *Märchen* [conto] central de *Prinzessin Brambilla*, de E. T. A. Hoffmann —, a ironia romântica se define inteiramente a partir da situação melancólica, e como o efeito de uma reflexão invertida, de uma "dupla reflexão". A narrativa evoca um rei, Ophioch, que caiu na melancolia por ter sido separado da Natureza, isto é, da Mãe. O casamento com a risonha e superficial princesa Liris não o liberta. O malefício só será quebrado, depois de um longo sono, no momento em que o casal real se debruça sobre a fonte mágica de Urdar: na água, o rei e a rainha avistam "seu próprio eu refletido na água": olham um para o outro e estouram de rir. O mago Hermod, surgido nos ares, pronuncia as palavras que interpretam sabiamente a alegoria, não sem apelar para novas figuras:

> O pensamento destrói a intuição, e o homem, arrancado do peito da mãe, vagueia e cambaleia na loucura, na vertigem cega, privado de pátria, até o momento em que o próprio reflexo do pensamento propicia ao pensamento o conhecimento de sua própria existência, ensinando-lhe que, no mais profundo da rica galeria subterrânea que a rainha maternal lhe abriu, o pensamento reina soberano, ainda que tenha que obedecer como vassalo.[18]

A esse comentário se soma o de um ouvinte do conto — um artista alemão — que tira daí uma lição mais explícita. Na libertação de Ophioch, ele reconhece "o humor, essa maravilhosa faculdade, nascida da mais profunda intuição da natureza, que permite ao próprio pensamento produzir seu próprio duplo irônico e reconhecer em suas próprias caretas — atenho-me a essa palavra insolente — as caretas do Ser deste mundo, para caçoar dele".[19]

Eis, portanto, que reaparece o riso de Demócrito, e esse olhar sem indulgência que ele criticava os homens por não lançarem sobre si mesmos. Mas no texto antigo o riso sobre o *mundo* era predominante, e quem ria era, a seus próprios olhos, ele mesmo um comparsa na grande comédia do mundo. Agora a prioridade já não é dada ao mundo, a visão reflexiva recai no indivíduo, no próprio eu, e o mundo só é atingido pelo riso de modo derivado. O mito de Ophioch é uma alegoria da alma, de tipo gnóstico e neoplatônico, que repercute numa alegoria da arte. Esta tem como efeito iluminar a história principal do *capriccio* de Hoffmann: a transmutação de um mau ator trágico num perfeito comediante *dell'arte*, através do caminho iniciático que passa pelo labirinto de um carnaval, pelo desdobramento crônico, pelo assassinato do eu mau.

Baudelaire considerava a *Prinzessin Brambilla* um "catecismo de alta estética".[20] Sua afinidade com Hoffmann não teve, decerto, a mesma importância que aquela que o fez reconhecer em Edgar Allan Poe uma alma fraterna. No entanto, a concepção baudelairiana do riso, em especial a do "cômico absoluto", confessa muito abertamente a influência do texto de Hoffmann.

> O artista só é artista com a condição de ser duplo e de não ignorar nenhum fenômeno de sua dupla natureza.[21]

Sob a reserva de que o "cômico absoluto" não abre a via de uma libertação e de uma salvação pela ironia. O riso, assim como a melancolia e como a imagem que os espelhos refletem, são, em Baudelaire, pertencentes a Satanás. É em Baudelaire que encontramos os mais belos exemplos de melancolia no espelho — de uma melancolia que se agrava ao se refletir. Basta lembrar esses versos de "O Irremediável":

> *Face a face sombrio e límpido*
> *Este de um coração transformado em seu espelho!*[22]

Ou os de "O heautontimoroumeos":

> *Não sou eu um falso acorde*
> *Na divina sinfonia,*
> *Graças à voraz Ironia*

Que me sacode e me morde?
Em minha voz é ela quem berra!
É todo o meu sangue, esse veneno negro!
Sou o espelho maldito
Em que a megera se olha.[23]

Todo "O cisne" também deveria ser citado: é certamente um dos paradigmas mais emocionantes da melancolia reflexiva.

Quando Baudelaire, afásico, hemiplégico, é levado de volta da Bélgica para Paris, Asselineau vai ao seu encontro na Gare du Nord; ele escreve, no livro dedicado ao amigo morto: "Ao me avistar, deu uma gargalhada, longa, sonora, persistente, que me gelou. Estaria ele louco, de fato? [...]. Adquiri a convicção de que Baudelaire nunca estivera, triste vantagem para ele provavelmente, nem mais lúcido nem mais sutil".[24]

Um estranho acaso faz com que aqui encontremos, como que em eco (ou em espelho), a questão que provocava o riso de Demócrito. Loucura? Lucidez? Asselineau só pode interpretar a situação sob o aspecto de uma alternativa. Assim faziam os abderitas, ou Hipócrates. Agora percebemos que uma e outra respostas — e até mesmo aquela que dá crédito à loucura — são na verdade tranquilizadoras, porque são simples, unívocas. É preciso pensar também em tudo aquilo que, nesse riso de um doente, se esquiva do significado, escapa à interpretação, faz ouvir uma aflição.

ESCOLHA DE OBJETO E FALSO ESPELHO

A psicologia mudou de linguagem. Não mais se atém à antiga doutrina humoral, da qual a palavra "melancolia" é uma sobrevivência. Está atenta a sintomas mais bem repertoriados, escuta as opiniões de uma bioquímica mais fina, de uma melhor ciência da hereditariedade. Mas nem por isso desistiu de formular conjecturas sobre a psicogênese da melancolia, nem de lhe dedicar uma atenção tão rigorosa quanto possível. Ora, tanto nas suas hipóteses etiológicas como em suas listas de sintomas, os psicólogos contemporâneos não parecem ter rompido com a tradição literária e erudita que acaba de ser evocada.

É, evidentemente, o caso de Freud. Sabe-se que ele vê na melancolia a consequência de uma "escolha de objeto" (*Objektwahl*) narcisista; a isso se acrescenta o recalque da *libido* no ego e a identificação do ego com o objeto perdido. A intervenção da "crítica do ego" (*Ichkritik*) — que Freud mais tarde denominará "superego" (*Überich*) — acompanha-se de uma agressão sádica, mas às vezes tem acesso a uma dura verdade. Reconhecemos os esquemas que questionavam a reflexão. Com a pequena diferença de que o traçado percorrido pela *libido* não parece aquele do raio luminoso em meio transparente, mas antes as vias aventurosas nas quais se envolvia o *spiritus phantasticus*, segundo a filosofia natural do Renascimento. É preciso reler *Luto e melancolia* (*Trauer und Melancholie*) prestando atenção nas palavras de Freud que comportam, em alemão, o equivalente (*Rück-*) do prefixo *re-* da palavra "reflexão": *zurückziehen*, levar para trás; *rückwenden*, voltar-se (sobre si mesmo); *Rückkehr*, retorno etc. As imagens ópticas da superfície refletora, os esquemas dinâmicos do movimento devolvidos ao seu agente conduzem insensivelmente às imagens temporalizadas da *regressão*. O objeto, ainda que narcisicamente escolhido, não terá sido mais que um falso espelho: a *libido*, não podendo se fixar nele, retorna ao nível de sua fonte. Obscuramente, ela agora só se mira em si mesma, em sua substância anterior.

Ludwig Binswanger, reivindicando-se adepto da fenomenologia husserliana, questiona o desespero do "ego puro" (*reiner Ego*), que não consegue reorientar uma existência em que os atos constitutivos transcendentais misturam inextricavelmente, até a anulação de qualquer possibilidade de movimento, a retenção (*retentio*) do passado e a protensão (*protentio*) rumo a um futuro hipotecado pelo remorso.[25] O curso da vida não mais consegue, na melancolia, prosseguir de modo "natural", isto é, não problemático e *não refletido*.[26] Binswanger, em *Melancholie und Manie*, reivindica continuamente o pensamento de Wilhelm Szilasi. Ora, este, em *Macht und Ohnmacht des Geistes* (livro de 1946 dedicado à interpretação de textos platônicos e aristotélicos) chega a uma conclusão que eleva em dignidade a dupla melancolia-ironia:

> A melancolia sofre sob o fardo de seu próprio poder; a ironia assume a impotência com uma superioridade alegre. [...] A melancolia sente como um peso esmagador o saber que ela possui da fugacidade perecível, a qual não pode absoluta-

mente se medir pelas dimensões ilimitadas do Tudo. A ironia conhece a força do não saber, que ilumina de modo igual o saber e o não conhecível.[27]

A melancolia se vê assim atribuir uma função filosófica eminente, já que na dupla que forma com a ironia ela anima a "força" do espírito. Szilasi recorre às figuras apropriadas — o quiasma, o paralelismo — para ligar as duas atitudes quando escreve:

> A melancolia faz desaparecer o singular na generalidade, a ironia faz do singular um exemplo e assim o torna imperecível. Da mesma forma que a melancolia carrega a força do espírito como se fosse um peso, a ironia pega a impotência do espírito com coração leve. A unidade dos dois é a coragem do espírito; é a filosofia, e como tal ela se compromete para que a condição humana não encontre o fracasso.[28]

Se, como se afirma aqui, a ironia e a melancolia reunidas constituem a filosofia, os abderitas não estavam errados: Demócrito é melancólico; mas também é um ironista, e Hipócrates não está errado — não se deve cuidar dele como um doente, mas escutá-lo e tentar segui-lo.

A utopia de Robert Burton

A história do discurso erudito sobre a melancolia, conforme vimos, começa com os textos hipocráticos, cinco séculos antes da era cristã; prolonga-se e transforma-se até os nossos saberes e as nossas perplexidades sobre as diversas formas da depressão. A publicação de *A anatomia da melancolia*,[29] em 1621, marca um dos grandes momentos do percurso. Essa obra resume a todo-poderosa tradição humoral, alguns decênios antes de se desenvolver uma interpretação "nervosa" da doença, em que se conservará, porém, um grande número de noções antigas. A *Anatomia* é uma síntese genial, que reúne praticamente tudo o que foi dito de notável sobre a melancolia, acrescentando a lembrança de inúmeras histórias — lendárias, poéticas ou "clínicas" — que essa doença da alma marcou com a sua sombra. Oferece-nos a suma completa do assunto, construída organicamente, como todos os grandes tratados do Renascimento tardio, com as suas partições, seções, membros, artigos. As suas dimensões ultrapassam as das obras anteriores sobre a bile negra. Os grandes predecessores tinham sido Johannes Weyer (*De praestigiis daemonum*, 1563),[30] Juan Huarte de San Juan (*Ejamen de ingenios para las ciencias*, 1575),[31] Timothy Bright (*A Treatise of Melancholie*, 1586),[32] André du Laurens (*Discours* [...] *des maladies melancholiques* [...], 1597),[33] Tomaso Garzoni (*L'Ospedale de'Pazzi incurabili*, 1594),[34] Jacques Ferrand (*De la maladie d'amour, ou mé-*

lancholie érotique [...], 1612 e 1623).[35] Neles encontramos as mesmas representações fisiológicas, e suas obras cobrem uma parte do mesmo campo, ainda que seja enfocando-o a partir de outra problemática (a possessão demoníaca em Weyer, as aptidões intelectuais em Huarte). Mas nenhum desses livros tem o estofo e a amplidão da suma de Burton. Esta é uma dessas obras que raramente se leem de enfiada, mas que se folheiam conforme o estado de espírito, detendo-se a cada vez em passagens inesquecíveis.

O livro de Burton foi, na Inglaterra, um sucesso de livraria. O autor aumentou a sua obra fazendo correções e acréscimos nas cinco reedições sucessivas (sendo a última, póstuma, publicada em 1651). Está entre os grandes textos da literatura inglesa. *A Anatomia da melancolia* apresenta-se como o livro de um leitor que abriu uma infinidade de livros para compor o seu, e em seguida para dilatá-lo e completá-lo. Transferir a coisa lida para a coisa escrita também tinha sido a tarefa de Montaigne, porém com mais independência e sem a menor preocupação com uma ordem sistemática. Graças à tradução de John Florio, os *Ensaios* de Montaigne puderam cair diante dos olhos de Shakespeare, como atestam algumas palavras de Hamlet. Em compensação, Burton não teve a sorte de encontrar na França um tradutor contemporâneo.[36] Nessa época, olhava-se mais para os lados da Espanha e da Itália.[37] Ouvi Jean Paulhan — esse escritor de concisão exemplar, mas tão curioso a respeito dos livros gigantescos que tentam dizer tudo — lamentar-se por ninguém ter pensado em traduzir Burton por volta de 1625: teria sido um acontecimento na história da língua francesa... A leitura de Burton permaneceu como privilégio exclusivo dos leitores anglófonos. Eles jamais o esqueceram. Esse livro, em que se deposita tanta memória literária, foi também um livro-fonte, um tesouro de linguagem para os escritores, e sobretudo um repertório de exemplos num campo em que o exemplo é contagioso. Sente-se a sua presença como uma subobra todas as vezes que, no século XVIII, se fala na *English malady*. Mais tarde, Keats o frequentou; tem-se a prova disso pelas anotações do exemplar da *Anatomia* que ele possuía. Certas imagens da admirável "Ode sobre a melancolia" são puro Burton destilado.[38] Vários outros leitores-utilizadores vão se seguir. Tenho diante dos olhos uma edição de 1836 (Londres, B. Blake), tida como sendo a 16ª. Depois, as edições se multiplicam e concorrem entre si. No século XIX, o total será de 48. Tornam-se "populares" (Bohn's Library, Everyman's Library). O acaso pôs em minhas mãos os três pequenos volumes[39] que pertenceram a Dorothy Sayers (1893-1957), autora de *detective stories* e tradutora de Dante: ela sublinhou muitas passagens do "Prefácio satírico" relativas a notícias de jornal sensacionalistas, a títulos de livro chamativos, ao caos e à multiplicação dos livros, à futilidade dos eruditos... O Demócrito de um poema de Samuel Beckett é aquele de Burton: "Encharquei, ao cruzá-lo, um velhinho decrépito/ Demócrito".[40] Fez-se sentir a necessidade de uma edição crítica. Esta começou a ser publicada em 1989.[41] Se é preciso um testemunho que permita afirmar que as mutações da história literária se produzem tendo como pano de fundo uma contínua recepção de textos anteriores, o caso de *A Anatomia da melancolia* é exemplar. O mesmo aconteceu por muito tempo na literatura psiquiátrica, na qual os autores de observações e hipóteses novas transmitiram uns aos outros (muitas vezes sem saber) antigos paradigmas. O tratado de Burton pertence a uma época em que a língua da medicina ainda era apenas uma ramificação — descritiva e especulativa — da física, a qual se ligava à filosofia. Esta, de seu lado, tocava a literatura pelo diálogo (Platão) e pelo poema (Lucrécio). A própria matemática unia a vida humana e a moral pelo viés da astrologia, que Burton praticou, parece, com assiduidade, lembrando porém que "os astros inclinam, mas não coagem". Foi o momento em que os diversos campos do saber podiam ser postos em contiguidade e se somavam de forma complementar: as linguagens das diversas disciplinas ainda eram miscíveis. Se nem sempre encontravam mais lugar num sistema hierarquizado, podiam dar origem a classificações. Uma visão sinóptica podia estabelecer um quadro das diversas artes e ciências, e cada uma tratava de sua matéria por quadros. Graças ao prestígio de Bacon, que permanecia ligado a isso, esse princípio ainda reinou sobre o projeto inicial da *Encyclopédie* de D'Alembert e Diderot. Mas, quando esta foi concluída, a explosão das linguagens especializadas, efeito inevitável da revolução científica, já estava prestes a ocorrer. Descobriu-se que a bela unidade das sinopses renascentes correspondia a uma ciência inefetiva.

É preciso ler a *Anatomia* prestando atenção às vias de acesso abertas pelo autor para aqueles que penetram na obra. O falso-rosto é seguido de um título que, a partir da quarta edição (1632), vem cercado por figuras gravadas por Le Blon em seis cartuchos distintos. Um poema expõe o "argumento" desse "frontispício": no alto da página, a figura central, inscrita sob o signo de Saturno, é a de Demócrito de Abdera escrevendo o seu livro debaixo de uma árvore;

seu correspondente, na parte inferior da página, é o retrato do autor, segurando o livro na mão, e que se designa como Demócrito, o Jovem (*Democritus Junior*). Demócrito, o Velho, está enquadrado pelos emblemas animais do ciúme e da solidão. No lado esquerdo reconhecemos sucessivamente, em posturas e roupas apropriadas, o apaixonado e o supersticioso; no lado direito estão representados o hipocondríaco e o maníaco; na parte inferior da página, de um lado e de outro do nome do impressor, vemos a imagem das plantas que curam ou aliviam os melancólicos: humildemente, a borragem e o heléboro nos fazem saber que a natureza nos proporcionou os meios de enfrentar a influência do astro maléfico. Segue-se a página da dedicatória, em latim, a George Berkeley, a quem Burton é devedor de uma renda regular. Lemos em seguida um poema latino, de forma elegíaca, que Burton dirige a seu próprio livro. A ele se soma um poema inglês, intitulado "Resumo da melancolia, pelo autor, *dialogikôs*" (*The Author's Abstract of Melancholy, Dialogikôs*). O texto seguinte é o longuíssimo "Prefácio satírico" anunciado na página de rosto. Com o título de "Demócrito, o Jovem, ao leitor", é um discurso fictício, numa encenação muito estudada. A isso se sucede a advertência em latim: "Ao leitor que emprega mal o seu tempo" (*Lectori male feriato*). Por fim, um epigrama latino de dez versos interpela alternada e conjuntamente o filósofo que chora e aquele que ri, Heráclito e Demócrito. Só então começa o texto do tratado, precedido de seu quadro sinóptico. Como se estenderam a reflexão sobre a obra, sobre si mesmo, as advertências e as captações de benevolência dirigidas ao leitor! Que cerimonial! Que esquisitice "barroca", essa mistura de imagens fabulosas, de autocrítica e de justificativa! Antes de dar a ler sua obra de erudito, Burton multiplica os aperitivos, em que se expressa de maneira mais afiada, qual humorista ou poeta, como para provar que sabe fazer outra coisa além de um tratado. É raro, até mesmo nas obras do Renascimento, encontrar tamanha proliferação de "paratexto" (segundo a expressão de Gérard Genette). Montaigne se contentava com uma curta dedicatória "Ao leitor", que expressava ousadamente o seu objetivo, em tom depreciativo, como mandavam a discrição e a negligência elegantes (os italianos diziam a *sprezzatura*) pelas quais os homens mundanos se diferenciavam dos pedantes.

Nos textos do Renascimento, entende-se "anatomia" metaforicamente, a partir talvez do sucesso dos grandes livros que renovaram o conhecimento do corpo humano. Anatomizar é pôr a nu, em plena luz. Shakespeare escreve: "A loucura do homem sensato é anatomizada a fundo pela piscadela do louco".[42] Em certos casos, a anatomia supõe a morte do objeto observado. Assim acontece com o subtítulo do "First Anniversary", de John Donne: "An Anatomy of the World".[43] Mais amplamente, a palavra foi aplicada a qualquer exploração que examine uma matéria parte por parte. Os quadros, os "teatros" são todos virtualmente anatomias, já que é preciso subdividir um objeto de início considerado globalmente como um "corpo", a fim de torná-lo visível num quadro. A anatomia decompõe e expõe. Mais tarde, na época das Luzes, a palavra "análise" a substituirá nos títulos dos livros.

A obra de Burton, em sua profusão enumerativa, é perfeitamente bem organizada. Ao contrário das aparências e apesar das digressões, não é um labirinto. Convém considerar a "Terceira parte" como um suplemento, acrescentando-lhe duas monografias de dimensão desigual, a mais longa sobre a melancolia amorosa, a outra sobre a melancolia religiosa.

Burton reconstrói o mundo quase em seu conjunto, de acordo com o sistema coerente de uma escolástica suavizada. Lembra a grande ordem das causas físicas (causas primeiras e causas segundas), para aí inscrever o corpo e a alma dos seres humanos. Define a melancolia e as suas variedades segundo as suas espécies, atribuindo-lhes o seu lugar no vasto conjunto das doenças. O reconhecimento dos sintomas leva ao diagnóstico. Na definição sintomática geral, Burton é fiel à tradição que data dos textos hipocráticos, especialmente ao aforismo VI, 23, que faz da melancolia um composto de medo e tristeza; Burton faz o inventário das "causas naturais". Seguindo a tradição galênica, leva também na mais alta conta a higiene e as ditas coisas "não naturais". São as coisas, ou causas, cuja regulação depende do "regime de vida" adotado pelos indivíduos: a dieta, a retenção e a evacuação, o ar, o exercício e o repouso, a vigília e o sono, e sobretudo as paixões da alma. Essas "seis coisas não naturais" figuravam em todos os tratados de medicina, por exemplo no de Fernel, a que constantemente Burton recorre. Os remédios consistirão muito em especial na retificação dos hábitos: a ovelha negra de Burton é a ociosidade, na qual ele vê o flagelo da casta nobiliária. Essas medidas não excluem o uso das drogas que modificam os humores do corpo: alterativos, purgantes, cordiais etc. (A lista é longa e sempre passível de novos alongamentos.) A farmácia aceita todos os remédios repertoriados: uma profusão de ervas, eletuários, xaropes, aos quais se somam álcoois, ópio, café etc. Burton segue fielmente o modelo tradicional, reservando-se grande liberdade na enunciação e no estilo: ora abrevia, ora — o mais das vezes — enriquece, amplifica e digressiona à vontade. Dirige-se especialmente aos scholars, assim como Ficino aconselhara os *literati*: sendo a melancolia uma doença profissional das pessoas estudiosas, os excessos de trabalho cerebral serão objeto de uma grande digressão. Outra digressão se refere ao ar, quando toda uma "ecologia" será exposta. Na última parte, por uma judiciosa gradação, ele vai se demorar nas paixões mais perniciosas: a melancolia amorosa, a melancolia religiosa (pois é necessário marcar a separação entre devoção verdadeira e excessos descontrolados de entusiasmo). O tratamento do desespero suicida, notadamente nos que se sentem condenados, constitui o objeto do último capítulo. As medidas médicas (*physick*) serão suficientes? Não. Os conselhos morais (*good advice*) serão eficazes por si sós? Tampouco. É preciso unir os dois. Quando a melancolia é um malefício do diabo, a esperança e a palavra de Deus a combaterão. A conclusão vem em tom de consolo, com citações do Novo Testamento, de Agostinho e dos Pais da Igreja. Assim, Burton, que se apresenta como um pastor (*divine*), termina seu livro em tom de sermão. Começara-o evocando o pecado original e a queda do primeiro casal: essa perspectiva o obrigava a considerar a parte dos anjos caídos, isto é, dos maus espíritos. No imenso espaço entre os dois, exibe toda a linguagem da medicina. Não era médico, e prevê que essa intrusão no campo da "física" desagradará os homens do ofício. Para um scholar que passa a vida inteira em Oxford — admitido em Brasenose, depois *student* e bibliotecário em Christ Church —, são inúmeras as vias de comunicação entre os vocabulários referentes às diversas faculdades. Para quem domina a língua compósita comum a todas as disciplinas universitárias, o recurso verbal jamais falta.

O "Prefácio satírico", preâmbulo e quintessência antecipada do livro, tem a sua fisionomia própria. Ele chama a atenção tanto quanto o próprio tratado, pois o seu exagero deliberado faz captar as implicações metafísicas da melancolia.

A sátira latina era o gênero literário em que se punha de tudo: admitia a diversidade dos objetos, a mudança de humor, a franqueza sem peias. Desde a origem do gênero, boa parte da crítica dos costumes, da sociedade, da ordem política passou pela sátira. O epigrama e a sátira menipeia contribuíram para o mesmo objetivo. Para zombar dos deuses, o filósofo cínico Menipo os fizera falar familiarmente, numa prosa misturada a versos. O "Prefácio satírico" de Burton tem todo o aspecto formal desse gênero literário que era a sátira menipeia.

O texto nos interpela: escutemo-lo, pois. A primeira evidência é que o autor joga com a sua identidade e força o tom. Falando do livro que vamos ler, ele não se apresenta como um autor no seu gabinete, mas como um ator que avança no palco. Ele se cinde. Estamos no teatro. Pensamos no personagem do "Prólogo" em numerosas peças do teatro elisabetano. Da mesma maneira, o livro de Tomaso Garzoni, *L'Ospedale de'Pazzi incurabili*, começava por um "Prologo ai spettatori" [prólogo aos espectadores].[44]

Embora Burton se atribua a figura de um novo Demócrito, os curiosos encontrarão sem dificuldades o seu verdadeiro nome, seja no corpo do texto, seja graças ao retrato armoriado do frontispício. O seu anonimato não é mais que um fingimento. Se ele se mascara ostensivamente, é para que seja enfocada a questão da máscara: "Leitor benévolo, presumo que estarás muito curioso para saber quem é esse bufão mascarado, que se introduz tão insolentemente no teatro do mundo, à vista de todos, usurpando o nome de outro; gostarias de saber de onde ele vem, por que se comporta dessa maneira, e o que tem a dizer". Sob o aparente pseudônimo, aquele que fala tão familiarmente tenta conquistar a atenção do leitor, como rezam as regras do exórdio. As suas primeiras declarações são recusas. Que não lhe perguntem a sua verdadeira identidade, pois ele tem direito ao segredo: "Não consinto ser reconhecido". Põe as "autoridades" de lado citando o início de uma famosa sátira menipeia, a *Apocolocyntosis*, de Sêneca: "Primeiramente, não responderei nada, se me aprouver; pois quem poderá me obrigar a isso?". Também cita o tratado de Plutarco sobre o segredo: "Já que vês que ela está oculta, por que procuras conhecer uma coisa escondida?".

Um sinal de cumplicidade é dirigido aos leitores que são familiares dos antigos. Para satisfazê-los, a memória do autor jamais falha. Seria possível criticá-lo por não seguir sempre os textos palavra por palavra, de modo mais exato, e por não dar as referências exaustivas. Mas é assim que funciona uma memória que omite o fastidioso trabalho de verificação — uma memória viva, apressada em exibir os seus propósitos, como ocorre durante um banquete, entre bons entendedores que só precisam do início de um poema para rememorá-lo por inteiro. Sem mais tardar, a página se enche daquilo que a retórica chama de autoridades, as *chrias*,* as sentenças, os ornamentos; Burton parece querer totalizar tudo o que Montaigne designava sob o nome de "emblema supranumerário". As páginas de Burton, salpicadas de itálicos, erguem-se sobre o fino terreno das notas e referências. As citações são oferecidas em profusão, tiradas de inúmeras fontes, sacras e profanas, antigas e modernas; próximos dos antigos, encontramos autores tão recentes como Marlowe, Giordano Bruno, Bacon, Shakespeare, Galileu (mas não Harvey, contemporâneo de Burton, com apenas a diferença de alguns meses, e que revoluciona a medicina). Sim, aquele que no início do prefácio finge-se de incógnito é, evidentemente, um personagem capaz de brilhar ao especular sobre a erudição, habitual entre os scholars. A sua abundância verbal, a sua "marchetaria" (mais uma palavra que tomo de Montaigne) respondem às normas da época. Um estilo se dá a reconhecer. A intenção, partilhada entre os autores eruditos, é florear o discurso, fazê-lo brilhar. Assim fazem na França, por exemplo, Blaise de Vigenère ao comentar as *Imagens* de Filóstrato, ou Jacques Ferrand tratando da "melancolia erótica". Seja para dissertar fazendo novos esforços ou para comentar outros textos, a citação é a corrente de um tecido que pode se amplificar indefinidamente. Na autocaricatura de Burton, o seu livro nasceu de "um vasto caos e confusão de livros". A rigor, a acreditar nele, a sua *Anatomia* não passa de um centão. Para tentar distinguir os postulados implícitos nesse tipo de escrita, eu diria que eles creditam aos antigos, sobretudo os poetas, uma força de linguagem com que é impossível rivalizar. A ideia mais difundida é que as línguas antigas são dotadas de uma energia superior à das línguas vernaculares modernas. A citação é necessária para consolidar um propósito, compensar uma fraqueza. Não é simplesmente um acréscimo, um "sobrepeso" (Montaigne); dá lustro ao pensamento, pois "tudo está dito" (La Bruyère) e é difícil pensar outra coisa além do que os antigos já expressaram admiravelmente. Seria tentador ver nessa convicção um sentimento de inferioridade melancólico. Mas, então, é a toda uma época — o Renascimento tardio —, mais que apenas a Robert Burton, que se deve imputar essa melancolia. Vê-se como essa convicção chega a um apagamento de si mesmo e a uma dependência. E adivinham-se as consequências de longo prazo. Opor uma recusa ao entesoura-

* Exercício de retórica que consistia em desenvolver um pensamento por sete ou oito meios diferentes. (N. T.)

mento, dizer não a esse preenchimento de substância alheia. Fazer tábula rasa e se libertar da submissão ao que outros pensaram ou imaginaram antes de nós: é uma decisão que não pode mais tardar. Uma vez quebrados esses vínculos, a nova filosofia poderá se autorizar unicamente a razão, e uma linguagem rigorosamente aplicada, cuja força não pode ser contestada: a linguagem da matemática. Os filósofos, discípulos próximos ou distantes de Descartes, não tardarão a escarnecer dos estudiosos das coisas antigas.

Se Pierre Bayle reserva um lugar importante em seus textos para a erudição greco-latina, é com o objetivo constante de examinar as contradições entre sistemas, crenças, códigos de conduta: ele não se limita à doxografia, como Burton costuma fazer, pelo prazer de recensear opiniões. Bayle ataca as contradições, as proposições incompatíveis. Opõe umas às outras para ultrapassá-las num ato de fé. Quando não tem a estatura de Pierre Bayle, o escritor antiquário que partiu disposto a atar em buquês as mais belas flores do pensamento e da poesia antigas, encontra-se cético ao final do passeio.

Burton, por sua vez, ao chegar às medidas terapêuticas, saberá pesar os prós e contras, sem se comprazer no suspense; a incitação ao ceticismo não é a sua jogada secreta. Sabe decidir e fazer discretamente escolhas sensatas, como faria um médico tão ativo quanto prudente. Mas também se deve observar que o seu respeito pelos gregos e latinos não o impede de praticar uma língua saborosa e densa, bem trabalhada, encontrando prazer no inventário e na enumeração. Alguns traços o aparentam a Rabelais, que ele conhece. A ornamentação "grotesca", à qual Montaigne comparava sua própria maneira de escrever, ainda impera na *Anatomia*. A reverência com que Burton cerca os textos antigos o autoriza, nos seus comentários, a praticar um estilo baixo, isto é, familiar, concreto, sem cerimônia, que se faz valer pelas joias incrustadas nele. Quando Burton se declara um melancólico, devemos, sem dúvida, tomá-lo ao pé da letra, pois os sinais de um pessimismo existencial estão presentes por todo lado. Mas ele não se queixa nem fica repisando esse assunto. Usando um conceito anacrônico, falaríamos de um estilo de "estado misto", em que tristeza e hilariedade se misturam.

Inevitavelmente, desde as origens o autor satírico deve ter adotado estratégias protetoras a fim de frustrar o revide daqueles que detinham o poder e podiam se sentir visados. Elas consistiam em ora desviar o traço da sátira, mirando de propósito um pouco ao lado do alvo, ora fingir uma desordem do espírito e cobrir-se com a roupagem institucional do louco. O autor satírico tinha a opção entre vários procedimentos defensivos: podia recorrer ora à denegação ("não falo de vocês"), ora à delegação ("é outro que fala por minha boca"), ora, também, à autocondenação ("falo no desvario"). Erasmo pôs para falar a Loucura em pessoa: era a delegação suprema. Nos séculos XVI e XVII, a roupa protetora da poesia satírica foi, para agradar, o traje colorido do louco do carnaval, ou a do bobo da corte (o clown shakespeariano), ou, enfim, o manto negro do melancólico. Neste, o descontentamento pelo mundo era tão esperado que ninguém podia lhe querer mal. Só mesmo Boileau, que, para fazer passar verdades indelicadas, abriga-se por trás da desculpa de um vapor negro. Desculpa-se o amargurado quando ele é o primeiro a se queixar de ser uma vítima... Mas também pode acontecer que não o perdoem e que o castiguem zombando dele. O satirista impenitente expõe-se a ser apontado, por sua vez, sob uma luz satírica. O teatro propõe dois admiráveis representantes disso, ambos nitidamente caracterizados. Em *As You Like It*, o Jaques de Shakespeare, de tanto fingir melancolia, obstina-se em se excluir do final feliz que une os casais e liberta a pequena corte do exílio na floresta. Outrora, fora um viajante rancoroso, segundo o modelo de vários outros *malcontent travellers* [viajantes descontentes];[45] no final da história, aspira à imobilidade, quer permanecer como eremita na floresta de Arden. Mesmo depois do arrependimento do usurpador e da restituição do poder ao duque exilado, que reencontrará castelos e domínios, Jaques opta pela solidão na gruta do fundo dos bosques. Na verdade, só ama o próprio reflexo nos riachos, sobre os quais ele chora. É evidente que Shakespeare condena nele uma inaptidão para simplesmenve viver e amar. Da mesma maneira, o Alceste de Molière, com suas injúrias e zangas perpétuas, acaba desejando se refugiar num "deserto". É fácil perceber como o autor cômico pôs amor-próprio e orgulho obstinado (dizemos hoje "narcisismo") na virtude e na negra tristeza de seu personagem. Molière, sem dúvida, lhe delegou a expressão de suas próprias queixas contra os vícios do mundo, mas poupa tão pouco Alceste como Shakespeare poupou Jaques.[46]

Burton, no "Prefácio satírico", adota todos os recursos da retórica para antecipar-se à crítica e assim afastá-la. Primeiro, embora nascido sob o signo de Saturno, está satisfeito com a sua sorte. Nada lhe falta, não se queixa. Em sua vida de *collegiate student*, ele é para si mesmo todo um teatro, e o mundo lhe é um espetáculo quase indiferente. Não é ele que se opõe ao mundo, mas os personagens fictícios cuja máscara ele adota. Começa então um outro discurso. Conforme as cartas fictícias que figuram na coleção hipocrática, Demócrito, rindo perpetuamente, era considerado louco pelos abderitas, mas Hipócrates, chamado para uma consulta, concluiu o contrário: Demócrito era o único sensato. Portanto, com a garantia de Hipócrates, pode-se desejar ser louco e melancólico à maneira de Demócrito, isto é, no olhar e na opinião da multidão. Solitário, fora da cidade, Demócrito fazia sob uma árvore a anatomia de diversos animais a fim de escrever um tratado sobre a loucura. Por que não escrevê-lo no lugar dele? No grande discurso "democritiano", os vícios e as desgraças do mundo, todas as condições, todas as empreitadas humanas desfilavam, e era preciso, necessariamente, conseguir incluir a si mesmo entre os objetos do riso indignado. Demócrito acreditava na multiplicidade dos mundos. Erasmo, em *Elogio da loucura*, sugerira divertidamente múltiplos Demócritos escarnecendo uns dos outros. Burton retoma a ideia, evocando por um instante esse movimento vertiginoso. A isso acrescenta uma experiência mental totalmente diferente. Em vez de imaginarmos mundos agitados e fúteis, que se multiplicam ao infinito, por que não pensarmos no seu contrário absoluto, como fizera Thomas More: o mundo estável e sensato de Utopia? Burton propõe o seu modelo de sociedade fazendo reinar leis que reprimem severamente todos os excessos. Nesse mundo justo, sobre o qual o tempo parece não ter influência, a loucura e a melancolia não teriam permissão para morar. A maneira como o país de Utopia escapa ao tempo não seria a tradução sonhada (na escala de uma coletividade ideal) da maneira como a existência estudiosa de Robert Burton, em sua biblioteca, se protegia das turbulências e dos conflitos da sociedade contemporânea? Sim, por um instante talvez, e à guisa de jogo.

Burton diz ter escrito o seu livro para se esfregar onde coça. O livro termina com o seu melhor conselho: "Nunca seja solitário, nunca seja ocioso!". Ora, no autorretrato que inclui no início do prefácio, Burton escrevera: "Vivi, na Universidade, uma vida silenciosa, solitária, sedentária e privada". Com certeza não foi ocioso, mas se a solidão engendra a melancolia, ele a viveu no coração, dela foi o cativo voluntário, e o seu livro, que combate a doença, é a própria obra da doença. Vemos nessa obra florir o mal cujo remédio ele gostaria de oferecer: aí está, sem dúvida, o segredo de sua persistente atração.

No frontispício de *A anatomia da melancolia*, de Robert Burton, aparecem, desde a terceira edição (1628), dez figuras emblemáticas, gravadas por Le Blon: elas cercam o título da obra. Como são numeradas, permitem seguir um percurso, explicitado por um poema descritivo. Comecemos pelo fim. A décima figura é a do autor, em posição inferior central. O retrato ocupa um cartucho oval, por sua vez emoldurado dentro de um espaço retangular. O autor nos é apresentado com o hábito preto, adornado por um colarinho largo, de casa de abelha branca: o personagem segura um *livro fechado*. No espaço que cerca o cartucho do retrato, percebemos vários emblemas: esfera armilar (instrumento do astrólogo), esquadro de agrimensor, brasões, livro aberto... O poema explicativo não oferece nenhuma interpretação desses objetos acessórios. Contenta-se em insistir sobre a distância entre a aparência externa e o espírito do autor:

Eis, no último lugar
O autor que vos mostra sua face;
E neste traje que enverga
Sua imagem aparece ao mundo.
Nenhuma arte pode bem mostrar seu espírito.
Tu o adivinharás em seus escritos.[47]

O retrato *apresenta* uma face, mas *não revela* o que nenhuma imagem pode revelar: a mente (*minde*). Para adivinhá-lo, ele recomenda nos desviarmos da imagem e recorrermos aos textos — o que já estamos fazendo ao ler o poema explicativo, o qual nos remete ao livro que vai se seguir. Qual livro? Claro, o *livro fechado* que o autor tem em mãos, e que nada mais é que o volumoso tratado que acabamos de abrir na primeira página. Não é difícil explicar as imagens que cercam o retrato: em especial a esfera armilar (emblema do cosmo) e o livro aberto (emblema do saber erudito) são as fontes em que o autor bebeu. O gravador não deixou de indicar, na parte inferior do retrato, o nome do autor: *Democritus Junior*. Evidentemente, trata-se de um pseudônimo — aquele mesmo que nos propõem tanto o título inscrito no espaço central cercado pelas figuras do frontispício como a grande página de rosto que, nas edições tardias, lhe faz face: o nome provocador de *Democritus Junior* aparece, assim, três vezes no espaço de duas páginas...

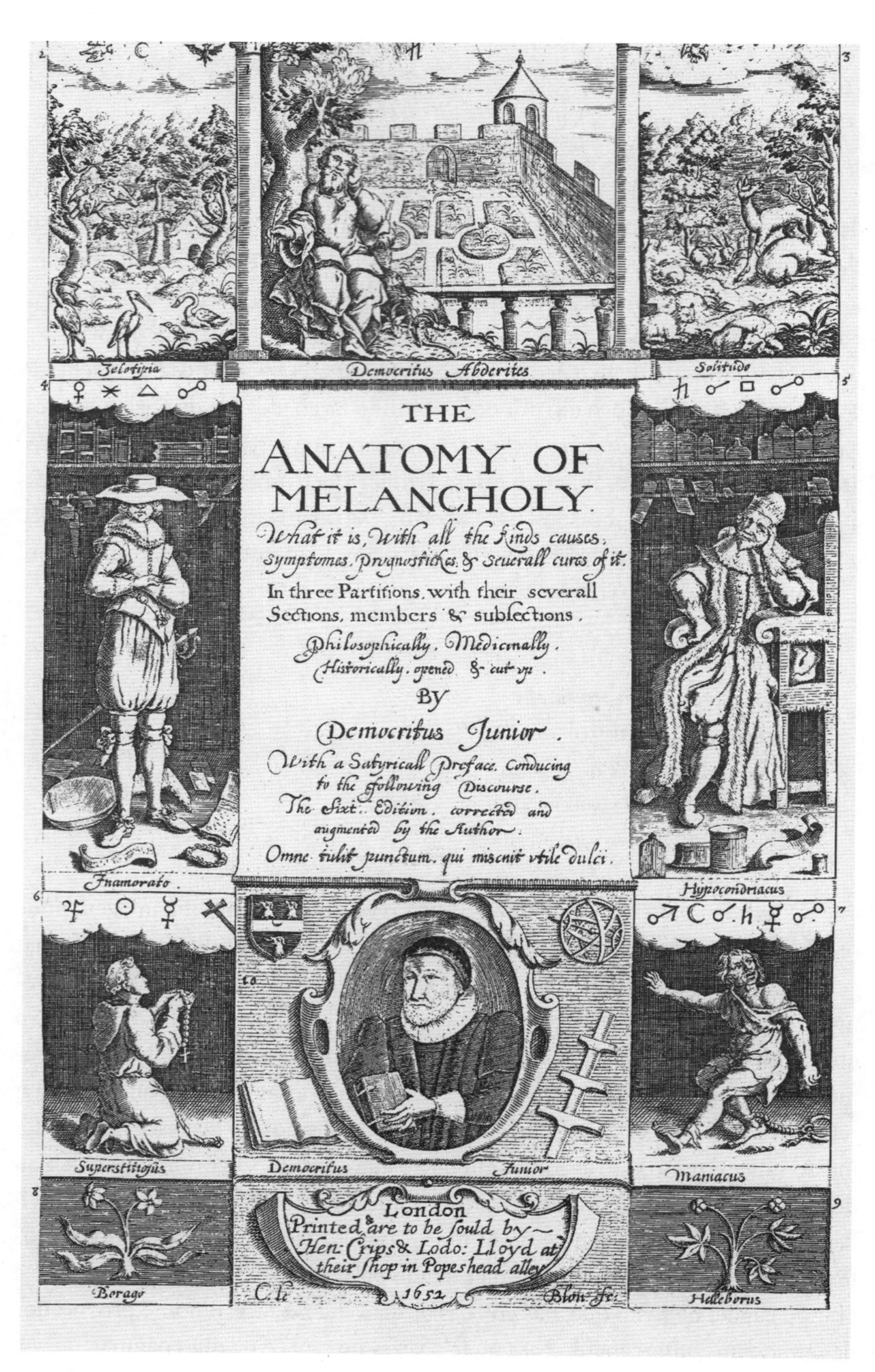

Fig. 1: Frontispício de A anatomia da melancolia.
(*Fotografado da sexta edição, Oxford, 1652. Foto © Bibliothèque Nationale de Paris*)

Partindo do último elemento, que é o retrato de Demócrito, examinemos, em ordem retrógrada, as diferentes figuras do frontispício: as imagens 8 e 9 representam os remédios tradicionais da melancolia, a borragem, portadora de virtudes umidificadoras, o heléboro, purgante e vomitivo, que expulsa o excesso de bile negra; a figura 7 nos oferece, com ferros nos pés, um maníaco (*maniacus*); a figura 6, um supersticioso (*superstitiosus*) ajoelhado, terço entre as mãos, em êxtase; é, claro, um papista; o *hypocondriacus* (figura 5) e o *inamorato* (figura 4) se correspondem de uma margem à outra da página; igualmente, no andar de cima, os emblemas animais da *solitudo* (figura 3) e do ciúme (*zelotypia*, figura 3). O lugar dominante, no alto da página, é reservado a *Democritus Abderites* (figura 1): está sentado debaixo de uma árvore, no exterior de um jardim; tem o rosto inclinado, apoiado na mão esquerda, em gesto correntemente atribuído aos melancólicos; a sua atitude repete exatamente a do *hypocondriacus*; com a mão direita segura uma pena, e por ora afastou-se do livro aberto, deixando-o sobre os joelhos; não escreve, mas sonha:

O velho Demócrito, sob uma árvore,
Está sentado numa pedra, um livro sobre os joelhos;
A seu redor, suspensos, veem-se os corpos
De gatos, cães e outras semelhantes criaturas,
De quem faz a anatomia,
A fim de ver em sua sede a bile negra.
Acima de sua cabeça vê-se o céu
E Saturno, senhor da melancolia.[48]

De fato, o signo astrológico de Saturno — ♄ — domina em plena evidência o cartucho superior. O quadrante das figuras encontra o seu ponto meridiano na pessoa do filósofo, que experimenta e raciocina sobre a bile negra, mas sobre quem recai a influência terrível de Saturno. Desse planeta, conforme sabemos, decorrem as grandes façanhas do espírito, ou os seus piores desarranjos:[49] o saber e a loucura. Ora, aqui, por uma espécie de curto-circuito, trata-se de um saber aplicado em sondar as causas da loucura. (As outras figuras também são dominadas por seu tema astrológico.)

Por sua posição culminante, o velho Demócrito é representado como a figura *maior*, de quem o autor do livro, seu imitador tardio, tem provisoriamente, como identidade própria, apenas o epíteto que o qualifica de caçula, o que o torna ao mesmo tempo seu descendente longínquo e seu inferior. Já o livro produzido por *Democritus Junior* deve o título à atividade do antepassado epônimo: é uma anatomia — abertura, dissecação e inspeção metódicas — que põe a nu, em suas formas múltiplas, todos os aspectos do mal que aflige aqueles cujos tipos mais notáveis acabam de nos ser oferecidos pelo frontispício.

O livro se anuncia, assim, como o inventário e a confissão de uma série de dependências: dependência do autor em relação a seu predecessor antigo; dependência do "velho Demócrito" em relação ao astro a que deve tanto o seu gênio como a sua melancolia. Mas, ao mesmo tempo, anuncia-se a possibilidade de uma libertação; conhecer as causas da melancolia, consigná-las no livro é abrir caminho para o ato terapêutico. Já rente ao chão, humildemente, as plantas salutares anunciam que a natureza nos dotou de um meio de enfrentar o astro fatal. Portanto, o livro confrontará uma fatalidade astral e um esforço de libertação; ligará estreitamente um ao outro; até o fim da obra o mal não deixará de exercer a sua ameaça. Mas também até o final a esperança da cura e o otimismo do recurso curativo não deixarão de animar o autor.

O autor se explica sobre as suas intenções num longo "Prefácio satírico", que ele aumenta ao sabor das seis edições sucessivas.

Antes de mais nada, por que se escondeu sob uma máscara? A primeira frase passa ao leitor essa interrogação já assinalada: "Leitor benévolo, presumo que estarás muito curioso para saber quem é esse bufão mascarado, que se introduz tão insolentemente no teatro do mundo, à vista de todos, usurpando o nome de outro; gostarias de saber de onde ele vem, por que se comporta dessa maneira, e o que tem a dizer".[50]

O leitor é interpelado como se o pseudônimo o tivesse exasperado e seduzido. A voz que o apostrofa procura conquistar a sua atenção e benevolência, como rezam as regras do exórdio. Sob a máscara pseudonímica, alguém fala em nome de um eu disfarçado que, reivindicando o seu direito ao segredo, afirma-se com vigor. O autor age com autoridade pela recusa de revelar a sua identidade: "Não consinto ser reconhecido". Assim, não custará a dar as razões que o levaram a "usurpar" o nome de Demócrito...

Mas, logo de início, o autor inseriu nos seus propósitos citações de Sêneca e Plutarco: as citações, latinas ou inglesas, têm no texto o mesmo papel de ostentação e ocultação que o pseudônimo *Democritus* tem em relação ao nome próprio. O autor, quando quer falar de modo mais convincente, fala com a voz dos outros. Apela abundantemente a esses recursos que a retórica chama *auctoritas, chria...* Ele mesmo se diz favorável ao texto dos mestres, que desvia para seu uso pessoal. É este, sem dúvida, um traço de pedantismo, que a princípio pode funcionar como sinal de reconhecimento de uma cultura partilhada entre scholars e leitores letrados. A acumulação imoderada de ornamentos emprestados (os "emblemas supranumerários" ou os "sobrepesos" de Montaigne) é um dos aspectos da exuberância em que se delicia o Renascimento tardio. Pelo desvio da escrita erudita, é uma das eflorescências de um certo "barroco". O discurso ornamentado tende a se tornar tecido multicolorido, exibição poliglota. O livro nos traz um dos mais belos exemplos de marchetaria citacional: o processo de seu *inventio* é inseparável do de *entesouramento*. Daí o misto de frescor e decrepitude que, para nós, modernos, faz o charme híbrido desse livro.

É uma suma: toda a "física", toda a medicina, todas as opiniões morais, uma grande parte da herança poética da tradição greco-latina e cristã nos é oferecida por alusões, fragmentos, fiapos costurados um a um. Isto dispensará muitos leitores apressados de recorrer aos antigos: este livro contém uma biblioteca. Aqui encontramos reunidos todos os mestres cuja autoridade o século seguinte fará vacilar, e cujos nomes se perderão no esquecimento. Em Burton, ainda são acolhidos regiamente: é o festim de Sardanápalo da erudição clássica. Nunca mais haverá tantos convidados num livro; nunca mais serão vistas tantas sentenças, flores, frutas, palavras douradas, receitas de farmácia apresentadas todas juntas. O livro, por confissão do próprio autor, nasceu de "um vasto caos e uma confusão de livros", e ele próprio vai se somar a esse caos: "Quanto a mim, faço parte dele, *nos numerus sumus* (e somos numerosos)".[51] Esse livro, ele o reconhece, é um centão. A amplidão do recurso às citações, num autor que se declara melancólico, convida-nos também a nos interrogarmos sobre a relação entre a melancolia e a inserção perpétua de um discurso tomado de empréstimo dentro do próprio discurso. Se, de um lado, isso atesta um saber, de outro é também uma confissão de "insuficiência" (para retomar, mais uma vez, uma expressão de Montaigne). Ceder tão constantemente a palavra àqueles que consideramos que dizem melhor que nós poderia ser a consequência de um sentimento de inferioridade, e mesmo de despersonalização, de que sofre a consciência melancólica: ela precisa de apoios, de sustentos exteriores, de avalistas. Não dispõe de recursos próprios em quantidade suficiente. Entope-se de substância alheia para prencher o seu próprio vazio. E no entanto, de modo paradoxal, Burton pretende se confessar a nós e tomar-nos simultaneamente como objeto de seu livro.[52] A autoafirmação só lhe é possível mediante uma dependência verbal que torna infinitamente suspeita a integridade do eu cujas "confissões" nós lemos. Aquele que para se contar precisa de todas as grandes vozes do passado deixa a própria identidade à discrição do leitor. Burton o diz e, para dizê-lo, não deixa de apelar para uma citação que ele embeleza: acrescenta "o homem na lua" a uma frase latina, tomada de empréstimo: "Se o conteúdo te apraz e te parece proveitoso, supõe que o autor é o homem na lua, ou quem te parecerá".[53] Da mesma maneira, no final de seu "Prefácio satírico", Burton se desculpa; apela para Erasmo ao declarar "não fui eu que falei": *I will presume*... "Tomarei a liberdade de responder como Erasmo em ocorrência semelhante: não sou eu, mas Demócrito. *Democritus dixit*: faz a diferença entre o que se diz em pessoa ou sob um nome emprestado, e sob um traje alheio; faz a diferença entre aquele que simula ou representa o papel de um príncipe, de um filósofo, de um magistrado, de um louco, e aquele que o é de fato; pensa na liberdade que tiveram esses antigos satíricos; é um centão tomado emprestado de outros: são eles que falam, não eu."[54] E mesmo essa maneira de se apagar teve exemplos e precedentes em outros autores... Todos os seus comentários mais profundos não foram, no final das contas, ditos por ninguém: ninguém falou, "*outis elegen* é o nada de ninguém, *neminis nihil*".[55] A anulação (ao mesmo tempo risonha e melancólica) do autor lhe dá total liberdade: a de tudo dizer, bem como a de tudo renegar. Nada deve ao leitor; fará tudo o que o leitor exige: "Desmentirei tudo (meu último refúgio), negarei tudo, renegarei tudo o que disse".[56]

Se a despersonalização, o sentimento de insuficiência puderam um instante nos fazer pensar no que designamos hoje pelo termo "melancolia" (ou "estado depressivo"), em compensação a liberdade brincalhona, o fluxo verbal, a ligeira fuga das ideias que reinam no longo "Prefácio satírico" são mais de natureza a nos levar a pensar naquilo que, nas afecções cíclicas, se opõe à melancolia, embora sucedendo a ela: a verve e a tagarelice inesgotáveis do estado maníaco, a euforia que dá a segurança de poder tudo empreender. Aqui, temos um quadro da loucura do mundo em sua plena extensão, na qual todos os povos, todos os indivíduos, todas as idades estão incluídas, com a única exceção de "Nicholas Nemo", ou do "Sr. Nobody"...[57]

Mas será mesmo necessário procurar um traço de caráter, uma disposição psicológica conformes aos nossos conhecimentos modernos, no autor que se expressa no prefácio de *A anatomia da melancolia*? Não será ceder à ilusão que aquele que vestiu a máscara quer provocar em nós? De fato, ele só quis escrever uma sátira, e para tanto pôs a máscara acerba e risonha do autor satírico. Fez uso do eu versátil, audacioso, escandalizado, requerido por esse tipo de discurso. Disfarçou-se para poder melhor maldizer a loucura do mundo, segundo o código prescrito pela retórica do gênero. Demócrito é um dos nomes que podemos dar à voz satírica, quando esta traz em si ao mesmo tempo o riso e a ciência. E nisso, uma vez mais, Burton se conforma a modelos preestabelecidos.

Portanto, não surpreende se o prefácio começa com um retrato de Demócrito, construído a partir das fontes mais diversas: o pseudo-Hipócrates, Diógenes Laércio, Luciano, Juvenal etc. Esse retrato heterogêneo comporta retoques. Nenhum autor antigo fez de Demócrito um melancólico; Burton não hesita em lhe atribuir esse temperamento: "Demócrito [...] era um velhinho preocupado, muito melancólico por natureza, fugindo da sociedade em seus velhos dias, e muito dado à solidão...".[58] Depois de desenvolver o retrato lendário do filósofo de Abdera, Burton traça o seu. Seguramente, não é a réplica exata daquele cujo nome ele usurpa: não viajou, não é excelente em matemática nem em ciências naturais, não foi convidado a dar leis a uma cidade; em sua qualidade de *fellow* de um colégio em Oxford, simplesmente leu muitos livros, sem grande método. Mas as similitudes vencem, e o autorretrato, construído à base de citações, une-se com o original antigo, construído também por citações justapostas: o mesmo gosto pela solidão, o mesmo caráter melancólico ("Saturno foi o mestre de meu nascimento"),[59] o mesmo riso de todas as coisas ("eu rio de tudo"),[60] o mesmo estilo de vida privada, o mesmo celibato de velho estudante. ("Ainda levo a vida de um estudante no colégio, como Demócrito em seu jardim.")[61] Todas são boas razões para se envolver e se esconder, como outros fizeram antes dele, atrás do nome de Demócrito. O modelo antigo foi retocado para melhor enfrentar o seu correspondente moderno; o autorretrato, por sua vez, foi moldado de modo a fazer eco à imagem lendária. Para o velho Demócrito e seu caçula, uma única preocupação: olhar, escutar, compreender, dedicar-se à "vida teorética". E um só projeto: falar da loucura e de suas causas num grande livro. Ora, o livro sobre a loucura do velho Demócrito se perdeu. Que perda para o mundo! Sem pretender igualá-lo, é possível sonhar em substituir esse livro perdido, e Burton se apresenta como voluntário. O pseudônimo lhe acarreta a obrigação de reescrever a obra desaparecida. Nada menos. Enquanto para outros o nome de Demócrito evoca o atomismo, ou simplesmente o riso perpétuo, para Burton ele se associa estreitamente à atividade monográfica, tratando da loucura, e dizendo respeito à condição humana por inteiro; a razão do pseudônimo *Democritus Junior* se baseia no retrato do filósofo traçado por Hipócrates: "Como, indo um dia visitá-lo, ele encontrou Demócrito em seu jardim de Abdera, nos arredores, sob um pequeno bosque de sombras, com um livro nos joelhos, ocupado em seu estudo, ora escrevendo, ora andando. O tema de seu livro eram a melancolia e a loucura; a seu redor jaziam os corpos de numerosos animais, recém-abertos e anatomizados; não por desprezo pelas criaturas de Deus, como declarou a Hipócrates, mas para encontrar a sede dessa atrabílis de onde procede a melancolia, e como é produzida no corpo dos homens. Sua intenção visava a melhor cuidar de si mesmo, e a ensinar aos outros, por seus escritos e observações, a maneira de preveni-la e evitá-la. Hipócrates o felicitou por esse excelente projeto. *Democritus Junior* ousa empreender imitá-lo, e porque o livro foi deixado inacabado, e agora está perdido, ele quer fazê-lo reviver, continuá-lo e concluí-lo com este tratado".[62]

De passagem, a máscara escorregou: um prenome, Robert, nos é entregue como o sujeito do saber. "*Experto crede Roberto*. Acreditai em Robert, que fez a experiência!".[63] Mais adiante, quando pegar uma linha da obra de seu irmão mais velho, uma nota vai nos ensinar que este se chama W. Burton, e a partir daí sabemos tudo: o autor segura a sua máscara na mão. Mais adiante, no capítulo "Correção do ar",[64] ele evocará a sua terra natal, Lindley, em Leicestershire, "possessão e moradia de meu finado pai Ralph Burton". Não faz mistério de sua identidade verdadeira; nas páginas liminares, procurou apenas um efeito literário.

Burton não pretende restituir o livro perdido. Reescreve-o tendo à frente um novo presente, sobre novas provas, em outra linguagem, e citando mil testemunhas vindas depois de Demócrito. Mas se trata sempre de uma mesma loucura: o mundo não se tornou mais sensato, o autor não se tornou menos melancólico. Portanto, falará de si mesmo falando da loucura do mundo. E falará, na mesma ocasião, de nós, seus leitores. "És tu mesmo o tema de meu discurso".[65] De tanto pegar de empréstimo a palavra dos outros, com toda a certeza tornou-se impessoal, mas igualmente universal. No entanto, é do fundo de si mesmo que pretende ter recebido a experiência da melancolia, e pelo melancólico trabalho do escritor é a si próprio que tenta curar, segundo o método antigo que consiste em procurar o remédio no mal. E, já que tantos indivíduos se parecem com ele, poderá sem dúvida lhes prestar esse serviço:

> É preciso esfregar ali onde coça. Não fui pouco atormentado por essa doença, direi por minha amante melancolia, minha Egéria, ou meu *malus genius*? E para isso, como aquele que foi picado por um escorpião, gostaria de expulsar um cravo por outro, *clavum clavo*, consolar uma tristeza por outra, a ociosidade pela ociosidade, como a teriaga produzida pela carne de víbora, fabricar um antídoto com o que foi a causa primeira de minha doença. [...] No que me diz respeito, posso casualmente afirmar o que Marius diz em Saluste: o que outros ouviram ou leram, eu mesmo senti e vivi; eles tiram dos livros seu saber; eu extraio o meu de minha melancolia. *Experto crede Roberto*. Acreditai em Robert, que fez a experiência. É alguma coisa de que posso falar por triste experiência, *aerumnabulis experientia me docuit*; e por ela, segundo o poeta, *Haud ignara mali miserie succurrere disco*, eu poderia socorrer os outros infelizes.[66]

Por mais digressivo e ramificado que seja, o prefácio de Burton deixa perceber, apesar de seu jargão erudito, uma estrutura relativamente simples. Depois da introdução, em que o autor capta a benevolência do leitor desculpando o seu pseudônimo, o seu estilo, as suas negligências, a sua intrusão (não sendo médico, mas eclesiástico) num campo que não é o seu, o tema condutor do texto é a acusação da loucura geral do mundo. Essa acusação se apoia em certo número de autoridades. Umas são religiosas (Bíblia, Evangelhos, Pais da Igreja, teólogos), outras são literárias e filosóficas, apesar do julgamento dos apologetas cristãos que incluem os filósofos pagãos nos rebanhos da loucura. Depois de evocar rapidamente os diálogos de Luciano (uma das grandes fontes do "riso humanista"), Burton parafraseia e prolonga com vagar as invectivas de Demócrito contra a loucura dos homens, segundo a "Carta a Damageta" do pseudo-Hipócrates: é o primeiro trecho brilhante do prefácio.

Amplamente posta em evidência, a melancolia universal se deixa subdividir. É possível falar da melancolia dos Estados, das famílias, dos particulares: todo *corpo*, individual ou coletivo, pode estar sujeito à doença. E todo corpo deve ser alvo de uma terapêutica apropriada. O livro, portanto, diz respeito a qualquer um, e a sua utilidade é demonstrada de antemão. Logo de saída, no que se refere à melancolia dos Estados, sobretudo da Inglaterra, Burton formula uma terapêutica depois de fazer o diagnóstico. Desenvolve o que se chama "*an Utopia of mine own*", "uma Utopia de minha lavra". É o segundo trecho brilhante do prefácio: faz *pendant*, por suas dimensões, com a imitação livre da "Carta a Damageta". O prefácio, tal como uma elipse, gira em torno desses dois focos.

Convém examinar mais de perto esses dois trechos, igualmente *centrais*, em seus aspectos particulares e em suas relações recíprocas.

RIR OU CHORAR

Burton não se contentou em evocar a figura tradicional de Demócrito nas páginas liminares do prefácio. Volta à carga, primeiro para traduzir livremente o discurso que a carta do pseudo-Hipócrates o leva a fazer, depois para torná-lo seu porta-voz indignado perante os escândalos do mundo contemporâneo. A referência a Demócrito, Burton sabe disso e admite desde a primeira página, tornou-se uma coisa banal: sob o nome de Demócrito não é raro que se defendam as teses do atomismo e, por um caminho desviado, as doutrinas de Epicuro. Essa não é a intenção de Burton, que se obstina, porém, em manter em cena o filósofo de Abdera. O que ele extrai disso? Primeiro, conforme vimos, o riso e a indignação, esses dois movimentos afetivos que os latinos transformaram nas molas mestres do gênero satírico. Tampouco esqueceu o *topos* que, desde a Antiguidade, faz do riso de Demócrito o equivalente antitético das lágrimas de Heráclito. Esse par de figuras ilustres representa duas atitudes psicológicas opostas, numa encarnação figurada em que se conjuga a dupla autoridade da filosofia e do passado clássico. É um lugar-comum que pode ser usado por escritores, pintores, decoradores, quando precisam de simetria contrastada. Heráclito e Demócrito são os modelos a que deve necessariamente se referir a *quaestia disputata* [questão disputada]: é melhor rir ou chorar diante da agitação, dos erros e das desgraças dos homens?[67] Os humanistas em geral tomaram o partido de Demócrito. Em *Elogio da loucura*, apela-se ao seu exemplo para expressar a superação infinita da reflexão irônica: os homens "dão à loucura tantas formas diferentes, inventam todo dia um tão grande número de novas loucuras, que mil Demócritos mal bastariam para rir de suas extravagâncias; e esses mil Demócritos, se existissem, bem poderiam fornecer eles mesmos do que rir a algum outro novo Demócrito".[68] No poema de dez versos de Hugues Salel que figura no início de *Pantagruel* (edição de 1534), Rabelais e seu livro são definidos pelo paradigma democritiano:

Aconteceu-me ver um Demócrito
Rindo dos fatos de nossa vida humana.

Montaigne também opta por Demócrito (numa página dos *Ensaios* que Pierre Bayle diz saber de cor): "Não porque é mais agradável rir do que chorar, mas porque [o humor de Demócrito] é mais desdenhoso, e que ele nos condena mais que o outro; e parece-me que nunca podemos ser desprezados o suficiente segundo nosso mérito".[69] Mas um século depois, de modo significativo Fénelon, em seus *Dialogues des morts*, dará preferência a Heráclito: as suas lágrimas atestam um amor pelos homens que o Demócrito lendário não possui. Heráclito declara a seu contraditor: "Estou errado em ter pena de meus semelhantes, de meus irmãos, daquilo que é, por assim dizer, uma parte de mim mesmo? Se entrais num hospital de feridos, riríeis de suas feridas? [...]. Mas não amais nada, e o mal alheio vos deleita. Isso é não amar os homens nem a virtude que eles abandonam".[70] Uma moral de identificação compadecida já não pode tomar Demócrito como modelo: o riso dele marca uma distância, uma superioridade solitária, com que a alma terna de Fénelon se amedronta. Alma "sensível", mas pouco cristã, Diderot toma o mesmo partido de Fénelon. Ataca Sêneca e um trecho de *De Ira* (II, 10) que dava preferência a Demócrito: "Ó Sêneca, homem tão bom, estou aborrecido com a preferência que dás ao riso cruel de Demócrito, que ri da desgraça dos humanos, e não ao papel de Heráclito, que chorava pela loucura de seus irmãos".[71] Indício de falta de amor ou de fraternidade, o riso melancólico torna-se suspeito. (Os românticos farão dele uma manifestação de satanismo.)

Dirigindo-se à coletânea das *Cartas* pseudo-hipocráticas,[72] Burton encontrava não só uma definição caracteriológica, mas um relato exemplar, uma encenação fictícia, e sobretudo uma situação oratória que se prestava à amplificação. E Burton não se privou de usá-la.

Conhecemos a história, que inspirou Sebastian Franck,[73] La Fontaine,[74] Wieland (*Die Abderiter*): os abderitas, alarmados com a esquisitice de Demócrito, que se instalou afastado da cidade, confinado na solidão estudiosa, rindo sozinho, o consideram louco. Chamam Hipócrates em seu auxílio. Este, tendo feito uma provisão de heléboro, vai conversar com o suposto doente. Ouve dele palavras veementes, mas da mais alta sabedoria. Não vai lhe ministrar o heléboro; os cidadãos de Abdera é que precisariam desse remédio contra a loucura. A conversa está anotada num texto pseudo-hipocrático, a "Carta a Damageta", que conheceu ampla posteridade literária. Avalia-se a importância exemplar do debate. Duas perguntas, ao menos, encontram-se aí implicadas. A primeira: quem é louco? Será o filósofo solitário, que foi viver fora dos muros da cidade? Pelo julgamento de Hipócrates, o verdadeiro doente é a coletividade, ingenuamente preocupada em curar o grande homem. Segunda pergunta: quem é o juiz competente? Quem é o árbitro qualificado para discriminar saúde e loucura? Não é o povo, seguramente; nem mesmo o médico; mas sim o filósofo, mergulhado como que por acaso em estudos sobre a loucura quando Hipócrates vai encontrá-lo. Nas acusações que lança de volta, o filósofo inclui a atividade prática do médico; esta faz parte dos afazeres fúteis dos homens, esquecidos de que a única felicidade é contemplar a verdade. Esse apólogo, obra de um autor anônimo tardio, coloca Demócrito em situação de contra-atacante: tem o direito de dar livre curso a uma agressividade vingativa, a um riso destruidor. Esse texto, conservado no Renascimento como uma das fontes da doutrina do riso, não pode todavia ser considerado como um modelo do riso popular. Trata-se, ao contrário, de um riso que conforta o sábio, tão frequentemente humilhado, o homem da elite intelectual, diante de todos os outros — povo, ricos e reis, todos misturados: o riso de Demócrito só poupa os animais.

UMA COERÊNCIA EXTREMA

Na "Carta a Damageta" e nos outros textos do "romance" hipocrático, o erro inicial (a imputação da loucura) é corrigido pelo próprio Demócrito: a loucura, a desordem estão em toda parte; era aos abderitas que se devia ministrar o heléboro. Mas, passada a hipótese irrealizável de uma farmacoterapia coletiva, Demócrito se contenta em retificar uma opinião falsa e comprovar que o mundo, para onde quer que se olhe, não passa de torpeza. O mal é considerado irremediável, e o riso demonstra que o único recurso é tomar nota dessa realidade sem no entanto aceitá-la. Daí a ideia de satisfação amarga quando Demócrito verifica que os homens castigam a si mesmos ao correrem para a sua própria destruição. Burton, em compensação, não se atém ao ato acusatório pelo qual Demócrito comprova que é são de espírito. Não lhe basta retificar a imputação de loucura que pesa sobre o filósofo e mostrar, como ele, que o mundo vive virado do avesso. Esse mundo às avessas pede, ele mesmo, para ser corrigido. Aqui tem origem a tentação utópica, como se a energia crítica se transmudasse em vontade reformadora.

O laço entre melancolia e utopia é, quando nada, duplo. A quem confiar a reforma? E que mudanças devem ser feitas?

Por um lado, a desordem, as violências, a usurpação generalizada do poder ou da riqueza, as brigas e os processos que afligem os Estados (sobretudo a Inglaterra) são comparados a um desarranjo melancólico perturbando o "temperamento" do corpo social. A analogia atribui ao macrocosmo político as afecções do microcosmo individual. Importa voltar à saúde, reconstruindo o modelo de uma sociedade saudavelmente constituída.

A utopia não será apenas um projeto destinado a mudar a face do mundo; ela é um empreendimento de autocura. Parece ter como finalidade implícita garantir as bases profundas do eu, desenvolvendo ao mesmo tempo, explicitamente, a fórmula que remediaria o caos do mundo.[75]

Nada é mais revelador que o geometrismo simples e simplificador que em Burton (como em tantos outros) preside ao recorte das províncias, à implantação das cidades e das aldeias, à planificação das metrópoles provinciais do país da utopia: "Cada província terá uma metrópole, que será colocada aproximadamente como um centro numa circunferência". A forma das cidades será "regular, redonda, quadrada ou retangular, com belas ruas largas e retas, casas uniformes, construídas com tijolos e pedra"... Poucas leis, poucos legistas e poucos processos. Uma regra geral: o trabalho assíduo, que deve se estender por toda a superfície do território. Que nem um só acre permaneça infértil: "Onde a natureza se recusar, será suprida pela arte". Burton quer em toda parte terras bem cercadas; nada de pastos comuns, pois "o que é de cada um não é de ninguém". A propriedade individual é, portanto, a preferida. Anti-igualitário, ele mantém "diferentes ordens e graus de nobreza",[76] reprovando as legislações que excluem as honras aos plebeus. Os plebeus que enriqueceram honestamente devem poder ter acesso à nobreza. Pregando para a sua paróquia, Burton deseja que os scholars providos de formação acadêmica sejam preferidos aos *soldiers* para as funções de magistrado. Nos detalhes de suas disposições práticas, pôde-se observar que a monarquia utópica de Burton não diferia radicalmente da Inglaterra de Carlos I.

Porém, o que mais chama a atenção nesse devaneio é o seu aspecto burocrático, autoritário e "dirigista".[77] Burton põe por todo lado "supervisores" — para o cultivo das terras, para a organização do território, para a repartição do arrendamento a meias, para as construções urbanas e as obras públicas, para a concessão de empréstimos. A sociedade que inventa é altamente vigiada.[78] E é nesse domínio que Burton dá livre curso à sua fantasia: na página do livro, é fácil escrever: "Assim, disporei governadores públicos, magistrados apropriados a cada função, tesoureiros, edis, questores, vigilantes de pupilos, da fortuna das viúvas, e de todas as instituições públicas etc.; hei de obrigá-los, uma vez por ano, a prestar contas exatas sobre as suas receitas e despesas, a fim de evitar a confusão, e *que seja feito de modo a que não subtraiam* (como Plínio escreveu a Trajano) *o que teriam vergonha de confessar*. Serão eles mesmos subordinados a esses oficiais superiores e governadores de cidade, os quais não serão pobres comerciantes nem humildes artesãos, mas nobres e pessoas de qualidade"...[79] Os casamentos são alvo de uma atenção particular: não antes de 25 anos para os homens, nem vinte anos para as mulheres; a pobreza não deve ser um obstáculo; é melhor forçar os indivíduos a se casar do que impedi-los disso; supervisores cuidarão para que os direitos das viúvas sobre os bens do falecido não sejam excessivos; sob a ameaça de graves punições, o casamento será proibido aos inválidos e aos que sofram de doenças hereditárias do corpo ou do espírito. O autoritarismo em matéria de eugenia e legislação matrimonial não é um traço isolado. Leis não menos estritas regulam a obrigação geral ao trabalho: "Não suportarei mendigos, nem maltrapilhos, nem vagabundos, nem pessoas ociosas que não podem prestar conta de sua vida nem de suas atividades lucrativas".[80] Os inválidos receberão pensões e víveres; os doentes serão acolhidos em hospitais construídos para esse fim. Mas os outros serão, todos, obrigados a trabalhar; não se abusará de suas forças. Em dias fixos, uma vez por semana, cada um terá direito a um dia de folga, poderá participar de festas, de alegres reuniões, nas quais todos cantarão e dançarão... Quando se sabe que aos olhos de Burton o ócio é uma das grandes fontes da melancolia, é evidente que a obrigação ao trabalho equivale a uma "proibição da melancolia".[81] Os habitantes ativos do país utópico não têm tempo de se tornar melancólicos: quando param de trabalhar, só conhecem, em momentos regulados (*set times*), regozijos.

Burton apenas esboça aqui o tema da *festa* na terra da utopia — tema cuja importância não deixará de crescer, para chegar ao auge (conforme mostrou Baczko)[82] no fim do século XVIII. Mas o olhar dos supervisores permanece aberto, e certos delitos são ferozmente punidos: "Um homem que foi à bancarrota será *catademiatus in Amphitheatro* [desacreditado de público], desonrado em público, e quem não puder pagar suas dívidas, que tenha empobrecido por desperdício ou por negligência, será encarcerado por uma duração de doze meses, e se no intervalo seus credores não forem satisfeitos, será enforcado. Quem cometer sacrilégio perderá as mãos. Quem der falso testemunho ou for convencido a cometer perjúrio, terá a língua cortada, salvo se a resgatar por sua cabeça. O assassinato, o adultério serão punidos com a morte...".[83]

O preço pago para se estabelecer a ordem racional não é pequeno. Ao lado de uma assistência do Estado para os doentes e inválidos, há prisões, forcas, cadafalsos na terra da utopia, para os preguiçosos e parasitas. Todavia, Burton não tem nenhum pendor pelos empreendimentos guerreiros, nem pelas conquistas: só quer exército para fins defensivos. Contra as outras nações, prefere rivalizar na prosperidade comercial, indo buscar além-mar terras novas ou enviando ao estrangeiro observadores diretos, atentos às inovações interessantes no campo da técnica ou do direito. Também aqui, o *olhar* constitui a arma essencial. A sátira do desarranjo geral era obra de uma consciência que se mantinha recuada e julgava o mundo "do alto", renunciando a se intrometer em sua desordem; o projeto utópico, ao contrário, envolve a vontade (ou melhor, *simula* esse envolvimento), através das formas verbais que projetam o sujeito entre as coisas: *I will, I will have...* A constatação escandalizada, apanágio da sátira, cede assim lugar à voz imperativa, diante da qual se abre, se não um futuro esperado, ao menos um possível, que tranquiliza. Mas aí se trata apenas de um ato verbal, em que a imaginação (*fantasy*) tem livre curso, segundo uma das modalidades mais favoráveis do temperamento melancólico: esta (devidamente consignada por Burton, muito a par das teorias neoplatônicas do *furor poeticus*) que liga a invenção e a embriaguez poéticas às propriedades de uma bile negra favoravelmente temperada e suavemente efervescente.

A ordem utópica se define como o contrário de um mundo caído no desarranjo; ela restabelece o domínio da razão sobre os elementos que a loucura geral deixava ao abandono. Mas esse domínio exige, como acabamos de comprovar, a onipresente vigilância de uma *supervisão* confiada a "altos oficiais". A pena capital é reservada a qualquer um que, infringindo a lei do trabalho, faz prevalecer a despesa faustuosa sobre a acumulação laboriosa. A violência, que na desordem do Estado doente se despendia nos conflitos e nos abusos ditados pelo interesse particular, passa inteiramente às mãos da força pública. A utopia burtoniana reduz o total da violência que se desencadeia no mundo doente? Ela parece ter como objetivo eliminar a violência *atual* que vem junto com a desordem, transformando-a, por intermédio da lei, numa violência *potencial*, cujo monopólio é confiado ao Estado. Há deslocamento de energia — mas igualmente conservação dessa energia, na coação institucional e no gládio erguido por uma justiça implacável. Nesse nível, a ordem utópica aparece menos como o contrário objetivo de um mundo entregue à desordem melancólica e mais como seu *avesso* subjetivo. Pois, se vemos muito bem oporem-se as imagens de dois mundos radicalmente *diferentes*, devemos, porém, reconhecer que é o *mesmo* homem amargo que, primeiro, percebe e denuncia o contrassenso das atividades humanas, e em seguida lhes restitui imaginariamente um sentido e uma coerência extremas. A mesma insatisfação, a mesma melancolia estão agindo, primeiro na constatação da desordem, em seguida na imagem fictícia de sua reparação. A vigilância implacável dos "supervisores" do mundo utópico faz intervir, em vista da manutenção da ordem, o mesmo olhar do alto, a mesma visão dominante que Burton reivindicara para esboçar o quadro do mal universal. Ele não omitira nenhum dos exemplos literários da supervisão acusadora ou satírica. Lembrara são Cipriano convidando Donato a se crer "transportado ao cume de uma alta montanha para observar de lá os tumultos e acasos deste mundo flutuante: ele teria de rir ou se apiedar".[84] Ou então Caronte (segundo o *Diálogo dos contempladores*, de Luciano), "transportado para um lugar de onde pode ver o mundo inteiro de uma só vez"...[85] Ainda que este mundo agitado se transforme e se torne um território tranquilo e sobretudo *regulado*, o fato é que o posto de observação permanece ocupado. E o fio do olhar permanece igualmente penetrante. O sadismo que se mesclava à acusação melancólica da desordem, que não poupava nem o próprio observador, continua ativo e persiste surdamente no exercício da autoridade benévola que toma o cuidado de afastar, na sociedade ideal, todas as causas de distúrbio e melancolia. O gozo cruel, presente no riso que estigmatiza a incapacidade dos homens em dominar as suas paixões, encontra-se na seriedade do aparelho estatal, que visa a garantir a perfeita gestão da vida coletiva. Uma energia agressiva se "converte" em pressão construtiva. Mas essa pressão é bem mais o sintoma último do mal melancólico do que a sua cura. Procurando bem, sem dúvida encontraríamos utopias "suaves" e permissivas, que sonham em suspender as proibições. Porém as próprias utopias suaves devem marcar o corte com o mundo anterior. É preciso, em algum lugar, *decidir*.

Na verdade, a utopia burtoniana apresenta-se como um simples sonho, como uma fantasia "poética". Caso se tratasse de um verdadeiro projeto político, ele seria atacado de maneira singular pelo fato de estar inserido, sem prevenir, no prefácio de uma gigantesca monografia sobre a melancolia, em que a teoria política não parece, à primeira vista, destinada a receber um tratamento de favor. Também será dito que essa utopia é apenas a projeção, na dimensão de um Estado imaginário, do projeto pessoal que anima Burton quando escreve o seu livro: ele subdivide o Estado em províncias, assim como subdividirá seu livro em partes, seções, membros, subseções. O controle que os supervisores exercem sobre o Estado corresponde em todos os pontos ao desejo de Burton de organizar sistematicamente, sinopticamente, o imenso material bibliográfico da melancolia, que inclui a existência humana na totalidade de seus aspectos. E é a si mesmo que Burton deseja dominar e reconstruir. A legislação utópica persegue os ociosos, porque Burton tem medo da própria ociosidade, que o entregaria a todos os perigos de Saturno e da atrabílis conjugados. "Não sejam solitários, não sejam ociosos."[86] Essa é a advertência que ecoa no fim do livro; ora, Burton, desde o prefácio, deu-lhe o alcance mais geral, tornando-a regra de qualquer vida comum.

Saturno reina nesse reino bem-ordenado, como reinava nos campos da idade de ouro. Acabo de ler aí uma confidência indireta de Burton sobre o seu desejo de ordem. Leremos também uma revelação preciosa a respeito do avesso negro de qualquer utopia. As imagens felizes, elaboradas pelo "princípio esperança", pressupõem a acusação prévia de um mundo tenebroso. Porém, quanto mais violenta, mais asperamente melancólica for a acusação, maior será o risco de ver essa violência persistir, dissimulada, na imagem feliz oferecida à guisa de compensação. A severidade da acusação transporta-se para a virtude que a instituição deseja garantir... Nesse ponto, será preciso abandonar o conceito de melancolia, que em Burton e seus contemporâneos ainda é uma noção que serve para tudo, designando todas as aberrações do pensamento e do sentimento — a loucura em sua integralidade. Para caracterizar psicologicamente a violência utópica na linguagem de hoje, recorreríamos à ideia de obsessionalidade, e ainda mais naturalmente à de paranoia. Sem dúvida, essas denominações vêm mais facilmente ao nosso pensamento numa época em que despertamos da utopia, e em que sabemos que os mundos que sonhamos perfeitos demais, harmoniosos demais, contêm em si, misturados a seu rigor e racionalidade excessivos, todas as pulsões de morte que desejam superar. O caos melancólico com demasiada frequência se reergueu como organização persecutória.

Para os leitores de antigamente, a utopia de Burton era apenas um achado divertido da *inventio* retórica, construído para fazer eco a Thomas More. Ele tirou partido da liberdade que Horácio confere aos pintores e poetas... O utópico é inocentado pela sua própria melancolia: sabendo bem demais que o seu mundo imaginário é tanto possível como irrealizável, ele faz o luto desse mundo ao mesmo tempo que multiplica as suas perfeições. E podemos retornar a essa leitura, que satisfaz o paradoxo e não imputa a Burton as aberrações cujos efeitos o século XX sofreu.

A utopia de Burton era um ornamento liminar: cobrindo algumas páginas, virava pelo avesso o mundo da loucura. Era um modo de desenvolver plenamente os recursos da máscara democritiana: o filósofo de Abdera não foi legislador antes de se refugiar na solidão estudiosa? Quando, no corpo da obra, o autor expõe as *retificações* terapêuticas aplicáveis a todas as causas, a todos os sintomas, a todas as variedades da melancolia (a que afeta a cabeça, os hipocôndrios, o corpo inteiro; a que se manifesta nas paixões amorosas e no ciúme, a que excita às raias do frenesi as emoções religiosas), não terá apresentado um projeto inovador nem prescrições desagradáveis: terá recapitulado os discursos esparsos dos médicos, dos moralistas, dos teólogos. Terá feito ouvir o concerto das inúmeras vozes do passado que tentaram dominar a melancolia. Cabe ao leitor apreciar livremente os recursos salutares que lhe são propostos em profusão. A todo instante, por mais metódico que pretenda ser o itinerário de Burton, o seu encaminhamento toma, para nosso perverso prazer, uma disposição labiríntica. A melancolia, sempre renascente, sempre combatida, leva a melhor: "Tecemos a mesma tela, e infinitamente trançamos a mesma corda; e se há alguma nova invenção, é apenas uma bugiganga ou um brinquedo que personagens inúteis compõem para leitores inúteis, que não podem inventar da mesma forma".[87]

Jogo infernal

Montaigne comparava os seus *Ensaios* com os "crotescos" que os pintores da época exibiam nos seus afrescos, para encher e cobrir os espaços deixados vazios pelos temas principais. Figuras caprichosas, sinuosas, encantadoras e disformes, nas quais o animal e o vegetal se confundem: os grotescos nos dão a imagem de uma abundância livre e desregulada, de um inesgotável poder de invenção, mas também de uma acumulação que confina com o tédio. O olhar é incapaz de seguir todos os detalhes e de decifrar tudo o que lhe é proposto. A hidra se torna folhagem, a folhagem despedaçada emerge de uma bacia guarnecida de cabeças de leão: sereias sustentam o conjunto... Essa exibição heterogênea dá uma impressão de infantilismo e senilidade. A quimera mitológica liga-se ao prazer do preenchimento.

A anatomia da melancolia, de Robert Burton (1621), manifesta a mesma estética, animada por um ideal de riqueza ilimitada.

Em seu longuíssimo prefácio, um grande tema ecoa: o do teatro. A humanidade inteira é delirante; todos representam uma comédia. Contemplemos esse espetáculo e riamos, como Demócrito, sem nos excluirmos dele. Pois não me considero mais sensato: eu mesmo sou um teatro inteiro. Adotando o papel do espectador, abandonando-me ao amargo prazer do escárnio, sei que não sou menos louco que o resto do mundo; mas esse papel é sensivelmente menos ridículo que os outros. Comporta a sua própria censura.

Comédia, loucura, tudo isso forma um conjunto. E loucura é melancolia. Pois, na pena de Burton, o sentido da palavra "melancolia" dilata-se até incluir qualquer forma de delírio, qualquer aberração, qualquer anomalia. É o denominador comum da mentira e da desordem universais: engloba tudo, primeiro a loucura estudiosa de Burton, a sua preocupação contemplativa, os seus humores sombrios de intelectual sedentário, mas, depois, a agitação das massas, as bobagens, a imprudência, a cupidez dos príncipes e de seus súditos. Tudo se reduz a uma só e mesma doença, de modo que o erudito pode falar indiferentemente dos outros e de si mesmo. Pode dispersar seu interesse ao infinito, pois não sairá de seu teatro. E tudo se refere à mesma comédia.

Reconheçamos que a imagem do *teatro* está no seu devido lugar no preâmbulo de uma obra dedicada à melancolia. Pois um laço muito estreito une a melancolia e o sentimento da "teatralidade" do mundo exterior. Aos olhos do deprimido, é corrente que a paisagem ao redor não tenha consistência nem realidade. O mundo já não tem peso. Está contaminado por algo falso e enganador. As atividades humanas parecem não ter sentido. Os homens cumprem os seus afazeres, mas o seu vaivém, para o melancólico, não passa de gesticulação inquietante e absurda. Ocorre (na síndrome de Capgras) que o deprimido se recuse a admitir a identidade das pessoas do seu círculo: não são mais os seus verdadeiros parentes nem os seus verdadeiros amigos, mas atores, impostores pagos para representarem o papel, perfeitamente caracterizados e semelhantes àqueles. Ele tem a convicção de que os seres reais estão mortos e de que só tem diante de si substitutos.

All the world is a stage. O mundo inteiro é um teatro. Quem disse isso? Foi Jaques, em *As You Like It*. E Jaques é o tipo perfeito do melancólico. Shakespeare lhe deu, beirando a caricatura, todos os traços da doença da moda: é um *malcontent traveller*, que viu países distantes mas agora prefere aos homens os animais dos bosques. Usa roupa preta. Busca na música tanto um alimento como um alívio para o seu humor sombrio.

Sua famosa tirada, admirável, faz desfilar em alguns versos todas as idades, da infância à senilidade: o homem é um ator que passa de um papel a outro sem jamais conseguir parar num só. O que me impressiona, na tirada de Jaques, é a extraordinária síntese que acelera e condensa em poucos segundos as imagens de toda a existência. Tudo se passa, diante de Jaques imóvel, como se a vida dos outros indivíduos se desenrolasse na velocidade de um filme acelerado, só deixando perceber de cada idade uma pose grotesca ou um costume ridículo. Isso nos lembra que, para os fenomenologistas (Erwin Straus, Ludwig Binswanger), a melancolia se manifesta como uma desaceleração do ritmo interno. Inibido, desacelerado, o melancólico vive num *tempo* inferior àquele do mundo que o cerca; a partir daí sente-se incapaz de se comunicar "vitalmente" com o seu meio. E é essa discordância entre o *tempo fúnebre* subjetivo e a vida ordinária que confere a esta o jeito de uma farsa irreal e irrisória. Na melancolia, a sensação de teatro nasce dessa defasagem entre o tempo interior e o tempo exterior. Se para Jaques o mundo parece uma comédia, é porque o espetáculo exterior é animado por um movimento rápido demais, fugidio demais para que ele consiga participar. Jaques fica abandonado, do lado de fora, na situação do espectador; o fluxo corre, e ele, não conseguindo segui-lo, vê-se rejeitado na margem.

Jaques e Burton realizaram esse recuo decisivo. Vivem de acordo com um ritmo diferente, retirados; há neles muita distância e vazio interposto para que se sintam no espetáculo. Em *As You Like It*, Jaques passa ao lado dos outros, nunca os afronta. Não gosta de ninguém. Observemos que ele não tem o menor envolvimento na intriga; pode muito bem ser dispensado. Evitemos seguir George Sand e Théophile Gauthier: seduzidos por esse personagem, eles gostariam de modificar o argumento e reescrevê-lo a fim de que Rosalinda caia enfim nos braços dele. Assim ele teria renegado a melancolia. Mas, tal como é, incapaz de amar, Jaques dispensa a todos, e todos o dispensam. Fica sozinho nessa história de casais que se encontram. É, na peça, um amargo músico a mais. Vagando pelos caminhos da floresta, ficará por lá, cativo para sempre, pois é mais parte do cenário que da ação: a sombra da floresta não é uma impalpável melancolia? Burton, de seu lado, também se confunde com o cenário, isto é, com os in-fólios de sua biblioteca. Por mais cáusticas que sejam as suas descrições, sente-se a perda do contato vital, uma impossibilidade evidente de aderir e de simpatizar: ele olha as sombras passarem.

Há mais que isso. Jaques não só considera o mundo como uma mascarada, como usa, ele mesmo, a sua máscara. As suas maneiras, o seu modo de falar são cheios de afetação; a sua roupa preta tem algo de disfarce: segue o modelo proposto pela moda do momento. Rosalinda, que não tem papas na língua, não se priva de dizer isso a ele. Esse descontente, esse solitário é um conformista do descontentamento e da solidão. Não tem a soberana liberdade do clown. Quer mudar de pele. O que pede? Nem a condição do príncipe nem a do pastor; nem o poder nem a simplicidade. Vai reclamar, justamente, a libré multicolorida do louco. Por mais que já esteja com uma roupa de melancólico, precisa de mais uma fantasia.

O que significa esse gosto pela máscara? E esse curioso desejo de se fantasiar de louco? Às vezes, os melancólicos fazem o esforço de se mascarar; dissimulam de seu círculo a ansiedade e o sentimento de despersonalização, para não "se desmoralizar"; mas não é disso que se trata aqui. Devemos crer, então, que Jaques tem inveja da alegria do louco cuja exuberância representa justo o contrário da melancolia: a "desinibição" maníaca? Talvez essa tentação não lhe seja estranha. Passar ao estado maníaco, vestir o chapéu do louco, é sair da situação do espectador imóvel e pular para dentro do teatro; é tornar-se o centro do espetáculo, o inventor da comédia, aquele que puxa todos os fios, que distribui os papéis a todos os atores, que lhes sopra as suas réplicas. É, sobretudo, tornar-se o senhor de um tempo acelerado, a partir do qual a humanidade corrente parece pesada e estúpida. Enquanto no teatro melancólico o eu espectador está confinado no camarote fúnebre da sua tristeza, a festa maníaca o torna o protagonista absoluto: tudo parte dele, tudo é animado por ele, que se metamorfoseia de mil modos, espalha o riso e o deslumbramento. Mas Jaques só deseja retomar do louco um único privilégio: o de falar com franqueza, a licença de dizer abertamente a verdade que mais fere, o direito de exercer a sátira; convertida em livre impudência, a agressividade melancólica, dirigida primeiro contra o próprio eu, dá uma guinada e se vira contra o mundo. Por isso Jaques sente necessidade de se proteger. Reivindica a imunidade que a Idade Média e o Renascimento conferiam ao bobo da corte:

Por favor, metei-me a roupa colorida
Para que eu possa enfim dizer o que penso.
E vos purgarei a fundo o sujo corpo
Do mundo corrompido, contanto que se deixe nele agir
Pacientemente minha correta medicina.[88]

A roupa colorida tem valor de indício: quem a veste tem o poder de se excluir da hierarquia séria dos níveis sociais; o poder da ubiquidade. O louco não tem um "lugar natural": circula por todo canto.

Portanto, se lhe permitem mascarar-se e fantasiar-se, Jaques promete atacar a corrupção universal e tratá-la sem clemência. Que reviravolta ofensiva! Que desforra! Imaginemos que ponha o seu plano em execução: depois de ter se aninhado no canto mais escuro, pulará em cima do estrado e, num jogo infernal, mostrará que tudo é jogo. Perturbará o espetáculo especulando sobre o artifício, fazendo-se mais ator que os atores. Por essa alegre e feroz negação do que é negação do verídico, ele tornará visível a realidade que se disfarçava por trás de aparências brilhantes. Essa realidade revelada é triste, vergonhosa, fedorenta. Que importa? Ele terá feito obra libertadora, terá purgado o mal e, ao mesmo tempo, terá feito o mundo conhecer a exigência de pureza e virtude que alimenta a sua tristeza solitária: terá transformado a sua amargura em heroísmo e forçado o mundo a saudá-lo como uma alma nobre (é, também, um dos aspectos do tormento principesco de Hamlet). Num primeiro momento, o melancólico perdera o sentimento de densidade e de realidade do mundo; num segundo, a "desrealização depressiva" serve de pretexto a uma crítica radical, em que se exibem uma agressividade e uma energia tiradas de fontes misteriosas. Tudo se passa como se o melancólico só transformasse o mundo em teatro para, em seguida, conferir a si mesmo o prazer vingativo de saqueá-lo... Só que esse projeto permanece em suspenso; Jaques não passa à ação; a sua revolta é hipotética e veleidosa. Ele não abandonará os caminhos embaralhados da floresta. Apenas terá tido o sonho de se mascarar para tornar-se o desmascarador de todas as mentiras e abusos.

Burton nos ensina que a melancolia já é, por si só, uma máscara suficiente para expressar a sua realidade ao mundo. Não há nenhuma necessidade de, ainda por cima, enfarpelar-se com a roupa velha de um clown; nenhuma necessidade de agitar um chapéu de louco, cheio de guizos. No entanto, Burton precisa se esconder atrás de um pseudônimo: *Democritus Minor*. Ele disfarça a sua melancolia pessoal atrás de uma melancolia lendária e superlativa. Quer ser fiel ao arquétipo de uma tristeza exaltada até o riso e decorrente da mais vigorosa contradição: o filósofo de Abdera é acusado de loucura por seus compatriotas, mas nele Hipócrates saúda uma sabedoria soberana. (A história é apócrifa, por isso ainda mais persistente.) Para denunciar os malefícios da aparência, qual homem terá mais títulos que aquele cuja aparência foi tão mal interpretada? Considerado um delirante, vítima exemplar da opinião dos homens, ele tem o direito de inverter a acusação e proclamar que o mundo é louco. Por trás dessa aparência de loucura que os homens lhe imputam, e que é apenas uma máscara, Demócrito pode rir à socapa, pode rir às gargalhadas: ele *despreza* o mundo e a sua pequena sabedoria. Quer de fato ser louco pelos padrões desse mundo. Se chamam o médico para curá-lo, põe-se de acordo com o médico para julgá-los incuravelmente estúpidos... Este é o personagem que Burton quer representar no teatro do mundo; é um guia, um exemplo, um modelo. Não esqueçamos que, desde a primeira frase do texto, temos diante de nós uma figura de empréstimo: "Leitor benévolo, presumo que estarás muito curioso para saber quem é esse bufão mascarado, que se introduz tão insolentemente no teatro do mundo, à vista de todos, usurpando o nome de outro". Quem se dirige a nós fala em tom contrafeito: é que talvez não tenha voz nem tom que lhe sejam próprios. Vê a sua própria vida à distância, como parte do espetáculo universal: *Ipse mihi theatrum* [Diversão suficiente para mim]. A consciência reflexiva é maravilhosamente neutra e distanciada. Para se expressar, ela precisa fabular a própria imagem. "Não ser nada, ou representar o que se é."[89] Ora, a imagem lendária da melancolia cai como uma luva para afirmar a pura negação que é o ato fundamental da consciência. A roupa preta expressa o luto e a separação; o chapéu de aba larga, caído sobre o rosto, interpõe uma pálpebra suplementar entre o olhar e o mundo. O mimetismo perante uma atitude e um tipo humano preexistentes vai de par com a insuficiência interior. O melancólico não tem vigor suficiente para dispensar o auxílio de uma forma estabelecida de antemão. Desde Ficino, pelo menos, generalizou-se a ideia de um vínculo muito estreito unindo a melancolia ao gênio e às mais altas virtudes contemplativas. Praticamente não existe grande personagem no fim do século XVI que não reivindique de forma deliberada esse temperamento como um privilégio, e que não o assinale por algum traço da caracterização ou da roupa. (Mais tarde, os bonitões tenebrosos e os dândis, homens do mais alto gosto e de todos os desgostos, os substituirão.) Indício de superioridade intelectual, a libré preta do melancólico torna-se o apanágio de quem "diz a verdade" e do desmascarador mascarado. Mefistófeles, o antagonista por excelência, pode retomar, na loja dos acessórios, o gibão de Jaques e de Hamlet. Mas, excetuando-se poucos detalhes, e como resultado de um encontro singular, esse é o traje do *clergyman*. De Burton, *fellow of Christ Church*, a Laurence Sterne e seu reverendo Yorick, a filiação é direta.

O melancólico herda a grande permissão que a sociedade medieval dera ao louco. A ordem estabelecida tolera a sátira, contanto que venha de um homem marcado, excluído, e que ostente visivelmente o sinal de sua exclusão. Sob a aparência da melancolia-doença, ou da melancolia-temperamento (a fronteira entre ambas costuma ser indiferenciada), o satírico pode fustigar impunemente os príncipes e os grandes deste mundo. A sua situação marginal, a sua esquisitice convencional lhe dão todos os direitos: ele é excêntrico demais em relação ao universo "normal", absorto demais no centro da sua tristeza, para que não lhe concedam a mais completa imunidade. Daí a tentação, para os descontentes, para os azedos, de assumir a pose do melancólico e merecer, de tanta dedicação, os verdadeiros sacramentos da bile negra.

Mas tudo isso continua a ser comédia. A impunidade é apenas o avesso da ineficácia. Uma revolta tolerada, e que se manifesta nas formas previstas pela própria ordem, não é uma revolta, é um exutório. A crítica não terá sido de todo inútil, mas quem a profere é relegado ao nível de *humorista*. Não vão inquietá-lo; e até o convidarão para a festa galante, se ele souber manter o comedimento. O seu humor, ainda que negro, remete-nos muito mais à personalidade singular do autor do que a uma missão a ser realizada no mundo. Burton, em seu prefácio, expõe a utopia e uma sociedade justa. Será que algum dia sonhou em reformar ou revolucionar o mundo? Talvez só goste do prazer inofensivo de exibir o seu ressentimento: está em conluio com os que não o levam a sério. A sua revolta não é um ato transitivo: é um movimento narcisista, que olha, condescendente, para si mesmo. O melancólico tranca-se em seu personagem: é um homem de humor detestável.

Assim, um certo *estilo*, que é obra de cultura, retoma, explora, organiza o *não* confuso proferido pela doença melancólica. Uma virtualidade inscrita no tormento depressivo torna-se uma retórica consciente. Qual é a parte do distúrbio "humoral"? Qual é a parte da especulação literária? O mais das vezes não é possível distinguir. O que é certo é que o protesto se esgota ali mesmo. Basta que se possa aventar a suspeita da doença para que se retire qualquer alcance da crítica ou da reivindicação. Daí a função ambígua dos heróis melancólicos na literatura da época absolutista e do romantismo. Por intermédio deles, o escritor pode expressar a sua revolta e o seu ressentimento: atacar impunemente os defeitos da sociedade e de seus mestres. O que se pode recriminar nele? Ele faz a pintura de um personagem. Não ataca as instituições, descreve um misantropo. E se por instantes fez-se cúmplice do atrabiliário para denunciar a marcha do mundo, logo se torna cúmplice do mundo para cobrir de ridículo o censor acrimonioso. Um Alceste que acredita falar livremente e que é tão profundamente escravo de seu temperamento, eis algo que nos dá motivos para rir. Sacrificando assim o porta-voz de sua revolta, o dramaturgo fica em bons termos com mundo: disse não à ordem injusta dos homens, para anular de imediato a sua recusa ao riso; inventou um personagem destruidor, depois fez esse personagem destruir a si mesmo. A sua própria revolta (como a dúvida de Montaigne) explode. Entre o *não* irrisório e o *sim* desiludido, a melancolia instala o seu reino.

Lúcida e sem poderes, a melancolia sabe perceber admiravelmente a desgraça e a loucura do mundo, mas não sabe superar a própria desgraça, que consiste em não conseguir passar do conhecimento aos atos. O teatro do mundo tornou-se para ela o anfiteatro da anatomia: ela sabe dissecar a inervação do sofrimento em suas fibras mais finas. E nesse cadáver que lhe entrega todos os segredos é a sua própria morte que ela explora por antecipação.

Ao fim destas páginas, a minha impressão é ter falado de um fenômeno do passado e de suas encenações espetaculares. A impressão, portanto, de me ter confinado demasiado tempo no exame de uma figura masculina de outrora, que fazia o seu jogo afastado dos papéis nobres, como vítima às vezes, como contraditor quase sempre. O que dele podemos reencontrar no mundo de hoje? Muita coisa, penso — com a condição de despejar no vasto dossiê do *ressentimento* uma profusão de observações que dediquei a figuras anteriores. Nele só estariam ausentes os poderes maléficos atribuídos à bile negra.

As ciências psicológicas no Renascimento

A palavra "psicologia" surge no século XVI. É assinalada no título de um tratado latino, não encontrado, de Marko Marulic (1450-1542): *Psichiologia de ratione animae*. Um exame atento das obras de Melanchthon não permite confirmar a sua participação, muitas vezes alegada, na intervenção e difusão do termo. Este é utilizado por Johannes Thomas Freige (Freigius) no *Catalogus locorum communium*, que figura no início de seu *Ciceronianus* (Basileia, 1575). Aparece no título do livro de Rudolf Goeckel (1547-1628, Goclenio): *Psychologia, hoc est de hominis perfectione, animo et imprimis ortu eius, commentationes ac disputationes* (Marburgo, 1590); o mesmo autor publica, em 1596, um *De praecipuis materiis psychologicis*; depois, em 1597, uma obra intitulada *Authores varii de psychologia*. Otto Casmann (1562-1607), discípulo de Goclenio, retoma o termo num livro que tem como título: *Psychologia anthropologica, sive animae humanae doctrina* (Hannover, 1594). O termo corresponde à criação de um novo conceito? Tivesse sido este o caso, Goclenio o teria feito figurar em seu *Lexicon Philosophicum* (1613): ora, ele está ausente dessa obra.[90] Não é o nome de uma nova disciplina, nem o indício de um recorte original entre os objetos de interesse. Estamos lidando aqui com um neologismo erudito, talvez induzido pelo emprego frequente da palavra "Physiologia" nos tratados médicos. Assim como *Physiologia* equivale ao latim *De natura*, *Psychologia* equivale a *De anima*.[91] Portanto, a *Psychologia* de Goclenio expõe o debate sobre a imortalidade da alma e confronta as teses opostas sobre a introdução da alma no corpo. O livro é uma coletânea de dissertações tiradas de uma quinzena de autores. "Entre os que afirmam que ela é criada diretamente por Deus, e os que afirmam que é transmitida dos pais aos filhos, Goclenio, que escreve apenas algumas linhas por conta própria, guarda uma dúvida prudente: 'É melhor, diz ele, procurar saber como a alma sairá do corpo sem mácula do que como penetrou nele'."[92] Quanto a Casmann, ele é um teólogo traído pelas grandes sistematizações, e que completa sua psicologia com uma obra dedicada à descrição do corpo (*Anthropologiae pars secunda, i.e. de fabrica humani corporis methodice descripta*, Hannover, 1596), uma *Angelographia* (Frankfurt, 1597) e depois uma *Somatologia physica generalis*.

Os historiadores modernos da psicologia assinalam habitualmente o emprego do termo nos títulos de Goclenio e de Casmann, filósofos de Marburgo, mas se apressam em abandoná-los: "Essa escola se limitara tão estritamente a seus interesses teológicos que suas doutrinas não apelam à discussão", escreve George Sidney Brett.[93]

De fato, se interrogarmos o período final do Renascimento reportando-nos ao conceito moderno de psicologia, não encontraremos nenhuma "ciência" distinta que lhe corresponda. No entanto, a matéria psicológica é ampla. Precisaremos extrair dos compêndios do saber, dos filósofos, dos teólogos e dos médicos as páginas que nos interessam. A psicologia não ocupa um campo específico e não constitui uma disciplina isolável. É parte integrante de vários edifícios sistemáticos, em que as mesmas proposições se repetem, mas em outros lugares. Em suma, só podemos construir uma "psicologia do Renascimento" por abstração, escolhendo a posteriori os capítulos que correspondem aos interesses de nossa psicologia e de nossa psiquiatria.

Scipion Du Pleix (1569-1661) explica muito bem, em seu *Corps complet de philosophie* (1607), que o estudo da alma pertence à física, na medida em que a alma é considerada em seus efeitos corporais, mas que esse estudo tem a ver com a metafísica, na medida em que a essência da alma é pensada independentemente dos laços com o corpo. A teologia e mais em especial a pneumatologia terão como missão estabelecer as verdades que tocam a origem e os fins da alma, assim como o seu nível nas hierarquias espirituais (a angelografia e a demonologia devendo completar o quadro das criaturas). O estudo das paixões, dos vícios e virtudes é do âmbito da ética e da teologia moral: a casuística, atenta à distinção entre pecado voluntário e falta involuntária, contribuirá para desenvolver um certo requinte "psicológico". Por fim, no cruzamento da metafísica, da física e da lógica, surge a questão dos poderes intelectuais do homem, das vias de acesso ao conhecimento de seus limites etc: a "psicologia" se desenvolve naquilo que para nós é uma "epistemologia".

A *Physiologia*[94] (1542), primeira parte do *Universa Medicina* de Jean Fernel (1497-1558), constantemente reeditada até 1680, mostra muito claramente como o saber apela para a noção de alma no campo da "física". A sistematização aristotélico-galênica de que Fernel, apesar de certas críticas de detalhe, traz uma excelente ilustração, vai se perpetuar, praticamente imutável, até a crítica cartesiana às "faculdades ocultas". No intervalo, todas as fisiologias se assemelham. Com quase cem anos de distância, Daniel Sennert[95] (1572-1637) se expressa tal como Fernel a respeito das faculdades da alma. E, sobre esse ponto, os vulgarizadores — tal como Pierre de la Primaudaye em sua *Académie françoise* (1577-96) — dizem tanto quanto os médicos.

A psicologia é exposta:[96]

1. Na nomenclatura hierarquizada das funções e das faculdades da alma, segundo a tripartição tradicional.

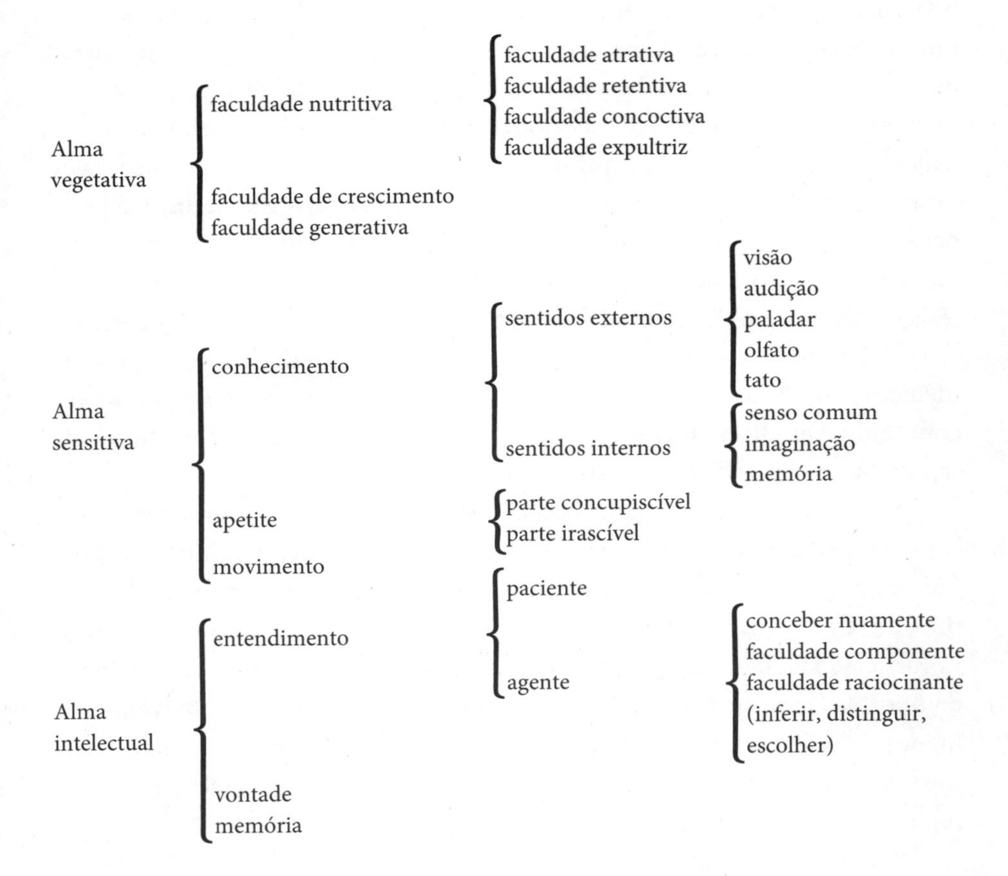

Os autores não deixam de observar, como Du Pleix, que "o que é alma para os animais não passa de faculdade da alma intelectual para o homem".

Mas a psicologia é exposta de novo:

2. No enunciado das condições materiais necessárias ao exercício das funções da alma.

É preciso que, a partir dos alimentos e do ar respirado, se formem o espírito natural (no fígado), o espírito vital (no coração), o espírito animal (no cérebro). É preciso que os quatro humores (sangue, fleugma, bile amarela, bile negra) sejam temperados de um modo feliz. As diversas discrasias modificarão o calor dos órgãos ou a qualidade, a quantidade e a densidade dos espíritos que, entre a alma e o corpo, têm um papel instrumental. Na estrita ortodoxia, a alma imaterial e imortal só pode ser ameaçada pela intempérie humoral nas suas manifestações corporais, e não na sua própria existência. Mas é desnecessário dizer que o discurso fisiológico, baseado em causas naturais, tende a se outorgar o mais amplo poder explicativo e a evitar, sob as aparências do respeito pelas verdades reveladas, o recurso ao "princípio imaterial". A tradição aristotélico-galênica, de que a ciência médica é depositária, *pode* se enunciar sem recorrer a Deus nem ao conceito de alma imaterial: a vida psicológica do indivíduo — sentimento, pensamento, vontade — será um efeito das forças da Natureza. Já que a matéria mais ou menos "subtilizada" é causa necessária do movimento, da percepção etc. por que não seria também a causa suficiente? Mesmo que nem todos os médicos pensem assim, eles sempre serão suspeitos de ter esse pensamento preconcebido. Donde, na literatura da época, tantos personagens de médicos que representam papéis de ateus mais ou menos camuflados.[97]

Se a tradição galênica autoriza construir a psicologia (a teoria das sensações, da imaginação, das paixões) sobre uma base somática e humoral, se atribui aos temperamentos do corpo um valor determinante quanto aos "costumes da alma", lembremos que não desconhece de nenhuma maneira a influência exercida pelas paixões sobre o corpo. Todos os tratados médicos comportam uma seção dedicada à higiene, e aí encontramos infalivelmente menção ao efeito exercido sobre a saúde do corpo pelas "seis coisas não naturais". São estas: o ar, a comida e as bebidas, a vigília e o sono, o movimento e o repouso, a repleção e a evacuação, as paixões da alma.

Que intervenha um desarranjo numa ou noutra dessas seis categorias, e o corpo e os humores sofrerão. Toda pesquisa etiológica deve se reportar a isso: e, como as paixões da alma figuram na lista, a possibilidade de uma etiologia "psicossomática" é plenamente considerada. Em inúmeros tratados, as seis paixões da alma são especificadas: *metus*, *mestitia*, *ira*, *gaudium* (cuja influência pode ser favorável), *agonia*, *verecundia* [medo, tristeza, raiva, alegria, ansiedade, vergonha].[98] Essa gama passional também oferecerá recursos terapêuticos: na medida em que o medo (*metus*) esfria, será utilizado com proveito nas "intempéries quentes"; na medida em que a cólera aquece, o médico poderá provocá-la nos pacientes em estado de torpor.[99] As paixões entram em consideração no tratamento dos contrários pelos contrários.

Esse é o quadro geral em que se inscreve a teoria psicológica da época: quadro suficientemente sólido para permanecer incontestado em toda parte, suficientemente acolhedor para admitir as variantes, os retoques locais, os aportes empíricos,[100] as investigações monográficas. Monótona e limitada nas exposições doutrinais, essa psicologia comporta numerosos graus de liberdades em suas aplicações práticas. Assim, Felix Platter (1536-1614) distribui os tomos de sua *Praxis Medica* (Basileia, 1602-8) segundo um princípio sintomatológico: 1) lesão das funções; 2) dores; 3) vícios do corpo e das excreções. O tomo dedicado às lesões das funções contém 150 páginas dedicadas às doenças mentais: é o quadro mais importante já feito antes da expansão da especialidade psiquiátrica do século XIX. Demonstra uma atenção aguda às desordens do comportamento. Diz-se que trazia a marca do espírito barroco, pois abre um vastíssimo lugar para a descrição de fenômenos excessivos: torpores prolongados, embriaguezes patológicas, furores delirantes; a descrição platteriana da ninfomania, "furor uterino", será muitas vezes citada pelos autores dos séculos seguintes. O sistema preestabelecido acolhe aqui as observações individuais e abre-se à classificação descritiva dos sintomas.

Menos discursiva, a literatura dos *Consilia*, das *Observationes*, das *Letterae Medicinales* conhece uma vasta expansão.[101] Certos casos descritos relatam distúrbios psíquicos extraordinários: são por vezes verdadeiras novelas médicas, mais desenvolvidas que as observações relatadas pelas *Epidemias* hipocráticas. Via de regra, uma causa natural fornece a chave satisfatória para o caso. E essas histórias serão transferidas para os tratados sistemáticos, à guisa de exemplos ilustrativos: serão citados escrupulosamente até o início do século XIX, confiando-se na tradição.

Outros autores, menos dóceis quanto ao ensino canônico, contestam certas hipóteses etiológicas em geral aceitas. Mas apenas operam um deslocamento de tom dentro do sistema das causas previstas pela doutrina aristotélico-galênica. Assim, Charles Lepois (Piso, 1563-1636) atribui a um fluxo importante (*colluvies serosa* [imundície serosa]), sobrevindo no nível das raízes cerebrais, os fenômenos da histeria e da epilepsia que eram imputados a simpatias orgânicas, a vapores subindo do baixo-ventre, à sufocação do útero. Com extrema frequência Lepois apenas reencontra Galeno e Hipócrates,[102] afastando as hipóteses acrescentadas por Fernel.

Mais ou menos intangível em seus pressupostos teleológicos, em sua física dos elementos e das qualidades, o sistema aristotélico-galênico propõe *ques-*

tões diversas em que passa, no seu desenvolvimento explicativo, de uma categoria de objetos a outra, ali onde estabelece indícios e correlações de um campo a outro. A atenção se fixa nos problemas que surgem nos pontos de transição: da ordem dos humores à das emoções, da ordem das sensações à dos pensamentos; da ordem da imaginação à dos estigmas corporais ou das doenças. Essas questões serão matéria para disputas, teses,[103] monografias mais ou menos desenvolvidas. A intenção desses numerosos textos não é modificar o saber, fazê-lo avançar recorrendo a novos princípios explicativos, mas acumular provas convincentes, aumentar e consolidar a demonstração dos encadeamentos ou a tábua dos indícios. Citemos alguns dos temas mais frequentemente tratados: a força da imaginação, o efeito da música sobre a alma e o corpo (notadamente no tarantulismo), a extensão dos poderes da fascinação, a fisiognomonia dos temperamentos e das paixões, a interpretação dos sonhos como reveladores das doenças do corpo, e sobretudo o papel dos humores, de sua crase, de suas alterações na determinação dos traços caracteriais, das qualidades e defeitos do espírito. Nesse campo, a herança de Ficino é particularmente sensível: entre os humores, a melancolia é objeto de uma atenção privilegiada. Os estados extremos do comportamento, estupor temeroso ou delírio maníaco, são atribuídos às variações calóricas ou qualitativas da bile negra. Mas uma compleição moderadamente melancólica, embora favorecendo a tristeza, vai de par com as mais altas qualidades intelectuais: a prudência política, a inspiração contemplativa, a sagacidade científica. Por mais ambíguos que sejam os dons de Saturno,[104] é de bom-tom ter esse planeta em seu horóscopo, usar preto, frequentar os lugares afastados, buscar a cura sob outros céus e deles voltar desiludido. O tipo do *malcontent traveller* melancólico foi descrito como um dos representantes da "doença elisabetana".[105] A compleição melancólica é alegada para explicar a loucura de Tasso, o retiro de Carlos V, as deficiências de Filipe II. Ronsard declara-se melancólico. Montaigne diz ter empreendido os *Ensaios* "por um humor melancólico". Jaques (em *As You Like It*), Hamlet, Dom Quixote são melancólicos... Os tratados médicos mais famosos são os de Timothy Bright (*c.* 1551-1615) (Londres, 1568), de André du Laurens (*c.* 1550-1606) (Paris, 1597), de Jacques Ferrand (*De La Maladie d'amour, ou mélancolie érotique*. Paris, 1623). Essas obras trazem uma infinidade de citações tiradas dos antigos: os casos relatados, as curas mencionadas, são, na maioria, de origem livresca. Apesar de seu imenso aparato ornamental de citações, o livro de Burton não é um simples inventário saborosamente enunciado: traz a marca de uma personalidade, toma partido nas questões de atualidade. A novidade da obra não reside na própria teoria psicológica, mas no fato de que um quadro tão vasto do mundo humano se organiza e se desenvolve a partir da psicofisiologia dos temperamentos e dos humores: a visão do mundo e do homem tende a se "psicologizar". A "compleição" do homem é o termo de referência permanente, embora as entidades espirituais — Deus, o diabo, a alma humana — não sejam esquecidas. A "compleição" é princípio de individualização, no momento em que o individualismo está em expansão.

Sem dúvida, outros teólogos poderão desenvolver visões "psicológicas" numa perspectiva menos médica e sem remontar aos temperamentos do corpo. Quando a moral faz o inventário das virtudes e dos vícios, descreve comportamentos específicos, e os autores se veem levados a traçar "caracteres" parcialmente inspirados nos modelos literários da Antiguidade. Essas descrições, que têm um aspecto sintético, propõem tipos estáveis mas os matizam ao multiplicá-los. Assim faz Joseph Hall (1574-1656), bispo de Exeter, em *Characters of Virtues and Vices* (1608), ou Nicolas Coëffeteau, em seu *Tableau des passions humaines* (1620): livros de sucesso, nos quais romancistas e dramaturgos foram muitas vezes buscar os seus personagens.

ENTRE TEÓLOGOS E MÉDICOS

Entre teólogos e médicos, a bile negra marca uma fronteira litigiosa no debate que os opõe a respeito da bruxaria e da possessão demoníaca. Sobre o princípio, não há desacordo. Não se encontra nenhum texto médico que ouse contestar a possibilidade da possessão e do malefício. Por outro lado, nenhum texto de jurista ou de teólogo se nega a levar em conta a doença natural e as condições patológicas curáveis unicamente pelos meios naturais. A dificuldade surge quando se trata dos critérios a aplicar e da interpretação a dar aos casos duvidosos. Deve-se ver um início da obra do diabo no ponto em que se esgotam os recursos da farmacopeia? Devem-se empreender exorcismos em todos os casos em que o médico perde o seu latim? É o que pensam os teólogos. Os médicos, em compensação, declaram que convulsões, êxtases e acessos de epilepsia se explicam pelos vapores atrabiliários que sobem dos hipocôndrios e do baixo-ventre, ou pelos ataques da substância cerebral: evocam, um após outro, a força da imaginação e os danos da "melancolia adusta". Mas os médicos concordam com os teólogos ao declararem que a melancolia é o meio propício à penetração do espírito maligno; *melancholia balneum Diaboli*; o melancólico é uma presa fácil para o diabo, e aos efeitos específicos da discrasia pode se somar um mal sobrenatural. A grande questão será saber se o paciente foi destinado a isso por um feitiço hostil (e, nesse caso, convém punir o feiticeiro maléfico) ou se entregou-se a isso por vontade própria, cedendo ao seu temperamento (e nesse caso carrega a culpa). Em geral, a vítima do feitiço vai se safar com orações e exorcismos: o feiticeiro, em compensação, é passível de fogueira. Aqui, o que está em jogo é importante. A intervenção de Johann Weyer (Wierus) (1515-88), médico do duque de Clèves, é considerada uma primeira "revolução psiquiátrica":[106] a sua obra capital tendia, na verdade, a salvar da fogueira as pobres mulheres acusadas de terem feito um pacto com o diabo. Ao examinarmos o *De prestigiis daemonum et incantationibus ac veneficiis libri sex* (Basileia, 1563),[107] percebemos que a argumentação desse médico baseia-se tanto em considerações teológicas quanto em provas médicas. No primeiro livro, Weyer desenvolve uma diabologia completa e lembra com vigor as teses augustinianas: "O diabo não pode todas as coisas, e não pode nada sem a permissão de Deus" (I, XXIV); "não deveria ter companhia carnal com uma mulher, nem engendrar" (ibid.); não pode "criar o menor corpo ou fazer alguma coisa do nada", não pode prever o futuro (I, XXVI). Ainda assim, esse diabo de poderes cerceados existe; acontece-lhe esgueirar-se no corpo dos indivíduos. Como ele age? "Só a alma e a vontade são corrompidas pelo maligno espírito." Ele não confere nenhum poder novo, não preside às metamorfoses animais dos licantropos. Sua ação é puramente "psicológica". É um ilusionista. Impõe à vítima prestígios insubstanciais, deslumbrando-a. É em sonho, num estado de ilusão completa, que a bruxa acredita assistir ao sabá, unir-se carnalmente ao diabo, abjurar Deus. Esses acontecimentos só ocorrem numa fantasia perturbada. A teoria psicológica assume, aqui, o papel de substituta: Weyer toma emprestadas de Jâmblico, Ficino e Aristóteles as provas da força da imaginação. Quem não sabe que a imaginação dos melancólicos é particularmente depravada (livro III, VII)? Quem não conhece a "fácil crença e fragilidade do sexo feminino" (III, VI)? Weyer alega diversos tipos de fenômenos alucinatórios, sem se esquecer de mencionar — de fonte fidedigna — o efeito dos tóxicos: os que absorveram o *heiran luc* (haxixe) acreditam viajar pelos ares (livro III, XVIII). Assim, ali onde a possessão não é simulada (hipótese que Weyer considera seriamente), ali onde as confissões das bruxas não são efeito da tortura, a bruxaria não é uma ação e sim uma paixão. Pouco importa que o diabo tenha efetivamente a sua participação: só as ações delituosas são passíveis de ser punidas. Não se deveria castigar as vítimas da ilusão. A conclusão jurídica do livro de Weyer é perfeitamente clara, e compreende-se a cólera daquelas que — como Jean Bodin — denunciavam a bruxaria como uma ameaça à ordem pública. (É difícil afirmar que o livro de Weyer tenha como resultado moderar a repressão.) A tese de Weyer é retomada na Inglaterra por Reginald Scot, em *The Discoverie of Witchcraft* (1584). Em contrapartida, os quimiatras discípulos de Paracelso, enquanto buscam captar intuitivamente os segredos da natureza, mostram-se às vezes mais crédulos diante da bruxaria e mais propensos a dar uma interpretação sobrenatural para as doenças mentais.[108]

O pensamento galênico — com a sua simetria dos elementos, qualidades (quente, seco, frio, úmido), humores, temperamentos e intempéries — propõe ser um instrumento explicativo coerente, do que decorre uma prática logicamente deduzida. Nada impede ligar muito estreitamente, por correspondências específicas plausíveis, as diversas faculdades da alma e os diversos temperamentos. Estabelece-se assim não uma nova psicologia, mas uma psicologia cuja base substancial suposta assume um aspecto mais nitidamente determinado. Em *Ejamen de los ingenios para las ciencias* (Baeza, 1575), o médico Juan Huarte de San Juan (1529-88) faz da seca a condição do bom funcionamento do entendimento, afirma que o calor favorece a imaginação, e a umidade, a memória: só escapa da acusação de materialismo ao declarar querer definir melhor os instrumentos necessários à manifestação da alma. São sempre as mesmas faculdades (entendimento, imaginação, memória), são sempre os mesmos temperamentos humorais e as mesmas qualidades físicas, mas a correlação entre elas, termo a termo, é postulada de modo mais categórico.[109] Afirmação cabalmente verbal, e que nenhuma verdadeira experiência sustenta. Huarte acredita, porém, deter uma ciência bastante precisa para daí derivar um programa prático ambicioso: reconhecer as qualidades dominantes de um espírito segundo a compleição corporal, orientar cada indivíduo para o gênero de atividade (de estudos universitários) que mais lhe convém; mais do que isso, regular a dieta e o estilo de vida dos pais para que procriem filhos notavelmente dotados. Traduzido em todas as línguas europeias (Lessing dará a versão alemã), esse livro não deve o seu êxito à exposição de uma psicologia diferente, mas à afirmação de um direito de supervisão da "ciência", para o bem do Estado, nos campos que só muito mais tarde tomarão sua denominação moderna: psicodiagnóstico, orientação profissional, eugenismo.

Também se deve destacar a influência neoestoica na psicologia da época: ela é discernível na atenção dada ao ideal da constância, à relação entre o domínio voluntário e o crédito atribuído às forças externas (às doenças da alma, que são as paixões); encontramos essa influência no interesse manifestado às *simpatias* que garantem a harmonia do cosmo: a ideia de um mundo habitado por uma "alma" estende o domínio da psicologia às dimensões do universo. O panteísmo se expressa num panpsiquismo. Não surpreende que se atribua à matéria a faculdade de perceber obscuramente, ou que o ímã passe por manifestar uma espécie de vontade materializada, pouco diferente da que exercem pela visão as pessoas dotadas do poder de fascinação...

Por toda essa época, o que impressiona é menos a revisão ou o remanejamento do saber psicológico herdado dos antigos e mais a extensão do seu campo de aplicação. Esse saber não fica confinado no meio dos doutos; penetra por todo lado, colore todas as obras literárias, torna-se corrente em todos os manuais de conversação, impõe as suas categorias (por exemplo, a teoria dos temperamentos) à música, à pintura, ao balé.

Esperaríamos encontrar inovações em Francis Bacon. Na verdade, ele apenas propõe retoques e acréscimos à soma de certezas referentes às relações entre alma e corpo. No quadro que faz das ciências faltantes (*desiderata*), figuram uma fisiognomonia do corpo em movimento, um "conhecimento da alma sensível" (isto é, do fluido corporal necessário à vida animal),[110] um estudo dos "esforços do espírito [entenda-se: espíritos animais] no movimento voluntário", pesquisas sobre a luz e sobre a visão.

No campo da ética, Bacon gostaria de ver se precisarem as *Georgica animi*, ciência dos caracteres, das paixões e dos remédios morais. Longe de propor um remanejamento da psicologia tradicional, aceita-a inteiramente para construir sobre ela o edifício das artes e ciências. Toda a *Instauratio Magna* é fundada sobre a Razão, a Imaginação, a Memória: D'Alembert e Diderot retomarão mais uma vez, como se sabe, essa *partitio*. Mas basear assim a totalidade do saber nas faculdades humanas tais como acreditamos conhecê-las incita, mais cedo ou mais tarde, a indagar o que vale uma base dessas. A função epistemológica capital atribuída às "faculdades da alma" suscitará posteriormente críticas e questionamentos. Mas será preciso esperar o século XIX para que a psicologia, deixando de ser uma nomenclatura hierarquizada das faculdades, se separe (definitivamente?) da filosofia.

O retrato do dr. Gachet por Van Gogh

UM DIAGNÓSTICO CONTESTADO

Não vou me arriscar a fazer um diagnóstico sobre as crises que Vincent van Gogh temia. Karl Jaspers acreditara poder falar de esquizofrenia. São poucos os que hoje ficam com esse diagnóstico: nenhum indício, nem na pintura nem na vasta correspondência de Van Gogh, depõe em seu favor. Mais recentemente, e mais provavelmente, evocou-se a epilepsia psicomotora; certos sintomas deram a pensar em acessos de vertigem de origem labiríntica. As cóleras, as crises de angústia fazem parte do "quadro clínico", agravado, sem contestação, pelo abuso de absinto. Não faltaram momentos de disforia e depressão. Mas quem ousaria aprisionar Vincent na tipologia clássica da melancolia?

No entanto, quando ele deixa Saint-Rémy-de-Provence, onde foi hospitalizado a seu pedido, e se instala num modestíssimo albergue de Auvers-sur-Oise, Van Gogh ouve falar em melancolia. O dr. Paul-Ferdinand Gachet, a quem se confiou, parece convencido de que esse é o mal de que ele sofreu, e de que uma recaída poderia ocorrer. Semelhante diagnóstico não deve nos impressionar. Isso mais seria o indício da validade que o conceito de melancolia conservara no discurso médico, do qual fazia parte há séculos. A seu irmão Théo, Vincent escreve pelo fim de maio de 1890:

> Ele me disse que se a melancolia, ou outra coisa, se tornasse forte demais, ainda poderia fazer alguma coisa para diminuir sua intensidade, e que não era preciso se constranger em ser franco com ele. Pois bem, esse momento em que precisarei dele pode, sem dúvida, chegar, no entanto até hoje vai tudo bem.

Algumas semanas depois, no dia 29 de julho, Van Gogh daria um tiro na região do coração e morreria horas depois.

Singular dr. Gachet! Seguramente não merece os insultos que Antonin Artaud lhe dirige, num livro semeado de fulgurantes intuições: "O dr. Gachet foi esse grotesco cérbero, esse sanioso e purulento cérbero, casaco azul e camisa lustrosa, posto diante do pobre Van Gogh para lhe retirar todas as suas saudáveis ideias".[111] Pois Gachet, que clinicava em Paris, tinha em Auvers apenas a sua casa pessoal. Não hospedava doentes, não os vigiava. Ele mesmo pintor e gravador, fora se juntar aos seus amigos pintores ou os encorajara a irem se instalar em Auvers ou nos vilarejos dos arredores. Pissarro escolhera viver em Pontoise. Cézanne, com mulher e filho, fora passar vários meses numa casa em Auvers. Provavelmente Gachet não economizava conselhos médicos; em troca, adquiria ou recebia telas fantásticas.

A IDENTIFICAÇÃO COM O MÉDICO

A personalidade de Gachet foi muitas vezes evocada. O meu propósito aqui não é lembrar a imensa variedade de seus interesses e atividades: a impressão que dão dele a maioria dos testemunhos que podemos crer fidedignos é a de uma criatura hiperativa, talvez até algo hipomaníaca, bastante pouco ortodoxa tanto nas suas ideias médicas quanto nas suas ideias sociais. Conheceu momentos de lassidão e decepção. Quando Van Gogh o conheceu, fazia alguns anos que Gachet era viúvo. Esse luto o fizera sofrer. Van Gogh pensou perceber nele um profundo desencorajamento, o que para o pintor foi um motivo de identificação. Nenhum leitor da correspondência de Van Gogh pode se enganar a esse respeito. Ele está "igualmente desanimado" — escreve a respeito do médico — "em sua profissão de médico rural, como eu com minha pintura." Ou ainda: ele está atacado por um "mal nervoso", "pelo menos tão gravemente quanto eu". Van Gogh o via com "o rosto enrijecido pela tristeza". Esse rosto, por um singular encontro, era coroado por uma abundante cabeleira ruiva. Gachet quis ter o seu retrato (e o da filha) feito por Van Gogh. Este aceitou de bom grado, mais ainda na medida em que via em Gachet o seu próprio duplo. Lembremos também estas linhas de sua correspondência:

> Encontrei no dr. Gachet um amigo completo e algo como um novo irmão, de tal modo nos parecemos fisicamente, e moralmente também. Ele também é muito nervoso e muito esquisito. O que mais me apaixona nele [...] é o retrato, o retrato moderno [...]. Eu *gostaria* de fazer retratos que um século mais tarde parecessem, para as pessoas de então, como aparições. Portanto, não procuro fazer isso pela semelhança fotográfica, mas por nossas expressões apaixonadas, empregando como meio de expressão e de exaltação do caráter nossa ciência e gosto modernos da cor. Assim, o retrato do dr. Gachet mostra um rosto cor de um tijolo superaquecido, e bronzeado de sol, com a cabeleira ruiva e um boné branco, num contorno de paisagem com fundo de colinas azul, sua roupa é azul-ultramarino — isso faz realçar o rosto e o empalidece, embora ele seja cor de tijolo. As mãos, mãos de parteiro, são mais pálidas que o rosto [...]. Diante dele, sobre uma mesa de jardim vermelha, romances amarelos e uma flor de digitális púrpura escura. Meu retrato, o meu, é quase assim também, o azul é um azul fino do Sul, e a roupa é lilás claro...[112]

Numa carta inacabada, encontrada nos papéis de Vincent, encontramos estas linhas dirigidas a Gauguin:

> Agora tenho um retrato do dr. Gachet com a expressão consternada do nosso tempo. *Se quiser*, alguma coisa como o seu *Cristo no Jardim das Oliveiras*, não destinado a ser compreendido, mas, enfim, aí, até nisso, eu o sigo...[113]

Van Gogh menciona em minúcias as relações de cores. Essas cores são meios de expressão. Mas o que se trata de exprimir? A "expressão consternada de nosso tempo". Fórmula sumária (pois apenas verbal), mas que não se limita apenas ao dr. Gachet: "Meu retrato, o meu, é quase assim também". Uma outra relação de semelhança se estabelece, conforme acabamos de ver, com o *Cristo no Jardim das Oliveiras*, tal como o pintou Gauguin. Acrescentaríamos também o *Cristo morto* de Delacroix, e o *Lázaro* de Rembrandt, dos quais Van

Gogh fez cópias e cujos rostos ele traçou à sua própria semelhança. O centro de reunião dessas diversas identificações, no registro verbal, é a palavra "consternado", no sentido forte de *ferido*.

OBSTÁCULO AO PENSAMENTO

Vamos postergar por um instante o exame do retrato do dr. Gachet. É oportuno lembrar aqui que Gachet fora ligado ao serviço de Falret no hospital Salpêtrière, onde adquirira uma real experiência da patologia mental. Para a sua tese em medicina, defendida em Montpellier, escolheu escrever um *Étude sur la mélancolie*. Nessa ocasião, teve oportunidade de se ligar a Bruyas (que tomara a defesa de Courbet, e cuja coleção Van Gogh admirará). Em sua tese, Gachet retoma numerosas ideias clássicas, e em geral repetidas nos manuais e dicionários de medicina. Sublinha, com muita razão, a desaceleração e a inibição que caracterizam o estado depressivo. "Parece que há em todo o ser um obstáculo que desacelerou, diminuiu ou até mesmo impediu completamente o movimento vital."[114] E prossegue: "Diante desse obstáculo, o pensamento, o movimento se chocam sem fim, tropeçam sem cessar e em vão, o obstáculo não pode ser ultrapassado, o bloqueio continua, torna-se permanente: dá-se o estado estacionário. Todas as forças do ser humano se concentram para um mesmo ponto; e, seja porque essa concentração é resultado de uma luta preexistente que abusou das forças reativas, seja porque todas as forças vitais agem em sentido inverso às leis da vida e do movimento a que todo ser vivo é fatalmente submetido, ocorre o repouso [...]. Esse estado de incubação constante e concêntrico, permanente, infinito, é o ponto culminante, a pedra de toque de todo delírio melancólico. Num alto grau, a criatura melancólica reveste todos os caracteres da inércia mais completa, mais profunda, o princípio vital que preside a todo o ser se cala, e com ele os órgãos, os sentidos, o espírito, os instintos, as paixões são atacadas pelo mutismo. O homem assemelha-se a um vegetal, a uma pedra".[115]

Numa visão fantasmática, que data das cosmologias do Renascimento, Gachet considera a melancolia como um princípio que pode afetar os objetos naturais: "A melancolia está disseminada pela natureza inteira. Há animais, vegetais, e até mesmo pedras que são melancólicos".[116]

No retrato tipológico que Gachet faz do melancólico, reterei alguns traços particularmente surpreendentes. "Parece [...] que a criatura se densifica, se comprime sobre si mesma, se encarquilha, e deve ocupar o menor lugar possível no espaço. A atitude do doente é muito particular [...], o tronco semicurvado sobre a bacia, os braços levados ao peito [...], os dedos crispados mais que curvados [...]. A cabeça semipendente sobre o peito, e ligeiramente inclinada, seja à direita, seja à esquerda. Todos os músculos do corpo estão numa semicontratura permanente, os flexores sobretudo; os da face estão como que crispados, repuxados, e dão à fisionomia um toque peculiar de dureza; os músculos superciliares, contraídos de maneira permanente, parecem esconder o olho e aumentam sua cavidade; as arcadas superciliares proeminentes para a frente, duas ou três rugas verticais separam os dois supercílios. A boca está fechada em linha reta, parece que os lábios desapareceram [...]. O sulco nasolabial é mais aparente, as faces são chupadas, a pele é como que colada nas maçãs do rosto, a tez é amarelada ou terrosa [...]. O olhar é fixo, inquieto, oblíquo, dirigido para o chão ou para o lado."

Alguns sinais mencionados já não são considerados como verdadeiramente patognomônicos. Mas outros o são, sem contestação, e Gachet fez muito bem em assinalá-los (a partir das suas observações ou leituras). Notadamente as "rugas verticais" separando as sobrancelhas e a contração dos "músculos superciliares". No clássico tratado de Bleuler, veremos assim descrito o "sinal de Veraguth": "A dobra cutânea da pálpebra superior, no limite de seu terço interno, é puxada para o alto e um pouco para trás, o que faz com que o arco nesse lugar se torne um ângulo".[117]

UMA MELANCOLIA "ESSENCIAL"

Fixemos o olhar no retrato de Gachet por Van Gogh; examinemos também o retrato em água-forte, executado quase no mesmo momento. Neles encontramos a dobra da sobrancelha, as dobras entre as órbitas, a acentuação da dobra nasogeniana, a boca comprimida, o busto e a cabeça inclinados etc. A coincidência é surpreendente entre a descrição meio canhestra que encontramos nas páginas da tese e a imagem produzida pelo pincel de Van Gogh. (Com exceção da pose inclinada, assim também nos aparece o rosto de Van

Gogh, em alguns de seus próprios autorretratos.) Gachet terá conseguido reconhecer, em seu retrato, os caracteres signaléticos que ele mesmo atribuíra ao indivíduo melancólico. Há aí um singularíssimo consenso, que passa pelo olhar e pela simpatia do pintor. Será preciso fazer algum esforço para encontrar esses *sinais* no retrato que Norbert Goeneutte pintará em 1891.

O tronco oblíquo, a cabeça apoiada sobre o punho fechado. É, na pintura clássica, a postura constantemente atribuída ao *homo melancholicus*, a Saturno, padroeiro dos melancólicos, ou à figura feminina que personifica alegoricamente a Melancolia. Van Gogh não faz menção a isso nas linhas em que descreve seu quadro. Mas não podia ignorar o sentido iconológico dessa postura, ele que tinha um conhecimento tão grande dos mestres antigos. Deveríamos, aqui, reabrir o vasto repertório das imagens ilustres da melancolia, a começar pela famosa gravura de Dürer. E convém igualmente evocar as telas pintadas em 1891 por Edvard Munch. Elas se intitulam *Melancolia*, e nelas o pintor se representa com o rosto levemente inclinado, o olhar baixo, a mão segurando a cabeça. Depois de Van Gogh, cujo retrato do dr. Gachet com certeza ele não conhecia, o pintor norueguês prolonga, como ele, uma tradição figurativa. Mas trabalha em outra gama de cores, com outra pincelada; sobretudo, ao longe de um beira-mar crepuscular, inscreve a silhueta de um casal, em que a mulher é sobriamente significada pela cor branca de um vestido. Uma "história" vem se inscrever no quadro e motiva psicologicamente o estado melancólico do personagem situado em primeiro plano. A mulher se desviou, afastou-se, juntou-se a outro homem. O tormento melancólico é o do ciúme. O dr. Gachet era viúvo e continuava a ser uma criatura enlutada. Van Gogh o sabia, mas nada em seu quadro indica a causa da expressão "consternada". Adivinha-se a perda, que porém permanece infinita. Estamos na presença de uma melancolia "essencial".

Outros sinais, todavia, deixam-se ler no retrato do dr. Gachet. Mas como lê-los? A mesa vermelha, os livros amarelos, o ramo de flores púrpura são Valores cromáticos, que tomam todo o sentido pictórico pela oposição às outras cores (mãos, rosto, roupa, fundo etc.). E, sem nenhuma dúvida, a cor, para Van Gogh, fazia sentido enquanto cor, e ninguém pode negar os laços associativos que, no amarelo, reúnem o sol, o trigo maduro, os girassóis, a capa dos livros. A cor é portadora de analogias e antagonismos. Mas, na mão do médico, a digitális traz mais um sentido, de outra maneira. Parece, segundo certos testemunhos, que Gachet desejou ver figurar no seu retrato essa planta medicinal, cujas virtudes cardiotônicas tinham sido seriamente estabelecidas fazia cerca de um século (Withering, 1785). A crer nos biógrafos (em especial Doiteau), Van Gogh gostaria de pôr em seu quadro "um símbolo da profissão de seu modelo", e Gachet teria escolhido o ramo de digitális. Escolha pessoal de um emblema que a tradição pictórica não havia codificado. Quanto aos livros amarelos, com certeza são romances. As lombadas mostram títulos legíveis: *Manette Salomon*, *Germinie Lacerteux*. Essas duas obras dos irmãos Goncourt não são escolhidas ao acaso. A primeira diz respeito ao mundo dos pintores, a segunda é um caso patológico evoluindo de modo fatal, e os narradores adotam um olhar "médico" conforme a estética realista. É uma clara indicação dos interesses estéticos do dr. Gachet, uma evidência (talvez a seu pedido) de seus autores preferidos. Os indícios afetivos do rosto são assim completados por espécimes ou emblemas das atividades intelectuais do personagem: a ciência (a arte de curar) e as belas-artes.

Outra leitura do quadro também é possível. Percorramos mais uma vez as imagens dos melancólicos lendários (o *Demócrito* de Salvator Rosa, por exemplo) ou as personificações mais conhecidas da atrabílis (a *Melancolia* de Domenico Fetti, no Louvre, ou a gravada por G.-B. Castiglione). Essas figuras se debruçam sobre diversos objetos carregados de valor simbólico: instrumentos científicos, figuras de geometria, partituras de música, livros, clepsidras, flores cortadas, crânios... Esses objetos, que denunciam os limites do saber, a futilidade dos prazeres, a caducidade da existência humana, são aqueles que encontramos reunidos num gênero de pintura praticada na Europa ocidental entre os séculos XVI e XVIII: a Vanitas. Pintura cujo objetivo moral é lembrar aos homens a vanidade de suas ocupações profanas e de suas alegrias temporais. Pintura que costuma denunciar o engodo do espelho, isto é, da própria pintura.

A figura inclinada do dr. Gachet inscreve-se inegavelmente no prolongamento de uma antiga "tradição da melancolia"; e é grande a tentação de ler os objetos que ele tem à frente como os descendentes dos emblemas da *vanitas*. Parece-me pouco provável que Van Gogh tenha desejado fazer alusão deliberada a eles. Essa possibilidade de leitura que evoco é uma ilusão de óptica de visitante de museus, de espectador informado. Mas basta que Van Gogh tampouco tenha proibido essa leitura. A obra tão moderna, destinada a ser compreendia dali a cem anos, e que exerce sobre nós, como desejava Van Gogh, o efeito de uma aparição, permanece profundamente ligada à imagem que o passado fizera da melancolia. Numa linguagem renovada com uma soberana violência, um artista explora mais adiante um grande tema da consciência ocidental: o tormento da existência individual, na solidão e na angústia do refúgio das forças vitais. Esse médico atormentado pela ansiedade é a testemunha da ansiedade do pintor: o que se tornar, se aquele de quem se espera o socorro precisa, ele mesmo, de socorro?

PARTE III
A LIÇÃO DA NOSTALGIA

A invenção de uma doença

A história dos sentimentos e das "mentalidades" levanta uma questão de método, que tem a ver com a relação entre os sentimentos e a linguagem.

Os sentimentos cuja história queremos retraçar só nos são acessíveis a partir do momento em que se manifestaram, verbalmente ou por qualquer outro meio expressivo. Para o crítico, para o historiador, um sentimento só pode ser objeto de estudo depois que aparece num texto. Nada de um sentimento é captável aquém do ponto em que ele é nomeado, em que se designa e se exprime. Portanto, não é a própria experiência afetiva que se oferece a nós, mas apenas a parte da experiência afetiva que passou por um enunciado pode solicitar o historiador.

Que um sentimento se inscreva num nome (e que esse nome tenha tido em seu tempo um caráter de novidade) é algo que não ocorre sem ter consequências dignas de atenção. De um lado, a passagem à verbalização (à consciência linguística de si) é o início de uma reflexão e, às vezes, de uma crítica. De outro, assim que o nome de um sentimento é trazido à luz — como a moda sabe fazê-lo —, a palavra, por sua eficácia própria, contribui para fixar, propagar, generalizar a experiência afetiva de que é o indício. O sentimento não é a palavra, mas só pode se disseminar através das palavras. A rigor, e quando estão no auge de sua aceitação, certas palavras chegam a cobrir o que não lhes corresponde. La Rochefoucauld dizia, forte e simplesmente: "Há pessoas que jamais teriam se apaixonado se não tivessem ouvido falar do amor".[1] Flaubert narrativizou a sentença. André Gide, durante a Primeira Guerra Mundial, observara que a linguagem dos jornalistas (que não tinham estado no front) fornecia os clichês por meio dos quais os soldados que voltavam da frente de batalha descreviam as suas emoções. Nos nossos dias, o vocabulário da psicanálise oferece aos nossos sentimentos o *modelo* possível de sua significação, propõe-lhes uma forma. Esta, embora simplesmente "aplicada" à experiência interior, não demora a se tornar indissociável dela; a verbalização da experiência afetiva entra em composição na própria estrutura do vivido. Sabemos discernir a regressão nos nossos arredores, em todas as "redes". Portanto, a história dos sentimentos não pode ser nada além da história das palavras em que a emoção se enunciou. A tarefa do historiador, nesse campo, se aparenta à do filólogo; é preciso saber reconhecer os diversos "estados da língua", o estilo próprio pelo qual a experiência singular ou coletiva escolheu se expressar: é uma semântica histórica que se deve manter em alerta.

Assim, no esboço que proponho traçar de uma história da *nostalgia*, vou me esforçar em deixarem falar as linguagens passadas e em evitar pôr sobre os documentos do passado a grade explicativa da ciência psicológica atual. Pelo menos só recorrerei a isso acessoriamente, em última análise. Gostaria de deixar ouvir a voz obsoleta (mas original) de uma psicologia que não é mais a nossa: verificaremos que ela recorria a uma linguagem bastante coerente, não menos aceitável (no contexto da época) do que é para nós o sistema explicativo da psicologia moderna. Isso leva a pressentir que, no caráter relativamente inacabado dessa ciência, também a sua linguagem está ameaçada de obsolescência. Razão a mais para não lhe pedir que decida em último recurso. Sua decisão seria rapidamente sujeita a revisão.

Sem dúvida, nada impede aplicar à exploração do passado, à análise dos sentimentos dos homens de outra época, os instrumentos de conhecimento de que hoje dispomos. Temos o direito de falar do *sadismo* de Nero, assim como temos o direito de medir o carbono radioativo das pedras lascadas pré-históricas. Só que não devemos esquecer que a palavra "sadismo", do mesmo modo que o contador Geiger faz parte do nosso equipamento moderno. É um vocábulo de que o exegeta dispõe: não é uma realidade que preexistiria a seu emprego. Aqui, de novo, é preciso levar em conta a função fundamental da palavra.

HISTÓRIA DOS SENTIMENTOS: UM RESUMO DAS DISTÂNCIAS

Seja qual for o nosso desejo de alcançar a realidade do passado, não podemos fazer de outra forma senão recorrendo à linguagem da nossa época para constituir o que será o saber da nossa época, e se possível daquela que se seguirá. Mas uma coisa é interpretar ao nosso modo os sentimentos dos homens do século XVIII, outra coisa é prestar atenção na linguagem em que eles mesmos os interpretaram. A distância histórica, que dá ao passado o seu valor de passado, na medida do possível deve ser respeitada. Querendo projetar sem precaução as noções que hoje nos são familiares, amalgamaríamos linguagens que não devem ser confundidas, faríamos do passado um falso presente, ficaríamos incapazes de respeitar a defasagem obrigatória entre o nosso sistema interpretativo e aquilo que é submetido a ele. Perderíamos de vista o caráter operacional e conjectural da interpretação, para fundir num só texto a interpretação e o seu pretexto. É inevitável falarmos a linguagem de nossa época. É desejável, em compensação, evitarmos atribuir a figuras do passado o teor afetivo de nossa experiência presente, e conseguirmos não confundir as vozes que nos interpelam *de outros lugares* com o tom de voz da nossa interpretação.

Isso não é, de jeito nenhum, presumir o caráter inatingível, o inobjetivável "objeto" da nossa pesquisa. Jamais poderemos atingir, tal qual, a experiência subjetiva de uma consciência do século XVIII. Podemos apenas nos abster de lhe atribuir ingenuamente os nossos problemas e nossos "complexos": podemos lhe fazer o favor e a polidez de tratá-la como estrangeira, como habitante de um país longínquo cujos usos e língua são diferentes e devem ser pacientemente aprendidos.

Para os sociólogos (desde Montesquieu e Rousseau), estas são verdades primeiras: não parece que seja a mesma coisa para a maioria dos psicólogos, demasiado propensos a reencontrar em qualquer tempo e em qualquer lugar os comportamentos que aprenderam a reconhecer e com os quais construíram a teoria. A história das teorias da *nostalgia*, portanto, não deixará de ter utilidade, se ela se prestar a provocar alguma desordem e nos obrigar a observar distâncias até aqui mal percebidas.

Assistimos, primeiro, à criação de uma doença; a história nos ensina que a palavra "nostalgia" foi inteiramente forjada para fazer entrar um sentimento bastante particular (*Heimweh*, saudade, *desiderium patriae*) no vocabulário da nomenclatura médica.[2] Que os exilados se abatem e definham longe da pátria, não era uma constatação nova quando Johannes Hofer de Mulhouse defendia em Basileia a sua tese sobre a nostalgia.[3] A novidade consistia na atenção do médico, na decisão de considerar esse fenômeno afetivo como uma entidade mórbida e submetê-la às interpretações do raciocínio médico. Quando se iniciava na medicina a empreitada dos inventários e das classificações, quando, sobre o modelo da botânica sistemática, fazia-se o esforço de traçar o quadro das *genera morborum* [classificação das doenças], era preciso ficar à espreita de todas as *variedades* com que o repertório podia se enriquecer. A tradição conhecia muito bem a melancolia amorosa; descrevia nos pormenores os sintomas e as lesões somáticas provocadas pela privação do objeto amado. Mas essa mesma tradição jamais considerara os distúrbios resultantes do afastamento do *meio* habitual. Tão grande era a autoridade da tradição que se percebeu muito tarde a necessidade de interpretar medicamente o *desiderium patriae*, por próximo que fosse do *desiderium* amoroso. Não se tratava, nos dois casos, do efeito mortal da tristeza?

Antes de serem reconhecidas como estados anormais, certas doenças são apenas uma turbulência do curso habitual da vida, da qual ninguém pensa em separá-las. Enquanto o paciente não cogita em requisitar a ajuda do médico, e enquanto a linguagem médica não comporta nenhum vocábulo que possa designar esses distúrbios, a sua existência é nula. Mal e mal é um paradoxo dizer que essas doenças só existem, como doenças, pela atenção que recebem. Reconhecê-las torna-se, então, um dever.

A atenção que Johannes Hofer dava ao *Heimweh* foi decisiva. Ele pensou primeiro em lhe atribuir um nome grego, pois em 1688 não era conveniente que uma doença, primitivamente designada por um nome vulgar, não tivesse o seu traje de gala, tirado das línguas clássicas. Hofer teve uma ideia feliz: com o auxílio dos termos "retorno" (*nóstos*) e "dor" (*álgos*), criou "nostalgia", palavra cuja fortuna foi tamanha que esquecemos completamente a sua origem. Ela nos é tão familiar que mal a imaginamos como sendo de formação recente e, sobretudo, de formação erudita. Esse neologismo pedante foi tão bem-aceito que acabou perdendo o sentido primitivamente médico e fundiu-se na língua comum. Entrou tarde no *Dictionnaire de l'Académie*: 1835. O seu êxito o despojou de qualquer significado técnico; tornou-se um termo literário (portanto, vago). Esse costuma ser o destino dos vocábulos que designam doenças mentais em voga: aventura semelhante ocorreu com a palavra "melancolia" (a qual os psiquiatras do século XIX já não queriam, de tal forma estava aviltada) e não está longe de ocorrer com a palavra "esquizofrenia", outro neologismo criado na Suíça.

Graças à tese de Johannes Hofer, o *Heimweh* fazia a sua estreia na nosologia séria. Esse mal provinciano iria se tornar uma entidade universalizável; estudantes iriam dissertar a seu respeito, defender novas teses sobre as suas causas e os seus efeitos. O nostálgico sentiu-se então no direito de esperar a opinião esclarecida da universidade, e não mais os conselhos arriscados dos camaradas e dos empíricos. Mais ainda, essa doença, até então limitada às almas simples (soldados mercenários, moças do campo transplantadas para a cidade), aproveitará a aprovação da universidade para se difundir e atacar até mesmo os indivíduos cultos; conhecendo-a, procurando preveni-la, eles passam a temê-la, volta e meia se prevalecem dela e a transmitem aos outros por seus próprios temores. Sabemos que há doenças — entendo sobretudo doenças nervosas e "morais", neuroses ou até psicoses — que se transmitem porque se fala delas. A palavra as induz e faz função de agente contaminador. No fim do século XVIII, começam-se a temer os longos afastamentos do próprio país porque se fica sabendo que a nostalgia ameaça, e chega-se a morrer de nostalgia porque os livros declaram que a nostalgia é frequentemente uma doença mortal.[4] Para o médico que vê morrer em Paris um pequeno habitante da Savoia, o diagnóstico que se impõe é esse. Singular século XVIII, em que os ingleses, para curar o seu *spleen*, fugiam do ar natal e partiam para um *Grand Tour* em busca do ar sereno do Sul, enquanto outros acreditavam se expor ao risco de morte pelo simples afastamento das paisagens familiares! Sem dúvida, além das teorias contraditórias, é preciso examinar as condições em que um homem se afastava de seu lugar natal. Uma coisa é partir munido de dinheiro, tendo livremente escolhido o itinerário e a duração da ausência, outra coisa é se afastar obrigado a isso, para viver uma vida dependente e monótona. Essa era, desde o século XVII, a sorte dos soldados suíços no serviço estrangeiro;[5] era igualmente a sorte dos marinheiros ingleses levados à força nos barcos da Navy:[6] a *calentura*, variante marítima da nostalgia, resultava do efeito conjugado do sol tropical e das saudades da terra.[7]

O BOM AR SUÍÇO

A interpretação de Johannes Hofer, em 1688, recorre à noção clássica do *imaginatio laesa* [imaginação perturbada]. Sua descrição da nostalgia se liga à psicossomática de tradição greco-latina. Se determinados termos que utiliza fazem pensar na influência bastante próxima de Thomas Willis, outros remetem aos antigos mestres, como Areteu da Capadócia e Galeno:

> A nostalgia nasce de um desarranjo da imaginação, donde resulta que o suco nervoso sempre toma uma só e mesma direção no cérebro e, por isso, apenas desperta uma só e mesma ideia, o desejo do retorno à pátria [...]. Os nostálgicos só são tocados por poucos objetos externos, e nada supera a impressão que causa neles o desejo do retorno: enquanto no estado normal a alma pode se interessar igualmente por todos os objetos, sua atenção à nostalgia é diminuída, ela só sente atração por muito poucos objetos e se limita quase a uma só ideia. Admitirei de bom grado que existe aí uma parte de melancolia, pois os espíritos vitais, fatigados pela ideia única que os ocupa, se esgotam e provocam representações errôneas.[8]

Segue-se um certo número de exemplos muito sugestivos.

Por que, pergunta Johannes Hofer, os jovens suíços são tão frequentemente propensos à nostalgia quando vão ao estrangeiro? Talvez porque muitos deles jamais tenham deixado a casa familiar; porque nunca penetraram num meio diferente. Então, para eles é difícil esquecer os cuidados com que sua mãe os cercava. Têm saudades das sopas que costumavam tomar no café da manhã, do bom leite do vale, e talvez também da liberdade de que gozavam na pátria... O psicólogo contemporâneo será grato a Johannes Hofer por ter logo de saída sublinhado o papel da "carência socioafetiva": saudades da infância, das "satisfações orais" e dos mimos maternos.

Mas essa explicação não deixava de provocar objeções entre os contemporâneos ou entre os sucessores imediatos de Hofer, sobretudo entre os que sentiam vibrar a fibra patriótica. Atribuir a nostalgia a uma causa moral dessa espécie não é, ao mesmo tempo, imputar aos jovens suíços uma excessiva pusilanimidade? Não é atentar ao bom renome de uma raça vigorosa, livre, forte, corajosa? Para defender a honra nacional, o zuriquense Jean-Jacques Scheuchzer, em 1705, propõe uma interpretação totalmente mecânica da nostalgia.[9] A moda, depois de Borelli e Hoffmann, é da iatromecânica e da medicina "sistemática": explicam-se as doenças de modo mais especulativo que experimental, pelas leis que regem os corpos inanimados do mundo físico. Hofer procurara as causas morais de um mal físico; a ciência da época autorizava buscar as causas físicas de uma paixão moral. Durante todo o século, a discussão prosseguirá, para terminar aceitando-se simultaneamente as duas hipóteses: influência do moral sobre o físico e influência do corpo sobre a alma. Os livros de J.-P. Marat[10] e de Cabanis,[11] entre muitos outros, nos instruem desde o próprio título.

Para Scheuchzer, o recurso à explicação física permite desculpar o *moral* dos suíços. O jogo necessário das causas físicas não dá motivos para críticas. Não hesitemos, a nostalgia é questão de pressão atmosférica. Os suíços moram nos mais altos cumes da Europa. Respiram, incorporam um ar leve, sutil, rarefeito. Descendo para a planície, o seu corpo sofre uma pressão aumentada, cujo efeito é tanto maior quanto o ar interno ("que trouxemos conosco") oferece menor resistência. Em compensação, um holandês, nascido e criado nas planícies, traz em si um ar pesado, que resiste bem à pressão ambiente das pesadas brumas. No nível do mar, os pobres suíços serão comprimidos pela atmosfera exterior: o sangue circulará difícil e lentamente pelas pequenas artérias cutâneas; os jovens sofrerão bem mais em razão da flexibilidade de suas fibras, que vão se deixar mais facilmente deprimir; assim, porque recebe menos sangue, o coração ficará oprimido e entristecido; serão perdidos o sono e o apetite; em breve surgirá a febre, quente ou lenta, quase sempre mortal. Quais são os remédios? Se não é possível repatriar o doente, ou licenciar o soldado, ou simplesmente incutir-lhe a esperança do retorno, o tratamento mais lógico consistirá em alojá-lo numa colina ou numa torre, onde respirará um ar mais leve; também será possível ministrar-lhe medicamentos contendo "ar comprimido": salitre, nitro fixo, espírito de nitro. A cerveja e o vinho novo, ricos em substâncias leves, serão salutares... A explicação de Scheuchzer dá, ao mesmo tempo, a razão dos efeitos favoráveis do clima suíço. Acaso a Suíça não é o *asylum languentium* [asilo de doentes]? Não vemos acorrerem para lá, de todas as regiões da Europa, homens carregados de ar pesado, que vão se restabelecer nas nossas montanhas? Sentimos surgir o estilo do prospecto hoteleiro no elogio feito por Scheuchzer aos benefícios do ar leve: os canais do corpo se dilatam, a circulação se faz melhor, todos os sucos são suavemente postos em funcionamento...

Não vamos rir dele: tendo decidido propor uma explicação física, Scheuchzer não podia falar outra linguagem senão a da barometria e da hidrostática de sua época. A biofísica apenas transporta para dentro do que é vivo os "modelos" e as noções adquiridas na experiência da matéria. Boas almas como o padre Du Bos[12] e Albrecht von Haller[13] não farão objeções às explicações de Scheuchzer. Depois, o vento mudará e as pessoas vão se desiludir com o iatromecanismo: o vitalismo de Montpellier, as teorias da escola de Edimburgo[14] sobre a atividade nervosa promoverão uma renovação favorável às explicações que incriminam a tristeza, a ideia fixa. No *todo* solidário que a rede de nervos liga ao cérebro, não haverá ideia fixa, não haverá tristeza persistente que não suscite, com o tempo, uma lesão orgânica.

MELODIAS E PAIXÕES

A nostalgia é um transtorno íntimo ligado a um fenômeno de memória. Não surpreendia que se aplicasse à nostalgia a teoria associacionista da memória, tanto mais que certos fatos, relativos às circunstâncias determinantes do acesso nostálgico, apareciam como exemplos especialmente eloquentes da lei de associação de ideias.

Em 1710, Theodor Zwinger,[15] de Basileia, numa dissertação em latim, menciona a curiosa aparição de um estado de tristeza intensa nos militares suíços servindo na França e na Bélgica, quando ouvem "uma certa cantilena rústica, aos sons da qual os camponeses suíços fazem pastar seus rebanhos nos Alpes". Essa Kühe-Reyhen, essa "*Ranz des vaches*",* tem o poder de avivar abrupta e dolorosamente a lembrança da pátria. Será sobremaneira funesta naqueles cujo sangue já se alterou com a mudança de ares, ou nos sujeitos naturalmente propensos à ansiedade. Foi por isso que, afirma Zwinger, diante dos efeitos desastrosos dessas melodias, os oficiais viram-se obrigados a proibi-las e a punir com severidade aqueles que persistissem em tocá-las, cantá-las ou simplesmente assobiá-las. Ainda passa quando surgem febres ardentes: mas o mais grave são as deserções. Para os capitães, que equipavam pessoalmente

* "*Ranz des vaches*" (*ranz*, em dialeto alemânico: "fileira"; *des vaches*: das vacas) é uma cantiga pastoral suíça. (N. T.)

os seus homens, às vezes com grandes despesas, uma deserção significava a perda de parte do capital investido. Era preciso tomar todas as medidas contra essa ideia fixa, que incitava o soldado a voltar para a sua terra ou morrer. Pois a lenda era solidamente crível: se o nostálgico não obtiver a permissão salvadora ou não conseguir se evadir, vai se suicidar, procurar a morte na primeira ocasião. Ramazzini, desde 1700, no capítulo de medicina militar de seu tratado,[16] mencionava um belo e terrível ditado corrente nas forças armadas: *Qui patriam quaerit, mortem invenit* ("Quem procura a pátria encontra a morte"). Tudo isso pelo efeito de uma melodia popular, de uma "pequena frase" que tem o poder singular de provocar um acesso de *hipermnésia*: a ilusão da quase presença do passado, desdobrada no sentimento doloroso da separação.

Havia aí algo para confirmar e ilustrar com muita eloquência as afirmações de Malebranche: "Os traços do cérebro se ligam tão bem uns aos outros que não podem mais despertar sem todos aqueles que foram impressos ao mesmo tempo".[17]

Também era possível recorrer a Locke[18] e a Hutcheson:[19] eles mostraram como as associações de ideias determinavam as fobias, os preconceitos, ligando muito fortemente uma circunstância acidental e uma ideia, a tal ponto que qualquer repetição da circunstância despertava necessariamente a ideia. Era o aspecto nefasto da associação, impedindo que a razão se determinasse de modo saudável.

Hartley propõe uma teoria das *ideias complexas*; basta que um elemento do complexo seja evocado para tirar do esquecimento aqueles que lhe são associados:

> Quando várias ideias são associadas juntas, a ideia visível, sendo mais clara e mais distinta que as outras, faz, para todas, as vezes de símbolo, sugere-as e liga-as todas juntas; há algo semelhante a isso na primeira letra de uma palavra ou nas primeiras palavras de uma sentença, que costumam servir para apresentar todo o resto ao espírito[20] [...]. Quando as palavras adquiriram algum poder considerável de excitar vibrações agradáveis e divertidas no sistema nervoso, com frequência associando-as como fazemos com as coisas, podem transferir uma parte dos sofrimentos e dos prazeres para coisas indiferentes, estando associadas a elas com muita frequência em algum outro tempo. É uma das principais fontes dos prazeres e dos sofrimentos artificiais da vida humana.[21]

Bem mais, essas reminiscências associadas podem adquirir um grau de intensidade comparável ao de uma sensação atual. Nesse caso, não é mais uma vibração "em miniatura" que se produz em nossa "substância medular": são "vibrações vivas, iguais àquelas excitadas pelos objetos impressos nos sentidos".[22] Caberá a John Gregory enunciar, a partir desses princípios, uma explicação dos fenômenos da memória afetiva e da memória involuntária:

> As paixões se exprimem naturalmente por diferentes sons; mas essa expressão natural é passível de uma extensão muito grande [...]. Quando uma sequência de sons particulares ou uma certa melodia impressiona uma alma ainda terna, assim como a expressão musical de certas paixões enunciadas numa poesia, essa associação regular faz com que esses sons se tornem, com o tempo, uma espécie de linguagem natural e expressiva dessas paixões. A melodia deve, portanto, ser considerada até certo grau como uma coisa relativa, baseada nas associações de ideias e nos hábitos particulares de diferentes pessoas, e transformada pelo costume na linguagem dos sentimentos e das paixões. Escutamos com prazer a música a que estamos acostumados desde nossa juventude, talvez porque nos lembre os dias de nossa inocência e de nossa felicidade. Às vezes ficamos singularmente afetados com certas melodias que não nos parecem, nem a nós nem aos outros, ter expressão particular. A razão é que ouvimos essas músicas num tempo em que nossa alma estava profundamente afetada por alguma paixão para deixar sua marca em tudo o que se apresentava a ela naquele momento; e embora essa paixão tenha se desfeito por inteiro, assim como a lembrança de sua causa, a presença de um som que se encontra, porém, associado a ela costuma então despertar o sentimento, embora o espírito não consiga se lembrar de sua causa primitiva.
>
> Semelhantes associações se formam pelo uso quase arbitrário que as diferentes nações fazem dos instrumentos peculiares, tais como os sinos, o tambor, a trombeta, o órgão, que em consequência desse uso excitam em certos povos ideias e paixões que não excitam em outros.[23]

Rousseau, em seu *Dictionnaire de musique*, recorrerá a uma explicação análoga para dar conta dos efeitos da "*Ranz des vaches*":

> Procuraríamos em vão nessa Melodia os acentos enérgicos capazes de produzir efeitos tão espantosos. Esses efeitos, que não têm nenhuma ação sobre os estran-

geiros, só vêm do hábito, das lembranças de mil circunstâncias que, retraçadas por essa Melodia naqueles que a ouvem, e lembrando-lhes seu país, seus antigos prazeres, sua juventude e seu modo de viver, excitam neles uma dor amarga por terem perdido tudo isso. Então, a Música já não age exatamente como Música, mas como *sinal memorativo*.[24]

A melodia, fragmento do passado vivido, toca os nossos sentidos, mas arrasta consigo, no modo imaginário, toda a existência e todas as imagens associadas das quais era solidária. O sinal memorativo é uma presença mental que nos faz sentir, com dor e delícia, a iminência e a impossibilidade da restituição completa do universo que se foi e que emerge fugazmente fora do esquecimento. Despertada pelo sinal memorativo, a consciência se deixa invadir por um passado a um só tempo próximo e inacessível. Toda uma infância reaparece em imagem através de uma melodia, mas para se esquivar e nos deixar às voltas com essa "paixão da lembrança" em que Madame de Staël verá "a mais inquieta dor que pode se apoderar da alma".[25]

Para os observadores da segunda metade do século XVIII, a via privilegiada dessa magia associativa é o sentido da audição: a música não está em causa sozinha, o ruído das fontes e o murmúrio dos riachos são dotados de poder análogo. Albrecht von Haller, num texto tardio[26] em que rejeita as suas primeiras hipóteses mecanicistas, evoca o papel de certas inflexões da voz. Fenômenos de paramnésia, falsos reconhecimentos no campo auditivo, constituem os primeiros sinais da doença: "Um dos primeiros sintomas é encontrar a voz das pessoas que amamos na voz daqueles com quem conversamos, e rever a família nos sonhos".[27]

Exílio, músicas alpestres, memória dolorosa e terna, imagens douradas da infância: esse encontro de temas conduz a uma teoria "acústica" da nostalgia que contribuirá para a formação da teoria romântica da música e para a definição mesma do romantismo. Não farei aqui o inventário da vasta literatura poética suscitada pela nostalgia e pela "*Ranz des vaches*". Seria preciso, no mínimo, salvar os *Pleasures of Memory*, de Samuel Rogers, e certos versos do padre Delille:

Assim as lembranças, as saudades e o amor,
E o melancólico e doce devaneio,
Voltam aos lugares caros à alma enternecida,
Em que fomos crianças, amantes, amados, felizes.[28]

Caberá a Senancour prosseguir a reflexão de Rousseau e negar que o efeito da "*Ranz des vaches*" se deva a uma associação acidental: essa música não é insignificante por si só, é a expressão mais fiel do mundo sublime da montanha. A invenção musical dos pastores é a própria voz da natureza alpestre:

> Foi nos sons que a natureza pôs a mais forte expressão do caráter romântico; é sobretudo no sentido da audição que é possível tornar sensíveis, em poucos traços e de maneira enérgica, os lugares e as coisas extraordinárias [...]. A voz da mulher amada será mais bela ainda que seus traços; os sons que reconstituem os lugares sublimes causarão uma impressão mais profunda e duradoura que suas formas. Não vi quadro dos Alpes que os tornasse presentes como pode fazê-lo uma melodia realmente alpestre. A "*Ranz des vaches*" não lembra apenas recordações, ela pinta [...]. Se é expressada de maneira mais justa que erudita, se quem a toca a sente bem, os primeiros sons nos colocam nos altos vales, perto das rochas nuas e de um cinza arruivado, sob o céu frio e o sol ardente [...]. Somos penetrados pela lentidão das coisas e pela grandeza dos lugares.[29]

Essas páginas encontrarão eco, expressamente confessado, numa das mais belas composições de Liszt.

Kant, em sua *Antropologia*, propõe uma interpretação mais radical dessa paixão insensata: o que deseja o nostálgico não é o *lugar* da sua juventude, mas a sua própria juventude, a sua própria infância, ligada a um mundo anterior. O seu desejo não está dirigido a um local que ele poderia reencontrar, mas para um tempo da sua vida para sempre irrecuperável.[30] Voltando à sua terra, o nostálgico continua a ser infeliz, pois lá encontra pessoas e coisas que não mais se parecem com o que haviam sido. Não lhe devolvem a sua própria infância ligada a um mundo anterior. Antes que Rimbaud dissesse "Não se parte",[31] Kant também nos preveniu: não há retorno.

A literatura da nostalgia pôde assim propor fórmulas já feitas, grandes lugares-comuns em que o sentimento inadaptado ou "alienado" da juventude romântica buscou a sua expressão: logo reaparecerão, misturados aos temas que acabamos de evocar, os motivos platônicos da pátria celeste e do exílio terrestre. A experiência dolorosa da consciência arrancada do seu meio familiar vai se tornar a expressão metafórica de um dilaceramento mais profundo, no qual o homem se sente separado do ideal. Mas é a lição de Goethe que deveria ser escutada aqui: a figura de Mignon, que ele traçou em seu *Wilhelm Meister*, é a mais bela, a mais musical das imagens da nostalgia. Ela é a filha da união incestuosa do harpista com sua irmã. Nisso, eu leio o erro que consiste em não aceitar o outro, em só se conjuntar consigo mesmo. A educação do herói passa pelo encontro da nostalgia. É bom que ele tenha conhecido o seu poder de sedução e destruição.

O PERIGO DO DESMEMBRAMENTO

No fim do século XVIII, a existência da nostalgia, considerada como um mal via de regra mortal, é reconhecida por todos os médicos em todos os países da Europa; admite-se que todos os povos e todas as classes sociais podem estar sujeitos a ela, dos lapões da Groenlândia aos negros jogados na escravidão. Os grandes exércitos nacionais, que convocam ao dever militar os filhos das províncias mais recônditas, veem ocorrer, às vezes de modo epidêmico, o terrível mal das "saudades da terra". Um exemplo entre outros (narrado pelo historiador Marcel Reinhard) vai nos permitir ver como a nostalgia era levada a sério e como era temida:

> No dia 18 de novembro de 1793, em circunstâncias políticas e militares alarmantes, o adjunto do ministro da Guerra, Jourdeuil, informou ao general-chefe do exército do Norte decisões que deviam galvanizar as tropas e manter os efetivos. Entre as medidas de rigor, figurava a supressão das permissões de convalescença, com uma única exceção, e que dá o que pensar: a licença seria excepcionalmente concedida caso o doente estivesse sofrendo de "nostalgia ou saudades da terra". Era de fato preciso que a doença fosse considerada como uma afecção grave para que justificasse tal exceção, a despeito da situação.[32]

Um médico militar, Boisseau, nos dá razão: "Todo soldado que é profundamente afetado por isso deve ser dispensado antes que um de seus órgãos fique irremediavelmente lesado. Fazendo esse ato de justiça, conserva-se no Estado um cidadão, do qual não se poderia fazer um bom defensor".[33] Outros médicos, sem dúvida, mostram-se mais espertos: basta, pensam eles, acenar com a promessa do retorno ao lar, e o nostálgico vai se deixar enganar por palavras, não vai ser necessário lhe conceder a licença; acreditam poder conseguir excelentes resultados multiplicando nas forças armadas as músicas, as brincadeiras, os contadores de histórias, os *lustig** profissionais; só uma minoria preconiza a hospitalização, a sangria (mas, na sujeira e na promiscuidade dos hospitais da época, isso é apressar o desfecho fatal da nostalgia); alguns, por fim, recomendam a maneira forte, os métodos brutais que os médicos usavam no tratamento das doenças mentais. Num livro intitulado *La Santé de Mars*, publicado em 1790, o médico Jourdan Le Cointe propusera medidas draconianas; a nostalgia pode ser vencida pela dor ou pelo terror: afirmarão ao soldado nostálgico que "um ferro em brasa, aplicado na barriga" vai curá-lo imediatamente. Assim fizera, em 1733, um general russo, quando o seu exército, que avançara na Alemanha, andava às voltas com a nostalgia: "Ele mandou dizer que os primeiros que caíssem doentes seriam enterrados vivos; tendo esse castigo sido aplicado no dia seguinte a dois ou três, não houve mais um só melancólico em todo o exército".

O grande negócio era conseguir diferenciar o verdadeiro nostálgico do *simulador*. Para quem não consegue se acostumar com a vida militar e o perigo, como não desejar contrair uma doença que é a única maneira legal de fugir de uma situação intolerável? No verdadeiro nostálgico, a doença, favorecida pelo temor ou pelo exemplo, já é um comportamento, uma busca de refúgio; como então distinguir a nostalgia voluntária daquela que não é? O problema prenuncia o que enfrentarão, no fim do século XIX, os médicos atentos em distinguir entre as paralisias *simuladas* e aquelas que acompanham a *histeria*, conduta patológica que não decorre da vontade refletida. Para os médicos do exército napoleônico, uma série de sinais objetivos permitiam detectar os que ludibriavam: eles não têm as modificações de pulso, o olhar brilhante, o emagrecimento catastrófico que figuram entre os sintomas autênticos da doença.

Pensou-se ser possível fixar um *quadro clínico* da nostalgia. Aqui, reunidas por Philippe Pinel, estão as manifestações mórbidas que guiavam o médico de 1800 ao diagnóstico da nostalgia:

> Os principais sintomas [...] consistem num ar triste, melancólico, num olhar estúpido, olhos às vezes desvairados, rosto às vezes inanimado, um desgosto ge-

* Engraçado, alegre. (N. T.)

ral, uma indiferença por tudo; o pulso ora é fraco, lento; ora é rápido, mas apenas sensível; uma sonolência um tanto constante; durante o sono, algumas expressões escapadas junto com soluços e lágrimas; a quase impossibilidade de sair da cama, um silêncio obstinado, a recusa de bebidas e de alimentos, o emagrecimento, o marasmo e a morte. A doença não é, entre nós, levada a esse último grau; mas se não é funesta de maneira direta, torna-se de maneira indireta. Alguns têm bastante força para superá-la; em outros, é mais longa e por conseguinte prolonga sua permanência no hospital; mas essa permanência prolongada quase sempre se torna para eles funesta, pois mais cedo ou mais tarde são atacados pelas doenças que reinam de maneira terrível nos hospitais militares, tais como as disenterias, as febres remitentes, as febres adinâmicas, atácticas etc.[34]

Conforme vemos, em sua forma *simples* a nostalgia é uma doença moral que, por si só, já pode levar à morte; em sua forma *complicada*, doenças intercorrentes apressam o final do pobre paciente. Na verdade, a medicina do fim do século XVIII e do início do século XIX atribui às *causas morais* uma importância ao menos igual à que hoje lhes reconhecem os psicossomáticos mais resolutos. Para Pinel, para o barão Larrey, para Percy e seus numerosíssimos alunos, a ideia obsessiva provoca uma lesão ou uma irritação cerebral, e estas, em virtude das teorias "solidistas", nas quais o sistema nervoso reina soberano, logo provocam as lesões viscerais mais variadas. "O cérebro e o epigastro são afetados simultaneamente. O primeiro concentra todas as suas forças numa só ordem de ideias, num só pensamento; o segundo se torna o centro de impressões incômodas, de compressão espasmódica" (Percy e Laurent).[35] Mas essa "excitação encefálica perseverante", segundo Bégin,[36] possui a propriedade de "reagir não só sobre o epigastro, mas sobre todas as principais vísceras, que são simpaticamente afetadas". Para essa medicina que ainda ignora os agentes infecciosos, todos os estados inflamatórios meníngeos, todas as gastroenterites e as pleurisias observadas na autópsia dos nostálgicos encontram sua causa e origem na própria nostalgia: são expressões orgânicas, formas extremas desse mal.

Auenbrugger, o inventor da percussão, descreve os efeitos da nostalgia de um modo que merece ser citado:

> O corpo definha, enquanto todas as ideias se concentram numa inútil respiração, e uma faixa pulmonar resulta, na percussão, em um som opaco. Abri inúmeros

cadáveres de pacientes mortos dessa afecção, e em todos encontrei pulmões muito aderentes à pleura torácica, o tecido dos lobos situados do lado da opacidade apresentando um espessamento caloso e uma purulência mais ou menos marcada.[37]

Ao lermos essas linhas, temos a impressão de que tudo se passa, na *imaginação* do médico, como se interviesse uma afinidade secreta e obrigatória entre o humor sombrio, o ensombrecimento moral do nostálgico e o ensurdecimento da sonoridade torácica. Um idêntico véu fúnebre vem ofuscar os pensamentos e pulmões do nostálgico: a opacidade pulmonar é a imagem concreta do sombrio psicológico.

Para nós, a coisa é clara: trata-se de tuberculose, e os clínicos "organicistas", mais tarde, não hesitarão em dizer que as alterações do humor são, na verdade, as consequências da tuberculose, não sua causa. De todo modo, é essa a opinião que prevalece no final do século XIX. À medida que a anatomia patológica progride, à medida que a bacteriologia multiplica suas descobertas, vemos a nostalgia perder pouco a pouco a importância que ainda lhe conferiam os médicos da época romântica; simultaneamente, quando se estabelece um regime militar menos rude, quando um tratamento melhor é reservado aos marinheiros, quando os soldos tornam-se mais substanciais e os castigos corporais são aplicados com menos frequência, as estatísticas dos hospitais militares ingleses e franceses veem diminuir os casos anunciados de nostalgia. Com algumas exceções: os soldados dos corpos expedicionários, os primeiros colonos europeus da Argélia, sobretudo se foram recrutados a contragosto.

Numa data tardia, em 1873, a Academia de Medicina coroa a notabilíssima memória sobre a *Nostalgia* do médico militar Auguste Haspel.[38] Podemos ver aí, se quisermos, o combate de retaguarda travado pela tendência *psicossomática* da velha tradição, destinada a ser brevemente suplantada pelas descobertas modernas da patologia celular e da bacteriologia. Mas também podemos distinguir, de muitos pontos de vista, uma linguagem prenunciadora da psicossomática do século XX. Haspel nos propõe uma visão unitária da doença, aceita que busquemos a etiologia verdadeira na vida afetiva, já que ela é capaz de uma repercussão orgânica múltipla e profunda:

A nostalgia é uma manifestação viciosa e perturbada da vida, sob a influência de um dano da parte moral e afetiva do indivíduo, isto é, do caráter [...]. Esses dis-

> túrbios, essas alterações orgânicas não vieram sozinhos, não se produziram por si sós no estado em que os vemos o mais das vezes; tiveram um começo; portanto, há alguma coisa que os precedeu, que os trouxe, e essa alguma coisa é a ideia triste, é essa infeliz disposição da alma que determinou essas modificações orgânicas — as quais não constituem, por si mesmas, a causa da doença, mas apenas uma de suas expressões anatômicas. A nostalgia, eis o fato primitivo inicial, essencial e, se posso dizer assim, a espinha patológica; isto quer dizer que nada começou antes dele e que ele é, nos primeiros tempos, toda a doença.[39]

Mas, nessa data, Haspel lutava por uma causa perdida. O movimento da descoberta científica se encaminhava para outra direção. No contexto da era pasteuriana e da anatomia patológica em plena expansão, as ideias de Haspel, se tivessem sido ouvidas, apenas teriam tido um efeito retardativo. Possuíam, naquele momento, um significado reacionário. Havia mais a ganhar, para a medicina em 1873, em recorrer aos métodos (tão profundamente criticados por Haspel) de desmembramento da totalidade humana, de análise, de exame dos órgãos isolados. Embora Haspel estivesse certo ao dizer que não se alcançava o *primum movens* [motor primário] psicológico da doença, era melhor não escutá-lo. Fazendo a caça aos bacilos, era menor o risco de se iludir com as palavras, ainda que fosse para perder de vista provisoriamente a unidade da pessoa que sofria, o caráter "histórico" e individual da doença (com o qual a medicina atual se preocupa mais). Os métodos clínicos terão ensinado, nesse meio-tempo, a reconhecer melhor uma pluralidade de fatores: a parte do "terreno", a transmissão dos transtornos psicológicos por intermédio do sistema neurovegetativo ou hormonal, o papel não menos considerável dos agentes microbianos ou tóxicos que a isso se acrescentaram.

UMA LITERATURA DA INFÂNCIA PERDIDA

Banida dos manuais da clínica médica, acaso a nostalgia logo deixará de interessar a ciência? Por volta de 1900, se já não se leva muito a sério a sua repercussão orgânica, há um campo em que o conceito de nostalgia ainda se mantém: é a psiquiatria. Quando um jovem montanhês definha na capital, ninguém se interroga sobre as causas morais de seu estado: examinam os seus pulmões e descobrem uma tuberculose. Mas, se ele põe fogo na oficina onde trabalha, ou tenta se suicidar, é preciso buscar uma motivação psicológica. No início do século XX, são sobretudo os estudos alemães ou suíços que analisam essas reações de adolescentes, cujo aspecto é muitas vezes o de um impulso ou de uma reação em curto-circuito; esforçam-se para estabelecer o peso de diversos fatores: o rigor da pressão externa, as taras psicológicas do sujeito (debilidade mental, epilepsia), as características específicas do meio original de que o sujeito está separado. Um exemplo notável desse tipo de pesquisa nos é oferecido pela tese de medicina de Karl Jaspers, *Heimweh und Verbrechen* [nostalgia e criminalidade]. O trabalho data de 1909.

A palavra "nostalgia" reaparecerá de novo, esporadicamente, na literatura psiquiátrica dedicada, depois de 1945, aos distúrbios psíquicos provocados pela vida nos campos de prisioneiros ou de refugiados. Tendo hoje se tornado infinitamente mais raro, o uso especializado da palavra "nostalgia" pisca e vacila: estejamos certos, amanhã estará extinto. Resta, é claro, o emprego desse termo pela língua "corrente"; seu valor primitivamente poético assumiu pouco a pouco uma conotação depreciativa: a palavra designa a inútil saudade de um mundo social ou de um modo de vida do passado, cujo desaparecimento é inútil deplorar.

Vários conceitos, em psiquiatria, se substituíram à noção de nostalgia. Correspondem, por um lado, a um esforço de análise mais avançada do comportamento dos nostálgicos. Por outro, modificam radicalmente a própria imagem da afecção designada. O tom se desloca. Não se fala mais de doença, mas de reação; não mais se sublinha o desejo de retorno, mas ao contrário a falta de adaptação. Quando se demonstra uma "reação depressiva de inadaptação social", o nome conferido ao fenômeno deixa completamente de designar, como o fazia *nostalgia*, um lugar anterior, um local privilegiado: não mais se cogita a hipótese de uma cura pelo repatriamento. Ao contrário, insiste-se na falta de acomodação do indivíduo à sociedade nova na qual ele deve se integrar. A noção de nostalgia acentuava o meio original (o *Heim*); a noção de inadaptação acentua, imperativamente, a necessidade de inserção no meio atual, e a aptidão requerida para isso. Em muitos aspectos, essa transformação do conceito e da terminologia é indicativa de uma mudança que interveio na geografia social. A noção de nostalgia se desenvolveu na Europa no momento da expansão das grandes cidades; simultaneamente, vias de comunicação muito melhoradas tornavam mais fáceis os movimentos de população. Mas, na mesma época, a célula social da aldeia, as particularidades provincianas, os costumes locais, os dialetos ainda mantinham toda a sua importância. A distância diferencial era grande entre o meio aldeão e as condições que um adolescente encontrava na cidade grande e no Exército. O meio aldeão, fortemente estruturado, exercia um papel formativo. O desejo de retorno tinha, portanto, um sentido literal, estava orientado no espaço geográfico: visava uma "localidade" determinada. É evidente que o declínio da noção de nostalgia coincide com o declínio do particularismo provinciano: os rituais locais, as estruturas "atrasadas" praticamente desapareceram na Europa ocidental. A informação — o que se escuta e se vê seduz — é onipresente. O olhar para a aldeia natal não tem mais razão de ser um tormento, o retorno não tem mais nenhum efeito curativo.

Em muitos aspectos, no entanto, a "célula familiar", com seu caráter protetor e fechado, conservou a função formadora e "particularizante" que tinha outrora a comunidade aldeã. Já no século XVIII o nosógrafo Boissier de Sauvages observava que a nostalgia se manifestava na criança e que, quando se tratava de filhos de ciganos em perpétua migração, essa afecção não resultava da privação de um *lugar* determinado: essas crianças sofriam por terem sido separadas dos pais.[40] Constatações do mesmo tipo se multiplicam no século XX. Mas o termo de nostalgia, que marca fortemente o papel de um lugar, será suplantado, nos estudos de René Spitz ou de Bowlby, pelos termos mais adequados de "carência socioafetiva" ou de "patologia da separação".[41]

Como vimos, Kant já afirmava que o nostálgico deseja reencontrar menos o espetáculo da terra natal do que as sensações da própria infância. É na direção do seu passado pessoal que o nostálgico procura fazer o movimento do retorno: quando Freud desenvolver as noções de *fixação* e de *regressão*, apenas retomará, explicitará e precisará, numa nova terminologia técnica, a explicação sugerida por Kant. A palavra "regressão" implica, a seu modo, a ideia de retorno. Mas é dentro da sua própria história que o neurótico regressa. A aldeia está interiorizada.

O que de início fora definido como a relação com um lugar natal é, assim, redefinido nos nossos dias como relação com as figuras parentais e os estágios primitivos do desenvolvimento pessoal. Enquanto a nostalgia designava um espaço e uma paisagem concretos, as noções contemporâneas designam pessoas (ou suas imagens, ou ainda os seus substitutos simbólicos) e uma remanência subjetiva do passado vivido. Hoje, quando se acentua o imperativo da adaptação social, a nostalgia não mais designa uma pátria perdida, mas remonta a estágios em que o desejo não precisava levar em conta o obstáculo externo e não estava condenado a diferir a sua realização. Para o homem civilizado que não tem mais enraizamento, o que cria problema é o conflito entre as exigências da integração ao mundo adulto e a tentação de conservar os privilégios da situação infantil. A literatura do exílio, mais abundante que nunca, é, em sua grande maioria, uma literatura da infância perdida.

Uma variedade do luto

É lícito conjecturar que a nostalgia é uma virtualidade antropológica fundamental: é o sofrimento do indivíduo provocado pelo efeito da separação, quando ele ficou dependente do lugar e das pessoas com quem se estabeleceram suas primeiras relações. A nostalgia é uma variedade do luto. No entanto, o nome com que a designamos é um neologismo erudito do século XVII,[42] e a tese segundo a qual a nostalgia teria sido inventada nessa época poderia ser igualmente defendida. Deve-se lembrar que essa palavra — "nostalgia" —, hoje à disposição da língua comum (em múltiplos idiomas no mundo), surgiu no momento em que o sentimento que designa assumiu aspecto de doença aos olhos dos médicos e foi repertoriada nos livros de medicina. Foi uma palavra da linguagem especializada antes de se tornar um termo relativamente banal. Portanto, o que se inventou com a palavra "nostalgia" foi a atitude decididamente descritiva (patográfica) em relação ao sentimento assim designado.

Devemos admitir que uma atitude humana existiu antes de ter recebido um nome técnico. Os homens sentiram nostalgia antes que esse sentimento tivesse recebido uma denominação erudita, da mesma forma que houve sadismo antes de Sade, e que a Terra girou antes de Copérnico.

Podemos aceitar duas proposições. A primeira admite que os sentimentos preexistem às palavras que os denominam. A outra declara que os sentimentos só existem para nossa consciência refletida a partir do momento em que recebem um nome. De fato, há uma parte de afetividade que não depende da língua nem da cultura, e há outra parte que é tributária da língua. Essas duas proposições são verdadeiras a título complementar. Sabe-se que o mesmo ocorre com os nomes das cores.

Uma vez nomeado, e tendo adquirido uma identidade, um sentimento não é mais completamente o mesmo. Uma palavra nova condensa o incompreendido que, antes, permanecera difuso. Faz dele um conceito. Opera uma definição e traz um acréscimo de definição: torna-se matéria para ensaios e tratados. O nome de um estado afetivo, se é adotado e posto em circulação, não se propaga somente no vocabulário, produz novos sentimentos. Vivemos paixões cujas palavras nos precedem, e que não teríamos sentido sem elas. Lembremo-nos de que La Rochefoucauld escreveu: "Há pessoas que jamais teriam sido apaixonadas se não tivessem ouvido falar do amor".[43] As pessoas se suicidaram antes que Goethe escrevesse *Werther*, mas há outras que jamais teriam se suicidado se não tivessem lido *Werther*.

Será, primeiro, um efeito de moda ou de clichê, uma vertente da influência do boca a boca, um processo mais ou menos consciente de empréstimo literário. A difusão e a generalização acabam chegando: cada grupo, cada sociedade vê, em época determinada, várias palavras se repercutirem quase sem fim, num processo "interativo" que não difere daquele mesmo do aprendizado de uma língua.

ESTEREÓTIPOS DA DOÇURA

Antes de receber seu nome médico especializado, a nostalgia tinha um nome mais geral: *pothos*, *desiderium* — o desejo. Se queremos explicar o nome especializado, temos de dar um passo atrás e voltar sempre ao desejo.

Certos grandes textos épicos ou sagrados assinalam o começo de uma poética da nostalgia que marcou fortemente a tradição intelectual ocidental. Seu alcance foi não só literário mas teológico e filosófico. Convém relembrá-los, a fim de estarmos em condições de reconhecer seus traços mais tardios.

No início da *Odisseia*, Ulisses é cativo de Calipso, que deseja retê-lo em sua ilha. Insensível à promessa de imortalidade que lhe fizera a ninfa, ele pensa em Ítaca e se consome de tristeza nos rochedos da praia:

Desde muito ele sofre longe dos seus
numa ilha das águas, no meio do mar. [...]
Sonhando ver, quando nada, subir uma fumaça
do solo natal, gostaria de morrer.[44]

Para a memória literária da Antiguidade, a situação de Ulisses com Calipso torna-se uma figura paradigmática do exílio. Em seu exílio de Tomis, Ovídio faz consigo mesmo a aplicação disso;[45] e a fumaça ausente — esse simples sinal no horizonte — é a imagem emblemática da saudade:

> A prudência do rei de Ítaca não é duvidosa. No entanto, seu maior desejo é ver elevar-se a fumaça dos lares de sua pátria. Não sei por qual doçura a terra natal cativa os homens e não lhes permite esquecê-la.[46]

Igualmente emblemática é a atribuição da doçura ao que perdemos. O adjetivo *dulcis* impõe-se como o atributo obrigatório do que se abandonou ou se perdeu a contragosto e de que nos lembramos. É ele também o atributo da lembrança presente, contanto que não seja demasiado dilacerante. Abandonamos nossos doces prados: *Nos patriae fines et dulcia linquimus arva.*[47] O inventário do estereótipo da doçura, em várias literaturas, tomaria páginas inteiras. Irei até o ponto de dizer que é um dos marcadores do motivo da nostalgia, da "doce França" da *Canção de Roland* à "doce remembrança" da romança de Auvergne que Chateaubriand insere em *O último Abencerrage.* Basta se dar conta de que o estereótipo só é enfastiante quando há ausência de arte. Ele pode emocionar se for retomado por um grande poeta. Por exemplo, quando Baudelaire (tão próximo da latinidade), por duas vezes em *As flores do mal* menciona "a doçura do lar",[48] ou quando, em "O convite à viagem", evoca a "doce língua natal"[49] da alma.

O que Ovídio torna manifesto nas *Tristia* e nas *Epistolae ex Ponto* são alguns dos modos como aparecem lugares doravante perdidos, cenas que ali se passavam, ruídos e lamentos que acompanharam o momento da partida:

> Roma, minha casa, a imagem desses lugares tão desejados (*desiderium locorum*) e tudo o que resta de mim mesmo nessa cidade perdida, retornam a mim. Ai, por que as portas de meu túmulo, a que tantas vezes bati, jamais se abriram? Por que

escapei a tantos gládios? Por que a tempestade não pôs fim a minha existência, que com tanta frequência ela ameaçou?[50]

A palavra "desiderium" está carregada de um significado muito vigoroso, já que é em latim que faz ouvir o que designará a palavra "nostalgia" em nossa linguagem mais recente. *Desiderium* evoluirá para produzir a palavra francesa "désir" [desejo]; ao passo que para oferecer o equivalente do latim *desiderium* o francês, por muito tempo, recorreu à palavra "regret".* A etimologia de *desiderium* remete, parece, a *sidus*, isto é, a *astre* [astro], a constelação.[51] O *regret* nostálgico foi assim associado à ideia de um "des-astre", o que é muito mais que um desenraizamento. Pois a perda do solo é, então, agravado pela perda das proteções cósmicas.

A tristíssima imagem do mundo perdido (*tristissima imago*) se desdobra em Ovídio por uma lembrança sonora. Tumulto, lamentos, lágrimas remontam do passado. O relato da última noite, tão agitada, passada em Roma mistura à lembrança pessoal todo um fundo de memória lendária. A queda de Troia, desastre primeiro da grande família romana, se delineia na distância do passado. É um modo, para o poeta, de pôr seu próprio destino em pé de igualdade com o passado lendário da família do príncipe que lhe impôs o exílio:

> De qualquer lado que se virassem os olhos, só se viam pessoas chorosas e soluçantes (*Luctus gemitus sonabant*); pareciam funerais, desses em que a dor não é muda [...]. Esse, se é possível comparar grandes cenas com cenas menos imponentes, esse deve ter sido o aspecto de Troia no momento de sua queda.[52]

O poeta exilado compara seu destino com as catástrofes maiores da lenda. A memória, que desempenha papel inspirador, se verá atribuir igualmente um papel inibidor. A se crer em Goethe, quando relata o fim de sua temporada em Roma, ele se lembrava tão intensamente da beleza da elegia de Ovídio que, recitando-a, sentiu-se entravado em sua tentativa de escrever um poema sobre sua própria partida de Roma.

* Pesar, desgosto, nostalgia, decepção. (N. T.)

O aspecto "verbo-acústico" do sofrimento nostálgico não se limita ao tumulto da partida. Ovídio declara que desaprendeu o latim; sua boca está amordaçada: "Muitas vezes, quando tento dizer alguma coisa — confesso-o, para minha vergonha — as palavras me faltam, esqueci minha língua".[53]

Ser exilado é estar ameaçado de perder sua língua, sua possibilidade de falar. Em *Ricardo II* de Shakespeare, Mowbray, duque de Norfolk, assim que a sentença de exílio é proferida contra ele, sente-se fadado ao mutismo:

Minha língua agora me será tão inútil
quanto uma viola ou uma harpa sem corda.[54]

O inverso também acontece: o poeta exilado persiste em falar a própria língua mas ninguém o compreende. Ovídio se queixa: "Não há ninguém para quem eu possa ler meus versos, ninguém cujos ouvidos compreendam a língua latina. Portanto, é só para mim (como eu faria de outra maneira?) que escrevo, é só para mim que leio meus versos".[55] Sublinhemos a importância do laço entre o exílio e a escrita autodirigida. "Sibi scribere": esta é a expressão usada por Ovídio. Rousseau, no primeiro de seus *Devaneios*, adota a atitude do exilado e declara que de agora em diante não tem mais destinatário. Já não escreve senão para si mesmo.

Outro sintoma da condição exilada é o mal-entendido, que se torna um desespero às raias da paranoia: as palavras do exilado não só não são compreendidas, como o expõem ao escárnio, ao que ele acredita ser o deboche por parte de seus interlocutores; com certeza não é por acaso que entre os versos que vamos citar se encontra aquele de que Rousseau fez a epígrafe de duas de suas obras (o *Primeiro discurso* e os *Diálogos*):

> *Barbarus hic ego sum quia non intelligor illis* ... Sou obrigado a recorrer aos sinais para me fazer entender. Aqui sou um bárbaro pois os homens não me compreendem, e que as palavras em latim são motivo de chacota dos getas estúpidos. Muitas vezes, em minha presença, falam impunemente mal de mim; transformam talvez em crime o meu exílio; e como, enquanto falam, me acontece aprovar por um sinal, ou desaprovar, tiram conclusões desagradáveis sobre mim.[56]

A psiquiatria moderna isolou psicoses que eclodem nos meios linguísticos estrangeiros.[57] O desenraizamento linguístico é patogênico. Encontramos aqui uma evocação precisa dos fenômenos primordiais desses distúrbios psicológicos.

Existe um alívio? Ovídio evoca a compensação que todos os cativos, todos os trabalhadores forçados podem encontrar no canto:

> Eu estava exilado, procurava o repouso (*requies*), não a glória, para que o espírito (*mens*) não fique fixado em seus males. É por isso que o escravo condenado a escavar a terra, de ferros nos pés, canta para aliviar, por melodias rebeldes, o peso do trabalho; que penosamente curvado sobre a areia lamacenta o barqueiro canta, arrastando com lentidão sua barca contra a corrente, e que canta também o marujo que traz ritmados os remos lentos contra seu peito. Assim o pastor cansado se apoia em seu bastão ou se senta sobre um rochedo para enfeitiçar suas ovelhas com o canto de sua flauta. Assim a serva engana seu pesar cantando, por pesada que seja a meada.[58]

Du Bellay se inspira diretamente nesses versos no soneto XII dos *Regrets*:

Assim canta o operário fazendo sua obra,
Assim o lavrador fazendo sua lavoura,
Assim o peregrino com saudades de casa.

Assim o aventureiro sonhando com sua dama,
Assim o marinheiro puxando seu remo,
Assim o prisioneiro amaldiçoando sua prisão.[59]

Melhor que o alívio, é o remédio que o poeta pode encontrar no exercício da poesia. No entanto, foi o exercício da poesia que lhe valeu todos esses males. Então a poesia será como a lança de Aquiles, segundo o mito de Télefo. Ferido por Aquiles, Télefo só poderá ser curado por Aquiles. O oráculo anuncia que a arma que causou o ferimento trará a cura: a ferrugem da lança será salutar.[60]

Ovídio recorre igualmente à "sobrecompensação". Sua causa, declara, será vitoriosa depois de sua morte. Sua voz será enfim ouvida no universo inteiro. A desforra lhe é prometida: "Em vão estou confinado em praias distantes da Cítia [...], minha voz ressoará entre as nações imensas, e o ruído de meus lamentos se prolongará no futuro".[61]

Raras são as ocasiões em que vemos se constituírem os termos destinados a se acrescentar ao léxico dos sentimentos, a fazer fortuna, a entrar para o vocabulário de várias línguas. Foi o caso da palavra "nostalgia".

Os ruídos da natureza

A poesia didática do fim do século XVIII costumava traduzir em versos as ideias recentes dos médicos e dos filósofos. Queria, de um lado, propagar a admiração pelas conquistas da ciência, inventar o *De rerum natura* dos conhecimentos novos, mas, de outro, não demorou a soar o alarme quanto ao desencanto do mundo provocado pelos êxitos da métrica e do cálculo. Sendo universais as verdades da ciência, estabeleceram-se lugares-comuns, quando o saber científico permanecia em dívida com a poesia. Assim aconteceu com o saber constituído em torno do neologismo "nostalgia", que vimos se tratar de um amálgama de duas palavras gregas (*nóstos*, o retorno, e *algia*, a dor), proposto numa tese de medicina em Basileia, em 1688, defendida por Johannes Hofer, de Mulhouse, sob a presidência de Johannes Jacob Harder, de Basileia. Esse vocábulo oferecia uma garantia erudita à noção popular de "saudades da terra" (*Heimweh*)[62] e recolhia a memória de uma tradição poética datando de Homero. Mas os casos médicos citados relatavam observações recentes. A doença, garantia o autor, afeta o mais das vezes estudantes e soldados, exemplos ilustrativos dos que são separados sob coação de sua terra natal. Eram exemplos "modernos", que se substituíam aos exemplos mais antigos do exilado e do prisioneiro. O neologismo médico, moldado de maneira feliz num quadrissílabo feminino, introduziu-se aos poucos no vocabulário corrente. Toda uma tradição europeia, de inspiração religiosa ou platônica, desenvolvera o motivo do exílio da alma. Nos séculos XVIII e XIX, viagens para muito longe, às vezes impostas à força, uma consciência mais profunda da diversidade das condições sociais que implicavam o desenraizamento e a perda da liberdade, permitiam a atualização do motivo — sua laicização.

Em seus *Pleasures of Memory* (1792), o poeta inglês Samuel Rogers é uma testemunha disso, entre muitas outras. Não esqueceu o que diziam os tratados de medicina, e depois os vulgarizadores (até Rousseau no artigo "Música" de seu *Dictionnaire*), sobre a nostalgia do soldado suíço que "vigia uma praia estrangeira". Ele lhe acrescenta o comerciante da Savoia com "sua flauta de som alegre" que atravessa os Alpes acima das nuvens e dos temporais, acreditando ouvir a voz dos filhos que ficaram na aldeia, misturada com o rumor da torrente:

> [...] *O suíço intrépido que vigia uma praia estrangeira,*
> *Condenado a não mais escalar seus cimos escarpados,*
> *Se ouve o canto tão docemente selvagem*
> *Que encantava as horas de sua infância naqueles cumes,*
> *Enternece-se ao ver elevar-se em torno de si cenas há muito perdidas,*
> *Arrepende-se, suspira, e morre como mártir.*
> [...]
>
> *Quando o amável filho da Savoia vai em sua jornada*
> *Com suas pobres mercadorias tocando uma melodia alegre em sua flauta,*
> *Quando deixa seu verde vale e o chalé que o abriga,*
> *Para cruzar os Alpes e visitar céus estrangeiros,*
> *Quando abaixo dele vê brilhar o relâmpago bifurcado,*
> *E que a seus pés a trovoada vem morrer,*
> *Frequentemente, embalado na sela por um rude sono,*
> *Enquanto sua mula vagabundeia pela ladeira vertiginosa,*
> *Ao sabor de sua memória, ele está sentado em casa, vê*
> *Seus filhos brincarem sob as árvores que os viram nascer,*
> *Inclina-se para escutar os apelos de suas vozes angelicais*
> *Mais fortes que a água furiosa da torrente que cai.*[63]

Essas vozes ouvidas são uma "paracusia", uma ilusão acústica que acompanha o meio-sono, e ao mesmo tempo resultam de um ato de memória, misturando a lembrança à percepção atual.

Essas imagens da solidão desolada em terra estrangeira se encontram em Jacques Delille, em versos desesperadamente elegantes, no quarto canto de *L'Imagination* (1794):

Mas veja o habitante desses rochedos helvéticos:
Abandonou ele esses lugares, atormentados pelos ventos,
Encrespados de geadas, sulcados de torrentes?
Nos climas mais suaves, em suas moles delícias,
Ele sente saudades de seus lagos, rochedos, precipícios,
E como, batendo-lhe com a mão severa,
A mãe sente o filho apertar-se contra seu seio,
Seus horrores até mesmo nele gravam melhor sua imagem;
E quando a vitória conclama sua coragem,
Se o pífaro imprudente faz ouvir essas melodias
Tão doces para seus ouvidos, tão queridas para sua alma,
Pronto, ele espalha lágrimas involuntárias;
Suas cascatas, suas rochas, seus sítios cheios de encantos,
Oferecem-se a seu pensamento: adeus, glória, bandeiras,
Ele acorre a seus chalés, acorre a seus rebanhos,
E não para, até que a alma enternecida
De longe tenha visto suas montanhas e sentido sua pátria:
De tão doce é lembrança que embeleza o deserto![64]

Os ruídos da natureza, por si só, podem despertar as mesmas reminiscências que a música e a voz. O "homem sensível" compunha seu personagem atribuindo-se êxtases e devaneios na natureza. Antoine de Bertin, adotando o tom elegíaco, escreve numa carta: "Sentado à beira dessa torrente cujo barulho, semelhante ao do mar, nos atordoa noite e dia, entrego-me à mais doce melancolia. A fuga da água me retraça a do tempo. Sonho com todas as perdas que tive numa idade tão pouco avançada".[65] Jean-Antoine Roucher estabelece as mesmas associações:

Restituído a mim mesmo, vou ainda desfrutar,
Ao longo desse riacho que a roseira-brava decora;
Levo meus passos de meandro em meandro:
Vejo-o esconder-se, mostrar-se alternadamente,
Desço com ele para o vale sombreado,
Agreste labirinto, onde minha voz amorosa
Suspirou outrora meus prazeres, meus tormentos.
Esse lugar em mim desperta sentimentos tão queridos,
Vive, no duplo aspecto dos túmulos e das ondas,
O eterno movimento e o eterno retorno.
E por graus, no seio da melancolia,
Minha alma cai docemente, sonha e se esquece.[66]

William Cowper, no início do sexto canto de *The Task* [a tarefa], de 1785, é mais original: evoca os sinos da aldeia e o aparecimento das lembranças, que lhe trazem a memória do pai falecido, e depois a do passeio de inverno ao meio-dia. Sainte-Beuve cita uma página que ele admira:

> Há nas almas uma simpatia com os sons e, dependendo se o espírito subiu a certo tom, o ouvido é lisonjeado por melodias suaves ou guerreiras, vivas ou graves. Alguma corda em uníssono com o que ouvimos é tocada dentro de nós, e o coração responde. Como é comovente a música desses sinos de aldeia que, por intervalos, vêm bater no ouvido em doces cadências, ora morrendo ao longe, ora retomando com força e sempre mais alto, claro e sonoro, dependendo do vento que chega! Com uma força insinuante ela abre todas as células onde dormia a Memória. Qualquer que seja o lugar onde ouvi melodia semelhante, a cena me volta no mesmo instante, e com ela todos os seus prazeres e todos os seus pesares. Tão vasta e rápida é a olhadela do espírito que em poucos instantes eu retraço (como sobre um mapa o viajante retraça os países percorridos) todos os desvios de meu caminho por muitos anos [...].[67]

Cowper compara a existência passada a uma viagem. Sem dúvida, a imagem é banal. Mas o que é menos esperado é que a reminiscência provocada pelo som dos sinos oferece a imagem sinóptica e instantânea de todas as etapas do itinerário de uma vida inteira. A recomposição é total, análoga à que se atribuiu à visão panorâmica dos moribundos.[68]

Há outro som que provoca o afluxo das lembranças e da tristeza: o realejo. Em suas *Mémoires*, a sra. de Genlis, descrevendo seu efeito, fala da acuidade de sua percepção repentina da desgraça: "De repente passa na rua um realejo bem afinado, bem suave, tocando uma ária cuja melodia fala a meu coração, reanima sua sensibilidade coagida e reprimida pela razão. Lembranças enternecedoras e cruéis se retraçam intensamente em minha imaginação, saudades supérfluas dilaceram minha alma; reencontro toda a minha desgraça, vejo-a em todos os seus detalhes, sinto-a em toda a sua extensão. As sensações da melancolia e da dor afastaram esse véu misterioso que a escondia de mim pela metade. Todas as feridas de meu coração se reabrem ao mesmo tempo. Meu pincel escapa da mão; lágrimas amargas inundam a flor que eu acabava de esboçar".[69]

Um instrumento singular conheceu em certa época muita simpatia: a harpa eólia. Feita de cordas esticadas que vibravam ao sopro do vento, ela tornava sensíveis e audíveis, em seu aparente acaso, os fluxos aéreos, as mudanças atmosféricas. Era a natureza que a tocava e, assim, fazia ouvir sua própria música. Ou melhor: é uma tradução acústica imediata de um fluxo natural caprichoso, num instrumento que o homem concebeu para captá-lo. Coleridge compôs em 1795 um belo poema intitulado "The Aeolian Harp" em que não são lembranças pessoais mas a natureza inteira que desperta no ouvinte. "Oh! A Vida una que, dentro de nós e fora, encontra todo o movimento e se torna sua alma, uma vida no som, uma potência sonora na luz, um ritmo em cada pensamento, e por todo lado uma onda de alegria."

Memória e ficção misturam-se na invenção ossianesca. E seu lugar original é a beira das águas correntes. Sabe-se de que maneira James Macpherson, em seus *Fragmentos da antiga poesia coletados nas montanhas da Escócia*, se identificou com o poeta primitivo de quem pretendia ser apenas o editor. Seu "falso" é a paráfrase de um texto supostamente perdido e reencontrado. Na verdade, é uma reconstituição imaginária. Quanto ao poeta fictício, ele também se apresenta como um transcritor: ouviu seus cantos como histórias do passado, ditadas pela voz dos rios e pelos vales escoceses. As palavras atribuídas a Ossian se apresentam, pois, em seu próprio passado, como os ecos nostálgicos de um outro passado, muito mais distante, conservado na memória dos cursos d'água. Assistimos a uma reduplicação da reminiscência. O Ossian fictício é um primeiro poeta milagrosamente reencontrado, que canta as histórias de uma idade anterior, embora fazendo eco à voz da natureza:

> Acontecimentos dos séculos passados, ações dos heróis que não existem mais, revivei em meus cantos! O murmúrio de teus riachos, ó Lora, lembra a memória do passado.[70]

É o ruído da água que dá impulso à reminiscência. A maioria dos poemas épicos da Antiguidade greco-latina começava por "Eu canto" ou por uma evocação das Musas. "Ossian" define-se como um primeiro "romântico", pelo fato de que sua inspiração é atribuída à voz dos elementos, ao espírito de um lugar, ao gênio de uma nação. O "bardo" é apresentado como um ouvinte que percebe uma música vinda do fundo das eras. Lê-se em *Fragments of Ancient Poetry* (VIII):

> Ouço o riacho embaixo, seu rouco murmúrio sobre as pedras. Ó riacho, que queres de mim? Traz-me a memória do passado.[71]

Em 1792, Wordsworth escreve os *Descriptive Sketches* em que recompõe suas impressões sobre uma recente viagem à Suíça. Aí insere uma evocação do jovem mercenário expulso do lar natal pelo próprio pai, e que definha nas planícies longínquas:

> *Quando se afastam e se perdem todas as felicidades familiares,*
> *Por que sua triste lembrança deve obcecar o espírito?*
> *Ai! Quando o exilado vagabundeia pelos buquês de salgueiros da planície batava*
> *Ou nas beiras do Sena indolente,*
> *A melodia alpestre se derrama sobre o redemoinho das águas*
> *E vem tocar as afeições em sua célula mais profunda;*
> *Um doce veneno se espalha nas veias de quem a escuta,*
> *Mudando os prazeres passados em dor mortal,*
> *Esse veneno, ao qual não resiste um corpo de aço,*
> *Inclina sobre o túmulo sua jovem cabeça arrasada.*[72]

Durante sua narração, Wordsworth evocara uma "tradição" que fala de uma idade de ouro alpestre e de um antigo reino da liberdade (versão de 1793, versos 474-85 e 520-35; versão de 1850, versos 386-405). No retorno, o poeta atravessa a França na revolução e tem uma sensação de esperança e alegria.

Vendo surgir uma alvorada de justiça e liberdade, ele saúda um novo nascimento e uma terra nova:

Ah, surgido das chamas, um grande e glorioso nascimento,
como se um novo céu saudasse uma nova terra! [73]

O clima de nostalgia do jovem mercenário expatriado inscreveu-se, portanto, num quadro cronológico mais amplo, entre a saudade de uma felicidade muito antiga e o anúncio de uma era nova em que a opressão desapareceria. Deve-se acrescentar que o definhamento nostálgico é apenas uma figura passageira no repertório das imagens de Wordsworth. Mesmo quando ele se volta para o próprio passado, Wordsworth, em sua poesia, é um homem em marcha, diante de quem se descobre a profundidade do mundo. É ávido demais, impaciente demais para que a separação o detenha. "A Beleza [...] espera meus passos", escreve nos versos que servem de prefácio e de "Prospectus" a *The Excursion*. A Beleza é uma "viva presença da terra" ("*a living Presence of the earth*"). É em si mesmo que Wordsworth deseja descer, para subir mais alto que os céus. Ora, essa terra é aquela de hoje, não aquela de que falam os grandes mitos.

... Paraísos, bosques
Do Eliseu, Campos dos Bem-Aventurados — tais os que outrora
Foram procurados ao largo do Atlântico —, por que seriam
Uma história somente de coisas desaparecidas.
Ou a pura ficção do que jamais existiu?
Pois o intelecto clarividente do homem,
Caso se una em amor e santa paixão
A esse universo de bondade, achará
Que eles são o simples produto do dia comum.[74]

Se interveio o sentimento de perda, é para que logo toque a chamada de uma partida na justa direção, para núpcias com a simplicidade do real e para que a "existência vivida expresse a imagem de um tempo melhor" — "*May my Life/ Express the image of a better time*".[75] Mas o poeta também deve prestar atenção nos sons chorosos da angústia solitária nos campos, no tumulto das massas em revolta nas cidades. O grande tema acústico da nostalgia é, pois, transportado, para Wordsworth, a todo o sofrimento humano do início do século XIX.

Esse complexo de imagens em parte tradicionais oferecia-se à difusão, às combinações e às permutas analógicas. Podia servir à interpretação da condição moderna, no início da era industrial. Se bem que batido, o tema das saudades da terra ainda podia se prestar a versões poéticas populares ou pseudopopulares. Como, por exemplo, na coletânea *Des Khaben Wunderhorn*, o *lied* do desertor condenado à morte "*Zu Strassburg auf der Schanz*", habilmente remanejado por Clemens Brentano, mais tarde musicado por Gustav Mahler. Por outro lado, Balzac não se privava de imaginar heróis de romance atingidos pela nostalgia (Louis Lambert, Pierrette e, no modo ao mesmo tempo trágico e irônico, o primo Pons). Os fenômenos de memória ligados aos sons ou a outros registros sensoriais puderam então ser mencionados por si só, acompanhados talvez de melancolia mas também de admiração. A consciência subjetiva aí encontrava razões de perceber a si mesma como um mundo. É o que encontramos nos grandes momentos de Chateaubriand, desde as cartas a Joubert (dezembro de 1803) e a Fontanes (janeiro de 1804) sobre o campo romano: aí se trata do ruído da cascata de Tívoli, que o faz pensar no vento das florestas da América, no barulho das praias da Armórica. Quando evoca, na famosa página do início de suas *Memórias* (livro III, I), o canto do tordo de Montboissier, Chateaubriand não sente nenhuma privação, nenhuma agravação mortal de seu sentimento costumeiro de finitude: reencontra de súbito Combourg e as imagens perturbadoras da infância. Com certeza haveria razão para se interrogar sobre os componentes incestuosos desse retorno ao passado que o faz reencontrar também a irmã bem-amada. Assim como haveria razão para indagar se a nostalgia dolorosa de Mignon, no *Wilhelm Meister* de Goethe, não tem a ver com o incesto da qual ela nasceu... Mas eu não gostaria que o admirável *Infinito* de Leopardi dissesse outra coisa além do que diz, quando o poeta ouve "*Il vento odo stormir tra queste piante*" e compara "*quello infinito silenzio a questa voce / mi sovvien l'eterno, et le morte stagioni, e la presente e viva, e il suon di lei.*"[76]

O sistema das imagens-tipo da nostalgia presta-se a muitas variantes. Algumas não são isentas de ironia. Como se escarnecesse de uma velha lenga-lenga, Baudelaire declara, em "Horror simpático": "Não gemerei como Ovídio/ Expulso do paraíso latino".[77] É um modo de recusar a retórica tradicional da nostalgia, de se distanciar embora lembrando-a. E é interessante observar, em Baudelaire, como a referência à tipologia da nostalgia se tornou indireta, embora permanecendo insistente. Em muitos poemas, e em especial em "O cisne", o pensamento do poeta percorre uma série de figuras delegadas, pelas quais ele sente, sem dúvida, compaixão, mas com as quais não se confunde.[78] Os personagens evocados — Andrômaca, o cisne, "a negra, emagrecida e tísica", e depois a multidão infinita dos exilados — são com certeza vítimas e encarnações da nostalgia. Nessa qualidade, porém, apenas figuram um mal mais profundo, uma deserção mais radical. Diante do novo Páris que expõe a seu olhar um vasto teatro do exílio, o pensamento do poeta expressa uma metanostalgia, que a eventualidade de um retorno qualquer não amainaria. Para qual lugar poderia se dirigir o retorno? Foi justamente o próprio lugar que sofreu a destruição, ao passo que o poeta, que não largou esse lugar, sente na própria vida — em seu "coração" — o mesmo trabalho de destruição. "O velho Páris não existe mais." O luto é irremediável. O poeta evoca suas "caras lembranças", petrificadas, transformadas em "mais pesadas que rochas", e fabula o próprio exílio numa floresta onde "uma velha Lembrança soa com todo fôlego uma corneta". Mas não pode haver nisso nenhum retorno do exílio e distinguimos bem, por trás dessas imagens, o vazio essencial que tentam mascarar: a perda é radical demais para que seja possível procurar o remédio em outro lugar que não num universo de sinais, alegorias, músicas... A construção poética substituiu assim a nostalgia ingênua, que ainda acreditaria num verdadeiro retorno, numa representação refletida, que bem sabe que ela apenas ergue um simulacro, assim como Andrômaca mandou construir o "túmulo vazio" de Heitor, um repatriamento em imagem.

Se confrontamos os poucos empregos que Baudelaire fez da palavra "nostalgia", percebemos que foi para torná-la paradoxal, numa fórmula invertida várias vezes retomada. Ele a faz expressar um desejo especialmente intenso, uma aspiração voltada não para o passado mas para o desconhecido, para o distante. Baudelaire lê assim nos olhos de Delacroix "uma nostalgia inexplicável, algo como a lembrança e a saudade de coisas não conhecidas".[79] A versão em prosa de "O convite à viagem" evoca, por sua vez, "essa nostalgia do país que se ignora". Em "O jogador generoso", o perfume dos charutos oferecidos pelo diabo dá à alma "a nostalgia do país e de felicidades desconhecidas."

No estereótipo da nostalgia, conforme vimos, agrupam-se os diversos elementos de uma história repetível, análogos aos de uma intriga dramática ou do quadro característico de uma doença: o soldado, a expatriação, a música que reaviva as lembranças, a doçura dos bens perdidos, o desespero, a morte. Baudelaire provavelmente encontrara mil vezes esse estereótipo (quando nada, por intermédio de Ovídio), mas esse modelo tornara-se muito corrente e banal para ser repetido fielmente. Várias vezes Baudelaire desata esses elementos para reatá-los de um modo diferente. No entanto, não custamos a reconhecê-los. Essas unidades semânticas, que não lhe eram oferecidas pela natureza mas pela cultura, entraram como vocábulos em seu dicionário de imagens: serviu-se deles, provavelmente por instinto, para recompor uma nova imagem de si. É assim que os elementos do estereótipo reaparecem, reagrupados de modo distinto, em "O sino rachado" (LXXIV). Esse poema, cuja primeira versão intitulou-se "Spleen", precede os quatro *Spleen* em todas as edições de *As flores do mal*:

É amargo e doce, durante as noites de inverno,
Ouvir ao pé do fogo que palpita e esfumeia,
As lembranças longínquas lentamente se elevarem
Ao som dos carrilhões que cantam na bruma.

Bendito o sino de goela vigorosa
Que apesar da velhice, alerta e bem-disposto
Lança fielmente seu grito religioso,
Assim como um velho soldado que vigia sob a tenda!

Minha alma está rachada, e quando em seu tédio
Quer com esses cantos povoar o ar frio das noites,
É corrente acontecer que sua voz enfraquecida

Pareça o estertor espesso de um ferido que se esquece
À beira de um lago de sangue, sob um monte de mortos,
*E que morre imóvel entre imensos esforços.**

O título do poema, conforme observamos, faz eco a uma imagem que aparece em *La Comédie de la mort*, de Théophile Gautier; mas este não interioriza os "sinos rachados" que ouve. As "lembranças" da primeira quadra de Baudelaire, despertadas pelos "som dos carrilhões", embora ecoem Gautier, inscrevem-se de modo igualmente convincente no prolongamento da passagem de William Cowper sobre os sinos de aldeia que citei acima (*The Task*, sexto canto).

Aqui ficamos na área de influência dos poderes atribuídos à "melodia alpestre", portadora de "signos memorativos" segundo a expressão de Rousseau. O que é a um só tempo "amargo e doce" é a consciência do que não existe mais senão no longínquo. Essa doçura, dobrando a dor da perda, também faz parte do complexo das noções que tinham se agrupado em torno da nostalgia.

Mas o sistema das metáforas, nesse poema de Baudelaire, ainda nos revela outra coisa, que um belo estudo de John Jackson nos ajuda a perceber.[80] O eu poético dá vida ao som que ele escuta na noite e dirige um louvor ao sino, à fonte do sol, conferindo-lhe o estatuto de uma pessoa cujo canto sai de uma "goela": "Bendito o sino que [...] lança fielmente seu grito religioso"... Essa personificação se reforça pela similitude com o "velho soldado" que monta guarda. Seu "grito religioso" faz pensar nas angústias noturnas de Baudelaire e nos socorros que espera da oração: "O homem que faz sua oração da noite é um capitão que coloca sentinelas. Ele pode dormir".[81] Alegorizada sob a figura de um soldado, a voz do sino atesta uma valentia que o poeta perde a esperança de igualar. O eu do poeta, aparecendo no espaço mais limitado dos tercetos, declara seu mal por comparação: não tem o poder de lançar o mesmo "grito religioso" e é um outro soldado, não mais aquele que vigia mas aquele que o inimigo

* "*Il est amer et doux, pendant les nuits d'hiver,/ D'écouter, près du feu qui palpite et qui fume,/ Les souvenirs lointains lentement s'élever/ Au bruit des carillons qui chantent dans la brume.// Bienheureuse la cloche au gosier vigoureux/ Qui, malgré sa vieillesse, alerte et bien portante,/ Jette fidèlement son cri religieux,/ Ainsi qu'un vieux soldat qui veille sous la tente!// Moi, mon âme est fêlée, et lorsqu'un ses ennuis/ Elle veux de ses chants peupler l'air froid des nuits,/ Il arrive souvent que sa voix affaiblie///Semble le râle épais d'un blessé qu'on oublie/ Au bord d'un lac de sang, sous un grand tas de morts,/ Et qui meurt sans bouger dans d'immense efforts.*" (N. T.)

feriu mortalmente, tornando-o afásico. A voz afinal evocada não é mais aquela que se escuta, mas a que o último representante do poeta vencido, o soldado moribundo, é incapaz de despertar. Ela não possui o poder do primeiro carrilhão que se ouviu e que atravessava a noite e o frio. Com os "imensos esforços" do moribundo, o poema se conclui na profundidade do corpo, nos limites da agonia. Contrariamente à *subida* inicial das lembranças que "se elevam" (verso 3), os últimos versos evocam o *peso* do "montão de mortos" (verso 13). E "as *lembranças* longínquas" da primeira estrofe dão lugar no segundo terceto "ao ferido que se *esquece*". As antíteses são impressionantes. O contraste é igualmente notável entre o verso 13, formado por inteiro, na língua francesa, de monossílabos, e a estrutura fônica do verso 3 em que o vigor do carrilhão é simbolizado por agrupamentos trissílabos muito mais amplos. Observemos que o próprio poeta não se compara diretamente com o ferido. A comparação se refere à "voz" de sua "alma" e designa uma privação — uma rachadura — que afeta o centro do ser. A marcha do poema é implacavelmente descendente. Partindo da "goela vigorosa" do sino noturno, passando ao grito do soldado que vigia, depois ao estertor do ferido, o poema desenvolve uma sequência comparativa em que a potência se inverte antiteticamente em impotência. Já não se trata de um afastamento e de uma distância, como em tantos poemas sobre a nostalgia, mas de uma degradação ontológica (que tantos poemas de Baudelaire inscrevem sob o signo de Satanás). Sem dúvida, reconhecemos o desespero da palavra e o mutismo que contam entre os componentes constitutivos da dor nostálgica. Mas não se deveria ficar nessa leitura, que inscreveria Baudelaire no prolongamento de uma poesia do exílio.

O poema termina com versos admiráveis, em que encontramos a persistência de outra tradição, mil vezes atestada na prática do soneto, que consiste em expressar uma *derrota* pessoal na forma de um *fecho* perfeitamente exitoso segundo as imposições métricas da forma fixa. Desde o início do emprego do soneto, a palavra poética buscou se mostrar *feliz*, graças ao domínio com que evocava o sofrimento ou o fracasso amoroso. Era preciso que o soneto se concluísse expressando fantasticamente aquilo que vai em direção de seu fim — um infortúnio. Assim, Baudelaire, em "O sino rachado", soube evocar com a maior arte, em termos *inesquecíveis*, uma morte atroz no *esquecimento*. É um resultado extremo do tornar-se-poesia da nostalgia, bem além do definhamento do exilado. Em seu belo estudo sobre "Les Soldats de Baudelaire",[82] John E.

Jackson fala da "alegorização" do sino rachado no soldado moribundo, depois que a "alma" do poeta foi ela mesma alegorizada no "sino rachado": "Se o sino é um soldado que envelheceu bem, a alma, ao contrário, é um sino rachado cujos cantos só se aparentam ao 'estertor espesso de um ferido que se esquece'."[83] O ponto que Jackson sublinha é capital. Vejo aí até mesmo um dos aspectos que marcam a novidade de Baudelaire em relação à tradição que lembrei no início dessas observações. O poema, começando pela associação habitual das lembranças e do som do sino, chega a coisa muito diferente da saudade de uma época ou de um lugar perdidos. A vida que passou, o mundo anterior, a distância temporal e espacial não são evocados. Só prevalece uma ferida irreparável, o mal que é rachadura e que altera, em sua substância, o próprio ser. O nostálgico, embora definhe, ainda podia imaginar um retorno à terra natal. "O sino rachado", que por um momento Baudelaire pensou em intitular "Spleen", é como os quatro outros "Spleen" um poema da irreversibilidade do mal interior.

A noite de Troia

Por um grande relato dentro do relato, Virgílio remonta na *Eneida* aos começos do destino de Roma. Para satisfazer a curiosidade de Dido, rainha da terra da África onde a tempestade o jogou, Eneias conta sua história a partir da noite em que Troia foi destruída. A memória que Virgílio atribui a seu herói tem a destruição como origem. É uma história de ruído e fúria. E o célebre relato se anuncia como o retorno de uma dor que as palavras não conseguem traduzir. *Infandum regina jubes renovare dolorem.* "Tu nos ordenas, rainha, renovar uma dor indizível" (*Eneida*, II, v. 1). A própria rememoração é objeto de horror.[84] A palavra se declara faltante, inapta a retraçar as desgraças enfrentadas. Essa precaução oratória convida os destinatários fictícios, a rainha e seu círculo, e os leitores reais que nós somos, a superar pela imaginação tudo o que lhes será narrado. A realidade foi pior que o quadro que pode ser esboçado. Nada resta daquela cidade tão longamente defendida, e também falta chão à palavra. Assim sendo, por que não dar crédito a um relato que confessa logo de saída a insuficiência de seus recursos? Na noite do desastre, uma ajuda permanece. Aparições, *vozes* divinas ordenam que a navegação vá adiante, prometendo uma terra do Poente para a cidade nova que a posteridade dos vencidos erguerá. A noite fatal terá, assim, sido o ponto nulo, sem recuo nem retirada possíveis, de onde terá partido toda a ação posterior. O incêndio, seus clarões, suas cinzas são preliminares, e imprimem um caráter de necessidade à navegação venturosa e aos discursos narrativos que se seguirão. No terrível discurso noturno descrito por Virgílio, toda forma, agora precária, é arrastada pelo desmoronamento geral. Vozes, clamores, estrondos assumem uma importância maior no espaço sensorial. O relato de Eneias desenvolve assim um registro *auditivo* de grande amplidão. Da alta linguagem divina ao estrondo inarticulado da catástrofe, o ouvido do leitor de Virgílio está em constante alerta. Um percurso rápido pelo texto nos convencerá disso.

Eneias, primeiro, é apenas uma testemunha entre os seus. Conta o que viu e ouviu, como os outros: as mentiras do falso trânsfuga Sinon, depois a morte de Laocoonte e seus filhos, apertados por duas serpentes que saíram ruidosamente das ondas; o sacerdote morre elevando aos astros um uivo horroroso (*clamores horrendos.*) Esses gritos monstruosos marcam o início da desgraça.

Na noite que avança, as palavras e os barulhos serão cada vez mais importantes. Mal entrou no primeiro sono, Eneias é alertado pela sombra de Heitor. Ela lhe solicita que fuja: sua tarefa é, de agora em diante, reunir os companheiros e "percorrer o vasto mar para construir em outro lugar poderosas muralhas". A quatro versos de distância, a mesma palavra "moenia" (muralhas) designa as muralhas de Troia que vão desabar e as da cidade que será preciso construir. Mas a devastação já começou e o sonho se interrompe, pois os ruídos se tornam cada vez mais violentos:

> No entanto, de todos os muros da cidade se confundem gritos de desespero; e embora a casa de meu pai Anquises fosse recuada, solitária, cercada de árvores, os barulhos se tornam mais intensos e o horror das armas se aproxima. Sou arrancado do sono, subo às pressas ao píncaro da casa, ouvidos à espreita. Assim, quando ao sopro furioso dos ventos do Sul o fogo pega na seara ou quando a torrente, engrossada pelas águas da montanha, devasta os campos, devasta as gordas colheitas e a lavra dos bois, arranca e arrasta as florestas, o pastor, do cume de um rochedo, escuta esse estrondo, cuja causa desconhece, e fica pasmo (verso 298 ss.).

O desastre é atravessado pelos gritos de luto (*luctus*), os gemidos (*gemitus*), o estrondo da tempestade (*sonitus*), o calor dos humanos (*clamor*), a explosão das trombetas (*clangor*). Nas palavras de Eneias (v. 361-2), Virgílio declara a impotência da palavra e das lágrimas para expressarem a destruição e a luta vã contra a morte (*clades, funera, labores*). "O interior é apenas gemidos, tumulto e dor. Todos os pátios uivam o grito lamentável das mulheres: o clamor vai bater nas estrelas de ouro."[85] O barulho incita à comparação com o estrondo da árvore que se abate sob a tempestade. Na noite que se adensa, Eneias encontra sua mãe Vênus, aparição luminosa que lhe mostra brevemente o que os mortos não veem: os deuses enfurecidos contra Troia, trabalhando eles mesmos para sua destruição. E a ordem de fugir é reiterada. Os barulhos, a crepitação do fogo, os terrores se multiplicam. Por fim, no incêndio e no silêncio terrificante que se estabelece quando cessa toda resistência ("*simul ipsa silentia terrent*", v. 755), Eneias vê surgir a sombra de Creusa, sua esposa, que lhe dirige as últimas palavras premonitórias. Ela lhe conta que seu destino é a Hespérie, terra do poente onde corre o Tibre. Ao longo do relato, o registro dos sons terá prevalecido em sua maior diversidade, entre o silêncio da noite e o clamor ensurdecedor da devastação e do massacre, entre os barulhos desumanos e a alta linguagem da profecia que convoca a ação.

A epopeia de Virgílio ofereceu à literatura europeia um dos grandes modelos da abertura simultânea para um passado rememorado e um futuro em que a ação se instalará. Essa dupla abertura ganha em evidência quando Eneias, tendo descido aos Infernos, no sexto canto, encontra figuras do passado — seu pai Anquises, Dido suicidada — e as almas que se preparam para entrar na vida, futuros vivos, heróis que se sacrificarão pela pátria. Ele ouve choros e músicas, vagidos das crianças mortas e cantos religiosos dos bem-aventurados. Vozes anunciadoras dão forma ao império que se construirá. A descida aos Infernos faz penetrar o herói virgiliano no entrelaçamento dos tempos. Nas estações sucessivas de sua viagem subterrânea, fica sabendo dos castigos dos que foram julgados e vê o enxame de almas cujo destino é anunciado sem ser ainda realizado. Os ascendentes troianos e os descendentes romanos habitam os mesmos bosques. Virgílio afirma-se aqui como o poeta que sabe como se encaixam o passado e o futuro.

E quando Virgílio aparece no primeiro canto da *Commedia*, Dante o designa fazendo-o declarar: "Fui poeta e cantei o justo/ filho de Anquises que veio de Troia/ quando a orgulhosa Ílion ficou toda em chamas".[86] Encontra-se assim justificada sua qualidade de guia inicial da grande viagem cosmoteológica, num papel comparável ao que a *Eneida* atribui à Sibila do sexto canto. De partida para um movimento que se aparenta cientemente ao da descida aos Infernos da epopeia latina, *A divina comédia* é uma viagem entre passado e futuro a partir do "meio do caminho". O que está em jogo não é fundar um império mas receber a revelação da justiça de Deus, e depois ter acesso ao conhecimento afetuoso — à visão beatífica. Virgílio, o poeta pagão, só acompanha Dante até as portas do paraíso terrestre (*Purgatório*, XXX), quando, com Beatriz, aparece a claridade divina. Em toda a extensão desse trajeto, e até seu término contemplativo, o registro sonoro tem papel capital, no que Dante se mostra um perfeito discípulo. O *ambitus* sonoro estende-se dos gritos dos condenados aos cantos dos anjos, das discordâncias infernais às harmonias celestes. A viagem de Dante terá como limite não as muralhas de uma capital temporal, mas a contemplação da "luz soberana". Uma sutura se realiza, no canto XXX do *Purgatório*, pela virtude de duas citações latinas: para os leitores que têm a memória dos contextos, uma estreita ligação se estabelece entre, de um lado, os versos latinos da *Eneida* em que Anquises, que assistiu ao incêndio de Troia, anuncia o futuro de Roma até o funeral de Marcelo, e de outro, as palavras do evangelho de Mateus que fazem parte do ritual da missa. Os "mensageiros da vida eterna" saúdam a chegada de Beatriz cantando sucessivamente "*Benedictus qui venit*" (Mateus 21,9) e "*Manibus, oh, date lilia plenis*" (*Eneida*, VI, 883). Pelo poder da poesia, uma memória histórica fictícia se soma às imagens inventadas e sustentadas por uma fé atual. Mas, ao contrário do relato de Eneias que começava por declarar a linguagem inapta a dizer todo o sofrimento sentido, é a expressar o maior gozo que Dante se vê obrigado a renunciar: "Oh, como o dizer é fraco e como é curto/ para meu pensamento!/ Tão curto, diante do que escrevo,/ que dizer 'pouco' não basta" (*Paraíso*, XXXIII, 121-3).

O GRITO DE HÉCUBA

Na memória do incêndio de Troia, Pirro, o vencedor violento, que seu nome proclama ser "o flamejante", aparece no primeiro plano. Assinalo que, pelo efeito de uma coincidência não totalmente casual, esse personagem aparece em alguns momentos maiores da tradição literária ocidental.

Hamlet pede ao comediante que acaba de chegar em Elsenor para lhe dar um "antegosto" de sua arte (II, II). E esclarece o que quer dizer: um trecho que ele "ama acima de tudo" de uma peça "que nunca foi levada ao palco". Essa passagem é "o relato que Eneias faz a Dido, sobretudo quando fala do massacre de Príamo". Hamlet pensa nos reis assassinados. Quer ouvir uma tirada da qual se lembra. Sua memória é boa, busca um pouco as palavras e começa. Será uma amplificação, sobrecarregada de efeitos retóricos, de uma parte dos acontecimentos contados por Eneias a Dido no canto II de Virgílio.[87] Assim, Shakespeare atrai profundamente a atenção de seu público sobre o modo como o príncipe declamador provoca a efusão do comediante:

> HAMLET:
> [...] *Se vos restou a lembrança, começai então neste verso, vejamos, vejamos...*
> *"O feroz Pirro, a besta hircana..."*
> *Não é isso, mas o início é: Pirro...*
> *"O feroz Pirro, cujas armas negras*
> *"E o sombrio desígnio se assemelhavam à noite*
> *"Quando ele estava escondido no cavalo funesto,*
> *"Vai cobrir agora essa negrura*
> *"Com um horrendo brasão."* [...]*

Na tirada recitada por Hamlet, "o fogo das ruas" jogará "sua claridade maldita, implacável sobre o assassínio do rei". O comediante prossegue, com a evocação do combate desigual entre Pirro e o velho. Em seu relato hiperbólico, a cidadela desaba com estrondos, a trovoada rasga o céu. Quando a espada do vencedor abate-se sobre Príamo, o grito que Hécuba, sua esposa, dá "teria enchido de lágrimas os olhos ardentes do céu".[88] No fim da declamação, os olhos do ator estão cheios de lágrimas como se tivesse vivido aquele momento. É então que, num de seus grandes monólogos, Hamlet medita sobre a

* "[...] *if it live in your memory, begin/ at this line: let me see, let me see—/ 'The rugged Pyrrhus, like the Hyrcanian beast,'—/ it is not so:--it begins with Pyrrhus: —/ 'The rugged Pyrrhus, he whose sable arms,/ Black as his purpose, did the night resemble/ When he lay couched in the ominous horse,/ Hath now this dread and black complexion smear'd/ With heraldry more dismal* [...]". William Shakespeare, *Hamlet*, II, II. (N. T.)

ficção do teatro e sobre sua própria inação. "E tudo isso para nada!/ Para Hécuba! O que Hécuba é para ele, o que ele mesmo é para Hécuba,/ E no entanto ele a pranteia...".[89] Hamlet admira e denuncia o modo como o comediante foi captado por seu papel. E por outro lado, a única *representação* fictícia de uma desgraça fabulosa torna insuportável para Hamlet o que ficou paralisado em sua vontade. Ele não é um comediante, mas um filho. Seus motivos são muito mais reais. Ora, ele não gritou sua dor como o fazem Hécuba e o comediante que representa seu papel. Seu silêncio, por comparação, o acusa. Troia e a morte de Príamo pela espada representam aqui o imaginário por excelência, mas ao mesmo tempo aqui se manifesta uma espécie de norma. Embora a cidade tenha sido tomada de forma fraudulenta, o assassinato de Príamo é executado às claras. Em comparação, as manobras de Cláudio e de Gertrudes são monstruosas, assim como é revoltante para a consciência de Hamlet sua própria indecisão: "Mas eu, mas eu,/ Inerte, obtuso e poltrão, fico vadiando".[90] Pirro era a violência pura e às claras, a do tigre ("a besta hircana"); Cláudio e Gertrudes trancaram-se na astúcia dos manipuladores de veneno. A declamação do ator remeteu Hamlet a si mesmo, ou melhor, à consciência de seu afastamento, de sua *insuficiência* (retomo de propósito um termo de Montaigne).

A *Andrômaca* de Racine liga-se à matéria de Troia, numa peça inteiramente construída em torno de uma dupla impossibilidade. Cativa de Pirro, filho do assassino de seu esposo Heitor, a heroína não pode aceitar a união que ele lhe propõe; e sabe que Pirro mandará matar seu filho se ela recusar. A tragédia de Racine, como a de Shakespeare, diz respeito ao ponto da decisão. A noite de Troia, na memória da cativa, foi a cena do assassínio, do rapto e da tomada de refém. As palavras de Andrômaca estão entre os mais belos versos de Racine:

Pensa, pensa, Céfisa, nessa noite cruel
Que foi para todo um povo uma noite eterna.
Imagina Pirro, os olhos cintilantes,
Voltando ao clarão de nossos palácios abrasados,
Entre todos os meus irmãos mortos abrindo passagem,
E todo coberto de sangue excitando a carnagem.
Pensa nos gritos dos vencedores, pensa nos gritos dos moribundos,
Na chama sufocados, sob o ferro expirando.
Pinta nesses horrores Andrômaca desvairada.[91]

No mais profundo da memória, a cena da destruição não se apagou, os gritos não pararam de ecoar. O presente é um impasse, o futuro, inaceitável.[92] No ponto em que se trama a ação da tragédia, a alternativa é atroz: Andrômaca está rodeada pelo horror. Para onde se vira, vê ressurgir o mesmo massacre e o mesmo clamor. Ao final, no relato de Orestes, quando seu olhar se fixa no massacre e se enche de noite, os barulhos voltam: é o "grito de raiva" dos gregos que apunhalam Pirro. "Eu o vi em suas mãos algum tempo se debater/ Todo ensanguentado por seus golpes querendo se esconder;/ Mas enfim no altar ele foi tombar."[93] À imagem do vencedor de "olhos cintilantes" que Andrômaca encontrava no fundo da memória, corresponde, ao final do dia trágico, a imagem do mesmo personagem sob a forma do rei tombando "no altar".

Andrômaca reaparece na poesia francesa, associada de novo à memória de Troia:

Andrômaca, penso em vós! Esse pequeno rio,
Pobre e triste espelho onde outrora resplendeu
A imensa majestade de vossas dores de viúva.
Esse Simois mentiroso que por vossas lágrimas cresceu,

Fecundou de súbito minha memória fértil [...].[94]

O afastamento aumentou. Em "O cisne", esse grande poema da memória, a ocasião tratada por Baudelaire é a surpresa que foi o aparecimento de um cisne "evadido de sua gaiola" no campo de ruínas do "velho Páris" que estão derrubando. O exílio do cisne no meio daquele "bricabraque confuso" lembra a Baudelaire a imagem de Andrômaca em terra de exílio, debruçada perto do cenotáfio de seu "grande esposo" às margens de um "Simois mentiroso". O nome mesmo de Troia, os gritos dessa "noite cruel" não se fazem ouvir. Andrômaca é uma cativa e uma viúva cujo único recurso consiste numa irrisória mimésis — o simulacro, a imagem encolhida do mundo que ela perdeu.

As reminiscências da *Eneida* (III, 301 a 329) em "O cisne" são evidentes demais para não terem sido muitas vezes assinaladas. Assim como foi mencionado o que nesse poema entra em ressonância, para o ouvido atento, com a *Andrômaca* de Racine:

Andrômaca, caída dos braços de um grande esposo,
*Gado vil sob a mão do soberbo Pirro.**

A anteposição do adjetivo "soberbo" é um traço raciniano, uma marca estilística do grande século. Quando o poeta de "O cisne" evoca o "soberbo Pirro", logo se pensa no "soberbo Hipólito" de *Fedra* (I, I). E ao mesmo tempo esse "soberbo Pirro" tem grande semelhança com o "feroz Pirro" (*rugged Pyrrhus*) da tirada de Hamlet, o que não deixa de dar a refletir. Baudelaire não teria, em "A Beatriz", emprestado sua própria voz aos sarcasmos que o designavam, a ele, como "essa criatura/ E essa sombra de Hamlet imitando sua postura"? De fato, como não imaginar o *interesse* que Baudelaire podia demonstrar pelos lamentos de Hamlet? Havia aí motivo para iniciar uma identificação. O grito de Hécuba, assim como a piedade de Andrômaca, são críticas vivas às mães que não portam o luto por muito tempo. O nome de Pirro, o de Heitor e a expressão "gado vil" têm suficiente carga alusiva para remeter o pensamento dos leitores ao dia fatal da queda de Troia, e aos textos famosos que repercutem suas luzes. É o nosso conhecimento da tradição poética que é convidado a criar a imagem. Os leitores para quem Baudelaire escreve tinham feito estudos!

O pensamento rememorativo do eu poético em "O cisne" projeta-se com compaixão para um ser habitado pela lembrança. Ele mesmo se pensa nesse ser, assim como se reconhece no cisne, nos blocos de pedra da cidade destruída. A primeira parte do poema contém o curto relato do estranho encontro com o animal. A segunda parte é uma interpretação, que se transforma em autointerpretação. "Tudo para mim se torna alegoria." A atividade reflexiva põe em jogo as imagens da intimidade e do afastamento, às vezes misturando-as. A intuição de Baudelaire o fez manter um registro acústico, mas diferente daquele que acompanhava a imagem clássica. É, primeiro e acima de tudo, o barulho violento no primeiro plano urbano, no mais brutal da modernidade; ele se faz ouvir em Paris, na hora "em que o Trabalho desperta", e em que o serviço de lixo "manda um sombrio *furacão* ao ar silencioso". E bem no fim do poema, diante daquela cidade que se destrói para reconstruir "novos palácios", o pensamento se projeta no longínquo imaginário de uma "floresta"

* "*Andromaque, des bras d'un grand époux tombée,/ Vil bétail sous la main du superbe Pyrrhus.*" (N. T.)

onde o barulho amaina e se torna uma "velha Lembrança" que soa, com todo fôlego, uma *corneta*. A desgraça aconteceu, nada a reparará; a meditação poética é um eco. Produziu-se assim uma musicalização. A matéria de Troia, presente no pensamento do poeta na figura e no nome de Andrômaca, foi apenas o primeiro sinal de uma compaixão que reúne, deixando-a aberta, a comunidade esparsa dos exilados. A enumeração fica em suspenso: "Penso nos marujos esquecidos numa ilha,/ Nos cativos, nos vencidos!... em ainda vários outros!". O tom é de elegia, sobre um motivo saído de um poema épico. No sistema alegórico do poema, Pirro é o emblema de todas as potências dominadoras que tratam outras criaturas como "gado vil".

UMA PALAVRA ENTRAVADA

Os enlutados, os exilados, os cativos, os abandonados — para quem Baudelaire volta seu pensamento nas últimas estrofes de "O cisne" — são também aqueles a quem, no gênero elegíaco, há muito tempo a palavra é atribuída. Quem fala na elegia? Um ser amoroso ou um ser entristecido. Um dos textos arquetípicos desse gênero literário é o poema dos *Tristes* em que Ovídio rememora sua partida de Roma para o exílio, lembrando-se da noite troiana, como se a ruptura de uma vida equivalesse à queda de um reino. O motivo é introduzido como um lembrete, um simples eco distante, por meio da comparação e da sobreimpressão.

> Quando retorna em toda a sua tristeza a imagem dessa noite que foi a última que passei em Roma, quando penso na noite em que deixei tantos objetos tão queridos, ainda hoje minhas lágrimas correm. [...]
>
> Para qualquer lado que se virassem os olhos, só se viam pessoas chorosas e soluçantes; pareciam funerais, desses em que a dor não é muda. Esse, se é possível comparar grandes cenas com cenas menos imponentes, esse deve ter sido o aspecto de Troia no momento de sua queda.[95]

A lembrança de Troia pertence ao repertório dos fatos exemplares, não à história pessoal do poeta que escreve. A memória literária projeta um reflexo do acontecimento coletivo lendário sobre a vida privada de um cidadão romano que a vontade do príncipe condena a fugir às pressas. Para comover seus leitores letrados, o poeta apela para sua cumplicidade cultural. A noite de Troia (ao longe) confere uma solenidade épica à noite romana da partida. Deve-se acrescentar que a poesia do exílio ganha em evidência quando pega a contrapelo a poesia do viajante fundador. Na verdade, a mitologia inteira é fonte de comparação nos *Tristes*, tanto quanto nas elegias amorosas de que Ovídio foi o grande mestre. Ele é ourives na matéria. Sabe que toda semelhança com os heróis e as situações do mito permite introduzir na elegia as cores do maravilhoso. Não perde a consciência da distância e, no adeus a Roma, marca-o insinuando o corretivo zombeteiro que se emprega em caso de exageração: "*Si licet*", se é permitido. Ovídio bem sente a disparidade entre sua história doméstica e o desastre que Virgílio fizera seu herói contar. A punição que cai sobre Ovídio reproduz apenas um condensado da queda de Troia. A noite, os gemidos do luto, as cenas de despedidas são o elemento comum, e já é muito. Mas a semelhança para aí: Roma não foi destruída na noite em que Ovídio partiu precipitadamente, e sua viagem para o Ponto Euxino em nada reproduz a navegação conquistadora de Eneias e de seus companheiros para o Lácio, salvo que nos dois casos a tempestade está presente. O repertório da mitologia é apenas uma loja de figurinos para engenhosas distribuições de papéis, ao sabor das diversas lendas evocadas. Nos cinco livros dos *Tristes*, Ovídio rememora os casais ilustres que o destino separou. Sua vida renova grandes exemplos. Nomes não lhe faltam, o de Ulisses principalmente, mas também de Capaneus, de Heitor etc., e ele atribuiu à esposa Fábia, que fica em Roma, os papéis análogos correspondentes: Penélope, Evadne, Andrômaca... Assim, ao longo dos cinco livros dos *Tristes* e nas *Pônticas*, Ovídio compara o decreto do exílio — a "cólera de César" — ao raio de Júpiter. É um elogio para o príncipe perseguidor, e ao mesmo tempo um motivo de orgulho para ele mesmo.

As relações entre palavra e ruídos se multiplicam e complicam nos *Tristes*. Existem nos textos poéticos e nos episódios lendários de que Ovídio se lembra, existem nas diversas etapas de sua viagem para os lugares do exílio, existem também na situação de escrita evocada nas próprias elegias. Esses diversos níveis de experiência coexistem e se comunicam. No entanto, o objetivo buscado nessa coleção de poemas não é unicamente expressar essa experiência, mas obter o que se verificará (tudo indica) ser impossível: a revogação do decreto de exílio, o indulto do imperador ofendido pelas insolências de *Arte de amar*, e acima de tudo a misteriosa falta que Ovídio se limita a designar como "um erro".

Evocamos a separação irreversível que a ruína de Troia impõe ao herói de Virgílio. Nenhum retorno, nenhum recuo lhe é permitido. O espaço da existência anterior é abolido. A proteção assegurada pelas altas muralhas desapareceu. Desse impasse resultam, vimos, o primeiro impulso da epopeia e o pano de fundo da tragédia. Por trás do lirismo elegíaco dos *Tristes*, uma potência punitiva volta a fechar a via do retorno. Essa potência é de natureza política: é a cólera do príncipe. Esta não impede que o poeta escreva no exílio, mas impõe à sua palavra uma revolta patética no sentido da queixa, da retratação, da postura defensiva. O poeta, que não hesita em comparar sua longa viagem com a da morte, percebe toda a vida anterior como uma outra margem, agora inacessível. E é essa margem presente, a do exílio, aquela onde tenta se estabelecer a palavra poética, que monopoliza a atenção. Nessas orlas selvagens a palavra é ameaçada de todas as maneiras, abafada pelos ruídos, entravada no momento em que quer se formar, incompreensível para os bárbaros de costumes estranhos no meio dos quais vive o poeta.

Ainda que de passagem, o poema não pode deixar de tomar como objeto sua própria dificuldade. O discurso se volta para as palavras que o constituem e que encontram numerosos entraves. A queixa de Ovídio costuma deplorar sua própria inabilidade, seus recursos demasiado pobres, sua ineficácia. Como espectador de si, o exilado se sente dominado pelo sofrimento suplementar da palavra sufocada. Na segunda elegia do Livro I dos *Tristes*, que evoca a navegação para o Ponto Euxino, Ovídio desenvolve as imagens (em parte convencionais) da tempestade no mar. No estrondo das ondas que se abatem sobre o navio, a palavra é cortada pela violência dos elementos:

> Perco, infeliz, palavras inúteis. Enormes vagas cobrem minha boca que as profere. [...]. Assim perecemos, e nada pode nos salvar. Enquanto falo, a onda inunda meu rosto, e minha boca, aberta em vão para a prece, enche-se de uma torrente que a sufocará.[96]

O emprego do verbo no presente narrativo produz uma evidência ampliada. Reforça o efeito das hipérboles que expressam toda uma violência desencadeada contra o poeta que se obstina em falar. Ora, ei-lo justamente descrevendo de um modo perfeitamente controlado as ondas que fecham sua boca. A regularidade de seus dísticos não sofre nenhuma desordem.[97] Encontramos aqui o recurso à denegação pelo qual se inicia em Virgílio o relato de Eneias, que declara indizível (*infandum*) a dor que vai esboçar num fantástico relato.

A fórmula elegíaca faz do poeta a matéria de seu próprio poema. A primeira pessoa é regra. Sempre se faz sentir a possibilidade de tomar a situação da escrita como objeto do discurso. Na 11ª elegia do primeiro livro dos *Tristes*, Ovídio evoca os ventos furiosos e compara a tempestade que subleva o mar com aquela que agita sua alma (v. 9-10, 34). Mas sua coragem não o abandonou. Mostra-se escrevendo sob os vagalhões. Sua intenção, no caso, é afirmar uma vontade perseverante e, com meias palavras, desafiar a "cólera de César".[98] O "Eu canto" em que se impunha uma voz detentora da memória dos grandes feitos do início do poema virgiliano (*arma virumque cano* [eu canto as armas e os varões]) torna-se a autoafirmação de um sujeito que desafia a malevolência do príncipe. Eis-me aqui, não relaxando minha resistência. É minha desgraça que escrevo, com os recursos que me restam e que oponho à adversidade. Sou de novo o navegador açoitado pelas ondas:

> Sob um dia brumoso, a profundeza indômita me sacode, e o choque da onda azul recai sobre minhas páginas. A borrasca enfurecida luta contra mim e se indigna que eu persista em escrever sob sua rude ameaça.[99]

Ora, por que escrever? Como escrever? Para quem cantar? Para encontrar qual bem perdido? O questionamento da criação poética, da língua escolhida, do auditório esperado, se integra assim à própria poesia e se expressa de modo extremamente ágil, sem porém abandonar as convenções aceitas.

Schiller viu na elegia o gênero em que predomina a saudade da natureza perdida e do ideal inatingível. Ele deseja que a tristeza e o luto elegíacos, mesmo numa ocasião especial, se expressem por si só, numa espécie de absoluto. Deplorar a perda da idade de ouro, das alegrias da juventude, de uma cidade natal, do próprio amor, só tem sentido, a seu ver, se o lamento se referir ao que ele chama, um tanto canhestramente, de "harmonia moral" desaparecida. Logo menciona Ovídio, mas para criticar nos *Tristes* o fato de dar demasiada importância aos interesses e necessidades (*Bedürfnisse*) positivos. "Não é esta uma obra poética", escreve Schiller com severidade, embora concedendo que "esses lamentos são de um espírito nobre". "Mas a própria Roma, na era de Augusto, em todo o seu esplendor e com todas as suas felicidades, se a imaginação não começa por enobrecê-la, reduz-se apenas a uma grandiosidade acabada. Portanto, um objeto que não é digno da poesia. Esta, elevando-se acima de tudo o que a realidade oferece, só tem o direito de sentir saudades do infinito."[100] Seguramente Ovídio, por todos os caminhos imagináveis, procurava dobrar o imperador e fazê-lo revogar o decreto de exílio. A expressão do sentimento não o separa do requerimento de uma medida de indulto. O infinito, invocado pela estética kantiana do sublime, não era algo incontestável no pensamento literário da era de Augusto. O postulado do "ideal", ao sabor do qual Ovídio se torna um poeta imperfeito, é um anacronismo. Não se poderia, antes, criticar em Schiller o fato de abandonar muito facilmente a finitude e pouco se preocupar com o que recebe *determinação* no mundo "real"? A exigência idealista não apaga qualquer contorno concreto, não esquece o acidente, a circunstância contingente fora dos quais a poesia corre o risco de se perder na suavidade abstrata da boa vontade?

Na página magnífica que Baudelaire dedica ao quadro de Delacroix representando *Ovídio no exílio com os Citas*, o poeta dos *Tristes* encontra boa acolhida junto a outro grande poeta.[101] E vemos até delinearem-se as etapas de um progresso da poesia — uma espécie de aperfeiçoamento que não renega os estágios anteriores. Segundo Baudelaire, a provação do exílio permitiu a Ovídio acrescentar à sua arte uma qualidade que lhe faltava, a tristeza. Por intermédio do pintor, essa tristeza tomou as cores da melancolia. De passagem, é verdade, Delacroix transformou a jogo oferecido por Ovídio. Este se queixava de ser incompreendido pelos bárbaros, de ser alvo de sua hostilidade. O argumento escrito pelo próprio Delacroix evoca, ao contrário, uma recepção hospitaleira: "Uns o examinam com curiosidade, outros lhe dão acolhida à sua maneira, e lhe oferecem frutos silvestres e leite de jumenta". O exílio e sua tristeza assumiram tons de idílio. Baudelaire comenta: "Por triste que esteja, o poeta das elegâncias não é insensível a essa graça bárbara, ao encanto dessa hospitalidade rústica. Tudo o que há em Ovídio de delicadeza e fertilidade passou para a pintura de Delacroix; e como o exílio deu ao brilhante poeta a tristeza que lhe faltava, a melancolia revestiu com seu verniz enfeitiçador a planturosa paisagem do pintor. [...] O espírito aí se afunda com uma lenta e gulosa volúpia, como no céu, no horizonte do mar, nos olhos cheios de pensamento, numa tendência fecunda e prenhe de devaneio".[102] Na frase de Baudelaire que descreve a relação do espectador do quadro, vamos seguir a sucessão dos termos: "o céu", "o horizonte do mar", os "olhos", "uma tendência"... Tudo se passa como se o espírito de Baudelaire mergulhasse no espaço exterior, mas para deixá-lo, para se virar para um ser amado, e depois para si mesmo. É o movimento de uma subjetivação. E aí reconhecemos, abreviado, o próprio movimento que promove a reflexividade nostálgica na modernidade do século XIX. Ao término de seu propósito, Baudelaire define a grandeza de Delacroix: "É o infinito no finito. É o sonho!".[103] Eis descoberto, eis reencontrado o infinito que Schiller declarava faltar em Ovídio. Descoberto como? Primeiro, pela simpatia e imaginação do pintor. Depois, pela reflexão que um poeta-crítico faz sobre uma obra pintada. Portanto, através de uma sucessão de interpretações e traduções, de tal forma o tema do exílio teve sucesso no século XIX.

Quando Jacques Réda retoma, por sua vez, o lamento do exilado, dando a palavra a Ovídio, a variação se modifica ironicamente, sem deixar de ser comovente. Nos versos de "Ex Ponto V", Réda se coloca na paisagem de inverno evocada no terceiro livro dos *Tristes* (poemas 9 e 10). Envia uma última mensagem ao amigo romano que provavelmente não responderá. Os dísticos franceses (catorze e doze sílabas) imitam o metro do poeta latino. E esse Ovídio cujo papel Jacques Réda toma emprestado dirige por um instante seu pensamento para Troia. Compara os "turbilhões dessa neve" com o "sonho de um combate/ Sob Troia: Aquiles com sua bravura e sua lança,/ Fantasmas de Heitor, cavalos relinchando em silêncio".[104] A paródia assim fraseada põe a surdina da neve nessa história de façanhas guerreiras.

Goethe, em Roma, lembrara-se das elegias amorosas de Ovídio e se inspirara nelas. Quando deve deixar Roma, lembra-se também, em todos os detalhes, da elegia em que Ovídio descreve sua partida (*Tristes*, I, III). Goethe tem a sensação de que Ovídio já soube expressar, com força insuperável, o que ele mesmo estava vivendo. É preciso reler essa página, também famosa, de sua *Viagem à Itália* (escrita mais tardiamente). No fim da segunda temporada em Roma, Goethe se despediu de uma jovem por quem se sabia amado. Três dias antes de partir, contemplou a cidade ao clarão da lua cheia. O contraste das massas de sombra e luz o transtornou: era "um outro mundo", muito mais vasto. Percorreu pela última vez o Corso, depois subiu ao Capitólio, que lhe apareceu como um "palácio das fadas no deserto". Diante da ideia de que nunca mais voltaria àqueles lugares, sentiu algo "que não pode se transmitir por palavras". Sua memória estava obcecada pela elegia que Ovídio compusera "quando a lembrança de semelhante fatalidade o perseguia até o fim de um mundo habitado". Assim como mais tarde Baudelaire pensando em Andrômaca, Goethe lembrava-se de uma consciência obcecada pela lembrança. Na página que encerra sua *Viagem à Itália*, Goethe traduz os quatro primeiros versos que citamos acima e a eles junta a passagem em que sobrevém subitamente o silêncio:

> [...] Já haviam se calado as vozes dos homens e dos cães, e a lua guiava nas alturas seu carro noturno. Elevei meus olhares até ela, e os transportei para o Capitólio, cuja vizinhança foi inútil a nossos Lares [...] (v. 27-30).

Ora, justamente porque era essa "uma expressão alheia a seu sentimento pessoal", Goethe sentiu-se impedido de retomar essas palavras aplicando-as à sua pessoa e à sua própria situação. Sentiu simultaneamente a exatidão do texto ovidiano e a impossibilidade de recorrer a ele para expressar a própria tristeza. Percebeu "não existirem palavras" para descrever e partilhar o que acabava de sentir; também temia dissipar o "delicado vapor" da tristeza em que desejava, primeiro, se trancar. Eis reaparecendo o motivo do indizível (o *infandum* de Eneias), mas o obstáculo não persistirá. Goethe tem suficientes recursos interiores para superar a dificuldade pela transferência do pensamento a outro objeto. Na estrada de volta para Milão e para a Alemanha, reabre os olhos para a beleza do mundo. Sentindo-se atraído por "uma livre atividade poética", absorve-se no personagem e no destino de Torquato Tasso, sobre quem começara a escrever uma peça de teatro. Depois, nos fantásticos jardins de Florença, escreve os trechos que podiam se aparentar aos sentimentos que acabava de ter. Vemos aí um belo exemplo do que Freud chamará de *deslocamento* na sua teoria do sonho. Goethe, em alguns termos rápidos mas muito claros, assinala os laços da analogia: o que Ovídio sofrera em matéria de espaço (*dem Lokal nach*) — o exílio, o "banimento irrevogável" —, Tasso sofre "em seu destino" (*dem Schicksal nach*). "Esse sentimento" — acrescenta Goethe — "não me abandonou durante toda a viagem." E o trabalho da escrita se desenvolveu a ponto de que "a peça se tornou quase impossível de ser representada no teatro". Para o protagonista, o tormento já não resulta de uma relegação aos confins do mundo, mas do dilaceramento subjetivo. "Sou arrancado de mim mesmo (*Ich bin mir selbst entwandt*)". O personagem de Goethe afirma ter mantido a faculdade de encontrar as palavras que manifestarão seu sofrimento (como Ovídio, acrescentemos, encontrava as palavras para descrever sua navegação). Por um favor divino, resta-lhe "o poder de dizer como se sofre". Reaparece também, na amargura das últimas palavras da peça, o rumor marinho que ecoava no primeiro livro dos *Tristes*. A tempestade já não fustiga um navio que singra para um lugar de exílio, mas devasta o mais profundo de uma consciência: "O leme se quebrou, e o barco se destroça em todas as partes; o tombadilho explode e desaba sob meus pés" (*Torquato Tasso*, V, V).

Heroizar um poeta, mostrar nele o tormento de "um personagem que representa a si mesmo" (segundo a expressão de Hofmannsthal)[105] e que rompe com a corte que o coroara: era isso, para Goethe, dar uma imensa expansão a uma "poesia da poesia", segundo a expressão que Friedrich Schlegel empregará. Troia só está envolvida nisso muito de longe, se dirá, pelo reflexo que aparece no poema de Ovídio, o qual Goethe não conseguia esquecer nos dias e noites em que se despediu de Roma. Mas a memória de Troia nele se agarrava por mais outras razões e não devia abandoná-lo. É ainda com uma "poesia da poesia" que seu espírito está ocupado quando, em 1826, escreve o ato de Helena do *Segundo Fausto*, dando como companheiras à rainha de Esparta um coro de cativas troianas.

AS ONDAS À CABECEIRA DE MANDELSTAM

A obra de Óssip Mandelstam, nascida de uma situação totalmente diferente, também foi percebida como uma "poesia da poesia", uma poesia da condição do poeta na era das revoluções, por um leitor de Dante e das elegíacas latinas. Não é a única obra moderna, longe disso, que tem esse caráter. Menciono-a em razão de sua espantosa proximidade com Ovídio e os motivos que escolhemos. A elegia que Goethe conservara em memória reaparece no início do poema que Mandelstam intitulou "Tristia", que dá seu título à toda a coletânea de 1922:

Ensinaram-me a ciência do adeus
Nos lamentos descabelados, noturnos [...]
Os olhos chorosos olhavam ao longe,
Mesclando uma lágrima de mulher ao canto das musas.[106]

O poema de Mandelstam evoca um adeus, um retorno que restituiria a presença, e a incerteza do dia que vai nascer ao canto do galo. Qual será a "vida nova" cuja "aurora" desponta? É possível interrogar os mortos do "Érebo grego"? Não, ele nos é "impenetrável". Esse poema da separação — o adeus dos amantes — termina no limiar do imprevisível, com o pressentimento do combate para os homens, da morte para as mulheres que "dizem o futuro" (alusão a Cassandra?).[107] São o presente e a ansiedade no limiar do futuro que comandam todo o poema. A memória das separações evocadas no passado da poesia, e que foram "aprendidas", inscreve-se no instante vivido. Mandelstam queria que a poesia fosse dirigida ao "interlocutor distante e desconhecido".[108] Por conseguinte, a memória da beleza clássica não apela de jeito nenhum para a imitação. Ela é um desafio: aspira a renovar o que os "construtores" souberam construir, por palavras ou na pedra.

Mandelstam reivindica para si mesmo e para a poesia russa uma magnífica ascendência: numa mesma penada são nomeados "Púchkin, Ovídio e Homero".[109] A eles acrescenta Dante, Villon, Ariosto… Mas em relação ao que é esperado dele, os outros lhe parecem apenas "pressentimentos". Uma outra voz, a de uma potência elementar, impõe-se à sua escuta, e ele está em busca de uma resposta. É o que nos diz num poema famoso de 1915:

Noite sem sono. Homero. Velames estendidos.
Li até a metade o Catálogo dos Navios:
essa longa ninhada, essa revoada de grous
que sobre a Hélade um dia se desfraldou.

Triângulo migrador visando margens novas
— a cabeça de teus reis na escuma divina —
onde correm teus navios? E se não for Helena
que vos chama em Troia, ó guerreiros aqueus?

Homero e o oceano, tudo é movido pelo amor.
Eu, quem devo escutar? Homero aqui se cala
e eis que o mar, tenebroso, oratório,
rebenta pesadamente à minha cabeceira.[110]

Esses versos estão longe de ser a única aparição da fábula troiana na obra de Mandelstam. A tomada da cidade também é lembrada em outro poema, de 1920, que fala de uma separação entre amantes. Numa noite de tristeza amorosa se sobreimprime a imagem insistente da destruição da cidade de Príamo. Assim fizera Ovídio, conforme vimos, na elegia sobre a noite da partida de Roma. Mandelstam se sente ameaçado numa cidade desaparecida:

Os aqueus na sombra vão aprestando o Cavalo.
[...]
Onde está a doce Troia? E onde o real gineceu?
A cidade, esse ninho de Príamo, será destruída.
As flechas como uma chuva de lenha seca não cessam de cair.[111]

Nesses versos, como no poema intitulado "Tristia" (em que são nomeadas as musas, a Acrópole, Délia), as imagens saídas da tradição clássica se esgueiram no presente: os fios se entrelaçam. Mas os sentimentos de afastamento e de uma perda são mantidos vivos. É assim que, no poema que fala da leitura de Homero na insônia, a leitura do Catálogo dos Navios da *Ilíada* (canto II) se interrompe, depois de dar lugar à bela comparação com o "triângulo migrador", isto é, com o que pertence à ordem natural e não à história humana. A admirável imagem dos barcos aqueus de velas estendidas, comparados com o voo dos grous, inscrevia a beleza, ao mesmo tempo, no horizonte da lenda heroica e no da natureza: os deuses ali se anunciavam. Essa dupla inscrição é evidente quando é dito que "a escuma divina", isto é, Afrodite,[112] "cinge a cabeça dos reis". Elevam-se em seguida a imagem antiga de Helena e o pensamento da força do amor. Ora, tão logo se pronuncia a palavra "amor", surge a pergunta na qual percebo uma angústia: "Quem devo escutar?". A resposta não virá do que cantava a bela língua da epopeia: "Homero aqui se cala". Há pouco, vimos em "Tristia" que "o Érebo dos gregos é impenetrável". O mar vai ecoar à cabeceira do insone, chocando-se com o lugar da existência, mantendo-o com a consciência ansiosamente em vigília. O poema para aí. Não podemos deixar de pensar que o poeta é conduzido à própria história, e do ponto de vista que agora é o nosso, no início de um novo século, tampouco podemos deixar de pensar no sentido que tem para nós esse momento de insônia em 1915, em Petersburgo, na escala da história coletiva. (Aqui intervêm *nossa* memória histórica e o conhecimento do destino de Mandelstam.) Paul

Celan escreve: "O poema, em Óssip Mandelstam, é o lugar onde o que se tornou perceptível e acessível pela língua se reúne em torno de um centro, de onde ele tira sua forma (*Gestalt*) e sua verdade: em torno da existência desse ser singular que interroga o eterno (*den Äon*)".[113] O centro é alcançado, no poema sobre a insônia, quando a onda ruidosa atinge a cabeceira do poeta (em russo, *izgolovié*, a cabeça da cama). O choque "oratório" do mar (ou "vaticinante", ou "perorante", segundo outros tradutores)[114] constitui uma última palavra desarticulada, que põe à distância todas as palavras antecedentes.[115] Mandelstam escreve:

> Desejo, não falar de mim, mas espiar o século, o barulho e a germinação do tempo. Minha memória é hostil a tudo o que é pessoal.[116] Se isso dependesse de mim, eu apenas faria careta para a lembrança do passado [...]. Minha memória não é de amor, mas de hostilidade, e trabalha não para reproduzir mas para afastar o passado [...]. Ali onde para as gerações felizes a epopeia fala em hexâmetros e em crônica, em mim existe um sinal de dilatação, e entre mim e o século jaz um abismo, um fosso, preenchido pelo tempo que sussurra, o lugar reservado à família e aos arquivos domésticos [...]. Só prestando atenção ao barulho crescente do século, e uma vez embranquecidos pela escuma de sua crista, é que adquirimos uma língua.[117]

O poeta deve ao mundo e a si mesmo o esquecimento de sua própria particularidade. Mas a extinção do "arquivo doméstico", para Mandelstam, não se desdobra em nenhuma tentação de anonimato. A recusa da memória "familiar" (recusa cujas motivações são das mais complexas) joga em proveito do momento atual em que as palavras da língua são elaboradas na primeira pessoa, da maneira mais responsável, à altura do tempo e de seu ruído. Essa recusa joga também em favor de uma memória maior, aquém da dilatação que Mandelstam quer reservar ao "barulho do tempo". Falei, várias vezes, de distância. Agora podemos esclarecer: as vozes do passado pertencem a uma margem onde obras perfeitas — vindas do que Mandelstam chama "as fontes do ser" — acenam ao longe. Mandelstam reconhece que não pode esperar delas nenhuma ajuda para as palavras de sua própria língua. Nesse sentido, não apela para uma arte "classicizante" e não é sensível ao convite romântico do retorno a uma plenitude perdida. Num poema que podemos chamar de exemplar de uma poesia da poesia, Mandelstam evoca uma representação da *Fedra* de Racine: "A espessa tapeçaria/ Separa-nos de um mundo diferente;/ Entre ele e nós ergue-se a cortina/

Que nos comove com suas rugas profundas. [...] Venho tarde demais às festas de Racine!". Grandes figuras são assim perceptíveis, acima ou através desse fosso e do "barulho do tempo". Se há nostalgia, porém, é uma saudade que não se atribui nenhum alcance metafísico. Mandelstam não sofre por ser separado de um mundo de essências, não se queixa de um exílio ontológico. Entre o que pertence ao passado e o que sobrevém na vida presente, quando é retida a palavra apropriada, é possível sentir "a extraordinária alegria do reconhecimento. [...] Os mortais têm esse dom — reconhecer e amar".[118] É também de reconhecimento que se trata nos versos famosos da quarta estrofe do poema "Tristia":

Délia, pés nus, voa a nosso encontro.
Ai! De nossa vida a magra trama!
Como é pobre a língua da alegria!
Tudo o que foi ainda será e só
É doce o instante do reconhecimento.

Há nesses versos não só um reconhecimento entre amantes, mas um reconhecimento de algumas palavras perfeitas de Tibulo, em seguida ao belo nome de Délia. Não se trata de reconhecimento platônico, mas simplesmente de não ceder ao esquecimento, à morte, de não deixar subir aos lábios o "gel negro" do "sino estigiano".[119]

A "MANCHA NEGRA NA IMAGEM" (YVES BONNEFOY)

Mandelstam foi o último a conservar a lembrança de Troia? Não. A chama tão longínqua persistiu no olhar dos poetas. Esses lugares, fundados em nomes, são carregados demais de apelos para que os poetas parem de responder-lhes. O reconhecimento do grande incêndio intervém ao menos duas vezes em Yves Bonnefoy, e toda vez em ligação estreita com uma preocupação e uma esperança que se referem à própria poesia. Em "Nuvens", penúltima seção de *Dans Le Leurre du seuil*, o olhar se ergue para as nuvens do poente atravessadas de clarões. O poeta vê se repetirem os gestos de reconciliação do *Conto de inverno* shakespeariano, os momentos decisivos do reconhecimento. Depois avista:

Um navio de fundo chato, cuja proa figura um fogo, uma fumaça
[...] *Vem,*
Vira, lentamente, não se veem
Seus tombadilhos, seus mastros, não se ouvem os gritos
Da tripulação, não se adivinham
As quimeras, as esperanças daqueles que
Lá no alto se comprimem para a frente, os olhos imensos,
Nem qual outro horizonte avistam,
Qual praia talvez, já não se sabe
De qual cidade incendiada tiveram de fugir,
De qual Troia inacabável [...][120]

Troia em chamas é a persistência de uma imagem saída de um mundo interior. Ora, há uma "mancha negra na imagem".[121] Ao espetáculo, aparecido nas nuvens, de uma agitação ansiosa a bordo de um navio vindo de uma cidade incendiada, sucede-se o pensamento de uma "praia talvez", que não seria uma outra terra mas simplesmente a "terra salva" chegando à sua verdade:

[...] *Ai, fé, o sentido*
Pode crescer em tuas palavras, terra salva,
Como a transparência no cacho
Do verão, aquele que envelhece. Fala, canta, criança,
E eu logo sonho que toda a parreira
Terrestre se ilumina [...]. [122] *

Bonnefoy deseja uma cura. Um significado deve ser reconquistado. Que se dissipe o que está muito bem fixado numa representação, mas que nasçam palavras novas, um novo canto, na simples presença. É esse um ponto importante de sua poética. Refletindo em outro momento sobre o *Conto de inverno*, Bonnefoy lembra o que pode permanecer ilusório na representação poética de uma desilusão, mas sem renunciar a exigir para a palavra da obra, para o trabalho sobre as

* "*Aie foi, le sens/ Peut croître dans tes mots, terre sauvée,/ Comme la transparence dans la grappe/ De l'été, celui qui vieillit. Parles-tu, chantes-tu, enfant,/ Et je rêve aussitôt que toute la treille/ Terrestre s'illumine.*" (N. T.)

palavras, "um direito a ser", o direito de trazer "uma verdade".[123] Nos versos que serão citados, o canto da criança é o sinal de uma palavra recomeçada.

O pensamento segue o mesmo movimento, de maneira ainda mais explícita, através das imagens muito parecidas, no texto de *La Vie errante*, intitulado "De vento e de fumaça" (uma primeira publicação tinha como título "Uma Helena de vento e de fumaça"). Aparece então o nome de Helena, a história de seu rapto, isto é, o motivo primeiro da fábula de Troia.[124] Esse texto, escrito como um poema, é uma reflexão que aceita sonhar. É uma das "artes poéticas" de Bonnefoy. O destino histórico de Troia não está em questão, nem a sorte dos heróis míticos, nem seus sentimentos; a interrogação tem a ver com o estatuto da *representação* de Helena, tal como foi oferecida pela arte dos pintores:

> *A ideia, pensou-se, é a medida de tudo.*
> *Do que se segue que "la sua bella Elena rapita", diz Bellori*
> *Sobre uma célebre pintura de Guido Reni,*
> *Pode ser comparada à outra Helena,*
> *Esta que imaginou, amou talvez, Zêuxis.*
> *Mas que são imagens ao lado da jovem mulher*
> *Que Páris tanto desejou? A vinha apenas*
> *Não é o frêmito das mãos reais*
> *Sob a febre dos lábios? E que a criança*
> *Pergunte avidamente ao cacho e beba*
> *Diretamente a luz, às pressas, antes*
> *Que o tempo não rebente sobre o que é?**

Mas a Helena que Páris raptou era a verdadeira? Tinha ela "mãos reais"? Não se disse que foi uma sombra, uma estátua? Bonnefoy lembra-se da palinódia de Estesícoro, que afirmou que a verdadeira Helena foi mantida no Egito duran-

* *"L'Idée, a-t-on pensé, est la mesure de tout,/ D'où suit que "la sua bella Elena rapita", dit Bellori/ D'une célèbre peinture de Guido Reni,/ Peut être comparée à l'autre Hélène,/ Celle qu'imagina, aima peut-être, Zeuxis./ Mais que sont des images auprès de la jeune femme/ Que Pâris a tant désirée ? La seule vigne,/ N'est-ce pas le frémissement des mains réelles/ Sous la fièvre des lèvres ? Et que l'enfant/ Demande avidement à la grappe, et boive/ À même la lumière, en hâte, avant/ Que le temps ne déferle sur ce qui est ?"* Yves Bonnefoy, "De Vent et de fumée". In: *La Vie errante*. Paris: Mercure de France, 1993. (N. T.)

te os dez anos da guerra de Troia. É preciso lembrar que Eurípedes e Hofmannsthal deram forma dramática a essa hipótese desculpante. Durante o devaneio de Bonnefoy, a "grande pedra avermelhada" se transforma, torna-se "essas nuvens, esses clarões vermelhos/ Não se sabe se na alma ou no céu?". Bonnefoy indaga se a verdade não seria que "a semelhança de Helena foi apenas um fogo". Um fogo que Páris carregou "em seu barco" para levá-lo à sua praia natal, de onde ele alcançou o céu, as nuvens. "E quando Troia caísse restaria o fogo/ Para gritar a beleza, a protesto do espírito contra a morte." A reflexão prossegue até fazer de Helena "o sonho de um sonho". Assim que uma forma muito orgulhosa "se prefere figura", a dissipação a castiga. Helena "foi apenas a intuição que fez Homero se debruçar/ Sobre sons mais baixos que suas cordas na/ Canhestra lira das palavras terrestres". Venha a se dissipar a imagem demasiado perfeita, e será possível pensar em um novo começo: numa "aurora do sentido", e o papel pode incumbir, como no exemplo anterior, à criança que canta:

Foi um menino
Nu na grande praia quando Troia ardia
Que por último viu Helena
Nas sarças em chamas do alto das muralhas.
Ele zanzava, cantava,
Pegara com as mãos um pouco de água,
Onde o fogo ia beber, mas a água escapa
Da taça imperfeita, assim o tempo
*Arruína o sonho e no entanto o redime.**

Eis que desaparece o clamor que a tradição poética associara à memória de Troia, e que encontramos em tantos textos. Persiste, em compensação, outro motivo que salientei diversas vezes: a dificuldade da palavra, o indizível, o *infandum* deplorado por Eneias no início de seu relato com Dido. É o que diz a terceira parte do poema de Yves Bonnefoy:

* "*C'est un enfant/ Nu sur la grande plage quand Troie brûlait/ Qui le dernier vit Hélène/ Dans les buissons de flammes du haut des murs./ Il errait, il chantait,/ Il avait pris dans ses mains un peu d'eau,/ Le feu venait y boire, mais l'eau s'échappe/ De la coupe imparfaite, ainsi le temps/ Ruine le rêve et pourtant le rédime.*" Ibid. (N. T.)

Essas páginas estão traduzidas. De uma língua
Que obceca a memória que eu sou.
As frases dessa língua são incertas
Como nossas primeiríssimas lembranças.
Restituí o texto palavra por palavra,
Mas a minha será apenas uma sombra, é de crer
Que a origem é uma Troia que arde,
A beleza, uma saudade, a obra a pegar
*Com as duas mãos é apenas uma água que se recusa.**

Entre o Ílion de Homero e de Virgílio, e a Troia de uma "poesia da poesia", da qual acabamos de encontrar exemplo tão belo em Bonnefoy, deve ser mencionado um elo. É o *Segundo Fausto*. No fim do primeiro ato, o imperador pediu para ver Helena e Páris "sob formas distintas". Fausto desce entre as Mães, ao "reino das imagens esparsas", daquilo "que desapareceu há muito tempo". Volta de lá seguido por uma neblina espessa que se condensa e toma a forma de Páris, depois de Helena. A certa altura da cena, a assistência vê "essa deusa" inclinar-se sobre Páris "para beber seu sopro". O poema de Bonnefoy também contém um momento em que as duas sombras bebem na mesma taça:

Bebe, diz Páris,
Que desperta e estende o braço na sombra estreita
Do quarto remexido pelo pouco marulho,
Bebe,
Depois aproxima a taça de meus lábios
Para que eu possa beber.

Inclino-me, responde
Aquela que é, talvez, ou com quem ele sonha.

* *"Ces pages sont traduites. D'une langue/ Qui hante la mémoire que je suis./ Les phrases de cette langue sont incertaines/ Comme les tout premiers de nos souvenirs./ J'ai restitué le texte mot après mot,/ Mais le mien n'en sera qu'une ombre, c'est à croire/ Que l'origine est une Troie qui brûle,/ La beauté un regret, l'œuvre ne prendre/ À pleines mains qu'une eau qui se refuse."* Ibid. (N. T.)

Inclino-me, bebo,
Não tenho mais nome senão a nuvem,
Dilacero-me como ela, luz pura.
E, tendo te dado alegria, já não sinto sede,
*Luz bebida.**

Essas palavras soam como um adeus, uma despedida do mundo "clássico" em proveito da simples luz natural. A voz que fala confessa sua falta de ser, embora acompanhando um dom. No *Segundo Fausto*, Eufôrion, o poeta nascido de Fausto e Helena, parte e se mata como Ícaro. Então o corpo de Helena se dissipa e suas roupas viram nuvens, levando Fausto para suas façanhas de homem de ação. A imagem de Helena retorna ao "reino das Mães", esse ponto focal intemporal em que se confundem o realizado e o imaginável, o findo e o imortal.

Esses últimos textos terão talvez ajudado a entender por que a memória de Troia habitou tão duradouramente a palavra dos poetas. É provável que tenha sido porque neles persistia, ao sabor das múltiplas versões em que essa memória pôde se declinar desde a Antiguidade e da Idade Média, muito mais que um deslumbramento por uma imensa intriga que mescla estreitamente homens e deuses, amores e combates, sacrifícios e vinganças, glória e queda das cidades. A matéria de Troia, que para Homero e Virgílio já era uma reserva de memória e uma fonte de invenção narrativa, foi na cultura europeia a primeira comprovação da soberania poética. Os patamares da memória, suas ramificações múltiplas, lhe permitiram oferecer, durante milênios, uma chave de leitura aplicável ao mundo mais próximo. Ulisses mente tão bem em Homero que pôde se tornar um dublinense no século XX.

Se só se tratasse de verificar a amplidão de um eco e também de uma evidente nostalgia, a tarefa seria fácil, embora fosse necessário recorrer a um maior número de exemplos do século passado (H. von Hofmannsthal, A. Mac-

* "*Bois, dit Pâris/ Qui s'éveille, et étend le bras dans l'ombre étroite/ De la chambre remuée par le peu de houle,/ Bois,/ Puis approche la coupe de mes lèvres/ Pour que je puisse boire.// Je me penche, répond/ Celle qui est, peut-être, ou dont il rêve./ Je me penche, je bois,/ Je n'ai pas plus de nom que la nuée,/ Je me déchire comme elle, lumière pure.// Et t'ayant donné joie je n'ai plus de soif,/ Lumière bue.*" Ibid., p. 98. (N. T.)

Leish, G. Séféris). Meu objetivo não era ver se desdobrar a sobrevivência de um "tema" em suas metamorfoses. Era mostrar que a memória de Troia estendeu um espelho simbólico à poesia em seu desenvolvimento secular.

À medida que fazia frente contra um mundo menos hospitaleiro, a poesia se interrogou de modo sempre mais insistente sobre sua própria condição, seus poderes e limites. Referindo-se à cena imaginária de Troia e de suas margens tecidas por tantas navegações, os poetas *reconheceram* a beleza triunfante e o fogo da destruição, o ímpeto conquistador e a dor do exílio, e as mil maneiras da palavra que comanda, suplica ou usa de astúcia. Com frequência aconteceu-lhe aí perceber, por reflexão, vinda da profundeza do tempo, a figura primeira e sempre *viva* de sua própria empreitada.

PARTE IV
A SALVAÇÃO PELA IRONIA?

Uma bufonaria transcendental

O século XVIII vê surgir uma profusão de "peças fugazes", obras "jocosas", bagatelas, anedotas, facécias, obras de dimensão curta que respondem a um dos gostos mais afirmados do "estilo rococó": a diminuição, a "miniaturização". A moda favorece as pequenas coisas para contrabalançar os grandes monumentos e as vastas perspectivas: pequenos apartamentos, bibelôs, *putti* minúsculos.[1] (Em Versailles, Luís XIV já declarara, para o ornamento de seus jardins, que queria "infância por todo lado".)

O conto de fadas, "epopeia em miniatura",[2] ocupa lugar privilegiado na literatura da época. Os 41 volumes do *Cabinet des fées*, que trazem ao público burguês o que a Bibliothèque Bleue oferecia ao público popular, ainda estão longe de reunir toda a produção feérica.[3]

Começa-se por recolher e adaptar os "contos da mãe Ganso", busca-se nas fontes populares. Foi o que fez o napolitano Basile, desde o início do século XVII, no maravilhoso *Pentamerone*, e é o que fará Perrault. Logo afluirão os tesouros do Oriente e seus pastiches: *Mil e uma noites*, *Mil e um dias*, *Mil e um quartos de hora*. Para europeus que adoram o exotismo, o país das fadas, se além do mais está situado no império Mogol, oferece o duplo aspecto do maravilhoso e do céu asiático: eles se transportam ao mesmo tempo para um outro continente e para um outro mundo, entre os gênios e debaixo dos minaretes.

O conto de fadas é como a sombra carregada de mito: reduz os dados míticos à sua estrutura narrativa mínima, em geral num plano perfeitamente familiar. Encena "arquétipos" religiosos ou cosmológicos, mas para jogar com eles em absoluta liberdade. Os contos de ama-seca, de antiguidade imemorial, se dirigem à criança, para quem tudo é brincadeira: propõem mitos simulados por um simulacro de crença. A invenção desenvolve assim um horizonte imaginativo, em que o ouvinte vê se perfilar um povo de seres fantásticos, visitantes prováveis e improváveis das horas noturnas, menos imponentes que os deuses mas mais certos que os sonhos.

No Ocidente cristão, no século de Basile e Perrault, o conto não tem mais função cosmológica; comporta, esporadicamente, um resíduo moral; mas essa lição costuma ser uma lição inventada a posteriori e artificialmente acrescentada. Nos meios cultos, a aptidão para aceitar dogmas está em seu nível mais baixo; o encanto exercido pelo conto decorre em boa medida do papel que atribui ao leitor: este é autorizado a se tornar o espectador que se diverte com uma série de acontecimentos engraçados que não têm a ver com o verossímil. Não lhe pedem para levar a sério o que lhe oferecem: propõem-lhe um simples divertimento, cujo sabor ele pode provar à distância, como que sem participar. É um prazer semelhante ao que muitos leitores não param de ter, desde o Renascimento, com a leitura de Ariosto ou até mesmo de Folengo: aventuras se desenrolam, encadeadas de um modo tão inaceitável para o sentido "moderno" da causalidade que tudo o que resta é desfrutar do capricho poético de acordo com o qual se sucedem belas cenas livres.

A gratuidade do conto de fadas, o puro prazer de contar, tentou os grandes mestres da palavra. Foi o caso de La Fontaine, quando tratou como conto de fadas a história de Psiquê. Foi o caso de muitos autores do século XVIII; por um entusiasmo ocasional, ou pelo efeito de uma disposição permanente, cederam à tentação de construir um universo de imagens que ninguém levou muito a sério. (As *chinoiseries* de Boucher, certas mitologias de Tiepolo nos oferecem o equivalente pictórico disso.) Em alguns (Crébillon, La Morlière), às vezes o componente erótico leva a melhor em relação ao componente feérico: é questão de dosagem. O próprio Rousseau entra na brincadeira, com sua *Rainha fantástica*.

Ninguém se contenta em recolher e adaptar os contos do "folclore". Inventam novos: existe aí um veio tênue e precioso a explorar. O mais das vezes, a ele recorrerão com um objetivo paródico ou satírico. Os racionalistas do século das Luzes encontraram no conto de fadas — considerado uma criancice absurda — a medida que aplicaram a qualquer crença, e especialmente ao sobrenatural cristão. Sua tática — vejam-se as *facécias* de Voltaire — foi tratar a história sagrada como um conto e transportar para a Bíblia o sorriso divertido que devotamos aos ogros, feiticeiros e fadas. O maravilhoso feérico (forma degradada do mito) serve de arma crítica contra o maravilhoso cristão.

Boa parte do repertório fabuloso do século XVIII é composto de contos alusivos e paródicos: o reino das fadas é apenas um álibi alegórico das cortes europeias. A crônica escandalosa, uma vez afetada por um sinal de irrealidade, deixa-se impunemente narrar. O escritor deve saber introduzir justo o suficiente de confusão e fantasia para não ser acusado de lesa-majestade; as analogias devem ser facilmente decifráveis para quem quer adivinhá-las, mas se o magistrado ameaça, o escritor pode escapar por uma porta disfarçada. O mais das vezes, a imaginação é fraca, já que só perseguiu o objetivo de situar a narração fabulosa na distância exata em que param os poderes da censura. Assim praticado, o feérico só terá recorrido ao desconhecido e ao maravilhoso para melhor denunciar — pois o enigma se dissolve para dar lugar ao sarcasmo — uma realidade sem mistério: graças à adjunção de embelezamentos não essenciais, se terá conseguido deixar de calar os temas quentes que seria preciso cercar do silêncio mais prudente. Sob o disfarce da fantasmagoria, o escândalo pode ser denunciado, mas "de mentirinha". O voo da fantasia permite desenvolver um relato cujo sentido *literal* é aparentemente fútil; é por seu sentido *figurado* que o conto designará a realidade "concreta" — política, social, religiosa... A alegoria é, então, "descendente". A substância leve do conto permite mil dardos dirigidos contra personagens ou situações reais. Cabe ao leitor, à leitora, fazer a *aplicação* desses dardos e divertir-se à custa daqueles que a caricatura terá desfigurado: assim participam da atividade agressiva do satirista.

Se dessa forma consegue se destacar e zombar de si mesmo, se não procura se apresentar com a consistência de um relato coerente, se se faz passar por um *capricho* do contista, o conto verá crescer seu significado paródico: seu aspecto maravilhoso e irrisório poderá *contaminar* tudo o que se parecer com ele.

Aqui o narrador é soberano: pode retomar seu jogo, intervir a qualquer momento para desfazer o que construiu, propor vários desfechos contraditórios... Que esse humor satírico tome mais nitidamente consciência de si mesmo como liberdade pura; que renuncie a guerrear contra o "infame" ou contra os abusos, e nós então o veremos preferir e ter como objetivo único seu próprio exercício: ele se aproxima da definição que os românticos darão da ironia. Enquanto Voltaire *pratica espírito* contra um adversário perfeitamente definido (sob os disfarces), o ironista romântico quererá ser totalmente espírito, em oposição geral e indefinida a tudo o que não é espírito.

Então, nesse século mais rico em contradições do que se pensaria, o conto de fadas descobre outros campos. No estado por assim dizer *puro*, o conto será um dos refúgios da imaginação livre, da poesia no estado selvagem, de todos os devaneios irracionais e rebeldes às exigências da razão. Muitos puderam deleitar-se nele pelo prazer de escapar, no espaço de uma noite, aos constrangimentos do pensamento lógico. O próprio Voltaire costumava fingir ser sensível a esses encantos.

Além do "sentido moral" que se atribuía à maioria das fábulas infantis, percebeu-se que o substrato do conto prestava-se a uma interpretação mais grave. As "grandes verdades" que alguém desejava revelar no lugar (ou ao lado) do cristianismo podiam ser inscritas nos apólogos, nos relatos míticos e nos contos fabulosos.[4] A iniciação interpôs uma *alegorese ascendente* entre o estado de ignorância e o estado de conhecimento. Que tenham sido deístas, teístas, maçons, teósofos, amigos ou adversários da "filosofia", todos os heterodoxos do século XVIII produziram relatos — egípcios, orientais, ou de aparência platônica, habitados por fadas ou gênios — em que as verdades últimas, de essência moral ou metafísica, se ofereciam "em enigmas" mais ou menos transparentes. (Ao menos uma obra-prima deve ser mencionada: *A flauta mágica*.) Nesse caso, o relato alegórico não remete a uma realidade bem conhecida (mas que a prudência e a malícia incitam a cobrir com "gaze"): ele se refere a uma verdade ainda desconhecida, a uma "máxima" que só nos pode ser revelada de modo figurado.

Daí a solenidade de alguns desses textos que procuram se mostrar como *inspirados* e assumem um ar iniciático. Quase sempre faltam a essas fábulas densidade e verdadeira espessura simbólica: as verdades que anunciam se reduzem a certos "princípios" abstratos e imediatamente legíveis. Por mais que a alegoria seja enfática, é destituída de substância, é exangue. Mas pelo menos preparou certos leitores a relerem as fábulas do passado buscando — às vezes indevidamente — um sentido analógico (ou anagógico). E quando vier a reabilitação da infância, quando for despertada a nostalgia dos começos do mundo, o conto fabuloso aparecerá como um vestígio dos primeiros tempos. Nele se procurarão as verdades mais elevadas sob a forma de uma revelação *primitiva*, de uma palavra original. O simbolismo do conto de fadas foi — é o que se afirmará — o primeiro eco suscitado na imaginação dos homens por uma sabedoria fundadora: os primeiros contistas eram iniciados nos mistérios dos quais estamos hoje separados. Toda a missão da poesia, dirão alguns, é reencontrar essa participação perdida, essa infância do espírito. Novalis afirma: "O conto de fadas é ao mesmo tempo o cânone da poesia — tudo o que é poético deve ser da natureza do conto".[5] O feérico, recolhido nas fontes populares ou reinventado, produto de um acaso psíquico favorável, se tornará o veículo de uma gnose. Gracioso, majestoso ou aterrador, o conto de fadas não é mais o gênero literário que permite a paródia do sagrado, mas o aspecto inesperado que reveste uma nova busca do sagrado. E nessa função toma uma consistência "ontológica". O "rococó" desmaterializara o conto feérico, até deixar em cena só o escárnio. Por um caminho inverso, o primeiro "romantismo" procura aí encontrar uma tal gravidade poética que se torna a revelação de um sentimento, da alma de um povo, ou da natureza inteira, ou mais simplesmente do viver a dois: é então o amor que triunfa, mas como força *objetiva* cósmica.

Quando Carlo Gozzi[6] representa sua primeira peça "fiabesca", *O amor das três laranjas* (*L'Amore delle tre Melarance*), recorre muito ostensivamente ao que Batteux chamaria de "uma alegoria oratória". A fábula, tirada do *Pentamerone* de Giambattista Basile (Nápoles, 1634), assume, no emprego que dela faz Gozzi, um valor figurado e satírico; remete a uma contenda teatral, pondo o espectador em presença de personagens de quem as gazetas e os panfletos falam diariamente: a fada Morgana é o teatro do abade Chiari, o mago Célio é o de Goldoni. Portanto, a obra é um manifesto paródico que leva ao palco a luta travada pelos Granelleschi, em nome do bom gosto, contra os "reformadores" e os novadores. Mas Gozzi não se contenta em escarnecer do "estilo de advogado" de Goldoni e da ênfase do abade Chiari; em *O amor das três laranjas* o feérico não é mostrado como algo sério: o autor logo o transforma em irrisão. A se crer nele, o autor teria se empenhado em provar que fábulas *ridículas* fazem as multidões correrem tanto quanto as peças de Goldoni. Gozzi, assim, divertiu-se em *fazer de propósito* má literatura: pediu a bons atores — Sacchi e sua trupe — que *fizessem passar* inépcias pueris.[7] Isso significava dar uma tacada dupla: era demonstrar o encanto da *commedia all'improviso* de que Goldoni não queria mais saber e, pressupondo a perfeita inutilidade da fábula, era, contra Goldoni, provar que a afluência do público não é um critério da qualidade das obras.

Mas parece que Gozzi se deixou agarrar por seu próprio jogo.[8] A série de suas peças "fiabescas" o prova: desde a segunda, *Il Corvo*, o sarcasmo transformado em alegoria "oratória" se atenua, até desaparecer. As alusões paródicas à realidade do momento só intervêm à guisa de indícios disseminados. Simplesmente Gozzi perseverava na sua intenção de defesa e ilustração das tradições ameaçadas. E embora já não estivesse disposto a levar a fábula muito a sério, aceitava porém fazê-la simbolizar uma lição "moral". Ela se tornava o veículo de uma sabedoria bastante simples referente aos vícios e virtudes. Para esse patrício inquieto com o progresso da "filosofia" e da heterodoxia, jamais a fábula se aparentou ao intermediário de uma revelação que se substituiria aos preceitos morais do cristianismo. A peça de sua autoria que ele mesmo qualifica de *fiaba filosofica*, *L'Augellino Belverde*, na verdade é dirigida contra os princípios ("interesse, evidentemente" etc.) pregados por Helvécio e pela filosofia das Luzes. As intenções simbólicas confessadas não pretendem iniciar os espectadores em elevadíssimas verdades.

No entanto, a despeito de seu pendor irônico sempre sensível, Gozzi evitou extinguir o desenho geral de seus temas fabulosos. Na condução de suas intrigas, sempre se mostrou de notável fidelidade em relação a seus modelos, tirados da tradição popular ou das fontes orientais. A substância narrativa — a essência mítica — do conto é assim preservada. Dessa forma, e por assim dizer contra a vontade de Gozzi, os valores simbólicos e poéticos da fábula continuam a agir. Se ele não procura deliberadamente introduzir novos mistérios, deixa subsistir ao menos aquele que encerra o relato fabuloso preexistente levado à cena. Ainda melhor, temos a sensação de que em certas circunstâncias Gozzi, quase inconscientemente, se deixa levar por um ímpeto de imaginação ingênua, segundo o espírito do sonho e do mito: uma espécie de voo fantástico e por vezes perceptível em suas peças, como no *Vathek* de Beckford. A fábula não é mais um simples pretexto, ganha vida, toma corpo, arrasta seu narrador para uma região desconhecida, e nos propõe um enigma insistente e dificilmente decifrável. O que encantará os leitores românticos de Gozzi (sobretudo na Alemanha) é a mistura feliz de livre ironia (em que se afirmam os poderes do espírito subjetivo) e de poesia fabulosa (em que se anuncia a presença de um espírito "objetivo", de uma sabedoria impessoal saída das camadas primitivas da alma humana).[9] Devemos lhe agradecer ao mesmo tempo por um testemunho da leveza sedutora do século XVIII italiano e por uma mensagem simbólica oriunda da infância do mundo.

ENCENAÇÃO DO IMPROVÁVEL

Se é lícito acreditar que a expressão livre da subjetividade, na Europa, data aproximadamente do Renascimento, acaso seria temerário sugerir que, entre os fatores que favoreceram essa descoberta, a experiência do teatro foi um de seus elementos não desprezíveis? Montaigne, no Collège de Guyenne, "sustentou os primeiros personagens" em diversas tragédias latinas. Os jesuítas, sabe-se, fizeram do teatro uma das atrações de sua pedagogia. Além disso, deve-se sublinhar a importância que assume no século XVIII o "teatro de sociedade", herdeiro, entre a alta ou média burguesia, das comédias-balés em que dançavam os príncipes da idade "barroca". Voltaire (por um gosto que talvez tenha formado com seus mestres jesuítas) aí se diverte toda a sua vida. Diderot, que gostaria de ter sido ator, imita a experiência do comediante, o que o faz se tornar comediante em segundo grau.[10] Rousseau, em criança, compõe peças para as marionetes que construiu com o primo Bernard.[11] É inútil lembrar a importância do jogo teatral na aprendizagem intelectual e literária de Goethe, de Madame de Staël, de Stendhal; George Sand, em Nohant, prosseguirá a experiência... mas os exemplos se tornam mais raros desde a segunda metade do século XIX.

Que observações a experiência do jogo teatral favoreceu? Por vezes, alguns sentiram a dificuldade de abandonar-se à exigência do papel;[12] para ser bom ator, é preciso, senão esquecer de si mesmo, ao menos saber superar a pressão e o lado mecânico da vida cotidiana. Em compensação, é frequente que a interpretação dramática desenraíze a consciência de si; uma espécie de embriaguez lírica arrasta a existência e a transporta para o destino fictício em que ela se absorve inteiramente: é uma metamorfose em que todos os recursos da pessoa se exibem para constituir uma segunda pessoa. Ainda mais frequente, o ator atento observa em si um maravilhoso desdobramento, pois uma parte intacta do eu reserva seus poderes reflexivos de modo a melhor dirigir os gestos do papel representado. Para Diderot, sabe-se, esse domínio racional caracteriza o comediante de gênio: nele, o poder de *se fazer outro* procede de uma vigilância permanente do espírito. A multiplicidade das encarnações, a perfeição dos papéis mais diversos têm como condição necessária a *constância* de uma inteligência maquinadora; as variações imaginárias supõem uma *invariância* que as produz e rege. A consciência, foco único e estável, confere o espetáculo das modificações exigidas pela *imitação* dos modelos externos — embora preservando sempre suas distâncias e assegurando a perfeita igualdade consigo mesma. O ator, segundo Diderot, não deixa de ter semelhança com o *sábio* que os estoicos descreveram — em quem a constância interior facilita a perfeita representação dos *papéis* impostos pelo destino.[13] Mas esse ator parece igualmente prefigurar o *ironista* romântico. O próprio Diderot fala de "troça": "O que é afinal um grande comediante? Um grande trocista trágico ou cômico a quem o poeta ditou seu discurso".[14]

Quando se divertiu em subir ao palco (na casa familiar veneziana e em especial na Dalmácia), parece que Carlo Gozzi teve o maior prazer em representar papéis *de composição*; exercitou-se em *contrafazer*; pouco se preocupou em se expressar pessoalmente. Portanto, sua experiência se fixou no desdobramento, e mais especificamente no desdobramento paródico, em que se acentua a distância entre o eu real do ator e o papel caricatural que ele se atribui. Basta lembrar o episódio encantador das *Memórias inúteis*, em que Gozzi conta o êxito que conquistou ao arremedar as criadinhas dálmatas: "Adotei o figurino, a linguagem e o tom das criadas de quarto da região. Como as moças de Sebenico usam um penteado galante, composto de tranças e fitas rosa, mandei arrumar meus cabelos à moda delas. Várias bonitas damas tiveram a curiosidade de conhecer aquela Lucia macho, tão viva e tão endiabrada no palco; encontraram apenas um pobre rapaz reservado, taciturno, de um humor tão oposto ao da criadinha que se queixaram muito de mim".[15]

O verdadeiro Carlo Gozzi e o personagem endiabrado que evoluía no palco são, decididamente, dois. Semelhante distância desaponta as espectadoras, que esperavam encontrar no ator certos traços de vivacidade que ele soubera dar a seu personagem; descobrem um rapaz grande, comportado e enfadonho. É o início das desventuras desse homem que se queixará constantemente de ser confundido com outro.

Mas se a experiência psicológica do jogo teatral foi para Carlo Gozzi muito semelhante à que descreve Diderot, nada é mais diferente que o ideal estético que cada um deles reivindica. Enquanto Diderot (próximo nisso do Goldoni das peças "realistas") deseja que o dramaturgo e o ator prestem maior atenção à tipologia das condições sociais modernas (o pai de família, o comerciante etc.), Gozzi não liga para isso. Essa servidão à realidade cotidiana parece-lhe trivial e desagradável. O que deseja é que o personagem (cujo "modelo" interior o ator se aplicará em imitar fielmente) se estabeleça a boa distância do mundo real, e que assim o espetáculo não tenha como efeito reproduzir as vulgares altercações de rua. Gozzi, alegando sobretudo razões de gosto (nas quais a crítica sociológica atual distinguiria facilmente motivações reacionárias), quer manter, e se possível alargar, a distância entre o fato teatral e a verdade vivida. Não se priva, sem dúvida, de alusões satíricas à vida veneziana (o caso Gratarol-don Adone prova); mas, justamente, essas alusões são indiretas, enxertadas, alegóricas, e se tornam tanto mais perceptíveis para o público na medida em que a peça não se apresenta como uma imitação da realidade. O único personagem real introduzido por Gozzi é o *storico di piazza* ("contista público") Cigolotti,[16] isto é, o personagem cuja função essencial é, diariamente, introduzir o irreal na vida dos curiosos de rua que o escutam.

Se nos interrogarmos sobre os motivos profundos da predileção de Gozzi pela commedia dell'arte, perceberemos que a razão mais frequentemente evocada — o desejo "patriótico" de salvar uma tradição nacional — é apenas a mais leve: a *commedia* era para ele um universo fictício cujos elementos, recebidos do passado, já não precisam ser inteiramente criados, e na qual a mais transbordante vitalidade pode dar livre curso à distância da "vida real". Sabe-se que esse teatro estava moribundo, e o esforço de Gozzi o fez sobreviver por uma espécie de respiração artificial. Para esse homem de cultura integral e requintada, as tradições populares em vias de desaparecimento eram objeto de *nostalgia*; era como se não mais existissem, sua morte iminente as purificava, conferia-lhes um valor estético: esse Tartaglia, essa Smeraldina que o público já não queria, Gozzi ia, sozinho, fazê-los viver mais um pouco, conferir-lhes um sursis. O que Gozzi gosta, na *Commedia*, é essa psicologia fixa, esse universo fechado em que as *personae dramatis* de todas as histórias possíveis preexistem a seus destinos e lhes sobrevivem. Recorrendo aos tipos definidos pelo repertório tradicional (ou, o que dá no mesmo, aos diversos *empregos* de uma trupe experimentada), escapa-se uma vez por todas da necessidade de ter de inventar *caracteres*, e de ter de lhes atribuir uma evolução psicológica. Pegando suas intrigas na tradição fabulosa e seus personagens na tradição teatral, Gozzi parece fechar a porta a qualquer liberdade. Na verdade, é nesses limites preexistentes que a liberdade começa para ele e para os atores da trupe de seu amigo Sacchi: liberdade pequena, que está toda na variação, no exagero improvisado, no traço de humor instantâneo; liberdade supérflua que não muda nada na trama imposta de antemão, na identidade inamovível dos "empregos".

Numa arte como essa, os fatos psicológicos contam bem pouco; a própria paixão não conseguiria se expressar em termos inesperados e perturbadores. Pouco falta para que o autor se entregue à competência e aos recursos de improvisação do ator. Sismondi, que constata que "a imaginação desenvolvida demais já não admite a sensibilidade",[17] observa com mais sutileza ainda: "Tantas maravilhas não deixam ao autor nem ao espectador o tempo de se enternecer: o primeiro corre a novos *imbrogli*, que ele quer atar ou desatar; livra-se, por algumas palavras, de uma situação dilacerante; e na tempestade dos acontecimentos, jamais deixa entrever as tempestades do coração, que deveriam ser sua consequência".[18] Isso é definir um teatro em que tudo está subordinado à exigência da ação. Ora, se obras de ação pura devem ser outra coisa além de um jogo de ilusão propriamente insensato, será necessário conferir à ação um alcance alegórico. O *significado* da obra deverá se manifestar pelo desenvolvimento dos acontecimentos e das situações, já que ela não reside na evolução dos caracteres e das experiências afetivas expressadas no palco. Em Gozzi, o recurso aos temas feéricos e a recusa da psicologia "realista" são estreitamente solidários; ele quer salvaguardar suas distâncias com a realidade "comum", embora conservando a dupla possibilidade de designar simbolicamente verdades ocultas (de ordem moral ou filosófica) e de dirigir uma crítica alusiva e satírica aos defeitos dos venezianos. Para isso, a fábula irônica e o teatro já anacrônico da *commedia* reforçam mutuamente seus poderes. Nisso se viu, por parte de Gozzi, a expressão de um pecado de acedia, sendo a distância tomada da realidade ao mesmo tempo a da preguiça e a da melancolia.[19] Na verdade, mal é preciso lembrar a maneira como Gozzi trata a si mesmo em suas *Memórias* (que logo qualifica de "inúteis"), nuançando sutilmente os ridículos que se outorga e as justificações que dá a seu comportamento. A distância que seu teatro toma em relação à realidade, Gozzi a sentia constantemente em relação à própria vida. Metendo-se em mil casos tão complicados como insignificantes, escolheu ser um ausente, o que volta e meia conseguiu bem demais.

Quando os românticos alemães (os irmãos Schlegel, Tieck, Jean-Paul, Hoffmann) lerem, na tradução de Werthes, a obra de Gozzi, vários elementos das circunstâncias lhes escaparão. Não estarão em condições de avaliar tudo o que, no teatro de Gozzi, se deve à estreita colaboração com a trupe de Sacchi; em compensação, por seu caráter arbitrário e feérico, por sua mistura de cômico e situações patéticas, esse teatro lhes aparecerá como sendo o ato de uma livre fantasia dedicada a recusar e superar os aspectos triviais de um mundo decadente, condenado à vulgaridade. O teatro de Gozzi lhes oferecerá o modelo do estilo e da forma literária em que desejarão tornar sensível sua própria filosofia. A ironia romântica não é a ironia de Gozzi, mas se serve de sua "maneira" para fazer passar, literariamente, uma nova mensagem. À guisa de exemplo, citemos essa declaração de Friedrich Schlegel: "Existem obras poéticas antigas e modernas totalmente atravessadas, totalmente arejadas pelo sopro divino da ironia. Uma bufonaria verdadeiramente transcendental vive nelas. No interior, é o estado de alma que tudo sobrevoa e que se eleva infinitamente acima de tudo o que é determinado, e até mesmo acima da arte, da virtude ou da genialidade que se possuiria nela mesma: no exterior, na execução, é o estilo de mímica de que pode dar provas um bom bufão italiano corrente".[20] Para A. W. Schlegel, Gozzi não era verdadeiramente consciente do alcance que dava a seu teatro a mistura do trágico fabuloso e do cômico das máscaras: "Ao caráter maravilhoso dos contos de fadas, à sua profusão de aventuras, opunha-se, num contraste impressionante, o maravilhoso dos papéis tradicionais mascarados, levado igualmente a uma espécie de exagero. A verdade natural era ultrapassada pela arbitrariedade da representação, tanto nas partes sérias como nos episódios em que a fantasia tinha livre curso. Gozzi, assim, fizera uma descoberta cujo significado mais profundo ele mesmo talvez não distinguisse: suas máscaras prosaicas, representando quase sempre de improviso, formavam praticamente por si só a ironia da parte poética... O que entendo pelo nome de ironia... é, na representação dos acontecimentos, a confissão que aí se insere, por alusões mais ou menos sensíveis, do exagero e do parti pris unilateral decorrente da intervenção da imaginação e da emoção... o que tem como efeito restabelecer o equilíbrio".[21]

Em sua forma mais arcaica e mais "ingênua", a fábula já gosta de dar conta de suas próprias origens: o contista conta o nascimento do conto. Confere-lhe uma razão de ser, atribui-lhe uma finalidade. Faz o relato de uma situação singular em que a narração intervém: sabe-se como e com que arte *As mil e uma noites* contam a instauração da relação narrativa: nem o vínculo da narradora com seus dois ouvintes, nem o que está em jogo são indiferentes. Para Shariar, cruelmente enganado e cruelmente desenganado, é como se as mulheres não mais existissem: já que a fidelidade delas é um engodo, já que nelas a fé tem a vida tão curta, morrerão assim que forem possuídas. Shariar não ousa mais confiar no tempo: a narração incessantemente interrompida de Sheherazade — interrupção que permite remeter ao dia seguinte sua morte sempre em suspenso — reintroduz a duração no universo de Shariar, sob o signo da curiosidade. O relato diferido é o único recurso contra a morte. O casal assimétrico das irmãs contistas, Sheherazade e Dinarzade, é a antítese feminina e fecunda do casal assimétrico dos irmãos reais Shazenan e Shariar, que só pensam em se vingar de suas decepções conjugais. Para conjurar a *negação* que uma melancolia sanguinária não cessa de opor à vida, a voz de Shehrazade, condenada em sursis, não cessa, por sua vez, de exibir os recursos infinitos da imaginação fabuladora. O conto aparece assim como o remédio proposto àquele homem cuja consciência deixou de poder progredir na duração viva.

Ainda que fosse apenas um divertimento alegre, o conto quer ser uma intervenção terapêutica capaz de reanimar ("cativando-a") a pessoa cujas tristezas, cujo tédio e humor sombrio afastaram da vida. A partir do modelo bíblico de Davi acalmando pela música o "mau espírito" de Saul, ou do modelo mitológico de Dionísio indo socorrer Ariadne angustiada, a obra do artista e talvez até mesmo a do filósofo buscaram constantemente pretexto no consolo, no reconforto ou na diversão que podiam dar a criaturas que fizeram secessão no sofrimento ou na solidão melancólica. Pelo menos desde Rabelais, e por toda a idade barroca, não se contam as obras "faceciosas" que se fazem passar por "remédios" ou "preservativos" da melancolia; é um pretexto habitual para os balés e as "máscaras" fingirem algum príncipe entediado, para quem organizam entradas burlescas.[22]

A antologia de contos do napolitano Basile — o *Pentamerone* — tem como fonte a história de uma princesa incapaz de rir e cuja melancolia só é curável de uma maneira:

> Era uma vez um rei de Vallepelosa, que tinha uma filha chamada Zoza. Nunca a viam rir, como se ela fosse um novo Zoroastro ou um novo Heráclito. O pobre pai, que só respirava por essa filha única, não negligenciara nenhum meio para livrá-la da melancolia. Na esperança de fazê-la rir, mandava chamar ora cômicos que andam sobre varas, ora aqueles que se enfiam dentro de círculos.[23]

É longa a lista de divertimentos ineficazes... Mas um dia, o pai desconsolado faz jorrarem debaixo das janelas da filha fontes de óleo na esperança de que os passantes, para evitarem ser manchados, deem cambalhotas ridículas. Uma velha aparece; tenta recolher o óleo com uma esponja que ela espreme numa pequena bilha. Um "diabinho" de pajem — *un diavoletto di paggio* — joga uma pedra que quebra a bilha. Durante a briga, em que todos os recursos do vocabulário injurioso entram em jogo, a velha, "escapando do redil da paciência, levantando a cortina do palco", fez ver "a cena boscareja" (*fece vedere la scena boschereccia*). É esta uma magia "repulsiva" muito arcaica. Zoza estoura de rir. Ei-la curada da melancolia, mas a velha joga um sortilégio de amor para a princesa: esta vai sair a caminho para ir encontrar o único marido que lhe está destinado, o príncipe Tadeo. Sua busca fracassa no momento em que parece prestes a obtê-la: o lugar de rainha é usurpado por uma escrava negra. Graças ao socorro das fadas, Zoza inspirará à escrava grávida o desejo "melancólico" de ouvir fábulas; dez mulheres contarão durante cinco dias... Zoza poderá, no final, contar sua própria história; a usurpadora será desmascarada e Zoza será finalmente rainha.

Esse tema infantil é o ponto de partida da primeira peça de Carlo Gozzi, *O amor das três laranjas*. Mas aqui a fábula já não se encontra no estado ingênuo e "selvagem". É uma alegoria irônica. Tartaglia, filho do rei dos Tarots, se consome de melancolia por ter absorvido muita literatura ruim: está literalmente entupido do patético nocivo do abade Chiari. A obra do abade Chiari é, aliás, figurada no palco pela malvada *fata Morgana*. O mago Célio, que representa o teatro de Goldoni, é mais bonzinho; delega Triffaldino para alegrar o príncipe. Truffaldino, variante bergamasca de Arlequim, é, talvez como Arlequim, o herdeiro longínquo de um demônio arcaico. É a ele que, significativamente, cabe o papel que era em Basile o do *diavoletto di paggio*: a *fata Morgana* faz o papel da velha que, debaixo dos insultos de Truffaldino, vai cair "de pernas para o ar" (*a gambe alzate*). "A análise reflexiva" de Gozzi dá a chave do espetáculo: "Todas essas trivialidades, simples transposição para a cena do conto trivial, divertiam o Auditório por sua novidade, tanto quanto as *Massere*, os *Campielli*, os *Baruffe Chiozzotte* e as outras obras triviais do Signor Goldoni".[24]

Pois Gozzi não quer se limitar à representação de uma ingênua história infantil: tenta fazer passar um panfleto literário pelo viés da fábula. Mas a fábula tem razões que a razão desconhece. Gozzi vai sofrer, a contragosto, o poder dos velhos relatos de mulheres que ele opõe a um relato inovador muito ligado à realidade do momento: tudo se passa como se certas exigências psíquicas muito elementares chegassem a se manifestar a despeito da intenção polêmica. A inteligência crítica de Gozzi será como que tomada às avessas pelo universo fabuloso que ela quisera utilizar. O aplauso popular e não sei qual anuência interna obrigarão Gozzi a se encaminhar numa direção cuja importância ele não previra. Sem dúvida, é de comédias lacrimejantes e dramas enfáticos que é feita a obstrução de "bile negra" de que sofre Tartaglia. Mas outros príncipes melancólicos aparecerão nas peças posteriores de Gozzi, sem que suas doenças nem suas compleições tenham, um mínimo que seja, uma dimensão de polêmica literária. A dimensão própria do conto readquire seus direitos: reis melancólicos, príncipes exilados, herdeiros preteridos são aqui, conforme uma das mais antigas tradições narrativas, as vítimas de um misterioso *desarranjo* que perturbou a ordem do mundo. A narração fabulosa contava como, através de peripécias maravilhosas, a desordem é superada e todas as coisas são restabelecidas em seu verdadeiro lugar.

Prestemos atenção nos papéis que Gozzi confiou a Sacchi, o diretor da trupe. O Truffaldino da commedia dell'arte poderá ser outra coisa além de um mensageiro ocasional ou de um facecioso comparsa que aparece nos intervalos da ação verdadeira? Ele não é mais que isso em *Il Corvo* ou em *Turandot*. Mas em outras peças, intervém durante os acontecimentos, e seu papel, ainda que fugaz, é de importância decisiva. Examinemo-lo em *O amor das três laranjas*. Sabemos que sem suas palhaçadas o príncipe jamais poderia ter saído da melancolia que o mantinha cativo. Na busca das laranjas, Truffaldino será, como deve ser, o acólito, o companheiro de viagem, o escudeiro. Participará das "provas" impostas a Tartaglia. Ora, Truffaldino é, por natureza, um desajeitado, *balordo per istinto*; apesar das proibições mais expressas, abrirá as duas primeiras laranjas num deserto, longe de qualquer fonte: dali sairão duas pequenas princesas que morrerão de sede imediatamente. Só a terceira laranja será salva, graças à intervenção decidida de Tartaglia: Ninetta, saída dessa laranja, é logo a eleita destinada a se casar com o príncipe. Um feitiço maléfico permite à "mourisca" Smeraldina substituir-se a Ninetta (como fizera a escrava negra no conto de Basile). Um alfinete encantado, passado na cabeleira da princesa, a transforma em pomba. No dia das núpcias de Tartaglia com a usurpadora, Truffaldino está trabalhando na cozinha: a colomba aparece, fala, inspira a Truffaldino um sono invencível. Por três vezes o assado queima, tudo deve recomeçar. O rei aparece furioso na cozinha. Caçam a colomba. É Truffaldino que a agarra; acaricia-a: "Sentia-se sobre sua cabeça um leve inchaço; era o alfinete mágico. Truffaldino o arrancou. Eis a colomba transformada em Princesa Ninetta".[25]

Assim, Truffaldino, tão desajeitado como providencial, aparece como sendo aquele que compromete tudo (que age *atravessado*) e ao mesmo tempo como aquele que intervém quase inconscientemente para tudo salvar, para tudo recolocar no caminho *certo*. À maneira dos personagens lendários a quem é aparentado, à maneira de certos clowns de Shakespeare (que pertencem à mesma família), Truffaldino introduz a desordem num mundo ordenado; mas essa desordem suplementar, fomentada de modo tão ingênuo como sobrenatural, contribui para a restauração da ordem primitiva e restabelece a harmonia comprometida. Gozzi retomou aqui uma tradição que atribui ao bufão, ao clown, as funções ambíguas de um causador de desordem e de um salvador, de um auxiliar sobrenatural que ignora o verdadeiro alcance de seus atos. Em *Re Cervo*, o passarinheiro Truffaldino leva ao palácio real o mágico Durandarte transformado em papagaio: Truffaldino torna-se assim o autor involuntário da libertação do rei Deramo, prisioneiro de uma forma alheia. Em *L'Augellino Belverde*, Truffaldino salsicheiro recolheu, sem conhecer sua identidade, os filhos reais Renzo e Barbarina, vítimas da maldade de uma terrível e ridícula avó: tendo-os salvado das águas, tornou-se o pai adotivo das crianças.

Como Panúrgio, como Sancho, como Leporello, ele é o acólito ridículo. Mas por trás das aparências do desajeitado, é providencialmente hábil. Esbanjador de gestos e palavras, executa um jogo desenfreado que tem uma eficácia de libertação mágica. É o protetor, o espírito guardião, e assim como o Héracles, bufão de Eurípides, detém o salvo-conduto que permite cruzar a fronteira da morte para a vida. Em sua desteridade desajeitada e em sua falta de jeito retificadora, recolhe com sua pessoa a dupla herança mítica de um antiquíssimo transgressor diabólico e de um não menos antigo barqueiro benéfico. Os dados tão complexos do teatro de Gozzi seduzirão os românticos alemães, e especialmente E. T. A. Hoffmann, que retoma e desenvolve a seu modo esses temas em *Prinzessin Brambilla*.

A princesa Brambilla

Gozzi opunha a velha alegria da *commedia* à ênfase de Chiari e à trivialidade de Goldoni;[26] a eles preferia um alegre teatro de ilusões; expressava sua preferência numa peça paródica onde faz triunfar a *commedia* (simbolizada pelo personagem de Ninetta devolvida à sua forma principesca); mas para acabrunhar seus adversários buscou superar o ridículo de Goldoni e de Chiari com o ridículo superlativo da fábula: ora, foi agarrado por seu jogo, reencantou a fábula numa dramaturgia na qual evoluem príncipes melancólicos, bufões salvadores, mulheres cruéis e corações fiéis.

Ei-lo como um químico que, sem desconfiar, operou uma síntese importante: sua obra "fiabesca" contém nos temas e personagens a sabedoria da fábula e da *commedia* primitivas, mas comporta ao mesmo tempo toda uma dimensão reflexiva, crítica e nostálgica. Obra "ingênua"? Obra "sentimental"? Faltam-lhe as categorias schillerianas. Há aqui muita engenhosidade para que a imaginação seja verdadeiramente espontânea; muita fidelidade literal aos temas lendários para que nos sintamos arrastados para fora do círculo encantado da fábula infantil.

Fábula, teatro improvisado, ironia, personagens grotescos, temas da desordem e da salvação: encontramos todos esses elementos em *Prinzessin Brambilla*,[27] de E. T. A. Hoffmann, não mais em ordem dispersa, mas numa correlação orgânica.

Não é necessário lembrar tudo o que Hoffmann deve a Gozzi; nem mesmo, em especial, tudo o que lhe pegou emprestado para *Prinzessin Brambilla*, em que o título de uma das obras de seu teatro aparece já no prefácio. Se *Prinzessin Brambilla*, quanto aos cenários e figurinos, é de fato uma "fantasia à maneira de Callot" (como anuncia o título), não é exagero dizer que a obra desenvolve a ideia incansavelmente exposta em *O amor das três laranjas*, nas *Memórias* e nos textos polêmicos de Carlo Gozzi: o papel salvador da commedia dell'arte. Hoffmann tratará seu tema como a história de uma metamorfose: Giglio Fava, um mau ator, vaidoso e declamador, vai conhecer, durante os loucos dias e noites de um carnaval, uma aventura meio alucinatória que o separa dos papéis empolados em que se deliciara até então; saberá enfim recusar as ofertas do abade Chiari (Hoffmann inventa um ancestral romano do inimigo de Gozzi) e se tornará um improvisador da *commedia*, um Brighella e um Truffaldino admiráveis. O triunfo da *commedia* sobre o teatro falsamente patético nos é aqui representado como o resultado de uma transmutação ocorrida no interior de uma consciência. Esta, partindo de um nível interior, chega à plena posse da verdade estética. *Prinzessin Brambilla* é um romance iniciático cujo herói, por um percurso labiríntico, percorre as etapas de uma educação que é ao mesmo tempo revelação. O *conhecimento* e, simultaneamente, a faculdade de amar lhe são pouco a pouco revelados.

O que em Gozzi era a oposição estática de dois termos incompatíveis (a tragédia à maneira de Chiari e a *commedia*), torna-se então em Hoffmann ponto de partida e ponto de chegada de uma evolução psíquica. Assistimos a um percurso iniciático por meio de uma série de *provas* de caráter simbólico. Por um lado, essas provas se referem à exaltação imaginativa de Giglio Fava: são as etapas de uma profunda reviravolta afetiva. Mas, por outro, lado, toda a evolução interior de Fava é dirigida externamente pelo charlatão Celionati, personagem cujo protótipo é Cigolotti, *storico di piazza*, tirado da realidade veneziana e encenado por Gozzi. Sob a roupa velha de Celionati esconde-se, ficamos sabendo no fim do relato, o príncipe Bastianello de Pistoia; imagem amplificada e deformada do conde Carlo Gozzi; desejando salvar a *commedia* e proporcionar-lhe bons atores, ele ficou de olho em Giglio e em sua noiva, a costureirinha Giacinta. Assumindo tão perfeitamente o aspecto do charlatão, Bastianello nos prova que já é um ator completo de *commedia*. Mas Giglio e Giacinta ainda devem se tornar atores. Por isso é que Celionati, iniciador, pedagogo e terapeuta, joga o jovem casal num estado de exaltação desenfreada, e leva a especulação a ponto de criar, à passagem deles, o cenário e as circunstâncias que darão a cada um dos dois a ilusão de que o sonho quimérico está em vias de realização. Hoffmann escreve na época da segunda onda do "magnetismo animal"; convida-nos a ver na *vontade* do príncipe a causa da *vidência* de Giglio. Sabemos que o magnetismo animal representa o estado nascente da teoria psicanalítica, e o leitor contemporâneo terá várias vezes a impressão de que a evolução de Giglio Fava, por meio de seus sonhos e fantasmas, parece a história de uma psicanálise.

Como Celionati enfrenta isso? Sugerindo a Giglio Fava que a princesa Brambilla, vinda diretamente do Oriente para o Carnaval, está apaixonada por ele, o persegue e deseja desposá-lo, ele dá a arrancada, no jovem comediante, para um extraordinário ímpeto de imaginação sonhadora. Eis Giglio transportado em plena fantasmagoria e convencido de ser o príncipe Cornelio Chiapperi em pessoa, o bem-amado de Brambilla. Inteiramente em seu sonho, Giglio esquece sua noiva encantadora, a costureirinha Giacinta. Esta, por sua vez, se deixa arrastar para um sonho paralelo de grandezas, no qual se imagina a eleita de um príncipe originário do país bergamasco... Desfiles exóticos, cerimônias estranhas, encontros imprevistos, movimentos de massa são cuidadosamente arranjados por Celionati para perturbar a cabeça de Giglio em sua busca febril. Um universo feérico parece se oferecer a ele, e depois se esquiva; a princesa Brambilla se deixa avistar, e depois desfalece. A realidade vacila, mas o fantasmagórico é apenas uma imagem inatingível. No entanto, sempre que Giglio consente em renunciar à sua presunção, à sua arrogância vaidosa, à sua condescendência narcisista, o objeto de seus desejos torna-se mais próximo, oferece-se a seu alcance. Uma das provas essenciais de Giglio é a do ridículo disfarce, que primeiro ele se nega a vestir por completo: é demasiado e ingenuamente cheio de si para não aceitar que vejam sua bela aparência debaixo de "uma bonita calça de seda azul com nós vermelhões, combinando com meias cor-de-rosa".[28] Isso é desobedecer aos conselhos de Celionati, que o prevenira: "Quanto mais seu vestuário for inacreditável e repugnante, melhor valerá!".[29] É preciso saber abandonar-se a si mesmo, desaparecer por completo sob a roupa mais grotesca, em suma, aniquilar-se alegremente, para renascer numa nova existência. A aproximação da princesa da fantasmagoria é subordinada à *negação* que o ator deve infligir a seu ego vaidoso — esse ego de início incapaz de se esquecer, não representando seus papéis, mas "representando perpetuamente ele mesmo",[30] como o mau ator de que fala Diderot. Um dos episódios decisivos no avanço de Giglio é o combate em que, sob a forma de Capitão Pantalon, ele mata um Giglio Fava singularmente semelhante — mas que na verdade é um boneco de papelão, cujo cadáver está "recheado de papéis oriundos das tragédias de um certo abade Chiari".[31]

O sacrifício do mau dublê é a imagem alegórica da negação e da superação de si pela ironia. A "bufonaria transcendental" vence, assim, o espírito de seriedade. A prova psicológica coincide com uma purificação estética. Pois os cadáveres deixados ali são ao mesmo tempo a vaidade ingênua da personalidade e a pieguice enfática de toda uma literatura correspondente. Para descobrir sua verdadeira natureza, Giglio deve ter aprendido a se tornar impessoal, a ser apenas uma força leve, saltitante, rodopiante, a se deixar investir pelo "modelo", pelo "tipo" de um papel que preexiste fora dele:

> Quando vejo uma dessas máscaras extravagantes provocarem o riso do povo por meio de caretas pavorosas, tenho a impressão de que um modelo original que se revelou a ele lhe fala[32]...

Mas no curto período que se segue à vitória sobre si mesmo, Giglio ainda permanece, aos olhos de Celionati, um doente: a criatura aplicada em se negar sofre, ironicamente, de "dualismo crônico". Aprendeu pela ironia a ver tudo às avessas, mas essa inversão engendra a vertigem. Giglio se queixa:

> Alguma coisa terá se desarranjado no campo visual, pois infelizmente quase sempre vejo pelo avesso, o que faz com que as coisas mais sérias costumem me parecer infinitamente bufonas, e inversamente as coisas mais bufonas, infinitamente sérias. Isso costuma provocar em mim uma terrível angústia e uma vertigem tão violenta que mal posso ficar em pé.[33]

No entanto, nesse estado ele já é saudado como um príncipe: a metamorfose está feita. Mas o príncipe exilado, sem terra, sem exercício, "privado do espaço indispensável":[34] precisa encontrar um reino e, para recuperar plenamente a saúde, unir-se "com a mais bela das princesas". Seu reino será o do jogo e do teatro; sua princesa será Brambilla. O ponto decisivo da evolução de Giglio é a cena em que, sob os adornos do Capitão Pantalon, ele improvisa no Corso uma cena em que *rejeita* as ofertas de Brambilla. Capaz de tomar distância em relação tanto a si mesmo como à imagem amada, Giglio enfim mereceu ser ele próprio e possuir a princesa. Submetendo-se, grotescamente enfarpelado, a Brambilla, encontra enfim sua pátria verdadeira. Afinal é plenamente o verdadeiro Giglio, uma natureza principesca e o mais divertido dos Capitães Pantalons: três pessoas em uma. Da mesma maneira, Giacinta é tanto a antiga costureira como a Princesa Brambilla e uma atordoante Smeraldina. Para ambos, por milagre as divisões e separações estão agora superadas: seus sonhos separados se juntaram, seus papéis se ajustaram espontaneamente. A multiplicidade dos personagens interiores não é mais fragmentação do ser, mas uma superabundância vital, numa síntese em que a ironia, a imaginação (*Fantasie*) e o amor se associam harmoniosamente. Uma vez aceitos o sacrifício e o autoescárnio, a *commedia* aparece como o lugar em que o ator vive plenamente sua liberdade — como um universo leve de *tipos* eternos e imutáveis aos quais é preciso obedecer, embora manifestando um poder inventivo inesgotável. O "princípio de realidade" não é, porém, sacrificado: no fim do relato, como no início, encontramo-nos num quarto onde trabalha a velha Beatriz, que prepara um substancial prato de *macaronis*. Só que o quarto do final não é mais o pobre quartinho do início; é um quarto espaçoso onde não faltam os sinais de um honrado conforto[35]... O círculo se fecha, assistimos a um retorno que reúne os amantes: mas é um retorno *enriquecido*; o amor se amplificou e se aprofundou; Giacinta não é mais costureira, Giglio não é mais um ridículo cabotino. O conhecimento eclodiu. O que foi perdido durante as provas é reencontrado ao cêntuplo.

Ora, assim como os trapos de Celionati envolvem a presença por muito tempo dissimulada do príncipe Bastianello, assim como o exterior presunçoso de Giglio envolve o germe (a *fava*) de uma natureza principesca e de um admirável comediante *dell'arte*, o romance de Hoffmann envolve um maravilhoso conto de fadas. É o mito central da obra, a alegoria explicativa que o esclarece do interior. Ele é narrado, primeiro, por Celionati durante um encontro com artistas alemães no Café Greco; os episódios seguintes serão lidos num livro, no palácio do príncipe Bastianello, por um "velhinho de barba branca comprida e vestindo uma samarra de tecido de prata".[36] Esse mesmo velho, no cortejo de entrada da princesa Brambilla, usava na cabeça um funil invertido, emblema tradicional da loucura. Como Celionati (que é charlatão, tira-dentes, vendedor de óculos), o velhinho distribui o *conhecimento* sob as aparências da ilusão e do despropósito, única maneira de preservar o saber mais profundo.

Estamos em presença de uma alegoria de estilo gnóstico, mas parodiada. "Há muito, muito tempo — poderia se dizer: num tempo que sucedeu tão imediatamente o início dos tempos como a Quarta-Feira de Cinzas sucede a terça-feira gorda — reinava no país de Urdargarten o jovem rei Ophioch"[37]...

Esse tempo próximo do começo absoluto é uma verdadeira idade de ouro. Mas, sabe-se, a idade de ouro não é feita para durar. De saída, aprendemos que o rei Ophioch, assim como muitos de seus súditos, sofre "o domínio de não sei qual estranha tristeza, que no meio de todos esses esplendores não deixava eclodir a menor alegria".[38]

Ophioch é um príncipe melancólico, como o Tartaglia de *O amor das três laranjas*. Tudo acontece como se esse protótipo tivesse se desdobrado. Mas a explicação de seu mal assume o tom da filosofia, ou melhor, da gnose. Ophioch perdeu a plenitude original, a unidade com a natureza materna, o privilégio da intuição imediata.

> Na era do rei Ophioch provavelmente ainda ressoavam os ecos desse passado maravilhoso de suma alegria em que a natureza permitia ao homem, que ela acarinhava e mimava como seu filho querido, a intuição direta de toda existência, e com ela a inteligência do ideal supremo, da mais pura harmonia. Pois muitas vezes lhe parecia que vozes suaves lhe falavam nos misteriosos murmúrios da floresta, nos cochichos das matas e das fontes, e que do alto das nuvens douradas braços cintilantes desciam para agarrá-lo; seu peito então se inchava de ardente nostalgia. Mas em seguida tudo desmoronava em fragmentos disformes e confusos, com suas asas de ferro roçava-o o sombrio e terrível Demônio que o desunira da Mãe, e ele via que em sua cólera ela o abandonava sem recurso. As vozes da floresta, das distantes montanhas, que outrora despertavam a nostalgia e os doces pressentimentos de uma alegria passada, eram abafadas sob os sarcasmos desse sombrio Demônio. Mas o sopro abrasado desses sarcasmos inflamava na alma do rei Ophioch a ilusão

> de que a voz do Demônio era a voz da Mãe irritada, agora alimentando, pensava ele, o hostil desígnio de aniquilar o próprio filho degenerado.[39]

Não perguntemos a Hoffmann (ele não é metafísico) por que faz intervir um Demônio, e de onde vem essa vontade maléfica. Ficamos sabendo pela voz de um oráculo que "o pensamento destruiu a intuição". Nada parece aliviar a tristeza do príncipe. Seu casamento com a princesa Liris — o tempo todo ocupada em "fazer filé" e rindo irreprimivelmente com um riso superficial — apenas agrava sua pena. Ele só sente prazer em "encurralar numa solidão profunda os bichos da floresta". Durante um desses passeios, pensando mirar uma águia, atira uma flecha que atinge o peito do mago Hermod, guarda de uma torre onde "os reis do país tinham subido outrora em certas noites misteriosas e, mediadores consagrados entre o povo e a soberana de tudo o que existe, haviam revelado ao povo a vontade e as sentenças da Todo-Poderosa". Ora, o mago Hermod, despertado de um longo sono, profetiza a reconciliação, a restituição do que foi perdido:

> O Pensamento destruiu a Intuição, mas no prisma do cristal em que se concretizou a torrente de fogo durante o combate de seu himeneu com o veneno inimigo, irradiará a Intuição regenerada, ela mesma feto do Pensamento![40]

A flecha — dardo da dor — suscita um despertar e provoca, senão o imediato retorno à felicidade primitiva, ao menos o anúncio de uma *Wiederbringung aller Dinge* (*apocatastasis*), de uma síntese que pacifica as potências antagônicas. O próprio veneno contribuirá para a salvação e aí se incluirá. Sabe-se que, para a ciência "tradicional" dos alquimistas, o cristal é uma substância mista, resultando da união da luz e de um veneno frio. Assim, o conflito, levado ao grau da síntese cristalina, se tornará a origem de uma nova unidade.

Será preciso, no intervalo, que o rei Ophioch e a rainha Liris caiam numa longa letargia bem próxima da morte. Ao término prescrito, o mago aparecerá nos ares, levando o prisma de cristal cintilante.

> E quando o mago o levantou bem alto no ar, ele se fundiu em gotas fulgurantes que penetravam no fundo do solo para dali jorrar de novo, imediatamente, com um sussurro alegre sob a forma da mais magnífica fonte de ondas de prata.[41]

Em torno do mago e da fonte nascente, os quatro elementos travam uma furiosa batalha; mas logo o combate amaina, o mago se afasta, e "no próprio lugar onde os espíritos travaram a batalha se formara um magnífico espelho d'água, de uma limpidez celeste, emoldurado por rochas brilhantes"...[42]

> No instante exato em que o prisma misterioso do mago Hermod se diluíra em fonte, o casal real despertara de seu longo sono encantado. O rei Ophioch e a rainha Liris, ambos levados por um desejo irresistível, foram à fonte às pressas. Eram os primeiros a olhar o fundo da água. Ora, percebendo na profundidade insondável o azul do céu, os arbustos, as árvores, as flores, a natureza inteira e seu próprio eu refletidos ao contrário, tiveram a impressão de que véus espessos se levantavam; um novo e magnífico universo, cheio de vida e alegria, brilhou diante de seus olhos bem abertos; e o claro conhecimento deste mundo iluminou no fundo de suas almas um êxtase que jamais tinham conhecido nem pressentido. Ficaram muito tempo contemplando o fundo das águas; depois se levantaram de novo, olharam-se mutuamente e começaram a rir — caso se deva entender por "riso" não só a expressão física do soberano bem-estar mas, ainda e sobretudo, o grito de alegria que nos arranca o triunfo das formas espirituais da alma. Se a transfiguração espalhada na face da rainha Liris, e que pela primeira vez conferia às belas feições de seu rosto um encanto verdadeiramente celeste, não tivesse bastado para convencer a todos da mudança completa de seu pensamento, poderiam ter observado essa metamorfose só pelo modo como ria. Pois esse riso novo estava a mil léguas das ruidosas explosões com que costumava martelar os ouvidos reais, de tal forma que muitos bons espíritos pretenderam que não era de jeito nenhum a rainha que ria, mas outra criatura, uma criatura maravilhosa escondida no fundo dela mesma. Assim também ocorria com o riso do rei Ophioch. Quando os dois riram com esse riso tão particular, exclamaram quase ao mesmo tempo: "Oh! Estávamos oprimidos por sonhos pesados, na solidão inóspita de um mundo estrangeiro, e despertamos no país natal. Agora nos reconhecemos em nós mesmos, já não somos crianças órfãs". Depois, com a expressão do mais profundo amor, jogaram-se nos braços um do outro.[43]

A inútil zombaria e a tenebrosa melancolia estão derrotadas. Uma última palavra do mago ainda ecoou do alto do céu. Ela revela o significado alegórico do conto:

O Pensamento destrói a Intuição, e, arrancado do seio da Mãe, o homem vaga cambaleante na terra estranha, no extravio da Ilusão, na cegueira da vertigem, até o momento em que o próprio reflexo do Pensamento proporciona ao próprio Pensamento o Conhecimento de que o Pensamento existe, e que no seio da mina infinitamente rica e profunda que lhe abriu a maternal Rainha é o Pensamento que reina como senhora, ainda que ela tivesse de obedecer como vassala.[44]

A fonte, como se vê, não é de jeito nenhum o símbolo da origem, do jorro primitivo; levada num cristal pelo mago ferido, é, portanto, mediada pelo sofrimento: é o espelho em que o pensamento se pensa, descobre seu reflexo invertido e toma posse da própria soberania. Agora o pensamento sabe ser senhor e vassalo do mundo natural... A fonte, transformada em lago límpido, completa a divisão reflexiva do espírito, mas de modo que sabe ser presente a si mesmo. A reconciliação não se operou à custa da supressão do termo negativo (o pensamento) mas graças a uma espécie de negação da negação, durante a qual o pensamento se supera e se livra de sua própria maldição. Esse movimento é o da ironia. Nós o aprendemos pela exegese que dá do relato de Celionati um dos artistas alemães que o escutaram. (Reinhold fala de humor; mas aqui humor e ironia são termos equivalentes):

A fonte de Urdar... não é nada mais que o que nós, alemães, chamamos de humor, essa maravilhosa faculdade nascida da mais profunda intuição da natureza, que permite ao pensamento fazer-se, ele mesmo, seu próprio duplo e medir pelos singulares caprichos desse sósia os seus próprios, e, para conservar esse termo impertinente, reconhecer aqui neste mundo os caprichos de qualquer existência para com eles se divertir.[45]

“OFÍCIO DE CHARLATÃO”

Volta e meia insistiu-se no que Hoffmann deve ao pensamento do médico-filósofo G. H. von Schubert.[46] Com certeza, essa teoria da ironia é um eco muito evidente do pensamento de Fichte.[47]

Mas o mito não termina com essa alegria reconquistada. A história se prolonga de maneira singular, e apesar do que disseram certos intérpretes de

Hoffmann, não é de jeito nenhum a fim de preparar para o conto uma apoteose de ópera de grande espetáculo. Se o mito, de certa maneira, se repete dentro da novela de Hoffmann, é porque o mito do espelho estaria incompleto se ele mesmo não fosse retomado em espelho. E essa *retomada em espelho* será conduzida, como também exige o mito, por meio de uma história de mortes e ressurreições, de sonos maléficos e despertares.

Ophioch e Liris morrem subitamente, sem descendência. São embalsamados: por algum tempo, os ministros dão ao povo, graças a um sistema engenhoso, a ilusão de que os soberanos estão vivos. Quanto ao lago límpido, ele se turva, torna-se pântano lodoso. Uma delegação, em desespero de causa, vai consultar o mago Hermod; encontra um demônio que assumiu a aparência do mago e dispensará conselhos perniciosos na forma de enigma... A rainha anunciada aparece na forma de uma criança encantadora, de uma flor de lótus que se elevou da terra ressecada do lago. A princesa Mystilis está destinada a retomar o governo de Urdar. Enquanto cresce, percebem que ela fala uma linguagem incompreensível. O remédio aconselhado pelo demônio — fazer renda de filé com a agulha enterrada sob o túmulo do casal real — transforma Mystilis num bibelô de porcelana. Mas as belas senhoras do reino continuam a fazer filé, pois precisam tecer, de acordo com a enigmática profecia, a rede que deve capturar um volátil brilhante. Qual é o sentido alegórico do filé? Trata-se talvez da obra superficial e interminável elaborada pelo entendimento racional, por via de uma associação. (Sabe-se que os românticos ingleses oporão à imaginação criadora as associações sem alcance da *fancy*.) Sabemos melhor quem é o brilhante volátil: não é outro senão o "falcão novo" Giglio, enrolado na veste multicolorida de um belo traje principesco que ele pensou ser oportuno vestir para entrar no palácio Pistoia.

Assim como antes o veneno do pensamento entrou na composição do cristal liberador, os conselhos do demônio pernicioso vão aqui se realizar à sua custa. A captura do volátil Giglio vaidoso e enfeitado, sua exposição numa gaiola dourada constituirão para ele uma das últimas etapas de sua instrução. Então, só lhe restará conhecer a embriaguez desenfreada da dança com a princesa Brambilla, e depois sacrificar seu duplo ridículo... Então Giglio poderá penetrar uma segunda vez no palácio Pistoia, agora na companhia de Brambilla, durante um extravagante cortejo nupcial, e enquanto na primeira vez o vimos se mirar e estufar o peito diante de um espelho mural embaçado, agora ele se inclinará com sua bem-amada sobre o lago de Urdar que se reconstituiu dentro do palácio transfigurado:

> A cúpula elevou-se nos ares e tornou-se a abóbada serena do firmamento; as colunas se transformaram em palmeiras esguias, o pano de ouro caiu e virou um canteiro de flores brilhando com mil cores, e o grande espelho de cristal fundiu-se num lago límpido e esplêndido... Ocorreu que os dois apaixonados, queremos dizer o príncipe Cornelio Chiapperi e a princesa Brambilla, acordaram da letargia em que estavam afundados e olharam, involuntariamente, para o fundo do lago límpido e claro como um espelho, à beira do qual estavam. Vendo-se no fundo do lago, reconheceram-se pela primeira vez, olharam-se mutuamente e caíram na risada, mas com um riso que por sua natureza maravilhosa só podia ser comparado com o do rei Ophioch e da rainha Liris; depois, em seu êxtase, caíram nos braços um do outro.[48]

Nesse exato instante, a princesa Mystilis, liberada do malefício que a reduzira a ser apenas uma boneca de porcelana, renasce para a vida, surge fora do cálice da flor de lótus e se torna uma deusa imensa: "sua fronte tocava o final da abóbada azulada, enquanto se viam seus pés enraizados nas profundezas do lago".[49]

Assim, de reflexo em reflexo, de libertação em libertação, o relato mítico e a história "real" de Giglio convergem. Mystilis, herdeira do reino de Urdar, é "na verdade a verdadeira princesa Brambilla". No ciclo dos renascimentos, partiu-se de um país fabuloso, situado no começo da história, e por uma sucessão de encadeamentos maravilhosos chega-se a um casal de jovens comediantes a quem é revelado o Conhecimento. São os herdeiros do reino; é por eles e para eles que todas as coisas recuperam a harmonia. A cura de Ophioch era o retorno da Intuição; o surgimento de Mystilis anunciava o retorno do poder real; o riso de Brambilla e de Cornelio Chiapperi representa a um só tempo o retorno simbólico de Ophioch e de Liris (ou a reminiscência da idade mítica) e a vida reencontrada de Mystilis. Mas é também a ressurreição da *commedia*, tão desejada pelo príncipe Bastianello de Pistoia... A cura de Giglio é, assim, a imagem "em espelho" da cura de Ophioch; todavia, essa cura em que a realidade encontra o mito primordial não ocorreu sem uma etapa intermediária, isto é, sem o louco ímpeto de amor pela imaginária princesa oriental Brambilla. Assim, o real (Roma, Giglio, Giacinta), o imaginário (o Oriente principesco de Brambilla) e o mítico (o país de Urdar) confluem e acabam se unindo indissoluvelmente. Como vimos, Giglio tem acesso a uma espécie de tripla natureza: é ao mesmo tempo Giglio, Pantalon e o príncipe Cornelio Chiapperi, mas é também Ophioch. Ora, no final do relato, durante a exaltação feliz de Giacinta, somos informados de que quatro "espaços" se encontram: "Olha! Eis a Pérsia! E lá a Índia!... Mas por aqui, Bérgamo; deste lado, Frascati!... Nossos reinos se tocam... Não, não, é o mesmo reino onde nós dois reinamos como poderosos soberanos, é o belo, o magnífico país de Urdar... Que alegria!".[50] Bérgamo é o berço mítico da *commedia* (e de Truffaldino em especial); e o lago de Urdar, interpretado alegoricamente por Bastianello, é o teatro: para salvar Mystilis, era preciso "um casal de atores que fossem não só inspirados até o fundo de seu ser por uma imaginação e um humor verdadeiros, mas também capazes de reconhecer objetivamente como num espelho essa disposição de suas almas, e de fazê-la assim passar para a vida exterior, de modo que operasse como um filtro mágico num mundo maior em que está encerrado o pequeno mundo do teatro. O teatro devia, pois, ao menos em certa medida, representar, se querem, a fonte de Urdar..."[51]

Hoffmann não para aí: de reflexo em reflexo, de retorno em retorno, tudo progride *em nossa direção*. O teatro é nosso mundo interior, nós mesmos somos seus "figurantes e atores". A alegoria, introduzida primeiro no mito de Urdar, atinge por contágio todos os outros níveis do relato: no final, Giglio e Giacinta já não são personagens reais mas figuras alegóricas. Na última cena do relato, o príncipe, dirigindo-se a Giacinta e a seu esposo, declara:

> Ora, eu poderia apelar para meu antigo ofício de charlatão e bombardear-te com grandes palavras misteriosas, cheias de ênfase e jactância; poderia dizer que és a Imaginação, e que o humor precisa primeiro de tuas asas antes de levantar voo; que, por outro lado, sem o corpo que o humor te atribui, só terias asas e flutuarias, inutilmente suspensa, brinquedo dos ventos, no meio dos ares. Mas não farei nada disso, pela boa razão de que cairia assim na alegoria...[52]

A contaminação alegórica se impõe mais e mais; somos informados de que a costura — presente desde a abertura do relato, na cena da prova do vestido encomendado pelo signor Bescapi — também é uma *figura*. O costureiro-empresário Bescapi acaba confessando: "Sempre me considerei alguém que zela para que tudo não se estrague desde o corte, alguma coisa como a Forma e o estilo, se quiserem!".[53]

De exegese em exegese, o mistério do relato diminui: no entanto, não perderemos a impressão de riqueza feliz que ele nos produzira, só que sabemos cada vez mais que tudo está submetido ao único capricho do artista (disfarçado nos traços de "mestre Caillot"). O autor tem nas mãos a existência ou a inexistência, sempre revogáveis, de seus personagens: ele nos dá uma lição de ironia. O reino de Urdar, situado nas origens do mundo, é por sua vez o espelho em que a consciência do artista dá a si mesmo o espetáculo de sua origem e de sua história. É o prisma através do qual ele mesmo se refrata; diversifica-se em mágicos, demônios, personagens principescos, atores, charlatães — mas atribuindo a cada um parte da função criadora que exerceu ao suscitá-los: todos os seus personagens são artistas, em graus diversos de perfeição ou de força, e todos designam de longe o escritor soberanamente livre, de quem são as hipóstases. Retoma todos em si mesmo, como um demiurgo neoplatônico, depois de tê-los deixado tomar vida nas páginas de seu livro. Na série de fontes e espelhos, a última de que se fala é aquela de onde procede a narração inteira: "Aqui, seca de repente a fonte na qual, ó benevolente leitor, se abeberou o editor destas folhas".[54]

A melancolia, efeito de uma separação *sofrida* pela alma, é curada pela ironia, que é distância e desarranjo ativamente instaurados pelo espírito, com o auxílio da imaginação. A lição de Hoffmann parece poder se comunicar na linguagem conceitual da filosofia; mas Hoffmann a transmite pegando de Gozzi e da fábula primitiva uma profusão de elementos — e, de modo capital, a imagem do príncipe melancólico. Pois sem essa demonstração narrativa e fabulosa, a presença da imaginação estaria faltando, e o espírito não teria em que se mirar; na linguagem conceitual, ele apenas faria renda de filé...

Na fábula de Basile, a cura da melancolia, a explosão de riso, ocorre quando a velha exibe de repente "o objeto ridículo". Em Gozzi, vemos a velha cair de bruços, de pernas para o ar, e mostrar o mesmo objeto: sem dúvida, o leitor avisado sabe que a *fata Morgana* é a figura alegórica do teatro do abade Chiari, mas a magia obscena é apenas atenuada por essa interpretação intelectualizada. Hoffmann, de seu lado, que escreve na época pós-kantiana, não iria se ater a esse realismo ingênuo. Tudo se interioriza; é diante de seu próprio rosto que o sujeito deve explodir de rir: a diferença, percebemos, é de peso. Porém, a ideia do *ridículo* não é nem um pouco dissipada. Em certo sentido, é ainda mais acentuada, já que é transportada para o rosto. E subsistem laços secretos que ligam a obra de Hoffmann ao mundo primitivo de Basile.

Se o rei Ophioch ri do próprio rosto invertido, Giglio, para parecer Ophioch, deve vestir a máscara e o costume dos *Balli di Sfessania* de Callot (em que não falta obscenidade, e cujas fontes populares são exatamente aquelas onde Basile bebia). O que persiste da cambalhota de Morgana é a imagem da *inversão*: o riso estoura diante da irrisória "catástrofe" que transtorna de repente as relações do alto e do baixo (da frente e de trás).

Não é inoportuno lembrar aqui a definição que a retórica clássica dava da ironia: "A ironia é uma figura pela qual se quer *fazer ouvir o contrário* do que se diz: assim, as palavras de que nos servimos na ironia não são tomadas no sentido próprio e literal", escreve Du Marsais.[55] Pelo viés da imagem lendária da inversão, Hoffmann transporta uma figura de retórica (fazer ouvir o contrário) para a ordem da existência; a figura se transforma: querer ser e se ver o contrário do que se era. Não é mais o discurso que está em causa, mas o próprio ser do sujeito em busca de cura, de conhecimento, de amor. Ainda se deve acrescentar que a salvação do espírito não resulta só da faculdade *inversora*: não basta que Ophioch e Liris, que Brambilla e Cornelio Chiapperi olhem seu reflexo invertido, ainda é preciso que se olhem mutuamente, é preciso que troquem o olhar do amor. A morte de Ophioch, a esse respeito, é reveladora: "O rei Ophioch diz à queima-roupa: 'O momento em que um homem cai derrubado é o primeiro em que seu Eu verdadeiro se levanta'... Mal proferiu essas palavras, o rei caiu efetivamente para não mais se levantar, pois estava morto".[56]

Se nos arriscássemos a interpretar alegoricamente esse acontecimento (Hoffmann não o fez, mas nos autoriza a fazê-lo), poderíamos tentar esta explicação: Ophioch cai morto no momento em que falta à ironia seu complemento de imaginação afetuosa... Mas por outro lado, já que estamos numa fantasmagoria de metamorfoses, o *verdadeiro eu* de que falou Ophioch renascerá na forma da princesa Mystilis, destinada a surgir misteriosamente do próprio lago "daqui a nove vezes nove noites": a figura divina que no fim do relato cresce de modo a unir o céu e a terra tem como substância e como condição primeira a morte de Ophioch.

É Truffaldino (ele mesmo herdeiro longínquo de um "*diavoletto di paggio*") que em Gozzi curava a melancolia de Tartaglia: cabia a Truffaldino a função de "encenador" da cambalhota de Morgana. Ele era o acólito desajeitado e providencial, o salvador (ou o libertador) improvisado... Em Hoffmann, para quem a história se desdobra, vemos se interiorizar o personagem que na fábula tinha uma existência independente e exterior. Ophioch sai da melancolia olhando-se, ele mesmo, no lago maravilhoso, e o lago é apenas a figura alegórica do pensamento que se pensa. O príncipe melancólico traz em si o bufão salvador. Giglio Fava também operará sua salvação, não pela intervenção de um bufão salvador, mas tornando-se ele mesmo um perfeito bufão. O papel de Truffaldino não é mais acidental e externo: é uma instância e um ato da consciência. Para justificar essa interiorização, a psicanálise (por sua vez saída do romantismo, do qual Hoffmann é um dos melhores "expoentes"), dirá que Truffaldino, desde a origem, era uma instância psíquica inquietante (o *isso* freudiano, a *sombra* junguiana) e que a consciência "primitiva", para exorcizá-la, a exteriorizou, a projetou numa existência separada. Uma consciência mais evoluída, mais capaz de integração interior, saberá se reconhecer nessa figura caricata de sua própria vitalidade elementar, nessa encarnação imaginária da astúcia e da falta de jeito do instinto desenfreado. É porque é um transgressor — ignorando as proibições da decência, cruzando vigorosamente as fronteiras entre vida e morte — que Truffaldino também pode ser um *passante* providencial, que traz para o mundo dos vivos aqueles que estavam retidos como prisioneiros na zona de sombra e de morte. Assim, esse causador de desordem tem o poder de levar à sua harmonia primitiva um mundo que malefícios sub-reptícios tinham *desarranjado*... Para Ophioch, para Giglio, o malefício era a reflexão (o Pensamento, a coqueteria que se mira e se delicia em seu reflexo). A ironia vem impelir o malefício a um *excesso* libertador: o reflexo no espelho *se inverte*, põe-se a fazer careta; o pensamento se distancia de si mesmo, a consciência se desprende de sua imagem; Narciso é desenfeitiçado, libertado de seu fascínio mortal. Pois seu próprio rosto se tornou um "objeto ridículo".

Truffaldino passou a ser uma instância interior, que vemos atuando no tornar-se-si-mesmo de Giglio; mas o fato é que a evolução de Giglio, seu acesso ao Conhecimento, são irresistivelmente sugeridos pelo charlatão-terapeuta Celionati. Portanto, os mediadores *externos* não estão absolutamente ausentes: o mito de Urdar, não esqueçamos, confere ao mago Hermod a missão capital de levar o cristal que se transformará no lago maravilhoso. Esses mediadores, esses encenadores demiurgos representam figuras paternas, figuras do "superego", mas de um "superego" benevolente, que deseja que o ego se reconcilie com as instâncias primitivas e nele as integre para sua salvação. No último nível a que nos conduz a alegoria — no nível da consciência criadora de Hoffmann — tudo se interiorizou definitivamente, e a linhagem dos mágicos que percorre todo o relato nos aparece como mandatada para representar a consciência e a presciência do escritor. É para sua própria salvação que ele cria todos os personagens de seu relato. Giglio tem acesso ao Conhecimento, mas Hoffmann (suas tão frequentes intervenções de autor nos dão a entender) goza do conhecimento desse progresso rumo ao Conhecimento.

A ironia, em sua forma romântica, tornou-se, portanto, um ato refletido, um *momento* do tornar-se-si-mesmo do espírito. Essa interiorização, por preciosa que seja, acompanha-se de uma *desinserção* que não é apenas a do ego em relação a si próprio mas a do escritor em relação ao mundo que o cerca. Enquanto, pela via da fábula alegórica, a caçoada de Gozzi tinha a ver com um abade Chiari perfeitamente real, a ironia de Hoffmann visa um hipotético ancestral romano do abade Chiari. Em Hoffmann a sátira "objetiva" tende a diminuir consideravelmente em relação à ironia dirigida contra si no esforço de conquista de uma liberdade superior. A sátira "externa" é a zombaria que Hoffmann estima superficial e inútil: é o riso da rainha Liris antes de sua cura. Ao recusar o racionalismo do século das Luzes, ele recusa ao mesmo tempo a ação militante que caracterizava o racionalismo. No espírito do "rococó", a caçoada, a estocada satírica são negações *finitas*, mediadas de múltiplas formas. Mas contrariamente ao escárnio sempre apontado para o exterior dos ironistas do século das Luzes, a ironia romântica (tal como Schlegel a definirá para toda a sua geração) tende a se tornar essencialmente uma relação consigo: é reflexão interna, consciência da infinita negação de que a consciência é capaz no exercício de sua liberdade. Sem dúvida, a ironia romântica não esquece o mundo; precisa de algo a que se opor, mas não tem por que discernir no meio do mundo esses ridículos especiais, esses escândalos revoltantes: o que reprova é o mundo "exterior" em sua totalidade, porque recusa se comprometer no que quer que seja de exterior. Na melhor das hipóteses, o ironista tentará atribuir um valor expansivo à liberdade que conquistou, primeiro, só para si: então, consegue *sonhar* com uma reconciliação do espírito e do mundo, já que todas as coisas são restituídas no reino do espírito. Então sobreviria o grande Retorno, o *restabelecimento* universal do que o mal corrompera provisoriamente:

> *Qual é o Eu, que pode com seu próprio eu fazer*
> *O não-Eu, dilacerar com suas mãos o Ser íntimo,*
> *E conservar sem sofrer seu êxtase sublime?*
>
> *Este país, esta cidade, e o mundo, e o Eu*
> *São encontrados se o Eu na plena claridade*
> *Contempla o Universo do qual se afastou,*
>
> *Se o espírito, triunfando sobre seus pensamentos de bruma,*
> *Em que o mergulham a reprovação e a sombria amargura,*
> *Transforma-os em viva e forte verdade...*[57]

Para o restabelecimento de todas as coisas, a mediação proposta é a da arte. Hoffmann, mais que qualquer outro romântico, desejava esse retorno ao mundo. O símbolo disso seria a felicidade "burguesa" que no final do relato o casal de jovens comediantes encontra. Uma leve decepção se esboça.

Uma nota do *Diário* de Kierkegaard menciona expressamente *Prinzessin Brambilla*. No relato de Hoffmann, com certeza não foi de sua conclusão em plena felicidade conjugal que Kierkegaard se apropriou: assim como não conheceu essa apoteose da vida a dois, jamais imaginou a origem, da maneira como foi representada no mito de Ophioch, como um estado de intuição imediata na união íntima com uma Natureza materna. No universo de Kierkegaard falta singularmente a imagem materna. Se há uma escatologia kierkegaardiana, não é com certeza a que prevê o "restabelecimento de todas as coisas", mas antes a que prevê que os verdadeiros crentes serão eternamente separados dos reprovados. A leitura da nota do *Diário* nos dirá melhor o que Kierkegaard pôde descobrir na obra de Hoffmann:

> Só superamos a ironia, depois de termos nos elevado acima de tudo e olhando tudo do alto, se acabamos por nos elevar acima de nós mesmos e nos vemos em nosso próprio nada dessa altura vertiginosa, tendo assim encontrado nossa verdadeira altitude (cf. *Prinzessin Brambilla*).[58]

O que seduz Kierkegaard, na obra de Hoffmann, é a energia do desprendimento irônico, que não deixa o artista se comprazer nas formas inferiores, inautênticas, do páthos poético. Ele mesmo ironista, fascinado pelo teatro e pela vida do ator, mas crítico severo da ironia romântica, Kierkegaard falará sem rodeios, em sua tese de doutorado (*O conceito de ironia*), do teatro de Tieck, também todo cheio de ecos da obra de Gozzi. A obra de Hoffmann, até em suas piruetas, parece-lhe talvez dar uma ideia mais justa desse ato essencial do espírito que ele mesmo chamará de *salto*. Bem mais que em Tieck, Kierkegaard pôde encontrar nesse texto de Hoffmann um convite à transformação existencial, ao tornar-se-si-mesmo; pôde apreciar sua descrição de um percurso difícil salpicado de obstáculos. Mas esse tornar-se-si-mesmo também é, em Hoffmann, um tornar-se-artista. O termo proposto é a perfeição estética. E Kierkegaard não quer parar na estética.[59]

Kierkegaard menciona *Prinzessin Brambilla* por ocasião de uma reflexão sobre a *superação* necessária da ironia. Ele nos dirá, com efeito, que a ironia não é a força que vence a melancolia: é somente sua outra face. Ironia e melancolia não são forças antagônicas: é a dupla face, o *Janus Bifrons* da existência no "estágio estético". *A interiorização* do momento irônico, oposto à melancolia, interiorização que constatamos em Hoffmann, vai portanto se perfazer aos olhos de Kierkegaard até se tornar uma completa identidade. Para Hoffmann, a ironia é algo que medica; segundo Kierkegaard, é apenas um outro aspecto da mesma doença: o ironista acredita elevar-se acima da melancolia, mas dela só se separa ilusoriamente, não há verdadeira diferença de nível. Por multiformes e multicoloridos que sejam suas metamorfoses, o espírito se dispersa e se perde num possível que jamais domina. A crítica de Kierkegaard, essencialmente dirigida contra Schlegel e Tieck, acaba recaindo sobre o próprio Hoffmann e sobre seu recurso à alegoria:

> A busca ideal não possui nenhum ideal; pois cada ideal não é, no imediato, nada mais que uma alegoria, a qual dissimula em si um ideal mais elevado, e assim por diante até o infinito. O poeta não dá descanso a si mesmo nem menos ao leitor, pois o descanso é o exato contrário do ato poético. O único repouso que ele possui é a eternidade poética, na qual vê o ideal, mas essa eternidade é um nada, já que é intemporal e que por isso o ideal se transforma, no instante seguinte, em alegoria ... [60]

Mas a lição de Hoffmann não será perdida. Se a ironia e a melancolia são os dois aspectos de um mesmo nível espiritual, será preciso aplicar a ambas, mas mais radicalmente, o remédio da "visão invertida" ou, segundo os termos de Kierkegaard, o *salto qualitativo*. Provavelmente é necessário ter passado pela ironia (no sentido "romântico") para se libertar da falsa seriedade e do filistinismo. Em seguida, será preciso que a ironia consiga superar a si mesma; será preciso substituir o ato existencial do arrepender-se ao ato intelectual da negação, e instalar-se num humor e numa seriedade superiores. Assim se chegará ao ponto em que, sob o olhar do humor, a própria ironia poética fará a cambalhota... Portanto, o ironista é um homem que a vertigem do possível expõe ao risco de perder o equilíbrio; mas ele também detém um instrumento de progresso espiritual, se souber dirigir contra sua vã liberdade a ponta afiada da negação. Nesse momento, a salvação não é mais o dom que faz a si mesmo o espírito humano divinizado, o triunfo de uma consciência que acredita poder gerar em si e por si as alegrias do *ideal*. Truffaldino agora não tem poder; reduzida à sua finitude, a consciência perde o recurso que tentara encontrar no infinito da negação irônica; o mundo, destruído pela ironia, não torna a ser habitável. Resta esperar, humilde e pacientemente, um sinal vindo de Deus, uma segurança emanada do além. Resta a fé. Mas assim como Giglio escondia a eclosão de sua natureza principesca sob as roupas bufonas do Capitão, Kierkegaard, o "cavaleiro da fé", trabalhará para dar o troco: publicará seus livros com pseudônimos estranhos, passeará pelas ruas de Copenhague diante das risotas dos passantes, com calças curtas demais, um chapéu antiquado, um amplo guarda-chuva: compreendeu a lição de Celionati. A contrapelo de Gozzi, não lhe desagradará ser tomado por outro — ainda que seja para travar a batalha de rosto descoberto, para a salvação do cristianismo, e não mais apenas para a restauração de um ideal estético.

Kierkegaard, os pseudônimos do crente

Em Kierkegaard, a sensação de *máscara* está estreitamente ligada à consciência do pecado original. O pecado de Adão tem sua consequência na vergonha da nudez corporal, e a vergonha logo convoca o desejo de ser vestido, protegido, escondido — mascarado. A máscara é a vergonha do pecado estendida ao próprio rosto. Na verdade, pecado e máscara procedem da mesma "vertigem da liberdade". Pela máscara o homem procura, mas de modo inautêntico, reencontrar um estado primeiro em que recuperaria sua liberdade intacta, como se ela não tivesse falhado ao ceder à vertigem. O *hermetismo* kierkegaardiano, que é o ato demoníaco pelo qual o pecador desesperado se fecha sobre si mesmo e se recusa a reconhecer seu desespero, pode igualmente ser formulado nestes termos: o homem afirma, culpado, sua vontade de autonomia e, pela máscara, tenta torná-la inatacável. Em outras imagens: "Esta porta condenada... é aqui uma verdadeira porta, mas, aliás, trancada, e atrás dela o eu, como atento a si mesmo, se ocupa e engana o tempo recusando ser ele mesmo, embora o sendo bastante para se amar".[61] Esse comportamento põe a alma sob sequestro; a máscara aprisiona, e ela não é um meio de libertação. Os poderes libertadores que E. T. A. Hoffmann e os teóricos da ironia romântica atribuem à máscara, Kierkegaard nos garante que são enganadores e cúmplices de nossa servidão.

A não aderência, o gesto do homem ao escapar de si mesmo, vão se manifestar a longo prazo. A sensação de impermanência e de pluralidade do eu reforçará a sensação da máscara original: "É esta a desgraça em mim: toda a minha vida é uma interjeição, nada aí está pregado de modo estável (tudo é movente — nada de imóvel, nenhum imóvel)[62]." Ou isto: "Sobre mim tudo passa: pensamentos de passagem, passantes dores".[63] Uma mobilidade dessas, para o homem pagão, é fruição no imediato e às vezes se exalta até a embriaguez dionisíaca: em contrapartida, a "subjetividade cristã" sente isso como um sofrimento, já que o homem aí descobre seu estado de criatura *separada* do absoluto. Porque cada instante o arranca de si mesmo, o homem se vê como que privado da eternidade; e inversamente, porque é cortado da eternidade, o homem é incapaz de ir ao encontro de si mesmo. De modo que, agora, apenas haverá um só e mesmo esforço a fazer para ir ao encontro de si e para ir ao encontro da eternidade. Outros discípulos dissidentes de Hegel chamarão de comunidade humana aquilo que Kierkegaard chama de eternidade.

"Não sou totalmente um ser real."[64] Essa declaração de Benjamin Constant vale para uma grande parte da experiência romântica. Mas Kierkegaard retém a ideia de um *verdadeiro eu* que persiste sob a falta de realidade e que se mantém silenciosamente em espera. Quando Kierkegaard fala das "premissas excêntricas" de sua vida, dá a entender que existe um *centro* do qual ele se afastou, mas cujo acesso, na base da perseverança, poderia reencontrar. "Minha vida presente é como uma contrafação mirrada de uma edição original de meu verdadeiro eu."[65] E também escreve isto, que é um modo de dizer que a verdadeira vida está ausente: "Curiosa inquietação, que muitas vezes tive, de que a vida que levo, em vez de ser a minha, foi traço por traço idêntica à de determinada outra pessoa, sem que eu conseguisse impedi-lo; e a cada vez só pude me dar conta disso quando, até certo ponto, já era algo vivido".[66] Ou ainda: "Sou o duplo de todas as loucuras humanas".[67]

Viver no estado de sombra, viver entre parênteses, ser o duplo de outro, este é o tormento de quem abandonou seu *verdadeiro eu* ou por ele foi abandonado. Só que é preciso supor que um verdadeiro eu existe, que uma edição original foi registrada antes de todas as contrafações. Portanto, há um rosto, um nome, uma essência que são nossas, de toda eternidade. Cabe-nos a liberdade de desconhecê-las. Nossa vida, então, perde o lastro de seu significado, até se tornar fantasmática. Não somos mais que o anagrama de nosso nome.

As letras ficam baralhadas, é preciso recompô-las. Para validar esse verdadeiro nome, para lhe conferir existência, é preciso aceitar a intervenção de uma Voz transcendente. A locução corrente é: *Eu me chamo...* Ela é válida nas relações diárias, em que a mentira tem livre curso. Meu "verdadeiro" nome, em compensação, é aquele pelo qual *Deus me chama*. Na perspectiva religiosa, o homem é chamado por Deus. Para que o indivíduo tenha vocação, deve ter um nome pelo qual possa ser chamado. Assim Abraão foi chamado por seu nome. O apelo deveria ser unívoco; só há um verdadeiro eu e só um verdadeiro nome, verdadeiros por direito de primogenitura. As formas de existência aberrantes podem mascará-lo, afastá-lo, não destruí-lo. Nesse sentido, é possível falar de um *essencialismo* subjacente ao pensamento existencial de Kierkegaard. Apelo e resposta, vocação e responsabilidade supõem um nome fundado em eternidade. Ir ao encontro de seu verdadeiro nome não é uma tarefa menos difícil que ir ao encontro da eternidade: é a mesma tarefa.

A partir daí, a pseudonomia pode simbolizar a distância que nos separa de um nome autêntico que aspiramos assumir, e fora do qual ainda estamos exilados. Num primeiro grau, no estágio estético, a pseudonomia representava a fuga e a recusa do nome contingente do qual não queríamos ser prisioneiros; mas no segundo grau, no estágio ético, a pseudonomia traduz o sentimento de ainda não ter conquistado o direito interior de existir e de estar à distância do objetivo, no esforço de integração ou reintegração do nome autêntico. "O homem da estética mantém-se à distância da existência pela mais fina das astúcias, pelo pensamento", diz Kierkegaard.[68] A passagem da estética à ética se operará menos pela conversão a uma *ortodoxia* moral que por um enfoque progressivo da *ortonimia* pessoal. Realizar-se a si mesmo, possuir-se como tarefa, essas são algumas das fórmulas usadas pelo Assessor (em *A alternativa*):

> Aquele que se escolhe ele mesmo eticamente possui a si como tarefa, não como uma possibilidade... O indivíduo ético conhece a si mesmo, mas esse conhecimento não é uma simples contemplação, pois nesse caso o indivíduo seria determinado de acordo com sua necessidade: é uma reflexão sobre si mesmo, que é por sua vez uma ação, e é por isso que escolhi a expressão "escolher a si mesmo" em vez de "conhecer a si mesmo"... O "Si" que o indivíduo conhece é a um só tempo o verdadeiro "Si" e o "Si" ideal, que o indivíduo possui fora dele como a imagem sobre a qual deve se formar, e que no entanto possui em si mesmo, já que é ele mesmo.[69]

Meu nome e minha vocação formam apenas um e mesmo problema. A realidade do nome é fundada fora de mim, por uma decisão divina que a atribui a mim. Todavia, ele só tem como existência a minha; e será minha obra, já que devo escolhê-lo, apropriar-me dele, assumi-lo conscientemente. A partir daí, a encarnação do nome representa o ponto de contato — infinitamente recuado à minha frente — entre uma transcendência que me nomeia e esse *eu* ainda desapossado que deve responder ao apelo. O encontro deve se efetuar entre a liberdade da escolha humana e a gratuidade da decisão transcendente que me atribui uma essência única. O homem é livre para desconhecer e recusar esse apelo, arriscando-se a apagar-se na facilidade irreal de uma vida de semelhança e ordem. A autenticidade é a fusão sempre inacabada da existência contingente e da verdade eterna. Não basta que a essência seja dada, ela exige ser alcançada; da mesma maneira, não basta que a eternidade exista fora de nós, é preciso que seja obtida e que o tempo humano, sem desaparecer, venha nela se absorver pelo sacrifício. Aceitando eticamente sua identidade, aceitando existir conforme sua essência, o homem se afirma em sua *finitude* insuperável que é sua condição de criatura, e é a esse preço que ele se recebe em seu valor *infinito*. A liberdade nova já não consiste em percorrer *o reino ilimitado dos possíveis*, passando de uma identidade à outra; ela se abre a nós no eixo centrado por uma *identidade*. A partir de certa intensidade de fé religiosa, todo o possível será produzido, e a *repetição* acontecerá.

Devemos convir que há aqui criação de si por si. O homem se faz ser, mas se faz ser segundo um modelo preexistente (o "si ideal") que precede e deve orientar sua escolha. Se o homem *se dá* eticamente a si mesmo, só conseguirá fazê-lo esforçando-se para se juntar, cada vez mais perto, a uma figura que *lhe foi dada* anteriormente. Ele se torna o que ele é. Só pode se dar autenticamente a si mesmo a partir do momento em que se *aceitou*. Nesse instante da decisão, diz Kierkegaard em outro trecho, *o indivíduo precisa de um apoio divino*.

A busca de si atinge assim um frente a frente com a transcendência divina, fundamento impenetrável da existência singular. É de Deus visado como face invisível que o homem recebe sua face visível. Agora, o nome que deve assumir, mas que lhe é dado — o nome que é a plenitude pessoal, o nome simultaneamente limitado e infinito que o homem jamais consegue encarnar por completo — aparecerá como o mandatário simbólico da transcendência. Kierkegaard tem a sensação de que seu verdadeiro nome o espera além do instante presente, mais além do mundo dos pseudônimos. "Por muitos anos minha melancolia fez com que eu não conseguisse dizer 'tu' a mim mesmo no sentido mais profundo. Entre a melancolia e esse 'tu' estendia-se todo um mundo imaginário... E foi ele que, em parte, esgotei nos pseudônimos."[70] Quem ainda não alcançou seu verdadeiro eu sente-se expulso de seu nome, é-lhe proibido usá-lo; seria uma antecipação mentirosa daquilo que deveria ser recompensa última.

Os personagens imaginários, que Kierkegaard faz passar como autores dos textos estéticos, marcarão níveis de existência inferiores, "postos de observação" dos quais ele pretenderá se dessolidarizar, mas que, primeiro, ele precisa "esgotar".

> Eu me sentia alheio a toda a produção estética[71] [...]. O que está escrito é mesmo meu, mas só na medida em que ponho na boca da personalidade poética real, que produz, sua concepção da vida tal como é concebida pelas réplicas, pois minha relação com a obra ainda é mais relaxada que aquela do poeta que cria personagens e é, porém, ele mesmo o autor no prefácio. De fato, sou impessoal, sou um ponto na terceira pessoa que produziu poeticamente autores, os quais são os autores de seus prefácios e até de seus nomes. Portanto, não há nos livros pseudônimos uma só palavra que seja de mim mesmo, não tenho julgamento a respeito deles senão o de um terceiro, conhecimento sobre o significado deles senão como leitor, e a menor relação privada com eles. Seria, aliás, impossível ter essa relação com uma mensagem duplamente refletida.[72]

Assim, pretenderíamos não reconhecer nossa própria imagem se ela nos fosse remetida por dois ou três espelhos oblíquos. Mas aqui são espelhos que não se limitam a refletir; pois alteram, alienam, deformam. Não deveríamos nos separar mais de nós mesmos: Kierkegaard toma o partido de não reconhecer como sendo seus certos possíveis separados de sua própria existência. Sinal de perfeita libertação? Kierkegaard, sabemos pelo testemunho de seu *Diário*, não esqueceu a história da *Prinzessin Brambilla*, esse extraordinário capricho mascarado em que Hoffmann desenvolve o tema da libertação pelo humor: o homem se livra de sua mortal seriedade suscitando, para disso escarnecer, a imagem de seu próprio *duplo*. Há aí como um novo nascimento, por cissiparidade... No entanto, em *Ponto de vista explicativo*, Kierkegaard apega-se em provar que não foi ao término de uma progressiva libertação que se tornou "autor religioso". Logo depois da publicação do primeiro livro com pseudônimo (*A alternativa*), Kierkegaard publica com seu nome verdadeiro os *Dois discursos edificantes*. A produção ortônima e a produção pseudônima são, portanto, exatamente contemporâneas. Os pseudônimos são termos de passagem, mas a passagem logo é dada como *já realizada*. Kierkegaard vê nessa simultaneidade a prova de que "o religioso não foi progressivamente descoberto, mas de saída afirmado". E acrescenta:

> Toda a produçao estética estava sob o embargo do religioso, presente na operação, assediando sem cessar como para dizer: Não vais acabar logo? Enquanto entregava suas produções artísticas, o autor vivia sob categorias religiosas decisivas.[73]

Mais longe, porém: "Quanto à produção estética, eu não podia fugir, no sentido de que acabei por ter eu mesmo minha vida na estética".[74] E insiste: "A duplicidade, o duplo caráter é dado desde o início. O religioso aparece desde o começo, inversamente a estética ainda está presente no último momento".[75] Só que, nos diz Kierkegaard,

> o religioso é o decisivo, ao passo que o estético é o incógnito[76] [...]. O processo comporta o afastamento de uma natureza poética e filosófica antes de se tornar cristão. Mas o curioso é que o movimento começa ao mesmo tempo, donde resulta que o desenvolvimento é consciente: [...] a sequência não é separada do início e não aparece depois de um certo número de anos. Assim, a produção estética é seguramente um embuste, mas em outro sentido é uma "evacuação" necessária.[77]

Kierkegaard reconhece que a estética fazia parte integrante de sua vida; mas já que se livrou disso, a seu ver ela toma outro sentido e ele declara que ela sempre foi uma máscara pedagógica. Se a sucessão dos pseudônimos designa um imperativo de transformação interior, Kierkegaard garante que a transformação se manifestou pela primeira vez simultanemante em sua urgência e em sua realização. Não quer passar por um esteta arrependido e progressivamente conquistado pela fé religiosa. A produção estética representa uma "depuração necessária", uma *catarse*, acompanhando a produção religiosa. Kierkegaard coloca-se à distância de si mesmo, não só na *époché* de uma análise fenomenológica mas na recusa apaixonada de endossar a responsabilidade completa de uma existência que não satisfaria a *única necessidade* que *é essa do eterno*.[78] Pelo simples fato de que um desejo perverso é atribuído a um pseudônimo, ele é abandonado a uma figura ultrapassada da dramaturgia interior, de acordo com uma hierarquia de valores crescentes cujo limite último é a fé. Não há aqui nem verdadeiro recalque (já que o desejo é confessado) nem verdadeira confissão (já que o desejo é atribuído a *outro*).

Sem nenhuma dúvida, um elemento neurótico — que os especialistas talvez chamarão de esquizoide — é reconhecível na base de um desdobramento desses. Duas personalidades se justapõem, irredutíveis uma à outra, separadas, radicalmente heterogêneas: cada uma leva um nome diferente. Só que essas duas personalidades isoladas não se ignoram reciprocamente, e isso logo contradiz a noção de esquizoidia. Em Kierkegaard a esquizoidia inicial é superada pela reflexão. Sem parar de viver a contradição, toma consciência dela, eleva-a ao estado de conceito e noção, coloca-a dialeticamente em movimento, e esse movimento é um começo de libertação. O que, na esquizoidia, é simples e infrutífera justaposição de tendências mal integradas será ordenado por Kierkegaard numa superposição valorizada. Os estágios superiores se opõem aos estágios inferiores, dominando-os. Kierkegaard apresenta-os como partidos a escolher. Chegar a dizer "ou isso — ou aquilo" e depois *responder* à opção é, para um esquizoide, vencer sua neurose, colocar-se diante da decisão a tomar e se recuperar na iminência da unidade reconquistada.

A essa pseudonimia oriunda de exigências pessoais secretas Kierkegaard dará o significado de manobra metódica. Converte um dado singular de sua personalidade sofredora em princípio maiêutico. Na verdade, os pseudônimos de Kierkegaard nunca enganaram ninguém. Não são pseudônimos de aventureiro mas disfarces de autor. Sempre têm alguma relação com o conteúdo do livro. Constantin Constantius, autor pseudônimo de *A repetição*, traz em seu nome a repetição (além da homenagem direta a Benjamin Constant, também autor de uma história de ruptura). Frater Taciturnus e Johannes de Silentio indicam bastante bem que a lição essencial é silenciada. Para quem sabe grego, Anti-Climacus é um nome que logo designa a necessidade do salto. Mas se a pseudonimia não engana ninguém, Kierkegaard deseja que ela obrigue o leitor intrigado a buscar o significado dessa trapaça, já revelada em mais da metade. Em primeiro lugar, Regine, o Único Leitor, terá uma explicação a descobrir aí, se souber adivinhar...

O método indireto renuncia a persuadir, a convencer, a demonstrar, para se contentar em *tornar atento*. Os autores pseudônimos não estão na existência, mas "têm continuamente em vista a existência":[79] por aí obrigam o leitor a se interrogar sobre sua própria existência. A comunicação direta — lição ou exortação — seria traição. É a interioridade do leitor que Kierkegaard critica: "A interioridade não se deixa comunicar diretamente, pois sua expressão direta é justamente a exterioridade".[80] A discordância do interior e do exterior vai, portanto, tão longe que qualquer linguagem se torna mentira: a interioridade já não tem o direito de se manifestar, nada deve ser mostrado externamente, sob pena de se perverter. O próprio sacrifício religioso não deve ser visto, nem se dar abertamente como sacrifício; perderia toda a eficácia e, tornando-se espetáculo, veria desaparecer seu caráter religioso.

O único recurso para um apóstolo que pretende afastar qualquer *aparência* de apostolado será fazer tacitamente alusão à interioridade, por meio do espelho mostrado ao leitor; este, diante de sua própria imagem, não poderá escapar à inquietação. Portanto, o leitor não estará na situação daquele que ouve um discurso ou uma pregação, um apelo ou uma intimação; diante dessa palavra que não lhe é dirigida, ele se sentirá reduzido a sua solidão, a seu abandono: o temor que então desperta é o começo da sabedoria. Pela recusa da eloquência, Kierkegaard quer tornar sua presença de autor tão nula quanto possível, para melhor remeter o leitor à própria interioridade. Este, através da angústia sentida, começará a operar "a apropriação íntima".

Kierkegaard comporta-se como uma terceira pessoa em relação ao autor pseudônimo que inventa; mas por sua vez o autor pseudônimo se comporta "objetivamente" com relação ao sujeito da experiência que ele observa como psicólogo desinteressado. Em nenhum lugar a divisão está tão manifesta como em *Culpado? Não culpado?*. Kierkegaard aí se divide em dois personagens: Frater Taciturnus e o Fulano, sujeito da experiência psicológica. Este, por sua vez, se divide. Seu *Diário* é uma confrontação de textos escritos dia após dia com um ano de distância, os primeiros de dia, os segundos à meia-noite. Quanto ao Frater Taciturnus, o pseudônimo diz o bastante para mostrar que Kierkegaard toma suas distâncias. Ele observa o Frater Taciturnus, que por sua vez observa o Fulano, o qual observa a si mesmo. No tom cômico uma situação dessas se encontraria em Tœpffer...

"Eu me via me ver." De olhar em olhar, o próprio leitor deve se sentir visto, adivinhado, mas mantido à distância, por esses personagens irônicos. Em geral, o leitor domina esse objeto particular que é a página a ler; aqui, justamente porque o autor se extingue atrás do incógnito da máscara, o leitor, obrigado a virar-se para si mesmo, se sentirá dominado, penetrado e como que agarrado em sua má consciência, sem que ninguém mais — senão ele mesmo — o tenha olhado.

Para completar, a pseudonimia terá o valor demonstrativo de um duplo ataque polêmico. Por um lado, desacredita a especulação metafísica, o Sistema de Hegel; pois todo sistema, procurando objetivar e organizar verdades, sacrifica necessariamente a interioridade, a qual não se deixa imobilizar em objeto.

Por outro, a pseudonimia "faz explodir a ilusão da cristandade. Mostrando como é difícil tornar-se autenticamente cristão, ela acusa e desacredita a retórica vazia dos pregadores que cuidam de sua reputação e obtêm conversões a baixo preço [...]".

> Se todos estão na ilusão dizendo-se cristãos, e se é preciso impedir essa ilusão, a ação deve ser conduzida indiretamente, não por um homem que proclama bem alto que é um verdadeiro cristão, mas por um homem que, mais bem informado, é tido como ainda não sendo cristão. Em outras palavras, é preciso pegar pelas costas aquele que está na ilusão. Em vez de se gabar de ser si mesmo um cristão de uma dimensão pouco comum, é preciso deixar à vítima da ilusão a vantagem de seu pretenso cristianismo, e aceitar ficar bem longe, atrás, do contrário não o tiramos de sua ilusão, o que também não é fácil [...]. Destrói-se a ilusão pelo método indireto que, servindo o amor da verdade, observa todos os tipos de amabilidades em relação ao homem abusado e que, com o pudor próprio do amor, se retira para não ser testemunha da confissão de ter vivido na ilusão, que o interessado faz a si mesmo, sozinho perante Deus [...].[81]

"A produção estética é uma fraude em que as obras pseudônimas assumem seu sentido profundo... Pode-se enganar um homem diante do verdadeiro e, para lembrar o velho Sócrates, enganá-lo para levá-lo ao verdadeiro." É uma operação comparável à de "revelar com o auxílio de corrosivos uma escrita escondida debaixo de outra".[82] Como toda atitude tomada diante dos outros deve necessariamente ser uma máscara, mais vale escolher a máscara da indignidade que o aparato da dignidade. Isso é mostrar que não compartilhamos dos mesmos interesses dos importantes e dos figurões, é declinar de toda tentação de filistinismo. Prevalecer-se de uma autoridade eclesiástica, de uma reputação fulgurante, fazer-se passar por apóstolo ou até mesmo procurar o martírio ostentatório seria estragar a obra, recorrendo a apoios externos: assim só obtemos a adesão dos lábios, não a do coração. É preciso que Kierkegaard, ao contrário, "arruine toda chance de autoridade",[83] mantenha-se o mais longe possível de todo espírito de seriedade, faça-se passar por original e meio louco — em suma, "torne-se um ausente",[84] fazendo-se de bobo e se "socratizando".

É o sofrimento de Kierkegaard querendo salvar Regine do desespero. Depois do rompimento do noivado, ele tenta se fazer passar por imoral e leviano, deseja convencê-la de que nunca a amou com amor verdadeiro. Apenas estava curioso em ter experiências psicológicas... Para não ser responsável por um assassínio espiritual, gostaria que ela o detestasse, mais que ela se desiludisse e perdesse a fé. Assim fará o Fulano da "experiência psicológica" (*Culpado? Não culpado?*); e a mesma tática será sugerida por Constantin Constantius em *A repetição*. Abraão, levando Isaac ao monte Morijah, renega Deus perante seu filho, para que este não amaldiçoe o nome do Senhor no momento de morrer. Este é o problema de *Temor e tremor*, retomado e simbolizado pela fábula de Agnes e Tritão. Pode-se enganar alguém para seu bem. E é com esse "engano às avessas" que Kierkegaard conta para pôr os falsos cristãos no caminho do "tornar-se cristão".

> A suspensão teleológica a respeito da comunicação da verdade (que consiste em calar provisoriamente alguma coisa para que o verdadeiro seja realçado) é o dever direto para com a verdade, e ela é implicada pela responsabilidade do homem perante Deus tocando a parte de reflexão que lhe foi conferida.[85]

A pseudonimia encontra uma explicação parcial no conflito com o meio social. O método indireto se justifica pelo fato de que Kierkegaard tem consciência de viver como alguém isolado numa cristandade descristianizada. Sente-se chamado a pagar com sua pessoa para fazer explodir o escândalo de um *parecer* que não corresponde mais ao ser. Um homem que se adianta usando tão ostensivamente uma máscara obriga seus contemporâneos a se perguntarem se seus rostos, que eles consideram verídicos, sua sinceridade, que eles consideram pura, suas virtudes, que eles supõem suficientes e meritórias, não são hipocrisia, falsa aparência, ares de circunstância, cheques sem fundos. O ludibriador voluntário é um objetor de consciência: acusa indiretamente os outros de não conhecerem o segredo de suas próprias jogadas.

Quando Johannes Climacus declara não ser cristão, o leitor (pensando em Kierkegaard) também deve se perguntar: "E eu, sou cristão?". O satírico, usando verdadeiramente a máscara, revela aos outros a mentira que os contamina sem que percebam. "Nossa sinceridade habitual é uma máscara que não tem consciência de ser máscara", escreve Nietzsche. O que importa não é desmascarar os outros, mas conseguir que seus olhos se abram e que de repente eles se reconheçam mascarados, como Adão e Eva depois do pecado original descobriram que estavam nus. Para esse efeito, o paradoxo é requerido, e para reforçar o paradoxo, a *paronimia*...

Assim se põe o problema da comunicação. Há em Kierkegaard uma desconfiança muito profunda com relação a todos os meios da comunicação direta. Tudo se passa como se o ato de comunicar corresse o risco de destruir o valor de comunicar. A linguagem é a medida do geral — portanto, convém ao estágio ético, que é a obediência à lei moral *comum*. Mas desde que se entra no estágio religioso, o geral é superado e toda medida comum torna-se inapropriada. Não há relação com o outro que não seja um mal-entendido, e não só por causa da insuficiência da linguagem. É a condição mesma da *categoria do religioso*, em que o eu e o Outro estão em situação assimétrica. O indivíduo religioso vive sua existência como uma exceção, no "suspenso do ético. O religioso não pode se manifestar, ele é interioridade oculta. Se quisesse *parecer* religioso, deixaria de ser religioso... Para que nele a interioridade seja verdade, ele a esconde".[86] E Kierkegaard sugere esta explicação:

> Ele se deixa submeter pelo que o cerca àquilo que o processo de interiorização exige dele, a estabelecer uma separação entre si e os homens, para abrigar e proteger a interioridade do sofrimento e da relação divina. No entanto, disso não resulta que esse homem religioso se torne inativo, ao contrário, ele não sai do mundo, mas aí permanece pois é nisso justamente que consiste seu incógnito.[87]

A vida temporal não tem mais outra função além de mascarar e preservar a interioridade da relação com o eterno. Mas, para o homem religioso, o martírio reside justamente "no fato de viver neste mundo com certa interioridade, sem ter o meio de expressá-lo".[88]

Aqui, não deixaremos de nos interrogar. Acaso a "comunicação indireta" é um método "oportunista" destinado a despertar o indivíduo moderno, o burguês abastardado pela sociedade do lucro? Acaso é, ao contrário, ligada à natureza permanente da linguagem e se tornou necessária porque a relação com o *ser*, segundo Kierkegaard, só poderia ser tácita?

Não se diferenciar do primeiro que aparece, assemelhar-se com o primeiro que aparece, enquanto se sofre interiormente o drama da exceção — é a maneira como age o homem religioso para "protestar contra a comensurabilidade do exterior e do interior".[89] É a isso que Kierkegaard chama de humor: se a ironia é o incógnito do estágio ético, o humor é o incógnito do religioso.

Esses argumentos, na opinião de uma psicologia receosa, podem parecer um sistema engenhoso destinado a justificar uma solidão culpada. Kierkegaard tem um segredo para guardar, uma vergonha para dissimular, que ele sempre evoca de maneira negativa: observa em relação a eles uma reserva obstinada, e afastará cuidadosamente seus vestígios em seus papéis íntimos.

> Depois de mim, não encontrarão em meus papéis (é esse meu consolo) um só esclarecimento sobre o que no fundo preencheu minha vida; não encontrarão em meu mais íntimo esse texto que tudo explica e que com frequência, daquilo que o mundo trataria de bagatela, faz para mim acontecimentos de enorme importância, e que por minha vez considero uma futilidade assim que retiro a nota secreta que é sua chave.[90]

O *Diário* de Kierkegaard é a obra loquaz de um tormento que decidiu nada confessar por completo. No entanto, se é preciso se libertar, se para quem deseja a salvação a confissão deve necessariamente intervir, isso será com um só: Deus.

Tal como é definida por Kierkegaard, a categoria do religioso implica a impossibilidade permanente de dialogar com um ser humano, e a necessidade simultânea de validar o segredo e a solidão, de dar-lhes um valor providencial e um sentido teleológico, a fim de torná-los o centro de uma relação *privada* com Deus. Kierkegaard, sem hesitar, desconfiou que essa recusa da comunicação com o outro podia ter mais a ver com o orgulho diante dos homens do que com um amor exclusivo a Deus. Neste caso, a categoria do religioso representaria uma tentativa de legitimação do segredo por motivos duvidosos. Não é uma hábil maneira de salvaguardar o segredo torná-lo necessário para a realização da tarefa espiritual? Já que ele deseja, custe o que custar, guardar o silêncio, dá o pretexto de que esse silêncio significa a relação tácita do indivíduo com a transcendência. Há aí — e isso seria o avesso psicológico do "salto qualitativo" — uma transmutação (uma *Aufhebung*, ou uma "sublimação") da singularidade mórbida que, embora conservando intacta a recusa de comunicar num plano humano, lhe confere o valor de um esforço dramático de comunicação com Deus e lhe atribui uma função decisiva na operação da salvação. É, porém, ao se calar que o homem toma consciência de sua origem divina. Se no nível estético o segredo é demoníaco, é porque o indivíduo se dissimula para si mesmo e ao mesmo tempo se recusa a Deus: seu hermetismo o aprisiona por todos os lados, ele quer ser opaco e se entrincheira desesperadamente em sua diferença. No nível religioso, perante Deus o homem se faz transparência absoluta — enquanto perante os homens não para de ficar, como antes, de boca calada. Mas, acrescente Kierkegaard, "a impossibilidade de se manifestar, o segredo da estética, é apenas uma brincadeira de crianças".[91] O pavor existe por causa da solidão; para quem mais se poderia apelar senão para si mesmo, a fim de saber o que Deus exige? Mas a solidão deve ser preservada: é o ponto mais avançado, tomou valor de sacrifício e não se deve recuar. Aqui se vê por que, segundo Kierkegaard, o estágio ético era insatisfatório e pedia para ser ultrapassado: é que exigia a abolição da solidão e o fim do segredo, o esquecimento do drama particular nas categorias universais da moral. A ética combate com eficácia os motivos estéticos do celibato, mas já não tem armas contra as justificativas religiosas da solidão. Ora, Kierkegaard não pode se despossuir do segredo; até o fim o drama entre o filho e o Pai permanecerá tácito.

Tornar-se um ausente: a pseudonimia de Kierkegaard é vontade de desaparecer do olhar dos outros e, finalmente, de não ter mais *exterior*, senão para as caricaturas do *Corsário*. O único verdadeiro interlocutor humano é Regine, mas Regine não responde. É a destinatária mas não a interlocutora. Para ela é que a máscara da indignidade foi vestida e Kierkegaard deve se explicar sobre isso com Deus. Portanto, na verdade só há uma Pessoa infinitamente *Outra*, à qual se dirige a palavra do pensador mascarado (enquanto tem assento ao longe o irrisório tribunal da *opinião pública*, desafiado nas folhas heroicas do *Instante*).

A multidão é a mentira. No entanto, Kierkegaard está convencido de que a verdade (e a verdade cristã eminentemente) deve valer para todos, ou mais exatamente para cada um em particular. Tornar-se a testemunha e talvez o mártir da verdade é algo que implica o contrário do fato de fechar-se sobre si mesmo: a extensão afetuosa, a passagem da solidão à comunidade. Mas esse apostolado só será válido, aos olhos de Kierkegaard, caso se enuncie como o apelo *indireto* ao recolhimento e à concentração interior. Não se deve querer converter o outro, é preciso dispor sua vida e suas palavras de tal forma que os outros, tirando a lição, se convertam por moto próprio, aceitando por si mesmos e para si mesmos a verdade. Por aí o escândalo, ao provocar a ruptura, restabelece paradoxalmente um laço, mas de outra maneira. Essa nova comunicação é imediata, baseada numa *reflexão infinita*. A perda é reparada pela passagem a um nível superior.

O temor e o tremor não são abolidos para Kierkegaard, tanto mais porque essa ruptura, esse recurso às aparências, sempre *podem* ser demoníacos. A máscara, com o auxílio da qual as mais terríveis fronteiras se deixam cruzar, é um dos instrumentos favoritos do demônio. Quem a endossa, ainda que seja com a intenção de superar uma etapa dialética na direção da salvação, entrega-se a uma potência cujos efeitos ele não domina. Talvez seja preciso, na verdade, que a filosofia da existência aceite, em seu coração mesmo, a provocação de um desastre.

Arrependimento e interioridade

Kierkegaard, padroeiro lendário do pensamento existencial, abre uma das portas da modernidade. Odiava o moderno e a moda, ironizava sobre as considerações "histórico-mundiais". Mas a ironia da vida (para a qual gostava de apelar) lhe atribui a contragosto uma função "histórico-mundial". No oposto de Marx, mas simetricamente a ele, pede contas a Hegel e ao "sistema". A revolta contra o pai segundo a filosofia mobiliza todas as energias agressivas que já se dispendiam contra a figura amada e temida do pai segundo a carne. A um sistema filosófico que pensa a totalidade, Kierkegaard empreende opor o indivíduo que vive e "aprofunda" sua singularidade: Davi cristão contra o Golias da academia.

Depois, Nietzsche se substitui a ele e se interpõe. Os existencialistas contemporâneos manterão distância de Kierkegaard, esse ancestral putativo a respeito de quem, aliás, se sabe que não tinha muito boa impressão da procriação. Eles não são cristãos, ou acreditam já não o serem. Buscam a salvação, não nas obras, não na fé. Daí a predileção deles por Marx. E como Kierkegaard não se deixa marxizar, existencializam Marx...

Porém, um tema comum persiste de Kierkegaard a Sartre: a exigência da autenticidade, o imperativo de uma coincidência da existência com sua manifestação, dever primeiro que comanda e implica todos os outros deveres. A tradição "existencialista" encontra aí sua substância: ao saber contemplativo dos filósofos de escola substitui-se o apelo da *tarefa* ativa. O homem deve se realizar como existência autêntica. A existência fracassa se não toma posse de si em sua verdade. E o risco do fracasso a assedia por todo lado.

Pois essa verdade é difícil, e raramente atingida: a condescendência é proibida. A autenticidade requer uma definição restritiva e severa. É preciso saber, no campo ético, reconhecer as linhas de demarcação. Abre-se assim, por contraste, um campo muito largo às variedades mentirosas do comportamento. Aos olhos de um rigorismo da autenticidade, o mundo pulula de máscaras. Portanto, ninguém se espantará se, de tanto reivindicar a coincidência "transparente" da existência e de sua manifestação, o rigorismo existencial (de Kierkegaard a Sartre) se expuser a ver se erguer, por uma espécie de necessidade dialética, uma legião de falsos semblantes. E na falta de poder definir a autenticidade (será ela definível?) em absoluta conformidade, ele se dedicar, por via inversa, à denúncia dos comportamentos "de má-fé", ao inventário das variedades da mentira, multiplicando as advertências contra as mistificações (se necessário, agenciando a mistificação provocadora).

A tarefa é a autenticidade, ou, caso se prefira, ela consiste em arrancar-se do inautêntico. Mas que diferença na orientação do esforço quando confrontamos Kierkegaard e o existencialismo contemporâneo! Para este, a tarefa está no exterior, é uma práxis (bela palavra grega, mas que em certas vozes produz um barulho de ferro) pela qual o homem se "transcende" rumo ao horizonte distante da unidade humana. Portanto, o eu é subordinado aos fins históricos que se fixa, e só tem chances de "realizar a si mesmo" se prolongar a liberdade (interna) de seu projeto pelo engajamento (externo) de sua liberdade. Para Kierkegaard, em contrapartida, a tarefa não poderia estar do lado de fora. O essencial, ao contrário, é "escolher a si mesmo como tarefa".[92] Longe de o eu ser subordinado à tarefa e como que imantado por ela, a tarefa é que é subordinada ao eu, ou mais exatamente ao advento do eu. Temos aqui duas imagens que se correspondem na relação simétrica da introversão e da extroversão. Lá, é a tarefa exterior que atrai e orienta as atividades da pessoa; aqui, ao contrário, é o ideal da vida pessoal que comanda. Nos dois casos, a pessoa, no início, está em atraso em relação ao que deve ser. É convidada a sair do limbo e a se constituir ela mesma. Para Kierkegaard, essa evolução deve ser centrípeta. O verdadeiro existente é "interioridade oculta", e o progresso pelo qual este tem acesso à autenticidade se define como uma interiorização; o apoio que os outros buscam na história, ele o encontra na categoria do religioso, que escapa à história e exige o advento da pessoa.

Os modernos nutrem suspeição pela noção de profundidade. Kierkegaard opta por ela. Mas o que é a profundidade? O que compreender por interioridade? E, primeiro, como Kierkegaard a compreende? Que experiência faz disso? A interioridade é uma dessas noções cujo uso é tão disseminado que esquecemos de nos espantar com o que elas têm de metafórico e ambíguo. Para Kierkegaard, a escolha da interioridade, que faz dele um pensador religioso (ou um reacionário, segundo seus adversários marxistas), é o movimento decisivo do ser que levou a sério ao mesmo tempo as experiências do pensamento e as de sua própria vida, a fim de conjugá-las numa tarefa única. "A vida interior é o sério",[93] ele declara em *O conceito de angústia*. Parece que vemos desaparecer, nessa definição, a metáfora de um "espaço interior", de um universo de dentro, de uma dimensão da "profundidade". A interioridade seria apenas uma relação exigente da subjetividade consigo mesma. Só que essa relação "interna" é silenciosa, não é revelada às testemunhas exteriores. E eis que reaparece, junto com ela, a ideia de escondido, a metáfora de uma profundidade dissimuladora e dissimulada. E se é verdade que a máscara desempenha papel capital no pensamento e na conduta de Kierkegaard, não estamos livres da oposição entre o dentro e o fora, entre o externo e o interno.

Voltemo-nos primeiro para o *Diário* de Kierkegaard, já que é à existência que nos remete a filosofia de Kierkegaard.

É verdade que a análise introspectiva de Kierkegaard não se comunica a nós de modo simples. Os dados flutuantes da auto-observação (parcialmente truncados) formam quase de imediato uma dupla indissolúvel com uma dogmática cristã que jamais será questionada. A atenção consigo mesmo toma forma numa reflexão interpretativa que recorre com virtuosidade às categorias da filosofia e da teologia. Portanto, será difícil dissociar a experiência pessoal e a espécie de exegese abundante pela qual ela se transmite. Provavelmente Kierkegaard quer remontar aos fatos psicológicos originais, captá-los no estado nascente: mas logo os interpreta numa linguagem compósita, faz poesia, teologia indiscutível e agilidade especulativa. A partir de então, a experiência pessoal é como que ultrapassada pelo excesso do comentário reflexivo. Daí a necessidade, para nós, de interrogar a um só tempo a experiência primeira e a experiência segunda, isto é, a reflexão interpretativa na qual ela ressoa e se prolonga. Não é possível considerar Kierkegaard como um psicólogo introspectivo que tivesse sido, ademais, mas por acidente, um pensador cristão.

Portanto, é preciso se fazer teólogo e poeta junto com Kierkegaard, desposar (ainda que à distância) o movimento de seu pensamento, não dissociar de sua experiência original a elaboração que posteriormente a transforma em uma psicologia e teologia da vida interior. Não ficaríamos satisfeitos por menos que isso.

Em seu primeiro *Diário*, Kierkegaard exprime diversas vezes um sentimento de incompletude que interessa a própria substância de sua existência: sua vida ainda não é nada; ele ainda não se possui, nem tem sequer uma base. Sente-se dominado pela impermanência: "É esta a desgraça em mim: toda a minha vida é uma interjeição, nada aí está pregado de modo estável (tudo é movente — nada de imóvel, nenhum imóvel)... Sobre mim tudo passa: pensamentos de passagem, passantes dores".[94] Desejaria "jogar a âncora", conseguir reconhecer seu "centro de gravidade interior; fixar tranquilamente seu olhar sobre si mesmo e começar a agir a partir de dentro".[95] Pois como agir sem ponto de apoio? Em sua ausência, tudo permanece incerto.

Será que vai encontrar um apoio interior? Tem dúvidas. Sabe pelo menos o que lhe falta. Gostaria de viver "enxertado sobre o divino".[96] Mas não é uma busca de Deus que encontramos no primeiro *Diário*. Essas páginas estão todas dedicadas à preocupação com o eu. Com um ímpeto que hoje qualificaremos de narcisista, é a si mesmo que Kierkegaard espera abraçar. "Quantas vezes não acontece, no momento em que mais pensamos ter nos agarrado, vermos só ter abraçado uma nuvem para Juno!"[97] Por meio da alusão mitológica, Kierkegaard feminiza o objeto de sua busca, o eu desejado. Mas vamos conservar sobretudo a imagem curiosa (apesar de sua banalidade) de um ser desdobrado, cuja parte ativa — ardente, inquieta, às vezes entusiasta, e singularmente loquaz — não basta a si mesma, estima-se incompleta, acredita desempenhar no máximo o papel do atributo isolado ao qual faltaria o sujeito substancial. É preciso que o atributo parta em busca de seu sujeito. Mas a substancialidade se esquiva: então, quem é que nos fala? Quem é que segura a pena? Não é o eu, mas uma força que se considera provisória, periférica: a reflexão.

Logo de saída a reflexão se sente fadada à incerteza ou ao fracasso; não desiste, tenta despertar um eu substancial mas apenas abraça uma nuvem. É o eu o primeiro objeto faltoso do "amor infeliz": outros virão. Astro morto, semelhante à luz "consciência da terra",[98] a reflexão se considera como um satélite sem vida que sabe *não ser* o planeta central. Sim, é isso que Kierkegaard vê, primeiro, faltar nele mesmo: a centralidade.

E se de nada adianta virar-se diretamente para o centro que está faltando, não será mais frutífero jogar-se "no mundo"[99] nem "correr os caminhos do mundo" na esperança vã de que as circunstâncias externas favorecerão a expansão do eu retido na sombra. "O que encontrei? Não o meu eu, pois era ele que eu procurava ao palmilhar todas essas estradas (eu imaginava, se posso dizer assim, minha alma como que trancada numa caixa de molas, e que, então, as circunstâncias exteriores a abririam como num clique)."[100]

Portanto, logo de início falta a plenitude. Em seu lugar, um vazio, ou melhor, uma nebulosa. Nenhuma revelação espontânea produz sua imagem. E os primeiros movimentos da busca empreendida — pela introspecção ou no risco exterior — permanecem ineficazes. Que o "espelho côncavo"[101] esteja voltado para o próprio rosto ou para o mundo, jamais remete senão uma imagem deformada do jovem Kierkegaard — seu ideal ou sua caricatura —, tudo o que ele poderia ser e que efetivamente sabe que não é. Daí, para Kierkegaard, o sentimento de viver afastado de si, entre parênteses, fora de sua verdadeira vida, no estado de sombra, de contrafação.

"Não sou totalmente um ser real."[102] Era assim que Benjamin Constant definia uma experiência "psicastênica" de despersonalização, uma falta de realidade interior. Kierkegaard reencontra essa sensação, mas ao contrário de Constant, que toma seu partido, não se resigna. Quando Kierkegaard fala das "premissas excêntricas"[103] de sua vida, os termos que emprega evocam um centro que ainda não pôde prevalecer. Por ora, ele está afastado disso, um malefício o mantém à distância: mas aposta em favor da presença escondida de um eu essencial.

O existencialismo kierkegaardiano é, na verdade, um essencialismo infeliz: o pensamento aventa a possibilidade de uma realidade essencial, de que a existência não consegue se apropriar. Assim, em relação à verdade pressentida de um rosto autêntico e "central", Kierkegaard poderá definir sua vida presente como uma caricatura paródica. A efígie eterna do eu permanece desconhecida e inacessível, mas constitui a norma à qual ele se acusa de não dar satisfação. "Minha vida presente é como uma contrafação mirrada de uma edição original de meu eu."[104]

Portanto, deve-se supor que um verdadeiro eu existe idealmente, que uma edição original foi registrada antes de todas as contrafações. Talvez houvesse um rosto, um nome, uma essência que lhe foram atribuídas de toda eternidade. As formas de existência aberrantes podem mascará-lo, mas não destruí-lo. Mas ele ainda não se aproximou dele, ou dele seu pecado o afastou. Separada do que deveria lhe dar um significado, sua vida se torna fantasmática. Ele é no máximo o anagrama de seu nome, sem saber como arrumar, de acordo com a ordem correta, as letras que o compõem.

O que esperar, se nessa busca suas próprias forças são irrisórias? Um socorro externo. Que o Pai que lhe atribuiu seu "eu eterno" se manifeste de novo, que recomponha, diante de seus olhos enfim desembrumados, as verdadeiras letras de seu nome, que faça ouvir sua voz. A locução corrente é: *eu me chamo*... Ela só vale para as relações cotidianas, nas quais nos contentamos com aproximações mentirosas. O *eu* de Kierkegaard não sente a força de *se chamar ele mesmo*. Só poderá ter certeza de si mesmo se *Deus o chamar*. Na perspectiva religiosa, o homem toma posse de si pelo apelo de Deus. Sua vocação se enuncia no nome pelo qual foi chamado. Apelo e resposta, vocação e responsabilidade supõem um nome baseado em eternidade. Ir ao encontro de seu verdadeiro nome não é tarefa menos difícil que ir ao encontro da eternidade: é a mesma tarefa. Deus se dirigiu a Abraão. Só que ninguém jamais tem certeza de ter percebido e ouvido corretamente o apelo, nem mesmo Abraão. E em breve o homem separado de si mesmo sente somar-se à desgraça da existência fantasmática a desgraça do erro: chamaram-no e ele não soube ouvir; seu nome foi pronunciado, mas ele se esquivou, fez ouvidos moucos. Não será abandonado à própria mentira? Não permanecerá eternamente cativo da existência periférica?

Kierkegaard esperava que seu verdadeiro nome lhe fosse dado pela voz do *Outro* transcendente. Inversamente, sente sua personalidade lhe escapar cada vez mais porque ela cai sob a dependência dos outros. Essa dependência se agrava nas notas do primeiro *Diário* em que vemos Kierkegaard deplorar sua passividade. Está inteiramente submetido à vontade dos outros, é apenas seu reflexo. Sua vida não é mais simplesmente a imagem deformada de um eu inatingível, ele não é mais seu próprio sósia, mas o de qualquer pessoa. Como um personagem de Eichendorff, define-se como "o duplo de todas as loucuras humanas... Com frequência também, quando mais pensamos ser compreendidos, uma estranha ansiedade nos invade por não termos feito, no fundo, mais do que aprender de cor a vida de um outro".[105] Kierkegaard tem a impressão de pertencer a um campo de gravitação superior: "Toda vez que vou dizer alguma coisa, há alguém no mesmo instante que o diz. Sinto o efeito de um sósia espiritual, parece-me que esse outro eu sempre toma a dianteira, ou então, quando estou ali a falar, tenho a impressão de que todas as pessoas acreditam que é um outro que fala; assim eu precisaria me fazer a mesma pergunta que o livreiro Soldine fez à sua mulher: Rebecca, sou eu que falo?".[106]

Apesar dessa falta de ser, dessa defecção do eu (que o pensamento gnóstico chamaria de uma *kénose*), um poder persiste, porém, e se exerce livremente: o de constatar e criticar a ausência da plenitude. Poder singular, comparsa que ocupa o proscênio no lugar do protagonista que está ausente. Uma voz, um discurso se fazem ouvir, uma reflexão dolorosa se desenvolve, conduzindo a pluma e cobrindo de texto as páginas, para nos dizer que eles falam *in absentia*, no lugar de um eu legítimo, que permanece mudo, inatingível, irrevelado. A queixa do *Diário* nos põe em presença de uma palavra provisória, interrogativa, em suspenso, que sabe não provir do centro ignorado, mas que deve todo seu movimento à *ideia* do que lhe faz falta. O *eu* que se expressa aqui, ágil e engenhoso, sabe que é no máximo a sombra do eu esperado. Sua liberdade, sem entraves e sem avalista transcendente, lhe é um tormento: o que ele espera é a confirmação absoluta de uma necessidade interior, é o equilíbrio de uma relação de si a si que não deixasse subsistir nenhuma zona lacunar, nenhum resíduo opaco.

E se a certeza interior não se deixa conquistar, se a pessoa "autêntica" não consegue espontaneamente vir ao mundo, o que fazer em última instância?

Resta organizar os poderes da liberdade periférica de modo a se dar, ao menos, uma personalidade provisória. Para escapar a uma despersonalização imposta de fora, resta compor deliberadamente um personagem ou uma sucessão de personagens, todos provisórios, todos revogáveis. É ao mesmo tempo tirar partido da vacância interior, distrair-se com ela e se proteger contra a intrusão dos outros. Absorvendo-se no jogo fictício, a consciência desmuniciada encontra por certo tempo o meio de esquecer sua indigência. Jogando-se na ficção, escapa do indeterminado: "Daí também meu desejo de ser ator, para, entrando no papel de um outro, ganhar como que um sucedâneo de minha própria existência, e, por essa mudança, encontrar uma certa distração".[107]

Kierkegaard passa assim da despersonalização suportada à personificação desejada. Em seus sonhos de adolescente, torna-se *ladrão-mestre*... A falta de um eu central e permanente, ressentido primeiro no modo passivo, se oferece para dar uma guinada rumo ao sentido ativo. A ocultação voluntária do eu autêntico deixa o campo livre para todos os papéis e todas as máscaras voluntárias. Kierkegaard, condenado a viver ao lado de si mesmo, fica tentado a tomar a iniciativa e a assumir a responsabilidade de seu afastamento; joga-se deliberadamente na "alienação", torna o exílio voluntário e se fantasia de estrangeiro... "A distração que prefiro é falar uma língua estrangeira, sobretudo uma língua viva, para assim tornar-se estrangeiro para mim mesmo", diz numa nota de 1841.[108] Durante seus encontros com um velho marinheiro, o perito-contador dinamarquês do relato *Uma possibilidade* utiliza exclusivamente o inglês.

Sentindo que o centro interior lhe escapa, que lhe falta chão sob os pés, Kierkegaard junta as energias de que dispõe para dar um outro sentido à situação: é a expansão de uma cosnciência livre e jogadora que toma altura com relação a si mesmo. O chão, é verdade, se esquiva, mas porque a poesia e a reflexão levantaram voo na região do possível. Agora o afastamento é atribuído não mais à fuga do objeto, mas à libertação do sujeito. Veja-se a tese de doutorado sobre *O conceito de ironia*, em que são opostas a dúvida e a ironia:

> Na dúvida... o sujeito não cessa de fazer esforço para penetrar no objeto, e seu infortúnio decorre de que o objeto não cessa de se esquivar diante dele. Na ironia, ao contrário, o sujeito não cessa de querer se separar do objeto, e esse esforço chega ao menos a lhe dar, a todo instante, a consciência de sua própria subjetividade e o sentimento de que o objeto não possui nenhuma realidade. Na dúvida, o sujeito assiste a uma manobra ofensiva que não cessa de abater os fenômenos, um após outro, na esperança de desmascarar o ser que nos aferramos em descobrir atrás deles. Na ironia, ao contrário, o sujeito não cessa de bater em retirada contestando a cada fenômeno sua realidade própria, a fim de salvar a si mesmo, isto é, de se conservar com relação a tudo em um estado de independência negativa.[109]

Com certeza esse recurso poético à ficção será interpretado e condenado (quase de imediato) como uma fuga culpada na estética, como uma recusa demoníaca de se orientar para a tarefa (que é "escolher a si mesmo como tarefa"). Mas, deve-se reconhecer, em Kierkegaard o recurso à ficção não acompanha unicamente os momentos centrífugos da consciência. Quando Kierkegaard tenta alcançar o centro, coincidir com sua "determinação eterna", a ficção para ele é igualmente necessária. Seus últimos anos serão obcecados pela tentação de entrar no papel de mártir e pelo escrúpulo de forjar seu personagem. O papel da ficção muda de valor (se transvaloriza) e uma psicologia do *jogo* gratuito se transforma em psicologia da *imitação* religiosa: Kierkegaard expressará o ideal da existência religiosa (o religioso) sem se sentir habilitado a aí se estabelecer: "Devo recuar um passo na pretensão de ser, eu mesmo, aquilo que expus, e aí tenho minha tarefa... Torno-me o amante infeliz no que se refere a ser pessoalmente o ideal de um cristão, é por isso que me torno o poeta desse ideal".[110]

Mas é sobretudo a relação com o outro e a relação com o mundo que vão se complicar assim que intervém o recurso ao jogo. Em vez de se sentir o sósia involuntário dos outros, em vez de sofrer a influência deles, Kierkegaard quer mistificá-los: imitando-os manhosamente, por desejo deliberado, fantasiando-se ao sabor de seu capricho (ou de suas intenções apologéticas). Saberá reconquistar sua independência comprometida; não só terá o poder de resistir, de opor aos outros um rosto *determinado*, como descobrirá a arte de, por sua vez, sujeitar o mundo, encantá-lo, exercer sobre ele sedução e fascínio.

Quanto a outros aspectos, a situação precedente, diante da sociedade, se agravou. A nebulosa original tornou-se falsa personalidade, a ausência de rosto transformou-se em máscara, a falta elevou-se à potência do simulacro, a dependência tornou-se um mal-entendido. Um poder oriundo da reflexão — o dom de invenção poético-filosófico — tomou conta de todos os recursos disponíveis para pô-los em ação fabulosamente. (Tem-se assim a prova de que ser poeta é muito menos que ser.) A ausência de centralidade não é menor, e no entanto, para a galeria, um jovem rapaz cheio de ardor, de espírito, de dom da réplica, se faz passar por *alguém*, se faz admirar. O mal-entendido se acentuará na mesma proporção. Antes, Kierkegaard sofria a presença dos outros a ponto de não poder, em troca, estabelecer com eles nenhuma relação equilibrada, nenhum diálogo confiante, na falta de poder contar sobre seu próprio fundo. Eis que agora uma relação se estabelece, mas enganadora e desigual: não é uma comunicação, e sim uma situação de desafio. A máscara, construção arbitrária, endurece um limite, interrompe a influência vinda dos outros (que são para todo o sempre estrangeiros), cerca um campo pessoal — o esboço de uma interioridade —, que, mais bem defendido, sente tornar-se mais consistente. A questão ansiosa da interioridade ausente torna-se um segredo mais bem guardado. Além disso, essa região mantida em segredo, esse lugar inatingível em que o sujeito está preocupado com sua falta interior, passa a ter o valor de uma possessão inalienável: ali, a preocupação com a ausência fica mais pesada, torna-se dor, melancolia (seu nome alemão *Schwermut*, ou o dinamarquês *Tungsind*, expressam o peso). Assim, enquanto as testemunhas exteriores acreditam encontrar um deslumbrante virtuose, a consciência, fechada em sua dor dissimulada, tem um amargo prazer em dar o troco:

> Cada um tira sua vingança do mundo. A minha consiste em carregar minha dor e minha tristeza no âmago de mim mesmo, enquanto meu riso distrai os outros. Vejo eu alguém sofrer, tenho pena dele, consolo-o o melhor que posso e o escuto tranquilamente me garantir que "eu sou feliz". Poder representar esse papel até minha morte será minha vingança.[111]

De que ofensa Kierkegaard deseja se vingar? Ele nos esconde. Mas é preciso levar em conta que a relação com o mundo é sentida como um combate, como um enfrentamento belicoso, no qual, alternadamente, ferimentos são infligidos e recebidos. Se por vezes enganar é ocasião de uma alegria maligna, ser mal compreendido é um sofrimento: "Sou tão pouco compreendido que não compreendem nem sequer minhas queixas de não sê-lo".[112]

Com o crescimento dos poderes da reflexão, Kierkegaard sente, pois, crescer sua aptidão para sofrer e fazer sofrer. Por intervenção da máscara, o mal-estar passivo da incerteza primitiva torna-se uma força ativa de agressão dirigida quase simultaneamente contra os outros e contra si. Kierkegaard, homem doloroso, conhece a arte de atormentar. A pretexto de salvar Regine, sua "noiva", quantas nuances no exercício da crueldade! E para convidar seus contemporâneos a se tornarem cristãos, quantas avanias requintadas, quantos sentimentos ambíguos! O fingimento pelo qual Kierkegaard se dissimula dos outros (ferindo-os, provocando-os) poderá lhe provocar, alternadamente, a alegria do triunfo ou o sofrimento do mal-entendido; o mesmo fingimento, em relação ao eu, aparecerá alternadamente como uma vitória da liberdade poética ou uma fuga culpada.

A máscara é geradora de discordância. É a primeira parede interposta que faz com que a nebulosa se cinda e se organize. Divide o espaço inter-humano em regiões dessemelhantes. Por trás dos comportamentos mascarados, pelo contraste entre o dentro e o fora, a subjetividade do segredo se aprofunda e se torna mais pesada. Tudo se passa como se a mentira e a ficção incitassem a delimitar o campo de uma interioridade separada, ajudando a pensar como separação e tormento da separação o que era antes despersonalização confusa, defeito infinito de espontaneidade original. Pela magia da máscara, surgem oposições: os outros, a multidão, tornam-se os adversários, e por trás da máscara, a vacância, o vazio (a *kénose*), torna-se latência (*krypsis*). "Infelizmente, com muita frequência meu verdadeiro espírito está presente em mim apenas como *kata krupσin*."[113] Simular é suscitar a forte possibilidade, aquém da máscara, de um *debaixo* real; é despertar uma interioridade relativa, a qual, por não (ou ainda não) ser o eu desejado, nem por isso deixa de constituir uma espécie de primeira aproximação. Assim o sentimento inquieto da interioridade ausente torna-se um fato interior e instaura uma interioridade substitutiva.

No lugar da certeza imediata que está faltando, e fazendo as vezes de um eu oculto que ficou no limbo, há uma problemática do eu, uma questão em suspenso, que a máscara contribui para entreter embora dissimulando-a. A interioridade, a partir daí, não é nada mais que uma interrogação sobre a própria possibilidade, uma "introversão" sem conteúdo, reduplicação reflexiva da ausência inicial. "Mas o solitário em seu quarto, o que pode ele buscar flagrar? E quando se espera que tudo, quero dizer o menor acontecimento imperceptível aos olhos de outro, se passe em silêncio, não se está propriamente à espreita de nada. Então, não é surpreendente que a alma e o cérebro sofram uma rude prova, pois o olho bem pode observar um objeto mas é penoso escrutar o nada. E quando o olho a isso se dedica muito tempo, acaba por ver a si mesmo, ou a sua própria visão; da mesma maneira, o vazio que me cerca obriga meu pensamento a retornar sobre mim mesmo."[114] E Frater Taciturnus comenta: "Portanto, provisoriamente sua introversão não contém absolutamente nada, é como um limite que o guarda e o encerra, até nova ordem ele é melancólico em sua introversão. A forma mais abstrata da introversão é que esta encerra a si mesma".[115]

Provocada pela presença da máscara, a dialética do interno e do externo estabelece uma tensão, um contraste dramático, um estado de conflito. "Sou um *Janus Bifrons*: um de meus rostos ri, o outro chora... Uno a meu modo o trágico e o cômico: sou espirituoso, as pessoas riem — e eu choro."[116] Então, depois do tempo estagnante do sonho inicial, começa uma nova experiência do tempo, mais perigosa e mais fecunda. O esforço do ator não pode ser prosseguido infinitamente, a exaltação do jogo se esgota; os momentos de representação brilhante são breves. O que vem a predominar é a parte escondida, o tormento que se tornara pesado atrás da máscara, e que Kierkegaard chama de tédio, ou mais frequentemente de melancolia. O tempo é o segredo adversário da máscara estética, já que obriga o pano a cair, no final de cada cena. O vazio cuja ameaça Kierkegaard sente então é muito mais terrível que o do começo: "Tenho a cabeça tão vazia e morta como um teatro onde acabam de representar [...]. Estou voltando neste instante de uma reunião na qual eu era a alma: os ditos espirituosos voavam de minha boca, todo mundo ria, me admirava — mas fui embora, e aqui o traço a riscar deve ser tão longo como o raio terrestre [...], e eu queria disparar uma bala na cabeça".[117]

PARTE V

SONHO E IMORTALIDADE MELANCÓLICA

Baudelaire encenador

Para quem examina em Baudelaire o registro do sonho, não é difícil reconhecer, logo de início, a assimilação do sonho ao "ideal" segundo a antítese que torna a idealidade sonhada incompatível com a realidade. É essa uma fórmula que o romantismo usara amplamente. Observaremos porém que, recorrendo a ela, Baudelaire encontra a maneira de exacerbá-la e conferir-lhe uma intensidade excepcional. "Sonho parisiense" (poema CII de *As flores do mal*) e "O quarto duplo" (peça V de *Spleen de Paris*) instauram inicialmente o universo do sono para encenar, como uma queda ontológica e uma expulsão imotivada, o retorno a uma realidade sórdida. Depois de ter saboreado os gozos do paraíso, o sonhador se vê precipitado no inferno deste mundo. Escapara do tempo; precisa sofrer de novo "o sinistro ancião"[1] e "a pontada das preocupações malditas".[2] Baudelaire soube dizer melhor que outro o desmoronamento do sonho. E já que o sonho se dissipa e que a realidade é insuportável, Baudelaire coloca com absoluto rigor a terceira solução: a morte.

> Só há um segundo na vida humana com a missão de anunciar uma boa notícia, a *boa notícia* que causa em cada um de nós um medo inexplicável.[3]

> — Decerto, sairei, quanto a mim, satisfeito
> De um mundo em que a ação não é irmã do sonho.[4]

A própria estrutura do volume de *As flores do mal*, na sucessão de suas partes, é reveladora; o livro abre-se com a seção *Spleen e ideal* e termina com a que se intitula *A morte*. A grande alegoria conclusiva — "A viagem" — narra o fracasso do sonho e lança o apelo à morte.

Todavia, a temática do sonho deve ser examinada em mais um nível. Como sonha Baudelaire? O que espera do sonho? Verificaremos que o próprio sonho é objeto de um sentimento ambivalente. De um lado, é ligado muito estreitamente ao próprio projeto da poesia; de outro, tornou-se muito cedo, para Baudelaire, um dos aspectos da experiência do abismo, uma fonte de terror que, sem deixar de revelar "o lado sobrenatural da vida",[5] designa em última instância a morte, ou, o que é pior, a impossibilidade de morrer.

Quando Baudelaire escreve: "O sonho que separa e decompõe cria a *novidade*",[6] ele faz do sonho simultaneamente um analista e um inventor — um perfeito "químico".[7] Mas só a operação do sonho não basta. É preciso que a ela se acrescentem o esforço voluntário e os cálculos conscientes. O sonho (e sobretudo o sonho hieroglífico) é o esboço inicial, melhor ainda, a matriz. A obra deverá crescer e chegar à sua forma definitiva, por meio de uma série de operações controladas. Releiamos estas linhas famosas, que se referem a Delacroix:

> Um bom quadro, fiel e igual ao *sonho* que o gerou, deve ser produzido como um mundo. Assim como a criação, tal como a vemos, é resultado de várias criações, sendo que as precedentes são sempre completadas pela seguinte, assim um quadro conduzido harmonicamente consiste numa série de quadros superpostos, cada nova camada dando ao sonho mais realidade e fazendo-o subir um degrau rumo à perfeição.[8]

Entre as injunções que Baudelaire dirige a si mesmo, o recurso ao sonho é convocado e associado ao apelo às energias voluntárias:

> O hábito de realizar o Dever expulsa o medo. É preciso querer sonhar e saber sonhar. Evocação da inspiração. Arte mágica. Pôr-se imediatamente a escrever. Eu raciocino demais.
>
> Trabalho imediato, mesmo ruim, vale mais que devaneio.[9]

Detenhamo-nos na oposição entre sonho e devaneio. O devaneio é nocivo, totalmente passivo, ligado à proscratinação: substitui-se ao trabalho e esteriliza a poesia. O sonho, ao contrário, é carregado de virtualidades criativas, contanto que seja assumido pela vontade. O sonho é uma das modalidades do "recurso à feitiçaria".[10] O que essas notas parecem propor é o esboço de uma técnica do ditado provocado. Assim como admira nos desenhistas a rapidez dos croquis, Baudelaire prescreve a si mesmo estenografar o sonho no instante em que despertar. (Assim dirá na carta a Asselineau de 13 de março de 1856.) Talvez seja a relatos semelhantes que projete dedicar, no meio de *Spleen de Paris*, uma seção que ele intitula, em suas anotações, *Onéirocritie*.[11] Aí registra os títulos, treze no total. Da maioria só conhecemos os títulos: "O sonho avisador",[12] "O sonho de Sócrates", "Meus inícios", "Retorno ao colégio", "A ratoeira", "Festa numa cidade deserta", "O palácio sobre o mar", "Prisioneiro num farol", "Um desejo", "A Morte". É provável que só uma parte desses projetos corresponda a uma inspiração vinda diretamente do sonho; outros parecem anunciar ficções, cujo herói seria um personagem sonhando. De todo modo, se Baudelaire lembrou-se de um sonho pessoal, nada atesta que tenha se posto "imediatamente a escrever": os títulos repertoriados são a um só tempo o lembrete sumário do sonho e o início de uma elaboração poética à distância. Indícios e pistas. Algumas notas um pouco mais elaboradas deixam indecisa a questão de saber se fixam os vestígios do sonho ou se designam de antemão os temas dominantes do texto desejado (o futuro poema sendo então alvo de um devaneio que só tem relações distantes com a visão de uma noite já antiga):

> Apartamentos desconhecidos. (Lugares conhecidos e desconhecidos, mas reconhecidos. Apartamentos empoeirados.
>
> Mudanças. Livros reencontrados.)
>
> As Escadas. (Vertigem. Grandes curvas. Homens pendurados, uma esfera, neblina no alto e embaixo.)
>
> Condenação à morte. (Falta esquecida por mim, mas subitamente relembrada, desde a Condenação).[13]

O elemento de angústia, por pouco que o conteúdo do sonho se explicite, torna-se muito aparente. Se a psicologia moderna não custa a reconhecer nesses esboços certos grandes arquétipos, se os motivos arquiteturais da imaginação piranesiana organizam fantasticamente o espaço do sonho, estamos bem longe da harmonia e da intemporalidade que caracterizam, segundo Baudelaire, o universo ideal.[14] A estranheza, a atração estética se desdobram, nesses sonhos brevemente anotados, em uma ameaça que se acentua até a condenação capital. Assim ocorre no projeto mais desenvolvido, que parece ser o depositário de uma experiência muito recente:

> Sintomas de ruína. Construções imensas. Vários, um sobre o outro, apartamentos, quartos, *templos*, galerias, escadarias, becos, belvederes, lanternas, fontes, estátuas. — *Fissuras, fendas. Umidade vindo de um reservatório situado perto do céu.* — Como avisar às pessoas, às nações? — avisemos ao ouvido dos mais inteligentes.
>
> Bem no alto, uma coluna rebenta e suas duas extremidades se deslocam. Nada ainda desabou. Não consigo mais encontrar a saída. Desço, depois torno a subir. *Uma torre-labirinto. Jamais consegui sair. Moro para sempre num edifício que vai desabar, um edifício trabalhado por uma doença secreta.* — Calculo comigo mesmo, para me divertir, se uma tão prodigiosa massa de pedras, mármores, estátuas, muros, que vão se chocar reciprocamente, ficarão muito sujos por essa profusão de miolos, carnes humanas e esqueletos triturados. — Vejo coisas tão terríveis em sonho que às vezes gostaria de não mais dormir, se tivesse certeza de não ter cansaço demais.[15]

O desastre, que primeiro é apenas espetáculo, não demora a implicar o espectador, a jogá-lo no movimento enlouquecido da fuga impossível. O breve divertimento de um cálculo é apenas um dique momentâneo, opondo uma fraca resistência ao afluxo de angústia, cuja confissão estoura na reflexão final. O sonho, embora permaneça fonte de inspiração (já que Baudelaire transcreve essa visão), torna-se ao mesmo tempo um objeto fóbico, e faz do próprio sono um objeto fóbico. Objetaremos que "Sintomas de ruína" é do início ao fim um texto fictício, e não a representação de uma experiência onírica vivida. Que seja: a referência à vivência é, aqui, inverificável. Resta esta nota de *Rojões*:

> A propósito do sono, aventura sinistra de todas as noites, pode-se dizer que os homens adormecem diariamente com uma audácia que seria ininteligível, se não soubéssemos que ela é o resultado da ignorância do perigo.[16]

Restam, nas cartas de Baudelaire, todas as queixas relativas ao medo — a um medo que se exacerba nos dois extremos do sono:

> [...] Nenhuma de minhas enfermidades me deixou; nem os reumatismos, nem os pesadelos, nem as angústias, nem essa faculdade insuportável de ouvir todos os barulhos me baterem no estômago; — nem o medo, sobretudo; o medo de morrer subitamente; — o medo de viver tempo demais, o medo de te ver morrer, o medo de adormecer e o horror de acordar; — e essa letargia prolongada que me faz adiar durante meses as coisas mais prementes.[17]

Não surpreende que a fobia do adormecimento se traduza às vezes pelo desejo de dormir sempre: "Minha única preocupação é saber cada manhã se poderei dormir na noite seguinte. Gostaria de dormir sempre".[18]

Contra o medo tão estreitamente ligado ao sono, Baudelaire busca socorro tanto na disciplina do trabalho ("fazer seu Dever") como nos atos espirituais que a tradição cristã e, sobretudo, as diversas regras monásticas tinham quase desde a origem instituído para enfrentar o Inimigo noturno: "O homem que faz sua oração à noite é um capitão que põe sentinelas. Ele pode dormir".[19] Essa estratégia para serenar, como se sabe, não prevaleceu. O medo e sua contrapartida, a cólera, foram aumentando na vida de Baudelaire. Pelo menos ele soube expressar em "O abismo" (1862) — um dos mais belos poemas tardios — a angústia intensa que persegue a consciência até no sono e no sonho:

> *Pascal tinha consigo um abismo movendo-se.*
> *— Ai! tudo é abismo — ação, desejo, sonho,*
> *Palavra! e sobre meu pelo que se arrepia*
> *Muitas vezes do Medo sinto passar o vento.*
>
> *No alto, embaixo, em todo lado, a profundeza, a praia,*
> *O silêncio, o espaço horroroso e cativante...*
> *No fundo de minhas noites Deus com seu dedo sábio*
> *Desenha um pesadelo multiforme e sem trégua.*
>
> *Tenho medo do sono como se tem medo de um grande buraco,*
> *Todo cheio de vago horror, levando não se sabe onde;*
> *Vejo apenas infinito por todas as janelas,*

E meu espírito, sempre obcecado pela vertigem,
Inveja do nada a sensibilidade.
— Ah! jamais sair dos Números e dos Seres![20]

Baudelaire fala aqui de um espaço ("horroroso e cativante"). É o que se abre em todos os sonhos cuja transcrição acabamos de ler. Acrescentemos que se trata de um espaço-tempo: o abismo é também o *lapso* infinito que se abre entre a vida mortalmente atingida e a morte definitiva; é o intervalo entre o que anuncia à vida a sua condenação e a verdadeira morte. O intervalo se alarga na dimensão de uma eternidade: "Moro *para sempre* num edifício que vai desabar, um edifício trabalhado por uma doença secreta". A angústia consiste em sentir ao mesmo tempo a deficiência da vida e o atraso da morte, inexplicavelmente diferido. No espaço assim aberto, não mais se vive, mas o repouso da morte ainda não foi alcançado. O sursis pode tomar o aspecto de uma sobrevida, tanto quanto o de uma morte viva: tudo já está fissurado, todos os sinais são "sintomas" de aniquilamento, mas os blocos ainda não esmagaram o sonhador; ou, inversamente, a morte adveio mas a consciência persiste obstinadamente além do instante fatal.

De fato, se lermos "O sonho de um curioso", perceberemos que o suspense mais doloroso — o espaço entre vida e morte — não intervém na própria iminência da morte mas no instante que, depois da morte, deveria se abrir para a revelação derradeira. Seguramente, trata-se aqui de um sonho literário, devedor talvez das ficções metafísicas de Poe e construído para alcançar um toque humorístico, no mais puro estilo da desilusão romântica. Nesse poema-fábula, a moralidade mais evidente é blasfematória: o espetáculo de além-túmulo, encenado por Deus, é decepcionante. Outra lição, porém, deixa-se adivinhar: o sonho nos encaminha para a morte mas não abre as portas do "ideal"; deixa-nos com fome, entrega-nos a uma espera infinita:

Conheces, como eu, a dor saborosa,
E de ti faz dizer: "Oh! homem singular!"
— Eu ia morrer. Era em minha alma amorosa,
Desejo misturado a horror, um mal particular;

Angústia e profunda esperança, sem humor faccioso.
Mais ia se esvaindo a fatal ampulheta,

Mais minha tortura era cruel e deliciosa;
Todo meu corpo se arrancava do mundo familiar.

Eu era como a criança ávida pelo espetáculo,
Odiando a cortina como se odeia um obstáculo...
Enfim a verdade fria se revelou:

Eu estava morto sem surpresa, e a terrível aurora
Envolvia-me. — O quê! Então é só isso?
O pano subira e eu ainda esperava.[21]

Tão intensa era a exigência do "novo", tão viva a esperança, que na luz vazia prevalece a desilusão: o mundo sobrenatural não consegue satisfazer a consciência melhor que o mundo natural. O "então é só isso?" do sonhador acusa a insuficiência da suprema realidade em relação à necessidade de infinito sentida pela consciência *curiosa*; o espanto decepcionado manifesta a obstinação de uma recusa crítica, que não desarma diante do espetáculo do além-morte. A negatividade (o poder de negação) mantém seu desafio — e por aí percebe-se bem que a curiosidade é inspirada por Satanás: na página seguinte, em "A viagem", leremos: "A Curiosidade nos atormenta e nos enrola, Como um anjo cruel que fustiga sóis".[22]

O tempo anterior à morte sonhada é marcado pela acumulação de oximoros: "dor saborosa", "desejo misturado de horror", "angústia e profunda esperança", "tortura cruel e deliciosa"; mas o posterior à morte é marcado por um oximoro supremo: o de uma subida de pano (de um apocalipse, no sentido exato do termo) sem espetáculo, e de uma espera sem objeto. A impaciência do moribundo permanece não apaziguada depois da morte, apesar da "terrível aurora". A decepção póstuma instaura uma *sobrevida infeliz*, uma não vida sem limite em que nenhuma promessa se realiza: nem a beatitude paradisíaca, nem os tormentos infernais. O oximoro derradeiro consiste em ter *falecido*, embora ainda permanecendo *aquém* da posse ou do espetáculo esperados. Ele infunde no estado de morte a curiosidade sempre viva, assim como, em outros sonhos, a Condenação ou a fissura insinuavam a morte no intervalo infinito que restava viver. Que o limiar da morte tenha sido cruzado ou não, a consciência sonhadora encontra-se em estado de "morte viva". A pós-agonia perpetua os sentimentos do agonizante. O que equivale a dizer que o estado pré-final se prolonga além do que deveria ser o fim...

A situação de vida em sursis, de sobrevida, reaparece sob um aspecto muito peculiar no sonho de 13 de março de 1856 (carta a Asselineau), ao qual Michel Butor dedicou um livro cativante (*Histoire extraordinaire*). Num episódio desse sonho, em que Baudelaire visita um bordel, o espaço se abre em "vastas galerias" que tomam o aspecto de um museu:

> Numa parte recuada de uma dessas galerias, encontro uma série muito singular. — Numa multidão de pequenas molduras, vejo desenhos, miniaturas, provas fotográficas. Isso representa pássaros coloridos, com plumagens muito brilhantes, cujo olho está *vivo*. Às vezes há apenas metades de pássaros. — Isso representa por vezes imagens de seres bizarros, monstruosos, quase amorfos, como aerólitos. Num canto de cada desenho há uma nota: *A moça fulana, com a idade de, deu à luz esse feto, em tal ano.* E outras notas desse gênero. [...] Mas, entre todos esses seres, há um que vingou. É um monstro nascido na casa e que se mantém eternamente sobre um pedestal. Embora vivo, ele faz, portanto, parte do museu. [...] Ele se mantém acocorado, mas numa posição esquisita e enroscada. Existe, ademais, alguma coisa de enegrecido que roda várias vezes em torno dele e em torno de seus membros, como uma grande serpente. Pergunto-lhe o que é; ele me diz que é um apêndice monstruoso que lhe parte da cabeça, algo elástico como borracha, e tão longo, tão longo que, se ele o enrolasse sobre a cabeça como um rabo de cabelos seria pesado demais e absolutamente impossível de carregar; — que, portanto, é obrigado a enrolá-lo em torno de seus membros, o que, aliás, faz um belíssimo efeito. [...]
>
> Acordo cansado, alquebrado, moído nas costas, pernas e quadris. — Presumo que eu dormia na posição enroscada do monstro.[23]

Mau despertar, depois de um estranho sono: Baudelaire, no final de sua carta, identifica-se com o monstro "que vingou"; a postura presumida, a dor muscular ao acordar são os avalistas da analogia. O monstro, "embora vivo [...] faz [...] parte do museu". A identificação final assimila o narrador do sonho a uma criatura que, embora possuindo o excepcional privilégio da vida, pertence a uma coleção de *objetos* curiosos, e permanece coisa entre as coisas. O monstro está incluído na família dos "fetos". Ele vingou a título excepcional, como sobrevivente único. Deve-se até mesmo estabelecer uma relação proporcional: o monstro está para os fetos assim como o *olho vivo* está para os pássaros coloridos fixados em suas molduras. Elemento vivo num conjunto inerte ou morto. Se é possível atribuir à aparição do monstro um caráter heautoscópico, trata-se aí de um encontro em que a imagem do eu, embora viva, inscreve-se no registro da morte, e não só da monstruosidade. Como sublinhou Michel Butor, o olho vivo dos pássaros pintados aparenta-se ao olhar que, em certos personagens das novelas de Poe que Baudelaire acaba de traduzir, continua a ser a única parte sobrevivente, num corpo já inteiramente cadavérico.[24] A partir da impressão sentida ao acordar, a cadeia das identificações remonta — passando pelo monstro e pelos fetos — até o olho dos pássaros que, porém, à primeira vista parece se beneficiar do estatuto de objeto exterior, e não deixa adivinhar que ele é um "duplo", refletindo em espelho o olhar do sonhador — que foi para "trepar" e se viu reduzido a conversar com seu alter ego monstruoso.

Baudelaire conheceu o *Oneirocritica* de Artemidoro? Eis o que poderia ter lido a propósito dos sonhos de visita a um bordel: "Deveria-se também julgar conveniente, uma vez entrando num bordel, poder sair dele, pois não poder sair é ruim. Conheço um que sonhou que, tendo entrado num bordel, não pôde sair e morreu poucos dias depois, tendo esse sonho tido para ele sua realização de modo justo: é que se chama bordel, assim como o cemitério, um 'lugar-comum', e ali se produz grande perda de espermas humanos. Portanto, é com razão que o bordel é assimilado à morte". Mas lemos a respeito dos sonhos de morte: "Morrer é tão bom para os literatos como para os pais de família: estes deixarão como monumentos de si mesmos seus filhos, e aqueles deixarão como monumentos de seus talentos os seus textos".[25]

O monstro é condenado a uma existência imóvel. Ele "se mantém eternamente sobre um pedestal" (com a única exceção da ceia, que ele toma em companhia das moças do estabelecimento: esse deslocamento é seu "principal aborrecimento"). O monstro sofre o tipo de maldição que Baudelaire (conforme à tradição) define pelos vocábulos do registro da eternidade: *eterno, eternamente*. A eterna *ociosidade* do monstro pode parecer, à primeira vista, radicalmente diferente do *trabalho* ao qual Baudelaire, num poema de *Quadros parisienses*, dedica a "O esqueleto lavrador"; mas sendo sempiterno, esse trabalho leva, pela mesma razão, a marca do interminável, e por isso torna-se a variante invertida da inação do pequeno monstro. O esqueleto lavrador representa, de modo mais emblemático e mais nítido, a mesma situação de morte viva, habita o mesmo espaço em que, tendo ocorrido a morte, agora nada mais pode acabar; leiamos a segunda parte do poema (cujo motivo, sabemos, se deve provavelmente a uma das pranchas gravadas que ornam a *Fabrica*, de Vesalius):

Desse terreno que escavais,
Campônios resignados e fúnebres,
De todo o esforço de vossas vértebras,
Ou de vossos músculos descarnados,

Dizei, que estranha seara,
Degredados arrancados do ossário,
Segais, e de que fazendeiro
Deveis encher a granja?

Quereis (de um destino demasiado duro
Medonho e claro emblema!)
Mostrar que na própria cova
O sono prometido não é certo;

Que conosco o Nada é traidor;
Que tudo, mesmo a Morte, nos mente,
E que sempiternamente,
Ai! precisaremos talvez

Em algum país desconhecido
Esfolar a terra áspera
E empurrar uma pá pesada
Sob nosso pé sangrando e nu?[26]

Neste poema, já não se trata de um sonho, mas da *interpretação* de uma imagem surgida entre as páginas de um velho livro. Interpretação imaginativa, que dinamiza a invenção do pintor e lhe confere um sentido espiritual inquietante.[27] Seguramente, aqui seremos tentados a falar de alegoria. Mas o que se alegoriza nesses versos? Não a própria morte, já que o esqueleto trabalha. E sim a impossibilidade de morrer, a necessidade de repetir, sob uma irreprimível coação, os gestos laboriosos com que a espécie humana provê a sua subsistência: uma vida na morte, uma imortalidade infeliz. A prancha que, sob o olhar interpretativo, se anima e ganha *vida* no "livro *cadaveroso*" constitui um oximoro estético, cujo significado completo desabrochará nas espécies de um oximoro metafísico. A prancha de anatomia não é, porém, um simples pretexto; ela indica o lugar e a origem da visão: um livro, uma obra de arte. E qualquer que seja o grau de generalidade a que se alça a interpretação poética, a mensagem alegórica parece se referir especialmente ao próprio poeta e ao próprio trabalho poético. Pela apreensão da "vida futura" e da morte laboriosa reservadas a um *nós* coletivo, é seu próprio destino que Baudelaire representa de modo fantasmático. A interpretação que elabora da imagem gravada retorna a ele mesmo. Portanto, a sobrevida é um efeito da arte do gravador, e que encontra sua aplicação no poema que descreve figurativamente o trabalho do servo-poeta.[28] O "país deconhecido" que os esqueletos lavram é aquele mesmo que, segundo um primeiro projeto, devia dar título à toda a coletânea: *Les Limbes*. E a "seara estranha" dos degredados se aparenta às *flores* em que se fixará o título definitivo da obra. O mito metafísico é, pois, inseparável de uma estética da dor em que se encontram implicadas, todas juntas, a criação poética e a angústia fundamental da qual esta tira sua energia.

Quando D'Aubigné escrevia:

Gritai pelo inferno, do inferno só sai
A eterna sede da impossível morte,[29]

ele dava forma poética a um dogma teológico. Em "O esqueleto lavrador", pode-se dizer, ao contrário, que Baudelaire passa por uma encenação "sobrenatural" para desenvolver uma ontologia da escrita poética. "A impossível morte" de D'Aubigné não é mais apanágio exclusivo do inferno (ou do limbo), pois se torna a expressão figurada de um tormento em que a consciência, diante da *imagem* da morte, encontra em si mesma o aguilhão imortal de sua ansiedade.

Hoje lemos esses versos como literatura e, além da experiência interior cujo emblema eles nos oferecem, os lemos como literatura que nos fala da literatura. Os trabalhos forçados póstumos representam a face angustiante da ideia do trabalho ao qual, em suas resoluções de higiene, Baudelaire se incitava a recorrer, associando-a à oração, para opor-se ao desânimo, à miséria, à obsessão da impotência e aos sonhos desagradáveis. Quando o trabalho, que deveria ser um meio de salvação, torna-se ele mesmo um mau sonho, a ironia é amarga.

As proporções da imortalidade

Os quatro poemas do *Spleen* — e em especial o segundo — mostram com especial acuidade o motivo da *morte viva*. Esta é um dos componentes de um dano psíquico, cuja designação literária, tirada do inglês, isto é, do mesmo repertório linguístico que a palavra "dândi", representa bastante bem a máscara defensiva sedutora com que um imenso desespero consegue se cobrir. Essa experiência, em seu âmago, chega a uma perigosa escuta do discurso e do mutismo da psicose melancólica. A palavra "spleen" é aqui o indício de uma figuração, de um distanciamento, de uma "literalização" — confirmada pelo sucesso estético do texto, pela dinâmica de suas imagens e de sua invenção alegórica — que conjuram o desastre psíquico enunciando-o poeticamente.

Eu tenho mais lembranças do que se tivesse mil anos.

Um móvel grande de gavetas atulhado de balanços,
Versos, cartas de amor, processos, romanças,
Com cachos pesados enrolados em recibos,
Esconde menos segredos que meu triste cérebro.
É uma pirâmide, um imenso porão,
Que contém mais mortes que a vala comum.

— Eu sou um cemitério abominado pela lua,
Onde, como remorsos, arrastam-se longos vermes
Que se aferram sempre sobre meus mortos mais queridos.
Sou um velho budoar cheio de rosas murchas,
Onde jaz toda uma barafunda de modas antiquadas,
Onde os pastéis tristonhos e os pálidos Boucher,
Sozinhos, respiram o odor de um frasco destampado.

Nada iguala em extensão os dias claudicantes,
Quando sob os pesados flocos dos nevados anos
O tédio, fruto da sombria incuriosidade,
Assume as proporções da imortalidade.
— De ora em diante tu não és mais, ó matéria viva!
Do que um granito cercado por um vago pavor,
Adormecido no fundo de um Saara brumoso,
Uma velha esfinge ignorada pelo mundo indiferente,
Esquecida no mapa, e cujo humor feroz
Só canta aos raios do sol que se põe.[30]

O primeiro verso se organiza segundo uma estrutura comparativa: "mais... do que" associada a uma hipótese: "se tivesse". A afirmação que se desenvolve assim provoca um duplo efeito de ampliação: crescimento do número de *lembranças*; alongamento prodigioso (mas temperado pela fórmula hipotética) da duração da existência. A duplicação do verbo "ter" ("tenho", "tivesse") contribui para esse duplo efeito. Mas a estrutura comparativa deixa enfim indeterminado o crescimento quantitativo dos objetos rememorados: seu número ultrapassa a suposta medida de tempo, imensa. O verso inicial mostra um *ter* que excede seu próprio enunciado. Não só a duração da existência humana é mais que decuplicada, mas esse décuplo ainda não basta para expressar adequadamente a massa das lembranças. Há *desproporção* entre um real indizível e aquilo que se deixa dizer ("mil anos").

Nada de espantoso, portanto, se essa ultrapassagem, para se reforçar, recorra nos versos seguintes a uma fórmula comparativa *negativa* ("esconde *menos segredos* que meu triste cérebro") por meio da metáfora do "móvel grande de gavetas". O *menos* que afeta explicitamente o comparante se traduz por um *mais* implícito no que se refere ao comparado ("meu triste cérebro"). O comparativo, tal como usado aqui, deixa indeterminada, mais uma vez, a soma incomparavelmente mais considerável dos segredos que atulham, numa mesma desordem, o cérebro do sujeito lírico.

Baudelaire ainda não esgotou os recursos do comparativo, já que a ele recorrerá de novo associando-o a três novas imagens ("pirâmide", "porão", "vala comum"), que inscrevem a ampliação na ordem monumental e dimensional. Notemos aqui que a ampliação do sujeito como possuidor, continente, receptáculo, vai de par com uma transformação macabra do conteúdo: o que de início é apenas um simples dado psíquico ("lembranças"), torna-se (como "segredos") substancialmente comparável (embora numericamente incomparável) a um conjunto desordenado de objetos inertes que pertencem a um mundo que passou; por fim, essa multidão interior toma o aspecto de um número infinito de "mortos", mais numeroso que os da "vala comum". Uma série proporcional é enunciada: quanto mais crescem os equivalentes metafóricos do sujeito, mais pesa a carga fúnebre do que seu "cérebro" contém.

Os versos que se seguem (8-14) retomam, em ordem inversa, as comparações precedentes e, constituindo assim um quiasma imperfeito, reiteram, no modo do ser ("sou") o que fora enunciado no modo do ter ou do conter ("tenho", "esconde", "contém"). A repetição da palavra "mortos" é um bom indício da estrutura quiasmática, que prevalece, no conjunto, mais no nível semântico que no nível sintático ou lexical. À "vala comum" correponde o "cemitério"; ao "móvel grande de gavetas" corresponde o "velho budoar". Os comparativos de quantidade desapareceram em benefício de uma *identificação alegórica* em que o efeito da superação já não parece existir. Mas deve-se observar que o efeito de ampliação é substituído nesses versos pelo que se poderia chamar de efeito de eternização; algo interminável se produz: no cemitério, a atividade dos "vermes", comparados com "remorsos", consiste em "se aferrar"; e a palavra "sempre", embora se ligue a "mortos mais queridos", nem por isso deixa de ser o sinal de perpetuidade. No budoar "rococó", tanto atulhado como desabitado,[31] o odor do frasco atravessou mais de um século: é uma alma sobrevivente. Graças à presença prolongada do perfume, as figuras empalidecidas não pertencem à morte: são seres respirantes.

O recurso à comparação que ultrapassa e ao efeito de ampliação intervirá de novo, depois do intervalo branco, na última parte do poema. O ato comparativo é dessa vez confiado ao verbo ("iguala"), e a incapacidade da superação, à palavra "nada" ("nada iguala"). E é de *extensão* que se trata! O sujeito inicial, o "eu" do primeiro verso e de "eu sou" agora desapareceu. Vários comentadores observaram isso. No entanto, pelo que se manifesta como a entrada de outra voz, um motivo estrutural permanece secretamente presente: motivo da prostração diante do excesso; excesso que já não se inscreve na quantidade de reminiscências do sujeito lírico mas na extensão dos "dias claudicantes", mais longos que tudo no mundo. Admiraremos a maneira como a relação de desigualdade absoluta ("nada iguala") se repercute implicitamente na desigualdade relativa expressada pelo epíteto "claudicantes" ("os dias claudicantes"), habitada pelo duplo significado da lentidão e da invalidez claudicante.[32] Na rima seguinte, a ampliação se observa primeiro no plano lexical, já que de "dias" passamos a "anos". À prostração da "extensão" logo se acrescenta a prostração do peso ("os *pesados* flocos"). E a ampliação dessa vez afeta o "tédio", e vai até atingir a "imortalidade" (que se une e ultrapassa os "mil anos" do primeiro verso). Como para reformar a ampliação manifestada sem equívoco no nível semântico, Baudelaire faz intervir pela primeira vez no poema nomes de quatro ("*proportions*", "*insoucieux*"), cinco ("*immortalité*") e seis sílabas ("*incuriosité*"), em que a diérese, por três vezes, contribui de modo muito eficaz para o efeito de alongamento do significante.

Assim, enquanto o sujeito lírico, comparado à vala comum, depois transformado em cemitério, atribuía-se a receptação maciça da *morte*, eis que o tédio (sentido com toda certeza pelo sujeito, mas introduzido no poema como uma entidade independente que suplanta o sujeito) tem acesso ao que é, sem a menor dúvida, o contrário absoluto da morte: a imortalidade. O *spleen* se enuncia, pois, como a experiência quase simultânea de uma inclusão da morte na cripta interior (pirâmide ou porão) e de um sofrimento interminável — o tédio — fadado a jamais serenar.

"DEVANEIO PETRIFICANTE"

Essa coexistência da morte com a imortalidade está longe de ser a única "coincidência de opostos" expressada no poema. A equivalência estabelecida entre "budoar" e "cemitério" (etc.) já operava uma singular aproximação entre um interior galante e locais de sepultura: mas uma homologia secreta — a do conteúdo morto — justificava essa justaposição surpreendente. Os opostos, nesse caso, eram menos diferentes do que pareciam. De fato, a coincidência dos opostos encontra sua expressão mais perfeita no verso 19, no objeto apostrofado como "matéria viva" que nada mais é do que o *eu* lírico privado de seu estatuto de sujeito e transformado em receptor de uma voz de origem indefinida. Estamos em presença de um perfeito oximoro: a matéria é o reino da morte (ao menos numa perspectiva espiritualista e vitalista); ora, ei-la declarada *viva*. É a fórmula abstrata, condensada ao extremo, da morte viva, que já encontramos muitas vezes nos textos citados. Os últimos versos do poema darão uma admirável explicação figurada disso. A matéria morta, ao sabor de um "devaneio petrificante",[33] torna-se "granito", depois "velha esfinge". Do granito, que é bloco de matéria, à esfinge, que deve sua forma ao trabalho da arte, o ser despersonalizado parece recuperar, numa metamorfose que o torna o sobrevivente monumental de um profundo passado, alguma espécie de determinação. Mas é com o canto crepuscular (pelo qual a esfinge se assemelha e se opõe à estátua de Mêmnon, que cantava aos raios da aurora) que a vida faz o retorno — uma vida limitada unicamente à palavra poética que se eleva na entrada da noite. E assim será, sem fim, dia após dia. Nem por isso se interrompeu a dinâmica da ampliação: já não se trata, dessa vez, do universo contido no sujeito lírico nem do alongamento temporal que ele deve suportar, mas do espaço que o cerca; o "vago pavor" se estende até as dimensões de um "Saara brumoso". À imensidão espacial soma-se a distância "psicológica": a esfinge é "ignorada pelo mundo indiferente, esquecida no mapa"... Novo oximoro implícito: esse ser "esquecido" é o mesmo que, na primeira parte do poema, deplorava o atulhamento das "lembranças" e dos inúmeros segredos. "Pirâmide", "esfinge": o poema contém duas referências ao Egito mítico; essas duas imagens são complementares: a pirâmide e seu conteúdo fúnebre são uma figura do "cérebro" do poeta e do excesso de lembranças que o atulham. A esfinge é vítima do esquecimento do mundo; ela já não existe para ninguém, a não ser para a voz que a nomeia e lhe atribui, "de ora em diante", para sempre, a missão de ser apenas "matéria viva", imobilizada na distância e na solidão, e dotada porém do poder de responder musicalmente "aos raios do sol que se põe". À *superabundância* dos vestígios, das coisas e dos seres mortos, sucede-se outra imagem da morte, o *vazio* de um deserto onde, em torno da esfinge, só subsistem entidades impalpáveis, de natureza tanto psíquica como física: a bruma e o "vago pavor".

Vemos que aqui, de modo muito mais evidente que em "O esqueleto lavrador", a vida na morte se manifesta, ao término da petrificação e da despersonalização, pelo surgimento da arte. O canto que se eleva no último verso, conforme observamos,[34] pode ser entendido como o próprio ato — a intenção musical — de que todo o poema se origina. A esfinge é o ser que pode dizer com razão: "Eu tenho mais lembranças do que se tivesse mil anos"... Aliás, esse canto, nascido na solidão e no pavor, diante do sol, enuncia-se no presente como uma melodia viva que se eleva no espaço cósmico, superando e resgatando em última instância tudo o que, ao longo do poema, foi entregue à destruição. O canto da esfinge, tal como evocado no último verso, é *atual*, e nesse sentido traz reparação às imagens antecedentes da poesia e da arte, feridas mortalmente pela ironia do tempo. De fato, nada mais canta nos "versos", nas "cartas de amor" e nas "romanças" misturados indistintamente com as relíquias sentimentais (os "cachos pesados") e os múltiplos vestígios de velhas dificuldades financeiras: o que se junta, de longe, a uma vida decadente é objeto de uma dupla inclusão: os cabelos estão "enrolados em recibos" e guardados no "móvel grande de gavetas". Não se conseguiria melhor marcar a entropia que reduz e aprisiona no estado de coisa ou sinal abstrato aquilo que outrora estava ligado ao encanto de uma pessoa, a uma paixão que exigia garantias. Balanços, recibos significam o *fim* já distante de um longo contencioso material. Amores e litígios constituem, misturados, os "segredos" obsessivos de um passado irrecuperável. Os versos, romanças, por sua vez, se desdiferenciam: não têm mais valor de arte, são apenas vestígios entre os vestígios, números mortos de um desejo morto, ao lado de números em que se enumeram as dívidas e os pagamentos. Ora, é essa poesia, essa música, reduzidas ao silêncio e a seu substrato de objeto, é essa morte de uma arte menor e fora de moda que o texto — como recolhido na boca da esfinge — sabe evocar de maneira desolada e profundamente poética. O mesmo acontece com o "velho budoar" e "os pastéis tristonhos e os pálidos Boucher" que o decoram de modo vestigial: o tempo os alterou, assim como murchou as rosas. Mas o poema que expressa essa extinção da morte saberá viver com uma *outra vida*. O que ele declara morto eleva à vida sonora de um texto.[35] E é justamente aí, onde mais se trata da morte, que se exibem as mais sutis, as mais ativas combinações fônicas.

Por ser um poema de rara amplidão, o "Spleen II" se situa além da ruminação monótona e pobre da melancolia. Não se deveria ver nele, simplesmente, a expressão dessa experiência psíquica: esta entrava, como regra geral, a faculdade do canto. Da vivência melancólica o poema expõe um equivalente de tamanha riqueza mimética que nos espantaremos se este, habitualmente afônico, for dado como fonte da atividade poética. Digamos que a literatura, ao se declarar o produto disso, presta aqui homenagem ao material que ela domina e supera. É uma das astúcias de Baudelaire atribuir ao mal o que é (talvez secreta e provisoriamente) o seu remédio...

Quase todos os aspectos desse poema podem, porém, se reagrupar e se distribuir como outras tantas ilustrações das características fundamentais da melancolia. Não que Baudelaire tenha aqui se dedicado a traduzir em termos poéticos o que o saber médico de sua época definia correntemente como o "quadro" do *spleen*, do *taedium vitae* ou da melancolia. Sua experiência, embora inegavelmente influenciada pela imagem cultural do *spleen*, é mais direta, mais imediata. E acontece-lhe formular sentimentos que só serão levados em conta "cientificamente" em época mais tardia. Assim, pode-se dizer que a intuição poética de Baudelaire, em vários aspectos, antecipa o que os clínicos aprenderão a reconhecer.

O "MÓVEL GRANDE DE GAVETAS"

Os primeiros versos de "Spleen II" falam da acumulação de lembranças e do atulhamento que disso resulta. Nos autores médicos de nosso século que reinvidicam a fenomenologia, a melancolia se caracteriza pela prevalência da relação com o passado (definida por Tellenbach[36] como remanência, por Binswanger[37] como *retentio*) em detrimento da relação com o presente (*presentatio*), e do projeto orientado para o futuro (*protentio*). "Normalmente, esses diferentes fatores se ajudam reciprocamente e ... contribuem para estruturar o *ponto de aplicação* (ou o "pretexto", *Worüber*) do *tema* que se oferece a nós a cada momento. A *protentio*, a *retentio* e a *presentatio* não devem, assim, de jeito nenhum ser consideradas como materiais isolados na realização da objetividade temporal; não são separáveis, muito pelo contrário, pois é com elas que temos a intuição do a priori. Para usar um exemplo favorito de Szilasi:[38] enquanto eu falo, portanto na *presentatio*, já tenho protensões, sem o que não poderia terminar minha frase; da mesma maneira, no tempo-em-que-se-efetua (*während*) a *presentatio*, tenho também a *retentio*, sem o que não saberia do que falo. Importa-nos, assim, pôr a nu os 'modos deficientes' das três dimensões e de seu jogo comum. Naturalmente, é outra coisa verificar que 'os doentes melancólicos não conseguem se livrar de seu passado', que 'colam ao passado' ou que 'são inteiramente dominados por ele'; é outra coisa muito diferente dizer que eles são 'cortados do futuro', que 'não veem nenhum futuro pela frente', e que ;o presente não lhes diz nada' ou é 'inteiramente vazio'."[39] O melancólico, acrescenta Binswanger, se expressa no condicional, voltando a um passado que não pode modificar: "Se pelo menos eu tivesse feito (não tivesse feito) isto ou aquilo...". Ele joga para o passado a livre possibilidade do ato, que se torna possibilidade vazia, intenção vazia. "Dessa forma, a *protentio* torna-se autônoma, na medida em que não se aplica mais a nada, que não lhe resta nada que ela possa 'produzir', senão a objetividade temporal do vazio 'futuro' ou do vazio 'enquanto futuro'."[40] Seria enganar-se, declara Binswanger, acreditar que o *tema* melancólico "ocupa um tal lugar que não deixa outro espaço para alguma outra coisa". A desordem melancólica é uma "aptidão isolada para sofrer" e por isso desfaz os laços constitutivos da experiência natural: é em razão desse dado primeiro que o tema melancólico consegue se impor e se incrustar, "ocupar o espaço psíquico".[41] Mas o tema não é permanente, é até intercambiável, é "o isolamento do poder de sofrer" afastado das possibilidades existenciais do *Dasein*,[42] que é o fenômeno dominante.

Nesta página que resumimos, e que quer ser fenomenologia transcendental, mais que fenomenologia do tempo vivido e do espaço vivido, vemos sem dificuldade o que pode ter aplicação na leitura de "Spleen II". Que melhor figura da *retentio* encontrar senão o "móvel grande de gavetas"? A insistência nas "lembranças" (seja qual for a figura que lhes confere o trabalho da comparação) faz prevalecer unicamente a relação com o passado, relação sem fecundidade pois os documentos contábeis e as relíquias frívolas são subtraídos a qualquer devir. A única atividade presente tem como ponto de aplicação um ser ou uma figura do passado: a obstinação dos "longos vermes" sobre os cadáveres, perfumes cuja oferenda só tem como destinatário as efígies pálidas de um mundo abolido. Nota-se também que nada vem indicar uma relação com um meio dado como presente. Os termos de comparação (móvel grande, pirâmide, porão, vala comum, cemitério, budoar) são as figuras heterogêneas de uma identificação alegórica sempre transitória, que faz as vezes de realidade ausente. A alegoria mascara aqui as ruínas de um presente inalcançável.[43] Acrescentemos que, conforme a observação de Binswanger, a instabilidade paradoxal do "tema" vai de par com um "poder de sofrimento" que permanece constante e escolhe caprichosamente, de maneira descontinuada, as homologias pelas quais se define.

Outros traços da vivência temporal melancólica são detectáveis: a sensação de um tempo *desacelerado* ou quase imobilizado ("Nada iguala em extensão"), a convicção de uma parada definitiva, ligada à constatação de uma redução, de uma degradação ("de ora em diante tu não és mais... do que").

O inventário das *coisas* ultrapassa numericamente o que poderíamos fazer dos indícios *afetivos* atribuídos ao próprio poeta. É notável que só os epítetos "triste" e "feroz" ("meu triste cérebro", "cujo humor feroz") se liguem diretamente ao sujeito lírico ou à sua metamorfose final. Poderíamos falar aqui de um empobrecimento afetivo do sujeito, de tal forma parece sistemática a projeção dos sentimentos sobre as figuras ou os espaços exteriorizados. A culpabilidade — sob a aparência de "remorsos" — é o comparante psicologizado dos vermes vorazes que se aferram sobre os mortos interiores, eles mesmos equivalentes metafóricos das lembranças. O horror ("abominado") é um sentimento atribuído à lua em sua relação com o sujeito-cemitério; o tédio e a "sombria incuriosidade" são entidades autônomicas, enquanto o "vago pavor" constitui o espaço que cerca a esfinge. Angústia ("*Weltangst*", segundo H.-R. Jauss),[44] culpabilidade, esses dois sintomas maiores do estado melancólico estão aqui devidamente representados, mas como atributos do mundo de objetos que cercam o sujeito, *à distância* de sua interioridade desabitada. A alegoria, vemos, contribui para dissociar o indivíduo "spleenético" e os sentimentos de que ele parece ter se desapropriado. A angústia, a sensação do erro estão presentes, mas *deslocados*; não estão diretamente ligados ao próprio eu, pertencem a seu horizonte figurado, não à sua intimidade. De certa maneira, o sujeito assiste a seu sofrimento, mais do que o experimenta numa relação de inerência imediata. São esses, mais uma vez, traços evidenciados pela observação fina na clínica moderna da melancolia.

A sensação de *peso* costuma ser mencionada como um dos constituintes da vivência melancólica (não esqueçamos que o alemão dispõe, para expressá-lo, de um vocábulo particularmente expressivo: *Schwermut*). Ora, não só a palavra "pesado" aparece duas vezes no poema ("cachos pesados", "pesados flocos"), como a série de objetos pesados é amplamente representada: do "móvel grande de gavetas" à "pirâmide", depois à "velha esfinge" de granito. Notemos, porém, que "cachos pesados" e "pesados flocos" constituem, a cada vez, oximoros: cabelos e flocos são coisas leves, às quais o qualificativo "pesado" só pode ser atribuído excepcionalmente. O *spleen* dá peso a tudo o que nomeia.

O aspecto da "bela desordem" impressionou H.-R. Jauss na enumeração dos objetos contidos caoticamente no "móvel grande de gavetas", ou na "barafunda de modas antiquadas" enchendo o "velho budoar". Mas essa desordem é intolerável, torna *aflitiva* a massa das lembranças e dos segredos. Seu significado (contrariamente às evocações "artísticas" de um Théophile Gautier) não se limita à aparência estética. Diz respeito, mais uma vez, a um traço fundamental da experiência do *spleen*. O melancólico, dizem os clínicos, manifesta seu estado psíquico na dificuldade que sente em dominar o universo dos objetos que o cercam. Parte de sua angústia resulta da incapacidade em que fica de realizar com absoluto êxito essa aspiração obsessiva. A iconologia tradicional, a começar pela famosa gravura de Dürer, costuma mostrar, dispersados em desordem em torno do *typus melancholicus*, ferramentas das quais ele não pode ou não quer se servir, livros que para ele se tornaram letra morta, objetos que não lhe são mais nada. A desordem atesta a retirada da força vital organizadora. Em certos melancólicos (entre os quais o *eu* baudelairiano não deve ser incluído, salvo no que se refere, como em toda operação poética, ao controle ordenador do material verbal), a reação defensiva consiste em fazer reinar, num espaço limitado, o máximo de ordem possível ("includência", segundo Tellenbach).[45] Observemos que o sonho da felicidade, em Baudelaire, apela para uma imagem da ordem: "Lá tudo é só *ordem* e beleza"...

Quanto à associação paradoxal de um sentimento de morte interior com uma ilusão de ampliação, e mesmo de imortalidade, ocorre que ela caracteriza uma variedade agora bastante bem conhecida da psicose melancólica. Conforme vimos, o poema nos permite assistir às etapas de uma despersonalização cada vez mais radical. Primeiro, apenas as lembranças e os segredos é que são assimilados a coisas mortas. Depois, através da singular objetivação anatômica do "cérebro", os equivalentes do eu são enumerados como estruturas monumentais ("pirâmide"), maciças ("porão"), fúnebres ("vala comum", "cemitério"), desertas ("velho budoar"), petrificadas ("esfinge"). Mas a essa progressiva desvitalização — na qual se excetua, in extremis, o poder lendário do canto — correspondem não só um alargamento dimensional como uma imortalização que perpetua para sempre o sofrimento infligido pelo tédio e pela existência granítica da esfinge.

Foi em 1880, num trabalho sobre o "delírio das negações", que Jules Cotard descreveu a síndrome que (ao menos na literatura médica francesa) traz ainda hoje seu nome.[46] Ele observara em alguns pacientes a denegação obstinada da vida e dos órgãos do corpo vivo, mas associada a um "delírio de enormidade" e à convicção da imortalidade. Esse distúrbio da percepção do próprio corpo, ligado a um transtorno profundo da experiência do tempo, mereceria uma longa exposição. Contentemo-nos em examinar o que, em Baudelaire, deve ser considerado como uma aproximação poética intuitiva do que aflorará à luz do dia nos doentes observados por Cotard. A denegação da vida dos órgãos só aparece indiretamente nesse poema: o que verificamos são as alegorias objetivantes, a petrificação final, a passagem do "eu" inicial a um "tu" interpelado por uma voz exterior. Em contrapartida, muitas imagens desse poema podem ser consideradas como as testemunhas de um "delírio de enormidade" (com a pequena nuance, evidentemente, de que aqui a imaginação permanece dona de seu jogo).

Se a negação não se manifesta nesse poema pela denegação explícita dos órgãos, resta assinalar que ela está agindo da forma mais impressionante. Desde o "nada" do verso 15, mesmo uma leitura superficial terá percebido a singular acumulação dos termos explícita ou implicitamente negativos: "não *és mais* [...] do que um granito", "ignorado", "esquecido", e sobretudo a singular conjunção das palavras marcadas pelo prefixo da negação: "*in*curiosidade", "*im*ortalidade", "*in*diferente"... "Incuriosidade" e "indiferente" são palavras que fazem aqui uma única aparição em *As flores do mal*.* Sem dúvida, em duas ou três ocorrências o efeito fônico — alongamento e peso — da nasal representa um papel considerável,[47] mas o valor semântico da negação é igualmente importante; o sentido global se constitui de sua insistência conjugada. Antes das correções feitas nas primeiras e segundas provas, o texto de Baudelaire descrevia de modo vinculado uma geração e um processo progressivo:

* No original, respectivamente, *incuriosité*, *insoucieux*. Não podemos garantir que a observação do autor se refira a "indiferente", termo que adotamos em português. (N. T.)

XV.
Nada iguala em extensão os dias claudicantes,
Quando, sob o primeiro peso *dos nevados anos*
O Tédio, filho *da sombria incuriosidade,*
Assume as proporções da imortalidade.
E muda lentamente a matéria viva
Num granito mudo, *cercado de pavor,*
Adormecido no fundo de um Saara brumoso,
Numa *esfinge ignorada pelo mundo* curioso [...]

O Tédio, nessa versão inicial, era o sujeito principal de uma participial temporal (começando no verso 16 por "Quando") cujo desenrolar se prosseguia, *legato*, até o fim do poema. O Tédio se via então atribuir o papel de figura dominante, detentora de um poder de transformação que se exercia sobre a "matéria viva", criando a figura da esfinge e mantendo-a sob sua dependência. Os dez últimos versos do poema formavam uma só longa frase: essa continuidade se opunha à estrutura descontínua da primeira parte do poema. A correção (benéfica de todos os pontos de vista) introduzirá a descontinuidade. A palavra "imortalidade" torna-se um final de frase e assumirá importância redobrada. A entrada em cena do pronome "tu", depois do travessão, marcará o grau último da despersonalização.[48] A partir do título, *Spleen*, é evidente que o tédio está em ação, do início ao fim. Mas é de modo totalmente implícito que a "esfinge", na versão definitiva, torna-se sua posteridade, sob a figura de uma criatura imemorial. As transformações são, agora, *mostradas*, já não são *ditas*. O laço causal é abolido, o que acentua o sentimento de absurdo inerente ao *spleen*. Em vez de ser na ação relativamente "positiva" marcada pelo verbo "mudar", a negação se manifesta mais abruptamente pela expressão redutora: "De ora em diante *tu não és mais* [...] *do que*". O tédio, tendo assumido "as proporções da imortalidade", permanece improdutivo. Culmina numa apoteose estéril. Seguida pelo ponto final, a imortalidade do tédio é um estado insuperável. Caberá ao leitor, de uma frase à outra, estabelecer a relação entre o conceito de imortalidade e a imagem da esfinge, erguida, por assim dizer, mais além da imortalidade, num futuro irrevogável no qual pesa para sempre o "de ora em diante". O futuro irrevogável é o passado que não pode morrer.[49] Da mesma maneira, substituindo "filho" por "fruto" ("da sombria incuriosidade"), Baudelaire mantém o laço de filiação mas o desumaniza, atenuando a carga alegórica que, já considerável, não ganhava nada em ser exagerada. Enfim, remanejando o verso 22, ele dava lugar a "velho" e escolhia substituir "curioso" (em que, não sem justificação, mas sem reação bastante estreita com o efeito geral, se lia o oposto de "incuriosidade") por "indiferente" (em que, à custa de uma inversão de sentido, se marca a insistência obsessiva do prefixo de negação). Esta última correção faz do "mundo *indiferente*" o cúmplice exterior da *incuriosidade* interior. Ela aumenta ainda mais os sinais da negatividade, a que tendiam igualmente as outras correções.

A INCURIOSIDADE

A partir daí, a imortalidade toma todo o seu significado: essa negação da possibilidade de morrer é o apanágio paradoxal obtido, em seu grau supremo, pelo sentimento que vem da morte espiritual. A "sombria incuriosidade" é a ausência da preocupação (*cura*) que ligaria a alma a algum objeto da realidade: é o "desinvestimento" que denega todo interesse a seja qual for o aspecto da criação e das criaturas. A *incuriosidade* — que recusa, além disso, qualquer preocupação voltada para os bens espirituais e que ultrapasse o universo das criaturas — poderia até mesmo ser considerada como o equivalente francês da acedia, cuja etimologia grega também comporta o prefixo privativo (*a-kèdomai*) e quer dizer o des-interesse ou a des-esperança em relação à salvação. Baudelaire se fixara nesse termo depois de uma leitura do psiquiatra Brierre de Boismont.[50]

À *incuriosidade* correspondem simetricamente, como acabamos de ver, a ignorância e o esquecimento da parte do "mundo indiferente". À negação interior corresponde a negação externa. Nenhum movimento tenta encontrar a esfinge. A imortalidade é uma vida para ninguém e para nada, entre um deserto intrapsíquico e um deserto externo em que a indiferença com o mundo se soma à imensidão das areias.

"*In*curiosité", "*in*soucieux", "sph*in*x" [*In*curiosidade, *in*diferente, esf*in*ge]: os ecos fônicos, em sua semelhança, não são indistintos. No sistema das significações que constituem o poema, a palavra "esfinge" tem agora um valor surpreendente. Enquadrada por duas duplas consoantes, mas de tal maneira que se correspondam simetricamente um *s* inicial e um *s* final, a massa central da palavra é constituída pela nasal *in*. Não poderíamos dizer que as consoantes desenham seu relevo sobre um núcleo de granito, cuja carga de negatividade é aquela mesma que joga todo seu peso nos prefixos de "*in*curiosité" e de "*in*soucieux"? Pela virtude do contexto, a esfinge aparece como a vida fabulosa, mas independente e destacada, do opaco prefixo de negação. Os acréscimos consonânticos (*sf*... *ks*) e o jogo com a memória cultural fazem surgir, como que esculpida no "nada" (verso 15), a forma do ser híbrido, meio animal meio feminino, apresentador de enigmas, e — numa livre condensação com Mêmnon, o rei deposto — portador do canto quando o sol da noite o atinge. Mêmnon cantava aos raios da manhã: Baudelaire desloca o momento lírico somente para melhor marcar "o humor feroz" que exige uma rima *decadente*? Outra razão, talvez, justifica essa inversão. O sol da noite é aquele mesmo evocado num poema muito diretamente ligado à lembrança que Baudelaire guardou de um momento de sua infância, em que sua mãe parecia lhe pertencer inteiramente:[51]

E o sol, à noite, jorrando e soberbo...

No canto que se eleva "aos raios do sol que se põe" talvez não se deva ouvir a iminência de uma morte — pois tudo o que pode morrer já está morto —, e sim a inextinguível lembrança de uma felicidade perdida. Ao lermos assim "Spleen II", de um lado encontramos o primeiro verso "Eu tenho mais lembranças..."; de outro, na massa das lembranças de que o poeta fala queixosamente, uma delas seria uma exceção: ligada à morte, à ausência do pai, à proximidade da mãe, ela permaneceria como uma das fontes do canto. E não é mais na prostração, e sim no recolhimento mais intenso, que se afirma, no início do poema, o ato de memória: "Não esqueci".

As rimas do vazio

"Todo poeta que não sabe exatamente o quanto cada palavra comporta de rimas é incapaz de expressar uma ideia qualquer."[52] No que se refere à palavra "vide"* (adjetivo, substantivo ou verbo),[53] Baudelaire parece ter desejado muito em especial dar provas desse seu princípio. Ele conhece todas as rimas ricas da palavra: *avide*, *livide*, *Ovide*. Quando se contenta com rimas suficientes, pode escolher num repertório mais amplo: fixa então a sua opção em *stupide*, *Danaïdes*, *Eumenides*, conferindo amplo espaço às associações mitológicas, no registro da desgraça e da vingança.

Dar à palavra "vide" apenas rimas ricas; reunir num só poema a palavra "vide" escoltada por todas as suas rimas ricas: essa é a aposta feita por "Horror simpático":

Deste céu bizarro e lívido,
Atormentado como teu destino,
Que pensamentos em tua alma vazia
Descem? Responde, libertino.

* Que pode ser traduzida como "vácuo", "vazio", "esvazie" etc. (N. T.)

— Insaciavelmente ávido
Do obscuro e do incerto,
Não gemerei como Ovídio
Expulso do paraíso latino.

Céus dilacerados como areais,
Em vós mira-se meu orgulho;
Vossas vastas nuvens de luto

São os féretros de meus sonhos,
E vossos clarões são o reflexo
*Do Inferno em que meu coração se apraz.**

A rima rica realiza uma *plenitude* fônica; e além disso Baudelaire faz aqui um máximo de rimas ricas. Ora, a palavra — "vide" ["vazio"] — que três rimas repetem de modo *pleno* é o contrário, é o antônimo exato de *plein* ["pleno"] e de "plenitude". Ela expressa a pobreza, a ausência, a falta... O paradoxo está na maneira como a riqueza de elocução contradiz a indigência implicada (em nível referencial) na palavra "vide". A rima, espaço vacante obrigatoriamente destinado a um eco mais ou menos sustentado, acha-se sobreabundantemente ocupada pelos correspondentes fônicos de uma palavra que nega a presença e o recurso. O vazio torna-se retumbante: terá sido preciso o toque de uma primeira palavra pronunciada, como um arco deslizando num instrumento de corda, e depois a escuta das respostas despertadas pouco a pouco; uma expansão sonora é percebida, em torno de um termo que, no contexto em que figura, designa a esterilidade. (Pouco importa se a primeira palavra pronunciada seja "vide" ou "livide" — ou até mesmo o "Deste" inicial do poema —, pois encontramos, no lugar da rima, uma cadeia de quatro termos, dos quais "vide" constitui a unidade mínima.)

* "*De ce ciel bizarre et livide,/ Tourmenté comme ton destin,/ Quels pensers dans ton âme vide/ Descendent? Réponds, libertin./ — Insatiablement avide/ De l'obscur et de l'incertain,/ Je ne geindrai pas comme Ovide/ Chassé du paradis latin./ Cieux déchirés comme des grèves,/ En vous se mire mon orgueil;/ Vos vastes nuages en deuil/ Sont les corbillards de mes rêves,/ Et vos lueurs sont le reflet/ De l'Enfer où mon coeur se plaît.*" "Horreur sympatique", LXXXII. In: Charles Baudelaire, *Les Fleurs du mal*. In: *Oeuvres complètes*. 2v. Org. de Claude Pichois. Paris: Gallimard, 1975-6. (N. T.)

Entre a constritiva labiodental [v] e a dental oclusiva [d], a vogal oral, anterior, arredondada e fechada [i] ocupa um espaço muito estreito, assim como é estreita sua representação gráfica. Com seu *e* caduco, "vide" é apenas um monossílabo em fim de verso. Todas as rimas ricas nos levarão a reouvirmos a palavra integralmente, como parte final de uma palavra mais longa. Segundo a boa regra que estabelece a homofonia na diferença, "livide", "avide", "Ovide" não têm etimologicamente nada em comum com "vide". (O mesmo não aconteceria com "évide" ["vaza"] ou "dévide" ["desenrola", "desfia"], que se aparentam a "vide" e a "vider" ["esvaziar"], diferindo apenas por simples prefixação.) A curta sílaba inicial de cada uma (*li*-vide, *a*-vide, *O*-vide) desloca o sentido com menor esforço: o ouvido escuta "vide" se repercutir, embora o conceito de "vide" não esteja diretamente implicado no significado de "livide", "avide" e "Ovide". No entanto, pelo efeito da insistência fônica, pelo jogo da homonimia parcial, uma relação conceitual se insinua entre esses diversos termos. Abusivamente (e é típico da poesia produzir esse abuso), a noção de vazio vem obcecar e contaminar palavras que, em seu sentido primeiro, de acordo com o dicionário, não têm com ele nada em comum. Nesse poema, parece que a palavra "vide", por uma virtude geradora paradoxal, suscitou variantes aumentadas, que a recobrem sem dissimulá-la. Encontramo-la em locais em que ela não está mas onde ecoa. No plano verbal, esse processo não é diferente do distúrbio perceptivo evocado nos versos 11-2, e que já aparecem, simetricamente, nos versos 11-2 de "Alquimia da dor", poema que precede aquele que lemos e lhe faz correspondência:

Vossas vastas nuvens de luto
São os féretros de meus sonhos [...]

No sudário das nuvens
Descubro um cadáver querido [...]*

As rimas em *vide* se prestam a uma *pareidolia* da mesma natureza. Talvez o êxito secreto desse poema seja reiterar, em níveis tão diferentes, fenômenos

* "*Dans le suaire des nuages/ Je découvre un cadavre cher.*" "Alchimie de la douleur", LXXXI. In: Charles Baudelaire, *Les Fleurs du mal*, op. cit. (N. T.)

de imperiosa ilusão. Que as pareidolias ocorrem no luto e na melancolia, que elas acompanham os estados tóxicos, Baudelaire sabia por experiência e encontrara sua confirmação em De Quincey.[54] Portanto, "Horror simpático" está no lugar certo, entre a série do *spleen* e "O heautontimoroumenos", "O irremediável", e "O relógio", que formam a conclusão de *Spleen e Ideal.*

O poeta opta por conferir um significado a similitudes contingentes: aceita associar o que a língua lhe propõe nas homofonias acidentais. Joga com as cartas que lhe são dadas. Esses recursos permanecem adormecidos enquanto um poeta não os põe no texto. De uma semelhança inscrita num dicionário das rimas, o texto poético faz um sistema de relações em que os ecos da rima entram em composição com todos os outros elementos da obra. O acaso é assumido pela vontade, quando esta parece decidida a fazer falarem palavras emparelhadas por suas sonoridades finais. O êxito consiste em conferir o máximo de necessidade interior à contingência mais livre, a uma similitude casual. Se Baudelaire permanece fiel à organização rimada não é só por docilidade estética, mas muito mais porque os constrangimentos tradicionais da versificação lhe permitem superar pulsões destruidoras e desestruturantes, diferir sua ameaça pelo único fato de lhe dar forma. Na forma rigorosa do soneto, expressar a destruição constrói um objeto indestrutível; expressar o vazio desenvolve-se em um discurso sem lacuna.

LÍVIDO

> LÍVIDO [...], de cor plúmbea e enegrecida (pele, tez, carne —).[55]

"Livide" ["lívido"] define uma qualidade objetiva, verificável a olho nu, afetando em primeiro lugar o ser carnal e fazendo-o carregar os estigmas do mal, da doença, da morte. Esse adjetivo é usado seis vezes em *As flores do Mal*; figura cinco vezes como rima. Jamais se refere ao Eu de um poema: qualifica objetos externos. Acontece a Baudelaire falar de "manhã lívida",[56] de "estrela lívida": são oximoros, em que o epiteto maléfico, escurecedor, cola ao nome que designa um objeto luminoso: o mal é assim introduzido no que poderia combatê-lo. Carregados de tonalidades de morte, os objetos lívidos estão, às vezes, plenos de uma energia e de uma fecundidade paradoxais. Em "Horror simpático", o céu lívido parece produzir "pensamentos"; o olho da passante parisiense é um "céu lívido em que germina o furacão".[57] A lividez tem, pois, o peso da inquietante estranheza, seja porque anuncia a morte instalada no objeto ("As mulheres do prazer, a pálpebra lívida"),[58] seja porque em seu furor espectral o ser lívido suspende sobre o sujeito a ameaça de uma agressão. Na associação com "livide", a palavra "vide" sugere a sensação de um esgotamento das forças dentro do objeto evocado; o objeto lívido é perigoso porque foi tocado pela morte, esvaziado de sua própria existência: o fantasma não se atém unicamente à perda do objeto. Este, impossuível e transido pela morte, já é animado por uma existência de fantasma, anunciadora de punição.

Em "Horror simpático" a rima *livide-vide* pertence ao primeiro tempo do poema: o herói libertino é interrogado por uma voz exterior. Essa voz interrogativa-imperativa, que insta o herói a responder, é uma voz acusadora. O apóstrofo "libertino", e sobretudo a menção ao vazio da alma, designam um estado de pecado. O interpelado, nas próprias palavras que lhe são dirigidas, vê-se negar toda plenitude substancial: é privado de ser, privado de "conteúdo".

"No luto o mundo se tornou pobre e vazio, na melancolia é o próprio eu."[59] A voz que apostrofa o libertino e lhe fala de sua "alma vazia" não é, portanto, apenas uma voz acusadora; deve-se esclarecer: é a voz da instância punitiva que inflige a melancolia — que institui o vazio recriminando-o. Observemos que ela despossui o interpelado: este não é a fonte e a origem de seus próprios "pensamentos". Recebe-os, vindos de outro lugar, descidos de um céu "bizarro e lívido": ei-lo, pois, em situação de passividade, submetido à influência externa — a palavra "influência" deve aqui receber sua velha acepção astrológica — e reduzido a sofrer o que assume figura de "destino". É no céu que está o poder ativo e maléfico: de si mesmo, a alma receptora só é suposta receber o poder de constatar e dizer aquilo que a invade. Sob aparência de ignorância, a voz questionante traz em si um terrível saber: pergunta "quais" são os pensamentos que descem do céu, mas sabe que a "alma vazia" é apenas o receptáculo de um conjunto fatal de pensamentos, imposto do exterior. A voz interrogadora ignora e sabe: sabe a tara fundamental, ignora e quer conhecer o que ainda permanece secreto. A questão aparece aqui em sua acepção jurídica: tormento infligido pelo carrasco para obter a confissão pormenorizada de um réu supostamente culpado. O sadismo da questão "melancolizante" se expressa na maneira como mistura o que já sabe e o que ainda não sabe. Ela se obstina, insiste, quer ir mais adiante, enquanto a imputação capital — a do vazio — já foi proferida.

De um céu atravessado por nuvens a uma alma atravessada por "pensamentos", o movimento é o de uma descida. É também o de uma "psicologização": a evocação de uma paisagem sinistra conduz, por via da analogia, à intimação de um culpado. O "céu" e o "destino", ligados pela comparação, constituem uma única e mesma cena, na qual se representa um drama único. O mundo está reduzido a um cenário celeste, mas esse cenário receberá sua luz de um inferno interior.

"Alma vazia", "libertino" são expressões que pertencem ao vocabulário religioso: a voz acusadora fala a linguagem dos grandes pregadores — Bossuet, Bourdaloue, Massillon — que Baudelaire conhecia bem. Aqui, o sentido da palavra "vazio" enriquece-se de toda uma tradição semântica: expressa não só o esgotamento, a perda de conteúdo; expressa também o estado de um coração que escolheu o objeto errado, que ama o que não pode lhe dar a verdadeira plenitude. Quem gostaria de explorar essa tradição semântica deveria referir-se, no mínimo, à oposição que santo Agostinho estabelece entre a *plenitudo* e a *egestas* [*abundância* e *pobreza*] (em *De beata vita*). A imagem mais frequente, nos pregadores franceses, é a de uma "capacidade" de nosso coração, que só a presença divina preenche perfeitamente, enquanto o amor pela criatura sempre deixa subsistir um vazio. Há uma plenitude ruim, que equivale a um vazio: "Como o coração do homem é vazio e cheio de imundície!"[60] Encontramos a mesma coexistência do vazio e do cheio em Bourdaloue: "Meu coração cheio de desejos vãos, e vazio de bens sólidos". Massillon desenvolve admiravelmente o tema do coração vazio no sermão "Sobre a pecadora do Evangelho":

> Sim, meus irmãos, todo amor que só tem por objeto a criatura degrada nosso coração: é uma desordem amar por ele mesmo o que não pode ser nossa felicidade nem nossa perfeição, nem por conseguinte nosso repouso; pois amar é procurar sua felicidade naquilo que se ama; é querer encontrar no objeto amado tudo o que falta a nosso coração; é chamá-lo em auxílio desse vazio pavoroso que sentimos em nós mesmos e nos persuadirmos de que ele será capaz de enchê-lo: é olhá-lo como o recurso de todas as nossas necessidades, o remédio de todos os nossos males, o autor de todos os nossos bens. Ora, como só há Deus em quem podemos encontrar todas essas vantagens, é uma desordem e um aviltamento de nosso coração buscá-las na vil criatura.[61]

Mal encontrou Deus, prossegue Massillon, tudo mudou para a pecadora: "Tudo lhe parece vazio, falso, repugnante nas criaturas [...]. O Senhor parece-lhe o único grande o bastante para preencher toda a imensidão de nosso coração, o único poderoso o bastante para satisfazer todos os seus desejos, o único generoso o bastante para suavizar todas as suas penas...". É a mesma linguagem que se encontra em Chateaubriand:

> Sinto que me falta alguma coisa. Há muito tempo não sei qual instinto viajante me persegue [...]. O princípio dessa inquietação não estaria no vazio de nossos desejos?[62]

E em Madame de Staël, atenta ao desenrolar temporal dos sentimentos:

> Não existe nada mais sofrido que o instante que sucede à emoção; o vazio que ela deixa atrás de si é uma infelicidade maior que a própria privação do objeto cuja espera nos agitava.[63]

E no lamento de Senancour:

> Passei no vazio e nos aborrecimentos a época feliz da confiança e da esperança. Por todo lado comprimido, sofrendo, com o coração vazio e aflito, atingi, jovem ainda, os pesares da velhice.[64]

O vazio é o indício do absoluto ausente, o lugar vago que espera um ocupante maior — cuja defecção permanece dolorosa para aqueles mesmos que, como Senancour, já não imaginam sua existência e já não esperam seu encontro.

ÁVIDO

O libertino interpelado dá sua resposta:

> — *Insaciavelmente ávido*
> *Do obscuro e do incerto* [...]

Rimando com *avide*, Baudelaire faz o acusado retomar a linguagem da argumentação acusadora. A resposta joga o jogo da acusação, o agredido replica ao agressor com um lance culpabilizante. Baudelaire cindiu aqui duas vozes, duas instâncias — o juiz irônico e o culpado orgulhoso — apenas para torná-los, todos juntos, hostis e cúmplices. Não é um acaso se os dois poemas que se seguem, "O heautontimoroumenos" e "O irremediável", também são, e de modo ainda mais explícito, poemas do desdobramento sadomasoquista.

Com a rima *avide*, a imagem vira e confere ao vazio um novo sentido. No espaço da rima *vide-livide* inscrevia-se o defeito de ser; o qualificativo "livide" inflige ao objeto o toque sombrio da morte. Mas enquanto "livide" só pode se dizer de um objeto, "avide" só pode se dizer de um ser animado. E enquanto "livide" é sempre atribuído por Baudelaire a figuras terceiras, "avide" pertence ora ao eu poético (como é o caso aqui), ora a figuras adversas ("... o túmulo espera; ele é ávido!" — "o tempo é um jogador ávido"). A rima *vide-avide* determina uma aspiração desejosa, reivindicada pelo eu poético, ou dirigida contra ele. Por sua posição mediana entre "livide" e " avide", a palavra "vide" revela sua aptidão a orientar o espírito, alternadamente, para a falta (o déficit, a perda) e para a vontade de saciedade que nasce da percepção interna da falta. O sentido é então abertamente orgânico e oral. Se reeabrimos o dicionário de Boiste, encontramos:

> ÁVIDO [...], que tem um desejo imoderado (de alimentos, de bebida); (fig.) (- de glória etc.)

Quando "avide" responde a "vide", o vazio é sentido no fundo de uma boca desejosa, é sentido no vazio da garganta ou no vazio do estômago, como uma necessidade "devoradora", ou como uma não saciedade que nada acalma. E é bem essa conjugação do vazio com a avidez que os moralistas religiosos alegam para expressar ao mesmo tempo o apetite espiritual, a insuficiência dos alimentos terrestres e o tormento dos que recusam o alimento divino, o pão dos anjos. Uma frase famosa, no início do terceiro livro das *Confissões* de santo Agostinho, traz sua ilustração mais eloquente: "Eu buscava um objeto que teria amado, amando amar, e odiava a ausência de preocupação e a estrada isenta de ciladas, pois tinha dentro de mim a fome de um alimento interior, de ti mesmo, meu Deus, e não era dessa fome que me sentia faminto; mas não tinha o apetite dos alimentos incorruptíveis, não porque estivesse pleno deles, mas quanto mais vazio deles estava, mais sentia repugnância por eles".[65] Uma verdadeira fome de absoluto, não percebida, inconsciente, dissimula-se numa fome que se engana de objeto e com a qual todas as saciedades, efêmeras e decepcionantes, fazem o jogo do vazio. A insaciabilidade é o indício do erro cometido pelos que escolhem alimentos corruputíveis e dependentes do acaso. em *De beata vita* — diálogo perpassado pela metáfora da comida e em que, não fortuitamente, a voz da mãe de Agostinho é uma das mais importantes — Mônica, falando das "coisas frágeis", declara: "Tivéssemos certeza de nada perder dessas coisas, resta que é impossível nos fartarmos com elas. Portanto, estamos sempre infelizes com o fato de que elas sempre nos faltam".[66] A vida feliz e a "plena saciedade das almas", concluirá Agostinho, "consistem em reconhecer, com perfeita devoção, por quem somos introduzidos na verdade, de que verdade gozamos e pelo que somos ligados à medida suprema. Para os que têm a inteligência e excluem as ilusões variadas da superstição, essas três coisas designam um só Deus e uma só Substância".[67]

Quando se declara "insaciavelmente ávido/ do obscuro e do incerto", o libertino baudelairiano justifica no sentido espiritual seu título de libertino: é aquele que, em conhecimento de causa, escolheu se opor ao apelo de Deus. Fixou seu desejo no mau alimento. Se Deus é luz e certeza, o libertino reclama o *obscuro* e o *incerto*. E quando se diz "*insatiablement avide*" (*preenchendo* todo o octossílabo pela confissão da *falta* deliberadamente perpetuada) é retomando os termos do vocabulário augustiniano que ele proclama sua rebelião contra a ordem religosa. Mais longe, vamos ouvi-lo reivindicar um dos pecados capitais, o *orgulho*, e atribuir a seu "coração" um prazer do Inferno: optou, dentro do espaço teológico, pelo lugar do tormento eterno.

OVÍDIO

O nome de Ovide [Ovídio] surge aqui da maneira mais surpreendente. Alguns leitores engenhosos, loucos por trocadilhos, conjecturarão que Baudelaire, a quem faltava uma rima, começou por pensar em "*mot vide*" [palavra vazia]... Mas não há aqui acrobacia gratuita. "Não gemerei como Ovídio" é ao mesmo tempo uma confissão de exílio e uma negação do tormento do exílio

— e também, nesse poema de metro breve, uma recusa do lirismo elegíaco e de seus derramamentos. O nome de Ovídio é o indício de um duplo afastamento: ele pertence ao mundo antigo e, para um poeta moderno, só pode ser uma figura da memória — a distância estética e histórica é considerável. Em segundo lugar, Ovídio sofreu o exílio, foi expulso do "Paraíso latino"; seu destino pode, portanto, ser lido como o análogo pagão do mito religioso da expulsão do jardim do Éden. (Além disso, o nome de Ovídio faz eco à obra de Eugène Delacroix exposta no salão de 1895, e à qual Baudelaire dedicou um comentário que atesta uma profunda ressonância do devaneio.)[68] Mais uma vez, em *As flores do mal,* Baudelaire porá o nome de Ovídio para rimar e, mais uma vez, para responder a "*avide*": será em "O cisne", poema do exílio por excelência, no qual compara o animal ao "homem de Ovídio", de rosto erguido para os astros, aparentado ao céu, e no entanto separado.

À interrogação que interpelava uma alma vazia passivamente cruzada de "pensamentos", o libertino replica pela afirmação de uma energia desejosa, de uma autodeterminação no orgulho e no mal. No ponto onde se dividem as duas partes do poema, opera-se uma inversão que faz surgir um sujeito, fortalecido com suas recusas e sua determinação negativa. Em sua resposta, o herói libertino retifica sua relação com o mundo: dessa vez é o mundo que é penetrado pelo pensamento do sujeito — por seu "orgulho" e por seus "sonhos". A "alma vazia" fora alvo de uma acusação que a feminilizava, que fazia dela um espaço oferecido à penetração dos pensamentos descidos do alto: os "céus", por sua vez, são apostrofados de baixo por uma voz que reclama sobre eles um direito de supervisão. O movimento para baixo, começado no primeiro verso do soneto, não se interrompe: o último verso nomeia o Inferno. Mas quando esse movimento se conclui, não é mais passivo — é desejado. A "alma vazia", a alma sem conteúdo, tornou-se um "coração" que "se apraz" no Inferno — um coração fazendo-se ele mesmo, de plena vontade, conteúdo desse continente definitivo que é a geena. Ao optar pelo pior, o libertino opta pela plenitude ontológica, e rejeita afinal a imputação do vazio... [69] A escolha da condenação pode ser interpretada de duas maneiras: de um lado, segundo o discurso teológico, é a consequência inevitável de uma existência fadada ao vazio, e o libertino apenas reivindica como sua, por desafio, a decisão que o entrega ao Inferno; de outro, no absoluto do tormento, o libertino colmata o vazio: atinge a plenitude do ser substancial, na pura substância do Mal. Assim pode se tornar centro e fonte, e responder ao horror inscrito no céu pelo horror que aí ele projeta. (Esta é a *simpatia* — a paixão simultânea — a que o título do soneto faz menção.) O sentimento expansivo toma conta do mundo, aí se "mira", encontra seus emblemas e reflexos, num movimento de tipo paranoico que traz para si todos os significados que ele decifra em seu horizonte. A pareidolia melancólica, reivindicada como uma atividade voluntária, torna-se uma interpretação defensiva que, anexando o mundo ao eu, nele projeta as cores e figuras obsessivas da vida subjetiva. Formulemos aqui esta hipótese: a projeção só se entrega a seu trabalho de interpretação das aparências — ainda que essa interpretação fosse carregada de elementos fúnebres — visando a mascarar o vazio ainda mais angustiante do mundo em estado bruto, do mundo não interpretado e não interpretável.[70]

O libertino, em sua megalomania interpretativa, reencontra nos caprichos do céu as figuras de seu drama interior. Torna-se o mestre do significado que o mundo lhe remete. Mas nesse espetáculo carregado de significado espiritual, nesse céu moribundo que se exibe como uma alegoria do destino daquele que o apostrofa, o máximo de significado, paradoxalmente, reserva ao vazio um lugar perpetuado, solenizado. O dilaceramento (verso 9), o "luto" (verso 11), os "féretros" (verso 12), os "clarões" (verso 13) trazem em si os sinais da violência, da morte, da agonia. No objeto que esconde o vazio, a leitura pareidólica vem inscrever novamente o vazio ou o cadáver. O vazio (ou a morte) retorna ao interior das estruturas que lhe são opostas. O exemplo mais demonstrativo é, aqui, o dos "féretros", que correspondem de maneira exata ao "sudário" e aos grandes "sarcófagos" do poema gêmeo, "Alquimia da dor". A imaginação expansiva, que se apropria do mundo e o repovoa à sua imagem, introduz a morte ou o vazio no fundo das figuras que ela constrói. A morte, anunciada no início do poema no "céu lívido", é concluída quando as nuvens se tornaram "féretros". Em sua reposta à voz interrogadora, o libertino leva adiante uma condenação à morte. Mas quem morreu? O genitivo ambíguo "de meus sonhos" pode ser lido alternadamente como exprimindo o sonho da morte e a morte dos sonhos. No sentido mais estrito, perceberemos aqui mais um desdobramento, depois daquele que opunha a voz acusadora à da réplica orgulhosa: uma parte do libertino, sua parte de *sonhos* (parafraseando: sua parte de esperança, ideal, aspiração) já sofreu a morte e vê-se levada ao túmulo, no cortejo das nuvens. Por pouco poderíamos falar aqui de funerais autoscópicos. Embora marcados pelo possessivo "meus", os "sonhos" são, porém, dados como independentes do sujeito. Uma interpretação mais livre e mais arriscada pode intervir aqui. Vamos formulá-la no modo hipotético e interrogativo: e se o sonho fosse dirigido para uma pessoa amada? Se os sonhos estivessem ligados a um objeto? Os féretros de "Horror simpático" conteriam o mesmo "cadáver querido" descoberto, "no sudário das nuvens", pelo alquimista de "Alquimia da dor". O lugar reservado nas dobras do sudário, entre as paredes do féretro, no fundo do sarcófago, seria, de maneira apenas dissimulada, o lugar do objeto. Acaso se trataria simplesmente de "seres desaparecidos"? Estaríamos na situação do luto. Mas tomando *As flores do mal* como um texto contínuo, e lendo os versos que se seguem imediatamente a "Horror simpático", isto é, o início de "O Heautontimoroumenos", obtemos outra resposta:

Sem cólera te espancarei,
E sem ódio, como um açougueiro [...]

Na sequência do poema, o fantasma do assassinato, dirigido contra o objeto, transforma-se em agressão masoquista contra si mesmo ("Sou a chaga e a faca!"). Baudelaire diz aqui — mais abertamente é impossível — o que Freud elaborará de modo teórico em *Luto e melancolia*: a acusação que o melancólico dirige contra si não difere daquela que faz, sadicamente, contra o objeto. Recuando aos dois poemas anteriores, "Alquimia da dor" e "Horror simpático", já não nos contentaremos em reconhecer, no fundo dos sarcófagos e dos féretros, o lugar do objeto: o "cadáver querido" é o objeto assassinado, o ser decepcionante que, depois de obter todo o amor, toda a identificação narcisista do "sujeito" (o eu do poema, o libertino satânico), suscitou todo o seu ódio. O cadáver, nos flancos do féretro, é filho desse ódio, o compromisso entre o vazio e a presença, ambos impossíveis. Não é meu propósito fazer de Baudelaire, poeta do *spleen*, um melancólico. Preferiria dizer que ele imita admiravelmente — com o auxílio do que chamava sua "histeria" — as atitudes da melancolia e os seus mecanismos profundos.[71]

O olhar das estátuas

Por que todas essas estátuas nas paisagens da melancolia? Por que, depois do sinal dado em 1912 por Giorgio de Chirico, todas essas grandes cenas de melancolia na pintura do início de nosso século? Os pintores não tinham de se explicar sobre suas intenções expressas. Os poetas, a eles se substituindo, deixavam a essas imagens seu caráter enigmático. Pierre Jean Jouve termina seu poema intitulado "A melancolia de um belo dia" (1927) evocando "a morte próxima: essa estátua/ Que se mexe movendo pesadamente seus seios levantados". Essas pinturas e esses poemas são as *vanitas* da arte de nosso século. Via de regra têm como teatro a cidade, mas uma cidade ameaçada de ruína ou esvaziada de seus habitantes. O arquiteto que construiu suas arcadas está morto. Ninguém mais construirá. "E que seis milhões de habitantes tenham passado por aqui/ Sem realmente permanecerem mais de uma hora! Ó Deus, há demasiados mundos inanimados", diz ainda Jouve no mesmo poema.[72] As estátuas de De Chirico reinam em cenários quase vazios em que raros atores circulam sem se encontrar. Magritte tenta um exorcismo irônico, dotando suas estátuas de um poder de levitação sob um céu que não pesa nada (a pintura não tem peso).

Sim, por que essa disseminação das estátuas em territórios da pintura e da poesia? Podemos supor alguns motivos, mas teremos de multiplicar as conjunturas, nenhuma sendo de fato decisiva. Uma estátua num quadro é certamente um ponto nodal na organização do espaço pictórico, um apelo que o olhar espectador não pode ignorar: é preciso parar, demorar-se ali. Assim mudam as relações internas da obra: a estátua estabelece no silêncio do quadro um volume compacto, redobrando o silêncio. É uma representação na representação, uma outra obra a ler no espaço da obra. Não se inscreve só nas relações perspectivas, é indicadora de relações temporais. Como as arquiteturas, seu acabamento (ou seu inacabamento, sua degradação) contrasta com tudo o que, ao redor, parece pertencer ao tempo da vida corruptível. Se há figuras vivas a seu lado, ela define ou modifica seu estatuto: os personagens em torno das estátuas preenchem, por isso, papéis impostos; ao lado delas, tornam-se devotos meditativos ou colecionadores, artistas ou passantes efêmeros. E, sobretudo, a imagem de pedra estabelece com as imagens de carne um contraste em que está inevitavelmente implicado um pensamento da vida, da morte e da sobrevivência.

Supomos de bom grado que o artista figura ou conjura a própria petrificação representando uma estátua da melancolia. Impressionado com a estranheza, ameaçado de paralisia no mais íntimo de sua vida, ele constrói a imagem desse sentimento no espaço externo e lhe dá corpo. Na famosa *Melanconia* de De Chirico, a estátua de olhar baixo não olha para ninguém. Em pleno dia, é uma solene sublevação da escuridão, cúmplice das longas sombras carregadas. Sua opacidade, sua cegueira espalham a solidão em torno de si. Sua presença produz ausência. O relevo do olho aberto deixava esperar uma relação visual, mas essa relação, tão logo imaginada, é contraditada por uma negação maciça. Seguindo as consequências requeridas pela própria lógica da ausência de olhar, outras figuras de De Chirico, os personagens-manequins, perderão o relevo do rosto: têm como cabeça um ovoide liso, ou uma ridícula haste vertical. Acaso uma face é necessária quando já não se trata de retribuir um olhar por outro olhar? Essa perda de relação entre quem está olhando e quem é olhado é mais um aspecto da experiência melancólica. O sujeito melancólico, privado de futuro, voltado para o passado, devastado, sente a maior dificuldade em receber e retribuir um olhar. Incapaz de encarar, tem a sensação de que o mundo é cego para sua miséria. Já se sente morto num mundo morto. O *agora* imobilizado reina fora como dentro. E o sujeito melancólico espera que lhe seja dirigida uma mensagem de apaziguamento, que repararia o desastre interno e lhe abriria as portas do futuro. Mas só tem ao redor seres que se parecem com ele, e se desespera com essa negação do olhar. Ou melhor: não perde a esperança nem espera, deseja obscuramente ter energia para perder a esperança.[73]

CASTIGOS E RECOMPENSAS

É possível parar nessa primeira interpretação? Ela supõe muito facilmente a similitude, a semelhança especular, a reduplicação do sentimento em sua exata imagem fabulada. Como se a estátua com olhar das trevas fosse a correspondente visível do mutismo interior. Isso é privilegiar a componente narcicista da melancolia. É muito bom ponderar o *não ver* e o *não ser visto de volta*. Mas será isso estabelecer de modo suficiente a dissimetria? Pois o típico dos estados depressivos mais "profundos" é desejar a imagem de si sem conseguir obtê-la, é sentir a distância entre si e qualquer imagem possível. Certas fábulas da metamorfose e da disparidade nos falam disso.

Não olhe para certos espetáculos, seu corpo se tornaria animal ou estátua! Esses espetáculos trazem a morte, é preciso fechar os olhos. A mulher de Ló, virando-se para olhar Sodoma em chamas, torna-se estátua de sal (e a lei proibirá moldar simulacros). A mulher de Ló desafiou uma proibição ao olhar para trás de si: "*Respiciensque uxor eius post se, versa est in statuam salis*" [A mulher de Ló olhou para trás e converteu-se numa estátua de sal].[74]

Anaxarete, vendo do alto de seu palácio passar o cortejo fúnebre de Ífis, que se matara por ela, petrificou-se. Foi punida por ter desprezado um pretendente de baixa extração. "Pouco a pouco a dureza do mármore, que esteve sempre em seu coração, invadiu seus membros", comenta Ovídio, que acrescenta que essa estátua tomará o nome de *Venus prospiciens*, Vênus que olha diante de si.[75] Olhar diante de si, no caso, não é menos fatal que olhar atrás de si, quando Sodoma pega fogo. *Respiciens* e *prospiciens* fazem-se um eco singular na memória da latinidade pagã e bíblica que foi linguagem comum durante tantos séculos.

Sobretudo, não se exponha a certos olhares. Não são apenas os olhos terríveis de Medusa que são petrificantes. Os deuses são terríveis com os que pretendem superá-los. Níobe desafia Leto e quer que lhe confiram as honras de uma deusa. A cólera de Apolo abate com a morte os catorze filhos de Níobe, e a própria Níobe em breve não é mais que uma pedra que chora. Deve-se então compreender — "moralizando" livremente Ovídio — que a punição dos que creem em sua própria perfeição, em sua beleza *acabada*, é obtê-la?

Ora, assim como é possível imaginar essa passagem da vida à morte, não é permitido sonhar uma passagem inversa, da morte à vida, da pedra à carne?

As estátuas são filhas da mão guiada pelo olhar. Acreditava-se que o engenhoso Dédalo foi o primeiro que abriu os olhos das estátuas. E como é imenso o povo de estátuas *videntes* que, a partir do inventor mítico, se escalona nas avenidas da história!

Pois certas estátuas são tão perfeitas que parecem conter uma vida iminente e uma força prestes a se pôr em marcha. Existem as que se animam para cumprir uma vingança sobrenatural, como a estátua do Comendador que pune o Burlador. Existem também as que se tornam capazes de amor, e de cruel ciúme. Sobre esse tema, Mérimée retoma um velho mito e o transforma em *La Vénus d'Ille*. Outra estátua de Vênus torna-se uma sedutora caçadora no *Marmorbild*, de Eichendorff. O fantástico dos autômatos não está muito longe.[76] Saber que a alma viva é frágil leva a imaginar a implacável superioridade daquilo que não tem alma. Reciprocamente, encontrar o pesado desejo, o passo teimoso da matéria mineral, é sentir de maneira extrema a imperfeição de nossa existência flutuante.

O MATERIAL DE PIGMALEÃO

Reconsideremos um dos mitos de origem da escultura: Pigmaleão. Como o mito de origem do desenho (a jovem de Dibutada traçando na muralha a sombra de seu amante que vai partir),[77] ele encena o desejo amoroso atormentado com a ausência. No caso, a escultura é a obra de um desejo desviado, diferido, transferido: é um desejo que deseja se realizar sem ter de conhecer o pavor de encontrar o desejo de um ser diferente de si. É preciso restabelecer a história de Pigmaleão em seu primeiro contexto: Ovídio conta que ele vivia no celibato, sem companheira, porque sentia repugnância (*offensus vitiis*) pelos crimes das mulheres de seu país, as impuras Propétidas que foram as primeiras a traficar o corpo.[78] O sangue se retirou de seus rostos ao mesmo tempo que o pudor. O castigo decretado por Vênus as transformou em pedras. Pigmaleão, castamente, esculpe não o mármore, mas o marfim. Se esse é o material, imagina-se que sua estátua possuía a dimensão de uma boneca, a não ser que ele, supostamente, trabalhasse com peças juntadas e encaixadas; ei-lo brevemente inflamado de amor pela imagem que moldou:

> Seu feliz cinzel, guiado por uma arte maravilhosa, dá ao marfim de neve uma forma que jamais uma mulher recebeu da natureza, e o artista se apaixona por sua obra. São os traços verdadeiros de uma virgem; pareceria viva; e sem o poder que a retém, a veríamos se mover: de tanto que a arte desaparece pelo próprio efeito da arte.[79]

O desejo pigmaleoniano — pensa o leitor moderno — não consegue tolerar o risco de ir ao encontro da inquietante emoção feminina. Deseja não sair de si, mas ao mesmo tempo deseja abraçar um objeto vivo que responda à sua paixão. Não teria Pigmaleão o privilégio, de tal forma é grande seu desejo, de animar o mármore ou o marfim e torná-lo uma companheira maravilhosa? Por pouco que os deuses deem seu consentimento, a arte conjuraria o medo de enfrentar uma vida exterior. O favor divino permitirá que um olhar amoroso, nascido da matéria opaca, seja retribuído ao escultor graças a uma pálpebra que ele mesmo terá desenhado na pedra. Pigmaleão, segundo o relato, tendo feito com as mãos uma figura perfeita, dedicou-lhe um perfeito amor. Vênus recompensou seu desejo: o marfim respirou e retribuiu os beijos; a estátua "ergueu a luz de seus olhos para a luz externa" e "viu ao mesmo tempo", diz Ovídio, "o céu e seu amante".[80]

Mas um distúrbio afeta a descendente de Pigmaleão. A história que se segue, no relato de Ovídio, é a de Mirra, apaixonada por seu pai Cinira (um dos filhos de Pigmaleão); a moça se enfia na cama do pai quando ele está embriagado, à noite, depois de uma festa. Dessa união incestuosa nascerá Adonis. Singular criação. Mirra, transformada em árvore, dá à luz, através de sua cortiça, essa criança de uma beleza perfeita. Lágrimas perfumadas jorrarão para sempre ao longo do tronco. Como a estranha vinda ao mundo da estátua de Pigmaleão, a concepção e o nascimento de Adonis marcam com um sinal muito singular a exceção e a parte de monstruosidade que se opõem a eles.[81]

Que a pintura, a escultura, a ópera da época das Luzes — sobretudo na França — tenham com tanta frequência retomado a história de Pigmaleão é a prova da atração que exerciam nesse momento as imagens do despertar sensorial.

Falconet não foi o único a moldar na pedra o instante em que uma estátua sai de sua imortalidade paralisada para entrar na existência mortal, e acima de tudo para retribuir os beijos daquele que lhe deu forma. A imaginação de sua época — pelo menos de suas elites "esclarecidas" — encontrava aí material para satisfazer a um só tempo uma posição estética de perfeita *imitação* da natureza e uma necessidade de glorificar o prazer carnal. O artista — pai único da bem-amada produzida por suas mãos — terá merecido sua felicidade quase incestuosa.[82]

Rousseau, que na juventude esboçara uma ópera sobre o mito de Anaxarete,[83] compôs no fim da vida uma "cena lírica" cujo herói é Pigmaleão, isto é, o artista que ama a si mesmo em sua obra e que morre de vontade de ser amado por esta, em retribuição (Rousseau é o primeiro a nomeá-la Galateia).[84] Nessa cena acompanhada de música, e que teve um amplo sucesso, o olhar desejoso supera todos os osbtáculos. No início do melodrama, a estátua está coberta por um véu. Pigmaleão pressente que seu olhar sobre a estátua será misturado de pavor. Executa, "tremendo", o gesto de tirar o véu. Ela lhe parece inacabada. Ele pega seu cinzel mas não ousa tocar no mármore. "Traços de fogo" lhe parecem sair da estátua demasiado perfeita. A sensação de inacabamento não o larga. Só que o acabamento com que sonha agora já não exige um progresso do trabalho na matéria: é a passagem à vida. Para que a estátua se anime, o escultor daria até a própria vida. Mas essa fusão ou transfusão de vida é inaceitável pelo desejo. O olhar seria abolido: "Se eu fosse ela, não a veria, eu não seria aquele que a ama!".[85] E todo um jogo de olhares, logo recíprocos, se desenrolará quando a estátua começar a se tornar viva. A verdade da metamorfose será comprovada por um gesto da estátua, pela mão que ela estica e que é agarrada e beijada pelo escultor. É o nascimento do tato. Logo antes, segundo as indicações cênicas, o encontro terá resplandecido graças ao olhar: "Galateia avança em direção a ele e o olha. Ele se levanta precipitadamente, estende-lhe os braços e a olha extasiado".[86]

A verdade do sentimento é o grande artigo de fé de Rousseau. Ele, que se diz cristão, não aceita os milagres do Evangelho mas atribui à "voz" do sentimento uma autoridade soberana. Ora, o mito de Pigmaleão, em sua expressão melodramática, permite conferir valor de evidência à força ativa do sentimento. Este, não contente de ter criado "a imagem do que não é", exige e obtém que essa imagem aceda ao ser, que deixe o reino dos objetos inertes para entrar no reino da vida. A reciprocidade viva imaginada por Rousseu resulta da perfeição da estátua, mas transmuda essa desejosa perfeição em beleza mortal — a entrega ao tempo, portanto à morte possível. E podemos acrescentar: o orgulho do devaneio da força total encontrará a punição em sua própria realização.

Um caminho inverso é imaginável: a estátua que seria destruída também retornaria ao tempo. Sua forma perfeita se extinguiria, a indeterminação venceria. A poética das ruínas deu desse retorno ao matagal uma ilustração notável. De modo mais radical, e num sentido então absolutamente materialista, Diderot (em *O sonho de D'Alembert*) imagina reduzir a pó uma estátua de Falconet, provavelmente a que representa Pigmaleão aos pés de Galateia. O pó de mármore misturado com a terra se tornaria seiva e planta, a planta digerida pelo animal ou pelo homem se tornaria carne. A sensibilidade, presente no estado inerte da pedra, passaria ao estado ativo no corpo vivo. Essa hipótese, ousadamente defendida por Diderot, supera com imprudente temeridade o intervalo que separa a matéria inorgânica e a vida orgânica. Ela pode levar a pensar que a vida está obscuramente latente na própria matéria, e que tudo é espírito. Também pode dar a entender que basta que algo da matéria esteja presente no universo: disso resultará a vida, indiferentemente monstruosa ou harmoniosa, sem que seja preciso evocar nenhuma divindade e nenhuma alma. Prevaleceria então o ciclo infinito da decomposição e da recomposição. Longe de ser o desenvolvimento de um espírito, a vida a partir daí se reduzirá a uma combinação da matéria. O que nos deixa imaginar o infinito recomeço da vida no seio de um universo concebido como um oceano de vida.

MUROS QUE VEEM, CÉUS VAZIOS

A vida é a obra de uma vontade artística? É uma eflorescência espontânea, e frequentemente monstruosa, da matéria entregue ao acaso infinito? Nos primeiros decênios do romantismo, essas duas versões da geração da vida estarão presentes na imaginação dos poetas.

Mas no caso de Gérard de Nerval, outra bipolaridade se manifesta e torna a se expressar por imagens de olhares e de estátuas, substituindo as imagens da época anterior. A experiência nervaliana oscila entre a intuição de um desenvolvimento do sentido e a de um desmoronamento da vida universal. Para Nerval, a loucura consistiu em se sentir viver ora num mundo sobressaturado de sinais, ora na desordem da significação. Para formular essas intuições contraditórias, Nerval, em imagens de extraordinária intensidade oriundas confusamente de todas as mitologias, recorreu a todo instante à oposição matricial do olhar e das trevas.

Nele a esperança de uma comunhão panpsíquica é por vezes tão exigente que ele pensa pressentir, próximo a eclodir, um poder de visão que a pedra bruta exerceria antes mesmo que qualquer escultor a tivesse transformado em estátua. O terceto final de "Versos dourados" o afirma com solenidade:

> *Teme,* no muro cego, *um olhar que te espia;*
> *À própria matéria um verbo está preso...*
> *Não a deixa servir a algum uso ímpio!*
>
> *No ser obscuro costuma habitar um Deus oculto;*
> *E como um olho nascente coberto por suas pálpebras,*
> *Um puro espírito cresce sob a casca das pedras!*[87]

Como melhor converter em olhar o "ser obscuro"? Como melhor dizer que as trevas nunca são absolutamente tenebrosas? Em certos lugares carregados de mistério, como Schönbrunn, quão desejosa foi a atenção dada por Nerval às estátuas! O que delas pode brotar é certamente um olhar, e, mais ainda, um dom maternal. Assim, em Viena: "Eu adorava as pálidas estátuas daqueles jardins que a *Glorieta* de Maria Teresa coroa, e as quimeras do velho palácio encantaram meu coração enquanto eu admirava seus *olhos divinos*, e eu *esperava amamentar-me em seu seio de mármore resplandecente*".[88]

Um personagem de Nerval, Fabio, apaixonado pela cantora Corilla, compara-se a Pigmaleão. Ele monologa: "Assim como Pigmaleão, eu adorava a forma externa de uma mulher; só que a estátua se movia todas as noites com uma graça divina e, de sua boca, só caíam pérolas de melodia. E agora eis que ela desce até mim".[89] De fato, nesse dia ele recebe a promessa de encontrá-la pela primeira vez, fora do teatro. Durante a brevíssima cena da promessa, a atriz o fitou: "O raio de seus olhos me atravessava o coração, assim como no teatro, quando seu olhar vem cruzar o meu na multidão". Portanto, verá "pela primeira vez na luz do dia",[90] num jardim de Nápoles, aquela que adora no palco. Espera encontrar a estátua na proximidade viva. Mas Corilla se apresenta com os trajes de uma pobre florista, que Fabio, "poeta demais", não consegue reconhecer, por mais que veja um "pé encantador" — um pé de estátua —, que lhe mostra num "banco de mármore". Afasta-a, dizendo-lhe que só ama a atriz. Para ele, a florista só torna a ser Corilla quando começa a cantar: a *voz* traz, tarde demais, a prova de uma identidade.[91] De início, Fabio só percebera uma vaga semelhança. Corilla dá uma lição a seu apaixonado: não foi amada por si mesma. Pois nunca foi senão um sonho para um espectador deslumbrado, em seu camarote, pela heroína de uma ópera. Corilla se recusa a lhe pertencer: o amor dele "precisa de distância e de uma rampa acesa". De agora em diante, que ele se mantenha à distância!

Em *Aurélia*, um dos sonhos contados faz surgir três fadas tecelãs e arrasta Nerval atrás de uma delas. Esta se perde, fora de um parque, num espaço semisselvagem. "De longe em longe erguiam-se maciços de salgueiros, acácias e pinheiros, dentro dos quais entreviam-se *estátuas enegrecidas pelo tempo*."[92] A imagem das estátuas convoca, como em Schönbrunn, a dos fluidos refrescantes: "Avistei diante de mim um amontoado de *rochedos* cobertos de hera de onde jorrava *uma fonte de água viva*, cujo marulho harmonioso ressoava num tanque de água estagnada semioculta por largas folhas de nenúfar".[93] Sempre guiando o sonhador, a figura feminina "rodeou graciosamente com o braço nu uma longa haste de malva-rosa" e em seguida "pôs-se a crescer sob um claro raio de luz", atraindo consigo todo o jardim. Ela acabou escapando ao olhar. E a cena ensombreceu. O narrador sente então o desespero de um terrível abandono:

> Eu a *perdia assim de vista* à medida que ela se transfigurava, pois ela parecia desmaiar em sua própria grandeza.[94] "Oh, não foge, exclamei... pois a natureza morre contigo!"
>
> Ao dizer essas palavras, eu andava penosamente pelas sarças, como para agarrar a sombra avolumada que me escapava, mas esbarrava num *pedaço de muro deteriorado*, ao pé do qual jazia um busto de mulher. Levantando-o, tive a convicção de que era *o dela*... Reconheci traços queridos, e levando os olhos ao

meu redor vi que o jardim tomara o aspecto de um cemitério. Vozes diziam: "O Universo está na noite!".[95]

O "claro raio de luz" não persistiu. O *muro cego*, dessa vez, não é mais habitado por um olhar, como proclamavam os "Versos dourados". A expansão-desaparecimento da imensa figura feminina, sua queda na forma de um busto entre as "estátuas enegrecidas" têm como sequência imediata o anúncio do escurecimento cósmico. Seria demais presumir que vemos no mundo de trevas a transposição cosmológica do busto que jazia no chão e das estátuas enegrecidas? Então a noite do mundo é que seria o olhar da estátua.

A partir daí, a desgraça, para o herói do sonho, não é apenas ter *perdido de vista* a "dama" que o guia, ter se tornado incapaz (em razão de que erro? de que falta infantil de força?) de persegui-la e encontrá-la: a desgraça é que uma noite substancial tenha invadido o mundo. Restam apenas "vozes" que declaram a morte do mundo. E a pior desgraça é que, todos juntos, o mundo, as figuras divinas e o próprio Deus tenham perdido o olhar.

A ansiedade chega ao auge quando as trevas são sentidas como uma onda maléfica invadindo o universo. De onde vieram? Da face do Deus morto. Nerval, em outro texto, evoca uma noite que "irradia" do mais profundo do universo. Seu foco é a órbita que não mais contém aquilo que, numa era anterior, fora o Olho vivo e iluminador. Inspirando-se expressamente no famoso "sonho" de Jean-Paul,[96] Nerval faz Cristo dizer no monte das Oliveiras:

Buscando o olho de Deus vi apenas uma órbita
Vasta, negra e sem fundo; de onde a noite que a habita
Irradia sobre o mundo e se espessa cada vez mais.

O mundo está entregue à "fria necessidade".[97] A caveira, nos quadros das *vanitas* do século XVII, convidava o espectador a dirigir seus pensamentos para um destino espiritual mais elevado. Mas para que dirigir seu olhar acima da terra? Eis a órbita vazia que agora reina na profundeza do espaço, anunciando que a lei material — a noite — é a única senhora. Nessa *vanitas* suprema, o crânio já não é o de um mortal anônimo contemplado pelo penitente, pois ocupa o lugar que era aquele mesmo de Deus. "Mas nenhum espírito existe nessas imensidões", lemos na estrofe anterior. Se esta não é a lição última do poema (e de Nerval, cujo sonho é sem dúvida o de mortes e renascimentos), pelo menos é a voz de uma tentação desolada. E isso é o oposto absoluto do "puro espírito" dos "Versos dourados" que, "como um olho nascendo", era adivinhado "sob a casca das pedras".

O contraste entre os dois poemas de Nerval não expressa uma ambivalência característica só de Nerval. Essa ambivalência reaparece em Baudelaire. Basta confrontar dois poemas de *As flores do mal*: "Correspondências" e "Os cegos". O primeiro constrói uma imagem da natureza em que "o homem passa através das florestas de símbolos/ Que o observam com *olhares familiares*". Mas no segundo o poeta se identifica com os cegos que erguem ao céu vazio "seus *globos tenebrosos*". Quanto ao poeta, se não está privado da faculadade de "contemplar" o gesto patético dos cegos, está, "mais que eles, pasmo", e sabe que eles nada têm a descobrir nas alturas celestes: "Que buscam no Céu, todos esses cegos?". Portanto, o poeta emprestou sua voz alternadamente à intuição de uma surrealidade em que circularia um sobre-olhar, e à obsessão de uma cegueira universal, em que essa cegueira dos homens agravaria a vacuidade de um espaço infinito abandonado pela divindade. Nesse "quadro parisiense", trevas celestes e trevas humanas se multiplicam umas pelas outras. Como não observar, ademais, que nesse soneto os cegos são chamados de "parecidos com manequins"? Não propriamente estátuas, mas o que as estátuas se tornam, quando são privadas de olhares, como acontecerá nos quadros de De Chirico.

Baudelaire terá assim inscrito em seu livro a presença de um olhar universal vindo de uma "floresta de símbolos" para poder mais duramente expressar sua perda. Esse não olhar não é, porém, um termo final. Na penúltima estrofe do poema conclusivo "A viagem", é a Morte, "velho capitão", que é interpelada, como se fosse o último confidente, a única cúmplice:

Se o céu e o mar são negros como a tinta,
Nossos corações que tu conheces estão repletos de raios!

Uma fonte de luz, figura clara, destaca-se contra o imenso fundo escuro. Um foco resplandecente permanece aceso, na iminência do naufrágio: é o "coração" daqueles que se precipitam para "O desconhecido".

"Que olhar nesses olhos sem pupila!"

Baudelaire é talvez o poeta que mais obstinadamente interrogou o olhar das estátuas. As páginas admiráveis dedicadas à escultura em *Salon de 1859* são especialmente importantes.[98]

> No fundo de uma biblioteca antiga, a meia-luz propícia que acaricia e sugere os longos pensamentos, Harpócrates, de pé e solene, um dedo posto sobre a boca, *vos ordena* o silêncio. [...] Apolo e as Musas, fantasmas imperiosos, cujas formas divinas explodem na penumbra, vigiam vossos pensamentos, assistem a vossos trabalhos, e vos encorajam ao sublime.

Leitores psicanalistas serão tentados a ler nessa ordem a ordem do recalque e da perlaboração. Mas eis, na página seguinte do mesmo texto, outras *ordens*. Nas praças públicas, os personagens esculpidos — figuras de poetas, soldados, sábios ou santos — são os sinais de uma transcendência do dever, ou da tirania do superego:

> Nas praças públicas, nas esquinas dos cruzamentos, personagens imóveis, maiores que os que passam a seus pés, vos contam numa linguagem muda as pomposas lendas da glória, da guerra, da ciência e do martírio.[99] Uns mostram o céu, que eles aspiraram incessantemente, outros designam o solo de onde se lançaram. Agitam ou contemplam o que foi a paixão de sua vida e que se tornou o emblema dela: uma ferramenta, uma espada, um livro, uma tocha, *vitai lampada*! Sejais o mais despreocupado dos homens, o mais infeliz ou o mais vil, mendigo ou banqueiro, o fantasma de pedra se apossa de vós por alguns minutos e *vos ordena*, em nome do passado, pensar nas coisas que não são da terra.

A ordem também pode se expressar na súplica de um morto, "fantasma descarnado e magnífico", levantando "a enorme tampa de seu sepulcro para vos suplicar, criatura passageira, que pense na eternidade".

As estátuas femininas, em seus exemplos imaginados, são todas associadas à água ou às lágrimas:

Na curva de um bosquezinho, abrigada sob pesadas sombras, a eterna Melancolia mira seu rosto augusto nas águas de um lago, imóvel como ela. E o sonhador que passa, entristecido e encantado, contemplando aquela grande figura de membros robustos mas enlanguecidos por um pesar secreto, diz: Eis minha irmã! [...]. E no canto dessa alameda florida que leva à sepultura dos que ainda vos são caros, a figura prodigiosa do Luto, prostrada, descabelada, afogada no riacho de suas lágrimas, esmagando com sua pesada desolação os restos poeirentos de um homem ilustre, vos ensina que riqueza, glória, até mesmo pátria, são puras frivolidades, diante desse não sei que por ninguém nomeado nem definido, que o homem só expressa por advérbios misteriosos tais como: talvez, nunca, sempre!, e que contém, alguns esperam, a beatitude infinita, tão desejada, ou a angústia sem trégua cuja razão moderna rejeita a imagem com o gesto convulso da agonia.

Com o espírito enfeitiçado pela música das águas que jorram, mais doce que a voz das amas de leite, vós caís num budoar de vegetação, onde Vênus e Hebe, deusas brincalhonas que por vezes presidiram vossa vida, exibem sob alcovas de folhagem seus roliços membros encantadores que tiraram da fornalha o rosa brilhante da vida.

É evidente que essas estátuas são sororais e maternais. Acabamos de reconhecer em Vênus e Hebe os duplos da "Pomona de gesso" e da "velha Vênus" que aparecem no admirável poema dirigido por Baudelaire a sua mãe ("Não esqueci, vizinha da cidade"...). Outros ecos deixam-se perceber em *As flores do mal*. A alegoria do Luto faz pensar ao mesmo tempo na "imensa majestade" das "dores de viúva" de Andrômaca ("O cisne", em *Quadros parisienses*) e no "magnífico rio" de lágrimas da "verdadeira face" na descrição poética de uma estátua que tem uma máscara sorridente na mão.[100] Baudelaire, no texto-passeio do *Salon de 1859* que acabamos de percorrer de modo descontínuo, cuidou da aparição alternada de personagens que *ordenam* imperiosamente (a rigor, exercem uma tirania) e de figuras femininas marcadas pela tristeza ou pela dor como foi a Níobe lendária, e que são simultaneamente figuras da fecundidade "robusta" e vítimas patéticas.

Seja qual for o gesto, na ordem como na tristeza a eternidade está presente. A estátua ultrapassa a temporalidade humana e marca uma superioridade ontológica. As estátuas são o em-si da glória ou da tristeza. Devido a seu acabamento, despertam no espectador a culpabilidade de seu não acabamento. Em linguagem íntima, no texto de Baudelaire as estátuas impõem o dever de escrever ou lembram a tristeza da mãe. E Baudelaire acrescenta, depois da magnífica enumeração de esculturas exemplares:

> Aqui, mais que em qualquer outra matéria, o belo *se imprime* na memória de uma maneira indelével. Que força prodigiosa o Egito, a Grécia, Michelangelo, Coustou e alguns outros puseram nesses fantasmas imóveis! *Que olhar nesses olhos sem pupila!*

Trata-se aí de uma escrita (o belo "se imprime") mas de uma escrita traçada na memória pelo olhar saído da pedra. A mensagem que a forma impôs à pedra e que esta imprime na memória — acabamos de verificar — é um convite a pensar nas coisas além da terra: na "eternidade", na "beatitude infinita", no indefinível que só pode ser expresso adverbialmente: "talvez, nunca, sempre". É uma lição herdada das *vanitas* barrocas. A perfeição visível da estátua (cujo material é a própria terra) remete o olhar imperfeito dos humanos às perfeições imateriais da promessa teológica.

"COM SUA PERNA DE ESTÁTUA"

Sabemos como a invenção de Baudelaire gosta de aproximar os contrários sem reconciliá-los: é a arte do oximoro. Baudelaire podia ser especialmente atraído pelo oximoro, que consiste em atribuir o olhar a um olho sem pupila. E a expressão que acabamos de salientar aqui não é um achado ocasional. É em Baudelaire um motivo insistente. Convém, notadamente, realçar seus laços com a ideia que ele propõe de modernidade.

De fato, em nenhum lugar o oximoro é mais evidente do que quando o poeta, em seu ensaio sobre Constantin Guys, define o belo e a modernidade: "O belo tem sempre, inevitavelmente, uma composição dupla [...].[101] A modernidade é o transitório, o fugaz, o contingente, a metade da arte, sendo a outra metade o eterno e o imutável".[102] Das invenções passageiras da moda, o artista, como um "perfeito químico",[103] saberá "extrair" uma beleza misteriosa, passível de eternidade. Então "a modernidade" será "digna de se tornar antiguidade".[104] A imagem da estátua antiga aflora nesse ensaio, quando Baudelaire evoca as gravuras de moda da época revolucionária: "A ideia que o homem tem do belo imprime-se em todo o seu modo de vestir [...]. O homem acaba aparentando o que gostaria de ser. Essas gravuras podem ser traduzidas em belo e em feio; em feio, tornam-se caricaturas; em belo, estátuas antigas".[105] Não há nada de incompatível, nessa beleza estatuária, com a atração que podem exercer os tecidos novos, recém-produzidos por nossas fábricas. Por exemplo, sugere Baudelaire, um "tecido [...] levantado, balançado pela crinolina ou pelas anáguas de musselina engomada". Levantar, balançar! Reconhecemos aqui o gesto da "Passante".[106] O oximoro dessa vez é uma *estátua* que anda ("com sua perna de estátua"). A passante é apresentada como "ágil e nobre" e logo pensamos na agilidade e na nobreza que um dos primeiros poemas de *As flores do mal* atribuía, com voluntárias notas falsas, aos habitantes de uma Antiguidade ideal, povoada de estátuas:

Amo a lembrança daquelas épocas nuas,
Quando Febo se aprazia em dourar as estátuas.
Então o homem e a mulher em sua agilidade
Desfrutavam sem mentira e sem ansiedade,
E com o céu amoroso lhes acariciando a espinha,
Exercitavam a saúde de sua nobre máquina.[107]

O poema "A uma passante" estabelece de início o fundo do alarido urbano. Para um leitor que percorreu *As flores do mal*, a mulher "de luto fechado" desse soneto lembra as outras enlutadas, as outras mulheres cujo olhar mata e que às vezes são figuras de pedra (em especial nos poemas XVII, XVIII, XX, XXXIX etc. de *As flores do mal*). Portanto, ela é, na rua de Paris, na acuidade do presente, a descendente das alegorias que são "A Beleza" (XVII) e "A Máscara" (XX). Além disso, no contexto histórico multissecular du gênero poético do soneto, a passante *de luto fechado* é a descendente da dama *de branco*, da Beatriz — destinada a ir ao encontro da eternidade, *il grande secolo* — do *canzionere* da *Vita nuova*. É preciso reler a cena em que Beatriz dirige uma primeira saudação ao poeta. A prosa de Dante conta um encontro na rua: "Depois que se passaram vários dias para que fossem cumpridos os nove anos seguindo-se ao aparecimento supracitado dessa nobilíssima criança, no último desses dias adveio que essa admirável dama me apareceu vestida de uma cor muito branca, no meio de duas nobres damas, que eram mais velhas. Passando por uma rua, virou os olhos para o lugar onde eu estava, muito assustado. Por conta de sua inefável cortesia, que é hoje recompensada no mundo do alto, ela me saudou tão virtuosamente que me pareceu ver então o auge da beatitude".[108] Uma confrontação da cena contada por Dante, do soneto que se segue nessa mesma passagem, com o soneto de Baudelaire daria lugar a um infinito comentário diferencial. Basta lembrar que, depois do encontro na rua, Amor aparece em sonho a Dante: Amor em pessoa leva na mão o coração do poeta, com o qual se saciará a própria dama destinada à morte, e é essa visão noturna que o soneto italiano evoca: "Quando de súbito Amor me apareceu/ cujo aspecto me dá horror rememorar"[109] ("*M'apparve Amor subitamente,/ Cui essenza membrar mi dà orrore*"). A rua (*nella via*) aparece, portanto, na prosa introdutória de Dante, mas não é uma rua que faz violência ao poeta, como será o caso no soneto dos *Quadros parisienses*. As duas "nobres damas" ("*gentil donne*") escoltando Beatriz terão desaparecido para dar lugar, em Baudelaire, unicamente à rua barulhenta, singular coletivo lido hoje como sinônimo de "multidão". Mas a instantaneidade, o sobressalto são comuns aos dois sonetos: ao "súbito" (*subitamente*) de Dante corresponde, com séculos de distância, o *soudainement* de Baudelaire. A reflexão a esse respeito não deve se ater apenas ao lembrete da instantaneidade do *innamoramento* como paixão, nem deve somente observar como, nos dois poemas, a perda se inscreve já na evocação do encontro.

A UMA PASSANTE

A rua ensurdecedora ao meu redor era um alarido.
Longa, esbelta, de luto fechado, dor majestosa,
Uma mulher passou, com a mão faustuosa
Levantando, balançando o festonê e a barra;

Ágil e nobre, com sua perna de estátua.
Eu bebia, crispado como um extravagante,
Em seu olhar, céu lívido onde germina o vendaval,
A doçura que fascina e o prazer que mata.

Um raio... e depois a noite! — Fugaz beleza
Cujo olhar me fez subitamente renascer,
Não mais te verei senão na eternidade?

Alhures, bem longe daqui! tarde demais! nunca *talvez!*
Pois ignoro para onde foges, não sabes para onde vou,
*Ó, tu que eu teria amado, ó, tu que sabias!**

A palavra *statue* [estátua], em fim de verso, conclui a longa frase descritiva inicial. Levando o olhar para o verso seguinte, o leitor descobre o sujeito "Moi" [eu] que se ergue e se antepõe, como provocado pela descoberta da forma perfeita da perna. Se há choque nesse poema é na sequência *statue-moi*. Escutando a música subjacente, também podemos ouvir, agradavelmente, dois pronomes pessoais, *tu-moi* [tu-eu], e mais longe o imperativo *tue-moi* [mata-me]. As palavras que se seguem só são separadas pela pontuação, isto é, pelo ponto final da frase descritiva, e pela distância de posição de uma linha à outra, entre última e primeira sílabas de dois alexandrinos sucessivos. Portanto, há aqui, ao mesmo tempo, contato e ruptura. Para ver mais claramente, contentemo-nos em sublinhar a disposição gráfica dos dois extremos. Isso dá:

[...] *statue.*
Moi, je buvais [...]

O olhar do poeta, no instante da maior proximidade, sobe bruscamente da perna aos olhos, para encontrar a maravilha que será o olhar de uma estátua que anda e que, na "esgrima" perfeita de uma rima rica, "mata".** Teremos em

* "*La rue assourdissante autour de moi hurlait./ Longue, mince, en grand deuil, douleur majestueuse,/ Une femme passa, d'une main fastueuse/ Soulevant, balançant le feston et l'ourlet;/ Agile et noble, avec sa jambe de statue./ Moi, je buvais, crispé comme un extravagant,/ Dans son oeil, ciel livide où germe l'ouragan,/ La douceur qui fascine et le plaisir qui tue./ Un éclair... puis la nuit! — Fugitive beauté/ Dont le regard m'a fait soudainement renaître,/ Ne te verrai-je plus que dans l'éternité?/ Ailleurs, bien loin d'ici! trop tard!* jamais *peut-être!/ Car j'ignore où tu fuis, tu ne sais où je vais,/ Ô toi que j'eusse aimé, ô toi qui le savais!*". "À Une Passante", *Les Fleurs du mal*, XCIII, op. cit. (N. T.)
** Alusão ao que é dito linhas acima: "o imperativo *tue-moi*", pois "*tue-moi*" significa "mata-me"; e também alusão ao que é dito na linha abaixo, pois "*tueuse*" significa "matadora". (N. T.)

mente que a primeira quadra já ofereceu duas rimas femininas centrais em -*tueuse*: "majes*tueuse*", "fas*tueuse*". Para a compreensão do texto, certamente não devemos desmembrar as palavras em fonemas, mas para o inconsciente do leitor como para o do poeta, essas rimas não são inocentes. Sem dúvida, não ponho esses sobre-entendidos ou subentendidos em pé de igualdade com o sentido óbvio. Deixo aos perversos o prazer de propô-los no lugar do sentido óbvio, em nome da polissemia dos fonemas e do pulular dos homônimos. Não podemos deixar de reconhecer um sentido prioritário, sob pena de acolher todos os contrassensos. As variantes de leitura ou de escuta que evoco aqui são de fato mal-entendidos. Dar-lhes demasiada importância, deixá-los prevalecer seria abolir a fonte de luz em nome de seu halo e desfigurar a poesia. Mas também é típico da poesia comportar a todo instante, em seu rastro, um traço cintilante de mal-entendidos. As consoantes de apoio de uma rima são tão importantes como seu gênero masculino ou feminino.

"BELA COMO UM SONHO DE PEDRA"

"*Statue. Moi, je buvais* [...]" Devemos, no intervalo das palavras, quando o olhar do poeta se fixa da perna ao olho, imaginar uma "perda da aura", como sugeriu Walter Benjamin a respeito de *Quadros parisienses*?[110] Quanto a mim, verei nisso o equivalente exato ao estado de medo em que Dante se encontra (*molto pauroso*) na rua, e do *orrore* diante do aspecto de Amor alegorizado no sonho, de que falam o relato introdutório e o soneto de Dante. Portanto, nesse caso haveria em Baudelaire, de preferência, um *retorno da aura*, contra um fundo de banalidade caótica. Com toda certeza é evidente a petrificação do poeta, a crispação que faz dele outra estátua, momentânea. Como se, para isso, a passante possuísse um poder *estupeficante*. E como se, diante da *beleza antiga* assim renovada, o poeta comparável a "um extravagante" se sentisse paralisado em sua própria *caricatura* (segundo a teoria das transformações antitéticas enunciada no ensaio sobre Guys). Assim como Nerval, mais ingênuo, desejava ser amamentado pelas estátuas-quimeras de Schönbrunn, o poeta *bebe* a terrível bebida dispensada pelo olho da passante: não a substância nutritiva, mas o impalpável veneno, a fascinação perigosa e a magia de uma morte. Ora, paradoxalmente, graças ao que prometia a morte naquele olhar, o poeta se sentiu "renascer". Singular e rápida sucessão de contrários! Mais rápida ainda é a sucessão do deslumbramento e da cegueira: "Um raio... e depois a noite!". Nesse momento culminante, o poema renova e torna superaguda uma oposição que tínhamos encontrado em Nerval e em outros textos de Baudelaire. Oposição entre uma onividência espiritual (proclamada em certos poemas) e a negrura (em outros poemas) que invade o universo inteiro do fundo da órbita do Deus morto. Oposição entre luz e trevas que só se iguala em intensidade no enigmático anúncio feito por Nerval, em sua última carta, de seu iminente suicídio: "A noite será negra e branca". O fundo, porém, sobre o qual se dá o surgimento da passante é apenas um lugar terrestre: a "rua ensurdecedora". Não há mais horizonte teológico na cena de rua, senão quando aparece fugazmente a hipótese de um rever "na eternidade", refutada no verso seguinte por um "*nunca*" que o itálico torna irrevogável.[111] Tudo se contrai num lapso de tempo extremamente curto e entre dois personagens apenas. De fato, existe um céu em "A uma passante" mas ele está no próprio olhar da mulher. E de acordo com o princípio da associação dos contrários, essa pupila contém a imensidão do "vendaval". Mas não há nenhum teatro angelical ou infernal, e nenhuma identidade personificada ou alegoria declarada por maiúsculas, como contêm tantos outros poemas de Baudelaire.

Se hoje o poema nos toca tão profundamente é porque, de fato, só fala deste nosso mundo, e de um amor que não aconteceu. Ele narra no imperfeito o que foi proximidade para logo se tornar distância. O poema, que começa no *fortissimo* do alarido externo, termina no *pianissimo* de uma apóstrofe murmurada, *fermata* que eterniza uma inconclusão. Apóstrofe vã, que sabe que não atingirá a destinatária e que percorre todas as dimensões do tempo. Depois do imperfeito e do passado narrativos, depois do futuro interrogativo ("não te verei mais?"), o único verso em que aparece o presente gramatical marca o ponto temporal em que os dois passantes já se afastaram um do outro, rumo a destinações que ambos ignoram. "Pois ignoro para onde foges, tu não sabes para onde vou." No mundo antigo idealizado, conforme vimos, os amantes se abraçavam, "gozavam sem mentira e sem ansiedade". Aqui, no penúltimo verso de "A uma passante", o quiasma do enunciado, longe de unir os dois seres, os afasta um do outro. O "eu" está em situação inicial e final no verso, os dois "tu" estão no centro, com a sílaba "foge" intercalada. O afluxo imaginado do espaço ("bem longe") e do tempo ("tarde demais") agora produziu a separação. O eu é como que dividido entre sua ignorância e seu movimento sem objetivo. Ao duplo olhar do encontro sucedeu o duplo não saber.

O olhar do poeta permanece obstinadamente fixo numa imagem desaparecida. "Ó tu, que eu teria amado, ó tu, que sabias!" A surpreendente invocação do último verso tenta reter o passado e recompor seu significado. Qual uma ficção que a consciência constituiria com os elementos mnésicos que lhe restam. É o ato da *retentio*, segundo a terminologia dos fenomenologistas. O primeiro movimento de um reconhecimento da perda e da ignorância ("ignoro", "tu não sabes") é assim desmentido: a perda não é mais aceita. A perda é objeto de uma denegação, o que permite dirigir à imagem amada, tarde demais, um reproche monologado: "Tu que sabias!". As últimas palavras do poema afirmam pela primeira vez um *pensamento* da passante; ora, esse pensamento é apenas o espelho imaginário do sentimento que se enuncia tarde demais na declaração do poeta. O amor quer sobreviver, mas só pode fazê-lo no tempo verbal do condicional passado. Esse amor se conjuga no modo de uma reanimação fantasmática do impossível. Presa na armadilha do arrependimento, a palavra do poeta inverte num ilusório saber ("tu que sabias") o que havia sido a constatação evidente demais de um não saber ("tu não sabes"). Esse apego a um passado agora impossível, essa inaptidão para se afastar dele, essa vontade de inverter a impossibilidade num fantasma de possibilidade é provavelmente uma das mais magníficas expressões jamais apresentadas da conversão do estado amoroso em estado melancólico. Aqui não falo disso como de um fato biográfico, mas como da magistral encenação poética de um acontecimento de que nunca saberemos se foi vivido de outra maneira além da composição do poema.

Desejaríamos que Baudelaire nos dissesse isso de maneira mais explícita? Ele o faz no poema em prosa "O louco e a Vênus", dessa vez pelo subterfúgio da alegoria. Sob o olhar do poeta-narrador, no cenário de um parque opulento superaquecido por um grande sol de verão, um bobo da corte, "um desses bufões voluntários encarregados de fazer os reis rirem", se aflige ao pé de uma colossal estátua de Vênus. Os parques onde Watteau e Fragonard ergueram estátuas análogas têm mais sombras. Mas Baudelaire precisa traçar uma figura sombria contra um fundo de intensa luminosidade. Devorado de tristeza, o louco implora o amor da estátua. Ele "ergue os olhos cheios de lágrimas para a imortal Deusa":

> E seus olhos dizem: — "Sou o último e o mais solitário dos humanos, privado de amor e amizade, e bem inferior nisso ao mais imperfeito dos animais. No entanto sou feito, eu também, para compreender e sentir a imortal Beleza! Ah! Deusa! tende piedade de minha tristeza e de meu delírio!"
>
> Mas a implacável Vênus olha ao longe não sei o que com seus olhos de mármore.[112]

A separação é infinita. Pela força das *coisas*, os dois olhares não puderam se encontrar, contrariamente aos da dupla fugaz que se cruza na rua parisiense. O olhar da estátua colossal permaneceu fixado ao longe, embora sempre afogado na opacidade do mármore. A súplica do bufão — melancólico ou histérico, ao sabor de nossa interpretação — desconhece a *dura* realidade da pedra. O suplicante se obstina num apelo que só pode ser frustrado e parece se deliciar na dor da frustração. A cena do parque, num cenário e sob as aparências de um estetismo deliberadamente anacrônico, é a versão estática da declaração de amor retrospectiva do poeta à passante desaparecida. Mas a indiferença da estátua definitiva toma aqui, de modo muito mais acentuado, o significado de uma hostilidade cruel. Essa Vênus, que é chamada de "implacável", pertence à grande família dos tiranos baudelairianos. Outras estátuas são igualmente implacáveis; como a Beleza, "bela como um sonho de pedra", e cujo olhar "sabe fascinar esses dóceis amantes",[113] tal qual o olhar da passante.

A experiência melancólica é, em primeiro lugar, um condensado de agressão e sofrimento: é ao mesmo tempo, como vimos, uma sensação de perda vital e de petrificação. A estátua e seu olhar estão aptos a figurar sinteticamente todos esses elementos. Baudelaire, em "Spleen", no final de suas sucessivas atribuições de papéis, figurou a si mesmo como "um granito cercado por um vago pavor,/ Adormecido no fundo de um Saara brumoso". Ele se *viu* e *sentiu* tornar-se "uma velha esfinge ignorada pelo mundo indiferente". Uma das invenções de sua imaginação melancólica foi, assim, não só erguer todo um grupo de estátuas mas também ir ao encontro delas. Nem em plena cidade, todavia, nem no parque de um castelo, mas no mais profundo exílio, onde o olhar se perde numa brumosa indeterminação. O único recurso é cantar ao cair da noite, "aos raios do sol que se põe".[114]

O príncipe e seu bufão

Numa novela de Bandello, um príncipe faz seu bufão, condenado por lesa-majestade, sofrer o simulacro de uma condenação à morte: transido de pavor, o bufão morre subitamente no cadafalso.[115] Num poema em prosa de Baudelaire ("Uma morte heroica"), um bufão culpado de lesa-majestade morre subitamente, quando se oferece como espetáculo, diante dos olhos do príncipe que fez desse acontecimento alvo de uma experiência psicológica.[116] Uma singular semelhança aproxima as duas histórias; as analogias entre os pormenores são numerosas e impressionantes. As diferenças também. Deve-se, por conjectura, supor que Baudelaire teve conhecimento do relato de Bandello ou de uma imitação deste?[117] Seria tentar explicar as semelhanças pelo contato, pela leitura, pela "recepção" (ou, como se gosta de dizer: pela intertextualidade). Também se poderia alegar o recurso a um *topos* comum — a um arquétipo bastante universal para que isso não precise ser transmitido pela via da influência.[118] E verificaremos que o que tem sentido, numa confrontação dessas, são as diferenças e as distâncias: numa matéria comum, a mudança que Baudelaire traz torna-se um indício revelador; aí ele apõe a marca de sua arte, fazendo dessa história a própria alegoria do destino do artista.

A novela de Bandello é precedida de uma carta-dedicatória dirigida a Geronimo da la Penna. O autor lembra uma visita feita a seu destinatário, num dia em que este sofria de uma febre quartã. Foi a ocasião de lhe dizer, baseado na autoridade de um terceiro, que é possível curar a febre quartã por um grande susto:

> Digo-lhe também que outrora ouvi de não sei quem que, se se metesse um imenso medo a um doente sofrendo de febre quartã, com toda certeza isso o libertava de sua febre.[119]

O doente lhe respondera que a esse preço uma cura lhe parecia desejável:

> Vós me respondestes que desejaríeis de bom grado que vos metessem um grande e pavoroso medo, a fim de ser libertado desse penoso mal que, a cada quatro dias, por arrepios glaciais e estalar de dentes, vos atacava e atormentava tão cruelmente.[120]

Esse desejo do doente não será atendido. A carta-dedicatória acrescenta que, três ou quatro dias antes, Bandello encontrou Galasso Ariosto no jardim de um amigo: falaram da febre quartã de Geronimo da la Penna. E Galasso Ariosto, a propósito da cura da febre quartã pelo grande susto, contou uma história que Bandello logo transcreveu para repassá-la ao amigo doente. Tratar-se-á de um *exemplo desenvolvido*, destinado a distrair o primeiro leitor e a fazê-lo ter paciência: "É assim que vo-lo envio e vo-lo ofereço [...], tentai curar e viver feliz".[121] A ficção não é apenas, na febre quartã do amigo leitor, um pretexto externo — ponto de partida de uma associação por analogia: ela se atribui, além disso, uma função quase terapêutica. Daqui a pouco ficaremos sabendo que a febre quartã causa melancolia: oferecendo seu relato a um doente, o autor institui com ele a relação típica em que o prazer literário, como se precisasse de uma legitimidade que em geral lhe falta, intervém à guisa de remédio, para expulsar o mal ou fazer com que seja esquecido.

A novela começa. Agora, a função de narrador pertence a Galasso Ariosto; este instala o quadro temporal de seu relato evocando três gerações da dinastia dos príncipes d'Este, marqueses de Ferrara. Galasso diz ter ouvido do pai uma história que se refere a Nicolas d'Este, avô do príncipe regente. A responsabilidade do próprio relato se desloca de novo e remonta assim a um terceiro personagem, ausente ou falecido, o pai de Galasso. Os heróis do relato, Nicolas d'Este e seu bufão Gonnella, são encenados num passado relativamente próximo, mas recuado o suficiente para ter as cores de uma lenda. (Na época em que Bandello escreve, o bufão Gonnella já era uma figura literária — herói de uma profusão de histórias jocosas.)[122]

O príncipe d'Este sofre de febre quartã e tornou-se melancólico. A corte está entristecida, e Gonnella mais que qualquer um, porque *ama* extremamente seu senhor, e porque os recursos de sua arte, tão aptos em geral a dissipar a tristeza, permanecem ineficazes:

> Mas o mais infeliz de todos era Gonnella, pois amava enormemente seu senhor e se desesperava por não saber executar nenhum jogo e nenhuma brincadeira capazes de alegrá-lo.[123]

Em desespero de causa, os médicos preconizam um recurso "clássico" — mudança de ares. O príncipe vai se instalar no castelo de Belriguardo, à beira do Pó: tomará gosto pelos passeios às margens do rio. É então que Gonnella se lembra do que tinha ouvido dizer[124] ou talvez "visto por experiência": "que um grande susto dado de improviso ao doente constituía um remédio instantâneo e muito eficaz para expulsar a febre quartã".[125] Ele mesmo organiza a cena: atira o príncipe no rio; um moleiro da vizinhança, prevenido por Gonnella, encontra-se ali, onde finge pescar; recolhe em sua barca o príncipe apavorado mas curado. Gonnella foge para Pádua, para a casa do senhor de Carrara. No entanto, Nicolas d'Este, embora *amando* seu bufão, não sabe o que pensar de seu ato; o caso é confiado ao Conselho, que estima que houve crime de lesa-majestade: Gonnella é condenado a ter a cabeça cortada, caso volte aos Estados do príncipe. Este, "que amava Gonnella",[126] se entedia com sua ausência: "sentia desassossego por causa de sua ausência...".[127] Gonnella sabe que foi banido ("*bandito*") mas resolve retornar a Ferrara: apresta uma charrete, no fundo da qual manda pôr terra de Pádua: anuncia-o por uma tabuleta, para excepcionar de modo divertido o direito de extraterritorialidade. O príncipe de Ferrara, que em troca deseja se divertir com seu bufão ("desejando se divertir à sua custa"),[128] o manda prender e o joga na cadeia. O plano do príncipe (que desconfia das razões terapêuticas do atentado de Gonnella) é fazer o bufão sofrer, num grande espetáculo, o simulacro de uma execução — para, por sua vez, meter-lhe medo. Gonnella não consegue falar com o príncipe: ele lhe pediria um perdão que na verdade já obteve. Citemos na íntegra o desfecho dessa história burlesca, que termina em história trágica:

> O infeliz Gonnella, vendo que a coisa era a sério e não para rir, e que jamais lhe fora dada a graça de falar com o marquês, fez da necessidade virtude e se preparou o melhor que pôde para aceitar a morte como expiação de seus pecados. O marquês ordenara no maior segredo que, quando Gonnella fosse conduzido ao cadafalso, estivesse com os olhos vendados e que, assim que tivesse esticado o pescoço sobre o cepo, em vez de decapitá-lo o carrasco lhe despejasse um balde de água na cabeça.
>
> Toda Ferrara estava na praça, e grandes e pequenos estavam infinitamente desolados com a morte de Gonnella. O pobre homem, de olhos vendados, ajoelhado e chorando miseravelmente, pediu perdão a Deus por seus pecados, mostrando uma imensa contrição. Pediu igualmente perdão ao marquês, afirmando que o empurrara no Pó com o único fim de curá-lo; depois, convidando o povo a rezar a Deus por sua alma, esticou o pescoço sobre o cepo. Então o carrasco lhe despejou o balde de água na cabeça enquanto todo o povo gritava misericórdia, pensando que o balde fosse a maça. Tão grande foi o medo que teve nesse instante Gonnella que o infeliz e desafortunado bufão rendeu a alma a seu Criador. E desde que o fato foi conhecido, ele foi honrado e pranteado em toda Ferrara. O marquês ordenou que ele fosse acompanhado até a sepultura por um cortejo fúnebre com todo o clero de Ferrara; e se mostrou tão aflito com o acidente ocorrido que, durante muito tempo, permaneceu insensível a qualquer consolo.[129]

Assim, uma mesma causa, o "medo extremo", produz efeitos opostos. Infligido pelo bufão ao príncipe, é curativo; infligido pelo príncipe ao bufão, é fatal. O amor recíproco do príncipe e do bufão, a intervenção simétrica de uma farsa sádica (meter medo e, além disso, nos dois casos, por meio da *água fria*) levam ao resultado mais dissimétrico: cura de um lado, morte súbita do outro. O que era poder de vida nas mãos do bufão é poder de morte nas mãos do príncipe.

A novela, como vimos, oferece ao leitor uma história que Bandello apenas recolheu. Ele a conhecia por Galasso Ariosto, que conhecia pelo pai. É uma história que *circula* oralmente; por acidente, o escritor foi informado de sua existência; redigiu-a *de passagem*. Como a quase totalidade da literatura de novelas, desde o *Decamerão*, o escrito se dá para consignar uma narrativa oral; e esta se dá para o relato exato de um acontecimento surpreendente e memorável. O escritor atribui a si mesmo uma função de depositário: não está implicado na história narrada, improvisou-se secretário de um narrador anterior.

A história narrada é ela mesma ilustração de uma opinião recebida: dizem que um grande medo pode curar a melancolia e a febre quartã. A ideia também está em circulação. Citemos uma das fontes antigas. Celso escreve: "Também consideramos bom excitar nesses doentes terrores súbitos, ou imprimir por um meio qualquer um abalo profundo à sua inteligência. Essa comoção, de fato, pode ser útil, arrancando-os de sua situação primeira".[130]

E a presunção da eficácia dos banhos de surpresa sobreviverá até o século XIX. Lemos na pena de Pinel: "Vimos muitas vezes uma emoção intensa e brusca produzir bons efeitos e até efeitos duradouros [...]. Os banhos frios de surpresa, aconselhados por Van Helmont, e com os quais ele diz ter operado várias curas, agem produzindo uma impressão viva e súbita, um grande susto".

Segue-se um exemplo que é a exata repetição do método empregado por Gonnella:

> Uma senhora estava atacada havia muito tempo por uma melancolia que não conseguira ceder a nenhum dos remédios que lhe haviam ministrado diferentes médicos. Convenceram-na a ir para o campo; levaram-na a uma casa onde havia um canal, e a jogaram na água sem que ela esperasse. Pescadores estavam preparados para retirá-la prontamente. O pavor lhe devolveu a razão que ela conservou por sete anos.[131]

Quanto à morte súbita no cadafalso sob o efeito do terror, é um tema que alimenta a doxografia. Lemos, notadamente em Montaigne:

> Há aqueles que, de pavor, antecipam a mão do carrasco. E aquele de quem tiravam a venda para lhe ler seu perdão, viu-se duro, morto sobre o cadafalso, só pelo golpe de sua imaginação.[132]

O poema em prosa "Uma morte heroica" é um relato que escolhe como quadro uma corte principesca — em lugar e época indeterminados. Os personagens, como na novela de Bandello, são um príncipe e seu bufão: "Fancioulle era um admirável bufão, e quase um dos amigos do Príncipe".[133] O nome de Fancioulle, embora escrito à francesa, dirige o espírito para a Itália: ora, é no Renascimento que houve nesse país, reinando sobre muitos Estados, príncipes absolutistas que mantinham bufões. O espírito vê-se, assim, remetido a uma época que, aproximadamente, é aquela em que viveu Bandello, ou aquela de que falam suas histórias.

O príncipe baudelairiano também é um melancólico: "Ele não conhecia inimigo mais perigoso que o Tédio". É "uma alma curiosa e doente". O elemento sádico — nas relações recíprocas do bufão e do príncipe — aí se encontra de novo, de forma acentuada. Fancioulle não se entrega a uma agressão terapêutica: participa de uma "conspiração formada por alguns gentis-homens descontentes". O crime de lesa-majestade é aqui perfeitamente cometido. Fancioulle, como Gonnella, é preso. A morte súbita de Fancioulle não ocorrerá durante uma execução simulada mas durante um "grande espetáculo" em que desempenha "um de seus principais e melhores papéis". A analogia reside no cerimonial e na presença de uma ampla assistência. No momento em que Fancioulle se mostra verdadeiramente sublime, uma criança emboscada pelo príncipe lança "um assobio agudo, prolongado",[134] que provoca a morte súbita do mímico. O relato se conclui, como em Bandello, com um breve epílogo, que lembra a afeição ambígua dos dois homens e comunica ao leitor que o príncipe não mais encontrou um bufão comparável: o lugar ficou vazio.

> Fancioulle, sacudido, despertado em seu sonho, primeiro fechou os olhos, depois os reabriu quase de imediato, desmesuradamente maiores, em seguida abriu a boca como para respirar convulsamente, cambaleou um pouco para a frente, um pouco para trás, e depois caiu duro, morto no palco.
>
> O toque do apito, rápido como um gládio, realmente frustrara o carrasco? O próprio Príncipe adivinhara toda a homicida eficácia de sua astúcia? É lícito duvidar. Lamentou ele a perda de seu querido e inimitável Fancioulle? É doce e legítimo crer. [...] Desde então, vários mímicos, justamente apreciados em diferentes paí-

ses, foram representar perante a corte de ***; mas nenhum deles conseguiu lembrar os maravilhosos talentos de Fancioulle, nem se elevar ao mesmo *favor*.[135]

Até na estrutura dos nomes — Gonnella, Fancioulle — surge uma semelhança: sublinharemos a sufixação diminutiva *-ella*, *-oulle*, que feminiza um dos heróis (Gonnella, diminutivo de *gonna*, "saia", significa: "saiote", mas também "despojos mortais") e infantiliza o outro (*fanciullo* designa o rapazote, entre a infância e a adolescência).

O interesse essencial da comparação — afora todos os problemas de fontes — reside no fato de que em todos os níveis em que é possível aplicar a análise, o poema em prosa de Baudelaire transforma e desloca os traços marcantes oferecidos pelo relato de Bandello: e todas essas transformações, todos esses deslocamentos, considerados nos pormenores, se efetuam de modo harmônico e concordante, vão na mesma direção, concorrem para o mesmo efeito. A comparação, na base das semelhanças verificadas, pode agir para evidenciar o conjunto das diferenças que assinalam não só um outro tratamento da mesma "matéria", mas uma outra era da criação literária — uma era em que a literatura *reflete* sobre seu próprio estatuto. Pode-se ler o texto de Baudelaire *como se* fosse uma interpretação transformadora do texto de Bandello. Por mais que esse trabalho transformador assim atribuído, sem provas objetivas, a Baudelaire seja apenas uma ficção crítica, essa ficção nos fará sentir, por uma avaliação diferencial, a direção em que se orientam o pensamento e o texto de Baudelaire.

Como vimos, Bandello tem a preocupação de se atribuir (talvez de modo fictício) uma situação de intermediário entre um informante definido e um destinatário definido (que são seus avalistas): ele é apenas o agente de transmissão de uma história verificada (ou pretensamente tal) que já circula independentemente dele; essa história só reclama atenção porque relata um fato singular, pelo qual se ilustra uma verdade geral sobre os efeitos do medo, que produz ora curas, ora mortes súbitas. Embora a novela de Bandello se desenrole num meio de alta civilização, os acontecimentos "maravilhosos" que relata — cura e morte súbitas — são *fatos da natureza*, por excepcionais que sejam. Acrescentemos que, conquanto optando por um recuo de duas gerações, Bandello toma o cuidado de ligar sua história a um príncipe da dinastia reinante: nada aqui difere das circunstâncias presentes; nenhum desenraizamento intervém. O desconhecido, o *novo* da novela, parece o conhecido, ou aí se insere.

Em Baudelaire é totalmente diferente. O relato não tem vínculos. Não implica nenhum personagem real ou pretensamente real. Tempo e lugar não estão definidos. O Príncipe não usa nenhum outro nome além de seu título: está reduzido a seu *poder*, a sua posição no jogo das figuras de uma corte do passado. Só Fancioulle é designado: ainda assim, trata-se de um apelido, que remete ao substantivo "rapazinho", portanto, mais uma vez, a uma posição no jogo das relações sociais, familiares, afetivas. Na época de Bandello, príncipe e bufão não eram papéis ultrapassados: em Baudelaire o são. Apesar da ausência de detalhes descritivos, a simples menção a esses papéis, como vimos, remete a um passado fantasiado, com as cores de um Renascimento de fantasia: a desinserção histórica do relato e sua vaga coloração renascente são o indício da pesquisa estética de um *clima* longínquo. Baudelaire, poeta da modernidade, em geral não precisa desse recuo ao passado mais ou menos definido. Todavia, insiste na figura do louco e do bufão, por seu valor emblemático; e toda vez que aparecem em seus textos loucos e bufões, eles comandam necessariamente uma projeção imaginativa rumo ao passado. É essa uma ficção que o poeta desenvolve ironicamente: ele permanece como mestre do jogo. Esse passado sem referência cronológica não é o lugar de um acontecimento suposto; ele mesmo é apenas uma imagem no mundo de imagens de que o poeta dispõe livremente. Na verdade, o relato que desenvolve diz respeito a si mesmo, em primeiro lugar: ele intervém na primeira pessoa, na qualidade de testemunha da representação-ordálio, sem perder, aparentemente, um só detalhe; vê Fancioulle se superar, depois morrer devido ao toque do apito; mas, além disso, projeta-se no Príncipe e em Fancioulle, os quais transforma em seus correspondentes alegóricos: partilhou, entre as duas figuras antagônicas, traços que atribui costumeiramente a seu próprio personagem, aptidões estéticas que ele mesmo ambiciona possuir. Portanto, é onipresente, onirrepresentado.[136] Enquanto Bandello fazia tudo para estabelecer uma relação de exterioridade entre seu relato e ele mesmo, Baudelaire trata um material (uma "intriga") análoga tornando-se ele mesmo imanente a todas as partes de seu "poema em prosa". Ele mesmo? Entendamo-nos: ele mesmo como artista e autor, entregando uma imagem refletida da criação literária por meio de uma parábola em que a arte se define como revolta, poder de simbolização, vulnerabilidade diante dos sinais brutais da recusa.

Há que se espantar: a transformação do material operou-se no sentido da reflexividade. Bandello relatava acidentes naturais; Baudelaire fala do próprio gesto da arte: seu relato tematiza o ato estético; eleva à potência subjetiva quase todos os elementos que se apresentavam em Bandello na mais simples objetividade.

Desde o início, o narrador baudelairiano mostra-se preocupado com uma *avaliação estética* de seu personagem: "Fancioulle era um *admirável* bufão".[137] Na pena de Bandello, bastava a Gonnella ser Gonnella, herói de tantas outras histórias burlescas que o definiam. Em Baudelaire, o deslocamento no sentido do interesse estético é universal: o Príncipe é "amoroso apaixonado pelas belas-artes, excelente conhecedor aliás"... É um dândi, ou um "esteticista", tal como Kierkegaard o define, ávido pelo "interessante" em todas as suas formas, ainda que monstruosas. Essas disposições fazem dele "uma alma curiosa e doente": doença cuja fonte emana do âmago da consciência, doença que é a própria consciência, ao passo que a melancolia de Nicolas d'Este era apenas a consequência da muito material manifestação da febre quartã.

A cena final foi deslocada da praça pública para um teatro de corte. E Fancioulle, que já não é mais apenas um personagem jocoso mas um mímico, dá a demonstração de sumo talento. O choque decisivo não decorre do material balde de água fria (por sua vez substituído em Bandello pela pesada *mazza* do carrasco): é um *sinal*. Pois o assobio com o apito não age produzindo um efeito de susto: interrompe a *recepção* e a relação de escuta necessárias ao artista; simboliza a recusa que anula o ato de comunicação tentado pela obra de arte. O bufão morre da afronta sofrida. Aqui, de novo, é na profundidade de uma subjetividade que o drama se passa. Não haverá mais igreja nem clero ("*chieresia*") para os funerais do bufão, pois o elemento religioso também se deslocou: misturou-se com a arte, com a "idealização" obtida por Fancioulle, cuja cabeça, para o narrador-testemunha, é coroada por uma *auréola*. Assim, a subjetividade, nos personagens de Baudelaire, aprofunda até se tornar inacessível ao suposto autor do relato. Sobre os "verdadeiros" motivos do comportamento do príncipe, predominam as conjecturas, e sobretudo as frases *interrogativas*: estamos longe das motivações simples que a história ingenuamente narrada por Bandello *conhece* sempre. A rigor, esbarramos em mistério na alma do Príncipe baudelairiano. Quanto a Fancioulle, a arte em que ele é excelente é aquela "cujo objeto é representar simbolicamente *o mistério* da vida".[138]

Ora, essa reflexividade, essa vertiginosa dimensão subjetiva, essa referência à arte, que fazem da cena de pantomima uma imagem emblemática (uma "passagem ao abismo"), da atividade do poeta; essa metaforização hiperbólica da obsessão de fracasso que não parou de habitar o espírito de Baudelaire: tudo isso vai de par com um movimento de negação generalizada, cuja intensidade apreciaremos, mais uma vez, por comparação com a novela de Bandello. Gonnella joga o príncipe no rio para curá-lo; é o benfeitor de seu amo; como tantos gestos arquétipos do bufão, o ato de Gonnella assegura uma passagem — da doença à saúde: a agressão é a máscara da solicitude eficaz. Gonnella só é culpado de lesa-majestade na aparência. O relato não deixa nenhuma dúvida sobre seus verdadeiros motivos: em nenhum momento quis atentar contra a pessoa do Príncipe, e menos ainda contra a ordem existente, no seio da qual tem seu lugar. Em troca, o Príncipe não realiza nada que não esteja estritamente conforme às suas atribuições: condenação, perdão concedido ao término de uma execução simulada. Nada irá questionar a estrutura do poder estabelecido e as relações sociais existentes. A agressividade recíproca do Príncipe e do bufão é dispensada como um *jogo* de consequências inesperadas, dentro de um mundo cuja ordem permanece indiscutida. Em Baudelaire, logo de saída Fancioulle *sai* de seu papel para participar de uma conspiração contra o Príncipe; associa-se a alguns desses "indivíduos de humor atrabiliário que querem depôr os príncipes e operar, sem consultá-la, a mudança de uma sociedade". Além da pessoa do Príncipe, é todo um "regime" que é visado. Fancioulle desertou da função de bufão submisso, tal como a define o código de uma corte antiga; entrou na ação *política*, sob o domínio de ideias "modernas" cuja realização não deixaria lugar para um bufão; portanto, desde o início há uma agressão contra o Príncipe e contra a própria *essência* do poder principesco; ao fazer isso, Fancioulle renega seu papel de bufão e leva conjuntamente a negação ao que ele *é* perante o Príncipe — e ao que a ordem "antiga" *o fazia ser*:

> Para as pessoas fadadas por condição ao cômico, as coisas sérias têm atrações fatais, e embora possa parecer bizarro que as ideias de pátria e liberdade se apoderem despoticamente do cérebro de um histrião, um dia Fancioulle entrou numa conspiração formada por alguns gentis-homens descontentes.[139]

O ato inicial de Fancioulle é, portanto, triplamente negador (ou "transgressivo", caso se prefira a terminologia corrente): vai de encontro à amizade, à ordem política, à condição de bufão. Mesma malevolência por parte do Príncipe. Serão necessários seu capricho e sua curiosidade "repressiva" para que a arte e o gênio de Fancioulle, na representação-ordálio, desabrochem em plena luz, contra um fundo de morte ameaçadora. O estratagema destruidor instalado pelo Príncipe é a réplica simétrica do complô dirigido contra sua pessoa e sua função; se ele pede a Fancioulle para representar é para poder atingi-lo não só em sua existência pessoal como em sua essência de artista: o som do apito é o sinal negador específico que se dirige à obra (ou à execução) que pretendeu o Belo e falhou. Fancioulle, criador-executante, produziu a idealidade perfeita; assim sendo, alcançou tudo o que se pode pretender alcançar. Portanto, é a arte, por meio de Fancioulle, que é condenada à morte, que é *executada*, pelo toque do apito. Na verdade, assim como Fancioulle desertou a arte em troca da ação revolucionária, o Príncipe esqueceu o amor apaixonado pelas "belas-artes" (que já o afastava de seus deveres de governo) em troca de uma curiosidade de ordem muito distinta; vira-se para os lados da ciência objetiva e planeja a representação-ordálio em nome de um *saber* de ordem médica: "Ele queria aproveitar a ocasião para fazer uma *experiência fisiológica* de interesse *capital* [itálicos de Baudelaire], e verificar até que ponto as faculdades habituais de um artista podiam ser alteradas ou modificadas pela situação extraordinária em que se encontrava".[140] Para quem sabe o que Baudelaire pensava em 1863 (data da publicação do poema) da ação política revolucionária e das pretensões dos "fisiologistas" (Lélut, Gratiolet etc.), é evidente que Fancioulle e o Príncipe traem, um e outro, as exigências do Belo, e que a Arte não pode senão morrer com essa dupla traição. Portanto, a era das revoluções, a era da fisiologia, é também a era da morte da arte, figurada na morte do artista. E Baudelaire, compondo seu poema em prosa, faz a experiência de uma arte que viveria de contar sua própria condenação à morte, entre o fracasso político (e o erro que é qualquer esperança política) e a implacável lei da objetividade "fisiológica". Chegando a esse ponto, precisamos seguramente nos despedir de Bandello; ele nos permitiu, pela comparação, perceber o que em Baudelaire é incomparável. Agora, não há mais razão de comparar — a não ser que, olhando mais perto de nós, introduzíssemos novos objetos de comparação. E estes não faltariam. Julgar é comparar, refletir é comparar, diziam os filósofos do século XVIII. Essa é a felicidade dos comparatistas; para eles, julgar e refletir não conhecem nenhum limite.

“Negadores” e “perseguidos”

Em vossos viveiros, em vossos lagos,
Carpas, como viveis longamente!
Será que a morte vos esquece,
Peixes da melancolia.

Guillaume Apollinaire[141]

Na notável monografia que Jules Cotard[142] dedica, em 1882, ao delírio das negações, manifestação dos melancólicos ansiosos e estuporosos, um traço é especialmente sublinhado: a convicção negativista não se refere apenas ao nome dos pacientes, seus pais, idade, órgãos internos; ela se generaliza, atinge a própria existência e o mundo exterior em seu conjunto:

> Em alguns a negação é universal, nada mais existe, eles mesmos não são mais nada [...]. Quando o delírio se refere ao mundo exterior, os doentes imaginam que não têm mais família, mais país, que Paris está destruída, que o mundo já não existe etc.[143]

E Cotard acrescenta:

> As crenças religiosas, e em particular a crença em Deus, costumam desaparecer, às vezes muitíssimo cedo.[144]

Nesse ponto do delírio, os doentes atribuem a si próprios a imortalidade, sob duas formas: não poder morrer, ou já estarem mortos e fadados a uma eterna sobrevivência:

Alguns [...] imaginam que não morrerão jamais. Essa ideia de imortalidade se encontra sobretudo nos casos em que a agitação ansiosa predomina; no estupor, os doentes imaginam de preferência que estão mortos. Vemos até mesmo os que apresentam alternadamente a ideia de estarem mortos e a ideia de não poderem morrer, dependendo de seus estados alternativos de agitação ansiosa ou de depressão estúpida.[145]

Dois anos antes, Jules Cotard publicara nos *Annales Médico-Psychologiques* a observação de uma doente cujos sintomas o impressionaram e lhe serviram, em boa parte, de ponto de partida para a constituição posterior do conceito de "delírio das negações". Esse relatório merece ser integralmente reproduzido.

SOBRE O DELÍRIO HIPOCONDRÍACO NUMA FORMA GRAVE DA MELANCOLIA ANSIOSA[146]

Lido na Sociedade Médico-Psicológica, 28 de junho de 1880

Observamos há vários anos, o sr. dr. Jules Falret e eu, uma paciente que apresenta um delírio hipocondríaco bastante singular.

A srta. X... afirma que não tem mais cérebro, nem nervos, nem peito, nem estômago, nem tripas; só lhe restam *a pele e os ossos do corpo desorganizado* (são estas suas próprias expressões). Esse delírio de negação estende-se até as ideias metafísicas que outrora eram objeto de suas mais firmes crenças; ela não tem alma, Deus não existe, o diabo também não. Como a srta. X... não é mais que um corpo desorganizado, não precisa comer para viver, não poderá morrer de morte natural, existirá eternamente, a não ser que seja queimada, sendo o fogo o único fim possível para ela.

Assim, a srta. X... não para de suplicar que façam queimar (sua pele e seus ossos) e fez várias tentativas para queimar a si própria.

Na época em que a srta. X... foi hospitalizada (em 1874; tinha então 43 anos), sua doença já datava de dois anos ao menos; o início teria sido marcado por uma espécie de *estalido interior nas costas repercutindo na cabeça.*

Desde esse momento, a srta. X... não parou de estar dominada por um tédio, por angústias que não lhe davam nenhum descanso; vagava como uma alma penada e ia pedir socorro aos padres e aos médicos.

Fez várias tentativas de suicídio em seguida às quais foi levada a Vanves. Acreditava-se maldita; seus escrúpulos religiosos a levavam a se acusar de todos os tipos de pecados e em especial de ter mal feito sua primeira comunhão. Deus, ela dizia, a condenara por toda a eternidade e ela já sofria as penas do inferno que bem merecera, pois toda a sua vida não fora mais que uma série de mentiras, hipocrisias e crimes.

Pouco tempo depois de sua internação, numa época cuja data ela mesma fixa, compreendeu a *verdade* — é assim que qualifica as concepções delirantes negativas que indiquei no começo — e se entregou, para fazer compreender essa *verdade*, a todo tipo de atos de violência, que chamava *atos de verdade*, mordendo, arranhando, batendo nas pessoas que a cercavam.

Há alguns meses a srta. X... está mais calma; a ansiedade melancólica diminuiu sensivelmente; a srta. X... é irônica, ri, brinca, é maledicente e implicante, mas o delírio não parece de jeito nenhum modificado; a srta. X... continua a afirmar com a mesma energia que não tem mais cérebro, nem nervos, nem tripas; que a comida é um suplício inútil e que não há outro fim para ela além do fogo.

A sensibilidade à dor está diminuída na maior parte da superfície do corpo, tanto à direita como à esquerda; podem-se enfiar profundamente alfinetes sem que a srta. X... manifeste sensação dolorosa. A sensibilidade ao contato e as diversas sensibilidades especiais parecem ter conservado sua integridade.

Quando o sr. Baillarger, há uns vinte anos, chamou a atenção para o delírio hipocondríaco dos paralíticos, suas asserções foram vivamente controvertidas, e ainda hoje, embora se fazendo plena justiça a seus trabalhos, é preciso reconhecer que um delírio análogo — não digo idêntico — ao delírio hipocondríaco dos paralíticos se apresenta em certos lipemaníacos como na paciente cuja história acabo de contar.

Resta determinar quais são esses lipemaníacos e se formam uma categoria particular.

As cinco observações de demonomania que encontramos em Esquirol[147] são notáveis pela analogia entre si e com a observação acima.

A primeira dessas demonomaníacas já teve dois acessos de lipemania. O demônio está em seu corpo, que a tortura de mil maneiras; ela jamais morrerá.

A segunda não tem mais corpo; o diabo levou seu corpo; ela é uma visão; viverá milhares de anos, tem o espírito maligno no útero, na forma de uma serpente, embora não tenha os órgãos da geração feitos como as mulheres. A terceira também não tem corpo, o espírito maligno o levou, só deixando o simulacro, que permanecerá eternamente na terra. Ela não tem sangue, é insensível (analgesia). A quarta não evacuou há vinte anos, seu corpo é um saco feito da pele do diabo, cheio de sapos, serpentes etc. Não acredita mais em Deus; há 1 milhão de anos que é a mulher do grande diabo. É uma espécie de imortalidade retrospectiva.

A quinta tem o coração deslocado, não morrerá nunca.

Leuret relata dois casos análogos:

Uma mulher se acredita maldita, seu coração não sente mais, ela é *uma estátua de carne imortal*; foi possuída pelo demônio e nesse momento teria sido preciso queimá-la, agora não seria mais possível.

A outra tem um vazio na região epigástrica; está condenada, não tem mais alma. Mais tarde lhe veio o pensamento de que era imortal.

Outra observação recolhida pelo sr. Petit, em Maréville.[148] J... se acredita maldita; não tem mais sangue, deve viver eternamente, e para libertá-la da vida seria necessário cortar-lhe os braços e as pernas. Suplica que alguém a corte em pedaços. Eu poderia citar mais uma observação na memória do dr. Macario,[149] duas observações de Morel,[150] e duas outras de Krafft-Ebing.[151]

Em todos esses doentes, o delírio hipocondríaco apresenta imensa analogia; eles não têm mais cérebro, estômago, coração, sangue, alma; às vezes até não têm mais corpo.

Alguns imaginam que estão podres, que seu cérebro está mole. Assim são dois doentes (homens) que observo atualmente:

Um se acredita condenado; é o homem maldito, o demônio, o anticristo, queimará eternamente; não tem mais sangue, todo seu corpo está podre.

O outro também se acredita maldito, é infame, ignóbil, culpado de todos os crimes; seu cérebro está mole, sua cabeça é como uma noz vazia, ele não tem mais sexo, não tem alma, Deus não existe etc.; tenta se mutilar e se matar por todos os meios possíveis e suplica que lhe deem a morte. Esse delírio hipocondríaco é muito diferente daquele que precede ou acompanha o delírio das perseguições.

Entre os perseguidos, os diferentes órgãos são atacados de mil maneiras, seja por descargas elétricas, seja por processos misteriosos, seja por influências perniciosas vindas do ar, da água ou dos alimentos. Mas os órgãos não são destruídos; parecem renascer à medida que ocorrem os ataques. Entre os malditos, a obra de destruição é realizada; os órgãos não existem mais, o corpo inteiro é reduzido a uma aparência, um simulacro; em suma, as negações metafísicas são frequentes, ao passo que são raras nos verdadeiros perseguidos, grandes ontologistas na maioria.

Às ideias hipocondríacas junta-se muito frequentemente a ideia de imortalidade, que, em certos casos, parece daí se deduzir, seguindo uma certa lógica.

Doentes dizem que não morrerão, porque seu corpo não está nas condições ordinárias de organização, porque se pudessem morrer já estariam mortos há muito tempo; estão num estado que não é a vida nem a morte; são mortos-vivos. Nesses doentes a ideia de imortalidade é verdadeiramente, e por mais paradoxal que isso possa parecer, uma ideia hipocondríaca; é um delírio triste relativo ao organismo; gemem com sua imortalidade e suplicam que alguém os liberte dela. É totalmente diferente a ideia de imortalidade que existe às vezes como delírio de grandeza nos perseguidos crônicos megalômanos.

Eu poderia citar o caso de um paciente, que pretende que a natureza de sua organização é tal, por causa dos privilégios que lhe foram conferidos por Napoleão I em 1804 (26 anos antes de seu nascimento), que ele tem certeza de que jamais morrerá.

Outro está convencido de que será levado ao céu como o profeta Elias e jamais morrerá.

Se os doentes cujas observações acabo de relatar diferem manifestamente dos perseguidos,[152] aproximam-se muito, ao contrário, dos melancólicos ansiosos; vivem num estado de angústia e de ansiedade intensas; gemem, falam sem parar, repetem constantemente as mesmas queixas e imploram por ajuda; suas ideias hipocondríacas parecem ser apenas uma interpretação delirante das sensações doentias que têm os doentes sofrendo de melancolia ansiosa comum. Estes se queixam de sentir a cabeça vazia, de ter um mal-estar na região precordial, de não ter mais sentimentos, de não gostar de nada, de não conseguir mais rezar, de duvidar da bondade de Deus; há até os que se queixam de não mais poder sofrer, enfim, estão convencidos de que nunca se curarão. Os doentes cujas observações relatei não têm mais cérebro; seu coração explodiu (numa observação de Krafft-Ebing), não têm mais alma; Deus não existe mais; sofrerão eternamente sem poder jamais morrer, enfim, na maioria são realmente analgésicos. Podemos espetá-los, beliscá-los, sem que acusem sensação dolorosa, e nao é raro vê-los se entregarem a automutilações pavorosas.

A melancolia ansiosa comum é uma forma sintomática frequente das vesânias de acesso ou intermitentes; via de regra tem cura.

O mesmo não ocorre quando o delírio hipocondríaco vem se somar a ela; nesse caso o prognóstico é muito mais grave. Isso acontece às vezes desde o primeiro acesso; com frequência é no segundo, no terceiro acesso que se desenvolve o delírio hipocondríaco e então a doença passa ordinariamente ao estado crônico. No entanto, Krafft-Ebing cita dois casos de cura; encontro também um em Leuret.

É notável que todos os doentes em quem encontrei mencionado o delírio hipocondríaco com ideia de imortalidade eram dominados por ideias de danação, de possessão diabólica, em suma, apresentavam as características da demonomania ou da loucura religiosa.

Não encontrei casos rigorosamente semelhantes nos poucos demonógrafos que pude consultar; talvez se devesse ligar a essa forma de loucura os alienados vagabundos que parecem ter dado origem à lenda do judeu errante (Cartáfilo, *c.* 1228; Asverus, 1547; Isaac Laquedem, 1640) e que se acreditavam culpados por uma ofensa perante Jesus Cristo e condenados a errar pela Terra até o dia do juízo final.[153]

Durante os séculos mais recentes, vários gêneros de loucura foram confundidos sob o nome de *possessão demoníaca*; a maioria dos casos que nos foram conservados pertencem à histeromania epidêmica ou ao delírio das perseguições. Deve-se estabelecer uma outra variedade de loucura religiosa se desenvolvendo no que eu chamaria de bom grado de *melancolia ansiosa grave*?

Se essa espécie de lipemania merecesse ser destacada, a reconheceríamos pelas características seguintes:

1. Ansiedade melancólica;
2. Ideia de danação ou de possessão;
3. Propensão ao suicídio e às mutilações voluntárias;
4. Analgesia;
5. Ideias hipocondríacas de não existência ou de destruição de diversos órgãos, do corpo inteiro, da alma, de Deus etc.;
6. Ideia de jamais conseguir morrer.

Marcando a diferença que separa os "negadores" dos "perseguidos" (e ele voltará a isso longamente no artigo de 1882), Cotard insiste na ausência de qualquer delírio de influência, de qualquer imputação a outra pessoa dos fenômenos que o paciente sente em seu corpo: a mortificação, o despertencimento, a analgesia não são obra de uma maleficência exterior. Cotard traça assim a linha de demarcação entre um quadro clínico que permanece incluído, para nós, no campo da melancolia, e os fenômenos que os psiquiatras de hoje repertoriam habitualmente (segundo a nomenclatura bleuleriana) sob o nome de esquizofrenia paranoide. A vivência dos melancólicos negadores não põe diretamente em causa a intervenção maléfica de um terceiro. Se há erro — e ele intervém na maioria dos casos —, é sentido como um erro pessoal, instalado inextinguivelmente no sujeito. Sem dúvida, o negador *interpreta* suas sensações hipocondríacas, mas sua interpretação permanece sempre autorreferida: a interpretação negadora, ocupando a estreita consciência do sujeito, se substitui à inerência vital do próprio corpo, transformado em matéria alheia. A morte não pode mais lhe dizer respeito.[154]

O estranho é que esse corpo assim negado possa ser dito gigantesco. Cotard completou suas observações com uma comunicação sobre o "delírio de enormidade".[155] Para esse positivista, que faz questão de classificar o que observa, o delírio de enormidade dos melancólicos deve ser bem diferenciado do "delírio das grandezas".[156] Não se trata de uma verdadeira megalomania. Entretanto, Cotard reconhece que todos os grupamentos são provisórios e que a realidade frustra as separações nosográficas. O que Freud, em *Luto e melancolia*, atribuirá ao componente narcisista da depressão melancólica, Cotard põe nitidamente às claras sob o nome de amor-próprio nos parágrafos que vamos ler:

> Se acompanhamos esses doentes na longa evolução de seu delírio, vemos aparecer, num período mais avançado na cronicidade, concepções que se aproximam ainda mais do delírio ambicioso. O tipo dessas concepções nos é fornecido pelas ideias de imortalidade [...].
>
> Se examinamos com um pouco de atenção os imortais, percebemos que alguns deles não são somente infinitos no tempo, mas que o são também no espaço. São imensos, seu tamanho é gigantesco, sua cabeça vai tocar as estrelas. Uma demonopata imortal imagina que sua cabeça assumiu proporções tão monstruosas que ultrapassa os muros da casa de saúde e vai até a aldeia para demolir, como um aríete, os muros da igreja. Às vezes, o corpo não tem mais limites, estende-se ao infinito e funde-se com o universo. Esses doentes, que não eram nada, chegam a ser tudo.

Repito a pergunta que fazia há pouco: são essas aí ideias de grandeza? As analogias com a megalomania verdadeira se pronunciam mais e é difícil responder.

Os doentes estão no infinito, nos milhões e nos bilhões, no enorme e no sobre-humano. Eles milhionam como paralíticos ou megalômanos, mas milhionam no sentido do delírio melancólico.

É isso, creio, que os diferencia dos verdadeiros megalômanos. Em seu exagero e em sua enormidade, as concepções mantêm seu caráter de monstruosidade e horror. Bem longe de ser uma compensação ao delírio melancólico, essa enormidade marca, ao contrário, seu grau mais excessivo. Assim, esses delirantes, por enormidade, são mais que nunca lamentáveis, queixosos e desesperados; sua atitude e sua fisionomia são totalmente diferentes das dos verdadeiros megalômanos.

Mas seria preciso ser um psicólogo bem ingênuo para não adivinhar que justamente aí o amor-próprio acaba por se dar bem. O hiperbolismo da linguagem, as ideias de enormidade, o sentimento de uma potência maléfica, é verdade, mas sobre-humana, se põem de acordo com uma verdadeira humildade. Poder-se-ia quase afirmar a priori, antes que a observação clínica nos autorizasse, que verdadeiras ideias de grandeza deveriam, no final, se desenvolver nesse terreno.

Uma paciente que citei e que, em 1882, era um verdadeiro tipo desse delírio, chegou a se acreditar, hoje, imensa; ela é tudo, é ao mesmo tempo Deus e o diabo, todo-poderosa para o mal como para o bem, é a Santa Virgem, é rainha do céu e da terra etc. Esse delírio se manifesta, sobretudo, por momentos, como por acessos, e alterna com o antigo delírio melancólico e de negação. Acontece até de os dois delírios coexistirem no mesmo instante e se associarem da maneira mais incoerente; ora a sra. X… é precipitada no nada, nos abismos a mais de mil pés debaixo da terra, ora é mais alta que o Mont Blanc, ela mesma é o Mont Blanc, é o trovão, o relâmpago e os raios; ora não existe mais, ora está ao mesmo tempo na Índia, na América e em todas as partes do mundo.[157]

A IMORTALIDADE DO "JUDEU ERRANTE"

Jules Cotard, diante de uma imortalidade tão estreitamente ligada ao sentimento de culpa, pensa logo num estudo de Gaston Paris sobre o judeu errante.[158] Mas pensa de uma maneira curiosa: aquém da crença popular e dos textos que a propagam, ele busca, como bom positivista, uma causa não subjetiva (mas, na verdade, inteiramente conjuntural): os indivíduos "reais" que poderiam ter servido de pretexto aos relatos fabulosos. Como tantos médicos de sua época, deseja explicar um mito coletivo por uma patografia individual. Tudo indica, ele crê, que houve "alienados vagabundos",[159] jogados nas estradas pela agitação de sua melancolia ansiosa, e que se diziam imortais. Cotard se serve da ciência "moderna" para explicar as crenças do passado. Podemos sorrir dessa ilusão retrospectiva. Com que direito buscar uma causa objetiva, a um só tempo indetectável e não falsificável, para explicar um motivo lendário que se estende, mais além do judeu errante, a toda uma constelação de variantes, surgida em diversas eras e em diversos lugares: caçadores malditos, navegadores eternos, culpados cuja penitência se cumpre na Terra, entre os homens, na sempiterna espera de um perdão, de uma morte salvadora, ou da destruição definitiva? Aceitaríamos mais facilmente ver nesse motivo um arquétipo em que se expressaria uma virtualidade do imaginário humano. Virtualidade talvez inseparável da própria constituição do aparelho psíquico. Ou, se renunciamos a torná-la um sonho sem idade, virtualidade que teria aparecido quando certas culturas, renunciando ao nomadismo, teriam interpretado a errância seja como sinal de eleição, seja como o destino reservado ao maldito. Só os sedentários podem pensar a errância como marca de um destino excepcional...

Mas ao generalizar assim o motivo lendário acabamos dando razão, ao menos em parte, e sob reserva de verificação, à versão evhemerista do dr. Cotard. Se o arquétipo que supomos é dotado de tal universalidade, não está fadado a permanecer cativo do relato que o veicula; pode se exteriorizar a céu aberto, isto é, dar lugar a identificações individuais. Basta que, a partir de um distúrbio da identidade pessoal, alguém entre plenamente no papel que ele se vê prescrever pelo modelo lendário. São esses, de certa forma, o corolário e a contrapartida da universalidade arquetípica, em especial nas sociedades em que os indivíduos se sujeitam a papéis predeterminados, mais que à exigência individualista da autenticidade singular. O papel arquetípico é disponível a um só tempo para a narração, a recepção, a difusão — e para a impersonação ocasional (teatral, histérica, psicótica) que reaviva e atualiza a figura lendária, conferindo-lhe, pela representação, um suplemento de presença que equivale a uma nova origem. A partir daí, que importa saber qual dos dois preexistiu, se o "alienado vagabundo" ou a lenda do "judeu errante"? Um e outro — palavra ou passagem ao ato — testemunham idêntica interpretação da errância, no interior de um dispositivo cultural entretido por uma longa tradição. No caso vizinho da demonomania, evocada com razão por Cotard, e cujo progressivo desaparecimento na sociedade industrial ele não ignora, sabe-se que via de regra a interação foi completa entre o discurso sobre a feitiçaria e os fenômenos de possessão, geralmente epidêmicos, em que indivíduos, na ausência mesmo de qualquer ameaça penal, declaravam ter agido sob um domínio diabólico. As interpretações narrativas e certos comportamentos espontâneos se fazem eco e remetem a um esquema transpessoal, apto a ser assumido tanto pela psicose como pelos textos dos juristas, poetas ou autores de livrinhos populares. Por meio dos processos simples da crença, o que se conta torna-se comportamento, e os comportamentos reativam e relançam o relato que passa a ser uma prova.

Na verdade, no centro do mito não é a errância que encontramos, mas a imortalidade. Cartáfilo, o primeiro dos exemplos mencionados por Cotard (segundo Gaston Paris), não é um vagabundo, mas um homem que ficou vivo desde a Paixão de Cristo. A errância se soma à imortalidade em outros indivíduos lendários (Malco, Buttadeo, Asverus). Entre todos esses personagens, o denominador comum é a espera infinita: a errância é apenas a expressão desenvolvida, espacializada, dessa espera, a figura de uma decepção e de uma ausência em que o *sempre* se completa pelo *por todo lado*.

A história de Cartáfilo é interessante não só porque insiste na imortalidade do personagem, como também porque, ao que eu saiba, é a única versão em que está indicada a maneira — cíclica — como se prolonga sua existência. Veremos, por outro lado, através de quantos intermediários a história de Cartáfilo é transmitida, e através de que recursos em relação ao disse que disse.

Roger de Wendover, em *Flores historiarum*,[160] conta que em 1228 um arcebispo da Armênia foi em peregrinação à Inglaterra:

> Perguntaram-lhe, entre outras coisas, se ele jamais tinha visto José, esse homem de quem se fala com tanta frequência entre as pessoas e que, quando o Senhor sofria a Paixão, estava presente e falou com ele; ainda viveria, como uma prova da fé cristã. No lugar do arcebispo, um oficial de seu séquito, que lhe servia de intérprete, declarou em francês: "Meu mestre conhece bem esse homem".

Interrogado em seguida sobre o que ocorrera entre o Senhor Jesus Cristo e esse José, o oficial respondeu:

> Quando os judeus arrastavam Jesus para fora do pretório e ele chegava à porta, Cartáfilo, porteiro do pretório e de Pôncio Pilatos, bateu nas costas do Senhor e disse-lhe, escarnecendo: "Vai, então, Jesus, vai mais depressa; por que demoras?". E Jesus, olhando-o com um rosto e um olhar severos, disse-lhe: "Eu me vou, e tu esperarás até que eu volte". É por isso, segundo a palavra do Senhor, que Cartáfilo ainda espera. Tinha cerca de trinta anos por ocasião da Paixão do Senhor; toda vez que chega a cem anos feitos, volta à idade que tinha por ocasião da Paixão de Cristo.[161] Mas depois da Paixão do Senhor, como a fé católica crescia, esse mesmo Cartáfilo foi batizado por Ananias, que batizara o apóstolo Paulo; e foi chamado de José. Habita em geral as duas Armênias e outros países do Oriente; vive no meio dos bispos e dos prelados. É um homem religioso, de vida santa; suas palavras são raras e circunspectas; só fala quando bispos e pessoas religiosas lhe pedem. E então, conta os feitos da Antiguidade, e o que se passou por ocasião da Paixão e da Ressurreição do Senhor; fala das testemunhas da Ressurreição, isto é, dos que ressuscitaram com Cristo e foram à Cidade Santa e foram avistados por numerosas pessoas. Explica o símbolo dos apóstolos, a separação e a pregação deles; e isso sem rir e sem leviandade de palavra, pois em geral está em lágrimas e no temor do Senhor, temendo sempre e receando a vinda de Jesus Cristo; tem medo que nesse juízo final ele o encontre em cólera, já que tendo zombado dele quando enfrentava sua Paixão, este lhe dera ocasião de uma justa vingança. Há quem vá encontrá-lo de países distantes para desfrutar de sua visão e de sua conversa; se está tratando com homens sinceros, responde brevemente a todas as perguntas que lhe fazem. Aliás, recusa todos os presentes que lhe são oferecidos, contente com uma roupa e uma comida simples. Põe toda sua esperança no fato de que pecou sem saber, tendo Deus dito e rezado, durante sua Paixão, para seus inimigos: "Pai, perdoa-os, eles não sabem o que fazem".

A imortalidade de Cartáfilo faz dele ao mesmo tempo uma testemunha da veracidade dos Evangelhos, um penitente e um portador privilegiado da esperança voltado para a última e decisiva aparição de Cristo. Que tenha sido batizado, como Paulo, por Ananias torna-o um apóstolo silencioso. A lenda não diz se era judeu de nascença. Seu nome (Karta philos = o bem-amado) permitiu crer que era justamente o discípulo bem-amado aparecido junto a Cristo ressuscitado, à beira do lago Tiberíades, e de quem Jesus disse, dirigindo-se a Pedro: "Se eu quiser que ele fique até que eu venha, que te importa? [...]. E com isso correu o rumor entre os irmãos de que esse discípulo não morreria" (João 21,22). Portanto, longe de ser um judeu errante, Cartáfilo seria o único dos primeiros cristãos a quem foi concedido o que toda a comunidade primitiva esperava: não morrer antes do reino final de Cristo, e ser o último homem. Mas o tempo continuou; uma nova história — a da Igreja — prolongou a que devia concluir a vinda do Messias; os homens não pararam de morrer. Para ser assim a única exceção, Cartáfilo não pode somente aparecer como beneficiário de um privilégio exorbitante (que não foi concedido nem aos próprios apóstolos); ele é, bem mais, aquele a quem a espera perpétua é infligida como uma punição, por sua monstruosa ausência de caridade. É o portador de toda a ambivalência do sagrado: é aquele que viu o Salvador, mas o espancou; foi batizado, mas sem que o batismo tenha conseguido apagar as palavras de cólera pronunciadas contra ele por Jesus. Como melhor consolar os que devem morrer depois da Paixão e da Ressurreição? Ao fazê-los saber que, numa história que doravante se prolonga, a imortalidade na Terra é a pior das dores, e que é o sinal de um erro que só pode ser extinguido pela vinda derradeira do Cristo Juiz, a lenda reconcilia o crente com a perspectiva de sua própria morte. Mas ao mesmo tempo a espera secular de Cartáfilo é a confirmação de uma promessa. Por sua longevidade e por seu sofrimento, Cartáfilo é ao mesmo tempo o reflexo da Páscoa e a sombra trazida pela esperança dos fiéis. Sua tristeza e suas lágrimas são a projeção tipificada da melancolia dos crentes que, não vendo chegar o fim dos tempos, desejam obter pelo menos a confirmação da autenticidade dos relatos fundadores. A cada um de seus rejuvenescimentos milagrosos, volta a ser o contemporâneo de Cristo: Cristo, que ele espancou, e que ele viu ressuscitado. Seu tormento tem origem na própria Paixão. É uma relíquia viva, mais preciosa que o véu de Verônica, no qual só aparece uma marca. Mas sua morte apenas é diferida. O acréscimo de vida suplementar que lhe é outorgado atesta a eficácia persistente da reprovação divina, portanto a presença de Deus na história — e por conseguinte a validez da espera milenarista, a possibilidade de um Apocalipse conforme a profecia. Se ele não morre, é porque o segundo reino está realmente inscrito no futuro, mas para uma data que nos permanece ocultada. Sua imortalidade dolorosa estabelece uma ponte entre a primeira e a última aparição do Messias. É por isso que, segundo a lenda, tantas pessoas desejam vê-lo, ou pelo menos saber se ele existe em algum lugar: é o homem que, detendo a maior certeza e atormentado pela maior angústia, explica o atraso do fim dos tempos e, simultaneamente, seu anúncio. Compreende-se que à medida que a parúsia* pareceu se afastar, certas versões do mito tenham escurecido a imagem da imortal espera: fizeram disso a imagem da ofensa imortal, insistiram na judaicidade do personagem, até ver nele o culpado cuja existência perpetuada *retarda* o advento de Cristo: e ao mesmo tempo era preciso que a duração desse atraso fosse o de uma expiação, suportada por um representante da multidão deicida.[162]

Da espera à errância, é (se ouso dizer) um pulo. A existência de Cartáfilo já não é sedentária; ele vive, segundo Roger de Wendover, "nas duas Armênias e nas outras regiões do Oriente". A área de suas peregrinações permanece, porém, relativamente limitada, e o relato não faz intervir a marcha forçada como um aspecto da punição do personagem ou de sua esperança eternamente decepcionada. É muito diferente para o Malco ou o Buttadeo das duas lendas similares da mesma época. O pecado deles é o mesmo que de Cartáfilo; a diferença é que Jesus não lhes disse: "Tu me esperarás", mas "Tu marcharás". Mesmo destino, no livrinho popular alemão de 1602, para Asverus, o primeiro dos errantes a ter esse nome destinado a tantas variações.

Como ocupar um tempo penitencial infinito, cujo limite recua sem cessar? Com que gestos preenchê-lo? Aí, nenhum ato pode ocorrer. Agir supõe sempre um limite temporal, um espaço definido, isto é, barrando o horizonte, a morte certa. Fausto, que recebeu de Mefistófeles a juventude eterna, morre quando reconhece que a atividade realizada o fez sentir a plenitude feliz que nenhum gozo, até então, fora capaz de lhe proporcionar. O tempo infinito é o tempo sem obra, o tempo que se estica na esterilidade. Assim que a imortalidade deixa de ser, supostamente, preenchida pela beatitude, não pode ser senão a frustração levada a seu auge. Aparentemente, nas representações que podemos fazer não há meio-termo entre a resistência imóvel e a errância perpétua. A imagem estática e a imagem dinâmica se fazem concorrência. A rigor, sem a menor dúvida equivalências secretas tornam-se sensíveis: a espera imó-

* Segundo advento (ou retorno) de Jesus Cristo, o que deve ocorrer, de acordo com a Bíblia, no fim dos tempos, por ocasião do Juízo Final. A parúsia é uma crença de várias religiões. (N. T.)

vel equivale a uma busca no próprio lugar; a vagabundagem não conduz a lugar nenhum. Um não acaba de não receber o que espera; o outro, de não encontrar o repouso que procura por todas as estradas do mundo. O prisioneiro (ou o recluso) e o vagabundo figuram um e outro no triste rebanho dos filhos de Saturno, segundo o repertório traçado pelo imaginário astrológico.[163] Resta que a imagem da errância, em que a ansiedade de esperar se exterioriza e se calcula no infinito pelo ritmo da marcha, possui uma eficácia dramática superior. Quem não enxerga que uma maldição se manifesta mais fortemente quando à privação do bem supremo (o favor de Deus, a salvação) se acrescenta a ausência de repouso? Era inevitável que a lenda cristã do judeu errante usasse o modelo vetero-testamentário proposto pela figura de Caim.

"FILHO E PAI DE SI MESMO"

A espera, a errância, nas versões primeiras da lenda têm um limite distante, e esse limite é definido segundo a escatologia religiosa. A partir da época das Luzes, a lenda permanece viva mas se ordena com uma finalidade profundamente modificada. Assistimos a uma mudança de escatologia, ou mais radicalmente à supressão de toda esperança numa parúsia final: a errância, transformada em agitação pura e movimento sem objetivo, separada de qualquer finalidade concebível, não é mais que um emblema do absurdo: um passo segue o outro, mecanicamente, sem alcançar o que jamais aparecerá.

Se fosse preciso distinguir as estruturas que caracterizam as variantes românticas do mito da errância e da morte diferida, deveríamos constituir ao menos três categorias. A primeira mantém a ideia cristã de uma *vinda* milagrosa que põe um termo, por um dom de amor e de perdão, à espera e ao tormento malditos (o Holandês Voador, Kundry). A segunda laiciza a própria natureza da espera e da aspiração: o que o errante persegue não morre, é o gozo, o saber, o poder, a harmonia social que poria um fim aos conflitos da história. Por sua componente motora ("ir", "andar", "não parar"), a lenda podia ser usada para figurar o "progresso da humanidade". Por sua componente de transgressão, esse mito podia também fundir-se com o de Prometeu ou o de Sísifo. Goethe abandona um projeto dramático sobre Asverus, para substituí-lo pelo do dr. Fausto; Edgar Quinet, em 1833, publica um *Ahasvérus* que termina com a assunção gloriosa do errante; o padre eterno, no fim dessa epopeia dialogada, afirma: "Asverus é o homem eterno". Toda uma *voz* do lirismo romântico (em poesia como na música) se desenrola na forma da melodia eterna, que aspira obstinada e longamente o repouso que porá um termo ao desejo. Esse repouso, da maneira mais ambígua, traz a um só tempo os traços da morte e da possessão extática.

A terceira categoria, em que o objetivo desaparece, se liga ainda expressamente ao mito do judeu errante: tem como paradigma "Os sete velhos" de Baudelaire; o judeu errante surge uma manhã, aos olhos do poeta, contra o fundo de um arrabalde enevoado; seis outros indivíduos, em tudo semelhantes, o seguem. O estranho cortejo, "do mesmo inferno vindo", anda "para um objetivo desconhecido". A multiplicação do personagem acentua a dimensão espacial em que a maldição já se exteriorizava pela marcha; mas ao mesmo tempo a reiteração grotesca apaga o caráter único e providencial do destino do personagem lendário: não é mais que um desfile de "espectros", sobre quem a morte parece já ter passado. Baudelaire, muito provavelmente, não ignorava a reviviscência cíclica de Cartáfilo; mas é a estranha pluralização do mesmo personagem, decrépito, quebrado, tendo "o ar eterno", que suscita a exclamação: "Repugnante Fênix, filho e pai de si mesmo"... A figura do judeu errante não encarna o castigo, nem a espera nem a aspiração infinita: Baudelaire nele só encontra a impenetrável presença do "mistério" e do "absurdo". O essencial do poema não se reduz, porém, à descrição, tanto odiosa como angustiada, desse personagem mutilado, portador de uma ameaça inquietante. Consiste no fato de que o poeta, convencido de ser vítima de "um infame complô", incapaz de assistir a esse espetáculo "sem morrer", volta precipitadamente para seu quarto e também se vê, afinal, em estado de errância. Descobre em si mesmo a *monstruosidade* insensata que lhe aparecera no desfile dos sete velhos. A perda da direção psíquica, a deriva infinita, são o acontecimento interior para o qual todos os elementos do poema convergem:

E minha alma dançava, dançava, velha gabarra
Sem mastros, num mar monstruoso e sem beiras![164]

No mais profundo de sua subjetividade, ferido por uma realidade externa insuportável, o poeta se sente perdido no espaço ilimitado. Mas trabalha para expressar essa errância no material perfeitamente trabalhado de uma versificação forte e flexível. A beleza poética é, de um lado, o que produz a imagem da errância, de outro, o que a supera. Um sentido estético, evidente e arriscado, sobrevive misteriosamente ao enunciado da falta de sentido. Essa beleza "moderna" apoia-se na civilização cujo absurdo ela denuncia. É ao mesmo tempo seu juiz e sua cúmplice. Ora, se o poeta se serve do mito do judeu errante para interpretar seu próprio estado de alma, o psiquiatra não está longe, pois este é que verá no próprio mito a transposição fabulosa de uma experiência afetiva. O psiquiatra, assim como o poeta, não fará diferença entre a morte viva que consiste em não mais acabar de morrer e a que consiste em não mais acabar de sobreviver. Quando se esfuma o sentido escatológico da espera, que diferenciava o tempo histórico da vida e a eternidade consecutiva ao fim dos tempos, o limite constituído pela morte se turva e já não conta. Dependendo se é agitado ou estuporoso, um mesmo *spleen* colocará a consciência na impossibilidade de morrer, ou no espaço infinito que se segue à morte. O delirante melancólico, segundo Cotard, tem ora a convicção de estar condenado a esperar interminavelmente a morte, ora a certeza de nem mais sequer ter de esperar porque ela já ocorreu.

No sétimo livro de *As trágicas*, Agrippa d'Aubigné ainda podia dar um sentido teológico e literal a estes versos:

Gritai pelo inferno, do inferno só sai
A eterna sede da impossível morte.

Em "O esqueleto lavrador", de Baudelaire, nós lemos:

Dizei, que estranha seara,
Degredados arrancados do ossário,
Segais, e de que fazendeiro
Deveis encher a granja?

Quereis (de um destino demasiado duro
Medonho e claro emblema!)
Mostrar que na própria cova
O sono prometido não é certo;

Que conosco o Nada é traidor;
Que tudo, mesmo a Morte, nos mente,
E que sempiternamente,
Ai! precisaremos talvez

Em algum país desconhecido
Esfolar a terra áspera
E empurrar uma pá pesada
Sob nosso pé sangrando e nu?[165]

A "impossível morte" de D'Aubigné aqui não é mais que o apanágio do inferno; torna-se a expressão figurada de um tormento em que a consciência encontra em si mesma o aguilhão imortal de sua ansiedade. Hoje lemos esses versos como literatura, e além da experiência interior cujo "emblema" ele nos ofereceu, nós os lemos como literatura que nos fala da atividade literária.[166] É a fábula que a crítica contemporânea substituiu à série das fábulas anteriores. Mas seu vínculo com a imortalidade melancólica nos leva a suspeitar que essa fábula só se constrói na medida exata em que o real, de seu lado, é portador de "sintomas de ruína". O judeu errante esperava, sem encontrá-lo, o fim do mundo. Baudelaire, por sua vez, o vive em seus fantasmas: "O mundo vai acabar".[167]

UM REGIME TEMPORAL LITERÁRIO: MORRER PARA SI MESMO

Na idade moderna, se morrer para si mesmo tornou-se uma das condições principais do ingresso na literatura, não surpreende que mais de um escritor tenha sentido essa passagem decisiva como a instauração de um regime temporal separado daquele da vida, e que pelo menos à guisa de fantasma, sob o controle da reflexão irônica, o sentimento de imortalidade tenha obcecado a atividade literária. A abnegação da vida em nome da obra é o cúmulo do narcisismo, poderão dizer: a angústia de morte mantém o sonho consolador de uma sobrevida infinita na única tarefa de escrever. Esse modo de morrer para si mesmo é ao mesmo tempo uma maneira de se pôr ao abrigo da morte, passando para o lado dela. A imortalidade desejada se esconde sob as aparências do luto.[168] Não é mais a imortalidade (de tipo maníaco) alardeada em outras eras por figuras como Cagliostro e o conde de Saint-Germain, mas esta, melancólica, da cabeça de Orfeu cantando separada do corpo. O "delírio das negações" segundo Cotard traça o ponto de fuga delirante atrás do que se sente e se escreve sobre a negatividade da linguagem e do "*creux néant musicien*"* da poesia. Temos o direito de fazer essas associações quando o tédio de Baudelaire, "fruto da sombria incuriosidade, assume as proporções da imortalidade" e mais ainda quando, no mesmo "Spleen",[169] a despersonalização vai até a petrificação, até o "granito": o eu poético, apostrofando a si mesmo, reduz-se a não ser mais que "matéria viva" — vida cativa da morte. Resta-lhe, com certeza, este *último* recurso, que é o canto e que, mesmo se "só canta aos raios do sol que se põe", demonstra uma fecundidade da melancolia, afastando momentaneamente o mutismo e a esterilidade de uma loucura cujo ato de escrever apenas imita o poder destruidor. Podemos, mais ainda, considerar que Mallarmé conheceu de modo refletido e lúcido o movimento de espírito cuja forma irrecuperável os pacientes de Cotard oferecem: "Felizmente, estou perfeitamente morto, e a região mais impura em que meu espírito possa se aventurar é a Eternidade, meu espírito, esse solitário habitual de sua própria Pureza, que nem mais sequer o reflexo do Tempo obscurece".[170] Um admirável conto de Kafka, "O caçador Graco", propõe na literatura moderna a expressão mais clara e ao mesmo tempo mais enigmática do duplo motivo da viagem sem fim e da singular imortalidade reservada a um personagem que, embora já morto, não conseguiu subir "a grande escadaria que conduz ao alto": "Viajo depois de minha morte por todos os países da terra [...]. Minha canoa não tem leme, avança segundo o vento que sopra nas mais baixas regiões da morte".[171] Não faltaram, como se pode imaginar, comentários a esse texto. Limitemo-nos aqui ao que escreveu Maurice Blanchot:

> A ambiguidade do negativo está ligada à ambiguidade da morte. Deus está morto, isso pode significar esta verdade ainda mais dura: a morte não é possí-

* Referência ao verso "*au creux néant musicien*" [ao vazio Nada musical] do poema "La Mandore dans la culture", de Stéphane Mallarmé. A expressão foi retomada por alguns músicos contemporâneos, entre eles John Cage, em sua teorização sobre música, barulho e silêncio. Para ele, o "vazio Nada musical" possibilitaria uma escuta do silêncio e uma regeneração do ouvido do homem moderno. (N. T.)

vel. Durante um breve conto, intitulado "O caçador Graco", Kafka nos conta a aventura de um caçador da Floresta Negra que, tendo sucumbido a uma queda num barranco, não conseguiu, porém, alcançar o além — e agora está vivo e está morto. Tinha alegremente aceitado a vida e alegremente aceitado o fim de sua vida — uma vez morto, esperava a morte na alegria: estava deitado e esperava. "Então, ele disse, aconteceu a desgraça." A desgraça é a impossibilidade da morte, é a irrisão jogada sobre os grandes subterfúgios humanos, a noite, o nada, o silêncio. Não há possibilidade de terminar com o dia, com o sentido das coisas, com a esperança: esta é a verdade que o homem do Ocidente transformou num símbolo da felicidade, que ele procurou tornar suportável daí tirando uma ladeira feliz, a da imortalidade, de uma sobrevivência que compensaria a vida. Mas essa sobrevivência é nossa própria vida [...]. Kafka diz também: "As lamentações à cabeceira do morto têm, em suma, como objeto o fato de que ele não está morto no verdadeiro sentido da palavra. Precisamos ainda nos contentar com esse modo de morrer: continuamos a jogar o jogo". E isto, que não é menos claro: "Nossa salvação é a morte, mas não esta". Nós não morremos, eis a verdade, mas disso resulta que tampouco vivemos, estamos mortos enquanto estamos vivos, somos essencialmente sobreviventes. Assim a morte acaba nossa vida, mas não acaba nossa possibilidade de morrer; é real como fim da vida e aparente como fim da morte.[172]

Os motivos fundamentais em torno dos quais Blanchot organiza sua reflexão sobre "O caçacor Graco" são o "negativo", a morte de Deus, a impossibilidade de morrer, a ilusão de imortalidade. Cotard, conforme nos lembramos, evidenciara o negativo criando o conceito de "delírio das negações": para sua paciente, "Deus não existe", "ela não poderá morrer de morte natural", e "ela existirá eternamente". A semelhança terminológica de um texto a outro tem por que nos surpreender. Mas uma vez verificada essa semelhança, nada é tão evidente como a distância que separa os propósitos relatados pelo clínico e o pensamento crítico aplicado em discernir, a partir de uma obra-prima literária, a situação ontológica do "homem do Ocidente". Não poderíamos aceitar, de um testemunho a outro, uma correlação fácil demais; não poderíamos tampouco nos livrar do problema alegando a diferença dos níveis de reflexão e dos gêneros de discurso. Como dar conta tanto dessa semelhança como dessa diferença?

Duas respostas se apresentam. De acordo com a primeira, a paciente de Cotard desenvolve, no estado bruto e no extravio sem volta, uma virtualidade da experiência humana que um escritor de gênio é capaz de deixar aflorar a partir de seu próprio fundo; todavia ele conserva o controle na perfeição formal do relato, graças também à intervenção de um poder de jogo e ironia, que falta totalmente à paciente de Cotard; o comentário crítico ulterior, desvendando as implicações da obra, encontra, mas enriquecida, o *dado antropológico geral* que a vivência psicótica testemunhava de modo fragmentário, assintáxico e radical.

A segunda resposta dirá que um mesmo *momento da história* da consciência ocidental se revela de diferentes maneiras: no fato de que um clínico de grande talento resolve perceber, isolar e nomear o "delírio das negações" entre a massa confusa das manifestações da loucura que permaneceram não repertoriadas; depois, no fato complementar de que o motivo da "morte viva" e da viagem desnorteada torna-se particularmente insistente na literatura mais "avançada" da modernidade e na pena dos críticos que trabalham para sua mais completa elucidação. Por que não aceitar simultaneamente as duas respostas? O "delírio das negações" está ligado, indefectivelmente, a um poder de recusa e autodestruição (em que se inverte a autoafirmação narcisista) que obceca desde sempre, e para sempre — isto é, de maneira universal e quase imortal — o aparelho psíquico de nossa espécie. Mas que esse conceito entre tão imperativamente no discurso da cultura científica e literária a partir de 1850, eis que o torna inegavelmente o eco do grito "Deus está morto" que a época ressoou, como a sombra de um grande desaparecimento. Uma virtualidade *permanente* da consciência teria, assim, recebido um acréscimo de evidência como sintoma de uma fase *transitória* da cultura ocidental. A imortalidade melancólica, a partir daí, deve ser chamada ao mesmo tempo de imortal e mortal. É um risco eterno, é uma doença que um certo clima histórico exacerbou momentaneamente. Cotard deixava aberta a dupla eventualidade da cura e da "passagem ao estado crônico". Será preciso tentar apressar a cura? Quem tiver lido "O caçador Graco" guardará no espírito a advertência irônica do navegador eterno contra a benevolência das almas caridosas: "Ninguém lerá o que escrevo aqui, ninguém virá me ajudar [...]; a ideia de querer me ajudar é uma doença, e deve ser curada na cama".[173]

PARTE VI

A TINTA DA MELANCOLIA

“Em teu nada espero encontrar teu tudo”

Nos confins do silêncio, no sopro mais fraco, a melancolia murmura: “Tudo está vazio! Tudo é vaidade!”. O mundo é inanimado, atacado de morte, aspirado pelo nada. O que foi possuído se perdeu. O que foi esperado não ocorreu. O espaço está despovoado. Por todo lado estende-se o deserto infecundo. E se um espírito paira acima dessa extensão, é o espírito da constatação desolada, a negra nuvem da esterilidade, de onde jamais brotará o raio de um *fiat lux*. Do que a consciência contivera, o que resta? Apenas algumas sombras. E talvez o vestígio dos limites que faziam da consciência um receptáculo, um continente — como a muralha extinta de uma cidade devastada. Mas para o melancólico a vastidão, nascida da devastação, é por sua vez abolida. E o vazio torna-se mais exíguo que a mais estreita masmorra.

Enquanto a melancolia enfrenta o vazio e não soçobra no estupor sem substância, uma memória agrava o vazio: a memória dos poderes perdidos, o fantasma do vigor que não tornará a nascer. A melancolia é uma viuvez: *viduitas*. Sem dúvida o cenotáfio é o emblema mais exato da melancolia: pois ali não subsiste nenhum vestígio material de um ser desaparecido que disputamos ao esquecimento. De um olhar, de uma órbita, dizemos que eles são vazios, porque contiveram a visão e a perderam. Para expressá-lo, Baudelaire — o especialista supremo em melancolia (que deliberadamente empregou em seus poemas todas as rimas francesas convocadas pela palavra "vazio") — recorre aos termos marcados pelos prefixos da negação: irreparável, irremediável, irremissível... Em "O irreparável", Baudelaire compara seu coração com um palco vazio: "Mas meu coração, que o êxtase jamais visita,/ É um teatro onde se espera/ Sempre, sempre em vão, o Ser de asas de gaze!".[1]

Mas se existe, como aqui, uma *espera*, ainda que frustrada, então a melancolia não ganhou por completo. Que um futuro, ainda que nele nada deva se produzir, permaneça aberto diante da consciência, e então o vazio muda de significado. Uma plenitude volta a ser possível. Na espera do que poderia preenchê-lo, o vazio não é mais um fim do mundo: não é mais o luto, e sim a acolhida virtual que marca a qualidade do vazio. Nos versos que acabamos de ler, Baudelaire reformula em termos modernizados, trivializados, uma antiquíssima imagem da teologia negativa, uma figura incansavelmente repetida pelos místicos: a alma deve ficar vacante para receber Deus. A ascese deve consumir, destruir, evacuar todos os pensamentos, todos os desejos da criatura. A alma deve atingir a perfeição do vazio, a fim de ser perfeitamente habitada pela luz e o amor divinos que descerão nela. Dizer que a alma é capaz de Deus — *capax Dei* — é dizer que deve abolir em si mesma tudo o que não está conforme a vontade de Deus. Os hereges dirão até mesmo: tudo o que não é essa presença atual de Deus, que faz de nós uma parcela de sua essência. Tão radical é o aniquilamento ascético, que foi possível confundi-lo com o aniquilamento melancólico, sem ver que entre esses dois aniquilamentos a diferença é a que separa o desespero da esperança. E os perigos também são grandes: pois a esperança de participar da divindade é um ato de orgulho, e nada garante que, no vazio perfeito onde se preparam as núpcias, o visitante não será o Demônio, a concupiscência carnal sob a aparência do Anjo, a trupe dos monstros... E talvez também o Eu, substituto de um Deus que não consente cruzar a distância que O separa da criatura. Com o Eu, a partir daí, a literatura e a arte, em sua visão moderna, entrarão também em cena.

Aí reside, parece-me, o grande interesse dos *Ensaios* de Montaigne. Eles nos propõem duas versões do vazio e do seu complemento. De uma versão à outra marca-se uma guinada da mais alta importância. A primeira versão é a da teologia, na versão fideísta exposta em "Apologia de Raymond Sebond". O pirronismo cristão, declara Montaigne, "apresenta o homem nu e *vazio*, reconhecendo sua fraqueza natural, própria a receber do alto alguma força alheia, desprovida de ciência humana, e mais apta ainda a louvar em si a divina, aniquilando seu julgamento para dar mais espaço à fé [...]. É uma carta branca preparada para o dedo de Deus tomar as formas que aí lhe aprouver gravar".[2] A outra versão do vazio é a que, a partir de uma melancolia ainda acessível aos remédios, se oferece a irrupção de "quimeras e monstros fantásticos"[3] e, de modo menos desordenado, a entrada em cena do eu. Lembremo-nos da frase famosa: "E depois, encontrando-me inteiramente desprovido e *vazio* de qualquer outra matéria a tratar, apresentei eu mesmo a mim como argumento e como assunto":[4] Montaigne se desculpa, mas não se arrepende. Vai se expor assim à crítica dos autores religiosos: Pascal, seu principal adversário, será aquele que declarará que o "coração do homem é vazio e cheio de imundície".[5] Montaigne, a seu ver, só apelou para a vaidade, isto é, para o vazio das palavras, para o vazio do amor-próprio: apenas agravou o vazio do coração, ficou cativo da inanidade.

Se seguimos de perto, ao menos nas letras francesas, a temática do vazio, chama-nos atenção a ambiguidade persistente. O sentimento do vazio não para de ser interpretado como uma espera de Deus; mas se torna cada vez mais o momento preliminar em que se exibe o espaço que caberá à imaginação povoar. Foi por causa do vazio de seu coração que Rousseau, como nos diz em suas *Confissões*, se lançou no país das quimeras, inventou "sociedades de elite" e jogou sobre o papel as cartas que se tornaram *A nova Heloísa*. Mas a obra romanesca é suficiente para preencher o vazio? Numa carta a Malesherbes,[6] Rousseau garante que sentia o nada de suas quimeras, e que essa ideia vinha "às vezes contristá-lo de repente". Renasce então "um vazio inexplicável que nada poderia ter preenchido". E o vazio se torna deleitável: "Mesmo isso era gozo, já que eu estava penetrado por um sentimento muito profundo e uma tristeza atraente que não gostaria de não ter". O ímpeto recomeçará, mas rumo ao "infinito", rumo ao "grande ser". O sentimento, que não consegue encontrar o repouso no vazio, ultrapassa a região das ficções consoladoras para buscar, mais adiante, um êxtase que transmuda o vazio em Ser absoluto. A via de uma mística "selvagem" se substitui à ficção romanesca, não menos literariamente.

"O espírito tem horror ao vazio [...], e é feito disso."[7] Esse é o paradoxo, do qual Paul Valéry tinha plena consciência. Ele não gostava da ideia de inspiração, que não deixa de ter relação com a noção de um vazio prévio. Mas o "poder do vazio" lhe parecia dever ser saudado: "Muitas vezes ouvi Mallarmé falar do poder da página em branco — poder gerador, sentamo-nos diante do vazio papel. E alguma coisa é escrita, é feita — etc.".[8] Portanto, há uma "criação pelo vazio". Esclareçamos: "Há um certo *vazio* que demanda — apela —, esse *vazio* pode ser mais ou menos determinado — pode ser um certo ritmo — uma figura-contorno —, uma pergunta —, um estado —, um tempo diante de mim, uma ferramenta, uma página em branco, uma superfície mural, um terreno ou um local".[9] Só haverá forma e ornamento numa relação incansável com o vazio. Poderemos então prestar homenagem ao "vazio como sensação positiva", como "negra e boa terra em que uma ideia vinda pode germinar e florescer o melhor possível".[10] É a parte de Mefistófeles.

No *Segundo Fausto*, de Goethe, antes de descer ao reino das Mães, Fausto se justifica perante Mefistófeles: "Não devia eu me misturar ao mundo? Aprender o vazio, ensinar o vazio? — Razoavelmente, eu dizia o que havia observado; a contradição ressoava duas vezes mais ruidosamente".[11] A experiência foi decepcionante. Que fazer? Aprofundar o vazio. Fausto declara ao príncipe da negação: "Em teu nada, espero encontrar o Tudo".[12] Cioran, um moralista, faz eco a isso, não porque se lembra de Goethe ou de Valéry, mas porque pensa, em mais de uma ocasião, de acordo com as mesmas categorias: "Achar que falta fundamento a tudo e não acabar com isso, essa inconsequência não é uma inconsequência: levada ao extremo, a percepção do vazio coincide com a percepção do tudo, com a *entrada* no tudo".[13]

Estranha virtude do vazio! Falaram dele abundantemente. Não pude evitar lembrar-me disso. O excesso da citação é sua figuração invertida.

Em rigorosa filosofia, o vazio é um conceito perigoso. Ele provoca, com seu contrário, uma oscilação interminável. Lembremo-nos de que esse balanço já está na raiz verbal *vacare*: é a um só tempo "estar vazio" e ter o tempo de realizar uma determinada ação. Nos excessos de nossa imaginação, dependendo se utilizamos a via da negação ou a da afirmação, fizemos de Deus ao mesmo tempo, ou alternadamente, o grande Vazio e o grande Operário.

Es linda cosa esperar...[14]

No fim da primeira página de *Dom Quixote*, Sancho Pança, apesar do minguado proveito que tirou de suas aventuras, declara à sua mulher Juana: "É uma linda coisa esperar os acontecimentos cruzando montanhas, esquadrinhando selvas".[15]

A CONVICÇÃO LOUCA DE DOM QUIXOTE

Tudo é espera na loucura de Dom Quixote. Desde o instante em que se identificou com os heróis de suas leituras, o mundo deve lhe oferecer perigos, encontros, aventuras. Que eles faltem, como na saída do primeiro dia (I, II), é motivo de desespero. Mas a espera heroica é bastante poderosa e encontra sem demora um remédio para esse desespero passageiro. E é exatamente em função da expectativa heroica, agora inseparável da identidade delirante que se atribui o último dos cavaleiros errantes, que o veremos empreender todas as suas aventuras sem nunca esperar. ("Tendo então acabado esses preparativos, não quis esperar mais para executar seu projeto.")[16] A grande expectativa, que determina toda a existência, tem como efeito suprimir a espera — o prazo de reflexão — que cada circunstância deveria impor. Dom Quixote espera demais para aceitar esperar um pouco. A cada encontro os sinais são logo indubitáveis, nada atrasa a ação. Esperar seria trair a Espera. A desventura, sabemos, não comprometerá a convicção louca: quando Dom Quixote, tarde demais, percebe os carneiros como carneiros, os odres como odres, acusa um feiticeiro poderoso, que assim fez desaparecer os verdadeiros guerreiros, os verdadeiros gigantes. Essa interpretação explica a derrota momentânea, sem decepcionar a grande espera, nem a precipitação rumo à façanha.

Uma vez colocados os dados da fábula, o que espera o leitor? Desventuras, certamente. Ocasiões para rir. Mas também o inesperado. Pois só a repetição das desventuras seria monótona e cansativa. Cervantes providencia o inesperado multiplicando os aspectos de uma realidade em que o sonho cavaleiresco já não tem lugar; também o providencia pela extrema variedade de vozes, a elas misturando a sua. Quanto mais vozes houver, mais poderá haver intrusões, suspenses, comentários, relatos intercalados, autores fictícios interpostos.

O sonho cavalheiresco só conhece um apetite: a glória. Amadas de longe, as perfeições da dama são apenas um de seus raios. A isso Cervantes opõe os apetites carnais, em sua urgência natural. A glória é o foco incandescente das satisfações diferidas; os apetites carnais, por sua vez, exigem ou impõem a satisfação imediata: não esperam. O conflito entre o apetite sublimado e o apetite natural é tão óbvia fonte de comicidade que Cervantes parece ter desejado passar em revista, ao longo de certos episódios encadeados, a quase totalidade dos apetites naturais repertoriados pela escolástica aristotélica.

Cervantes começa pelo apetite sexual. Primeira parte, capítulo XV: Dom Quixote e Sancho vagam pelo bosque, em busca da pastora Marcela, pela qual Crisóstomo está morrendo de amor. Rocinante, tentado pelo "pecado da carne", se joga para cima das jumentas galícias que os "arrieiros yangueses" fazem pastar. Disso resultam batalhas e trocas de pauladas, que deixam os dois compadres em estado lastimável. No albergue (capítulo XVI), Dom Quixote, com seus discursos de louvação a Maritornes, e suas desculpas pelo pouco empenho físico, cria obstáculos aos amores brutais da serva e do arrieiro que o espera com impaciência. Segue-se uma confusão noturna, da qual o amo e seu escudeiro saem tão mal que recorrem às virtudes do bálsamo de Ferrabrás, o qual é um poderoso vomitivo. Sancho se esvazia "pelos dois canais" (capítulo XVII)... Os três capítulos de dominante sexual terminam com a "manteação" feita a Sancho: os cardadores de pano o fazem "baixar e subir pelos ares". Logo depois, o episódio dos carneiros confundidos com guerreiros (capítulo XVIII) acabará para Dom Quixote com a perda de quase tudo o que lhe resta de dentes. Comer torna-se difícil. Já se anuncia a urgência de outro apetite natural: Sancho teve de deixar seu alforje no albergue. Vão faltar provisões, anuncia-se a fome. No capítulo XIX, Dom Quixote e Sancho "morrem de fome": é a baixa fundamental, por trás da aventura do cortejo fúnebre que Dom Quixote dispersa, acreditando estar lidando com fantasmas. Os padres, fugindo, abandonam excelentes provisões: a fome poderá se aplacar. Mas não há vinho nem água! Mais uma provação corporal: o cavaleiro e o escudeiro conhecem o tormento da sede. Precisarão passar uma longa noite de espera (capítulo XX) antes de satisfazer esse último "apetite". Mas que espera! A necessidade corporal, mais uma vez, é apenas uma das vozes de um rico contraponto, no qual estão em jogo outras expectativas, outras percepções, outros desejos. Esse capítulo vale ser lido de perto.

BARULHOS NA NOITE

Caindo a noite, Dom Quixote e Sancho Pança partem em busca de um riacho ou de uma fonte. A presença de vegetação verde, para o rústico escudeiro, logo assinala uma água por perto. A semiologia camponesa sabe o que deve esperar. Assim começa o capítulo XX:

> Não é possível, meu senhor, que estas ervas não deem testemunho de que aqui por perto deva haver alguma fonte ou riacho que estas ervas umedece, e assim será bom irmos um pouco mais adiante; que já toparemos com um lugar onde poderemos mitigar essa terrível sede que nos cansa, que, sem dúvida, causa mais pesar que a fome.[17]

Só se trata, repetimos, de acalmar um apelo do corpo. Devemos ler nessa chave — que estabelece irrevogavelmente, como nos capítulos precedentes, o estilo "baixo e cômico" — todos os acontecimentos que ocorrerão em seguida. Estamos prevenidos: nada acontecerá de sério, de terrível, nem de sublime... No entanto, a noite é atravessada por *sinais* sinistros:

> Dom Quixote [...] pegou pela rédea Rocinante, e Sancho, pelo cabresto, seu asno, e depois de terem posto sobre ele os resíduos que sobraram do jantar, começaram a caminhar prado acima, tateando, porque a escuridão da noite não os deixava ver coisa alguma; mas não tinham andado duzentos passos quando chegou a seus ouvidos um grande ruído de água, como que de alguns grandes riscos que se despenhavam. Alegrou-os imensamente o ruído; e parando para escutar de que parte soava, ouviram de repente algo que lhes acalmou a alegria e a sede, sobretudo para Sancho, que naturalmente era medroso e de pouca coragem. Digo que ouviram que davam uns golpes surdos, batidos em cadência, com um certo estalo de ferros e correntes, que, acompanhados pelo furioso estrondo da água, apavorariam qualquer outro coração que não fosse o de Dom Quixote. Era noite, como se disse, escura, e eles por acaso entraram entre umas árvores altas, cujas folhas, movidas pelo vento brando, faziam um ruído manso e assustador; de maneira que a solidão, o lugar, a escuridão, o barulho da água com o sussurro das folhas, tudo causava horror e espanto, e mais ainda quando viram que nem as pancadas paravam, nem o vento dormia, nem a manhã chegava; acrescentando-se a tudo isso o fato de que ignoravam o lugar onde se achavam.[18]

Eis que se desdobra a polifonia do fantástico, o tecido sonoro em que se multiplica uma ameaça indeterminada: no escuro, a iminência incessante de uma hostilidade sem nome, que não é descoberta. Ao que Sancho responde por um terror infantil, e por todas as astúcias da esquiva. Dom Quixote mantém o sangue-frio. Percebe nitidamente os registros da polifonia terrível, a começar, o que é notável, pelo silêncio. Esse melancólico tem o ouvido fino; sabe distinguir os pormenores:

> Bem, nota, escudeiro fiel e leal, as trevas desta noite, seu estranho silêncio, o estrondo surdo e confuso destas árvores, e o barulho assustador daquela água em cuja busca viemos, que parece que se despenha e despenca das altas montanhas da Lua, e aquele incessante golpear que nos fere e dilacera os ouvidos...[19]

Sublinhemos que a perceção do Quixote é imediatamente interpretativa: são sabres que ele ouve. Mas, ao menos dessa vez, não sabe quem está à sua frente. Na falta de identificar o adversário, é sua própria identidade que ele reafirma. Sabe perfeitamente quem ele é. Sua tirada para Sancho começa por esta afirmação:

> Sancho amigo, hás de saber que eu nasci por vontade do céu, nesta nossa idade do ferro, para nela ressuscitar a idade de ouro. Sou aquele para quem estão reservados os perigos, as grandes façanhas, os valorosos feitos.[20]

A idade de ouro: Dom Quixote discorreu sobre ela, no capítulo XI, diante dos guardadores de cabras, estupefatos. Falara sobre todos os aspectos do grande *topos* da Antiguidade. E entre estes, não esquecera nem os dons espontâneos da terra nem a inocente facilidade dos amores. A idade de ouro é o lugar mítico das satisfações imediatas, a idade que não conhece os entraves impostos ao desejo nem os constrangimentos do trabalho. Ressuscitar a idade de ouro é, à custa dos trabalhos heroicos e da guerra feita ao mal, levar para a terra a paz geral, a ignorância dessas mesmas armas que o cavaleiro emprega para abolir as armas; é, acima de tudo, dar a todos os desejos não pervertidos a possibilidade de obter satisfação sem esperar. Para isso, o próprio Dom Quixote está pronto para se lançar na aventura sem esperar: "O coração já me arrebenta no peito com o desejo que sinto de enfrentar essa aventura, por mais dificultosa que se mostre...".[21] Certo de sua identidade, seguro de sua missão, o que é a mesma coisa, Dom Quixote está louco para enfrentar o desconhecido. Quer ir sozinho, e se despede de Sancho: "Fica sob a guarda de Deus, e espera-me aqui por três dias, não mais, nos quais, se eu não regressar, podes voltar a nossa aldeia, e dali, para me fazer uma boa obra e um favor, irás ao Toboso, onde dirás à incomparável senhora minha Dulcineia que seu cativo cavaleiro morreu por realizar coisas que o tornassem digno de poder se chamar assim".[22] Eis algo que é insuportável para Sancho. Ser abandonado por seu amo, esperar sozinho na noite, naquele barulho, é o pior que possa acontecer. Ele começa a chorar. Para evitar ficar sozinho e esperar o retorno de seu amo, seu espírito fértil encontra mil recursos: ninguém os vê, portanto ninguém poderá tratá-los de covardes se os dois trocarem de caminho e ficarem juntos... Dom Quixote o fez esperar uma ilha: que injustiça substituir essas esperanças, essas recompensas ansiadas, pela espera "num lugar tão afastado do comércio dos homens". Que ao menos Dom Quixote aceite esperar até de manhã antes de partir para combater. "E se vossa mercê não quer de todo desistir de realizar esta façanha, ao menos postergue-a até de manhã".[23] Como Dom Quixote não se deixa convencer, Sancho dá um jeito de retê-lo à força:

> Sancho [...] resolveu recorrer à sua habilidade e fazê-lo, se possível, esperar o dia. Para isso [...] amarrou com o cabresto do burro os dois pés de Rocinante, de modo que quando Dom Quixote quis partir não conseguiu, porque o cavalo não podia se mexer senão aos pulos.[24]

Sancho conseguiu: Dom Quixote se resigna a ficar em sua companhia, esperando a manhã. Mas não basta admitir a espera, é preciso saber como ocupá-la. Sancho faz duas propostas. Uma é satisfazer uma necessidade física cuja importância não é menor que a fome ou a sede: dormir. A outra é divertir seu amo contando-lhe histórias. Dom Quixote estima indigno de um cavaleiro dormir "nos perigos". Aceita ouvir os contos. Nesse momento, antes de iniciar o relato, Sancho, tamanho é seu pavor, abraça estreitamente a coxa esquerda de seu amo, que ficou na sela do cavalo. (Sancho reencontra gestos de infância.) Estranha relação de narrador a ouvinte: o relato é um artifício para enganar o medo, para enganar a fome, para enganar a espera.

A EXPECTATIVA NARRATIVA

Qualquer pessoa que empreende contar instaura uma expectativa. De que personagens se trata? O que acontece com eles? Como termina a história deles? Sancho faz belas promessas, apesar de seu medo: "Eu me esforçarei para contar uma história, que se acerto em contá-la e não esqueço nada, é a melhor das histórias; e que vossa mercê esteja atento, que já vou começar".[25] Claro que Sancho é bastante prudente para fazer todas as reservas. Mas não hesita em criar a expectativa narrativa: "Que vossa mercê esteja atento, que já vou começar".[26] A voz narrativa se sobreimpõe, assim, a todos os barulhos terríveis...

O relato começa patinando: "Era uma vez que se era uma vez...".[27] A tautologia gaguejante se prolonga numa série de provérbios e citações, que renovam o convite a mudar de caminho. Mas Dom Quixote não se deixa distrair: "Continua teu conto [...], e do caminho que temos de seguir deixa comigo o cuidado".[28] A narração inserida, posta na boca de Sancho, que diz tê-la ouvido contar por outra pessoa, é o reflexo paródico de uma narração. A história do guardador de cabras Lope Ruiz e da pastora Torralva começa com repetições inúteis, que impacientam o ouvinte. O relato, porém, se desenvolverá. Ficamos sabendo que o pastor, primeiro apaixonado pela Torralva, moça "machona" e bigoduda, começa a odiá-la por causa de uma "certa quantidade de ciumezinhos que ela lhe deu". Ele se ausentou daquela terra, com seu rebanho. Abandonada, a Torralva "assim que se viu desdenhada por Lope, logo o quis bem, mais que nunca o havia querido".[29] Lança-se ao encalço dele. Chegando à beira de um rio na cheia, o pastor só encontra um barco de pescador: só pode fazer passar uma cabra de cada vez. Aqui, o relato dá uma guinada. Pois Sancho pede a Dom Quixote que faça a conta exata dos animais que foram atravessados. O ouvinte, tornando-se responsável pela continuação do relato, não consegue fazê-lo, e será, portanto, responsável por sua interrupção:

> — Quantas passaram até agora? — perguntou Sancho. — Eu? Que diabos sei? — respondeu Dom Quixote. — Era o que eu lhe dizia: que fizesse uma conta certa. Pois, por Deus, a história terminou, e não tem mais como continuá-la. [...]. Porque assim como perguntei a vossa mercê que me dissesse quantas cabras tinham passado, e me respondeu que não sabia, naquele mesmo instante tudo o que me restava dizer se foi de minha memória, e era, por minha fé, o melhor e o mais divertido. — De modo, disse Dom Quixote, que a história já está acabada? — Tão acabada como está minha mãe, respondeu Sancho.[30]

Trata-se, como se sabe, de uma história típica, ou melhor, de um tipo de relato que encena um contador e um ouvinte, cuja expectativa é abruptamente frustrada por um erro que lhe imputam: relato chistoso de uma narração que dá errado. Dom Quixote, o ouvinte decepcionado, faz ironicamente o elogio da história e do contista. É exatamente o que Sancho esperava dele!

> Digo-te de verdade — respondeu Dom Quixote — que contaste uma das mais novas historietas, conto ou história, que alguém pôde pensar no mundo, e que esse modo de contá-la ou de abandoná-la jamais poderá ser visto nem terá se visto em toda a vida, embora eu não esperasse outra coisa de teu alto discernimento.[31]

Nas palavras de Sancho, o *conteúdo* da história não pôde ser comunicado por causa de uma irregularidade na aplicação do contrato ligando o ouvinte ao narrador. Dom Quixote, por sua vez, está voltando da história abortada para a situação narrativa:

Mas não me espanto, pois talvez essas pancadas, que não param, devem ter te turvado o entendimento. — Tudo é possível — respondeu Sancho —; mas eu sei que quanto ao meu conto não há mais o que dizer: que ele se acaba onde começa o erro da conta da passagem das cabras.[32]

Cervantes — ou se preferirmos, Cide Hamete Benengeli cujo manuscrito Cervantes pretende transcrever — está também nos contando uma história: a noite de espera de Dom Quixote. Será ela também uma história de decepção? Não. Pois encontrará sua conclusão. Será a história completa de uma decepção.

Antes das revelações da aurora, Cervantes insere um singular episódio escatológico, como se devesse não omitir nenhuma necessidade natural para completar o desfile. Sancho sente "vontade de depositar uma carga da qual ninguém podia aliviá-lo".[33] Cervantes descreve minuciosamente as manobras do escudeiro que não ousava "se afastar de seu amo nem um milímetro de unha",[34] e que deseja se aliviar passando despercebido. Apesar de todas as suas precauções, ei-lo fazendo "um pouco de ruído, bem diferente daquele que lhe dava tanto medo".[35] Dom Quixote, que tem o ouvido apurado, e o olfato não menos fino, logo percebeu aquele barulho. Para o leitor, isso dá o toque da realidade que o cavaleiro da triste figura desconhece. Mas para o Quixote a covardia evidente de Sancho em nada suprime o fantástico da aventura que se anuncia. Sancho lhe aparece como um ser sem discrição; e o que Sancho não consegue segurar — tagarelice, riso, medo, fardo intestinal — é uma irreverência. No fim do capítulo, bem tarde, Quixote o tratará mal, e por um tempo lhe imporá silêncio.

MANHÃ SOBRE A IDADE DE FERRO

A sucessão dos acontecimentos triviais da noite, cujo ator principal é Sancho, exorciza para o leitor (como se fosse necessário) toda a expectativa do fantástico, e prefigura um desfecho irrisório. Por mais impressionante que tenha sido a descrição dos barulhos misteriosos, Cervantes tentou impedir que nos identificássemos, fosse com o heroico alerta do cavaleiro (suficientemente desacreditado por suas aventuras anteriores), fosse com o pavor do escudeiro. Esperamos outra saída, que decepcionará os dois personagens mas satisfará nossa expectativa de diversão. Os acontecimentos da noite apenas retardaram o momento em que os sinais inquietantes recebem sua explicação "natural". Essa espera, esse atraso, apesar dos traços de caricatura que aqui recebem, não diferem do "suspense" com que jogará um certo tipo de *roman noir*, um século e meio mais tarde. O pavor e a expectativa alucinantes podem surgir no fundo das florestas enquanto a realidade permanecer fraturada e todas as suas peças não forem juntadas. Elas se juntarão na aurora para nossos dois viajantes. Uma paisagem "pitoresca" se descobre: castanheiros à sombra, uma pradaria, "algumas rochas elevadas de onde caía com muito barulho uma bela queda-d'água":[36]

> Ao dobrarem um rochedo, pareceu descoberta e patente a própria causa, sem que pudesse ser outra, daquele horroroso e para eles espantoso ruído, que tão suspensos e medrosos os deixara por toda a noite. E eram — se, ó leitor!, isso não te dá peso e aborrecimento — seis martelos de pisões, que com suas batidas alternadas faziam aquele estrondo.[37]

A apóstrofe ao leitor marca perfeitamente o "fecho" do relato: a solução do enigma é desvendada com certa afetação, e não sem um derradeiro atraso, uma última espera. Trata-se, muito simplesmente, de uma indústria à beira d'água.

Acabou-se a expectativa. O que resta para contar? O gênio de Cervantes, no caso, consiste em sentir que onde termina uma espera começa uma *distensão*. Distensão melancólica para Dom Quixote. Distensão hilária para Sancho:

> Quando Dom Quixote viu o que era, emudeceu e ficou pasmo, de cima a baixo. Sancho olhou para ele e viu que estava com a cabeça inclinada sobre o peito, como mostra de estar passado. Dom Quixote também olhou para Sancho, e o viu com as bochechas inchadas, e a boca cheia de riso, com evidentes sinais de querer arrebentar, e sua melancolia não aguentou, ao ver Sancho, e não pôde deixar de rir; e como Sancho viu que seu amo tinha começado, soltou a presa de tal maneira que sentiu necessiade de apertar os rins com os punhos para não explodir de rir. Quatro vezes sossegou, e outras tantas voltou ao riso, com o mesmo ímpeto que a primeira.[38]

Assim, na manhã do desengano, teremos visto se desfazerem os encantamentos da noite. A polifonia do fantástico deu lugar à polifonia da realidade, tão mais rica. O real, serenamente contextualizado, inscreve os barulhos misteriosos no registro dos barulhos naturais, que é acrescido dos barulhos do corpo, do barulho das máquinas, da voz do amo, das explosões de riso e da tagarelagem incontinente do escudeiro e, audível através de todos esses ruídos, da voz do autor que se dirige ao leitor.

A distensão acompanha o desaparecimento do fantástico. E o fantástico não terá sido mais que o produto da fantasia do Quixote, da fantasia de Sancho, projetando suas vagas interpretações para completar a fisionomia lacunar de uma paisagem noturna. A espera mobilizara a imaginação; a imaginação sustentara a espera. O sobrenatural, construído pela faculdade traiçoeira que (segundo a filosofia da Escola)* ocupa o nível médio entre os sentidos e a razão, se dissipa como um sonho. Não há sobrenatural. Só há o mundo físico, a natureza humana, os instrumentos fabricados pelo homem (aqui, os martelos, os *mazos* que batem nos tecidos de lã para amaciá-los), que se somam e se sobrepõem, não deixando nenhum lugar, a não ser mental, melancólico ou supersticioso, para os grandes Adversários que foram esperados ou temidos durante a noite. Diante do fantástico, ensina-nos Cervantes, o homem está apenas em presença de sua fraqueza ou de sua força imaginativa — de sua potência fabuladora. (Não sei se Freud, atento ao *Unheimlich*, interessado nas fontes do cômico, prestou atenção na inversão do *Unheimlich* ao cômico. O esquema estase de energia/descarga livre, aplicável no "dito espirituoso", se impõe a fortiori.)

Logo depois de seu quádruplo acesso de riso, Sancho arremeda a voz de Dom Quixote. Repete textualmente a apóstrofe solene em que seu amo, no começo da noite, se define pela esperança de um grande retorno: "Hás de saber, Sancho amigo, que eu nasci por vontade do céu, nesta nossa idade de ferro, para nela ressuscitar a idade de ouro".[39] Como melhor evidenciar a disparidade entre a expectativa e seu desfecho? A profissão de fé quase messiânica ecoa irrisoriamente. Pois para quem conhece o sentido do mito das idades, é evidente que os moinhos dos pisões são testemunhas de uma idade de ferro. A idade de ouro, como lembrei, oferecia suas águas correntes à sede de seus felizes habitantes; sua eterna primavera os dispensava da preocupação de se vestirem. Não só Dom Quixote e Sancho não têm acesso direto à agua, não

* Termo usado na França desde o século XVII para designar a filosofia e o ensino escolásticos. (N. T.)

matam sua sede, como a cascata, mal é avistada, parece inseparável da indústria que a explora. Ela é uma força a serviço da confecção das lãs. Pois a terra mudou, os homens sentem frio, devem se cobrir, precisam trabalhar e fazer trabalhar. A interposição da roda de moinho no riacho é, pois, o lugar sensível da passagem da natureza à cultura. A natureza explorada é o indício de um mundo de injustiça e servidão. O estrondo dos martelos cobre o que os poetas chamavam de ingênua tagarelice da água. No lugar da abundância gratuita, encontramos todas as atividades com que se trama o real, toda a cadeia de seus aprestos e transformações das matérias-primas, chegando ao tecido que será vendido... Portanto, não posso deixar de ler emblematicamente, como um desmentido à expectativa de Dom Quixote, a torrente e os moinhos sob a luz que se levanta: eles resumem em si mesmos a mudança que transformou uma natureza primitiva — brilhante e calorosa como o ouro — num mundo coercitivo em que se encadeiam as energias calculáveis postas em marcha pela técnica. (O albergue, em vez do castelo esperado, é um símbolo de mesma natureza: é o lugar da hospedagem pela qual se paga muito caro, e não da acolhida graciosa.) Esta é a economia do real, irrevogavelmente dominada pela realidade da economia.

RESSURREIÇÃO

Tudo se inverteu. O presente inapelável anula os futuros imaginários. Agora que o desaparecimento do perigo lhe dá o direito de brincar, o escudeiro usurpa a palavra do amo, desprovida de qualquer autoridade. A ordem do mundo, desejada por Quixote, desmorona. Mais ninguém ocupa seu lugar, mais ninguém está em seu "verdadeiro" lugar. A "quantidade de energia psíquica" (para parafrasear Freud) é levada a zero. Mas essa morte do desejo, esse esmorecimento da expectativa só podem ser provisórios — enquanto restarem páginas a virar. Uma nova espera logo se substitui à espera frustrada, assim como o desejo renasce depois da crise e da distensão amorosas. Dom Quixote, apesar do sorriso esboçado, permanece inacessível à dúvida. Não tem nada mais premente do que dar ao mundo a estrutura infalível que corresponde à identidade fabulosa que ele se atribui e da qual é impossível se separar. Que a iminência da aventura torne a morar em seu pensamento e no espaço, o quanto antes! Para isso é preciso ocultar a existência das coisas, opor-lhe o trabalho da denegação. Como conseguir? Cervantes nos faz admiravelmente a demonstração. Dom Quixote procede por via oblíqua, começando por encontrar uma desculpa honrosa para o desconhecimento do barulho dos malhos, depois, pelo desvio da hipótese, celebrando a glória que teria coroado a aventura se os malhos tivessem sido gigantes, ou se, agora (por um caridoso feitiço), fossem transformados em gigantes. Esse pensamento no condicional, esses remorsos no passado anterior são característicos da orientação temporal da consciência melancólica. Mas a melancolia da aventura perdida se transforma em paranoia da façanha indubitável. A aventura que poderia ter sido, que ainda poderia acontecer, abre um pseudofuturo mais além do obstáculo irrefutável:

> Venha cá, senhor alegre: Parece-lhe que, se estes martelos de pisão fossem outra perigosa aventura, eu não teria mostrado a coragem que convinha para empreendê-la e terminá-la? Estou eu obrigado, por acaso, cavaleiro que sou, a conhecer e distinguir os sons, e saber quais são de pisão ou não? E mais, não poderia ser, como é verdade, que não os vi em toda minha vida, como você os terá visto, plebeu tosco que é, criado e nascido entre eles? Se não, faça-me com que estes seis maços se tornem seis gigantes, e jogue-os nas minhas barbas, um depois do outro, ou todos juntos; e se eu não puser todos eles de pernas para o ar, faça então comigo a troça que quiser.[40]

A repetição imaginária da aventura frustrada já prepara as façanhas que se seguirão: conquista do elmo de Mambrino, libertação dos condenados às galés...

Quanto a Sancho, conquistado pelas palavras de seu amo, não custará a se deixar de novo seduzir pela miragem das ilhas e províncias a governar. Mas não há só isso. Escutemo-lo: "Mas dizei-me [...], não há do que rir, e também o que contar, nesse grande medo que tivemos? Ao menos o que eu tive, que vossa mercê já sei que não o conhece, nem sabe o que é o temor nem o medo". Do que rir: era o fim da história — a distensão. O que contar: é tomar o lugar do autor, é redizer a desventura que acabamos de ler, é propagar um relato pouco glorioso para o cavaleiro que pôs na cabeça obscurecer os mais brilhantes feitos de armas, ou fazer Sancho contar a Dulcineia, se ele devesse morrer, "coisas memoráveis". O que contar: é *reanimar uma expectativa narrativa* — aquela mesma que no livro acaba de encontrar sua feliz conclusão. Dom

Quixote censura; acha inoportuno que essa história seja contada: "Não nego que o que nos aconteceu não seja coisa digna de riso, mas não é digna de se contar; que nem todas as pessoas são tão discretas para saberem pôr as coisas em seu ponto".[41] No caso, Cervantes tomou a dianteira e acaba de realizar o projeto de Sancho. Embora este, com seus pavores infantis e suas reações regressivas, seja ele mesmo alvo da ironia do narrador, ele é quem representa o *ponto de vista* a partir do qual a aventura dos moinhos de pisão nos foi alegremente contada. É no riso final de Sancho que o leitor terá projetado seu prazer: visão *baixa* das coisas, sem dúvida (Sancho, enquanto não se sente tranquilizado, olha a cena ao se abaixar, entre as pernas de Rocinante), mas para a qual *existe* essa parte da realidade que Dom Quixote declara jamais ter encontrado. A loquacidade alegre que Cervantes mostra do início ao fim se aparenta à tagarelice que o cavaleiro recrimina em seu escudeiro. Dom Quixote, que de seu lado não é inimigo das longas arengas solenes, volta a tomar distância e impõe a Sancho a taciturnidade — continência e contenção — dos heróis exemplares:

> Em todos os livros de cavalaria que li, que são infinitos, jamais vi que nenhum escudeiro falasse tanto com seu amo como tu com o teu. [...]. Deves inferir, Sancho, que é necessário fazer diferença de amo a criado, de senhor a vassalo, de cavaleiro a escudeiro. Assim, de agora em diante temos de nos tratar com mais respeito, sem fazermos muitas brincadeiras.[42]

Pobre Quixote, que, dócil à palavra dos livros, pretende permanecer mestre da palavra, quando a própria narração que o encena exibe todas as liberdades de linguagem cujo exercício ele pretende proibir a seu escudeiro! Quando Dom Quixote se faz dessa maneira o defensor das diferenças sociais, estas não são mais completamente críveis.

A FICÇÃO REINA SOBERANA

Sancho fora agarrado pelo pavor diante da ideia de esperar três dias por Dom Quixote. Contraprova: na Sierra Morena, Dom Quixote resolve imitar as loucuras amorosas de Roland e Amadis. Quer delirar sozinho, enquanto Sancho leva a Dulcineia a homenagem de seus tormentos. Ele esperará seu retorno, despido, dando cambalhotas, alimentando-se de raízes... Singular espera, em que a ficção reina soberana. A loucura de Dom Quixote consiste em imitar não só os livros mas a loucura celebrada pelos romances: loucura, pois, em segunda potência. Dom Quixote se joga nisso, correndo o risco de não mais sair daí. A mensagem jamais atingirá seu destino. Pois Dom Quixote, depois de escrever sua carta anfigúrica no *librillo de memoria* perdido pelo melancólico Cardênio, esquece de entregá-lo a Sancho. Este, encontrando na estrada o barbeiro e o cura, se resigna em interromper sua missão. Não verá Dulcineia. Deixa-se facilmente convencer a voltar para a floresta, lá procurar seu amo para "levá-lo à terra" e tentar "encontrar algum remédio para sua estranha loucura".[43] Toda uma comédia é preparada, complicada pelo encontro, nos bosques, de diversos heróis da história de Cardênio. Sancho inventará de cabo a rabo um maravilhoso relato "realista" de sua conversa com Dulcineia. A conversa, para a qual Dom Quixote entrou em ardorosa expectação, só terá existência pelas mentiras do embaixador.

Durante todo esse tempo, Dom Quixote realizou os gestos prescritos pelos livros. E são, de um lado, gestos literários. "Assim ele passava o tempo, seja a passear pela pradaria, seja a escrever e traçar na casca das árvores ou na própria areia uma profusão de versos, todos acomodados à sua tristeza [...]. Ora o amoroso cavaleiro ocupava assim seus lazeres, ora suspirava, chamava os faunos e os silvanos desses bosques, as ninfas dessas fontes, o queixoso e vaporoso Eco, conjurando-os a ouvi-lo, a responder-lhe e a consolá-lo; ora procurava algumas ervas nutritivas para sustentar sua vida, esperando o retorno de Sancho. E se, em vez de demorar três dias para voltar, este tivesse demorado três semanas, o cavaleiro da Triste Figura teria ficado tão desfigurado que não teria sido reconhecido nem mesmo pela mãe que o pusera no mundo."[44] Os lugares-comuns literários preenchem os dias de espera; e essa própria espera é conforme à banalidade dos textos. (Todos esses elementos se transportarão para os tormentos livrescos de Emma Bovary, até mesmo a possibilidade de morrer por causa deles.) Quando Sancho tiver encontrado Quixote "nu, de camisa, seco, magro, amarelo, e morto de fome, mas sempre suspirando por sua dama Dulcineia",[45] tentará arrancá-lo de sua "penitência" maníaca com o pretexto de que Dulcineia lhe dá a ordem de ir encontrá-la no Toboso, "onde o ficava esperando":[46] Mas nada adianta. Dom Quixote ama demais sua própria espera agitada para renunciar a ela e ir para perto daquela que simplesmente esperaria sua presença. Serão necessárias ficções mais poderosas para que ele abandone os gozos da maceração. Não a perigosa prova da realidade, sempre diferida, que teria sido o encontro com a Dama. Mas o combate contra o gigante que a bela Doroteia, disfarçada de princesa Micomicona, lhe pede como um *dom*. Matar um usurpador, "expulsar a melancolia" de uma rainha exilada, fazer sua *esperança* desaparecida retomar coragem. Para Dom Quixote, é o cúmulo da exaltação, e o cúmulo da ilusão. Levando o amparo de seu braço a uma princesa desesperada, ele representará o papel do *salvador esperado*: esta é sua maior expectativa. E o ato do dom, quando pode assim outorgá-lo, constitui a confirmação suprema de sua identidade cavalheiresca. Nisso ele vê a garantia de sua glória futura, de seu *nome* eternizado.

Ocorre que é por esse subterfúgio que o levam de volta à sua aldeia.

Madame de Staël: não sobreviver à morte do amor

A imagem do suicídio perpassa toda a obra de Germaine Necker. Em *Lettres sur Rousseau*, de 1788, ela toma partido pela hipótese do suicídio de Rousseau e se concentra em dar uma justificativa para isso. Em *Réflexions sur le suicide*, de 1812, medita sobre o suicídio de Kleist e o declara injustificável. Nesse meio-tempo, não há nenhuma obra importante em que o suicídio não apareça, à guisa de realidade ou de possibilidade: Mirza, Zulma, Delphine (primeira versão) e Sapho se suicidam. Corinne se deixa morrer de tristeza, o que, a um só tempo, é e não é diferente. Os grandes textos teóricos — em especial *De L'Influence des passions*, mas também *De La Littérature* e *De L'Allemagne* — retomam, cada um a seu modo, a grande questão do suicídio.

Que haja, para explicar esse interesse, motivos decorrentes da cultura e das circunstâncias históricas, ninguém duvidará. Não é difícil encontrar as fontes literárias. A própria Madame de Staël o assinala. Do suicídio de Dido ao das heroínas de Racine, do *Catão* de Addison às grandes cartas de *A nova Heloísa*, de *Werther* aos romances "sentimentários" do pré-romantismo, os antecedentes são óbvios. A isso se acrescentam os efeitos da crise revolucionária: morrer voluntariamente para escapar a perseguidores é um caso de consciência relativamente frequente na época do Terror. Mas aqui esses exemplos contemporâneos só contam porque foram percebidos por uma consciência sensibilizada. Foram percebidos, interrogados, revividos interiormente por um ser para quem a existência, por momentos, parecia intolerável. "Há quatro meses um veneno seguro não me deixa", ela escreve a Narbonne, em 25 de agosto de 1792. Para Madame de Staël, a experiência capital é a do movimento que a leva em direção dos outros. Portanto, é preciso tentar definir, como fez tantas vezes Georges Poulet, o "ponto de partida" que marca o início da experiência de Germaine de Staël.

Na origem (na medida em que é permitido imaginar uma origem) descobrimos um dado misto: a coexistência íntima de uma riqueza transbordante e de uma falta radical. Na linguagem staeliana, a riqueza são as *faculdades*; a falta é o *sentimento do incompleto*. A riqueza interior exige a expansão mais livre; a falta tem como efeito a total impossibilidade de permanecer na existência pessoal isolada daquilo que Madame de Staël chama de *personalidade*. Num trecho de *Réflexions sur le suicide*, Madame de Staël dá a entender que a riqueza das faculdades poderia ser o dado primeiro, e que a falta nasceria em nós dessa própria riqueza, e da impossibilidade em que estamos de lhe conferir dentro de nós mesmos, e só em nós mesmos, seu ponto de aplicação:

> Há um futuro em toda ocupação, e é de um futuro que o homem tem necessidade incessantemente. As faculdades nos devoram como o abutre de Prometeu, quando não têm ação fora de nós.[47]

Se a felicidade mais segura consiste na perfeita autonomia e na independência interior, a vida de Madame de Staël, incapaz de só depender de si e de só se alimentar de si, não é feita para a felicidade.

O estado inicial é de impaciência e inquietação: a calma e o repouso são impossíveis. É preciso que a inteligência encontre onde se despender e que a espera obtenha a resposta que a satisfaça. A superabundância das energias, a maravilhosa diversidade das faculdades, em vez de favorecer a felicidade, apenas acentuam a sensação do irrealizado. Tudo se passa como se a riqueza interior e a falta se multiplicassem uma pela outra e se avolumassem. A riqueza, no nível interno, não pode senão ser sentida como riqueza sem objeto, profusão sem apoio, recurso não empregado: seu impulso para o exterior terá se tornado mais necessário. Madame de Staël sabe dizê-lo de mil maneiras. A alma se sente imperfeita enquanto não "dedicou suas forças a um objetivo" e enquanto não encontrou esse objetivo. Ela precisa de um "guia", mas às vezes esse objetivo e esse guia são um só. A riqueza interior, longe de autorizar o ser a se circunscrever, impõe, assim, um movimento expansivo. Expansão na atividade (isto é, na concretização das faculdades primeiro virtuais), expansão para o futuro, expansão para um ser eleito: é este um só e mesmo movimento. Pois a alma não sente apenas a necessidade de se ocupar e de se empregar; não prodigaliza suas riquezas apenas (à maneira de Stendhal) para ter a sensação de sua própria força. Se exibe suas energias, é para interessar outros seres, é para se despejar em outros destinos. Este é o apoio que procura, este é o objetivo ao qual se dedica:

> Que objetivo senão si mesmo para sua própria vida! Que homem pode se escolher como objeto de seu pensamento, sem admitir um intermediário entre sua paixão e si próprio?[48]... É fora de si mesmo que estão os gozos infinitos.[49]

Sair de si, não para se perder externamente mas para confiar a existência a alguém, para fazer deste o "intermediário" pelo qual o eu passa de sua forma original imcompleta à plenitude final, eis a dinâmica da paixão segundo Madame de Staël. Vemos efetuar-se aqui uma síntese singular da generosidade (efeito da riqueza que se despende) e da avidez (efeito da incompletude que busca se realizar). O amor-devoção, do qual Madame de Staël faz seu ato ideal, volta-se para os outros a fim de neles descobrir seu próprio futuro, sua própria epifania; é antes de tudo um ato de esperança, que projeta a existência para um futuro partilhado, no qual já não deveríamos suportar sozinhos o "peso da existência"; no qual, bem melhor, esse peso se extinguiria magicamente porque um outro o teria assumido conosco sua carga. Assim desapareceria a insuficiência que sobrecarrega a existência solitária e o instante presente: para ser, é preciso ser vários, daí a necessidade de ligar os outros pelo reconhecimento, de obrigá-los a nos remeter a imagem embelezada de nossos benefícios. Como vemos, ao término do impulso expansivo, a devoção e o dom benéfico se desdobram num desejo de conquista. Esta não é apenas o ato pelo qual Madame de Staël e suas heroínas se esforçam para se tornar senhoras do outro: é o ato com que, a partir da plenitude do casal ou do grupo, elas se esforçam para restabelecer uma plenitude mais ampla, se não a coerência e a harmonia do mundo.

O dom, que é também uma captura, é o limite final para onde tende a riqueza, que é também uma falta; esta marcava o mal-estar inicial da consciência: a riqueza quer se despender, ao passo que, recíproca e conjuntamente, o sentimento do incompleto daria lugar a uma plenitude aumentada até as dimensões do universo... Mas o dom e a fusão são menos a realidade do amor-devoção do que sua utopia eternamente renovada: é no futuro, no horizonte do desejo e da esperança, que eles se perfilam quimericamente. A vida do amor é uma inquietação incessante que busca sua calma na reciprocidade sem resquícios. Amar desmedidamente e ser amado desmedidamente, despossuir-se no outro, para receber em troca o dom total de uma consciência fascinada; não mais pensar em si, de modo que nossa existência deixe de ser nossa única preocupação e se torne, ao contrário, a preocupação permanente com o ser amado: esse é o ideal passional que (como o ideal republicano da virtude segundo Hegel) não pode senão fazer surgir infinitamente a suspeita e o Terror — um Terror cuja fórmula não seria *a liberdade ou a morte*, mas *o apego ou a morte*. Pois o ser amado é uma consciência livre: ele não se deixa possuir como um objeto pela consciência amante. Sapho geme, ao falar de Phaon: "Passei quase um ano na doce persuasão de que ele era meu para sempre".[50] Mas em nenhum momento Phaon pôde ser de Sapho: ele jamais perdeu a liberdade de se afastar, a despeito dos benefícios que recebeu. Jamais foi um verdadeiro cativo. Aconteceu-lhe olhar uma jovem e preferi-la a Sapho... Madame de Staël não ignora que a retribuição que espera dos outros, e da qual faz depender toda a sua felicidade, é sumamente incerta, sabe que nada é menos certo que a reciprocidade que ela transformou em ideal. Daí as suspeitas e as exigências; daí o apelo impaciente aos testemunhos que a tranquilizarão a respeito da natureza dos sentimentos dos quais deve duvidar, dos quais tem razão de duvidar. Muito lúcida, escreve em *De L'Influence des passions*:

> Se entregamos nossa alma com bastante intensidade para sentir a necessidade imperiosa da reciprocidade, o repouso cessa e a desgraça começa.[51]

Além disso, à medida que se realizam, os votos da paixão vão ser marcados pela lei do presente e pela fraqueza que caracteriza o presente diante da intensidade da esperança: Madame de Staël aí reencontrará o sentimento da riqueza inesperada, da falta, da imperfeição dolorosa. De agora em diante, as insuficiências serão, porém, imputadas aos defeitos do outro: é o amigo que *falta* com a palavra ou com o dever, é o ser amado que torna impossível a perfeita harmonia, a "conjugalidade" cósmica que Madame de Staël transformara em sua aspiração. A insatisfação essencial pode, então, ser formulada no modo da queixa, como um ressentimento justificado diante de uma injustificável defecção. Mas a queixa é acompanhada, o mais das vezes, por uma reduplicação do amor-devoção, por uma aposta na generosidade, com a intenção ambígua de regenerar a felicidade comprometida e agravar os erros do ser amado. Cobertas de mágoas, Madame de Staël e suas heroínas se esforçam a duras penas em reinventar com o mesmo ser decepcionante um novo futuro, um novo enfeitiçamento. A devoção, o dom, querem então avançar até o extremo limite possível, isto é, até o ponto em que, demonstrativamente, o ser amante se aniquila por inteiro em benefício do ser amado. A retórica amorosa, que faz do ser amado *minha vida*, é vivida aqui no sentido literal, na medida em que essa literalidade se deixa viver. O ser já não se pertence, não é mais nada para si mesmo, pôs-se inteiramente sob a guarda e sob a dependência do ser amado.

Nesse ponto, a devoção torna-se sacrifício e o dom absoluto tende de modo assimptótico ao absoluto da morte. Viver somente para o ser amado é, em suma, viver apenas pelo ser amado: ter cessado de viver para si mesmo e por si mesmo. Profunda libertação que, em troca, confere à própria vida uma facilidade, uma alegria e uma intrepidez maravilhosas. Para os vivos que se amam, é "um abandono que a morte autoriza".[52] A amante apaixonada (Zulma, Delphine, Corinne, ou a própria Madame de Staël) torna-se uma morta-viva, mantida em vida por uma espécie de respiração artificial que ela implora — uma morta em potencial de quem, agora, cada instante depende do ser amado: expressar esse estado é repetir sem parar (e da maneira menos política) que se morreria se o ser amado se afastasse. É proclamar que a vida é o dom condicional que recebemos dele. Sua defecção, e só mesmo sua desatenção, já constituiriam uma sentença de morte. No extremo da devoção se anunciam, assim, o sacrifício e a morte consentida, mas isso também é, conforme suspeitamos, a arma última do desejo possessivo, que é desejo de sobreviver. Madame de Staël e suas heroínas se engenham em fazer do *nada* que enfrentam a contrapartida que lhes permite conservar o *tudo* do ser amado. Se a devoção, se o sacrifício não proclamam alto o suficiente essa alternativa da felicidade ou da morte, resta — derradeiro recurso — a alusão perpétua ao suicídio e, nas heroínas de Madame de Staël, o próprio suicídio. Zulma, que fala em nome de todas, formula claramente essa atitude:

> Se você deixar meu coração dizer: Fernand não me abandonará jamais!, é na verdade o abandono de mim mesma, e é você que responderá por minha existência... Se pressentir que sua alma está prestes a se separar da minha, jure-me que antes do instante em que eu poderia descobrir isso você me dará a morte.[53]

Pois a morte é o corolário do dom absoluto; é sua prova requerida. Deixar-se morrer, suicidar-se, não sobreviver à defecção do ser amado são as únicas maneiras de provar que, de nossa parte, fizemos dele o *único apoio* de nossa vida.

A morta-viva jurou não sobreviver à morte do amor ou à morte do amante. Sua vida se passara na unidade milagrosa, enquanto ela podia respirar pelo amor que lhe era dado, enquanto o presente permanecia o ponto de origem de uma esperança eternamente renovada. A unidade do mundo era a unidade de um vasto instante suspenso: o ser amado, ou a imagem do ser amado no coração do ser amante era o agente milagroso da coesão universal. Zulma, mais uma vez, se expressa do modo mais impressionante:

> Esse universo que chamamos de obra de uma só ideia tornou-se para mim a imagem de um sentimento único e dominador. Para mim, o laço de todos os pensamentos e a relação dos objetos entre si era Fernand.[54]

Que o ser amado desapareça ou se afaste, que não haja mais dúvida sobre sua ingratidão, e então ocorre uma espécie de catástrofe ontológica. A perfeição e a unidade do mundo se desfazem, tudo se desanima, o encantamento dos instantes unidos “sem intervalos” se decompõe.

A catástrofe, para Zulma, é ficar sozinha, é ser remetida à solidão, é recair dolorosamente na dispersão do mundo e do tempo. O universo, que o amor havia alargado, reencontra-se reduzido à dimensão apertada da consciência solitária: ela sofreu uma amputação, um encolhimento. Dessa modificação do espaço no estado de abandono e de frustração, a primeira carta de Germaine

Necker (escrita durante uma ausência de sua mãe, provavelmente aos doze anos, em 1778) traz um testemunho de extraordinária clareza:

> Meu coração está apertado, estou triste, e nesta vasta casa que encerrava havia tão pouco tempo tudo o que me era caro, na qual se limitavam meu universo e meu futuro, não vejo mais que um deserto. Dei-me conta pela primeira vez de que esse espaço era grande demais para mim e corri para meu quartinho para que minha vista pudesse conter ao menos o vazio que me cercava. Essa ausência momentânea me fez tremer sobre meu destino...[55]

Vemos aqui toda a intensidade da "reação de abandono" — reação que Madame de Staël será condenada a reviver um número incalculável de vezes, mas sobretudo, e de modo especialmente doloroso, na morte do pai. Para Madame de Staël, os *quartinhos* da solidão serão a ocasião de sentir mais cruelmente o renascimento do vazio interior. O vazio, longe de poder ser *contido* (como esperava a garotinha de doze anos) torna-se, ao contrário, mais lancinante. Na falta de ter em torno de si um espaço povoado, que dependa dela e do qual ela dependa, Madame de Staël só encontra em si e em torno de si um deserto escuro.

Toda grande separação põe a morta-viva na obrigação de concluir a morte cuja promessa ela formulara: não tem, literalmente, o direito de sobreviver, já que confiou toda a sua vida ao ser amado. E o primeiro estupor em Madame de Staël e em algumas de suas heroínas é verem-se obrigadas, primeiro, a sobreviver a contragosto, é entrarem numa sobrevida ilegítima. Sobrevida insuportável, já que a alma aí se descobre não só diminuída de tudo o que prodigalizou, mas, em primeiro lugar, infiel às suas resoluções. Sobrevida que é uma morte frustrada, e que só pode ser sentida como um erro. Teria sido necessário morrer no próprio instante da traição do ser amado, e eis que surge uma sucessão de instantes sombrios, que não são a morte e tampouco são a vida. Cada um desses instantes lembra a perda sofrida, e em cada um deles a vida é declarada impossível. A falta de ser, que caracterizava a situação inicial, se agravou. Já que nenhuma presença se oferece para preenchê-lo, só resta à alma exasperada suprimir tardiamente sua dor dando-se a morte.

Em *Sapho*, Madame de Staël recorre ao símbolo do mar: é o elemento que se interpõe entre Sapho e Phaon, é a própria ausência, é a distância. Quando a distância e a ausência só podem ser abolidas pelo *retorno* do ser amado, elas se tornarão o recurso mortal da alma sofredora que aí se precipita. Esse duplo valor do símbolo (que hoje gostamos de chamar de uma *ambiguidade*) encontra sua expressão numa bela réplica de Sapho:

> Sim, tudo está aí, tudo: a glória, o rochedo, o mar; o mar que pode trazê-lo, que pode também me receber em seu seio: como é benfazejo! e quantas vezes suas ondas foram fiéis servidoras do destino![56]

A presença do mar, símbolo da morte acolhedora, e a resolução de aí procurar refúgio são para Sapho o único meio de encontrar a calma. A alma atormentada só conhece repouso no pensamento resoluto de enfrentar quase imediatamente a morte. A extraordinária serenidade de Delphine envenenada e a majestade de Sapho desesperada ("como um monumento funerário, que é retraçado pela morte no meio de todas as delícias da vida")[57] só se explicam assim: o apoio que essas mulheres não podem encontrar no ser amado encontram no ato em que se asseguram de sua morte.

Esse movimento em direção da morte é alvo de um dos mais belos trechos de *De L'Influence des passions*. Aí observamos, no momento capital, o aparecimento — voluntário, involuntário? — de um belo alexandrino raciniano, desenvolvimento de uma sábia desordem patética:

> É preciso para sempre renunciar a ver aquele cuja presença renovaria vossas lembranças, e cujos discursos as tornariam mais amargas; é preciso vagar nos lugares onde ele vos amou, nesses lugares cuja imobilidade aí está para atestar a mudança de todo o resto. O desespero está no fundo do coração, enquanto mil deveres, enquanto o próprio orgulho, comandam escondê-lo; não se atrai a piedade por nenhuma desgraça aparente; só, em segredo, todo o vosso ser passou da vida à morte. Que recurso resta no mundo contra tal dor. A coragem de se matar?[58]

Interrompamos um instante a citação desse trecho. Aparentemente, chegamos a um limite, mas é apenas um ponto de transição, além do qual veremos se enunciar uma das razões que, no fundo mesmo do abandono, reterão a desesperada à beira do suicídio. Falando de amor, Madame de Staël afirmara, algumas páginas antes: "Só os homens capazes da resolução de se matar é que podem, com alguma sombra de sabedoria, tentar essa grande estrada de felicidade". Em outras palavras, é preciso ser capaz de pôr fim à vida no ponto onde a felicidade chega ao fim, isto é, no ponto em que o ser amado se esquiva. Só que Madame de Staël não se conforma com o nada; precisa de uma sobrevida, uma sobrevida em qualquer lugar: no além ou no pensamento dos outros. E se a possibilidade lhe parecer duvidosa, ela se resignará com essa espécie de existência póstuma incompleta que é a situação de abandono; assumirá ela mesma a carga de sua sobrevivência, sobreviverá na própria vida devastada. Retomo aqui a citação que interrompi:

> Mas nessa situação o próprio auxílio desse ato terrível é privado da espécie de doçura que se pode ligar a ele; a esperança de interessar depois de si, essa imortalidade tão necessária às almas sensíveis é arrebatada para sempre àquela que já não espera pesares. Não afligir, nem punir, nem ligar em sua lembrança o objeto que vos traiu, isso é *morrer de fato*; e deixá-lo para aquela que ele prefere é uma imagem de dor que se põe além do túmulo como se essa ideia devesse vos seguir até ali.[59]

Diante do aniquilamento, Madame de Staël hesita. A morte, sim, mas contanto que seja uma repreensão perpetuada. O suicídio, compreendemos agora, ainda é apenas um modo de viver como Erínia no pensamento do ingrato, e de obcecar a lembrança culpada dos vivos. O suicídio, pela magia da ausência absoluta, estava destinado a estabelecer uma relação indestrutível em que o amante infiel ficasse acorrentado para sempre. Na verdade, todos os grandes suicídios cometidos pelas heroínas staelianas são mortes diante de testemunha. Delphine morre diante dos olhos de Léonce; Sapho se joga no mar durante a cerimônia nupcial em que Phaon é unido a Cléone; Zulma, para se dar a morte, espera ter contado sua história inteira ao tribunal reunido para julgá-la; Corinne se deixa morrer diante dos olhos de Oswald.

Esta é a lógica do suicídio acusador: ele se torna inútil ou irrisório se o ingrato se pôs para sempre inatingível. Nessa hipótese, a morte, embora dando um fim à dor sofrida, não instauraria a presença eterna da lembrança e do remorso na consciência do ingrato. O desaparecimento voluntário não seria o aguilhão que quer ser para os outros. Melhor não morrer. Melhor permanecer, para outros testemunhos, no limbo da existência dolorosa e da vida póstuma.

Sobreviver não só à defecção do ser amado, mas à possibilidade de uma morte que poria um fim aos tormentos da solidão é dar um passo a mais na dor. Renunciar ao suicídio que restituiria a calma não seria, de certo modo, levar ao paroxismo o heroísmo da dor? Não surpreende que as páginas de 1812 contra o suicídio sejam ao mesmo tempo a apologética de uma religião da dor. Aliás, vemos muito bem que a recusa do suicídio não decorre somente de sua ineficácia como ato punitivo. Madame de Staël não está longe de imaginar, para a alma desesperada, a possibilidade de uma morte de si mesma, na qual quem sofre se livraria de sua dor separando-se de si mesma. Em outras palavras, é possível substituir a morte voluntária por um "suicídio moral":

> A resignação que se obtém pela fé religiosa é um gênero de suicídio moral, e é nisso que ele é tão contrário ao suicídio propriamente dito; pois a renúncia a si mesmo tem por objetivo dedicar-se a seus semelhantes, e o suicídio causado pelo desgosto da vida é apenas o luto sangrento da felicidade pessoal.[60]

Desprender-se de si, separar-se de si, acostumar-se a "julgarmos a nós mesmos como se fôssemos um outro", desfazer-se da personalidade "para entrar na ordem universal": essas são as fórmulas que se encontram nas *Réflexions* de 1812. Madame de Staël é realmente capaz de tal "resignação"? Contentemo-nos em verificar que seus textos indicam essa possibilidade. Por menos decidida que esteja a renunciar ao que chama de *felicidade pessoal*, ela não parou de indicar a direção de uma felicidade impessoal, a que chama alternadamente de filosófica, poética ou religiosa. O suicídio moral devolve ao cêntuplo o que fora perdido, já que o espaço se povoa de novo ao redor: o universo está presente, os outros fazem círculo em torno de nós...

Aqui se abre o campo da melancolia. A alma que se separou de si mesma; a alma para quem a *felicidade pessoal* é uma paisagem que se desenvolve inteiramente aquém do momento presente; a alma que encontrou a calma no "suicído moral" não pode, porém, esquecer seus lutos. Familiarizou-se com a morte, atravessou-a; o ápice reflexivo a que chegou está situado além-túmulo. Portanto, ainda aqui, não deixa de ser uma morta-viva. Seus prazeres têm algo de eliseano e de exangue: são os prazeres da *doce melancolia*. O epíteto não é desprovido de importância, para diferenciar entre essa variedade estigeana da melancolia e essa que impele os vivos a se precipitarem para a morte. Trata-se aqui, insisto, de uma melancolia de *depois da morte*, de uma melancolia terminal. Daí essas expressões esparsas:

"A melancolia, última esperança dos infelizes",[61] "Aquele que pode ser melancólico, que pode se resignar ao sofrimento, que ainda pode se interessar por si mesmo, não é infeliz",[62] "Essa doce melancolia, verdadeiro sentimento do homem, resultado de seu destino, única situação do coração que deixa à meditação toda a sua ação e toda a sua força".[63]

Aqui começa o ato de escrever: na melancolia, expressão de uma dor aprofundada, superada, mas constantemente renovada, Madame de Staël vê o princípio da literatura dos povos do Norte, literatura que para ela representa a poesia por excelência.

A literatura, obra da melancolia, segue-se, pois, ao ato decisivo do suicídio moral. É notável a semelhança entre a definição do suicídio real, "luto sangrento da felicidade pessoal", e a definição da glória literária, "luto resplandecente da felicidade". Madame de Staël definiu nitidamente, nessas duas fórmulas, uma ruptura que será o ato essencial dos grandes escritores do século XIX. O ingresso na literatura supõe o sacrifício do homem em favor da obra, a abolição da existência pessoal empírica (em que o escritor vive realmente sua felicidade e sua desgraça) em benefício da existência segunda que ele persegue em sua obra. Balzac, Flaubert, Mallarmé se imolam, se anulam, morrem para eles mesmos a fim de que suas obras entrem, em seu lugar, numa vida substitutiva.

Madame de Staël indica esse aspecto moderno da literatura. Mas acaso realiza seu movimento até o fim? Parece-me que fica no limiar do suicídio literário, como ficou no limiar do suicídio moral. Em *Sapho*, Alcée, que deseja que Sapho se dê inteiramente ao culto do deus da Poesia, dirige-se à poeta:

> Ah! Se, separada das paixões terrestres, queres enfim te dedicar a esse deus de quem recebeste tantos benefícios, os próprios segredos do universo podem um dia te ser revelados.

Mas Sapho responde:

O segredo do universo, Alcée!, é o amor e a morte. Crês que não conheço um e outro?[64]

Sapho se recusa a se separar das "paixões terrestres" porque é aí, acredita, que lhe são revelados os segredos do universo. Com seu nome de empréstimo de Sapho, Madame de Staël não cessa de olhar para trás, para essas regiões em que a *felicidade pessoal* poderia renascer de suas ruínas. Espera as ressurreições do coração, e não a vocação divina, nem a extinção total na vida segunda da literatura. Suas heroínas a duplicam, mas não a suplantam. Ela não renunciou à própria vida para lhes dar vida. Aqui, a criadora não se sacrificou à criatura. É Madame de Staël que solicita nossa atenção, e não Delphine ou Corinne. O suicídio "moral" que lhes teria dado a plenitude da existência literária não foi cometido.

Que explicação para isso? Não basta dizer que os tempos do extremismo e do terrorismo literários ainda não tinham chegado. É preciso, acima de tudo, verificar que em Madame de Staël as potências da vida, da esperança, da paixão permanecem sempre as mais fortes, e que não param de reivindicar a primazia. Entre o apetite de viver e a exigência terrorista da literatura, a melancolia staeliana se esforça em estabelecer um regime "intermediário". Abandonada por Narbonne, Madame de Staël escreve *De L'Influence des passions*, mas também pega Ribbing. Obstina-se em acreditar que são revogáveis os decretos da dor. Além do *ostinato* monótono do sofrimento, a existência continua a ser para ela, milagrosamente, uma sucessão de instantes novos a partir dos quais um novo futuro pode ser imaginado; a velha quimera da reciprocidade perfeita é despertada em torno de um novo rosto, e por trás de todos os mortos *imaginários* que balizam a obra de Madame de Staël pressentimos uma presença insistente, que é essa mesma da vida, e a esperança indefectível de uma felicidade possível. Esperança frustrada, esperança renascente. Se Madame de Staël nos permitiu por um instante entrever a separação tão moderna entre o reino da *vida* e o da *escrita*, nada deve nos levar a desconhecer a preponderância da tese inversa, que ela defende em diversas ocasiões: a vida é inseparável da literatura; a literatura tira suas forças diretamente das energias temperadas da vida, da felicidade vivida:

Sem dúvida é preciso, para bem escrever, uma emoção verdadeira, mas ela não deve ser dilacerante. A felicidade é necessária para tudo, e a poesia mais melancólica deve ser inspirada por uma verve que supõe tanto a força como os gozos intelectuais.[65]

Declaração capital, que impõe seus limites à dramaturgia do desespero que acabamos de retraçar. Há em Madame de Staël uma evidente presença da fonte vital, que dá ao arrebatamento para a morte o valor de uma *dimensão imaginária* da própria vida.

De fato, as deliberações que acabo de lembrar, sobre o amor, a morte, o suicídio, não ocupam todo o pensamento de Staël. Em seu tempo, vida privada e vida pública são terrenos distintos. Germaine Necker, sem dúvida, conheceu a melancolia. Mas a preocupação em agir no terreno político prevaleceu constantemente. Dos tormentos que sentiu, soube tirar material para ficção, assim como afastá-los de si. Sua força de caráter, seu prestígio, e também o desejo que tinha de expor os princípios políticos aos quais era afeita, contrabalançavam, sem aboli-los, os acessos da melancolia cujos encantos e ciladas ela soube tão bem retratar. Foi uma espectadora, em si mesma, do teatro das tentações desesperadas, mas restava-lhe energia suficiente, exilada de Paris, afastando-se de Coppet, para fazer uma grande viagem pela Europa. No livro que dedicou à Alemanha, é quase como clínica que fala de Jean-Jacques Rousseau e da melancolia:

> Uma ideia, sempre a mesma, e revestindo-se porém de mil formas diversas, cansa ao mesmo tempo por sua agitação e sua monotonia. As belas-artes, que reduplicam a força da imaginação, aumentam com ela a intensidade da dor. A própria natureza importuna, quando a alma não está em harmonia com ela; sua calma, que achávamos suave, irrita como a indiferença; as maravilhas do universo se obscurecem diante de nossos olhares; tudo parece aparição, mesmo no meio do brilho do dia. A noite inquieta, como se a escuridão contivesse algum segredo de nossos males, e o sol resplandecente parece insultar o luto do coração. Onde afugentar tantos sofrimentos? Será na morte?

Ela imagina, no mesmo texto, o longo discurso consolador que teria sido preciso fazer a Jean-Jacques Rousseau: “O gênio só deve servir para manifestar a bondade suprema da alma”.[66]

Jouve, o operário do entremeio

O leitor da primeira versão de *Le Monde désert*[67] descobre nas últimas páginas do romance a eclosão surpreendente dos poemas de Luc Pascal, o único herói sobrevivente desse livro cheio de duros combates afetivos e do qual todos os outros personagens estão fadados à morte. Não vamos chegar ao ponto de dizer que o herói sobrevive: sua vida se tornou quase nula, e é só nos poemas que aparece uma existência continuada. A poesia nasce da extinção dolorosa de um homem cuja história se detém. Ora, esses poemas se encontram em *Les Noces*: pertencem a Jouve, que os produziu por meio da aventura de Luc Pascal. A interposição de uma figura imaginária entre o escritor e o poema demonstra a amplidão de um percurso inventivo. "Um personagem nunca é mais que um pedaço íntimo de nós mesmos, e toda obra, qualquer que seja, é uma confissão que sofre uma metamorfose."[68] Assinalemos de imediato que na versão definitiva de *Le Monde désert* os poemas de Luc Pascal desapareceram. Não é que Jouve os renegue, pois os manteve na versão definitiva de *Noces*. Reeditando sua obra com a extrema preocupação de uma construção coerente, Jouve sacrificou tudo o que podia constituir uma repetição. Se os poemas não aparecem mais no interior do romance, continuam porém em seu prolongamento, e a crítica não faz nenhuma violência à obra interrogando-se sobre os laços que unem o relato aos poemas.

Não basta perceber que a aventura de vários heróis jouvianos — Luc Pascal, Pierre Indemini (*Hécate*), Léonide (*La Scène capitale*) — se depura e se prolonga em poesia. Não basta perceber que esses relatos, tão ásperos e tão musicais, se elevam, depois da sombria batalha das figuras enfrentadas, num espaço de libertação lírica. Se a poesia constitui a "pós-história" dos grandes protagonistas romanescos, é lícito afirmar, em troca, que quase toda a poesia jouviana implica uma "pré-história" dramática, um longo caminho contrário anterior ao surgimento do poema. O que é verdade sobre a relação entre um grupo de poemas e um relato particular (por exemplo, os poemas do ciclo de Hélène e o relato *Dans Les Années profondes*) deve ser aceito num sentido mais geral e mais amplo. Não há um só poema de Jouve que não tenha a riqueza de toda a provação prévia que o tornou necessário, nem um só poema que não deixe adivinhar atrás de si uma experiência antecedente. Experiência ligada à vida pessoal, mas da qual se adivinha (basta para isso ler *En Miroir*)[69] que os elementos fornecidos pela circunstância biográfica ou histórica foram retomados e transformados numa intensa elaboração imaginativa. O poema substitui uma fábula anterior, que por sua vez elevava o acontecimento vivido à dimensão da imagem mítica. Pode-se julgar isso pelos poemas ligados aos acontecimentos de 1940.

O poema surge, pois, como vindo tardiamente; é um recurso solicitado em última instância, e tanto mais carregado de sentido na medida em que tem a missão de transmudar o que na história antecedente permanecia irrealizado. É a continuação de uma prova, mas é também a origem de um avanço que não está destinado a terminar nele. Jouve foi mestre na evocação de um "mais além". Se certos relatos são prolongados por continuações poéticas que exigem ser lidas de enfiada e deixam perceber o traçado de um itinerário espiritual, a mesma sensação de *história continuada em poesia* pode ser despertada pela leitura de outros poemas que nenhuma prosa narrativa precede explicitamente. Todo leitor atento saberá discernir nesses poemas um passado agitado do qual surgem, um tormento plural do qual se separam, uma base tácita cuja palavra garante a salvaguarda. Não há poesia mais orientada temporalmente que a de Jouve, e mais apta a transformar em imagens espaciais sua duração dramática. Levando o destino findo, do qual é herdeira, rumo ao futuro que ela engendra, a poesia descreve um percurso. Seu lugar, seu sítio são intermediários. Ela é, visivelmente, a operária de uma passagem. Intervém entre uma aventura submetida à lei do tempo e um horizonte intemporal; evoca o avanço mudo das forças do desejo e o silêncio pressentido além de toda existência criada. Quer figurar um encaminhamento, de um mutismo angustiado a um silêncio libertado, por palavras que trazem em si tanto a obscuridade de sua origem como a espiritualidade de seu fim.

O que lemos em *Le Monde désert* terá valor de exemplo.

No relato, capítulo 42, Luc Pascal reencontra o amor de Baladine Sergounine, de quem fora o amante fugaz alguns anos antes. Baladine é uma figura de mulher poderosa e suave: mulher-mãe prefigurando, com sua cabeleira mágica, a Hélène de *Années profondes* ou a Isis dos poemas mais recentes. Sua vida é habitada por uma obscura fatalidade de fracasso. Ligara-se a Jacques de Todi, amigo de Luc Pascal. Jacques se suicidou por motivos múltiplos aos quais nem Baladine nem Luc Pascal são alheios. Quando Luc e Baladine se reencontram, sabem que seu primeiro encontro amoroso contribuiu para o suicídio de Jacques: um morto está presente na profundeza da história de ambos, e a Morte já não pode se ausentar do amor dos dois.

> Quando Baladine se deu novamente a Luc Pascal, mas dessa vez na plena liberdade de sua vida, era agosto, sempre na casa de Conches. Numa noite estranha em que o céu estava de um azul de cerâmica, em que a casa se alinhava à beira da estrada ainda ruiva, e grandes árvores dirigiam para o alto suas espiguetas escuras. As tempestades caíam longe. Na vidraça preta da janela aberta ouviam-se os grilos que fazem seu barulho tranquilo até mais de meia-noite.
> Baladine não quisera se despir: como viajante, que vai partir de novo, para sempre. Conquistada, ela pensa: por que me esconderia? Tirou todas as suas roupas. Essa estátua que mexe pesadamente seus seios erguidos. Luc fechando os olhos por amor esperava o milagre que deve ser trazido pelo mais alto melancólico dia. Os três unidos, juntos e reconciliados. Na melancolia do belo dia eterno.[70]

O tempo bonito, a tempestade, a noite, o amor, a nudez: tudo se sucede de modo estranho, rápido e simples, levando à visão da estátua que é ao mesmo tempo a mulher amada e seu duplo mítico. Na dimensão do sonho o voto se manifesta por uma felicidade em que o amor do casal incluiria a presença do amigo morto. Esse componente fúnebre espalha a melancolia no belo dia.

Seguramente, a imaginação de Jouve e a paixão de seus personagens comportam um elemento sacrificial (ou "sádico") que se empenha em destruir qualquer posse. Baladine, esposada por Luc, foge para não mais reaparecer. Pela perda de Baladine o amor de Luc atinge sua última dimensão: é o momento em que se elevam a poesia e o apelo religioso. Chegando ao ponto mais árido, obcecado pela face imaginária da desaparecida, punido por uma culpabilidade violenta, Luc procura uma saída pelo movimento poético. Aqui intervém, constituindo por si só o capítulo 49 da primeira versão do romance, o poema que em *Les Noces* se intitula "A melancolia de um belo dia":

As árvores são imensas no verão chuvoso
Não se reconhece o céu, tantos são os luares
De prata com refulgentes vermelhidões sob as nuvens,
E nada de sol. Ou, caso se olhe pelo avesso,
Vê-se um só dia implacavelmente belo e quente
Um implacável desenrolar de belo dia
E as terras batidas uivando fazem sombra
E os pássaros fogem com suas asas abaixadas
E o espaço com mãos de azul se comprime ele mesmo
Seu peito geme sob suas mãos azuladas,
Enquanto a cidade é atulhada pelos calores usuais
E as moças fazem secar seu pelo liso ou seu estupor
No seio do belo dia.

Ó Deus! que essas moças se preparem para morrer
E que o verão seja uma estação tão obscura em nossas paragens
E que seis milhões de habitantes tenham passado por aqui
Sem realmente permanecer mais de uma hora!
Ó Deus, há mundos inanimados em demasia
Em contrapartida não há suficiente morte próxima:
Essa estátua
Que se mexe movendo pesadamente seus seios erguidos.[71]

O leitor logo reconhece a retomada aprofundada do capítulo 42, na perspectiva da tristeza e da perda. É a amplificação lírica da "cena capital" da história antecedente. No poema, todos os elementos da intriga desapareceram; no entanto, a aventura percorrida lhe imprime seu elã.

O poema silencia a história mas ele é seu rebento. Parece ter nascido sob a ação da dor causada pelo desaparecimento da figura amada. Mais genericamente, o poema se eleva sobre a extinção da história e vive da substância consumida de um conjunto de destinos. E, vamos repetir, o que é verdade sobre esse poema particular (de início inserido no relato, depois cortado) parece poder ser afirmado sobre a maioria dos poemas de Jouve: sentimos viver, aquém, todo um mundo de figuras interiores — figuras perdidas — cuja memória o poema salva.

Já que podemos confrontar o texto da *história* com o do *poema*, podemos avaliar os deslocamentos e os alargamentos ocorridos.

O poema se desenvolve num ritmo grave e mais para lento. O relato, em contrapartida, nos impressionara pelo desfile rápido das imagens e dos acontecimentos. Verifiquemos que o *tempo* narrativo de Jouve — fora as admiráveis descrições que se ligam aos objetos ou aos lugares, fora também certas pausas sonhadoras — se caracteriza por uma extrema vivacidade. O acontecimento irrompe. Esse feito estilístico não é gratuito. Está ligado à intuição da fatalidade afetiva. Os personagens jouvianos não são donos de suas motivações: são determinados por mecanismos irracionais e rigorosos.

A maioria dos atos capitais, na ficção jouviana, têm a característica do surto. Falta pouco para que o relato não resvale para o mito, isto é, para um tipo de narração em que os personagens não pareçam ter inconsciente porque eles mesmos são pedaços de inconsciente. Isso mostra como Jouve romancista — pintor do "mundo deserto" ou dos malefícios de Hécate — trabalha, na liberdade da arte, para representar um mundo determinado, sobredeterminado, habitado por personagens cuja liberdade é subjugada. São as mesmas características de necessidade, fatalidade seca e rápida, que Jouve admira em alguns grandes *libretti* de ópera: o *recitativo* do *Don Juan* de Mozart, o *Woyzeck* de Büchner (levado por Alban Berg ao auge da intensidade), a tragédia de *Lulu* de Wedekind. Mas na ópera a possibilidade de expressar instantaneamente a necessidade pertence de forma legítima ao músico. Em contrapartida, Jouve sabe que uma musicalização do relato por sobrecarga de elementos poéticos é contrária à lei do relato. Nem por isso desiste de prosseguir o movimento narrativo em direção de um horizonte de libertação. Daí que a poesia *se siga* ao relato.

O acontecimento desenvolve sua música uma vez chegando a seu termo. De muitos pontos de vista, os poemas de Jouve estão para o relato que os precede assim como a música está para o *libretto*: alargam a história e lhe fazem eco em níveis variados e em registros extremos da sensibilidade. Manifestam a liberdade que se solta de uma energia que ainda permanece disponível depois da catástrofe em que se precipita a mecânica rápida do relato. Antes do poema, há uma primeira morte: o protagonista é o sobrevivente de um naufrágio no qual reconhece a consequência do Erro. Ele é rejeitado para uma derradeira praia; agora enfrenta a própria morte. Disso resulta que o poema jouviano se situa entre duas mortes: entre a perda do objeto, o desaparecimento da figura amada, e a perda de si, a morte pessoal, cruzada pelo impulso das palavras que consentem. Assim, para voltar a *Le Monde désert*, o poema "A melancolia de um belo dia" é precedido pelo desaparecimento da heroína, e prepara ativamente a morte interior do herói sobrevivente ("não há suficiente morte próxima")... Compreende-se a importância que Jouve atribui ao fato de que o *Concerto* de violino de Alban Berg ("À memória de um anjo") tenha sido elaborado no intervalo que separa a perda de um "ser admirável" e a própria morte do compositor. Independentemente de sua qualidade intrínseca, essa obra musical se desenvolve num espaço "biográfico" que para Jouve é, por excelência, o da arte.

A paisagem romanesca do belo dia se passava num ritmo precipitado. O poema do belo dia, em compensação, fixa o espetáculo de um tempo parado. É, primeiro, um noturno fantástico com luares multiplicados;. mas o dia quente não se sucede à noite: ele a traz em si mesmo, "caso se olhe pelo avesso". São esses uns espaços confundidos. Uma só e única paisagem, de natureza mítica, rodando no espaço mental. Separada do ciclo exterior das noites e dos dias. Alguns elementos nos tinham sido entregues na rápida descrição do capítulo 42 da história: as "grandes árvores", o "céu de um azul de cerâmica", a "estrada ainda ruiva", as "tempestades", que "caíam longe", a noite. Esses elementos sofreram uma amplificação, uma solenização; foram sobrenaturalizados; entraram num sonho exasperado em que o objetivo e o subjetivo não aceitam mais ser discriminados. Jouve se aplica em construir um teatro fabuloso em que o próprio cenário é um fenômeno da alma desenvolvido em figura cósmica. Nesse sentido, tudo é acontecimento, nada é cenário. "O verão chuvoso", "as refulgentes vermelhidões sob as nuvens" são movimentos afetivos que se tornaram sensíveis, sentimentos materializados. Em Jouve a paisagem e a dramaturgia formam uma só coisa.

Ora, se é verdade que a paisagem reversível da primeira parte do poema se desenvolve num tempo imóvel, ela nos dá, porém, a impressão de conter um *outrora* imemorial e, semelhante nisso a todos os poemas de *La Symphonie à Dieu* de que é o texto liminar, trazer a herança de um passado muito mais longínquo que o da história. Esse ponto é importante: a poesia de Jouve se segue a um relato, mas o poema se abre para fundos situados antes da história, para o lugar original das forças que conduziram a história e determinaram a catástrofe. O poema, escapando ao tempo precipitado em que se desenrola o conflito dos personagens, reina por divinação e reflexão num espaço temporal aumentado. Dirige-se para os começos do ser; inventa um futuro de expectativa e esperança... Portanto, há no poema uma força de transferência e de deslocamento, uma mobilidade especial, capaz de transferir os elementos da história para um outro espaço figurado — um espaço imemorial e arcaico, ou, ao contrário, um horizonte escatológico. Desnecessário dizer que esse deslocamento — uma das operações fundamentais da poesia — implica um amplo remanejamento do sentido das imagens mobilizadas: estas, transportadas para outra atmosfera psíquica, se organizam conforme outras leis. A liberdade que o poema jouviano deseja manifestar implica o deciframento, nas zonas turvas da consciência, de movimentos regidos por uma tirânica necessidade. Um circuito se delineia: das imagens da história às imagens arcaicas, das imagens arcaicas às que são desenvolvidas pela livre invenção poética, senhora da obra. Assim se conciliam em Jouve uma fatalidade *de origem* e uma imensa facilidade na elaboração — pelo que a liberdade da arte se liga à verdade de uma *prova*.

Enquanto ficava mantido dentro de *Le Monde désert*, o poema do belo dia deixava que percebêssemos muito bem certos deslocamentos de imagens. O poema deve apagar os traços do caminho que levou até ele. É ao leitor que cabe povoar, a partir do poema, o espaço anterior, sem para isso ser ajudado pelas confissões do poeta, e sobretudo sem que se imponha um significado unívoco: a "vibratividade" do poema é a esse preço. Ora, graças à primeira versão de *Le Monde désert*, a crítica tem a oportunidade de perceber esses momentos sucessivos de um trabalho afetivo.

A heroína do romance, Baladine, não aparece no poema. Em compensação, o elemento feminino carnal está presente sob a aparência das "moças"; e o tema tão importante da cabeleira, associado à figura de Baladine, tornou-se o "pelo" (vocábulo ronsardiano rejuvenescido por Jouve) que as moças "fazem secar". A imagem feminina foi, portanto, deslocada para o registro da umidade quente, da impureza, do pecado. Esse deslocamento está ligado à evocação da cidade esmagada pelo calor: a imagem de inferno sensual. A primeira parte do poema orientara nosso olhar para o alto, para os luares, as nuvens e o azul. Logo depois, somos conduzidos a um *lugar baixo*. As palavras "atulhada pelos calores usuais" expressam uma descida à trivialidade desesperadora.

Enquanto a paisagem inicial do poema podia aparecer como o eco transfigurado do dia amoroso em Conches (um subúrbio então verdejante de Genebra), a segunda parte do poema escolta o herói no desespero em que ele se tranca em Paris. Deciframos assim, nesse texto, o batimento constantemente presente em Jouve entre a fascinação por Paris (cidade a um só tempo amada e maldita) e o apelo às paisagens da alma, que se situam num território de montanhas e lagos, território que seria definido por uma cruz cujos braços iriam de Genebra a Viena, de Salzburgo a Florença, e cujo coração permanente se encontraria no alto vale do Inn, nos locais em que se desenrola *La Scène capitale*.

No episódio amoroso da história, líamos:

Conquistada, ela pensa: por que eu me esconderia?
Ela tirou todas as suas roupas.
Essa estátua que mexe pesadamente seus seios erguidos.

E no poema:

Em contrapartida não há suficiente morte próxima:
Essa estátua
Que se mexe movendo pesadamente seus seios erguidos

Singular repetição. A ideia de "morte próxima", o desejo de morte surge, no poema, no lugar exato em que o relato mostrava a amada despida. Nada demonstra com mais evidência a íntima afinidade de Eros e da morte, o que não é apenas um tema do pensamento teórico de Jouve mas um dado fundamental de sua imaginação. O deslocamento que acabamos de flagrar é sem dúvida tanto mais revelador na medida em que é inconsciente. Num nível mais consciente, a mesma afinidade de Eros com a morte ressoa em: "Que essas moças se preparem para morrer".

Se no texto a heroína foi suplantada pelas imagens da estátua e das moças, e pela ideia da morte, convém observar também a ausência do herói. Ninguém aqui diz "eu". O "eu" é engolido. Essa ausência me parece depender estreitamente da fatalidade melancólica que é a dominante do poema. O espaço é personificado ("o espaço com as mãos de azul se comprime ele mesmo") e essa animação sobrenatural do lugar parece a contrapartida de um apagamento do poeta. É o grito das "terras batidas", é o gemido do espaço que são os expoentes da dor subjetiva. Mas a esse grito "exterior" em breve se sucederão o suspiro e a invocação ("Ó Deus!"). A partir desse instante, *alguém* fala, um eu se reconstitui a partir da angústia e da ausência. O poema em seu conjunto se desenvolve entre a evocação de uma paisagem mítica impessoal, cruzado por presenças cósmicas antropomórficas, e o momento em que desponta a voz de uma súplica pessoal. Um "deslocamento" se impôs por meio do poema. Enquanto a paisagem inicial se elevava num tempo parado, a súplica final, partindo de mais baixo, põe em marcha um novo tempo — um tempo subjetivo orientado para a morte e medido unicamente pelo sopro das palavras.

Observaremos aqui que o poema nos propõe dois aspectos da morte. O primeiro é a morte já ocorrida, a inexistência que castiga os "seis milhões de habitantes" e os "mundos inanimados"; o segundo é a morte vindoura, à qual se dirige a súplica. A uma morte degradante, ligada à perda da alma, opõe-se uma morte que seria, ao contrário, salvação da alma, acesso a uma vida libertada. É por isso que o poema pode denunciar um excesso de morte ("mundos inanimados em demasia") e quase logo se queixar da falta da morte ("não há suficiente morte próxima"). Portanto, não é necessário lembrar a intriga de *Le Monde désert* nem pensar na perda da mulher amada para verificar que a energia poética tende a progredir entre dois mortos.

Admiramos aqui a segurança com que Jouve expressa poeticamente a experiência melancólica. A imobilização do tempo, os dias e noites que se estendem no mesmo espaço doloroso, o paroxismo sem remissão, o pânico paralisado, o olhar desolado sobre uma cidade em que a morte universal parece já ter feito seu trabalho, o apetite de acabar: não há nada aqui que não corresponda a uma imensa ansiedade. Encontramos nesse poema uma das mais exatas figuras do que a psicologia considera como uma das características fundamentais da melancolia: a discordância entre o tempo exterior e o tempo interior. Pois é de fato no quadrante da melancolia que se marca a hora breve ao término da qual "seis milhões de habitantes" pararam de viver. Um minuto de melancolia é mais longo que vários dias: ele vê se escoar um tempo interminável, que se soma inutilmente ao que já é um fim do mundo. A melancolia, em sua forma severa, é o sofrimento contínuo que nasce da sensação de que tudo é atacado de finitude.

No universo de Baudelaire a melancolia costumava expressar a oposição entre o finito e o infinito pela relação antitética da figura e do fundo: figura negra contra fundo luminoso, ou figura clara contra fundo tenebroso. A imagem contrastada possui um significado ontológico dos mais fortes. Jouve desenvolve e prolonga as descobertas baudelairianas em que ele não parou de meditar. No poema que lemos, o jogo simultâneo dos contrários habita toda a paisagem inicial. A *noite* atravessada de clarões lunares se opõe ao belo *dia* cujo fundo é *obscuro* ("que o verão seja uma estação tão obscura"). Além disso, as duas paisagens jogam uma em relação à outra o papel de fundo antinômico. A imagem contrastada, posta a serviço da evocação simbólica da paisagem interior, reflete-se de modo espantosamente sutil. Pois Jouve é mestre na arte de mover a consciência no nível em que para ela "o claro é negro, o negro é claro".[72] Consegue isso por uma arte da sequência representada por imagens, que transtorna e ordena, que desmorona e constrói, que faz descer os raios do mais alto azul ao Aqueronte do desejo noturno.

Ora, se é verdade que a melancolia se expressa pela oposição entre a finitude de uma potência cativa que busca quebrar a finitude, é de fato na imagem final do poema que encontramos sua assinatura:

Essa estátua
Que se mexe movendo pesadamente seus seios erguidos.

A feminilidade se apresenta sob o duplo aspecto da atração erótica e do peso material. A estátua nua é uma versão agravada da finitude culpada. Mas, conforme sublinhamos, essa imagem é aposta ao desejo de "morte próxima". Essa vizinhança singular, esse contato estreito entre as palavras que convocam a morte e as que evocam a atração amorosa põe em presença os elementos contraditórios da forma acabada e da recusa de qualquer forma. Vemos assim trabalhar dentro do poema o apetite da perda que estivera em ação na história anterior. O poema é o herdeiro de uma história de amor e morte, de ruptura e perda. Mas em poesia, num outro estágio, o mesmo combate, a mesma necessidade de ruptura e de perda se renovarão. No poema, a imagem toma vida a partir da história consumida; e a imagem, por sua vez, encarnada na bela matéria das palavras, aspira a ser negada, a passar pela prova do fogo:

Cara imagem queimada
Adeus adeus não me verás nunca mais[73]

A beleza, nascida do sacrifício, se oferece por sua vez em sacrifício. Assim se constitui o objeto espiritual, a "matéria celeste" que é simultaneamente um *corpo* admirável e a negação de qualquer corpo. A poesia em Jouve é a força que inventa a forma e, ao mesmo tempo, é a força que se arranca à tentação das formas, que renuncia à posse dos objetos. O mesmo ocorre quanto à presença física do poema na página: Jouve garante seu equilíbrio e sua beleza com uma ciência e um gosto tipográficos fora do comum; arruma as aberturas num além do texto, pela justa dosagem dos elementos de ausência e silêncio: lacunas, rupturas, margens, intervalos. Pois sua arte vive de insegurança. Se ele costuma evocar uma ascese, sente-se sempre ligado à falta que pode igualmente levar a alma para os lugares baixos. Em suma, a melancolia da finitude procura *sair dela* por um sobressalto que se reveste, alternadamente, do sentido da *transgressão* pecadora ou do sentido da *travessia* para as alturas santificadas. Fiel, nisso também, à lição baudelairiana, a poesia de Jouve mantém viva a "dupla postulação".

Será preciso lembrar os textos memoráveis que afirmam que a região mais elevada pode ser atingida pelo abismo do pecado? *Periissem, nisi periissem* [Eu teria perecido se não tivesse perecido]. Ainda devemos acrescentar que, segundo a lei própria da poesia, o objetivo espiritual só pode estar presente como tendência, tristeza, desejo, sede, imagem, e de jeito nenhum sob as aparências de um bem conquistado e amarrado uma vez por todas. Em *Le Monde désert*, o fracasso mais trágico é reservado ao personagem que, no início do relato, tentara chegar pela via mais direta ao topo da montanha e ao primeiro sol. A salvação tampouco pode ser conquistada pela ascensão poética: não pode nem deve se imobilizar numa forma. Ora, a poesia permanece ligada à forma, embora se erga contra a finitude formal. O artista esquece, apaga e recomeça. Se lhe ocorre inscrever o traço de um percurso espiritual nesse belo objeto que é o poema, nem por isso deve deixar de aceitar perder esse objeto, como todos os outros, para se encontrar despojado, sedento, exposto como no primeiro dia ao "movimento primitivo perigoso".

A poesia só guarda seu sopro se o poeta tem a coragem de ser um perpétuo relapso. Ele deve persistir em ser o operário do entremeio, entre a noite da condição corporal e a visão resplandecente do que só existe em esperança.

Saturno no céu das pedras

Saturno é para Roger Caillois um companheiro muito antigo:

> No liceu, eu ficava perturbado pela invocação do poeta latino: *Salve, magna parens frugum, Saturnia tellus, Magna virum* [Salve, terra de Saturno, mãe dos frutos e dos homens]. Parecia-me natural que a terra fosse saudada com o título de mãe das colheitas. Eu não ignorava que a evocação a Saturno remete à Idade de Ouro. Mas tambem sabia que ele devorava seus filhos. Sobretudo, como na época eu lia Paracelso, John Dee e toda uma literatura de vulgarização alquímica, em Saturno via primeiro um astro fatal, senhor do chumbo e da melancolia, e além disso cercado de anéis (fixos ou arrastados por sua própria rotação?), dos quais o mais próximo dele tinha o nome de *Anel crepe*.[74]

Saturno subirá ao céu das pedras. Caillois verá o planeta maléfico brilhar num dos calcários de sua coleção:

> Acima dos sulcos luminosos, num breve cantão preservado da chuva dos oblíquos: um disco longínquo, uma pastilha minúscula que seu brilho de chumbo esfolado deixa reconhecer como sendo a imagem do triste Saturno.[75]

É uma pedra análoga que Roger Caillois cita — numa ficção que preenche as lacunas da história — como a inspiradora da *Melencolia I*, de Dürer:

> Ele contemplava a placa translúcida, atrás da qual tremia a chama da lâmpada. Logo observou o astro negro que se levantava (ou se deitava) com sua glória de asfalto ou de fuligem. Logo sonhou com um universo às avessas, onde de um sol de azeviche emanariam as trevas.[76]

Roger Caillois, que reconhece que a perfeição das pedras "repousa na ausência de vida, na imobilidade visível da morte",[77] acrescenta ainda: "Nesses espelhos é meu reflexo de há muito tempo que tento perceber". Assim, não nos espantemos se retoma, por conta própria, os sentimentos que seu relato atribui a Dürer:

> Como com os ofiólatras, os gramatossofistas, como com Dürer e Hugo, acontece-me imaginar, mas sem nunca declará-lo atroz, o sol anterior de onde se repercutem as ondas das trevas essenciais.[78]

Em outro texto,[79] Caillois compara a "pedra lascada" que ele contempla com as *vanitas* da pintura barroca, isto é, com um gênero pictórico em que a melancolia se alimentaria ou se projetaria sem restrição. Essas pinturas são contemporâneas exatas da experiência (igualmente fictícia) que Hofmannsthal, numa *Carta* famosa, atribui a lorde Chandos — experiência tanto melancólica como extática, cuja *citação* corresponde a uma parte das páginas conclusivas de *Le Fleuve Alphée*. Sabemos, ademais, que a citação é um processo praticado na mesma época, e que está ligado a uma arte de escrever sobre quem cai — notadamente em Robert Burton —[80] a sombra da melancolia.

Nenhuma amargura, nenhum desânimo. A melancolia dos últimos textos de Caillois anda junto com a felicidade contemplativa, que ela contrabalança. Ficino a chamaria de "melancolia generosa", já que, longe de ser paralisante, é compatível com a expansão lírica em que a imaginação tem livre curso. Contrariamente à melancolia romântica, instigadora de ironia e ruptura, é no momento do *retorno*, da presença reencontrada, quando Alfeu, tendo cruzado o mar, se torna fonte, que o sentimento melancólico se expande em Caillois, numa prosa de veludo:

> Com a tinta, com o azeviche, com a fuligem, com o asfalto e o betume, a noite me lembra suas crenças. Com a poeira fina dos ossos calcinados, com a fumagina das ervas gangrenadas, com a cinza dos livros condenados, a noite me lembra meu nascimento. Sou filho da noite.[81]

Nascido da noite: acreditamos ouvir aqui um eco de Mefistófeles de Goethe: "Sou, eu mesmo, parte dessa escuridão que deu nascimento à luz...". Usando capa e mascarilha de veludo, Caillois, tal como apareceu num filme sobre o 15º Arrondissement, fazia mais que revestir a libré do papel. Essas frases que cantam a eternidade das pedras, mais que as imagens que inspiraram ao artista (no caso, Dürer), mais até que o desaparecimento da espécie humana e da vida, não são elas sopradas pela voz de Mefistófeles?

> Como no início, só existiu um deserto de pedras imortais: entre elas, suponho, um nódulo de ágata levando em sua transparência espessa, como os móveis de um inútil brasão, um sol inverso e um poliedro perdido.[82]

Sob esse olhar que tomou fôlego, a espécie humana, "tardia", "efêmera", "desencaminhada", não terá sido mais que um breve acidente numa eternidade mineral. Simples parêntese numa duração infinitamente mais vasta. Dessa mesma altura, Caillois, em *Le Fleuve Alphée*, também chama de *parêntese* toda a época de sua vida em que se esforçou em descrever em termos rigorosos as festas, os jogos, os extravios dos homens: "Pouco a pouco cheguei até a considerar a quase totalidade de minhas pesquisas e trabalhos um gigantesco parêntese, que deixei se fechar sobre mim, que terá durado quase toda minha vida e ao qual pertencem quase todos os meus livros".[83] Renegação que devemos, sem dúvida, pôr na conta de uma consciência mais aguda e pouco indulgente com o que as primeiras ambições puderam ter de excessivo — mas em que também distinguimos, apesar da tranquila serenidade do propósito, a autodepreciação sem a qual o quadro da melancolia não estaria completo.

Sabe-se que o primeiro movimento de Roger Caillois foi de interesse apaixonado pelo mistério e pela "face noturna da natureza". Mas esse movimento (o curto período surrealista) logo foi seguido por uma reviravolta, menos relativa à própria atração pela noite, jamais renegada, do que à maneira de responder a isso. Era melhor lhe prestar homenagem, estimava Caillois, do que enfrentá-la como adversária, do que desafiá-la com práticas pueris. O mistério continuava a ser o ponto de mira, mas de um olhar que se armava de todos os poderes da inteligência para não sucumbir à fascinação. Atitude combativa — e até desdobramento agressivo, já que atacava ao mesmo tempo o próprio mistério e os adeptos do "*laisser-aller*" e das admirações fáceis. Nao era o filho de Saturno mas o de Marte, não era a melancolia mas a *cólera*, que formulavam em páginas batalhadoras as tarefas de uma "ortodoxia" militante. Elas designavam adversários: as demissões do pensamento, mas igualmente o racionalismo estreito, ligado à verossimilhança mais que à coerência sistemática. E tratava-se, numa alegre impaciência, de passar sem demora à ofensiva, em nome de uma ordem e de uma saúde a reencontrar. A "totalidade do ser" devia se dedicar a isso, o que significava romper de todos os lados: com a situação de fato, e mais ainda com os revoltados que se precipitavam para novas servidões. Caillois convidava a uma ascese, a um sacrifício de si, a um amor pela *aridez*, cuja recompensa seria uma autêntica independência. E rejeitava para os lados da "fraqueza" e da "inconsistência" quase todas as atividades propriamente literárias, e em primeiro lugar os jogos poéticos do surrealismo. Restava como legítima — guiada pela preocupação da sintaxe e do sistema — uma leitura rigorosa dos fatos sociais, tratados, em larga escala, como objetos naturais (ao passo que, desde esse momento, a natureza parecia a Caillois poder oferecer, como nos famosos estudos sobre o mimetismo, modelos antecipatórios dos comportamentos psicológicos e sociais). Os princípios do "estruturalismo" dos anos do pós-guerra já estavam claramente expostos nos primeiros livros sociológicos de Caillois, e iam de novo se encontrar em *Les Jeux et les hommes*.

A doutrina assim aplicada reivindicava-se como sendo de "espírito luciferiano". Proclamava ser "pouco provável que um mundo que se apresenta por toda parte como um universo comporte uma heterogeneidade intransponível entre o apercebido e as formas da apercepção".[84] Por outro lado, convidava a um ressecamento do saber: "À medida que o conhecimento se torna mais exigente e pretende penetrar mais em seu objeto, as questões de método passam ao primeiro plano, a organização do saber torna-se mais importante que sua própria matéria, interessamo-nos em compreender até mesmo a marcha da compreensão. Interessamo-nos menos pelo que conhecemos do que pelo modo como conhecemos, e o esforço de conhecimento não demora a tomar este último ponto como único objeto. Então, a aridez é atingida, a investigação já não tem outro campo além de sua própria sintaxe. O caminho é curto, mas nem por isso deixou de obrigar as mais custosas renúncias".[85]

Nesse momento, o postulado de um saber unificador e de um universo inteiramente regulado por uma sintaxe coerente não excluía, na ordem do pensamento e das atitudes vividas, as oposições, os conflitos, e quase uma espécie de maniqueísmo, em que o mal era definido como "vegetação", "exuberância", "fermentação", mole complacência, falsa libertação, redundâncias inúteis:

> Foi a época em que escrevi sem ousar publicá-la ou assumi-la completamente uma máxima decerto exagerada, mais ou menos a seguinte: "Detesto os espelhos, a geração e os romances: eles povoam o universo de seres redundantes que nos preocupam em vão".[86]

A rigor, é "contra a própria natureza" que Caillois convidava a "tomar o partido do homem" — embora o homem não possa renegar suas origens naturais. Em anos em que se falava muito, e romanticamente, de revolta, esse "endurecimento" lhe parecia a única "revolta fecunda". Num primeiro tempo, a sociedade (a cultura) representa para o homem a única chance de ganhar o jogo contra a dominação natural:

> A sociedade de seus semelhantes o ajuda a se elevar acima desse lodo do qual ele permanece, faça o que fizer, a escabrosa descendência.[87]

Mas as potências adversas, o lodo, a natureza, estão trabalhando em toda parte, empenhados em reconquistar o terreno perdido e em deslocar a seu favor a fronteira atrás da qual o pensamento lúcido recua, se entrincheira e se esforça em reinar soberanamente. Mal Caillois afirma as virtudes antinaturais da vida social, deve reconhecer que o inimigo está na praça, e que o apoio esperado lhe falta:

> Uma inércia inevitável obriga sem cessar a sociedade a, ela também, recair no nível da natureza, e a impele a seguir suas leis desprezíveis. Ei-la, por sua vez, revoltante, e agora é contra ela que o homem deve travar seu combate, trabalhando para instaurar as leis menos triviais que soube conceber.[88]

A sociedade global se encontra, assim, reabsorvida no seio do lodo natural, e o espírito que se pretende ileso vê-se reduzido à quase solidão: ele conta seus irmãos, tenta juntá-los numa sociedade parcial — elite ou última trincheira — cuja tarefa seria praticar uma "sociologia ativa", análoga à ação das técnicas baseadas nas ciências da natureza:

> A sociedade é uma segunda natureza, e [...] não está fora do alcance do homem discipliná-la.[89]

Sonho que Caillois não custará a denunciar, mas que era preciso ter sonhado por completo para ir até o fim da atitude *dualista*. Sonho suficientemente exato para ter familiarizado Caillois com o "espírito das seitas" — cujas estratégias e mecanismos de sedução ele saberá descrever, como que de dentro. E não escapamos à impressão de que esse sonho de domínio ativo foi alimentado pelo fantasma de um enfrentamento de forças moles, úmidas, monstruosamente fecundas (imagens de perigosa feminilidade?) que ameaçam engolir aqueles de quem se apoderam. O relato, em *Le Fleuve Alphée*, do afogamento de um companheiro de jogo "num líquido imundo" no meio dos escombros da guerra mostra de quais experiências muito precoces procede a obsessão pelo "lodo" maléfico.[90]

Mas se o elemento adverso, o lodo, é capaz de invadir a sociedade, de início considerada como um dique capaz de contê-lo, não pode ele levar ainda mais longe suas empreitadas? Afinal de contas, o próprio espírito é produto da natureza; e, definindo-o pelo apetite, designando o homem erguido contra a natureza como um "animal insaciável", Caillois nada mais faz do que mostrá-lo entregue — mais devorado que devorante — à força original da qual esperava separá-lo e libertá-lo. Como é singular ver Caillois, em *Le Fleuve Alphée*, definir o período de seus livros sociológicos, nos quais travava uma luta pela aridez lúcida, como uma imersão "no elemento *flutuante* das palavras e das ideias"![91] Mas quando escreve *Le Fleuve Alphée*, Caillois distende as oposições. Se não renunciou por completo ao que acabamos de chamar seu dualismo, já não está opondo a inteligência, e seu fogo seco, ao universo das forças moles e das substâncias úmidas: compara "o avanço da água viva" de seus livros poéticos (afluentes do *rio* Alfeu) com as massas confusas do "mar onde não se lavra". Em termos de imaginação material (os quais, sem dúvida, aqui não são inteiramente adequados), diríamos que ao aceitar, para descrever sua vida, a metáfora fluvial, Caillois se reconcilia com a *água*, ao tempo mesmo em que sua paixão pelo fulgor árido encontra no universo das pedras um refúgio inexpugnável.

Ao promulgar a primazia da extrema luz, o pensamento luciferiano se dessolidariza com a vida e sua obscura teimosia. Mas nessa dissidência e nessa declaração de hostilidade o angelismo da inteligência provoca todos os perigos: não só o mais puro pensamento deve aceitar reconhecer sua própria fonte no exercício de um cérebro mortal, mas, se esse pensamento tem a ambição de reconhecer no mundo exterior uma ordem análoga à que ele é capaz de estabelecer no interior de si mesmo, nem a noite nem a mais louca imaginação devem ser detestadas ou julgadas "desprezíveis": deveriam ser anexadas e se tornarem províncias distantes em que as leis claras continuam a exercer seu poder. Desde o início houve concorrência, nos textos de Caillois, entre um dualismo combativo, volta e meia despertado pela indignação, e um monismo pacificador, cada vez mais seguro de sua legitimidade. Se o humor agressivo (e portanto a divisão do mundo em dois campos) prevalecia nos primeiros livros, ele está, apesar de tudo, longe de ter desaparecido no fim; mas muitas vezes é voltado contra si mesmo. Ironicamente, melancolicamente, Caillois trava uma batalha contra o próprio passado. Conforme vimos, não é indulgente com a época em que, querendo lutar pela causa do saber, jogava o jogo das "ciências humanas que, de ciência, só tem o nome", e em que participava do "crescimento desregulado da cogitação",[92] cujo malefício se aparenta ao da exuberância vegetal. Na serenidade dos últimos textos de Caillois, a unidade não triunfa sem vestígio: a escrita universal não lhe parece isenta de fracassos e rasuras; deve-se sempre — na imaginação e na natureza — levar em conta as veleidades sem futuro:

> [A natureza] confere uma existência indecisa e efêmera, escorregadia, a inúmeras bolhas que mal se formam estouram.[93]

A solidez (digamos até: a mineralização) é o resultado bem-sucedido, em que se cristalizam o poema e a pedra harmoniosa, mais além de inúmeras tentativas fugazes. A rigor, se Caillois ousa afirmar que uma mesma lei se expressa, ao longo da escala dos seres, "da pedra insensível à melancólica imaginação",[94] está longe de considerar equivalentes todos os sonhos, todos os poemas, todos os delírios. Há os que carregam em si mesmos sua condenação, pela inaptidão de durar, de fascinar. O monismo comanda a aquiescência, mas a exigência crítica, que não desarma, se entrega aos critérios "naturais" da permanência, supostamente conformes à expectativa estética.

O dualismo e a exigência unificadora coexistem desde o início. Mas é a exigência unitária que conduzirá Caillois até o ponto de renegar suas primeiras recusas, chegando a se tornar esse "apóstata" que se reconcilia com a poesia e que se flagra "duvidando das virtudes do rigor tanto quanto das da errância".[95]

O rigor era a virtude que devia armar o olhar *sociológico*, dirigido contra a errância da escrita automática e das admirações casuais. Por mais convencido que tenha sido da necessidade de uma *ordem*, Caillois não levou seu interesse de sociólogo para formas estáveis do funcionamento social: analisou com predileção os fenômenos de interrupção ou de desarranjo — festas, jogos, guerras, seitas — que põem em perigo a instituição e às vezes contribuem, paradoxalmente, para regenerá-la. Logo de saída, em seu interesse pelo sagrado, a atenção se dirigiu menos para o que fundamenta a ordem social do que para aquilo que, em certas datas fixas, a faz se abrir para forças que a *ultrapassam*. O rigor e o desejo de ordem pareciam não ter nada mais premente do que prestar homenagem a uma certa função da desordem. Por outro lado, desde os estudos sobre o mimetismo animal, Caillois ficou fascinado pelas homologias de estruturas e comportamento que se manifestavam entre os diferentes "reinos" da natureza. E, a seu ver, a sociedade (a cultura) não era tão diferente da natureza para recusar ser interpretada por meio dos modelos naturais. A ideia de uma sociobiologia vinha espontaneamente ao espírito de Caillois. Como provam (entre tantas outras) as linhas em que a metáfora vegetal se torna, no sentido próprio, princípio explicativo:

> A Sociedade se comporta como uma segunda natureza, tão cega, ininteligente e insensível como a primeira [...]. Quando os Estados rivais aumentam, cada um mais que o outro, seus armamentos e chegam à beira da falência sem ampliar um

mínimo que seja a diferença de suas forças, que finalmente é o único que importa, pensa-se sensatamente, diante dessa concorrência esgotante e vã, no esforço dos pinheiros que, em certas formações, desperdiçam uma seiva preciosa para crescer seus troncos cada vez mais altos, a fim de que seus últimos galhos cubram os dos vizinhos e lhes roubem o sol. Vemos assim imensos troncos desnudos, dos quais só os cumes permanecem vivazes e verdes.[96]

Fazendo assim, por meio de similitude morfológica, essa aproximação entre fatos sociais e fatos da natureza, o pensamento desejoso de unidade procede a uma mudança de escala: o campo de seu exercício não é mais a sociedade humana (em sua já tão vasta diversidade) e sim a sociedade em seu contexto de natureza, em que, pouco a pouco, por "recorrências disfarçadas", as formações não humanas parecem antecipar as invenções dos homens ou lhes dar uma réplica. Então, o sociólogo torna-se *fisiologista* (no sentido em que esse termo designa os pensadores pré-socráticos, dedicados a enunciar a ordem universal da *physis*). A partir daí, numa visão ampliada à dimensão do universo, o objeto particular que é o homem, e a sociedade que ele forma com seus semelhantes, diminuem, até a insignificância. O que Caillois, ao traçar a história de suas ideias, chamará de "parêntese sociológico",[97] não é nada mais que o aspecto retrospectivo de uma paixão pela leitura "estrutural" dos fatos sociais que de início desejava se inscrever numa cosmologia. É fato de que nele a cosmologia se mostrou mais imperiosa e reabsorveu a sociologia, reduzindo o homem e sua história a serem apenas, num "universo ramificado", um pequeno e ínfimo ramo. A mudança de escala, que modificava o projeto de "sociologia ativa" para outro de "fisiologia contemplativa", obrigava a considerar de mais alto e de mais longe as desventuras de uma *espécie* à qual agora se aplicava uma série de epítetos, todas irrisórias e depreciativas: "vã", "tardia", "episódica", "efêmera".

De seu ponto de observação, de onde tenta enxergar um universo finito, "tabuleiro de xadrez e matagal", permeável às ciências diagonais, Caillois só pode atribuir ao pensamento e à imaginação o estatuto de *prolongamento* de uma invenção material, de um jogo dos ritmos e dos números cujas primeiras inscrições já são detectáveis nas formações imemoriais da matéria inerte. Sua própria posição de observador se encontrava assim como que tomada às avessas: o universo-alfabeto, cujo espaço o contemplador vê se abrir diante de si, fecha-se igualmente sobre ele, atribuindo-lhe o estatuto de um *algarismo* ou de um estremecimento singular entre todos aqueles de que é tecida a ordem do mundo. Falaríamos de orfismo se esse Orfeu (ou Anfíon, ou "tocador de flauta de Hamelin") não fosse aqui, não verdadeiramente a fonte, mas, ele mesmo, o *produto* dos números e dos jogos dos quais é o decifrador. Números que não procedem de nenhum *fiat* divino, números fecundos unicamente por sua combinação, e que, se o homem é apenas o prolongamento ou o eco de uma energia impessoal, lhe roubam até sua precária identidade. Assim, a razão se reconhece em seu objeto, mas, longe de avaliar a consequência idealista disso, que faz do mundo um organismo espiritual, Caillois (nisso próximo de Diderot e de Boulanger) chega à consequência materialista, que torna o pensamento um caso feliz (mas perigoso) da organização molecular. Outros "estruturalistas" falaram da morte do homem. Que dizer de uma aventura intelectual em que, depois de ter sonhado em controlar a natureza social, a inteligência se percebe como sendo parcela ínfima de um sistema ordenado a cuja lei anônima ela se submete no próprio instante em que acredita ter sua chave? E nos espantaremos se Saturno, em seu ascendente, brilhar então com todos os seus fogos obscuros? Depois de todas as diagonais percorridas e de todas as coisas compreendidas em seu princípio, o espírito torna-se vacante. Desalojado de sua posição superior, ele se vê cativo na "continuidade latente do tecido do mundo".[98]

Mas dessa onisciência, desse esgotamento do saber Caillois nunca desenvolveu — sonhando com as pedras, ou os mitos, ou a dissimetria — mais que um admirável equivalente metafórico.

Ele notificara com brilho a André Breton sua firme decisão do *saber*, contra a firme decisão adversa do *lirismo*. E o saber, a coerência, a sistematização rigorosa parecem dar acesso a "um maravilhoso que não teme o conhecimento".[99] Contra a ilusão de poder ter acesso aos segredos do mundo por uma magia "oculta" inspirada num corpo de doutrina que data da era pré-científica (astrologia, alquimia), Caillois escolhia decididamente a ciência contemporânea, no avanço em que esta reformulava sem cessar sua própria linguagem. Mas nem por isso renunciava à ideia de uma *generalização* em que o universo, com suas formações aleatórias e seus retornos regulares, tivesse se manifestado, por trás das aparências, como uma vasta mesa de jogo ou como um "quadro periódico". Essa generalização só era possível ao extrapolar, pela imaginação, os dados que o rigor científico obrigava a manter confinados no campo fechado de cada uma das disciplinas específicas que os levara à luz. Caillois, num ponto capital, permanecia rebelde à injunção do espírito científico que exige renunciar à ambição da totalidade. Como lembrou Bachelard, a ascese primeira pela qual se define o espírito científico moderno consiste em "instruir-se sobre sistemas isolados". Para quem não aceita esse sacrifício, o único jeito é escolher a via estética, o caminho das imagens, que desenvolvem a figura do *tudo* sem outra garantia além da força sedutora da metáfora. Escutemos de novo Caillois:

> Substâncias e sonhos pegam itinerários distantes, mas análogos. Nesse sentido, afirmo que há continuidade entre matéria e imaginação. Arrisco-me a dizer que uma mesma inervação percorre o campo unitário e impõe em suas extremidades distantes, tão dessemelhantes que tudo parece opô-las, encaminhamentos, normas senão idênticas, ao menos coerentes e solidárias, homogêneas.[100]

O partido teórico, a conjectura sistemática, embora abrindo a perspectiva de uma ciência possível, acompanham-se de uma efervescência cujo resultado é de imediato poesia-prosa que faz cintilar as *palavras*, para dizer o que, num futuro talvez próximo, *deveria* ser confirmado pela linguagem das equações. O saber generalizado, tal como Caillois desejava, só podia ser enunciado sob o aspecto de uma antecipação lírica, extrapolando audaciosamente a partir da conquista científica. Na falta de poder, já agora, formular em todos os seus pormenores uma "lógica do imaginário" que prolongasse a lógica da organização material, por que não expandir a *imaginação de uma lógica*?

Assim, depois de ter rompido com a poesia, Caillois a reencontra, não fazendo marcha a ré, mas no fim do caminho pelo qual pensara se afastar dela. Eis as confissões completas:

> É infinitamente mais difícil e mais raro descobrir, calcular um alfabeto do que compor ou deixar jorrar de si um grito, uma confissão, um breve esplendor, quero dizer: um poema. Procurei, procuro no mundo, que é limitado para um deus mas inesgotável para um mortal, o elementar, o algarismo, mais exatamente o alfabeto. É iniciativa vã. Ainda demasiado afortunado se, durante uma busca que sempre o recusou, me acontecesse tropeçar no poema.[101]

Será a confissão de uma decepção? É igualmente a confissão de uma reconciliação com um adversário que a vontade inquisitorial de Caillois não parara de ver erguer-se diante de si, porque ele renascia justamente em razão do fascínio que exercia. Criaturas da noite, monstros, sonhos: Caillois lhes atribuía forças quando tentava penetrar-lhes o segredo; as pedras com paisagens ou blasonadas, as máscaras que ele reunira amorosamente em sua casa, apesar do trabalho de elucidação que as despojara de um mistério simples demais, continuavam a ser emissários de um universo, apenas entrevisto, de *poesia exata*. Uma vez realizado o esforço de "desnudar" definitivamente o que se dissimulava — esforço cujo êxito, sempre diferido, teria instaurado o reino árido do conceito —, resta aceitar com serenidade a aparência do mundo, a máscara sob a qual não lhe foi dado encontrar alguma coisa que fosse mais verdadeira:

> A queda das aparências não me parece mais essencial, é antes o inverso, já que descrevendo as pedras eu me dedico quase exclusivamente a traduzir com exatidão apenas suas aparências, a conseguir uma maneira de decalque verbal.[102]

Agora a poesia já não é atingida pela proibição. Uma água tardia, uma seiva lírica sobe nos últimos textos de Caillois. Esse desabrochar, porém, não deixa de ter uma contrapartida: "Só me reconciliei com a escrita no momento em que comecei a escrever com a consciência de que o fazia, de toda maneira, inutilmente".[103] Saturno, mais uma vez, impõe sua influência. A impossibilidade do saber absoluto autoriza o poema, e no mesmo instante o enche de melancolia já que este deve seu nascimento ao recuo da luz esperada. O poema é o resíduo noturno da aventura luciferiana, o vestígio da queda do anjo que deveria ter trazido a claridade.

“Um brilho sem fim para meu amor”

Vemos renascer a teoria da melancolia quando os filósofos e os médicos resolvem explicar o medo, a tristeza, as desordens do espírito por uma causa natural que possa excluir qualquer interpretação mítica. Não são os deuses, nem os demônios, nem a misteriosa Noite que perturbam a razão dos homens; eles estão dominados por uma substância que se acumula em excesso em seus corpos, e cujos efeitos, comparáveis aos de um vinho sombrio, não são mais misteriosos que a embriaguez.

A mitologia da Noite não se deixa esquecer facilmente: a *bile negra* de que falam os primeiros “fisiologistas” é um mito substancial que se substitui aos mitos pessoais. Um conteúdo irracional se atarda na aparente simplicidade da teoria dos quatro humores.[104] Além disso, a bile negra não tem a bela evidência concreta do sangue, da fleugma e da bile amarela. Embora os antigos tenham imaginado reconhecê-la nas evacuações e nos vômitos pretos de sangue digerido, sua existência é mais sonhada que observada: suas qualidades físicas e seus poderes morais são um postulado da imaginação, que transpõe para a matéria os atributos das divindades hostis. Não é mais a Erínia noturna, mas continua a ser a negrura; não é mais o Deus, mas é sempre o irresistível; não é mais o abraço paralisante do demônio, mas é o lento visco, o alcatrão viscoso e frio que, invadindo todas as redes do organismo, obstrui o curso dos espíritos vitais. À possessão sobrenatural se sucede um investimento material pelo lado de dentro; à possessão divina, um parasitismo humoral: alguma coisa em nós vira-se contra nós. Assim, a expulsão pelo exorcismo deverá ser suplantada pelos métodos prosaicos da purga. Não se expulsa uma matéria como se expulsa um demônio. Mas enquanto o sangue, a fleugma e a bile amarela se derramam de modo visível e se evacuam sem muita dificuldade, a bile negra, humor cativo e sombrio, não encontra saída. Tem sua sede no baço, mas não tem emunctório por onde possa se exteriorizar. É a imagem de uma interioridade obrigatória, inacessível às drogas ordinárias: só os irritantes perigosos, como o heléboro, podem atingi-la e pô-la em marcha, a menos que se procure suavizá-la e fluidificá-la com os "diluentes"...

A imaginação que inventa esse humor negro faz dele um Estige íntimo, uma "água-forte" cuja agressividade se expressa pelos efeitos nefastos que, no estado de *vapores,* ele já é capaz de exercer. Só suas exalações já colorem com a escuridão nossas ideias e nossa paisagem. O vidro esfumaçado está atrás do olhos. Reconhecemos facilmente, na bile negra, o lago "estinfalizado",* a água misturada com "trevas substanciais" de que fala Gaston Bachelard: "Essa *estinfalização* não é, pensamos, uma metáfora vã. Corresponde a um traço particular da imaginação melancólica... Devemos reconhecer que essas impressões noturnas têm uma maneira própria de se reunir, de se proliferar, de se agravar... A água misturada com a noite é um remorso antigo que não quer dormir".[105]

Quando os médicos interpretarão o delírio pela efervescência da bile negra, por mais que quiserem ficar no terreno das causas naturais, serão arrastados, sem saber, para as zonas turvas do mito, e a lembrança das fantasmagorias noturnas irá contaminar o raciocínio que se pretende imperturbado. As querelas do século XVI sobre a possessão demoníaca são instrutivas; já é um atrevimento sugerir, como faz Jean Wier, que certas bruxas poderiam ser apenas pobres velhas, perturbadas pela melancolia, e que só encontraram o diabo em sua imaginação doentia. A época quer acreditar nos demônios, e o próprio Jean Wier não ousa negar sua existência. Bem mais, explicando os comportamentos suspeitos pelos efeitos da melancolia, ninguém se priva da possibilidade de também ver nisso uma possessão demoníaca. Uma gradação por vezes difícil de

* O lago Estínfalo, na região do Peloponeso, era citado na mitologia grega pelas imensas aves de rapina que, ao seu redor, comiam carne humana e foram exterminadas por Hércules. (N. T.)

reconhecer nos faz passar da melancolia simples à melancolia complicada pela possessão. Pois os teólogos, desde Orígenes, admitiram que a melancolia predispõe às empreitadas do diabo: *Melancholia balneum diaboli*. As fumaças negras da atrabílis são uma agradável morada para o Maligno. Aí ele se insinua e se dissimula, sem que consigamos resistir. Negrura por negrura, o incógnito é preservado. Mais que por nossas volúpias, o inferno nos domina pelo desânimo melancólico: elas são seus postos avançados. A lenda de Fausto nos faz ver isso claramente. Para um homem do século XVI, o império da melancolia é o do gênio, num sentido que inclui ao mesmo tempo a força criadora e os prestígios diabólicos. Campanella, pouco propenso a partilhar as ideias de Marsílio Ficino sobre o bom uso da melancolia e das influências saturnais, considera que o perigo ultrapassa de longe as vantagens hipotéticas que os trabalhos do espírito poderiam esperar. Não é verdade que os humores melancólicos são facilmente transformados em demônios: *atti ad indemoniarsi* [capazes de endemoniar-se]? Para a atrabílis, inflamar-se é literalmente endiabrar-se. É preciso uma chama sobrenatural para calciná-la e fazê-la passar ao estado "adusto" em que o mal e a negridão se encontram no estado de suma concentração.

Antes que Milton revestisse Satanás com as seduções da melancolia, fez-se do melancólico uma presa favorita de Satanás. E a substância negra que os médicos comparavam ao betume brilhante extraído do mar Morto torna-se o espelho em que aparece um rosto inimigo: o mais escuro de nossos humores não se deixa reduzir à impessoalidade da matéria. Seu negrume é consubstancial ao do anjo que se revoltou contra a luz divina. Mas, assim como o anjo decaído brande um fogo clandestino, a melancolia brilha na superfície com um brilho que rivaliza desesperadamente com a alegria do dia.

Não espanta que na época da alegoria a melancolia tenha sido a única, entre os quatro humores, a se tornar uma pessoa fictícia. O sangue, a bile, a fleugma são demasiado materiais, e irrevogavelmente, para se prestarem à metamorfose; só é possível figurá-los indiretamente, referindo-se a Marte, a Júpiter ou à Lua. Para a melancolia, tudo se passa como se jamais deixara de ser uma figura feminina com uma face sombria. Junta-se ao grupo dos tristes companheiros do Coração, e dá a mão a Inquietação, Ciúme e Velhice... Charles d'Orléans[106] parlamenta com Merencolia, ou a expulsa, ou tenta amansá-la. É uma visitante importuna, uma desmancha-prazeres, conhecida de longa data. Impõe-se sem aviso prévio. O poeta tenta lhe dar ordens:

Ide vos esconder agora
Enfadonha Merencolia
Olhai a bonita estação
Que por toda parte vai vos endireitando
Minha porta eu não vos abriria.[107]

Mas a Merencolia não obedece à sua injunção. Quem ela agarrou, não mais largará. Ela insiste:

Merencolia eu sou e devo,
Em tudo que faço, segurar uma das pontas.[108]

Ela tem o poder de acorrentar e amarrar; é uma carcereira:

Aqui agarrado, aqui posto
Forte demais ela me prende
Merencolia,
De pior em pior.[109]

O destino do poeta é reviver no sentido figurado um cativeiro que ele conheceu tão bem em sentido literal. Sua prisão se transforma às vezes num claustro, e sua tristeza assume ares de uma vaga devoção. Ele se diz "cartuxo de merencolia". Mas a imagem da escola também aparece, e a carcereira se transforma em mestra de estudos. Imagens vicariantes, todas expressando o tédio, a dependência, a submissão forçada à regra:

Aluno de Merencolia,
Com varas de Inquietude batido,
Sou ao estudo obrigado
Nos últimos dias de minha vida.[110]

Aqui a melancolia não é mais intrusa e nem é expulsa: prende sua vítima no espaço estreito onde a deixou reclusa. O poeta não tem mais um reino que lhe pertença: está retido como prisioneiro nas masmorras da melancolia.

Toda alegoria instaura, delimita e qualifica um lugar, um espaço: dando às paixões uma figura pessoal, exteriorizando-as, atribuindo-lhes as aparências de um movimento autônomo, somos obrigados a lhes oferecer um território onde se mover, um terreno de luta, pradarias, cercados, donjões. Umas se movem no espaço aberto, outras tomam conta de guichês; algumas são prisioneiras, enquanto outras são excluídas. Entre a imagem da viagem (ou da navegação), a da espera diante do obstáculo e a da prova decisiva, um destino é posto em jogo, em que a unidade do eu parece se decompor numa multiplicidade de atores que jogam seu jogo à parte. A consciência alegorizada é uma consciência despossuída de sua própria liberdade; já não é mais que o teatro em que se agitam diversas figuras que prosseguem sua luta ou sua busca. Esse teatro não é um lugar neutro; tem sua configuração simbólica; se o *eu* abandona às figuras alegóricas uma liberdade e uma iniciativa que ele não mais assume, torna-se ele mesmo um local, uma paisagem sensível onde o acontecimento se desenrola; o que não impede que se torne um personagem suplementar, um *eu* sem nome e sem rosto, que as figuras alegóricas arrastam em sua ronda, onde será afagado ou martirizado. Por isso é que não é indiferente que Merencolia seja ora a visitante repentina vinda de *fora*, ora a senhora de um sinistro *dentro* onde o poeta está acorrentado. A alegoria será alternadamente a flecha que nos atinge forçando nosso refúgio ou a carcereira que nos aprisiona. Quando a melancolia ataca do lado de fora, minha casa não me protege e a porta se abre. Quando a melancolia se fecha comigo, as paredes se comprimem e as portas são trancadas para sempre. Por mais formal e tradicional que seja a expressão alegórica, ela expressa dois aspectos da impotência melancólica de um modo que não deixa de se parecer com o que dizem, hoje, os fenomenologistas.

Às vezes as imagens personificadas se apagam e a alegoria se reduz às imagens de espaço. Mas é um espaço animado, atravessado pela substância fluida e fria do vento. Quando Charles d'Orléans fala do *Vent de Merencolye*, não perdeu a lembrança da metamorfose alegórica pela qual o humor negro se tornou figura feminina (que também se denomina Mère Ancolie), mas uma segunda metamorfose transformou essa figura feminina numa força natural, glacial, seca, veemente, portadora de dores, anunciando todas as humilhações da velhice. O vento é um corpo simbólico suficientemente expressivo para representar e suplantar ao mesmo tempo a pessoa alegórica e a realidade literal. Aliás, nele encontramos uma agressão vinda de fora, uma força errante e vagabunda, que despoja os bosques e gela os corações.

Vagabundagem interminável, pois uma das características mais constantes de Merencolia é perseverar obstinadamente, sem nunca deixar antever o fim de sua presença:

Verei jamais o fim
De vossas obras, Merancolia...[111]

Não vamos acreditar que as situações do aprisionamento e da vagabundagem sejam inconciliáveis. Há muito tempo a imaginação soube encontrar a síntese entre esses contrários. Uma prisão onde se vagabundeia, uma reclusão vagabunda: é o labirinto. É o que, com sua voz comedida, mais comovente que tantas efusões, Charles d'Orléans nos ensina:

É a prisão, Dédalo
A de minha merencolia,
Quando a penso derrotada
Nela entro cada vez mais,

Às vezes, concluo
Daqui expulsar Divertimento digo:
É a prisão, Dédalo!
A de minha merencolia.

Nunca esteve Tântalo
Em tão penosíssima vida,
Nem, diga o que se diga,
Foi cartuxo, ermita ou recluso:
É a prisão, Dédalo![112]

A própria forma do rondó — pequeno labirinto de palavras — exprime maravilhosamente a atitude sinuosa da vagabundagem enclausurada, a continuação sempre condenada aos retornos forçados que fazem com que nos encontremos, no final, exatamente onde tínhamos começado. Imobilidade sob a aparência de movimento regulado; desenvolvimento musical sob a aparência de repetição. Parece que nada progrediu, mas nasceu um poema melancólico.

Errância incerta; aprisionamento ou enclausuramento: é a sorte que toda uma tradição astrológica reservada ao melancólico, àquele cujo nascimento fora marcado pelo influxo de Saturno. Será um acaso se as imagens alegóricas com que Charles d'Orléans gosta de figurar a melancolia se encontram mais ou menos tais quais nos desenhos e pranchas gravadas em que os artistas representavam o destino dos filhos de Saturno? Aí vemos cartuxos, prisioneiros, alunos preguiçosos, personagens arriados ou imobilizados por um pesado devaneio; aí também encontramos peregrinos, mendigos, vagabundos exaustos que ainda não chegaram ao fim do caminho. No grande desfile dos temperamentos, o terreno da melancolia é sempre aquele dos contrários surpreendentes; vemos lado a lado o geômetra, perdido em sua contemplação, e o tanoeiro malcheiroso, o ermita e o avaro, o navegante e o enforcado.

A esses destinos, a essas situações, a essas profissões melancólicas podemos atribuir a característica comum de uma relação infeliz com o espaço: no aperto do cativeiro, na errância desorientada, a consciência não está conciliada com o lugar que ocupa. Sem casa ou mal alojada, reduzida à cela exígua ou ao espaço sem limites, ela não pode conhecer a relação harmoniosa do fora com o dentro, que define a vida habitável. A consciência se vê encerrada, sem esperança de saída, ou sacudida de um lado a outro, sem esperança de acolhida; ligada a um sofrimento interminável, que não consegue ser apaziguado nem pela paciência sedentária nem pela fuga, se é verdade que nessa fuga sem direção todos os lugares se equivalem.

O tédio convoca o canto e a poesia. Pelo menos é o que afirma Joachim du Bellay, que, para definir a própria tristeza, evoca sucessivamente diversas figuras que já encontramos, todas elas, na coorte dos filhos de Saturno:

Eu não canto (Magny), eu choro meus tédios,
Ou, para melhor dizer, chorando eu os canto,
Tão bem que chorando com frequência os encanto:
Eis por que (Magny) eu canto dias e noites.

Assim canta o operário fazendo sua obra,
Assim o lavrador fazendo sua lavoura,
Assim o peregrino com saudades de casa,

Assim o aventureiro sonhando com sua dama,
Assim o marinheiro puxando seu remo,
Assim o prisioneiro maldizendo sua prisão.[113]

Se Du Bellay nos diz que o canto tem como efeito encantar seus tédios, não nos diz, em compensação, por que o canto nasce. Mas ao evocar o exemplo de tantos cantores desafortunados, confia-nos (talvez sem querer) um segredo que nos permite melhor compreender os laços, tão frequentemente sentidos, tão mal explicados, que unem os poderes do canto à melancolia. Se a melancolia convoca o canto, não é que ela mesma seja criadora: ela estabelece a *falta* (a falta de espaço ou do espaço sem "oriente"), cuja palavra melodiosa se torna tanto a compensação simbólica como a tradução sensível, abolindo o sentido das palavras na "frase" musical aparentemente sem sentido, organizando um espaço próprio que, para a consciência prisioneira, é promessa de uma abertura, e para a consciência errante é conquista ritmada de um horizonte que até então ficou amorfo e irrespirável.

Para Charles d'Orléans, a melancolia se faz ouvir no lamento confuso do vento; é um rumor acre e hostil contra o qual há que se defender:

Meu coração, tapa teus ouvidos,
Para o vento de Merencolia;
Se ele entra, não me dobra,
Ele é espantosamente perigoso.[114]

Mas Charles d'Orléans também conhece o laço muito íntimo da melancolia com a poesia. Retraça-o numa sucessão de imagens que não terminam no canto mas na escrita e na tinta em que o poeta molhará sua pena:

No poço profundo de minha melancolia
A água de Esperança que eu não cesso de tirar,
A sede de Conforto me faz desejá-la
Se bem que com frequência eu a encontre seca.

Nítida e clara eu a vejo um instante,
E mais tarde turvar-se e piorar,

No poço profundo de minha melancolia
A água de Esperança que eu não cesso de tirar.

Nela eu diluo minha tinta de estudo
Quando escrevo, mas para irar meu coração,
A Fortuna vem meu papel rasgar,
E joga tudo por sua grande felonia
No poço profundo de minha melancolia.[115]

Raramente a alegoria uniu com tanta exatidão e delicadeza as pessoas, as substâncias e as imagens de espaço. Esse poema nos propõe um devaneio em que o gracioso balé das figuras convencionais e distantes se desenrolou numa sucessão de símbolos dos quais o poeta participa mais intimamente que de costume. Um estranho conteúdo, vivido e imaginado, vem habitar essas formas que a poética da alegoria começou por reduzir a perfis exteriores. Aqui, talvez pela primeira vez na literatura do Ocidente, a melancolia está expressamente ligada à imagem da profundidade. O que nos outros poemas era duração interminável, errância trancafiada, torna-se agora esse poço cujo fundo não se deixa atingir. Que a água de esperança deva aí brotar, eis algo que pode parecer singular. A esperança é o que jorra da profundidade: toda fonte é a figura de uma esperança. Ora, para o autor desse poema, a profundeza foi previamente definida pela melancolia (e a melancolia pela profundeza). Portanto, é inevitável que, para acalmar sua "sede de conforto", o poeta se debruce sobre o "poço profundo" de sua melancolia. Ei-lo, como em tantas outras ocasiões, exposto a morrer de sede junto à fonte; a água seca. A melancolia encontra assim uma nova definição no esgotamento do gole refrescante que a sede reclamava. Só há felicidade ("conforto") no instante presente se ele for saciado pela esperança: privado dessa fluida antecipação do futuro, nosso presente se empobrece e torna-se angústia. Numa obra, Ludwig Binswanger[116] desenvolve a seguinte hipótese: a melancolia deve ser compreendida, em sua essência, como uma modificação que intervém na estrutura da objetividade temporal. Incapaz de efetuar o ato "protensivo" que o liga a um futuro, o melancólico vê desmoronar o próprio fundamento de seu presente. O que a análise fenomenológica de Binswanger descreve, a sabedoria de um grande poeta do século XV figurava e expressava pelo esgotamento da água da esperança.

A segunda estrofe acrescenta as imagens do ensombrecimento e do enegrecimento. Apesar das aparências, a imagem da água que secou e da água escurecida não são incompatíveis. Além e aquém do raciocínio lógico, são imagens próximas e parentes. Uma água preta e pesada, uma água plúmbea é imprópria para matar a sede: é uma tintura, um colorante que ataca e penetra tudo o que ali é molhado. Essa nova metamorfose alegórica traz para diante de nossos olhos um equivalente concreto da bile negra, cujas qualidades Charles d'Orléans transpusera primeiro na forma de figuras personificadas ou espacializadas. Até aqui, as imagens desse rondó tinham se desenvolvido na ordem do espaço (o "poço profundo"), e as figuras do espaço tinham convocado seu complemento substancial mais natural (a água): mas a água profunda é uma água escura, o casamento paradoxal da *distância* subterrânea e da *substância* aquosa resulta, para a imaginação, numa tinta carregada de noite, numa água-forte que não para de erodir o poço onde se formou. Charles d'Orléans parece ter reencontrado nesse poema o devaneio criativo que fez outrora a invenção da teoria da melancolia. Os grandes temas da "depressão" são experiências que a consciência efetua e desenvolve imediatamente numa linguagem material, nos registros da substância e da cor: o mundo torna-se opaco, pesado e lento, as cores se suavizam e se apagam, tudo fica carregado de fuligem.

Pela alquimia da melancolia, a água de esperança, perdendo sua translucidez, tornou-se "tinta de estudo". A analogia ainda será formulada mais de uma vez. Sem falar do tinteiro que figura entre os instrumentos dispersados da *Melencolia I*, de Dürer, assinalemos que Campanella, falando dos danos da atrabílis, a chama de *quell'inchiostro* [aquela tinta]. E Quevedo, evocando sua má sorte, joga com a mesma imagem: "Os astros [...] me deixaram um tal infortúnio que ele poderia servir de tinta, de tal forma é negro".[117] No bestiário lendário, a sépia segrega uma tinta e o desespero, confundidos no mesmo negrume: Nietzsche, conforme ele mesmo confessou, molhou a sua pena nessa tinta para escrever *Além do bem e do mal...*

A água escura se transforma em material de escrita: um deslocamento metafórico nos conduz ao campo da aplicação estudiosa. Charles d'Orléans já se apresentara como "aluno de Merencolia": poeta por culpa de Divertimento, ele se submeteu de má vontade à regra e à ordem do estudo.[118] Escrever é formar na página em branco sinais que só se tornam legíveis porque são esperança escurecida, é converter a ausência de futuro numa multiplicidade de vocábulos distintos, é transformar a impossibilidade de viver em possibilidade de dizer... Mas mal essa possibilidade é entrevista, ei-la brutalmente interrompida: “Fortuna vem meu papel rasgar”. A obra não se conclui: uma potência hostil vem mutilá-la. O poema é despedaçado. Quando a esperança resvala para o negro, quando mais nada nos leva ao futuro, a realidade presente se fratura, seus elementos já não possuem a força de se manterem juntos. O rondó começava com a imagem de uma água que se faz subir do poço; termina com o movimento inverso, que faz cair a página rasgada.

Certamente observaremos que Charles d’Orléans executa com extremo requinte esse poema que descreve o fracasso da escrita. Para descrever a esterilidade melancólica, ele se elevou fora do reino deletério da melancolia: um misterioso suplemento de poder interveio, permitindo ao poeta falar para dizer que está reduzido ao silêncio. Assim, nós o vemos ocupar seu lugar na linha daqueles que sabem cantar fortemente a fraqueza. Uma mão segura conduz até a perfeição esse poema que expressa a imperfeição da poesia melancólica, e a impotência de escrever é superada na própria obra que a declara. Seria ela escrita com outra tinta? Ou será que a tinta da melancolia, de tanta opacidade e de tantas trevas, consegue conquistar um maravilhoso poder de reverberação e cintilação? O fundo tenebroso comporta a chance do brilho, se lhe sobrepomos uma matéria lisa. Shakespeare o pressente, ao evocar o milagre de um amor que resplandece, salvo dos estragos universais do Tempo, na tinta negra do poema:

A tinta, negra, um brilho sem fim para meu amor
That in black ink my love may still shine bright.[119]

Porém, nessa última transformação metafórica, a melancolia que se tornou tinta torna-se enfim o banho de estanho graças ao qual a imagem irradia. A obscuridade mais densa opõe à luz uma superfície de onde ela jorra, luciferiana, como de uma segunda fonte.

Posfácio

A experiência melancólica aos olhos da crítica

Fernando Vidal

Jean Starobinski várias vezes lembrou que em sua juventude se interessou pelo "gesto do denunciador das máscaras". Esse motivo da literatura clássica tinha uma pertinência especial numa época, a da Segunda Guerra Mundial, em que proliferavam essas "atitudes mascarantes e mascaradas" que são as ideologias totalitárias.[1] Era preciso se opor a isso elaborando "uma fenomenologia do comportamento mascarado" e dos seus inimigos. "O meu primeiro projeto consistia em fazer o histórico da denúncia da mentira", lembra-se Jean Starobinski.[2] Ora, entre os denunciadores da mentira o melancólico está, de longa data, na primeira fila. Mais espectador que ator, desconfiando de uma realidade que lhe escapa, ele vê máscaras por toda parte. A sua distância em relação ao mundo inclina-o a querer desmascarar, e isso o situa ao mesmo tempo no quadro de uma sintomatologia e de uma ética. Pois se hoje a melancolia é antes de tudo uma forma de depressão que o *Manual diagnóstico e estatístico de transtornos mentais* (DSM) classifica ao lado de outras patologias mentais,[3] por séculos a fio ela foi não só um estado mórbido do corpo e do espírito, consequência de um excesso de bile negra, como também uma maneira legítima, e mesmo superior, de estar no mundo.[4] O furor noturno que às vezes comportava, por mais alienante e cego que fosse, também tinha o poder de provocar uma "consciência aumentada" e um "novo nascimento do *sujeito* para si mesmo".[5] O herói trágico nem sempre foi um doente, um louco.

Cada um a seu jeito, os grandes melancólicos da história acusaram o seu século. Demócrito, figura emblemática da melancolia no Renascimento, ri e se isola para buscar, dissecando animais, o segredo da doença. Hipócrates o encontrará são, e mais sensato do que ele mesmo.[6] A pergunta inicial de Montaigne seria: "Uma vez que o pensamento melancólico recusou a ilusão das aparências, o que ocorre em seguida?".[7] em *A anatomia da melancolia* (1621), "síntese genial" e "enciclopédia completa" do assunto, Robert Burton, erudito bibliotecário de Oxford, adianta-se fantasiado de *Democritus Junior*.[8] Se La Rochefoucauld, que dizia sofrer de uma melancolia "bastante suportável e bastante doce" não abandona a vida mundana, é para demonstrar, como proclama a epígrafe das *Máximas*, que "nossas virtudes não passam, o mais das vezes, de vícios disfarçados".[9] Baudelaire, "o especialista supremo em melancolia", dela se serve como emblema e metáfora para refletir sobre o estatuto da arte e da literatura.[10] E Kafka, tal como o jovem Starobinski o evoca no prefácio de sua tradução de *Na colônia penal*, possui todos os traços do melancólico.[11] Acabo de citar somente alguns dos autores que encontramos neste livro.

Cada época transforma os traços da melancolia e os inscreve diferentemente numa ordem da natureza que vai dos planetas à subjetividade mais íntima. Mas a todo momento a melancolia, "talvez o que têm de mais específico as culturas do Ocidente", também estende a estas um espelho onde percebemos rachaduras nos poderes estabelecidos.[12] A melancolia costuma manifestar a sua capacidade reflexiva sob a forma de ironia ou utopia.[13] As doutrinas que fazem da bile negra tanto uma "potência extraviante" como um humor favorável ao gênio põem em destaque a profunda ambiguidade que, na história do pensamento ocidental, caracteriza a separação entre a racionalidade e o irracional.[14] Na perspectiva dessa tradição, conviria até mesmo não resumir, como se faz invariavelmente, o *Melancolia* (2011) de Lars von Trier a um filme sobre a depressão...

Paralelamente ao projeto sobre as máscaras, que devia realçar a força crítica da melancolia, os seus estudos médicos dão a Jean Starobinski a ocasião de explorar não só a história das doutrinas e dos tratamentos como também os motivos e modelos que a medicina fornece à literatura.[15] Se a bile negra "é uma metáfora que se ignora", a medicina que a erige em matéria de experiência autoriza, por sua vez, diversos tipos de "forma poética".[16] As trilhas balizadas pelos capítulos deste livro mostram a que ponto o autor permanece fiel à sua preocupação inicial. Elas traçam, porém, um caminho arvorescente, oferecendo numerosos cotejos com temas mais estritamente literários ou que se referem à história médica.[17]

Em Jean Starobinski, a articulação entre a história, a crítica e o olhar fenomenológico passa de preferência pela escuta das vozes da melancolia. Estas inspiram motivos a uma escrita polifônica em que a linha melódica do *movimento* que anima as consciências e as obras recupera a marcha lenta, e até mesmo a imobilidade característica da experiência melancólica. São elementos distintos; no entanto, aliam-se numa escrita que, embora muito atenta às sonoridades, privilegia a harmonia.[18]

Esses temas fazem mais que se corresponder de maneira complementar. Jean Starobinski caracteriza o ensaio, que é sua forma específica de pensamento e de escrita, pelo impulso que o determina e o mantém em movimento. Pelo menos antes de sua expressão literária, e na medida em que ela implica "uma sensação de perda vital" e de "petrificação",[19] a melancolia aparece, então, como o reverso do ensaio. Antítese do *tableau vivant* que toma corpo no ensaio, a vivência melancólica torna-se, por isso mesmo, um de seus recursos privilegiados. Fato cultural e psicológico se expressando na linguagem, a melancolia dá à crítica starobinskiana uma oportunidade inigualável de refletir tacitamente sobre si mesma.[20]

O MOVIMENTO PERPÉTUO DA CRÍTICA

Para Jean Starobinski, o ensaio é uma forma que se define antes de tudo por seu caráter de *movimento*. Em Montaigne, por exemplo, é dotado de "um jeito de começo" e de um "aspecto *incoativo*" reveladores "de uma energia alegre que jamais se esgota em seu jogo".[21] *Montaigne em movimento* é correlativamente um "movimento em Montaigne". Se o crítico pretende apenas seguir "uma série de percursos", é partindo de uma "inquietação moderna" que lança o "movimento da leitura interrogativa". Nos dois casos, o impulso é dado por um "ato inicial que é a um só tempo de pensamento e de existência", e cujo desfecho não está definido de antemão.[22]

Para o crítico, este livro o mostra, a linguagem é, ao mesmo tempo, a via de acesso à consciência e à experiência de outrem e a barreira que faz obstáculo a isso. Essa "potência mascarante" também comporta, no acréscimo de sentido que a poesia oferece, a promessa de nos levar além do limiar em que ela própria nos coloca.[23] O mesmo acontece com a máscara: uma vez afastado o exterior, temos acesso a um interior que, logo desvendado, "torna-se um novo exterior". E, tanto na crítica como na vida, a dicotomia do ser e do parecer não se esclarece, em última instância, no nível das palavras, mas no plano experiencial das relações: "Para que uma *identidade* se afirme, é preciso que tenha superado a prova da duração e do enfrentamento do outro".[24]

Na aporia da linguagem que simultaneamente nos acolhe e nos afasta, Jean Starobinski encontra a sua expansão e o desafio que o motiva. Se verifica a impossibilidade de ir além das palavras, tende, porém, à intimidade de uma consciência e à "verdade" que transpareceria sob a expressão.[25] A realização dessa pulsão exige uma pluralidade de olhares e línguas. Disso resulta que não há oposição fundamental entre "o espaço dos conceitos e a terra das imagens".[26] A "explicação causal" e a "compreensão simpatizante" não se contradizem, mas antes constituem "dois momentos num ritmo de experiência mais vasto, que os conjugaria".[27] A harmonia entre eles costuma ser frágil, mas a sua perseguição desvela o desejo, último porém irrealizável, de tocar no ato inicial da criação.

Foi por isso que Jean Starobinski pôde imaginar que, talvez, a crítica não tem "outra tarefa além de fazer compreender como os livros começam".[28] Mas a chegada a um aparente ponto final provoca uma nova partida.[29] Em Jean Starobinski, uma inquietação primeira alimenta a elaboração de uma visão de conjunto sobre uma obra ou sobre uma época. Essa visão, ele diz, "liberta da inquietação".[30] Ao mesmo tempo, deixa ver duplas antinômicas que mantêm o olhar crítico em movimento perpétuo. A transparência e o obstáculo, o remédio e o mal, a medicina e a antimedicina, a ação e a reação tornam-se a partir daí estruturas de base da hermenêutica starobinskiana.[31]

Disso resulta que cada obra é trabalhada como sendo "de passagem".[32] No entanto, não é porque ela "é um caminho" e "um movimento sem limite" que não tem começo nem origem.[33] Pode-se, sem dúvida, encontrá-los nas biografias. No entanto, a partir do momento em que nos interessamos pela criação realizada, só os encontramos seguindo a trajetória que daí decorre. Sobre esse ponto, o que Jean Starobinski diz de Montaigne ou Rousseau, diz de si mesmo: "O método se esconde no estilo do processo crítico, e só se torna perfeitamente evidente depois do percurso concluído na totalidade".[34] O aspecto conclusivo da leitura e da interpretação passa ao segundo plano relativamente ao aspecto incoativo e da duração.

Ora, se isso é verdade, se a vivacidade essencial do ensaio transcreve de maneira exata algum elemento vital da experiência interior do escritor ou daquilo que ele fala, como compreender o lugar da melancolia na produção starobinskiana? Uma explicação já foi dada: o melancólico é um ator capital da história que o jovem Starobinski queria escrever, do comportamento mascarado e da denúncia da mentira. Mas esse elemento biográfico é contingente, enquanto nós gostaríamos de captar o que, na economia da obra, é necessidade.[35]

MELANCOLIA E PETRIFICAÇÃO

A figura da *petrificação* nos fornece uma chave. Em La Rochefoucauld, por exemplo, o movimento perpétuo e a reviravolta vertiginosa das máxinas coexistem com uma "consciência imobilizante [...] que petrifica o que ela contempla".[36] No plano pictórico e literário, a paralisia interna e a incapacidade de agir, típicas da vivência melancólica, foram simbolizadas pela escultura e pela pesada imobilidade da pedra. Em Pierre Jean Jouve ou em Giorgio de Chirico, a estátua da melancolia dá corpo externo à experiência interna de um "*agora* parado" e assim "figura ou conjura" o estado do próprio artista.[37] Em "A melancolia de um belo dia", Jouve poetiza "a imobilização do tempo" e a sensação dolorosa de um "tempo interminável".[38] Ao redor, o mundo muda, mas as suas metamorfoses apenas agravam a esclerose melancólica. Em "O cisne", que Jean Starobinski considera como "um dos paradigmas mais comoventes da melancolia reflexiva",[39] Baudelaire as opõe explicitamente, desrrealizando a cidade e descrevendo sua própria memória como o peso que o detém:

Paris muda! Mas nada em minha melancolia
Moveu-se! Palácios novos, andaimes, blocos,
Velhos arrabaldes, tudo para mim se torna alegoria,
E minhas caras lembranças são mais pesadas que rochas.[40]

Em "O Letes", o poeta diz querer "dormir mais que viver".[41] E num dos quatro "Spleen" (*As flores do mal*, LXXVI), ele petrifica a própria vida: "— De ora em diante tu não és mais, ó matéria viva!/ Do que um granito cercado por um vago pavor,/ [...] Uma velha esfinge ignorada pelo mundo indiferente".

Quando, no mesmo poema, o tédio assume "as proporções da imortalidade", esta revela todo o seu significado: é o privilégio paradoxal do sentimento melancólico da morte espiritual. "Nenhum movimento tenta juntar-se à esfinge."[42] Resta apenas um sursis infinito. Kierkegaard, dando-se primeiro um ideal que não consegue alcançar, permanece imóvel, mas pronto "para se pôr em movimento no universo da máscara e da ironia".[43] No entanto, uma vez esgotados os pseudônimos defensivos,[44] vê-se ansioso, esperando ser movido pela graça, interpelado pelo grande interlocutor que ficou silencioso. Da mesma maneira, Kafka sofrerá ao se "ver petrificado", fora de uma vida que não cessará de cobiçar.[45] Mas não há nenhuma passagem para essa vida; em *O processo*, as "portas, por mais que se abram, ninguém entra, ninguém sai".[46] A espera não tem outra perspectiva além de uma morte real ou fantasiada. Em 1891, o neurologista e psiquiatra Jules Cotard integra essa forma de vivência melancólica na nosologia, descrevendo em certos pacientes um delírio que consiste em acreditar que eles não podem morrer ou já estão mortos.[47] Meio século depois, explorando as simpatias entre o imaginário humano e o mundo mineral, Roger Caillois vê Saturno, deus e planeta da melancolia, refletir-se nas pedras da sua coleção. Então adivinha, em sua perfeição, "a imobilidade visível da morte".[48]

A letargia e o encerramento psíquicos não são, porém, incompatíveis com uma agitação que se objetiva no espaço. Na tradição iconográfica, o melancólico ou a melancolia são cercados de objetos esparsos. Acampam, paralisados, no meio de um bricabraque que os mantém cativos, mas cuja desordem trai uma efervescência desesperada.[49] A loucura melancólica lança Dom Quixote no encalço de aventuras heroicas cuja expectativa determina toda a sua existência.[50] Inversamente aos melancólicos dos emblemas, é verdade que ele não fica prostrado, mas a sua errância expressa a submissão a uma ideia fixa que desconhece o aqui e agora da vida coletiva. Seu futuro é apenas um presente paralisado, e é só em razão da gravidade do delírio que ele não está, como tantos melancólicos, às voltas com uma "autorreflexão atormentada".[51] Para Jean Starobinski, a perambulação, que Walter Benjamin ligava tão estreitamente à capital do século XIX, só assume toda a sua importância por meio do contraste com a "imobilidade contemplativa" do recluso voluntário olhando para a cidade do alto de sua janela. E ele lembra "que essas duas atitudes são dois aspectos da experiência melancólica: a errância interminável e o confinamento que interrompe toda relação ativa com o mundo exterior".[52] Todavia, cobrir vastas extensões ou se desolar do estado do mundo não equivalem a ter nem a oferecer a visão de conjunto que libertaria da inquietação.

OLHAR PARA A ESTÁTUA

No melhor dos casos, o melancólico, tal como Jean Starobinski o descreve, vive o tormento de "não poder passar do conhecimento aos atos" nem "aderir à realidade exterior".[53] Ele se crê lúcido, mas, assumindo a identidade literária de um "*Democritus Junior*", aborda o teatro do mundo como se fosse apenas um anfiteatro de anatomia. Ora, se é assim, condenado ao confinamento solitário em si mesmo, de onde vem que fale tão bem, e às vezes com a abundância de um Robert Burton?

A resposta não se encontra no diagnóstico retrospectivo nem nas correlações entre o escritor e a escrita. A sensibilidade fenomenológica de Jean Starobinski o proibiria.[54] Mas há duas outras razões. Primeiro, é corrente que o remédio esteja no mal. Por exemplo, em sua acumulação bulímica de opiniões tiradas das fontes mais diversas, *A anatomia da melancolia* é sintomática da própria doença. Ora, passando interminavelmente de digressões a citações, o atrabiliário Burton se autoprescreve uma antiga terapia: "Escrevo sobre a melancolia" — ele anuncia no prefácio — "esforçando-me em evitar a melancolia. A causa mais poderosa da melancolia é a ociosidade, *o melhor remédio é o trabalho*".[55] Vemos, assim, florescer em seu livro "o mal para o qual ele gostaria de apresentar o remédio".[56]

A segunda razão de rejeitar o diagnóstico retrospectivo é que, se a melancolia leva ao mutismo, a escrita que consegue traduzir os seus signos demonstra a sua superação, a sua transmutação em obra. Na forma do rondó de Charles d'Orléans, Jean Starobinski percebe a "atitude sinuosa da vagabundagem enclausurada, a continuação sempre condenada aos retornos forçados".[57] O resultado é, nada menos, o poema que inspira o título deste livro: "A tinta da melancolia". Cinco séculos mais tarde, Baudelaire encontra na melancolia uma "companheira íntima" cujas atitudes e cujos mecanismos ele sabe imitar.[58] Embora a escrita possa desviar um "desastre psíquico enunciando-o poeticamente", o "poeta do *spleen*" não é necessariamente um melancólico.[59] Inversamente, é querendo conjurar o risco do esquecimento que um poema sem título de *As flores do mal* o faz persistir, transformando-o assim na "abertura que o torna vivo e respirando".[60] A crítica, em suma, jamais saberia exercer o ofício de semiologia médica.[61]

A respeito de todos esses pontos, a lição starobinskiana é dupla. De um lado, sobre o modelo da doença de Rousseau: não é preciso se perguntar o que ela era, mas o que o próprio Jean-Jacques fez dela.[62] De outro, sobre o modelo da história dos estados corporais e psicológicos, que demonstra a inacessibilidade da experiência anteriormente às palavras. Só abordamos o outro por meio da linguagem que o exterioriza. Ora, na medida em que a linguagem é moldada por formas e tradições, "só a parte da experiência afetiva que passou para um enunciado pode solicitar o historiador".[63] Portanto, é sobretudo a "passagem à arte" que deve prender a nossa atenção.[64]

Estando postos esses limites, resta a constatação de que escrever, para o melancólico, "é transformar a impossibilidade de viver em possibilidade de dizer".[65] E mesmo que ele não esteja conscientemente em busca do outro, a sua palavra pronunciada abre a possibilidade de uma relação. O atrabiliário gosta de criticar os homens e as instituições. Falta-lhe, porém, a escuta que define a crítica — e que existe no encontro de rostos e na troca de olhares e palavras em que se enraíza o laço entre o médico e seu paciente.[66] Tanto pela paralisia como pelo isolamento, a melancolia aparece como o avesso do gesto que a metamorfoseará em relação. Aqui, a escuta e o olhar vão juntos. Enquanto o melancólico mantém suas distâncias e se mascara para melhor desmascarar, o crítico — como Jean Starobinski diz de si mesmo — pertence inteiramente à voz dos que ele escuta no momento.[67]

Na situação extrema que a melancolia encarna, o crítico descobre uma virtualidade que o incita a agir contra a força da inércia melancólica. Iniciando uma troca, ele faz entrar a consciência petrificada numa duração viva. No entanto, dizer que a melancolia é o avesso da crítica ainda não é mostrar sua necessidade primordial. Em Jean Starobinski, as duas estão unidas como pela antiperístase da física antiga, que era não só a ação de duas qualidades contrárias, das quais uma aumenta a força da outra (como acontece com o fogo, mais ardente no inverno que no verão), como também uma impulsão circular, que faz com que o ar deslocado por um corpo movente seja aquilo que o mantém em movimento.

Com a cabeça inclinada e os olhos cabisbaixos, as estátuas de Giorgio de Chirico não olham para ninguém. Jean Starobinski aí detecta um aspecto da vivência melancólica: a perda de relação "entre quem olha e o olhado", a dificuldade profunda do melancólico "de receber e retribuir um olhar".[68] Ora, tal conjuntura não é irrevogável. Olhar, ele nos diz, é um movimento, uma relação intencional, "o laço vivo entre a pessoa e o mundo, entre o eu e os outros".[69] Iniciar esse olhar é dar ao outro a possibilidade e os recursos da reciprocidade. O olhar do crítico se vira para ela, e a estátua se anima.

Notas

PREFÁCIO [pp. 9-11]

1. Roland Kuhn, *Phénomenologie du masque à travers le test de Rorschach*. Trad. francesa de Jacqueline Verdeaux. Paris: Gallimard, 2008, pp. 274-92. 1ª ed.: Paris: Desclée de Brouwer, 1957.

PARTE I: HISTÓRIA DO TRATAMENTO DA MELANCOLIA [pp. 13-125]

1. A tese de 1960 é publicada aqui em seu estado original, nem modificado nem aumentado, até mesmo em relação às notas e à bibliografia, a qual, em mais de meio século, muito se desenvolveu.

2. Pelo menos segundo a versão homérica. Mas, de acordo com Píndaro, Ovídio e Plutarco, os deuses foram ofendidos pela desmesura de Belerofonte, que se acreditou imortal e, montado em Pégaso, quis escalar o Olimpo.

3. Sobre as relações entre o homem e os deuses em Homero, ver o livro de René Schaerer, *L'Homme antique et la structure du monde intérieur d'Homère à Socrate*. Paris: Payot, 1958.

4. Hipócrates, *Aphorismes*, VI, 23, em *Oeuvres complètes d'Hippocrate*. Org. de É. Littré. 10 v. Paris, 1839-61, v. 4, p. 569.

5. Sobre o problema dos humores, existe uma abundante literatura, muito bem resumida, para o problema que nos diz respeito, no artigo de W. Müri, "Melancholie und schwarze Galle", *Museum Helveticum*, 10, 21, 1953. Ver também o excelente estudo de conjunto de I. E. Drabkin, "Remarks on Ancient Psychopathology", *Isis*, 46, 223, 1955.

6. Henry Ernst Sigerist, *Introduction à la médecine*. Trad. francesa de M. Ténine. Paris, 1932, pp. 120-9.

7. W. Müri, op. cit.

8. Sófocles, *As Traquínias*, verso 573.

9. Tomamos esse termo de Gaston Bachelard (G. Bachelard, *La Formation de l'esprit scientifique. Contribution à une psychanalyse de la connaissance objective*. Paris, 1938, cap. 4: "L'Obstacle substantialiste").

10. Galeno, *Des Lieux affectés*, III, IX. In: *Oeuvres de Galien*, v. 2. Trad. francesa de Charles Daremberg. 2 v. Paris, 1854-6.

11. Aristóteles, *Problemata*, XXX, 1. No século XVI, a atrabílis também será comparada à tinta. "*Quell'inchiostro*", dirá Campanella (T. Campanella, *Del senso delle cose e della magia*. Org. de A. Bruers. Bari, 1925, p. 193).

12. Hipócrates, *Épidémies*, VIII, 31, em op. cit., v. 5, p. 355.

13. Hipócrates, *Sur la Maladie sacrée*, em op. cit., v. 6, pp. 352-96. Sobre a história da epilepsia, ver a obra indispensável de O. Temkin, *The Falling Sickness*. Baltimore, 1945.

14. W. Jaeger, *Paideia*. 2ª ed. 3 v. Berlim, 1954. (Cf. v. 2, livro III: *Die griechische Medizin als Paideia*, pp. 11-58.)

15. Hipócrates, *Des Maladies*, II, em op. cit., v. 7, p. 109.

16. J. de la Fontaine, *Fables*. Livro VI, 10: *Le Lièvre et la Tortue*.

17. Philippe Pinel, "Ellébore", em *Encyclopédie méthodique*. Série *Médecine*. t. 5, 2ª parte. Paris, 1792; e Pierre Pelletan, "Ellébore", em *Dictionnaire des sciences médicales*. 60 v. Paris, 1812-22, v. 11 [1815].

18. Pierre-Louis-Alpheé Cazenave, "Hellébore", em *Dictionnaire de médecine*. Org. de N. Adelon et al. 30 v. 2ª ed. Paris, 1832-46, v. 15.

19. Plínio, o Velho, *Histoire naturelle*. Texto latino, com trad. francesa de P.-C.-B. Guéroult. 3 v. Paris, 1802, XXV, 21 e 22.

20. Ibid.

21. Hipócrates, op. cit., v. 9, p. 345.

22. Pedânio Dioscórides de Anazarbo, *De materia medica*. 3 v. Org. de M. Wellmann. Berlim, 1906-14, v. 2, p. 308.

23. Hipócrates, *Des Crises*, 41, em op. cit. Paris, 1839 a 1861, v. 9, p. 291.

24. Jean-Étienne-Dominique Esquirol, *Des Maladies mentales*. 2 v. Paris, 1838, v. 1, p. 477.

25. Louis-Florentin Calmeil, "Lypémanie", em *Dictionnaire encyclopédique des sciences médicales*. 2ª série, t. 3. Paris, 1870.

26. Ibid.

27. Hipócrates, *Des Lieux dans l'homme*, em op. cit., v. 6, p. 329.

28. Aulo Cornélio Celso, *De arte medica*, III, 18, em *Corpus medicorum Latinorum*, v. 1. Org. de Friedrich Marx. Leipzig; Berlim, 1915.

29. Luigi Belloni, "The Mandrake", em S. Garattini e V. Ghetti (orgs.), *Psychotropic Drugs, Proceedings of the International Symposium on Psychotropic Drugs*. Milão, 1957, pp. 5-9, e Luigi Belloni, "Dall'elleboro alla reserpina". *Archivio di Psicologia, Neurologia e Psichiatria*, 17, 115, 1956.

30. "*Not poppy, nor mandragora,/ Nor all the drowsy syrups of the world,/ Shall ever medicine thee to that sweet sleep...*" Shakespeare, *Othello*, III, 3, versos 331-3.

31. Sobre a mandrágora na poesia de Donne, ver o artigo de Don Cameron Allen, "Donne on the Mandrake". *Modern Language Notes*, 74, 393, 1959.

32. John Donne, *The Poems of John Donne*. Org. de H. J. C. Grierson. Oxford, 1933, p. 274.

33. O símbolo da mandrágora foi estudado recentemente em um livro de Albert-Marie Schmidt, *La Mandragore*. Paris, 1958.

34. Aulo Cornélio Celso, *De arte medica*, III, 18, em *Corpus medicorum Latinorum*, op. cit., v. 1.

35. Ibid.

36. Há brutalidade e brutalidade. Observemos que um dos melhores autores do século XIX recomenda falar aos melancólicos "de um modo um pouco seco ou mesmo com a aparência de certa severidade", em vez de lhes "dirigir palavras de consolo" (Wilhelm Griesinger, *Traité des maladies mentales*. Trad. francesa de P.-A. Doumic. Paris, 1865, p. 565). Esse conselho continua válido aos olhos dos psicoterapeutas modernos.

37. Aulo Cornélio Celso, op. cit.

38. Ibid.

39. A excelente edição de Célio Aureliano por I. E. Drabkin (Célio Aureliano, *De morbis acutis e chronicis*. Trad. de I. E. Drabkin. Chicago, 1950) traz o texto em latim com a tradução inglesa ao lado. As páginas dedicadas à melancolia constituem o capítulo 6 do livro I das *Doenças crônicas*, pp. 560-3.

40. Wilhelm Griesinger, op. cit., pp. 549 ss.

41. Areteu da Capadócia, em Carl Gottlob Kühn, *Medicorum Graecorum opera quae extant*, v. 24, Leipzig, 1828. Trad. francesa de L. Renaud: *Traité des signes, des causes et de la cure des maladies aiguës et chroniques*. Paris, 1834.

42. Ibid, I, 5.

43. Ibid.

44. Ibid.

45. Galeno, *Claudii Galeni opera omnia*. Org. de Carl Gottlob Kühn. 20 v. Leipzig, 1821-33, v. 8, p. 418.

46. Rufo de Éfeso, *Oeuvres*. Texto grego e trad. francesa. Org. de Charles Daremberg e Charles-Émile Ruelle. Paris, 1879.

47. Plutarco, *Vies des hommes illustres*. Trad. francesa de J. Amyot. 2 v. Genebra, 1604-10.

48. Robert Burton, *The Anatomy of Melancholy* [Oxford, 1621]. Org. de A. R. Shilleto. 3 v. Londres, 1893. [Ed. bras.: *A anatomia da melancolia*. Trad. de Guilherme Gontijo Flores. 5 v. Curitiba: Editora UFPR, 2011-3.]

49. Jacques Ferrand, *De la Maladie d'amour, ou mélancholie érotique. Discours curieux qui enseigne à cognoistre l'essence, les causes, les signes et les remèdes de ce mal fantastique*. Paris, 1623.

50. Galeno, *Des Lieux affectés*, III, X, em *Oeuvres de Galien*, op. cit., v. 2. A única edição completa do texto grego é *Claudii Galeni opera omnia*, de C. G. Kühn (org.), op. cit.

51. Ibid., p. 563.

52. Galeno, *Des Lieux affectés*, op. cit., v. 2, pp. 568-9.

53. Ibid., p. 570.

54. Alexandre de Trales, *Libri duodecim*. Basileia, 1556.

55. Oribásio, *Oeuvres d'Oribase*. Texto grego e trad. francesa. Org. de Ulco Cats Bussemaker e Charles Daremberg. 6 v. Paris, 1851-76.

56. Paulo de Égina, *Pragmateia*. Org. de Johan Ludvig Heiberg. *Corpus medicorum Graecorum*, IX, 1, 2, Leipzig; Berlim, 1921-4.

57. Aécio de Amida, *De melancholia*, em *Claudii Galeni opera omnia*, op. cit., v. 19, pp. 699-720.

58. Sobre o culto a Esculápio, ver o livro de Emma Jeannette e Ludwig Edelstein, *Asclepius. A Collection and Interpretation of the Testimonies*. 2 v. Baltimore, 1945-6.

59. Em Célio Aureliano, *De morbis acutis et chronicis*, op. cit., pp. 550-1, as conversas filosóficas são recomendadas ao maníaco convalescente: "E se ele tem desejo de assistir a debates filosóficos, deve-se aconselhá-los a ele. Por suas palavras, os filósofos ajudam a expulsar o medo, a tristeza e a cólera, o que é de imenso proveito para o corpo".

60. Hipócrates, *Oeuvres complètes d'Hippocrate*, op. cit., v. 9.

61. Jean de la Fontaine, *Fables*, livro VIII, 26: *Démocrite et les Abdéritains*.

62. Eric Robertson Dodds, *The Greeks and the Irrational*. Berkeley; Cambridge, 1951.

63. Sêneca, *De tranquillitate animi*, II. Baudelaire leu com muita atenção o capítulo sobre o Tédio, publicado separadamente em 1850. Cf. *Fusées*, XIV, em Charles Baudelaire, *Journaux intimes*. Org. de Jacques Crépet e Georges Blin. Paris, 1949.

64. Mais perto de nós, a correspondência entre Descartes e a princesa Elizabeth oferece o exemplo consumado de uma "psicoterapia filosófica". E Kant, em *Streit der Fakultäten*, vai nos dizer como ele se fez o seu próprio médico: os seus acessos de angústia pararam de inquietá-lo desde o instante em que ele se convenceu de que o seu tórax, muito estreito, era o único responsável por isso.

65. Goethe, *Vérité et poésie*, livro XIII.

66. São Jerônimo, carta 95, *Ad Rusticum*; carta 97, *Ad Demetriadem*.

67. Descrevemos aqui a acedia segundo as definições dadas por João Cassiano em *De institutis coenobiorum* (livro IX, *De spiritu tristitiae*, e livro X, *De spiritu acediae*), em Migne, *Patrologia latina*, v. 49 e v. 50.

68. Dante, *Inferno*, canto VII, versos 121-6.

69. Gustave Flaubert, *La Tentation de saint Antoine* [1874], em *Oeuvres complètes*, v. 3, Paris, 1924.

70. Sobre as imagens medievais da melancolia, ver o livro importante de Erwin Panofsky e Fritz Saxl, *Dürers "Melencolia I"*. Leipzig, 1923.

71. Petrarca, *Secretum* (= *De secreto conflictu curarum suarum*), s. 1, 1489.

72. Robert Burton, op. cit.

73. Ibid.

74. Jonathan Swift, *Viagens de Gulliver* [Londres, 1726]. [Ed. bras.: *Viagens de Gulliver*. Trad. de Paulo Henriques Britto. Org., introd. e notas de Robert DeMaria Jr. São Paulo: Penguin Companhia, 2010. Ver parte 4: "Viagem ao país dos Houyhnhnms", cap. 7, p. 368.]

75. Hildegarda de Bingen, *Hildegardis causae et curae*. Org. de Paulus Kaiser. Leipzig, 1903, p. 143.

76. Hildegarda de Bingen, *Subtilitates*, em Migne, *Patrologia latina*, v. 197, VI, 2-5.

77. Salvatore de Renzi, *Collectio Salernitana*. 5 v. Nápoles, 1852-9, v. 2, p. 698.

78. Harry Bober, "The Zodiacal Miniature of the *Très Riches Heures* of the Duke of Berry. Its Sources and Meaning". *J. Warburg Courtauld Inst.*, 11, 1, 1948.

79. Fritz Saxl, *Lectures*. 2 v. Londres, 1957, v. 1, pp. 58 ss.

80. Sobre o lugar-comum na literatura medieval, cf. Ernst Robert Curtius, *Europäische Literatur und lateinisches Mittelalter*. Berna, 1948. 2ª ed: 1954. [Ed. bras.: *Literatura europeia e Idade Média latina*. Trad. de Teodoro Cabral e Paulo Rónai. 3ª ed. São Paulo: Edusp; Hucitec, 1996.]

81. Constantino, o Africano, *Opera*. 2 v. Basileia, 1536-9, pp. 283-98.

82. Sobre Marsílio Ficino e sua influência, é possível consultar: Raymond Marcel, *Marsile Ficin*. Paris, 1956; André Chastel, *Marsile Ficin et l'art*. Genebra, 1954; Daniel Pickering Walker, *Spiritual and Demonic Magic from Ficino to Campanella*. Londres, 1958; Paul Oskar Kristeller, *The Philosophy of Marsilio Ficino*. Trad. inglesa de Virginia Conant. Nova York, 1943. As *Opera omnia* de Marsílio Ficino foram publicadas em Basileia em 1576 (2 v.). Para mais detalhes, o leitor é convidado a se reportar à volumosa obra de Lynn Thorndike, *A History of Magic and Experimental Science*. 8 v. Nova York, 1923-58. Ver também Erwin Panofsky e Fritz Saxl, op. cit.

83. Paracelso, *Von den Krankheiten, die der Vernunft berauben*, em *Sämtliche Werke*. Org. de Karl Sudhoff. Munique; Berlim, 1930, parte 1, v. 2, p. 452.

84. André du Laurens, *Discours de la conservation de la veue: Des maladies melancholiques; des catharres; et de la vieillesse*. Paris, 1597. Trad. inglesa de Richard Surphlet: *A Discourse of the Preservation of the Sight; of Melancholike Diseases; of Rheumes and of Old Age*. Londres, 1599. *Shakespeare Association Facsimiles*, n. 15, Oxford, 1938.

85. Lucílio Vanini, *Dialogi de admirandis naturae regina deaeque mortalium arcanis*. Paris, 1616.

86. Jacobus Sylvius (Jacques Dubois, de Amiens), *Opera medica*. Genebra, 1630, p. 413.

87. Jean Fernel, *Universa medicina*. Paris, 1567.

88. Timothy Bright, *A Treatise of Melancholie*. Londres, 1586.

89. Felix Platter, *Praxeos seu de cognoscendis* [...] *affectibus tractatus*. 2 v. Basileia, 1602-3; Felix Platter, *Observationes in hominis affectibus plerisque*. Basileia, 1614.

90. Herman Boerhaave, *Praxis medica*. 5 partes em 3 v. Pádua, 1728.

91. Joseph Raulin, *Traité des affections vaporeuses du sexe*. 2ª ed. Paris, 1759, pp. 384-5.

92. Thomas Sydenham, *Dissertatio epistolaris* [...] *de affectione hysterica*. Londres, 1682. Trad. francesa de A.-F. Jault, em *Médecine pratique de Sydenham*. Paris, 1774.

93. Ibid., p. 424.

94. Ibid., p. 425.

95. Pinel cita o caso de Alfieri, que não conseguia superar a sua "melancolia" senão conduzindo ele mesmo a sua atrelagem durante dias inteiros. Philippe Pinel, "Mélancolie", em *Encyclopédie méthodique*, série Médecine, t. 9, parte 2. Paris, 1816.

96. Ibid.

97. Friedrich Hoffmann, *La Médecine raisonnée*. Trad. francesa de Jean-Jacques Bruhier. 9 v. Paris, 1739-43. v. 7, p. 116.

98. Anne-Charles Lorry, *De Melancholia et morbis melancholicis*. 2 v. Paris, 1765. A teoria médica de Lorry é visivelmente influenciada pelas ideias de Albrecht von Haller sobre a irritabilidade. Em 1758, o italiano Antonio Fracassini, num livro publicado em Leipzig (*Opuscula pathologica, alterum de febribus, alterum de malo hypochondriaco*), afirmava que a hipocondria é uma perturbação que impede oscilações harmoniosas dos nervos e das membranas. Lembremos que Lorry se tornou um dos fundadores da dermatologia francesa.

99. Philippe Pinel, "Mélancolie", op. cit.

100. Areteu da Capadócia, em C. G. Kühn, *Medicorum Graecorum opera quae exstant*, op. cit. Trad. francesa de L. Renaud: *Traité des signes, des causes de la cure des maladies aiguës et chroniques*, op. cit., p. 81.

101. Jean-Étienne-Dominique Esquirol, "Mélancolie", em *Dictionnaire des sciences médicales*. Paris, 1819.

102. Pierre-Jean-Georges Cabanis, *Rapports du physique et du moral de l'homme*. 2 v. Paris, 1802.

103. Ibid.

104. Jean-Étienne-Dominique Esquirol, *Des Maladies mentales*, op. cit., v. 1, p. 445.

105. Pierre-Jean-Georges Cabanis, op. cit.

106. Philippe Pinel, *Traité médico-philosophique sur l'aliénation mentale ou la manie*. 2ª ed. Paris, 1809, pp. 550-1.

107. Philippe Pinel, "Mélancolie", op. cit.

108. Ibid.

109. Jean-Étienne-Dominique Esquirol, *Des Maladies mentales*, op. cit., pp. 399-400.

110. Ibid., v. 1, p. 465.

111. Ibid.

112. Ibid., p. 472.

113. Philippe Pinel, "Mélancolie", op. cit.

114. A supressão dos meios de repressão, em especial as correntes, inaugurada na Itália por Chiarugi e na França por Pussin e Pinel, torna mais tolerável a vida do doente na casa de saúde. Hesitarão menos, por conseguinte, em trancar os deprimidos que ameaçam se suicidar. As clínicas particulares, destinadas aos pacientes ricos, se multiplicam na Europa. O médico que oferece os seus cuidados aos doentes mentais será, a partir daí, um especialista. A palavra "psiquiatra", criada por J. C. Reil, surge no início do século XIX. Começa a era da psiquiatria "asilar".

115. Pinel é um dos primeiros a denunciar essa superstição.

116. Philippe Pinel, "Mélancolie", op. cit.

117. Jean-Étienne-Dominique Esquirol, *Des Maladies mentales*, op. cit., v. 1, p. 475.

118. Johann Christian Reil, *Rhapsodieen über die Anwendung der psuchischen Curmethode auf Geisteszerrüttungen*. 2ª ed. Halle, 1818, pp. 209-10. 1ª ed. 1803.

119. Citado por Gilbert Lely, *La Vie du marquis de Sade*. 2 v. Paris, 1957, v. 2, p. 596.

120. François Leuret, *Du Traitement moral de la folie*. Paris, 1840, pp. 173-5.

121. Philippe Pinel, "Mélancolie", op. cit.

122. Wilhelm Griesinger, op. cit., p. 551.

123. Philippe Pinel, *Traité médico-philosophique sur l'aliénation mentale, ou la manie*, op. cit., p. 297.

124. Johann Christian Reil, *Rhapsodieen über die Anwendung der psychischen Curmethode auf Geisteszerrüttungen*, op. cit., pp. 181-2.

125. Ibid., p. 183.

126. Ibid., p. 185.

127. Vincenzo Chiarugi, *Della pazzia in genere, e in specie*. 3 v. Florença, 1793.

128. Johann Christian Reil, op. cit., p. 186.

129. Ibid.

130. Ibid., p. 205.

131. Philippe Pinel, "Mélancolie", op. cit.

132. Ibid.

133. Ibid.

134. Philippe Pinel, *Traité médico-philosophique sur l'aliénation mentale, ou la manie*, op. cit., p. 324.

135. Johann Christian Reil, op. cit., pp. 192-4.

136. Philippe Pinel, "Mélancolie", op. cit.

137. Philippe Pinel, *Traité médico-philosophique sur l'aliénation mentale, ou la manie*, op. cit., pp. 324-5.

138. Jean-Étienne-Dominique Esquirol, *Des Maladies mentales*, op. cit., p. 480.

139. Johann Christian Reil, op. cit., p. 189.

140. Ibid., p. 190.

141. Ibid., p. 192.

142. Ibid., p. 190.

143. Johann Christian August Heinroth, *Lehrbuch der Störungen des Seelenlebens*. 2 v. Leipzig, 1818, v. 2, p. 216.

144. Philippe Pinel, *Traité médico-philosophique sur l'aliénation mentale, ou la manie*, op. cit., nota, pp. 331-2.

145. François Leuret, op. cit., pp. 278-80.

146. Ibid., p. 281.

147. Jean-Étienne-Dominique Esquirol, *Des Maladies mentales*, op. cit., v. 1, p. 478.

148. Alexandre-Jacques-François Brierre de Boismont, *Du Suicide et de la folie-suicide*. 2ª ed. Paris, 1865, p. 636.

149. Jean-Étienne-Dominique Esquirol, *Des Maladies mentales*, op. cit., v. 1, p. 480.

150. Michel de Montaigne, *Essais*. Org. de A. Thibaudet. Paris, 1946.

151. Voltaire, *Diatribe du Docteur Akakia*. Paris, 1748.

152. Christian Gottlieb Kratzenstein, *Dissertatio de vi centrifuga ad morbos sanandos applicata*. Copenhaguen, 1765.

153. Joseph Mason Cox, *Practical Observations on Insanity*. Londres, 1804. Trad. francesa de L. Odier: *Observations sur la démence*.

154. Johann Christian August Heinroth, *Lehrbuch der Störungen des Seelenlebens*, op. cit., v. 2, p. 217.

155. Jean-Étienne-Dominique Esquirol, *Des Maladies mentales*, op. cit., pp. 478-9.

156. Joseph Babinski, "Guérison d'un cas de mélancolie à la suite d'un accès provoqué de vertige voltaïque". *Revue de Neurologie*, 11, 525, 1903.

157. Johann Christian August Heinroth, *Lehrbuch der Störungen des Seelenlebens*, op. cit., p. 217: "*Das Reisen ist für solche Kranke eine Universalmedizin*" [para esses doentes a viagem é uma panaceia].

158. Lawrence Babb, *The Elizabethan Malady*. East Lansing, 1951.

159. Joachim du Bellay, *Les Regrets* [Paris, 1558], em *Oeuvres poétiques*. 6 v. Org. de H. Chamard, v. 2 (1910). Paris, 1908-31.

160. Ver a obra de Fritz Ernst, *Vom Heimweh*. Zurique, 1949. Aí se encontra o texto princeps de Johannes Hofer, *Dissertatio medica de nostalgia oder Heimwehe* (Basileia, 1688). Ver igualmente a tese recente de Fortunata Ramming-Thön, *Das Heimweh*. Zurique, 1958.

161. George Cheyne, *The English Malady: Or a Treatise of Nervous Diseases of all Kinds; as Spleen, Vapours, Lowness of Spirits, Hypochondriacal and Hysterical Distempers etc.* 3 partes. Londres, 1733. Ele não é o primeiro a usar esse termo para intitular seu livro. Em 1672, Gideon Harvey publicara em Londres um livro do mesmo gênero, *Morbus Anglicus, or a Theoretick and Practical Discourse of Consumptions, and Hypocondriack Melancholy.*

162. Essa forma pletórica de melancolia tem na Inglaterra um representante mais ilustre: Hamlet. A rainha se queixa: "*He's fat and scant of breath*" (v, II). Ver *A New Variorum Edition of Shakespeare, Hamlet*, v. 1, p. 446.

163. Matthew Green, *The Spleen*, em *Minor Poets of the 18th Century*. Org. de Fausset. Londres: Everyman's Library.

164. Philippe Pinel, "Mélancolie", op. cit.

165. Jean-Jacques Rousseau, *Confessions*, em *Oeuvres complètes*, v. 1. Org. de B. Gagnebin e M. Raymond. Paris, 1959, livro VI.

166. Louis-Florentin Calmeil, "Lypémanie", em *Dictionnaire encyclopédique des sciences médicales*, op. cit.

167. Bénédict-Augustin Morel, *Traité des maladies mentales*. Paris, 1860, p. 614.

168. Benjamin Ball, *Leçons sur les maladies mentales*. 2ª ed. Paris, 1880-3.

169. Robert Burton, op. cit., parte 2, seção 2, mem. II.

170. Michel de Montaigne, *Journal de voyage*. Org. de L. Lautrey. Paris, 1906.

171. Herman Boerhaave, *Praxis medica*, op. cit., parte 5, p. 54.

172. Marcel Florkin, *Médecine et médecins au pays de Liège*. Liège, 1954.

173. François Boissier de Sauvages, *Nosologia methodica*. 5 v. Amsterdam, 1763, t. III, pp. 378 ss. Cf. também William Cullen, *First Lines of the Practice of Physic*. 2 v. Edimburgo, 1777-9.

174. Philippe Pinel, "Mélancolie", op. cit. Como não pensar neste dístico, traçado por um desconhecido na parede de uma das grandes termas imperiais?

Balnea, vina, Venus corrumpunt corpora nostra;/ Sed vitam faciunt balnea, vina, Venus. [Banhos, vinho e sexo corrompem nosso corpo;/ Mas banhos, vinho e sexo fazem a vida.]

175. Eric Robertson Dodds, *The Greeks and the Irrational*, op. cit., pp. 77-9.

176. Célio Aureliano, *De morbis acutis et chronicis*, op. cit., pp. 556-7.

177. Citado por Erwin Panofsky e Fritz Saxl, *Dürers "Melencolia I"*, op. cit., que remetem ao artigo de Hjalmar G. Sander, "Beiträge zur Biographie Hugo van der Goes' und zur Chronologie seiner Werke". *Repert. Kunstwissensch.*, 35, 519, 1912.

178. Marsílio Ficino, *Opera omnia*, op. cit., v. 1, *Comment. In Timaeum*, cap. XXVIII, p. 1453. Ver a esse respeito o livro muito completo de Daniel Pickering Walker, *Spiritual and Demonic Magic from Ficino to Campanella*, op. cit.

179. Agrippa de Nettesheim, Henricus Cornelius, *De occulta philosophia*. Colônia, 1533.

180. Athanasius Kircher, *Musurgia universalis*. Roma, 1650.

181. Robert Burton, op. cit.

182. Anne-Charles Lorry, *De melancholia et morbis melancholicis*, op. cit., v. 2, parte 1, cap. 2, apêndice.

183. François-Nicolas Marquet, *Nouvelle Méthode facile et curieuse, pour connoitre le pouls par les notes de la musique, 2ª ed., augmentée de plusieurs observations et réflexions critiques, et d'une dissertation en forme de thèse sur cette méthode; d'un mémoire sur la manière de guérir la mélancolie par la musique, et de l'éloge historique de M. Marquet, par P.-J. Buchoz.* Amsterdam, 1769.

184. Ver Walter Serauky, "Affektenlehre", em *Die Musik in Geschichte und Gegenwart, allgemeine Enzyklopädie der Musik*. Kassel; Basileia, 1949-51, v. 1, pp. 113-21.

185. Em seu *Dictionnaire de musique*, "Musique" pass.

186. Pierre-Jean-Georges Cabanis, *Rapports du physique et du moral de l'homme*, op. cit.

187. Johann Christian Reil, *Rhapsodien über die Anwendung der psychichen Curmethode auf Geisteszerrüttungen*, op. cit., pp. 206-7.

188. Ibid., p. 207.

189. Joseph Mason Cox, op. cit., pp. 39-40.

190. Ibid., pp. 43-4.

191. François Leuret, op. cit., pp. 296-8.

192. Ibid., pp. 304-5.

193. Jean-Étienne-Dominique Esquirol, *Des Maladies mentales*, op. cit., v. 2, pp. 585 ss.

194. Wilhelm Griesinger, op. cit., pp. 552-3.

195. Alexandre-Jacques-François Brierre de Boismont, op. cit., p. 645.

196. Ibid., p. 648.

197. Ibid., pp. 648-9.

198. Ibid., p. 649.

199. Jean-Pierre Falret, *Des Maladies mentales et des asiles d'aliénés*. Paris, 1864, introdução.

200. Antoine-Laurent Bayle, *Recherches sur l'arachnitis chronique*. Tese. Paris, 1822.

201. Theodor Hermann Meynert, *Psychiatrie. Klinik der Erkrankungen des Vorderbirns*. Viena, 1884.

202. Jean-Pierre Falret, op. cit., p. 474.

203. Ibid., introdução, XXVI.

204. Ibid., introdução, LI.

205. Alexandre-Jacques-François Brierre de Boismont, op. cit., p. 657.

206. Laurent Alexis Philibert Cerise, *Des Fonctions et des maladies nerveuses*. Paris, 1842, p. 169.

207. William Perfect, *A Remarkable Case of Madness*. Rochester, 1791.

208. Joseph Mason Cox, op. cit.

209. Spandaw du Celliée, *Dissertation de lauro-cerasi viribus*. Groninga, 1797.

210. Carolus Ludovicus Bruch, *De anagallide*. Estrasburgo, 1758.

211. Esquirol, em *Des Maladies mentales*, diz ter tentado tratar alguns melancólicos pelo magnetismo. O resultado foi nulo.

212. Jacques Roubinovitch e Édouard Toulouse, *La Mélancolie*. Paris, 1897.

213. Benjamin Ball, op. cit.

214. O conde Des Alleurs, amigo da sra. Du Deffand, em carta datada de 17 de abril de 1749, descreve os efeitos do ópio, tais como certamente ele os sentiu: "Ele põe o sangue em movimento, dá as ideias mais alegres, enche a alma de esperanças lisonjeiras. Assim que sua ação cessa, joga na languidez, na melancolia, no torpor... É preciso aumentar as doses ao menos a cada três meses. Diminui

o apetite, ataca os nervos. Os que fazem uso dele tornam-se magros e amarelos; quando, de amarelos, se tornam magros e amarelos; quando de amarelos se tornam verdes, a morte não está longe. A senhora tem vontade de tomá-lo?". Marquês Pierre de Ségur, *Julie de Lespinasse*. Paris, 1905.

215. Benjamin Constant de Rebecque, *Le Cahier rouge*, em *Oeuvres*. Org. de A. Roulin. Paris, 1957.

216. Thomas De Quincey, *Confessions of an English Opium-Eater*. Londres, 1822. Trad. francesa de Pierre Leiris: *Les Confessions d'un mangeur d'opium anglais*. Paris: Gallimard, L'Imaginaire, 1990.

217. John Ferriar, *Medical Histories and Reflections*. Londres, 1792.

218. Joseph Mason Cox, op. cit., p. 69.

219. Citado por Wilhelm Griesinger, op. cit., p. 543.

220. Alexandre-Jacques-François Brierre de Boismont, *Du Suicide et de la folie-suicide*, op. cit., p. 641.

221. Joseph Guislain, *Leçons orales sur les phrénopathies*. 3 v. Gent, 1852, v. 3, p. 28.

222. Wilhelm Griesinger, op. cit.

223. Friedrich Engelken, "Die Anwendung des Opiums in Gelsteskrankheiten und einigen werwandten Zuständen". *Allg. Z. Psychiat.*, 8, 393, 1851.

224. Adolf Albrecht Erlenmeyer, *Symptômes et traitement des maladies mentales à leur début*. Trad. francesa de J. de Smeth. Bruxelas, 1868, p. 140.

225. Citado por Alexandre-Jacques-François Brierre de Boismont, op. cit., p. 641. Ver igualmente Auguste Voisin, "Du Traitement de la folie par les injections hypodermiques du chlorhydrate de morphine". *Un. Méd.*, 13, 121, 256, 1857.

226. Charles Baudelaire, *Un Mangeur d'opium*, I, em Charles Baudelaire, *Les Paradis artificiels* [1860]. Paris, 1931.

227. Valentin Magnan, *Leçons cliniques sur les maladies mentales*. 2ª ed. Paris, 1893.

228. Pavel Ivanovitch Kovalevsky, *Hygiène et traitement des maladies mentales et nerveuses*. Trad. francesa de W. de Holstein. Paris, 1890.

229. Emil Kraepelin, *Psychiatrie*. 8ª ed. 4 v. Leipzig, 1909-15, v. 3, p. 1391.

230. Jules Luys, *Le Traitement de la folie*. Paris, 1893, pp. 283 ss.

231. Jacques Roubinovitch e Édouard Toulouse, op. cit., pp. 354-415.

232. Georges Dumas, *Les États intellectuels dans la mélancolie*. Paris, 1895, p. 141.

PARTE II: A ANATOMIA DA MELANCOLIA [pp. 126-201]

1. Hipócrates, "Lettre à Damagète", em *Oeuvres complètes d'Hippocrate*. Org. de É. Littré. 10 v. Paris, 1839-61, v. 9, pp. 349-81.

2. Aristóteles, *Problemata*, XXX, I.

3. Padre Dominique Bouhours, *Entretiens d'Ariste et d'Eugène*. 1671, pp. 206-7.

4. Ibid.

5. "*Zart Gedicht, wie Regenbogen,/ Wird nur auf dunklen Grund gezogen;/ Darum behagt dem Dichtergenie/ Das Element der Melancholie.*", em Johann Wolfgang von Goethe, *Werke. Vollständige Ausgabe letzer Hand*. Stuttgart: J. G. Cotta, 1827-33.

6. Gérard de Nerval, *Les Chimères*, 1854.

7. Immanuel Kant, *Beobachtungen über das Gefühl des Schönem und Erhabenen*. Riga: F. Hartknoch, 1771. Ed. francesa de Roger Kempf: *Observations sur le sentiment du Beau et du Sublime*. Paris: Vrin, 1992.

8. "*Er ist ein strenger Richter seiner selbst und anderer und nicht selten seiner sowohl als der Welt überdrüssig*". Immanuel Kant, op. cit.

9. "*Da der naive Dichter bloss der einfachen Natur und Empfindung folgt und sich bloss auf Nachahmung der Wirklichkeit beschränkt, so kann er zu seinem Gegenstand auch nur ein einziges Verhältnis haben* [...]. *Gans anders verhält es sich mit dem sentimentalischen Dichter. Dieser reflektiert über den Eindruck, den die Gegenstände auf ihn machen, und nur auf jene Reflexion ist die Rührung gegründet, in die er selbst versetz wird und uns versetzt. Der Gegenstand wird hier auf eine Ide bezogen, und nur aus dieser Beziehung beruht seine dichterische Kraft. Der sentimentalische Dichter hat es daher immer mit zwei streitenden Vorstellungen und Empfindungen, mit der Wirklichheit als Grenze und mit seiner Idee als dem Unendlichen zu tun, und das gemischte Gefühl, das er erregt, wird immer von dieser doppelten Quelle zeugen.*" Friedrich Schiller, *Ueber naive und sentimentalische Dichtung*, em *Sämmtliche Werke*. 12 v. Stuttgart: Cotta, 1938. Trad. francesa de Robert Leroux: *Poésie naïve et poésie sentimentale*. Paris: Aubier, 1947, p. 139. [Ed. bras.: *Poesia ingênua e sentimental*. Trad., apres. e notas de Márcio Suzuki. São Paulo: Iluminuras, 1991.]

10. Ibid.

11. Ibid.

12. Ibid.

13. "*Selige Schwermut.*" Johann Wolfgang von Goethe, *Torquato Tasso*. Trad. francesa de Henri Thomas, em *Théâtre complet*. Paris: Gallimard, Bibliothèque de la Pléiade, 1942.

14. "*Und zeigt mir ungefahr ein klaren Brunnen/ In seinem reinen Spiegel einen Mann,/ Der wunderbar bekräzt im Wiederschein/ Des Himmels zwischen Bäumen, zwischen Felsen/ Nachdenkend ruth, so scheint es mir, ich sehe/ Elysium auf dieser Zauberfläche/ Gebildet. Still bedenk'ich mich und frage:/ Wer mag der Abgeschiedne sein? so schön bekränzt?/ Wer sagt mir seinen Namen? sein Verdienst?*". Ibid.

15. Alfred de Musset, *Fantasio*, I, II, 1833.

16. "*Fleig an der Wand*". Georg Büchner, *Léonce et Léna* [1836]. Trad. francesa de Bernard Chartreux, Eberhard Spreng e Jean-Pierre Vincent. Paris: L'Arche, p. 101. [Ed. brasileira: *Woyzeck — Leonce e Lena*. Trad. de João Marschner. Pref. de Anatol Rosenfeld. Rio de Janeiro: Ediouro, 1989.]

17. "*Bin ich denn wie die arme hülflose Quelle, die jedes Bild, das sich über sie bückt, in ihrem stillen Grund abspiegeln muss? Die Blumen öffnen und schliessen, wie sie wollen, ihre Kelche der Morgensonne und dem Abendwind*". Ibid., p. 115.

18. "*Der Gedanke zerstört die Anschauung, und, losgerissen von der Mutter Brust wankt in irrem Wahn, in blinder Betäubheit der Mensch heimathlos umher, bis der Gedanskens eignes Spiegelbild dem Gedanken selbst die Erkenntniss schafft, dass er ist und dass er in dem tiefsten reichten Schacht, den ihm die mütterliche Königin geöffnet, als Herscher gebietet, muss er auch als Vasall gehorchen.*" E. T. A. Hoffmann. *Prinzessin Brambilla — Ein Capriccio nach Jacob Calot*. Breslávia: Josef Max, 1821.

19. "*So ist die Urdaquelle, womit die Bewohner des Landes Urdargarten beglückt wurden, nichts anders, als was wir Deutschen Humor nennen, die wunderbare, aus der tiefsten An-*

schauung der Natur geborne Kraft des Gedankens, seinen eignen ironischen Doppeltgänger zu machen, an dessen seltsamlichen Faxen er die senigen und — ich will das freche Wort beibehalten — die Faxen des ganzen Seins hienieden erkennt und sich daran ergötzt." E. T. A. Hoffmann, op. cit.

20. Charles Baudelaire, *Curiosités esthétiques*, em *Oeuvres complètes*. Paris: Michel Lévy Frères, 1868, p. 385.

21. Ibid., p. 387.

22. "*Tête-à-tête sombre et limpide/ Qu'un coeur devenu son miroir!*". Charles Baudelaire, "L'Irrémédiable", em *Les Fleurs du mal*, "Spleen et Idéal", 1857.

23. "*Ne suis-je pas un faux accord/ Dans la divine symphonie,/ Grâce à la vorace Ironie/ Qui me secoue et qui me mord?/ Elle est dans ma voix la criarde!/ C'est tout mon sang, ce poison noir!/ Je suis le sinistre miroir/ Où la mégère se regarde.*" Charles Baudelaire, "Le Heautontimorouménos". Ibid.

24. Charles Asselineau, *Baudelaire, sa vie et son oeuvre*. Paris: A. Lemerre, 1869, cap. 7, "Bruxelles".

25. "*Die Vermischung nämlich der retentio mit den protentiven Möglichkeiten des Wenn-nicht*". Ludwig Binswanger, *Melancholie und Manie*. Pfullingen, 1960.

26. "*Zunächst zeigt sich, dass die natürliche Erfahrung hier nicht mehr unreflektiert und unproblematisch ist, sondern im höchsten Grade reflektiert und problembelastet*". Ibid.

27. "*Die Melancholie leidet unter der Bürde der Macht, die Ironie nimmt mit heiterer Überlegenheit die Ohnmacht auf sich. Die Melancholie ergibt sich ihrer übermächtigen Macht und ist ihr Sprachrohr. Die Ironie bleibt unbezwungen von jedem Versagen, denn sie kennt seine transzendierende Macht. Die Melancholie trägt shwer an dem Wissen um die kurzfristige Vergänglichkeit, die mit den nicht endlichen Dimensionen des Ganzen überhaupt nicht vergleichbar ist. Die Ironie kennt die Macht des Nicht-Wissens, die das Wissen und das Nicht-Wissbare gleicherweise erhellt.*" Wilhelm Szilasi, *Macht und Ohnmacht des Geistes. Interpretationen zu Platon*. Friburgo: Alber, 1946.

28. "*Die Melancholie lässt das Einzelne sich selbst (im Allgemeinen) verschwinden, die Ironie macht das Einzelne zum Beispiel und damit unvergänglich. Wie die Melancholie die Macht des Geistes schweren Mutes trägt, nimmt die Ironie die Ohnmacht leichten Mutes hin. Die Einheit beider ist der Mut des Geistes; sie ist die Philosophie und als solche setzt sie sich ein für das micht Missglücken des Menschseins.*" Ibid.

29. Robert Burton, *The Anatomy of Melancholy* [Oxford, 1621]. Org. de A. R. Shiletto. 3 v. Londres, 1893. As traduções de Burton são todas do autor. Para a comodidade do leitor, indicamos a referência das páginas correspondendo à edição em francês: *L'Anatomie de la mélancolie*, trad. do inglês de B. Hoepffner, C. Goffaux. Paris: José Corti, 2000. [Ed. bras.: *A anatomia da melancolia*. Trad. de Guilherme Gontijo Flores. 5 v. Curitiba: Editora UFPR, 2011-3.] Ver também Jackie Pigeaud, *La Maladie de l'âme. Étude sur la relation de l'âme et du corps dans la tradition médico-philosophique antique*. Paris: Les Belles-Lettres, 1981. 2ª ed.: 1989.

30. Edições em francês: Jean Wier, *Histoires, disputes et discours, des illusions et impostures des diables* [...]. Trad. de Jacques Grevin. Paris, 1885.

31. Juan Huarte de San Juan, *Ejamen de ingenios para las ciencias*. Madri: Espasa-Calpe, 1991.

32. Timothy Bright, *Traité de la mélancolie* [1586]. Trad. e apres. de Éliane Cuvelier. Grenoble: Jérôme Millon, 1996.

33. André du Laurens, *Discours de la conservation de la veue, des maladies mélancholiques; des catarrhes; et de la vieillesse*. Paris, 1597.

34. Tomaso Garzoni, *Opere*. Org. de Paolo Cherchi. Ravena: Longo, 1993.

35. Jacques Ferrand, *De La Maladie d'amour, ou mélancholie érotique* [...]. 2ª ed. Paris, 1623. Repr. Paris: Théraplix, Département Psychiatrique, 1975. Sobre esse autor, ver Marc Fumaroli, "'Nous serons guéris si nous le voulons'. Classicisme français et maladie de l'âme". *Le Débat*, n. 29, pp. 92-114, mar. 1984.

36. Assinalemos uma primeira tradução, parcial, por Louis Evrard, do "Préface satirique": *L'Utopie, ou la république poétique* [...]. Notas do trad. Pref. de Jean Starobinski. Paris: Obsidiane, 1992. E, desde então, ver nota 1 desse texto.

37. Burton não foi traduzido para o espanhol no século XVII. Uma tradução completa, de Julian Mateo Ballorca e Ana Saez Hidalgo, foi publicada em Madri pela Asociación Española de Neuropsiquiatría, 3 v., 1996-9.

38. Ver Helen Vendler, *The Odes of John Keats*. Cambridge; Londres: Harvard University Press, 1983, pp. 157-90.

39. Londres: G. Bell and Sons, 1923. Retomada da edição obtida em 1893 por A. R. Shilleto.

40. "*I splashed past a little wearish old man/ Democritus*". "Enueg I", em Samuel Beckett, *Echo's Bones*. Ver *Poems in English*. Londres: Calden and Boyars, 1961, p. 19. Trad. francesa de E. Fournier: *Les Os d'Écho et autres précipités*. Paris: Minuit, 2002, p. 19. Demócrito aparecerá de novo em *Murphy*, de Samuel Beckett. Paris: Minuit, 1947, p. 176.

41. Robert Burton, *The Anatomy of Melancholy*. Org. de Thomas C. Faulkner, Nicolas K. Kisslong e Rhonda L. Blair. Introd. de J. B. Bamborough. t. I. Oxford: Clarendon Press, 1989. Texto completo em três tomos, seguidos, em 1998, de um primeiro volume de comentários (em francês: ver nota 1 deste texto).

42. William Shakespeare, *As You Like It* [1599], II, 7, 56-7.

43. Ver John Donne, *Poésie*. Apres., trad. e notas de Robert Ellrodt. Paris: Imprimerie Nationale, 1993, pp. 306-15.

44. Ele termina com um longo poema de Theodoro Angelucci dirigido ao autor, seguido de uma resposta versificada "em elogio da loucura".

45. Ver Lawrence Babb, *The Elizabethan Malady*. East Lansing, 1951; e Lawrence Babb, *Sanity in Bedlam*. Michigan State University, 1959.

46. Patrick Dandrey, *La Médecine et la maladie de l'esprit dans le théâtre de Molière*. 2 v. Paris: Klincksieck, 1998; Molière (Jean-Baptiste Poquelin), *Une trilogie morale*... Paris: Klincksieck, 1999.

47. "*Now last to fill a place,/ Presented is the Author's face;/ And in that habit which he wears,/ His image to the world appears,/ His minde no art can well express,/ That by his writings you may guess.*" Robert Burton, op. cit., frontispício.

48. "*Old Democritus under a tree/ Sits on a stone with book on knee;/ About him hang many features/ Of cats, dogs, and such like creatures,/ Of which he makes anatomy,/ The seat of black choler to see./ Over his head appears the skie/ And Saturn lord of melancholy.*"

49. Ao comentário versificado do frontispício segue-se outro poema, "The Author's Abstract

of Melancholy", que se desenvolve em estrofes contrastadas ("*dialogikôs*"); ao refrão "Nada tão doce como a melancolia" corresponde, a uma estrofe de distância, o refrão oposto: "Nada tão triste como a melancolia". Sobre a iconologia da melancolia, completaremos a obra clássica de Klibansky, Panofsky e Saxl com o livro de Maxime Préaud, *Mélancolies*. Paris: Herscher, 1982.

50. "*Gentle reader, I presume thou will be very inquisitive to know what antick or personate actor this is, that so insolently intrudes, upon this common theatre, to the worlds view, arrogating another mans name, whence he is, why he doth it, and what he has to say*". Burton, *Anatomy of Melancholy*, op. cit., p. 11. Cito segundo a edição obtida por A. R. Shilleto (3 v., Londres, 1893). Salvo indicação especial, todas as citações são tiradas do tomo I, especialmente do "prefácio satírico" (pp. 10-141). O texto pode ser lido hoje nos três volumes da Everyman's Library. A terceira parte do tratado, referente à melancolia amorosa, foi traduzida em italiano: *Malinconia d'amore*. Trad. italiana de Attilio Brilli e Franco Marucci. Pref. de Attilio Brilli. Milão: Rizzoli, 1981. Excelente prefácio e repertório bibliográfico. Sobre Burton e seu livro, consultem Lawrence Babb, *Sanity in Bedlam*. Michigan State University Press, 1959; Jean Robert Simon, *Robert Burton (1577-1640) et l'Anatomie de la Mélancolie*. Paris, 1964; Stanley E. Fish, *Self-Consuming Artifacts. The Experience of Seventeenth-Century Literature*. Berkeley, 1972, pp. 303-51. Sobre a melancolia no Renascimento, ver François Azouvi, "La Peste, la mélancolie et le diable, ou l'imaginaire réglé". *Diogène*, 108, 1979, pp. 124-43.

51. Burton, op. cit., p. 22.

52. "Abri-me inteiramente (eu sei) neste tratado, e expus ao exterior o meu interior" (ibid., p. 25); mas também, dirigindo-se ao leitor: "És tu mesmo o objeto de meu discurso" (ibid., p. 12).

53. "*Modo haec tibi usui sint, quemvis auctorem fingito.*" J.-J. Wecker, *Medical Syntaxes*, p. 11.

54. "*Tis not I, but Democritus.* Democritus dixit: *you must consider what it is to speak in ones own or anothers person, and assumed habit and name; a difference betwixt him that affect or acts a princes, a philosophers, a magistrates, a fools part, and him that is so indeed; and waht liberty those old satyrists have had: it is a cento collected from others: not I, but they, that say it.*" Robert Burton, op. cit., p. 138. Trad. francesa: p. 195).

55. Ibid., p. 140. Trad. francesa: p. 197.

56. Ibid., p. 141. Trad. francesa: p. 199.

57. Burton, aqui, remete ao "Nemo" de Ulrich von Hutten: o poema personifica a palavra "Ninguém", o que permite atribuir a um indivíduo fictício as virtudes que *ninguém* possui. Ninguém é são de espírito. Esse jogo retórico se prolongou por um jogo iconológico: houve, no Renascimento, retratos do "Senhor Ninguém". Ver Enrico Castelli, *Simboli e Imagini*. Roma, 1966, pp. 57-65 (bibliografia).

58. Robert Burton, op. cit., p. 12. Trad. francesa: p. 17.

59. Ibid., p. 14. Trad. francesa: p. 20.

60. Ibid., p. 15. Trad. francesa: p. 21.

61. Ibid., p. 14. Trad. francesa: p. 20.

62. "*How coming to visit him one day, he found Democritus in his garden at Abdera, in the suburbs, under a sahdy bower, with a book on his knees, busy at his study, sometimes writing, sometimes walking. The subject of his book was melancholy and madness; about him lay the carcases of many several beasts, newly by him cut up and anatomised; not that he did condemn God's creatures, as he told Hippocrates, but to find out the seat of this atrabilis, or melancholy, whence*

it proceeds, and how it was engendered in men's bodies, to the intent he might better cure it in himself and by his writings and obervations teach others how to prevent and avoid it. Which good intent of his, Hippocrates highly commended: Democritus Junior is therefore bold to imitate, and because he left it imperfect, and it is now lost, quase succenturiator Democriti, *to revive again, prosecute, and finisch in ths treatise.*" Robert Burton, op. cit., pp. 16-7. Trad. francesa: p. 23.

63. Ibid., p. 19. Trad. francesa: p. 26.

64. T. II, p. 79; 2ª parte, secção II, mem. III.

65. Robert Burton, op. cit., p. 12. Trad. francesa: p. 16.

66. "*One must needs scratch where it itches. I was not a little offended with this malady, shall I say my mistris* melancholy, *my* Egeria, *or my* malus genius, *and for that cause, as he that is stung with a scorpion, I would expel,* clavum clavo, *comfort one sorrow with another, idleness with idleness,* ut ex vipera theriacum, *make an antidote out of that which was the prime cause of my disease* [...] *Concerning myself, I can peradventure affirm with Marius in Sallust, that whitch others hear os read of, I felt and practised my self; they get their knowledge by books, I mine by melancholizing;* experto crede Roberto. *Something I can speak out of experience,* aerumnabilis experientia me docuit; *and with her in the poet,* Haud ignara mali miserie succurrere disco. *I would help others out of a felloy-feeling...*" (pp. 18-9. Trad. francesa: pp. 25-6.)

67. Convém referir-se ao estudo muito completo de Jean Jehasse, "Démocrite et la renaissance de la critique", em *Études seiziémiste offertes à V. L. Saulnier*. Genebra: Droz, 1980, pp. 41-64; ver também Henning Mehnert, *Melancholie und Inspiration*. Heildelberg, 1978, em especial pp. 311-25; August Buck, "Democritus ridens et Heraclitus flens", em *Wort und Text, Festschrift für Fritz Schalk*. Org. de H. Meier e H. Sckommodau. Frankfurt, 1963, pp. 167-8.

68. Erasmo, *Laus Stultitiae*, 48. Trad. francesa: Éditions de Cluny, 1941, p. 80. Esse riso é dirigido contra o vulgo e o populacho (*de vulgo plebeculaque*).

69. Montaigne, *Essais*, I, 50; Pierre Bayle, *Nouvelles Lettres critiques sur l'Histoire du Calvinisme*, em *Oeuvres diverses*, 4 v. Haia, 1727, t. 2, p. 318. No fim do capítulo "Sobre os julgamentos", La Bruyère faz falarem, sucessivamente, Heráclito (118) e Demócrito (119): os dois filósofos lendários permitem variar o tom de uma longa crítica aos negócios do mundo.

70. Fénelon, *Dialogues des morts*, XIV.

71. Diderot, *Essai sur la vie de Sénèque le philosophe*. Paris, 1779, p. 338. O riso lendário de Demócrito não deixa de ter semelhança com o de Tímon, o Misantropo. Não surpreende que Regnard, em seu *Démocrite amoureux*, tenha conferido a seu herói os traços que lembram os do Alceste de Molière.

72. Encontram-se o texto e a tradução no tomo 9 da edição das *Oeuvres complètes* de Hipócrates organizada por Émile Littré (Paris, 1861). Trata-se das cartas 10-23, pp. 321-99. Cf. Hellmut Flashar, *Melancholie und Melanchiliker in den medizinishcen Theorien der Antike*. Berlim, 1966, pp. 68-72. E, sobretudo, J. Pigeaud, *La Maladie de l'âme*, op. cit.

73. Sebastian Franck, *Chronica* [1536]. Reproduzido em *Wissenschaftliche Buchgesellschaft*. Darmstadt, 1969, fol. cxxiiij-cxxvij. Cf. Alexandre Koyré, "Sebastien Franck (1499-1542)", em *Mystiques, spirituels, alchimistes du XVIᵉ siècle allemand*. Paris: Gallimard, 1971, pp. 39-74; Jean Lebeau, "'Le Rire de Démocrite' et la philosophie de l'histoire de Sebastian Franck", em *Bibliothèque d'humanisme et Renaissance*. Genebra: Droz, 1971, t. 33, pp. 241-69: por meio de Demócrito, S. Franck expressa a sua visão trágica do "mundo às avessas".

74. Em La Fontaine, Demócrito medita à distância, mas já não *ri*. O mesmo ocorre em Diderot. Ele faz de Demócrito "um dos primeiros gênios da Antiguidade". Viajante, legislador, sábio, sonhador, acusado de loucura: os traços fornecidos pela doxografia permitem heroizar o personagem (Denis Diderot, *Oeuvres complètes*, t. 14. Paris, 1972, pp. 201-2). Demócrito, apresentado por Diderot, tornou-se o primeiro dos enciclopedistas...

75. Ver J.-R. Simon, *Robert Burton (1577-1640) et l'Anatomie de la Mélancolie*, op. cit., pp. 378-416, e Wolf Lepenies, *Melancholie und Gesellschaft*. Frankfurt: Suhrkamp, 1972, pp. 9-42. Sobre a relação entre utopia e melancolia, ver Judith Shklar, "The Political Theory of Utopia: From Melancholy to Nostalgia". *Daedalus*, pp. 367-81, primavera 1965. Na abundante literatura sobre a utopia, destacaremos o belo livro de Bronislaw Baczko, *Lumières de l'Utopie*. Paris: Payot, 1978; Raymond Trousson, *Voyages aux pays de nulle part*. 2ª ed. Bruxelas, 1979; F. E. Manuel e F. P. Manuel, *French Utopias. An Anthology of Ideal Societies*. Nova York; Londres, 1966, e *Utopian Thought in the Western World*. Harvard, 1979.

76. Ibid., pp. 110 ss. Trad. francesa: pp. 155 ss.

77. Ver R. Trousson, *Voyages aux pays de nulle part*, op. cit.

78. Os "supervisores" de Burton são os descendentes diretos dos Sifograntes imaginados por Thomas More, no livro segundo da *Utopia*: "A principal e quase única função dos Sifograntes é vigiar a preguiça, é prestar atenção cuidadosamente para que nem um só cidadão fique ocioso, mas que todos fiquem atentamente aplicados, cada um no seu trabalho". Trad. francesa de Gueudeville. Amsterdam, 1730, p. 120.

79. "*So will I ordain publick governors, fit officers to each place, treasurers, aediles, quaestors, overseers of pupils, widows goods, and all publick houses etc., and those, once a year, to make strict accounts of all receipts, expences, to avoid confusion;* et sic fiet ut non absumant (*as Pliny to Trajan*) quod pudeat dicere. *They shall be subordinate to those higher officers and governors of each city, which shall not be poor tradesman, and mean artificers, but noblemen and gentlemen...*" Robert Burton, op. cit., p. 112. Trad. francesa: p. 158.

80. Ibid., p. 118. Trad. francesa: p. 166.

81. Wolf Lepenies, *Melancholie und Gesellschaft*, op. cit.

82. Bronislaw Baczko, *Lumières de l'Utopie*. Paris: Payot, 1978.

83. Robert Burton, op. cit., p. 119. Trad. francesa: p. 168.

84. Ibid., p. 38. Trad. francesa: pp. 52-3.

85. Ibid., p. 48. Trad. francesa: p. 67.

86. Ibid., t. 3, p. 494. Trad. francesa: p. 1846.

87. Ibid., p. 21. Trad. francesa: p. 30.

88. William Shakespeare, *As You Like It*, 1599.

89. Jean-Paul Sartre, *Les Chemins de la liberté*, t. 1. *L'Âge de raison*. Paris: Gallimard, 1945-49.

90. Sobre esses diferentes pontos de nomenclatura, ver o estudo de François H. Lapointe, "Who Originated the Term 'Psychology'?", *Journal of the History of the Behavioral Sciences*, v. 8, n. 3, pp. 328-35, jul. 1972.

91. Ver as observações de C. Canguilhem, "Qu'Est-Ce Que La Psychologie", em *Études d'histoire et de philosophie des sciences*. Paris: Vrin, 1968, pp. 365-81, sobretudo pp. 368-9.

92. Adolphe Franck, *Dicionnaire des sciences philosophiques*. 3ª tiragem, 1885. Verbete "Goclenius", de Émile Charles.

93. “*The school was so far limited to theological interests that its doctrines need not be discussed.*” Ver George S. Brett, *A History of Psychology*, 3 v. Londres, Allen and Unwin, 1912-21. *Brett's History of Psichology*, editado e resumido por R. S. Peters, Londres, Allen und Unwin, 1951, t. 2, p. 150.

94. Além do livro de Sherrington, *The Endeavour of Jean Fernel*, Cambridge University Press, 1946, consultar também L. Figard, *Un Médecin philosophe ao XVI*[e] *siècle. Étude sur la psychologie de Jean Fernel.* Paris: Alcan, 1903.

95. Em suas *Institutiones medicae* (1611), que reencontramos nas *Opera omnia* (Veneza, 1641).

96. Seguimos a exposição de Scipion Du Pleix.

97. Encontraremos uma boa exposição dessa questão no livro de Paul H. Kocher, *Science and Religion in Elizabethan England*. San Marino; California: The Huntington Library, 1953.

98. É a lista proposta por Jean Fernel.

99. Donde o recurso de uma “terapêutica pela palavra”, praticada por numerosos médicos.

100. Anatomistas e físicos interrogam-se sobre os mecanismos sensoriais, e em especial sobre a visão e a audição. Ver o artigo, muito documentado, de Alistair C. Crombie, “The Study of the Senses in Renaissance Science”, em *Actes du dixième congrès international d'histoire des sciences* (Ithaca, 1962), 2 v. Paris, 1964, t. 1, pp. 93-117.

101. Entre esses autores, citemos Amatus Lusitanus (1511-66), Abraham Zacutus (1575-1642), Petrus Forestus (1522-95).

102. A esse respeito, ele é louvado por Boerhaave, que reeditará no século XVIII o *Selectorium observationum et consiliorum de praetervisis hactenus morbis affectibusque praeter naturam, ab aqua seu serosa colluvie ortis, liber singularis* (1618).

103. Sobre os temas de tese, ver O. Diethelm, *Medical Dissertations of Psychiatric Interest Printed Before 1750*. Basileia: Karger, 1971.

104. Remetemos à obra clássica de Panofsky, Saxl e Klibansky, bem como ao estudo de D. P. Walker.

105. Ver em especial a obra de L. Babb, *The Elizabethan Malady. A Study of Melancholia in English Literature from 1580 to 1642*. East Lansing: Michigan State University Press, 1951.

106. Gregory Zilboorg insistiu particularmente neste ponto (*The Medical Man and the Witch during the Renaissance*. Baltimore: Johns Hopkins Press, 1935, e *A History of Medical Psychology*, Nova York: Norton, 1941).

107. A tradução francesa, feita pelo poeta e médico Jacques Grévin, foi reeditada em 1885: *Histoires, disputes et discours* [...], 2 v. Paris: Delahaye e Lecrosnier.

108. Ver o trabalho de Robert Minder, *Der Hexenglaube bei den Iatrochemikern des 17 Jahrhunderts*. Zurique, Juris, 1963. (Zürcher medizingeschichtliche Abhandlungen, Neue Reihe, n. 12).

109. A obra de Antonius Zara, *Anatomia ingeniorum et scientiarum* (Veneza, 1615) é a um só tempo largamente descritiva e menos ambiciosa.

110. Sobre esse ponto, Bacon reivindica abertamente a influência de Telésio. Observemos aqui que a psicologia científica, no sentido moderno do termo, só terá a sua verdadeira expansão a partir do momento em que o conceito de *ação e reação* (suplantando a dupla antonímica *ação/paixão*) for aplicado nas ciências da vida. Ora, na física é preciso primeiro ter aceitado a lei da inércia para poder formular o conceito de *ação e reação*. É só durante o século XVIII que a ideia

de reação aparecerá no vocabulário dos naturalistas e dos "fisiologistas". Ver a respeito Jean Starobinski, *Action et réaction: Vie et aventures d'un couple*. Paris: Seuil, 1999.

111. Antonin Artaud, *Van Gogh: Le suicidé de la société*. Paris, 1947.

112. Carta de Vincent Van Gogh a Willemien Van Gogh, Auvers-sur-Oise, quinta-feira, 5 de junho de 1890.

113. Carta de Vincent Van Gogh a Gauguin (carta inacabada, Auvers-sur-Oise, provavelmente datada de 17 de junho de 1890).

114. Paul-Ferdinand Gachet, *Étude sur la mélancolie*. Tese. Paris, 1864, p. 47.

115. Ibid.

116. Ibid.

117. Manfred Bleuler, *Die Depressionen in der ärztlichen Allgemeinpraxis*. 7ª ed., 1943, p. 338.

PARTE III: A LIÇÃO DA NOSTALGIA [pp. 203-70]

1. La Rochefoucauld, *Réflexions et maximes morales*, 136. Paris: Barbin, 1678.

2. Sobre a história do conceito da nostalgia, ver Fritz Ernst, *Vom Heimweh*. Zurique, 1949; ver também a tese de Fortunata Ramming-Thön, *Das Heimweh*, Zurique, 1958.

3. *Dissertatio medica de nostalgia*, Basileia, 1688. Texto alemão reproduzido em Fritz Ernst, op. cit., pp. 63-72. Trad. inglesa em *Bulletin of the History of Medecine*, II, pp. 379 ss. Baltimore, 1934.

4. Essa convicção persiste no século XIX. De Milão, Balzac escreve à sra. Hanska: "Cara, sinto saudades da terra [...] Vou e volto sem alma, sem poder dizer o que tenho, e se eu continuasse assim por duas semanas estaria morto" (23 de maio de 1838). A sra. Aupick, em 1868, conta as circunstâncias da viagem que Charles Baudelaire fez em 1841 aos mares do Sul: "O comandante, temendo que ele estivesse sofrendo dessa doença cruel, a *nostalgia*, cujos efeitos são por vezes tão nefastos, o instou vivamente a acompanhá-lo a Saint-Denis (Bourbon)". Citado por W. T. Bandy e Claude Pichois, *Baudelaire devant ses contemporains*. Mônaco, 1957, p. 51.

5. Cf. Richard Feller, "Alliances et service mercenaire". In: *Histoire militaire de la Suisse*. Berna, 1916, t. 2, parte III.

6. Cf. J. G. Zimmermann, *Von der Erfahrung in der Arzneykunst*, nova ed., Zurique, 1787, p. 556.

7. A calentura é classificada por Erasmus Darwin em sua *Zoonomia* como sinônimo de "nostalgia". Essa afecção figura, em meio às *diseases of volition*, entre o *amor sui* e a *spes religiosa*.

8. Johanes Hofer, *Dissertatio medica de nostalgia oder Heimwehe*, op. cit.

9. J.-J. Scheuchzer, *Naturgeschichte des Schweizerlandes* (1705), obra várias vezes reeditada durante o século XVIII. Extratos dela figuram na obra de Fritz Ernst, op. cit.

10. J.-P. Marat, *De L'Homme ou des principes et des lois de l'influence de l'âme sur le corps, et du corps sur l'âme*. Amsterdam, 1775.

11. P. J. G. Cabanis, *Rapports du physique et du moral de l'homme*, Paris, 1802.

12. J. B. Du Bos, *Réflexions critiques sur la poésie et la peinture*, nova ed. Utrecht, 1732, pp. 137-9.

13. Albrecht von Heller, *Relation d'un voyage de Albert de Haller dans l'Oberland bernois*. Org. de H. Mettrier. Langres, 1906, pp. 9 ss. Citado por Fritz Ernst, op. cit.

14. W. Cullen, *First Lines of the Practice of Physic*, Londres, 1791. Aí encontramos uma definição bastante ampla da neurose.

15. Theodor Zwinger, "De Pothopatridalgia", em *Fasciculus dissertationum medicarum selectiorum*, Basileia, 1710. Trechos em Fritz Ernst, op. cit.

16. B. Ramazzini, *De morbis artificum diatriba*. Mântua, 1700.

17. Malebranche, *La Recherche de la vérité*, v, II: "*Les traces du cerveau n'obéissent point à l'âme, elles ne s'éffacent point lorsqu'elle le souhaite: elles lui font au contraire violence* [...]". [Os traços do cérebro não obedecem à alma, eles não se apagam quando ela deseja: ao contrário, a violentam [...].]

18. J. Locke, *Essai philosophique concernant l'entendement humain*. Trad. de P. Coste, II, XXIII.

19. F. Hutcheson, *An Essay on the Nature and Conduct of the Passions and Affections*. Londres, 1728, IV, 93.

20. D. Hartley, *Explication physique des sens, des idées et des mouvements tant volontaires qu'involontaires*. Trad. de Jurain. Reims, 1755, I, II, 12 (cor. 7).

21. Ibid., III, I, 80, cor. 5.

22. Ibid., I, II, 14.

23. J. Gregory, *Parallèle de la condition et des facultés de l'homme avec la condition et les facultés des autres animaux*, Bouillon, 1769, III, 153-5. Essas linhas, extraídas da tradução que J.-B. Robinet publicou em 1769, pertencem a uma obra cuja primeira edição inglesa data de 1765.

24. Jean-Jacques Rousseau, *Dictionnaire de musique*, verbete "Musique".

25. Madame de Staël, *Corinne ou l'Italie*, em *Oeuvres complètes*. Paris: Firmin-Didot, 1836, p. 785.

26. Verbete "Nostalgie", do *Supplément de l'Encyclopédie*.

27. Ibid.

28. J. Delille, *L'Imagination*, Paris, 1788, canto IV, "L'Imagination des lieux".

29. Senancour, *Obermann*. Carta XXXVIII, terceiro fragmento.

30. Immanuel Kant, *Anthropologie in pragmatischer Hinsicht*. 1798, I, XXXII.

31. Arthur Rimbaud, "Mauvais Sang", em *Une Saison en Enfer*.

32. Marcel Reinhard, "Nostalgie et service militaire pendant la Révolution", *Annales historiques de la Révolution françaises*, 1958, n. 1.

33. Boisseau e Pinel, verbete "Nostalgia". In: *Encyclopédie méthodique*.

34. Ibid.

35. Percy e Laurent, verbete "Nostalgia". In: *Dictionnaire des sciences médicales*. Paris, 1819, t. 36.

36. Bégin, verbete "Nostalgie". In: *Dictionnaire de médecine et de chirurgie pratique*, t. 12, 1834.

37. Leopold Auenbrugger, *Inventum Novum* (1761). Citado por Fritz Ernst, op. cit.

38. *Mémoires de l'Académie de médecine*, XXX, 1871-3.

39. Ibid.

40. F. Boissier de Sauvages, *Nosologie méthodique*. Ed. francesa de M. Nicolas. Paris, 1771, t. 2, pp. 684 ss.

41. Os termos "hospitalismo" e "depressão anaclítica" também foram propostos. Cf. René A. Spitz, "Hospitalism, an Inquiry into the Genesis of Psychiatrie Conditions in Early Child-

hood". In *The Psychoanalytic Study of the Child*. v. 1. Nova York, 1945; René A. Spitz & Katherine M. Wolf, "Anaclitic Depression, An Inquiry into the Genesis of Pshychiatrie Conditions in Early Childhood". In: *The Psychoanalytic Study of the Child*. v. 2. Nova York, 1946; J. Bowlby, *Soins maternels et santé mentale*. Genebra: Organização Mundial de Saúde, 1951.

42. Ver acima, pp. 208 ss.

43. La Rochefoucauld, *Réflexions et maximes morales*, op. cit.

44. Homero, *Odisseia*, I, versos 49-59. No canto V, à chegada de Hermes, lemos: "Ele chorava no promontório onde passava seus dias/ o coração alquebrado de lágrimas, suspiros e tristezas" (82-3).

45. A hermenêutica, lembra H. R. Juass, consiste em interpretação e aplicação. Isso é particularmente importante na hermenêutica jurídica, mas também é verdadeiro na hermenêutica literária.

46. Ovídio, *Pônticas*, I, 3, versos 33-6: "*Non dubia est Ithaci prudentia; sed tamen optat/ Fumum de patriis posse videre focis. Nescio qua natale solum dulcedine captos/ Ducit, et immemores non sinit esse sui*".

47. Virgílio, *Bucólicas*, I, 3.

48. Charles Baudelaire, *Les Fleurs du mal*, "Le Balcon", v. 4, "Crépuscule du soir", v. 38.

49. Ibid., "L'Invitation au voyage".

50. *Tristia*, III, 2

51. *Desiderare* como *considerare* são "antigos termos da língua augural", segundo A. Ernout e A. Meillet, *Dictionnaire étymologique de la langue latine*, s. v. *sidus*.

52. Sobre os barulhos terríveis na noite da queda de Troia, ver Virgílio, *Eneida*, II, 301-86. Racine não esquece esses gritos: "Pensa nos gritos dos vencedores; pensa nos gritos dos moribundos" (*Andromaque*, ato III, cena VIII), e ver mais adiante, "Mémoire de Troie".

53. *Tristia*, III, 14, versos 45-6: "*Dicere saepe aliquid conanti, turpe fateri,/ Verba mihi desunt: decidi loqui*".

54. "*Now my tongue's use is to me no more/ Than un unstring'd viol or harp.*" William Shakespeare, *Richard II*, I 3, em *Oeuvres complètes*, trad. M. Guizot, t. VI, Paris: Didier, 1874, p. 310.

55. *Tristia*, IV, versos 89-91: "*Sed neque cui recitem quisquam est carmina, nec qui/ Auribus accipiat verba latina suis./ Ipse mihi, quid enim faciam? Scriboque legoque*".

56. *Tristia*, V, 10, versos 36-42.

57. Karl Jaspers, *Allgemeine Psychopathologie*, pp. 324-5, citado de um artigo de Allers.

58. *Tristia*, IV, I.

59. "*Ainsi chante l'ouvrier en faisant son ouvrage,/Ainsi le laboureur faisant son labourage,/ Ainsi le pèlerin regrettant sa maison./ Ainsi d'advanturier en songeant à sa dame,/ Ainsi le marinier en tirant à la rame,/ Ainsi le prisonnier maudissant sa prison.*" Joachim du Bellay, *Les Regrets* [Paris, 1558], em *Oeuvres poétiques*. 6 v. Org. de H. Chamard, v. 2 [1910], Paris, 1909-31.

60. Caráter lendário do que é ambíguo, causa de perda e fonte de salvação. O mito, tornando-se fórmula proverbial, muitas vezes foi usado por Rousseau. Ver nossas observações em *Le Remède dans le mal*, Gallimard, 1989.

61. *Tristia*, IV, 9.

62. Ver acima, pp. 136 e 207-8.

63. "[...] *The intrepid Swiss, who guards a foreign shore,/ Condemn'd to climb his mountain-cliffs no more,/ If chance he hears the song so sweetly wild/ Which on those cliffs his infant hours beguiled,/ Melts at the long lost scenes that round him rise,/ And falls a martyr to repentant sighs.* [...] *When the blitche son of Savoy, journeying round/ With humble wares and pipe of merry sound,/ From his green vale and sheltered cabin hies,/ And scales the Alps to visit foreign skies;/ Though far below the forkek lighnighs play,/ And at his feet the thunder dies away,/ Oft, in a sadele rudely rocked to sleep,/ While his mule browses on the dizzy steep,/ With memory's aid, he sits at home, and sees/ His children sport beneath their native trees,/ And bends to hear their cherub-voices call,/ O'er the loud fury of the torrent's fall.*" Samuel Rogers, *The Pleasure of Memory*. Londres, 1792.

64. Jacques Delille, *Oeuvres complètes*. 6ª ed. Paris: Firmin-Didot, 1850, p. 136.

65. Antoine de Bertin, "Lettre au comte de Parn***, écrite des Pyrenées", em *Poésies et oeuvres diverses*. Paris: Asse, 1879, pp. 283-4.

66. Roucher, "Les Mois du printemps. Mai", canto III, em *Les Mois*. 2 v. Paris, 1780, t. 1, p. 94.

67. C.-A. Sainte-Beuve, "William Cowper, ou de la poésie domestique", em *Causeries du lundi*. t. 11, 20 e 27 nov., 4 dez. 1854, pp. 187-8. Sainte-Beuve apresenta essas linhas como um "trecho célebre". Uma nota de Sainte-Beuve declara que o seu estudo já é antigo, e que as traduções se devem, na maioria, a William Hugues.

68. Ver Georges Poulet, "Bergson: Le thème de la vision panoramique des mourants et la juxtaposition", em *L'Espace proustien*. Paris: Gallimard, 1963, pp. 137-77.

69. Madame de Genlis, *Mémoires inédits sur le XVIIᴱ siècle et la Révolution Française*. In: *Bibliothèque des mémoires relatifs à l'histoire de France*, t. 15. Paris, 1825, p. 273.

70. "*A tale of the days of old! The deeds of days of other years! The murmur of thy streams, O, Lora! brings back the memory of the past.*" *The Poems of Ossian*, Carthon. *Ossian, fils de Fingal*. Trad. de Letourneur. 2 v. Paris, 1777. t. 2, p. 2. Ver Christopher Lucken, "Ossian contre Aristote ou l'invention de l'épopée primitive". In: *Plaisir de l'épopée*. Org. de Gisèle Mathieu-Colombani. Vincennes: Presses Universitaires de Vincennes, 2000, pp. 229-55.

71. "*I hear the river below murmuring hoarsely over the stones. What does thou, O river, to me? Thou brigest back the memory of the past.*"

72. "*When long familiar joys are all resigned,/ Why does their sad remembrance haunt the mind?/ Lo! where through flat Batavia's willowy groves./ Or by the lazy Seine, the exile roves,/ O'er the curled waters Alpine measures swell,/ And search the affections to their inmost cell;/ Sweet poison spreads along the listener's veins,/ Turning past pleasures into mortal pains;/ Poison, which not a frame of steel can brave,/ Bows his young head with sorrow to the grave.*" Wordsworth, *Descriptive Sketches Taken During a Pedestrian Tour among the Alps* [versão de 1850], em *The Poems*. Org. de John O. Hayden. 2 v. Penguin, 1977, v. 1, versão de 1850, versos 518-27, pp. 109-10; versão de 1793, versos 622-31, pp. 913-4. A expressão "inmost cell", "a célula mais profunda", vem do texto de Cowper que citamos acima. É um testemunho de admiração da parte de Wordsworth, desde a primeira versão de 1793.

73. "*Lo, from the flames a great and glorious birth;/ As if a new-made heaven were hailing a new earth!*" Ibid., versão de 1850, versos 654-6.

74. "[...] *Paradise, and groves/ Elysian, Fortunate Fields — like those of old/ Sought in the Atlantic Main, why should they be/ A history only of departed things./ Or a mere fiction of what never was?/ For the discerning intellect of Man,/ When wedded to this goodly universe/ In love and*

holy passion, shall find these/ A simple produce of the common day." William Wordsworth, *The Poems*, op. cit., t. 2, pp. 38-9.

75. Ibid., p. 40.

76. Cito a tradução de Yves Bonnefoy, em seu *Keats et Leopardi, quelques traductions nouvelles*. Paris: Mercure de France, 2000, pp. 42-3: "*Le vent bruire dans ces feuillages/ ce silence infini à cette voix,/ Et me revient l'éternel em mémoire/ Et les saisons defuntes, et celle-ci/ Qui est vivante em sa rumeur*". [O vento sussurrar nessas folhagens / Esse silêncio infinito a essa voz,/ E me volta o eterno em memória/ E as estações defuntas, e esta/ Que é viva em seu rumo.]

77. Charles Baudelaire, "Horreur sympatique". In: *Les Fleurs du mal*, LXXXII.

78. Propus uma leitura desse poema em *La Mélancolie au miroir*. Paris: Julliard, 1994.

79. Charles Baudelaire, "L'Oeuvre et la vie d'Eugène Delacroix". *Oeuvres complètes*. 2 v. Org. de Claude Pichois. Paris: Gallimard, 1975-6, t. 2, p. 760. Para indicar essa reviravolta das saudades da terra, *Heimweh*, a língua alemã criou o composto *Fernweh* [sede de viagens].

80. John E. Jackson, "Les Soldats de Baudelaire". In: *Baudelaire sans fin*. Paris: José Corti, 2005, pp. 75-91.

81. Charles Baudelaire, *Journaux intimes*. In: *Oeuvres complètes*, op. cit., v. 1, p. 672.

82. John E. Jackson, op. cit.

83. Ibid.

84. "*Animus meminissi horret*", II, verso 12.

85. Versos 486-8.

86. Dante, *Divina Commedia*, I, I, 73-7. Trad. de Jacqueline Risset. Várias vezes Dante imputa a Troia o pecado do orgulho.

87. Virgílio, *Eneida*, II, 469-558. Em Virgílio, Pirro é comparado com a serpente brilhante, saída de sua pele, e não com o tigre (a besta de Hircânia). No poeta latino, Hécuba não aparece no momento da morte de Príamo etc. As diferenças são consideráveis.

88. Ibid.

89. Ibid.

90. Ibid.

91. "*Songe, songe, Céphise, à cette nuit cruelle/ Qui fut pour tout un peuple une nuit éternelle./ Figure-toi Pyrrhus, les yeux étincelants,/ Entrant à la lueur de nos palais brûlants,/ Sur tous mes frères morts se faisant un passage,/ Et de sang tout couvert excitant au carnage./ Songe aux cris des vainqueurs, songe aux cris des mourants,/Dans la flamme étouffés, sous le fer expirants./ Peins-toi dans ces horreurs Andromaque éperdue.*" Racine, *Andromaque*, III, 8.

92. Sobre a irrupção do grito em Racine, são as últimas cenas de *Fedra* que se devem citar. Esses gritos não pertencem a uma memória distante, mas ao extremo presente da catástrofe. Em *Ifigênia*, a função do registro acústico não verbal é muito importante, do silêncio inicial do mar aos roncos do trovão e ao fremir do vento que enfim se levanta, quando expira Erifilo, a vítima substitutiva. O silêncio ou o ruído exprimem o querer divino.

93. Racine, *Andromaque*, V, 3.

94. "*Andromaque, je pense à vous! Ce petit fleuve,/ Pauvre et triste miroir où jadis resplendit/ L'immense majesté de vos douleurs de veuve./ Ce Simoïs menteur qui par vos pleurs grandit,/ A fécondé soudain ma mémoire fertile.*" *Charles* Baudelaire, "Le Cygne". In: *Les Fleurs du mal*, "Tableaux parisiens".

95. "*Cum subit illius tristissima noctis imago/ Quae mihi supremum tempus in urbe fuit/ Cum repeto noctem qua tot mihi cara reliqui,/ Labitur ex oculis nunc quoque gutta mihi.* [...]/ *Quocumque aspiceres, luctus gemitusque sonabant/ Formaque non taciti funeris intus erat./ Femina virque meo pueri quoque funera maerent/ Inque domo lacrimas angulus omnis habet./ Si licet exemplis in parvo grandibus uti,/ Haec facies Troiae cum caperetur erat.*" Ovídio, *Tristes*, I, III, versos 1-4 e 21-26.

96. "*Verba miser frustra non provicientia perdo;/ Ipsa graves spargunt ora loquentia aquae* [...]/ *Scilicet occidimus nec spes est ulla salutis,/ Dumque loquor, vultus obruit unda meos./ Opprimet hanc animan fluctus frustraque precanti/ Ore necaturas accipiemus aquas.*" Ibid., I, II, versos 13-4 e 33-6.

97. A expressão "enquanto eu falo" (*dum loquor*) reaparece, com o mesmo assalto da onda interruptiva, na elegia I, IV, que é uma variação do mesmo tema.

98. A expressão é frequente, por exemplo no verso 72 da elegia III, XI: "A cólera de César arrasta consigo todo o mal". ("*Omne trahit secum ira Caesaris malum.*")

99. "*Iactor in indomito, brumali luce, profundo,/ Ipsaque caeruleis charta feritur aquis./ Improba pugnat hiems indignaturque quod ausim/ Scribere se rigidas incutiente minas.*" (*Tristes*, I, XI, versos 39-42). Ver também Olivier Pot, "Prolégomènes pour une étude de la tempête en mer". *Versants*, 43. Genebra: Slatkine; Paris: Champion, 2003, pp. 71-133.

100. Schiller, *Ueber naive und sentimentalische Dichtung*. In: ______. *Sämmtliche Werke*, 12 v. Stuttgart: Cotta, 1838, t. 12, pp. 214-5. [Ed. bras.: *Poesia ingênua e sentimental*. Trad., apres. e notas de Márcio Suzuki. São Paulo: Iluminuras, 1991.]

101. Charles Baudelaire, em "Horreur sympatique". In: *Les Fleurs du mal*, "Spleen et idéal", LXXXII, faz o libertino dizer: "— Insaciavelmente ávido/ De obscuro e de incerto,/ Não gemerei como Ovídio/ Expulso do paraíso latino".

102. Charles Baudelaire, *Salon de 1859*. In: *Oeuvres complètes*, op. cit., v. 2, p. 636.

103. Ibid., pp. 636-7.

104. Jacques Réda, *Lettre sur l'univers et autres discours en vers français*. Paris: Gallimard, 1991, pp. 80-3.

105. Hugo von Hofmannsthal, "Entretien sur 'Le Tasse' de Goethe", em *Écrits en prose*. Trad. do autor. Paris: Éditions de la Pléiade/J. Schiffrin, pp. 113-30. A expressão aqui citada está na p. 120.

106. Ver Óssip Mandelstam, *Tristia et autres poèmes*. Sel. e trad. de François Kérel. Paris: Gallimard, col. Poésie, 1982, pp. 51-2.

107. A forte presença da poesia latina neste texto se marca, ao lado de Ovídio, pela lembrança de uma elegia de Tibulo (I, 3): o poeta se ausentou de Roma, onde Délia ficou. Esta em vão tentou interrogar o futuro. O poeta, doente, espera descer entre os mortos. Lamenta a idade de ouro, quando não se forjava o gládio. Mas promete aparecer a Délia em seu sono e a vê acorrer para ele, "com o pé descalço e os cabelos em desordem". A imagem é retomada no poema de Mandelstam. A evocação dos Campos Elísios (sob o nome de Érebo) vem do poema de Tibulo.

108. Citação de Mandelstam em Jean Blot, *Óssip Mandelstam*. Paris: Seghers, 1972, p. 176.

109. "Le Mot et la culture", citado por Jean Blot, op. cit., p. 94. Ver também Ovídio, *Tristia*, III, 10, versos 33-4, e Mandelstam, *Tristia*, n. 60. Aproximações muito justas foram propostas por Clarence Brown em "Une Tristesse transparente: L'élément classique dans *Tristia*". *La Re-*

vue de Belles-Lettres, Genebra, n. 1-4, pp. 237-60, 1981. O autor desse estudo se refere ao trabalho de V. Terras em *Slavic and East Europeau Journal*, 3, pp. 251-67, 1966.

110. Tradução francesa de Louis Martinez, em Óssip Mandelstam, *La Revue de Belles-Lettres*, p. 39, 1981.

111. Óssip Mandelstam, *Le Deuxième Livre* (1916-25). Trad. de Henri Abril. Circé, 2002. "Pour N'Avoir Pas Su Retenir Tes Mains", p. 103.

112. Ver em *La Pierre* o poema de 1910 intitulado "Silentium", trad. de Jean Blot, op. cit., p. 124; traduzido também por Paul Celan, em Óssip Mandelstam, *Gedichte*, Frankfurt, S. Fischer, 1959, p. 11.

113. Paul Celan, "Notice sur Óssip Mandelstam", em *Le Méridien et autres proses*, trad. do alemão e anotado por Jean Launay. Paris: Seuil, 2002, p. 91. Tradução ligeiramente modificada.

114. François Kérel, Jean Blot.

115. Em muitos poemas da modernidade, por exemplo os de T.S. Eliot, o poema se conclui pelas palavras que expressam o barulho que se detém no limiar das palavras, ou que as abafa, ensurdecendo-as.

116. Ele escrevia em outro lugar, para definir o programa poético do Acmeísmo: "Amai mais a existência do objeto do que o próprio objeto, vossa existência mais do que vós mesmos, eis o primeiro mandamento do Acmeísmo". ("Le Matin de l'Acméisme", em *Revue de Belles--Lettres*, 1981, op. cit., p. 157.)

117. Óssip Mandelstam, *Le Bruit du temps*, trad. de Édith Scherrer, prefácio de Nikita Struve. Lausanne: L'Âge d'Homme, 2001, p. 77.

118. Óssip Mandelstam, *Tristia et autres poèmes*, op. cit., pp. 88-9.

119. Ibid., p. 78.

120. "*Un navire à fond plat, dont la proue figure/ Un feu, une fumée,* [...]*/ Il vient./ Il vire, lentement, on ne voit pas/ Ses ponts, ses mâts, on n'entend pas les cris/ De l'équipage, on ne devine pas/ Les chimères, les espérances de ceux qui/ Là-haut se pressent à l'avant, les veux immenses,/ Ni quel autre horizon ils aperçoivent./ Quelle rive peut-être, on ne sait non plus/ De quelle ville incendiée ils ont dû fuir./ De quelle/ Troie inachevable* [...]." Yves Bonnefoy, *Dans Le Leurre du seuil*, "Les Nuées", em *Poèmes*, Mercure de France, 1975, p. 293.

121. Ibid., p. 295.

122. Ibid., p. 294.

123. William Shakespeare, *Le Conte d'hiver*. Trad. e pref. de Yves Bonnefoy. Paris: Mercure de France, 1994, pp. 25-6. Texto republicado em *Théâtre e Poésie. Shakespeare et Yeats*, Mercure de France, 1998, p. 112.

124. Yves Bonnefoy, *La Vie errante*. Paris: Mercure de France, 1993, pp. 93-9.

PARTE IV: A SALVAÇÃO PELA IRONIA? [pp. 271-333]

1. Cf. Jean Starobinski, *L'Invention de la liberté* (1700-1789). Genebra: Skira, 1964; *L'Invention de la liberté, 1700-1789 suivi de 1789 Les Emblèmes de la Raison*. Paris: Gallimard, 2006. [Ed. bras.: *A invenção da liberdade 1700-1789*. Trad. de Fulvia M. L. Moretto. São Paulo: Editora Unesp, 1994; *1789: Os emblemas da razão*. Trad. de Maria Lúcia Machado. São Paulo: Companhia das Letras, 1988.]

2. Charles Nodier, "Du Fantastique en Littérature". In: *Contes fantastiques*. Paris: Charpentier, 1850, p. 25.

3. Para uma exposição de conjunto, cf. Mary Elisabeth Storer, *La Mode des contes de fées*. Paris, 1928; e Jacques Barchilon, *Uses of the Fairy Tale in the Eighteenth Century*. In: *Studies on Voltaire and the Eighteenth Century*, v. 29, pp. 111-38, 1963.

4. "Há duas espécies de alegoria: uma que se pode chamar moral, e a outra, oratória. A primeira esconde uma verdade, uma máxima: tais são os apólogos: é um corpo que reveste uma alma. A outra é uma máscara que cobre um corpo; ela não é destinada a envolver uma máxima, mas somente uma coisa que só se quer mostrar pela metade, ou através de uma gaze. Os oradores e os poetas se servem desta quando querem louvar ou criticar com sutileza. Mudam os nomes das coisas, os lugares e as pessoas, e deixam que o leitor inteligente levante o envoltório e se instrua ele mesmo." (Padre Batteux, *Principes de la littérature*, t. 1, p. 266, ed. de 1764.)

5. Novalis, *Gesammelte Werke*, 5 v., Zurique, 1946, t. 4, p. 165, frag. 2403.

6. Carlo Gozzi, *Opere: Teatro e Polemiche teatrali*. Org. de Giuseppe Petronio. Milão: Rizzoli, 1962, in-oitavo, 1202 p. ("I classici").

7. "*Immaginai che, se avessi potuto cagionare del popolar concorso a dell'opere d'un titolo puerile, e d'un argomento il più frivolo e falso, averei dimostrato al signor Goldoni per tal modo che il concorso non istabiliva per buone le sue rappresentazioni.*" Carlo Gozzi, *Ragionamento ingenuo*. In: *Opere*, op. cit., p. 1085.

8. É desta maneira que Sismondi entende: "Assim o conde Gozzi soube, por uma experiência fortuita, todo o partido que se podia tirar, pelo sucesso, do amor do povo pelo maravilhoso, do espanto que impressiona os espectadores diante das transformações e dos passes dos escamoteadores executados em grande no teatro, enfim, da emoção sempre excitada pelas primeiras histórias que ouvimos contar na infância... Gozzi se pôs a trabalhar mais seriamente no gênero que acabava de descobrir". J. Ch. L. de Sismondi, *Littérature du Midi de l'Europe*, 1813, t. 2, p. 390.

9. Cf. Hedwig Hoffman Rusack, *Gozzi in Germany*. Nova York: Columbia University Press, 1930.

10. Cf. Yvon Belaval, *L'Esthétique sans paradoxe de Diderot*. Paris, 1950.

11. *Confissões*, livro I.

12. É o caso de Benjamin Constant no palco de Coppet.

13. Ariston de Quíos, segundo Diógenes Laércio, afirmava que o sábio se parece com o bom ator. Um erudito alemão, Johann Benedict Carpzov, dedicou a essa questão toda uma obra: *Paradoxon stoicum Aristonis Chii* [...], *novis observationibus illustratum*. Leipzig, 1742.

14. Denis Diderot, *Oeuvres*. t. 4: *Esthétique. Théâtre*. Org. de Laurent Versini. Paris: Robert Laffont, 1996, p. 1394.

15. *Memorie inutili*. Parte 1, cap. 11.

16. Prólogo de *Re Corvo*.

17. Sismondi, op. cit., t. 2, p. 392.

18. Ibid., p. 394.

19. "*Quel suo trasferir la tradizione dalla sfera dei rapporti umani, sommersa nel divenire, in un ozio fantastico di divinità, immobili sul monte Ida a guardar uomini pastori parar greggi d'uomini, era peccato d'accidia, nascosto dietro atti iracondi e fumi d'interminabili bizze*" (Mario

Apollonio, *Storia del Teatro Italiano*, v. 2, p. 421). Remetemos igualmente o leitor aos diversos estudos de Giuseppe Ortolani.

20. Friedrich Schlegel, *Lyceum-Fragmente* 42.

21. *Cours de littérature dramatique*. Parte 2, lição 8.

22. Por exemplo, a peça de John Ford, *The Lover's Melancoly*.

23. *Il Pentamerone, ossia la Fiaba delle Fiabe*. Trad. do dialeto napolitano antigo e notas de Benedetto Croce. Bari: Laterza, p. 3.

24. "*Tutte queste trivialità, che rapresentavano la favola triviale, divertivano l'Uditorio colla loro novità, quanto le Massere, i Campielli, le Baruffe Chiozzotte, e tutte l'opere triviale del Sig. Goldoni.*" *Opere*, p. 63; *L'Amour des trois oranges*. Trad. de Eurydice El-Etr. Paris: La Délirante, 2009, p. 28. Modificamos ligeiramente a tradução.

25. "*Si sentiva un picciolo gruppetto nel capo; era lo spillone magico. Truffaldino lo strappava. Ecco la colomba transformata nella Principessa Ninetta.*" *L'Amour des trois oranges*, op. cit., p. 50.

26. A esse respeito, ver acima, pp. 277 ss.

27. E. T. A. Hoffmann, *Princesse Brambilla*. Trad. e introd. de Paul Sucher. Paris: Aubier, col. Bilingue des Classiques Étrangers, 1951.

28. Ibid., p. 85.

29. Ibid.

30. Ibid., p. 107.

31. A imagem do personagem melancólico recheado de má literatura já tinha sido tirada de Gozzi por Goethe, em *Triumph der Empfindsamkeit*.

32. *Princesse Brambilla*, op. cit., p. 135.

33. Ibid., p. 297.

34. Ibid., p. 299.

35. Giglio possui enfim o espaço que se queixava não possuir em sua fase de "dualismo crônico".

36. E. T. A. Hoffmann, *Princesse Brambilla*, op. cit., p. 221.

37. Ibid., p. 143.

38. Ibid., p. 145.

39. Ibid., pp. 145-7.

40. Ibid., p. 151.

41. Ibid., p. 155.

42. Ibid.

43. Ibid., pp. 157-9.

44. Ibid., pp. 159-61.

45. Ibid., p. 161.

46. Cf. em especial as observações de Paul Sucher na introdução de sua edição da *Princesse Brambilla*.

47. Cf. Walter Benjamin, *Der Begriff der Kunstkritik in der deutschen Romantik*. In: *Schriften*, t. 2. Berlim: Suhrkamp, 1955, pp. 420-528 [Ed. bras.: *O conceito de crítica de arte no Romantismo alemão*. Trad., pref. e notas de Márcio Seligmann-Silva. São Paulo: Iluminuras/Edusp, 1993]; Fritz Ernst, *Die Romantische Ironie*. Zurique, 1915; Camille Schuwer, *La Part de Fichte dans l'esthétique romantique*. In: *Le Romantisme Allemand*, ed. especial de *Cahiers du Sud*, maio-jun. 1937.

48. E. T. A. Hoffmann, *Princesse Brambilla*, op. cit., pp. 313-5.

49. Ibid.

50. Ibid., p. 319.

51. Ibid., pp. 321-3.

52. Ibid., p. 321.

53. Ibid., p. 323.

54. Ibid., p. 325.

55. Du Marsais, *Des Tropes*. Paris, 1776. Segunda parte, cap. 14, p. 199.

56. E. T. A. Hoffmann, *Princesse Brambilla*, op. cit., p. 225.

57. Ibid., p. 237.

58. Søren Kierkegaard, *Journal*. Trad. de Ferlov e Gateau. Paris: Gallimard, 1941, t. 1, p. 102.

59. Sobre Kierkegaard e a ironia, cf. Edo Pivcevic, *Ironie als Daseinform bei Sören Kierkegaard*. Gütersloh: Gerd Mohn, 1960.

60. Søren Kierkegaard, *Der Begriff der Ironie*. Trad. de H. H. Schaeder. Munique; Berlim, 1929, p. 257.

61. Agradeço a David Brézis por ter cuidado da atualização do conjunto das notas relativas a Kierkegaard.

62. Søren Kierkegaard, *Journal*. Trad. de Ferlov e Gateau. Paris: Gallimard, 1941-63, ed. revista e ampliada. t. 1, p. 153 (II A 382).

63. Ibid., t. 1, p. 80 (II A 222, J 1, p. 129).

64. Benjamin Constant, *Le Journal intime*. Paris: Presses Universitaires de France, 1963, p. 520.

65. Søren Kierkegaard, *Journal*, t. 1, op. cit., p. 108 (II A 742, J 1, p. 194).

66. Ibid., t. 1, p. 92 (II A 444, J 1, p. 161).

67. Ibid., t. 1, p. 45 (I A 157, J 1, p. 75).

68. Søren Kierkegaard, *Post-Scriptum*. Trad. de P. Petit. Paris: Gallimard, 1941, p. 168 (OC X, p. 235).

69. Søren Kierkegaard, *Ou bien... ou bien...* Trad. de Prior e Guignot. Paris: Gallimard, 1943, pp. 538-9 (OC IV, pp. 231-3).

70. *Journal* de 1847, citado por Jean Wahl em seus admiráveis *Études kierkegaardiennes*. Paris: Vrin, 1949 (2ª ed.), p. 52 (VIII A 27, J 2, p. 97).

71. *Point de Vue explicatif de mon oeuvre*, p. 67 (OC XVI, p. 60).

72. *Post-Scriptum*, op. cit., p. 424 (OC XI, p. 302).

73. *Point de Vue explicatif*, op. cit., pp. 66-7 (OC XVI, p. 59).

74. Ibid., p. 68 (OC XVI, p. 60).

75. Ibid., p. 16 (OC XVI, p. 8).

76. Ibid., p. 35 (OC XVI, p. 28).

77. Ibid., p. 59 (OC XVI, p. 52).

78. Ibid., p. 85 (OC XVI, p. 80).

79. *Post-Scriptum*, op. cit., p. 176 (OC X, p. 245).

80. Ibid., p. 173 (OC X, p. 241).

81. *Point de Vue explicatif*, op. cit., pp. 25 ss. (OC XVI, pp. 19 ss.)

82. Ibid., p. 35 (OC XVI, pp. 28-9).

83. *Journal*, op. cit., t. 1, p. 167 (IV A 87, J 1, p. 274).

84. *Point de Vue explicatif*, op. cit., p. 77 (OC XVI, p. 69).

85. Ibid., p. 71 (OC XVI, p. 63).

86. *Post-Scriptum*, op. cit., p. 343 (OC IX, p. 195).

87. Ibid., p. 342 (OC XI, p. 193).

88. Ibid., p. 343 (OC XI, p. 194).

89. Ibid., p. 341 (OC XI, p. 192).

90. *Journal*, op. cit., t. 1, p. 167 (IV A 85, J 1, p. 273).

91. *Post-Scriptum*, op. cit., p. 174 (OC X, p. 242). Cf. *Point de Vue explicatif*, op. cit., pp. 88 ss. (OC XVI, pp. 81 ss.).

92. OC IV, pp. 226-7, 231.

93. OC VII, p. 246.

94. II A 382, J 1, p. 153; II A 222, J 1, p. 129.

95. I A 75, J 1, pp. 56-7.

96. I A 75, J 1, p. 53.

97. I A 75, J 1, p. 51.

98. II A 633, J 1, p. 187.

99. I A 75, J 1, p. 52.

100. I A 75 J 1, p. 54.

101. I A 75, J 1, p. 50.

102. Benjamin Constant, *Le Journal intime*. Paris: Presses Universitaires de France, 1963, p. 520.

103. II A 347, J1, p. 148.

104. II A 742, J1, p. 194.

105. I A 75, J1, p. 55; I A 157, J1, p. 75.

106. I A 33, p. 92.

107. I A 75, J1, p. 53.

108. III A 97, J1, p. 222. Declaração que se une curiosamente a uma passagem muito conhecida de *Souvenirs d'égotisme* de Stendhal, que escreve: "Acreditarão em mim? Eu usaria com prazer uma máscara, trocaria de novo deliciado... Meu prazer soberano seria me tornar um alto alemão louro e passear por Paris".

109. OC II, p. 233.

110. XI A 281, J2, p. 96.

111. II A 649, J1, p. 189.

112. I A 123, J1, p. 69.

113. II A 164, J1, p. 122. Trad: "segundo a dissimulação".

114. OC IX, p. 329.

115. OC IX, p. 394.

116. II A 662, J1, p. 189; II A 132, J1, p. 119.

117. I A 161, J1, p. 75.

PARTE V: SONHO E IMORTALIDADE MELANCÓLICA [pp. 335-426]

1. Charles Baudelaire. *La Chambre double*. In: *Oeuvres complètes*. Org. de Claude Pichois. Paris: Gallimard, Bibliothèque de la Pléiade, t. 1, 1975, pp. 280-2.

2. Charles Baudelaire, *Rêve parisien*, em ibid., pp. 101-3.

3. Charles Baudelaire, *La Chambre double*, op. cit.

4. *Les Fleurs du mal*, CXVIII: "Le Reniement de saint Pierre". In: *Oeuvres complètes*, op. cit.

5. *Les Paradis artificiels*. In: *Oeuvres complètes*, op. cit., t. 1, p. 408.

6. Carta a A. de Calonne (mar. 1860). Baudelaire justifica, em "Sonho parisiense", a ausência de qualquer "barulho" acompanhando o "movimento" das cataratas.

7. "Projet d'un épilogue des *Fleurs du mal*". In: *Oeuvres complètes*, op. cit., t. 1, p. 192.

8. Charles Baudelaire, *Salon de 1859*. In: *Oeuvres complètes*, op. cit., t. 2, p. 626.

9. *Hygiène*. In: *Oeuvres complètes*, op. cit., t. 1, pp. 671-2.

10. Cf. Georges Blin, *Le Sadisme de Baudelaire*. Paris, 1949, pp. 73-100.

11. Charles Baudelaire, *Oeuvres complètes*, op. cit., t. 1, p. 367. À margem de outra lista, p. 369, é sugerida uma classificação geral: "Coisas parisienses. Sonhos. Símbolos e moralidades". Segundo esse projeto provisório, o lugar do sonho teria sido central, entre textos ligados à realidade parisiense e textos de alcance mais alegórico. Mas, para Baudelaire, sabemos, o real, o imaginário e a alegoria são dificilmente separáveis.

12. Na segunda lista de projetos, p. 369, lê-se este acréscimo, entre parênteses: "Talvez uma novela".

13. Ibid., p. 369.

14. Sobre a tentação platônica de Baudelaire, cf. M. Eigeldinger, *Le Platonisme de Baudelaire*. Neuchâtel, 1951. Lembremos que a originalidade de Baudelaire consiste, entre outras, em não tornar insípido o "ideal" sonhado. Em "Sonho parisiense", a admirável visão sonhada é uma "*terrível* paisagem"; o silêncio dos rios e das cataratas é uma "*terrível* novidade". Em "O quarto duplo", o Ídolo tem "terríveis *meninas dos olhos*", reconhecíveis por sua "apavorante malícia". Inversamente, o retorno à realidade não significa o desaparecimento de todo onirismo: a "batida à porta" que destrói a visão beatífica pertence analogicamente a uma variedade sombria da experiência onírica: "Mas uma batida terrível, pesada, ressoou na porta e, como nos sonhos infernais, pareceu-me que eu recebia um golpe de enxada no estômago". O sofrimento visceral parece ter sido um componente dos pesadelos de Baudelaire.

15. Charles Baudelaire, *Oeuvres complètes*, op. cit., t. 1, p. 372. Itálicos de Baudelaire.

16. Ibid., p. 654.

17. À sra. Aupick, 13 dez. 1862.

18. Ao comandante Hippolyte Le Josne, 13 nov. 1865 (J. Crépet lembra "O Letes": "Quero dormir! dormir mais que viver".)

19. *Higyène*. In: *Oeuvres complètes*, op. cit., t. 1, p. 672.

20. "*Pascal avait son gouffre, avec lui se mouvant./ — Hélas! tout est abîme — action, désir, rêve,/ Parole! et sur mon poil que tout droit se relève/ Mainte fois de la Peur je sens passer le vent./ En haut, en bas, partout, la profondeur, la grève,/ Le silence, l'espace affreux et captivant.../ Sur le fond de mes nuits Dieu de son doigt savant/ Dessine un cauchemar multiforme et sans trêve./ J'ai peur du sommeil comme on a peur d'un grand trou,/ Tout plein de vague horreur, menant on ne sait où;/ Je ne vois qu'infini par toutes les fenêtres./ Et mon esprit, toujours du vertige hanté,/ Jalouse du néant l'insensibilité./ — AH! ne jamais sortir des Nombres et des Êtres!*". "*Les Fleurs du mal*, poèmes apportés par l'édition de 1868". In: *Oeuvres complètes*, op. cit., t. 1, p. 142. Ver os comentários e as notas de Claude Pichois, e os de Jacques Crépet e Georges Blin na edição crítica

de *Les Fleurs du mal*. Paris: José Corti, 1942. Cf. Benjamin Fondane, *Baudelaire et l'expérience du gouffre*. Paris, 1947; Max Milner, *Baudelaire: Enfer ou ciel, qu'importe!*, Paris, 1967.

21. "*Connais-tu, comme moi, la douleur savoureuse,/ Et de toi fais-tu dire: "Oh! l'homme singulier!"/ — J'allais mourir. C'était dans mon âme amoureuses,/ Désir mêlé d'horreur, un mal particulier;/ Angoisse et vif espoir, sans humeur factieuse./ Plus allait se vidant le fatal sablier,/ Plus ma torture était âpre et délicieuse;/ Tout mon corps s'arrachait au monde familier./ J'étais comme l'enfant avide du spectacle,/ Haïssant le rideau comme on hait un obstacle.../ Enfin la vérité froide se révéla:/ J'étais mort sans surprise, et la terrible aurore/ M'enveloppait. — Eh quoi! n'est-ce donc que cela?/ La toile était levée et j'atendais encore.*" *Les Fleurs du mal*, CXXV, op. cit., p. 128.

22. Cf. René Galand, *Baudelaire, poétique et poésie*, Paris, 1969, p. 424: "A morte não leva nem ao Paraíso nem ao Inferno nem ao Nada. Ela é apenas a repetição sem fim de nossa condição presente, a prolongação indefinida de uma espera sem esperança". No mesmo sentido, John E. Jackson, *La Mort Baudelaire*. Neuchâtel, 1982, p. 109: "O além é pensar no modo do *Mesmo*, de um Mesmo que repete infinitamente a condição do presente e em que a angústia nasce de uma perpetuação de um estado julgado já insuportável aqui na terra". Esse comentário se refere ao mesmo tempo a "O sonho de um curioso" e "O esqueleto lavrador", do qual tornarei a falar.

23. Charles Baudelaire, *Correspondance*, t. 1, Paris: Gallimard, Bibliothèque la Pléiade, 1973, carta de 19 março de 1856, Sainte-Beuve.

24. Michel Butor, *Histoire extraordinaire*, Paris, 1961, pp. 229-31.

25. Cito segundo a tradução de A. J. Festugière, Paris, 1975, livro I, 78, p. 85 e livro II, 49, p. 165.

26. "*De ce terrain que vous fouillez,/ Manants résignés et funèbres,/ De tout l'effort de vos vertèbres,/ Ou de vos muscles dépouillés,/ Dites, quelle moisson étrange,/ Forçats arrachés au charnier,/ Tirez-vous, et de quel fermier/ Avez-vous à remplir la grange?/ Voulez-vous (d'un destin trop dur/ Épouvantable et clair emblème!)/ Montrer que dans la fosse même/ Le sommeil promis n'est pas sûr;/ Qu'envers nous le Néant est traître;/ Que tout, même la Mort, nous ment,/ Et que sempiternellement,/ Hélás! il nou faudra peut-être/ Dans quelque pays inconu/ Écorcher la terre revêche/ Et pousser une lourde bêche/ Sous notre pied sanglant et nu?*". *Les Fleurs du mal*, XCIV, op. cit., pp. 93-4.

27. Sobre o *concetto* barroco do morto-vivo, do cadáver que morre por não poder morrer, cf. Jean Rousset, *La Littérature de l'âge baroque en France*, Paris, 1953, em especial, no cap. 4, os desenvolvimentos e exemplos sobre "O sonho fúnebre" e "A paisagem fúnebre", pp. 100-10.

28. Claude Pichois sugere: "Pode-se pensar que é procurando um motivo para o frontispício da segunda edição de *Fleurs* que Baudelaire encontrou nas caixas das ruas à beira do Sena essa prancha", op. cit., t. 1, p. 1023. Ver também, na obra citada de John E. Jackson, o capítulo intitulado "La Condamnation à vivre", pp. 105-16.

29. Agrippa d'Aubigné, *Les Tragiques*, livro VII, Paris: Garnier, 1931, p. 254. Essa aproximação, que devo à amizade de Denis de Rougemont, também é feita por John E. Jackson, no livro citado acima. Ele atesta que o conhecimento que temos hoje do "barroco" vem espontaneamente desdobrar nossa recepção de Baudelaire.

30. "*J'ai plus de souvenirs que si j'avais mille ans./ Un gros meuble à tiroirs encombré de bilans,/ De vers, de billets doux, de procès, de romances,/ Avec des lourds cheveux roulés dans des quittances,/ Cache moins de secrets que mon triste cerveau./ C'est une pyramide, un immense caveau,/ Qui contient plus de morts que la fosse commune./ — Je suis un cimetière abhorré de la*

lune,/ Où comme des remords se traînent de longs vers/ Qui s'acharnent toujours sur mes morts les plus chers./ Je suis un vieux boudoir plein de roses fanées,/ Où gît tout un fouillis de modes surannées,/ Où les pastels plaintifs et les pâles Boucher,/ Seuls, respirent l'odeur d'un flacon débouché./ Rien n'égale en longueur les boiteuses journées,/ Quand sous les lourds flocons des neigeuses années/ L'ennui, fruit de la morne incuriosité,/ Prend les proportions de l'immortalité./ — Désormais tu n'es plus, ô matière vivante!/ Qu'un granit entouré d'une vague épouvante,/ Assoupi dans le fond d'un Sahara brumeux,/ Un vieux sphinx ignoré du monde insoucieux,/ Oublié sur la carte, et dont l'humeur farouche/ Ne chante qu'aux rayons du soleil qui se couche." *Les Fleurs du mal*, LXXV.

31. A saleta está "*cheia* de rosas murchas", mas ao mesmo tempo é um lugar *vazio*, de onde os vivos desapareceram, e onde "só" os quadros prosseguem uma existência sequestrada, que os torna homólogos dos mortos da vala comum.

32. No poema que Baudelaire envia a Sainte-Beuve, "a Melancolia [...] arrasta um pé mais pesado pelos tédios precoces" (*Oeuvres complètes*, op. cit., t. 1, p. 207).

33. A expressão de Gaston Bachelard foi retomada por René Galand no comentário desse poema (*Charles Baudelaire, Poétiques et poésie*, Paris, 1969, p. 335).

34. Hans-Robert Jauss, no estudo dedicado a "Spleen II", em *Ästhetische Erfahrung und literarische Hermeneutik*, Frankfurt, 1982, p. 846. Diante dessa interpretação global, a que proponho aqui só pode acrescentar um certo número de considerações inspiradas por um problema parcial e particular.

35. Já no poema de juventude dirigido a Sainte-Beuve, Baudelaire falava do "doce *cochicho* das lembranças defuntas" (op. cit., p. 207). A evolução de Baudelaire consistirá em passar do discreto *cochicho* à plenitude do *canto*, acentuando porém a obsessão pela morte. Ainda assim é preciso ver que esses vestígios materiais — que vão do pesado "balanço" ao mais sutil "odor", passando pelos "cachos" e pelos "pastéis" — podem ser lidos indistintamente como indícios do desaparecimento e dos sinais da persistência: as lembranças são "meus mortos mais queridos", mas são desaparecidos que o Nada não venceu.

36. Hubertus Tellenbach, *La Mélancolie*, apresentação de Y. Pélicier. Trad. francesa sob a direção de D. Macher. Paris, 1979.

37. Ludwig Binswanger, *Melancholie und Manie*. Pfullingen, 1960, pp. 25-8.

38. A esse respeito, ver pp. 142-3.

39. Ibid.

40. Ibid.

41. Ibid.

42. Ibid., p. 18.

43. Penso no que Walter Benjamin disse em seu estudo sobre o drama barroco e nos fragmentos do livro que ele queria dedicar a Baudelaire. Ver também G. Hess, *Die Landschaft in Baudelaires "Fleurs du mal"*. Heidelberg, 1953.

44. Hans-Robert Jauss, op. cit., pp. 841-2.

45. H. Tellenbach, *La Mélancolie*, op. cit., pp. 198 ss.

46. Jules Cotard, *Études sur les maladies cérébrales et mentales*, Paris, 1891. Ver também aqui, pp. 515 ss. Sobre essa síndrome, ver S. Resnik, *Personne et Psychose*, Paris, 1973, pp. 41-67.

47. Renuncio aqui a entrar nos detalhes da demonstração que se impõe a uma leitura exaustiva. Os exemplos se encontrariam nos estudos de Gérald Antoine (*Vis-À-Vis ou le double re-*

gard critique. Paris, 1982), Henri Meschonnic (*Pour La Poétique III*. Paris, 1973, pp. 277-338) e Hans-Robert Jauss (op. cit.). As nasais tornam-se insistentes desde o ataque da segunda parte do poema: "*Rien n'égale* en *longueur*". Depois voltam ao ataque em "*Quand* [...] *L'ennui*." Ocupam posições estratégicas do texto. Talvez tenha se observado o som *an* nas quatro primeiras rimas do poema.

48. Só me resta remeter às observações muito pertinentes de Victor Brombert sobre "Spleen I" (LXXV), que precede imediatamente este que examino: "Lyrisme et dépersonnalisation: L'exemple de Baudelaire (*Spleen*, LXXV)". *Romantisme*, 6, 1973, pp. 29-37; sobre as etapas da despersonalização, deve-se ler Laurent Jenny, "Le Poétique et le narratif". *Poétique*, 28, 1976, pp. 440-9.

49. "Matéria viva", a esfinge não pode morrer. Ela mora no mesmo limbo que "O esqueleto lavrador" — um lugar que não é o nada nem a vida. Segui as observações de Maurice Blanchot: "Coisa surpreendente, Baudelaire nunca teve confiança no nada. Ele tem a sensação muito profunda de que o horror de viver não pode ser consolado pela morte, de que ele não encontra o vazio que o esgota, de que esse horror de existir, que é a existência, tem como principal significado o sentimento de um: não cessamos de existir, não saímos da existência, existimos e existiremos sempre, o que é revelado por esse próprio horror". ("L'Échec de Baudelaire", em *La Part du feu*. Paris, 1949, p. 152). Ver também o que Blanchot escreve sobre a peregrinação póstuma do caçador Graco de Kafka, entre a vida perdida e a morte impossível (*De Kafka à Kafka*. Paris, 1981, pp. 70-1.)

50. *Fusées*, IX. *Oeuvres complètes*, op. cit., p. 656.

51. "*Et le soleil, le soir, ruisselant et superbe.*" Trata-se do poema XCIX, que figura entre os *Quadros parisienses*: "*Je n'ai pas oublié, voisine de la ville, Notre blanche maison, petite, mais tranquile* [...]".

52. Charles Baudelaire, *Les Fleurs du mal*, op. cit., p. 212.

53. Nos doze empregos de *vide* (substantivo, adjetivo ou verbo), cinco são em rima. Cf. *Baudelaire: Les Fleurs du mal. Concordances, index et relevés statistiques établis d'après l'édition Crépet-Blin par le Centre d'Étude du Vocabulaire Français de la Faculté des Lettres de Besançon avec la collaboration de K. Menemencioglu*. Col. Documents pour l'Étude de la Langue Littéraire, dirigida por B. Quemada. Paris: Larousse, s.d.

54. Sobre esse ponto, ver as notas e comentários de Crépet e Blin, op. cit., pp. 428-30.

55. Damos aqui a definição do *Dictionnaire* de Boiste. 14ª ed., 1857. "Impavide" e "gravide" não aparecem no dicionário de rimas que figura no fim da obra.

56. Em "O fantasma", a palavra "livide" está escrita no momento em que o poeta evoca um *lit vide* [leito vazio].

57. Em "A uma passante".

58. Em "O crepúsculo da manhã".

59. Sigmund Freud, "Deuil et mélancolie". In: *Métapsychologie*. Trad. francesa de J. Laplanche e J.-B. Pontalis. Paris: Gallimard, col. Idées, 1968, p. 152.

60. Blaise Pascal, *Pensées*, 143.

61. *Sermons pour le Carême*, sermão para a quinta-feira da semana da Paixão.

62. François-René de Chateaubriand, *Les Martyrs*, livro V. É Jerônimo quem fala.

63. Madame de Staël (Madame la Baronne de Staël-Holstein), *De l'Influence des passions sur le bonheur des individus et des nations*. Seção I, cap. 100. In: ______. *Oeuvres complètes*. 2 v.

in-oitavo. Paris, 1836, t. 1, p. 139. Sobre o sentimento do vazio em Madame de Staël, ver p. 462 e adiante, p. 574.

64. *Obermann*, carta XXXVII. Em Senancour, o vazio toma posse do futuro: "O mal que pesa sobre meus anos não é um mal passageiro. Esse vazio em que eles se esvaem lentamente, quem o preencherá? Quem devolverá desejos à minha vida e uma expectativa à minha vontade?" (*Obermann*, carta XLI).

65. Santo Agostinho, *Confissões*, livro III, I. 1: "*Quaerebam quid amarem, amans amare, et oderam securitatem et viam sine muscipulis, quoniam famis mihi erat intus ab interiore cibo, te ipso, deus meus, et ea fame non esuriebam, sed eram sine desiderio alimentorum incorruptibilium, non quia plenus eis eram, sed quo inanior, fastidiosior*".

66. Santo Agostinho, *De Beata Vita*, II: "*Hoc loco autem mater: Ettiamsi securus sit, inquit, et se omnia non esse amissurum, tamen talibus satiari non poterit. Ergo et eo miser, quo semper est indigus*".

67. Santo Agostinho, *De Beata Vita*, 35: "*Illa est igitur plena satietas animorum, haec est beata viva, pie perfecteque cognoscere a quo inducaris in veritatem, qua veritate perfruaris, per quid connectaris summo modo. Quae tria unum Deum intelligentibus unamque substantiam, exclusis vanitatibus variae superstitionis, ostendunt*". Vamos nos contentar em indicar, de passagem, o parentesco entre a noção de *vaidade* e as "representações" do vazio: inanidade, inanição etc. E sublinharemos a opção substancialista, a partir da qual o vazio é definido como um déficit de substância interior. Para o texto francês do diálogo *Da felicidade*, seguimos, com exceção de alguns detalhes, a tradução de R. Jolivet. *Du Bonheur*. Paris: Desclée de Brouwer, 1939.

68. Lemos, em *Salon de 1859*: "Ei-lo deitado sobre a vegetação selvagem, com uma moleza e uma tristeza femininas, o poeta ilustre que ensina *a arte de amar*. Seus grandes amigos de Roma saberão vencer o rancor imperial? Encontrará ele um dia as suntuosas volúpias da prodigiosa cidade? Não, desses países sem glória se derramará em vão o longo e melancólico rio dos *Tristes*; aqui ele viverá, aqui ele morrerá [...]; Não tentarei traduzir com minha pena a volúpia tão triste que se exala deste verdejante *exílio*".

69. O texto aqui dá razão à argumentação que Sartre, em seu *Baudelaire*, desenvolve no plano existencial.

70. Baudelaire evoca muitas vezes a relação da figura e do fundo. O vazio, as trevas, a noite — sejam temidos, sejam desejados — constituem o fundo, as "telas" sobre as quais se projetam as imagens mentais, ou sobre as quais se levantam, em formas contrastadas, as criaturas claras ("Um fantasma", "Obsessão", "O abismo"). Há um desejo do vazio em Baudelaire, muitas vezes expresso em situações de atulhamento; mas a perfeição do vazio é contrariada, como é contrariada, quase sempre, a aspiração à plenitude.

71. Um estudo mais completo das rimas do *vide* ainda deveria levar em consideração "O fantasma", "O tonel do ódio", "O relógio", "Mulheres malditas". Mas, em especial, assim como empreendemos um estudo sobre "O cisne", conviria prestar atenção privilegiada à figura de Andrômaca, "junto a um túmulo vazio em êxtase curvada".

Em outro mundo poético — o de Mallarmé —, o vazio aparece como a condição prévia ao canto. Escutemos, em *O Fauno*, a rima *vide-avide* jogar: "[...] *Rieur, j'élève au ciel d'été la grappe vide/ Et, soufflent dans ses peaux lumineuses, avide/ D'ivresse, jusqu'au soir je regarde de travers*". [Rindo, eu ergo ao céu de verão o vazio cacho/ E sopram em suas peles luminosas, ávido/ De embriaguez, até a noite olho de través.]

72. Pierre Jean Jouve, "La Mélancolie d'une belle journée", *Les Noces*. In: ______. *Oeuvre*, t. 1. Paris: Mercure de France, 1987, p. 147.

73. Ver o estudo de Jean Clair, "Sous Le Signe de Saturne, notes sur l'allégorie de la Mélancolie". *Cahiers du Musée National d'Art Moderne*, 7/8, pp. 177-207, 1981.

74. Gênesis, 19,26.

75. Ovídio, *Métamorphoses*, livro XIV, v. 698-761.

76. Na profusão de exemplos da passagem à vida, não devemos esquecer aqueles em que o despertar sensível é o da audição, juntamente com o poder de falar. A estátua do Comendador ouve o convite blasfematório dirigido por Don Juan, e ela lhe responde. Um poema de Michelangelo faz falar a sua *Noite* da capela dos Médici: esta exige silêncio, uma voz forte demais poderia despertá-la: "*Caro m'è 'l sonno, e più l'esser di sasso,/ non veder, non sentir m'è gran/ ventura:/ mentre che'l danno e la vergogna/ dura:/ però no mi destar, deh, parla basso*". [Caro me é o sono, e mais o ser de pedra,/ não ver, não ouvir me é uma grande ventura:/ enquanto o dano e a vergonha duram:/ mas não me desperta, por favor, fala baixo.] Em Michelangelo Buonarroti, *Poésies*. Trad. francesa de Adelin Fiorato. Belles Lettres, 2004, p. 129.

77. Plínio, o Velho, *Histoire naturelle*. Livro XXXV, 43, I.

78. O texto traz: *corpora cum forma* [organismos com forma].

79. Ovídio, *Métamorphoses*, livro X.

80. Ibid.

81. Ovídio, *Métamorphoses*, livro X, v. 220-502. Acaso ou disseminação dos mitos? A união incestuosa de Mirra com seu pai ébrio faz pensar nas filhas de Ló. J. G. Frazer, já em 1906, em *Adonis Attis Osiris*, ligou aos cultos de Afrodite-Astarté a história de Pigmaleão, de Cinira e de Mirra. A prostituição das Propétides não é alheia a esse conjunto de cultos do Oriente Médio. Um historiador antigo, Filostéfano, diz que Pigmaleão esculpiu a estátua de Vênus. O prefácio que Frazer escreve para a terceira edição de seu livro, em 1914, é comovente. Ele duvida que consiga resolver os problemas da pesquisa. É uma tarefa interminável, à qual ele se obstina sem razão, pois algo desconhecido nele o incita a combater a ignorância sobre a difusão dos mitos.

82. Como epígrafe de seu *Espírito das leis*, Montesquieu pega em Ovídio a expressão que designa uma progenitura produzida sem mãe: *Prolem sine matre creatam* (*Métamorphoses*, livro II, v. 553). Acrescentemos que, num esboço de André Chenier, o desejo feminino pela estátua masculina produz uma metamorfose em sentido inverso. Uma moça, abraçando amorosamente a estátua de um adolescente, torna-se ela mesma estátua. Uma pintura de Delvaux é a exata ilustração disso (talvez involuntária).

83. O fragmento não vai até a entrada em cena do próprio Ífis.

84. Rousseau só atribui muito discretamente a seu personagem a ginofobia que marca com muita nitidez o Pigmaleão de Ovídio, assustado com o mau comportamento das Propétides e moldando a sua companheira com as próprias mãos. Mas não é difícil discernir essa ginofobia no próprio Rousseau, tanto nos conselhos dados a Émile como em muitos episódios dos textos autobiográficos. Ele só se sente em segurança no interior da esfera do eu. No fim do melodrama de Rousseau, Galateia, num primeiro gesto, "se toca e diz: Eu". Depois ela toca Pigmaleão, dizendo "com um suspiro: Ah! eu de novo".

85. Jean-Jacques Rousseau, *Pygmalion*. In: ______. *Oeuvres complètes*, t. 5. Paris: Belin, 1817, p. 194.

86. Ibid., p. 195.

87. "*Crains,* dans le mur aveugle, *un regard qui t'épie;/ À la matière même un verbe est attaché.../ Ne la fais pas servir à quelque usage impie!/ Souvent dans l'être obscur habite un Dieu caché;/ Et comme un oeil naissant couvert par ses paupières,/ Un pur esprit s'accroît sous l'écorce des pierres!*". Gérard de Nerval, *Les Filles du feu*, "Les Chimères". In: ______. *Oeuvres complètes*. Org. de Jean Guillaume e Claude Pichois. Paris: Gallimard, Bibliothèque de la Pléiade, t. 3, p. 651.

88. Gérard de Nerval, *Pandora*. In: *Oeuvres complètes*, op. cit., 1993, t. 3, pp. 655-6. Os itálicos são de Nerval nesta e em todas as citações que se seguem.

89. Gérard de Nerval, *Corilla*. In: *Oeuvres complètes*, op. cit., t. 3, p. 422.

90. Ibid.

91. O grande transtorno na loucura de Nerval diz respeito ao reconhecimento das identidades. As identidades humanas e divinas migram de pessoa a pessoa. Reconhecer uma pessoa em outra pode ser uma ilusão, e ele sabe disso. Não reconhecer é um erro imperdoável.

92. Nerval, *Aurélia*. In: *Oeuvres complètes*, op. cit.

93. Ibid.

94. Em outro texto de Nerval, é a mãe divina, Ísis, que "desaparece e se recolhe *em sua própria imensidão*". Ver *Les Filles du feu*, op. cit., t. 3, p. 620. Mas é também a 13ª, portanto Artemis...

95. *Aurélia*, op. cit., t. 3, p. 710.

96. "Elftes Blumenstück", de *Siebenkäs*, ver Claude Pichois, *L'Image de Jean-Paul Richter dans les lettres françaises*. Paris: José Corti, 1963.

97. "Les Chimères. Le Christ aux oliviers", *Les Filles du feu*, op. cit., t. 3, pp. 648-51. Seria preciso examinar todo o desenvolvimento do poema e a salvação, no último verso, "daquele que deu a alma aos filhos do lodo". Lembremos que na série das "Chimères", assim como na dos *Petits Châteaux de Bohême*, os "Vers dorés" estão sempre em posição final. E, numa das últimas páginas de *Aurélie*, lemos: "Tudo vive, tudo age, tudo se corresponde; os raios magnéticos emanados de mim mesmo ou dos outros atravessam sem obstáculo a cadeia infinita das coisas criadas; é uma rede transparente que cobre o mundo e cujos fios soltos se comunicam progressivamente aos planetas e às estrelas" (op. cit., t. 3, p. 740).

98. Baudelaire, *Oeuvres complètes*, op. cit., pp. 669-71, para as citações seguintes também. Para um enfoque geral, Marcel Raymond, "Baudelaire et la sculpture". In: *Être et dire*. Neuchâtel: La Baconnière, 1970, pp. 167-77.

99. Lemos em *Mon Coeur mis à nu*: "Entre os homens grandes só estão o poeta, o sacerdote e o soldado". *Oeuvres complètes*, op. cit., t. 1, p. 693.

100. Charles Baudelaire, "A máscara", segundo uma obra do escultor Ernest Christophe. Poema XX de *Les Fleurs du mal*.

101. Charles Baudelaire, *Le Peintre de la vie moderne*. In: *Oeuvres complètes*, op. cit., t. 2, p. 685.

102. Ibid., p. 695.

103. Emprego a expressão que aparece no projeto de epílogo (*Oeuvres complètes*, op. cit., t. 1, p. 192): "Seja testemunha de que cumpri meu dever/ Como um perfeito químico e como uma alma santa".

104. Ibid.

105. Ibid., p. 684.

106. Charles Baudelaire, *Les Fleurs du mal*, XCIII, "A uma passante". Sobre as aproximações biográficas e literárias convocadas por esse poema, ver a edição Crépet-Blin (Paris: José Corti, 1942), pp. 460-1. O comentário de "A uma passante" constitui o epílogo do livro de Jerôme Thélot, *Baudelaire, Violence et poésie*. Paris: Gallimard, 1992.

107. "*J'aime le souvenir de ces époques nues,/ Dont Phoebus se plaisait à dorer les statues./ Alors l'homme et la femme en leur agilité/ Jouissaient sans mensonge et sans anxiété,/ Et, le ciel amoureux leur caressant l'échine,/ Exerçaient la santé de leur noble machine.*" *Les Fleurs du mal*, V.

108. "[...] *Ne l'ultimo di questi die avenne che questa mirabile donna parve a me, vestita di colore bianchissimo, in mezzo di due gentil donne, le quali erano di più lunga etade; e passando per una via, volse li occhi verso quella parte ov'io era molto pauroso, e per la sua ineffabile cortesia, la quale è oggi meritata il grande secolo, mi salutoe molto vituosamente, tanto che me parve allora vedere tutti li termini de la beatitudine*". Dante Alighieri, *Oeuvres complètes*. Nova trad. sob a direção de Christian Bec. La Pochothèque, Le Livre de Poche, 1996, *Vie Nouvelle*, III, pp. 28-9.

109. Ibid., p. 30.

110. Walter Benjamin, "*Ueber einige Motive bei Baudelaire*". In: *Charles Baudelaire*. Org. de Rolf Tiedemann. Frankfurt: Suhrkamp, pp. 103-49, e em especial p. 119; em francês, *Charles Baudelaire*. Trad. de J. Lacoste, Paris, 1979, pp. 169-71. Ver K. Stierle, *Der Mythos von Paris*. Munique: Hanser, 1993, pp. 789-811.

111. A eternidade também era, no texto teórico do *Salon de 1859*, o horizonte da escultura, e esse texto também reunia os advérbios "talvez" e "nunca".

112. "Le Fou et la Vénus", *Le Spleen de Paris*, VII, op. cit., t. 1, pp. 283-4. A alegoria nesse texto se refere à arte. À guisa de comparação, convém reler a última cena do *Conto de inverno* de Shakespeare em que Hermíone, falsa estátua, desce do pedestal para revelar que permaneceu viva. Em seu prefácio (Mercure de France, 1994, col. Folio), Yves Bonnefoy analisa o "debate sobre a arte" contido nesse texto extraordinário, e especialmente a cena da estátua (pp. 20-2).

113. *Les Fleurs du mal*, XVII, op. cit., t. 1, p. 21.

114. *Les Fleurs du mal*, LXXVI, op. cit., t. 1, p. 23. Esse alongamento da esfinge também se encontra, de maneira mais distante e lúdica, nos tercetos de "Os gatos", que jogam com a relatividade dimensional. As atribuições sucessivas do papel representado aqui se referem, evidentemente, ao animal. Ora, os gatos são os seres explicitamente designados como *objeto de amor* para "os apaixonados fervorosos e os sábios austeros". Não é abusar da poética freudiana reconhecer a parte muito grande do ego que se investe e se projeta nesse objeto de amor. Por mais que o poema seja de tipo "parnasiano", a componente de autofiguração, como sempre em Baudelaire, é considerável. Baudelaire é com toda a certeza um "apaixonado fervoroso", mas é um apaixonado que aspira a possuir as qualidades do sábio. Digamos então que as duas categorias de amantes de gatos se fundem no que eles amam. De fato, Baudelaire não parou de reivindicar para o artista e para si mesmo as qualidades da "alma santa" *e*, conjuntamente, as do sábio austero (ele quis ser "perfeito químico", evoca os "austeros estudos" do poeta, o "austero encantamento" que o escultor busca etc.). Há razão para refletir sobre o papel da conjunção *e* em todo esse poema deliberadamente menor. Depois de tantos comentaristas que se aferraram em "Os gatos", eu só gostaria de fazer essas observações, com uma mão muito leve, e nas catacumbas de uma nota final.

115. Citamos de acordo com Matteo Bandello, *Le Novelle*, 5 v. Bari: Laterza, 1912, v. v, pp. 223-7. Sobre Bandello, cf. Fritz Schalk, "Bandello und die Novellistik der italienischen Renaissance". *Romanische Forschungen*, 85, ½, 1973, pp. 96-118.

116. Charles Baudelaire, *Le Spleen de Paris*, XXVII. In: *Oeuvres complètes*. 2 v. Org. de Claude Pichois. Paris: Gallimard, 1975-6, t. 1, pp. 319-23; ______. *Petits Poëmes en prose*. Ed. crítica de Robert Kopp. Paris: José Corti, 1969, pp. 81-6 e 286-91.

117. Uma comunicação pessoal de Michel Simonin nos encoraja: "A probabilidade de que o poeta tenha conhecido o texto do autor italiano é talvez mais forte do que deixam supor os exemplares difundidos das edições inglesas ou notas das *Novelle*. De fato, depois de uma tradução francesa, pouco divulgada, do século XVI, e acrescida ao corpus das *Histoires tragiques* de Boaistuau-Belleforest, a história sobreviveu na produção muito mais próspera das coletâneas chistosas. Desde 1605 — ou talvez mais cedo, se o original está perdido — a aventura de Gonnella figura no *Thrésor des récréations* (n. 29, pp. 44-50), volume várias vezes reimpresso durante o século XVII. Mas sobretudo, encontramos a morte de nosso *homo facetus* em *Contes à rire* (pp. 253-7 da edição A. Chassant. Paris: Th. Belin, 1881), que são frequentemente impressos ao longo de todo o século XVIII e início do século XIX".

118. Consultar Enid Welsford, *The Fool: His Social and Literary History* [1935]. Nova York: Anchor Books, 1961.

119. "*Vi dissi anco que altre volte avea inteso da non so chi, come a l'improviso una subita e grandissima paura fatta a uno quartanario, che senza dubbio quello liberava da essa quartana.*" Matteo Bandello, *Nouvelles*. Apresentação e comentário de Adelin Charles Fiorato. Trad. de Adelin Charles Fiorato, Marie-José Leroy e Corinne Paul. Paris: Imprimerie Nationale, 2002, p. 549.

120. "*Voi mi rispondeste che molto volontieri avereste voluto che una grande e spaventevole paura vi fosse stata fatta, affine che voi rimanessi libero da quello fastidioso male, che ogni quarto giorno si fieramente con quello cosi freddo tremore e battere di denti vi assaliva e vi tormentava.*" Ibid.

121. "*E cosi ve la mando e dono. Attendete di guarire e vivete di me ricordevol.*" Ibid.

122. Cf. Enid Welsford, op. cit., pp. 128-30, e nota pp. 340-2.

123. "*Ma fra gli altri il Gonnella era uno che sobra tutti si attristava, comme colui que sommamente amava il suo signore, e che se disperava che tanti giuochi e tante piacevolezze fare non sapesse che il signore suo mai potesse regioire.*" Bandello, op. cit., pp. 550-1.

124. O ouvir-dizer se desloca, como se deslocou a responsabilidade pela narrativa. Bandello ouviu falar do medo curativo; Galasso Ariosto também tinha ouvido falar; Gonnella, outrora, tinha se lembrado...

125. "*che una paura grandissima fatta a l'improviso a l'infermo gli era presentaneo rimedio e molto profittevole a cacciare via la quartana.*" Bandello, op. cit., p. 551.

126. "*che di core amava il Gonnella*", ibid., p. 552.

127. "*Aveva martello de l'assenza di quello.*" Ibid.

128. "*pigliarsi trastullo del Gonnella*", ibid, p. 553.

129. "*Veggendo lo sfortunato Gonnella la cosa andare da dovero e non da scherzo, e che mai puoté ottenere grazia di parlare al marchese, fece di necessitè vertù, e si dispose a la meglio che seppe a prendere in grado la morte per penitenza de li suoi peccati. Aveva il marchese segretissimamente ortinato che al Gonnella, quando fosse condotto a la giustizia, li fossero bendati gli occhi*

e che, posto il collo sovra il ceppo, il manegoldo, in vece di troncargli il capo, li riversasse uno secchio di acqua su la testa.

"Era tutta Ferrara in piazza, e a grandi e piccioli infinitamente doleva la morte del Gonnella. Quivi il povero uomo con gli occhi bendati, miseramente piangendo e inginocchiato essendo, dimandò perdono a Dio de li suoi peccati, mostrando una grandissima contrizione. Chiese anco perdonanza al marchese, dicendo que per sanarlo l'avea tratto in Po; poi, pregando il popolo que pregasse Dio per l'anima sua, pose il collo su il ceppo. Il manegoldo allora li riversò il secchio de l'acqua in capo, gridando tutto il popolo misericordia, ché pensava che il secchio fosse la mazza. Tanto fu la estrema paura che il povero e sfortunato Gonnella in quello punto ebbe, che rese l'anima al suo Criatore. Il che conosciuto, fu con generale pianto di tutta Ferrara onorato. Il marchese ordinò che con funebre pompa, con tutta la chieresia di Ferrara, fosse accompagnato a la sepoltura; e tanto dolente de l'occorso caso si dimostrò, che per lungo tempo non puotè consolazione alcuna ricevere giù mai." Ibid., p. 553.

130. "*Subito etiam terreri et expavescere in hoc morbo prodest, et fere quid-quid animum vehementer perturbat. Potest enim quaedam fieri mutatio, cum ab eo statu mens, in quo fuerat, abducta est.*" Celso, *De Medicina*, III, cap. 18. In: *Celse, Vitruve, Censorin, Frontin*. Org. de M. Nisard, J.-J. Dubochet, Le Chevalier e Cia. Editores, 1846.

131. Philippe Pinel, op. cit. Esquirol (verbete "Mélancolie" do *Dictionnaire des sciences médicales*. Paris: Panckouke, 1819, t. 32, p. 177) também evoca o tratamento pelo susto. Mas desaprova os "banhos-surpresa", método "bárbaro".

132. *Essais*, I, XXI, "De La Force de l'imagination".

133. Charles Baudelaire, "Une Mort héroique". *Le Spleen de Paris, Petits poèmes en prose*, op. cit., t. 1, 1975, pp. 319-23 (para a citação, p. 319).

134. Ibid.

135. Ibid.

136. Cf. Jean Starobinski, "Sur Quelques Répondants allégoriques du poète", *R. H. L. F.*, pp. 402-12, abr.-jun. 1967.

137. "Une Mort héroïque", op. cit.

138. Ibid.

139. Ibid.

140. Ibid.

141. Guillaume Apollinaire, "La Carpe". In: *Le Bestiaire ou le cortège d'Orphée*, ilustrações de Raoul Dufy. Paris: Deplanche, 1911.

142. Sobre a vida, a carreira e a bibliografia de Jules Cotard (1840-89), cf. R. Sémelaigne, *Les Pionniers de la psychiatrie française avant et après Pinel*. 2 v., Paris, 1982, t. 2, pp. 237-41. Durante toda a sua carreira ele foi médico-adjunto da casa de saúde de Vanves. Sua morte prematura foi causada por uma difteria que ele contraiu à cabeceira de sua filha doente.

143. Cito de acordo com Jules Cotard, *Études sur les maladies cérébrales et mentales*. Pref. de Jules Falret. Paris, 1891, p. 315.

144. Ibid., pp. 323-4.

145. Ibid., p. 322.

146. Ver *Annales Médico-Psychologiques*, set. 1880, t. 4.

147. Jean-Étienne-Dominique Esquirol, *Des Maladies mentales*. Paris, 1838.

148. Petit, *Archives cliniques*, p. 59.

149. Macario, *Annales Médico-Psychologiques*, t. 1.

150. Morel, *Études cliniques*, t. 2, p. 47 e p. 118.

151. Krafft-Ebing, *Traité de psychiatrie* (obs. II e VII).

152. Para maior clareza, omiti os casos mistos que, aqui como em outros lugares, estabelecem transições insensíveis entre as formas vesânicas diferentes. Esses casos estão longe de ser raros. [nota de Jules Cotard]

153. *Encyclopédie des sciences religieuses*, verbete "Juif-errant". "Pode-se olhar esse destino (a imortalidade), diz o sr. Gaston Paris, seja como uma recompensa, seja como um castigo [...]". Essa mesma diferença é encontrada entre a imortalidade dos megalômanos e a imortalidade dos hipocondríacos ansiosos, como indiquei acima. [nota de Jules Cotard]

154. Como observa Jules Falret em seu prefácio, Cotard primeiro acreditou poder considerar "a negação sistematizada como um delírio enxertado no distúrbio psicossensorial" (p. 9). A doença teria assim tido sua origem no aparelho perceptivo (por uma alteração simultânea das percepções externas, cenestésicas e intrapsíquicas). Cotard observa, nos melancólicos ansiosos, uma "perda da visão mental"... Mas, acrescenta Falret, "Cotard logo abandonou a hipótese da origem psicossensorial do delírio das negações, para ligar esse delírio a lesões psicomotoras" (p. 9). Cotard discute esse problema numa comunicação de 1887, op. cit., pp. 366-73.

155. Trabalho que data de 1888, op. cit., pp. 374-8.

156. A terminologia atual faria intervir aqui a noção de "esquema corporal", assim como no "delírio de pequenez" de que Cotard fala ocasionalmente (op. cit., p. 321).

157. Jules Cotard, op. cit., pp. 376-7.

158. Estudo que se pode ler também em Gaston Paris, *Légendes du Moyen Âge*, Paris, 1903, pp. 149-86.

159. Gladys Swain chamou a minha atenção para o interesse que a escola da Salpêtrière dava aos "alienados vagabundos", em especial para o estudo de Henry Meige, *Le Juif-Errant à la Salpêtrière. Étude sur certains névropathes voyageurs*, Paris, 1893. Os dados objetivos são fornecidos por alguns migrantes e marginais judeus, oriundos do Centro e do Leste europeus. O trabalho de Meige consiste num lembrete bastante amplo dos materiais lendários referentes ao judeu errante. O diagnóstico dos casos observados é inapelável: neurastenia ou histero-neurastenia. Conclusão: "A proporção de neuropatas é grande na raça judia" (p. 47). O judeu errante ainda existe em nossos dias. "É que esse misterioso viajante é um doente; o que nos impressiona nele é justamente o estilo especial que sua doença lhe imprime, e que encontramos em todas as suas aparições" (p. 61). Mas Henry Meige silencia a questão da imortalidade. Parece ignorar o trabalho de Jules Cotard. A obra de Meige, que visa a reduzir o mito ao dado médico, chega inconscientemente a um fim contrário: ele nos mostra a que ponto o pensamento da neuropsiquiatria "científica" era, ela mesma, inflitrada de elementos míticos — seja na maneira de perceber os fenômenos, seja no reducionismo médico que aplicava aos fatos de imaginação coletiva.

160. Roger de Wendover, *Flores Historiarum*, 3 v., Londres, 1887, t. 2, pp. 352-5. Traduzimos livremente, seguindo em geral Gaston Paris, op. cit., que segue a versão quase idêntica de Matthieu Paris, no meio do século XIII.

161. Na versão de Matthieu Paris, lemos esta singular precisão: "Toda vez que ele chega a cem anos completos, é atacado por uma doença que parece incurável, cai numa espécie de êxta-

se, depois do que ele se cura e volta à idade que tinha no ano em que o Senhor foi condenado à morte" (Gaston Paris, op. cit., p. 155).

162. Existem inúmeros livros sobre a história da lenda. Notadamente: George K. Anderson, *The Legend of the Wandering Jew*, 2ª ed. Brown University Press, 1970; Edgar Knecht, *Le Mythe du Juif errant*, Presses Universitaires de Grenoble, 1977. Para uma análise das imagens da errância, convém recorrer ao belo livro de Manfred Frank, *Die unendliche Fahrt. Ein Motiv und sein Text*. Frankfurt: Suhrkamp, 1979. Para diversos aspectos desse tema, e para a bibliografia, ver o catálogo de uma exposição no Museu de Arte e História do Judaísmo de Paris (out. 2001-fev. 2002), *Le Juif errant. Un témoin du temps* (dir. L. Sigal-Klagsbald), Adam Biro, 2001.

163. Cf. R. Klibansky, E. Panofsky, F. Saxl, *Saturn and Melancholy*. Nelson, 1964, p. 205.

164. A navegação sem limite e sem objetivo reaparecerá como motivo central em "A viagem": "Mas os verdadeiros viajantes são apenas aqueles que partem/ Por partir; corações leves, semelhantes aos balões,/ De sua fatalidade jamais se afastam,/ E sem saber por que, dizem sempre: Vamos!...". O judeu errante não está ausente desse poema, nem, aliás, Orestes, esse outro errante, expiando a matricida. O poema termina com a eleição de um lugar e de um destino: o "abismo"; a navegação é dirigida pela "Morte, velho capitão", mas a espera se dirige além-morte, "para encontrar o novo!".

165. Esses trabalhos forçados póstumos não deixam de ter analogia com a decepção depois da morte expressada em "O sonho de um curioso": "Eu estava morto sem surpresa, e a terrível aurora/ Envolvia-me — O quê! Então é só isso?/ O pano subira e eu ainda esperava".

166. Baudelaire fala aqui de uma gravura que provavelmente ele examinou quando procurava um ornato para a segunda edição de *Les Fleurs du mal*. Cf. o comentário de Jean Prévost lembrado por Claude Pichois, em Baudelaire, *Oeuvres complètes*, op. cit., p. 1023. Um dos primeiros títulos imaginados para toda a coletânea, *Les Limbes*, corresponde ao lugar imaginário onde se situam o spleen baudelairiano, a atividade sem limite de "O esqueleto lavrador" e a imortalidade consecutiva a uma morte imperfeita.

167. *Fusées* [rojões], em Charles Baudelaire, *Oeuvres complètes*, op. cit., t. 1, p. 665.

168. Para melhor entender o aspecto psicodinâmico dessa atitude, cf. Michel de M'Uzan, "S.j.e.m." In: *De L'Art à la mort*. Paris, 1977, pp. 151-63.

169. Charles Baudelaire, *Oeuvres complètes*, op. cit., p 73: "Eu tenho mais lembranças do que se tivesse mil anos". Sabe-se que, segundo Binswanger e Tellenbach, a melancolia se caracteriza pela perda da capacidade de protensão em direção ao futuro e pela *retenção* exagerada de um passado carregado de sentimento de culpa. Acrescentaremos que como a morte faz parte de nosso futuro torna-se explicável que a consciência se sinta imortal ou já morta exatamente em razão de sua "regressão" e de sua perda de futuro.

170. Stéphane Mallarmé, *Correspondance*. t. 1 (1862-71), Paris, 1979, p. 240.

171. Franz Kafka, *Oeuvres complètes*. Paris: Gallimard, Bibliothèque de la Pléiade, t. 2, 1980, pp. 452-7.

172. Maurice Blanchot, *De Kafka à Kafka*. Paris, 1981, pp. 70-1. "O caçador Graco" vale como paradigma quase mítico. Convém não esquecer certos textos anteriores ou posteriores, que são como suas variantes: no terceiro livro de *Viagens de Gulliver*, cap. x, a atroz senilidade sem saída dos Struldbrugs, que se anuncia, depois de trinta anos, pela melancolia e pela depressão; no *Rapport secret* de Boris de Schloezer, a perpetuidade fútil, a atividade "interminável" mas

"in-sensata" dos Ixianos que se tornaram imortais (*Boris de Schloezer*, de Yves de Bonnefoy et al. Cahiers pour un Temps. Paris: Centre Georges-Pompidou; Aix-en-Provence: Pandora Éditions, 1981, pp. 89-109).

173. Franz Kafka, *Oeuvres complètes*, op. cit.

PARTE VI: A TINTA DA MELANCOLIA [pp. 427-95]

1. Charles Baudelaire, *Les Fleurs du mal*, LIV. In: *Oeuvres complètes*. 2 v. Org. de Claude Pichois. Paris: Gallimard, 1975-6.
2. Montaigne, *Essais*. Org. de P. Villey. Paris: Presses Universitaires de France, 1965. II, XII, p. 506.
3. Ibid., I, VIII, p. 33.
4. Ibid., II, VIII, p. 385.
5. Blaise Pascal, *Pensées*. Org. de P. Sellier. Paris: Mercure de France, 1976, p. 110.
6. Jean-Jacques Rousseau, "Troisième Lettre à M. de Malesherbes". In: *Oeuvres complètes*. Paris: Gallimard, Bibliothèque de la Pléiade, t. 1, 1959, pp. 140-1.
7. Paul Valéry, *Cahiers*. Edição tipográfica. Paris: Gallimard, t. 3, 1990.
8. Paul Valéry, *Cahiers*. Org. de Judith Robinson. Paris: Gallimard, Bibliothèque de la Pléiade, 2 v., 1974, t. 2, p. 1035.
9. Ibid., p. 1018.
10. Ibid., p. 1296.
11. Johann Wolfgang von Goethe, *Faust. Der Tragöfir zweiter Teil.* Ato I, Finstere Galerie.
12. Ibid.
13. Emil Michel Cioran, "L'Indélivré". In: *Hermes: Le Vide*, Paris, 1969, p. 269.
14. Miguel de Cervantes, *Don Quichotte*, I, LII.
15. Ibid.
16. Miguel de Cervantes, *L'Ingénieux Hidalgo don Quichotte de la Manche*. Trad. e notas de L. Viardot. Paris: J. J. Dubouchet et Cie., 1838, p. 70 ("*No quiso aguardar más tiempo a poner en efecto su pensamiento*").
17. Ibid., p. 250.
18. Ibid., pp. 250-1.
19. Ibid., p. 251.
20. Ibid.
21. Ibid.
22. Ibid.
23. Ibid., p. 252 ("*Y ya que del todo no quiera vuestra merced desistir de acometer este fecho, dilátelo a lo menos hasta la mañana*").
24. Ibid., p. 254.
25. Ibid.
26. Ibid. ("*Estéme vuestra merced atento, que ya comienzo.*")
27. Ibid.
28. Ibid., p. 255.

29. Ibid., p. 256.
30. Ibid., p. 258.
31. Ibid.
32. Ibid., pp. 258-9.
33. Ibid., p. 259.
34. Ibid.
35. Ibid.
36. Ibid., p. 262.
37. Ibid., p. 263.
38. Ibid., pp. 263-4.
39. Ibid., p. 264.
40. Ibid., pp. 264-5.
41. Ibid.
42. Ibid., p. 266.
43. Ibid., p. 356.
44. Ibid., pp. 348-51.
45. Ibid., p. 400.
46. Ibid. ("*donde le quedaba esperando*").
47. As notas remetem às *Oeuvres complètes de Madame la Baronne de Staël-Holstein* em 2 v., Paris: Firmin-Didot e Treuttel e Wurtz, 1836, I, p. 181.
48. I, p. 140.
49. I, p. 134.
50. II, p. 706.
51. I, p. 155.
52. I, p. 10.
53. I, p. 103.
54. I, p. 105.
55. *Correspondance générale*, t. 1. Primeira parte. Paris: Jean-Jacques Pauvert, 1962, p. 6.
56. II, p. 695.
57. II, p. 696.
58. I, p. 136.
59. Ibid.
60. I, p. 185.
61. I, p. 135.
62. I, p. 161.
63. I, p. 164.
64. II, pp. 708-9.
65. I, p. 838.
66. Germaine de Staël, *De l'Allemagne*, IV, 6, em *Oeuvres complètes*, t. 2, op. cit., p. 240. Sobre o papel que teve Madame de Staël na vida política, ver Bronislaw Baczko, *Politiques de la Révolution française*. Paris: Gallimard, Folio, 2008.
67. Pierre Jean Jouve, *Le Monde désert*. Paris: NRF, 1927.
68. Pierre Jean Jouve, *Commentaires*. Boudry: À La Baconnière, 1950, p. 61.

69. Pierre Jean Jouve, *En miroir: Journal sans date*. Paris: Mercure de France, 1954.
70. Pierre Jean Jouve, *Le Monde désert*, op. cit., p. 190.
71. Pierre Jean Jouve, *Poésie*, t. 1. Paris: Mercure de France, 1964, p. 77.
72. Pierre Jean Jouve, *Proses*. Paris: Mercure de France, 1960, p. 36.
73. Pierre Jean Jouve, *Noces*. Au Sans Pareil, 1928, p. 56.
74. Roger Caillois, *Le Fleuve Alphée*. Paris: Gallimard, 1978, p. 140.
75. Roger Caillois, *L'Écriture des pierres*. Genebra: Skira, 1970, p. 106.
76. Roger Caillois, *Trois Leçons des ténèbres*. Paris: Fata Morgana, 1978, p. 19.
77. Roger Caillois, *L'Écriture des pierres*, op. cit.
78. Roger Caillois, *Aveu du nocturne*. Paris: Agori, 1975 (não paginado).
79. Roger Caillois, *Trois Leçons des ténèbres*, op. cit.
80. Ibid.
81. Ibid.
82. Roger Caillois, *Trois Leçons des ténèbres*, op. cit., pp. 25-6.
83. Roger Caillois, *Le Fleuve Alphée*, op. cit., p. 67.
84. Roger Caillois, *Le Mythe et l'homme*. Paris: Gallimard, 1972, p. 214.
85. Roger Caillois, "L'Aridité". *Mesures*, n. 2, pp. 8-9, 1938.
86. Roger Caillois, *Rencontres*. Paris: Presses Universitaires de France, 1978, p. 56.
87. Roger Caillois, *Babel*. Paris: Gallimard, 1948, p. 284.
88. Ibid.
89. Roger Caillois, *Approches de l'imaginaire*. Paris: Gallimard, 1974, p. 85.
90. Roger Caillois, *Le Fleuve Alphée*, op. cit., p. 31.
91. Ibid., pp. 49-50.
92. Ibid., p. 78 e p. 82.
93. Roger Caillois, *La Pieuvre*. Paris: La Table Ronde, 1973, p. 226.
94. Roger Caillois, *Pierres réfléchies*. Paris: Gallimard, 1975, p. 152.
95. Ibid., p. 15.
96. Roger Caillois, *Instinct et société*. Paris: Denoël-Gonthier, 1976, pp. 57-9.
97. Roger Caillois, *Approches de l'imaginaire*, op. cit., p. 60.
98. Roger Caillois, *La Pieuvre*, op. cit., p. 229.
99. Roger Caillois, *Approches de l'Imaginaire*, op. cit., p. 36.
100. Roger Caillois, *La Pieuvre*, op. cit., p. 227.
101. Roger Caillois, *Pierres réflechies*, op. cit., p. 15.
102. Roger Caillois, *Le Fleuve Alphée*, op. cit., p. 213.
103. Ibid., p. 201.
104. Ver "História do tratamento da melancolia".
105. Gaston Bachelard, *L'Eau et les rêves*. Paris: José Corti, 1947, pp. 137-9.
106. Charles d'Orléans, *Poésies*. Publicadas a partir do manuscrito da Biblioteca de Grenoble por Aimé Champollion-Figeac. Paris: J. Belin-Leprieur e Colomb de Batines, 1842, rondó CCIV, p. 356.
107. "*Allez vous musser maintenant/ Ennuyeuse Merencolie/ Regardez la saison jolie/ Qui par tout va vous reboutant/ Mon huy ne vous ouvreray mie.*" Ibid., rondó CCLXXIII, p. 393.
108. "*Merencolye suis et doy,/ En tous faiz, tenir l'un des boutz.*" Ibid., rondó XCVIII, p. 301.

109. "*Ci pris, ci mis,/ Trop fort me lie/ Merencolie,/ De pis en pis.*" Ibid., rondó LXX, p. 286.

110. "*Escollier de Merencolye,/ Des verges de Soussy battu, Je suis a l'estude tenu/ Es derreniers jours de ma vie.*" Ibid., balada CXVII, pp. 205-6. Numa ordem diferente na edição assinalada.

111. "*En verrai-je jamais la fin/ De vos oeuvres, Merancolie*". Ibid., rondó CCXXIX, p. 369.

112. "*C'est la prison Dedalus/ Que de ma merencollie,/ Quand je la cuide fallie,/ G'i rentre de plus en plus,/ Aucunes foiz, je conclus/ D'i bouter Plaisance lie:/ C'est la prison Dedalus!? Que de ma merencollie./ Oncques ne fut Tantalus/ En si trespeneuse vie,/ Ne, quelque chose qu'on die,/ Chartreux, hermite, ou reclus:/ C'est la prison Dedalus!*". Ibid., rondó CCLXXX, p. 396.

113. "*Je ne chante (Magny), je pleure mes ennuis,/ Ou, pour dire mieux, en pleurant je le chante,/ Si bien qu'en pleurant souvent je les enchante:/ Voilà pourquoy (Magny) je chante jours et nuicts./ Ainsi chante l'ouvrier en faisant son ouvrage,/ Ainsi le laboureur faisant son labourage,/ Ainsi le pèlerin regrettant sa maison,/ Ainsi l'advanturier en songeant à sa dame,/ Ainsi le marinier en tirant à la rame,/ Ainsi le prisonnier maudissant sa prison.*" Joachim du Bellay, *Les Regrets*. Paris, 1558, *Oeuvres poétiques*, 6 v., org. de H. Chamard, v. 2 (1910), Paris, 1908-31.

114. "*Mon cuer, estouppe tes oreilles,/ Pour le vent de Merencolie;/ S'il y entre, ne double mye,/ Il est dangereux à merveilles.*" Charles d'Orléans, *Poésies*, op. cit., canção LXXI, p. 231.

115. "*Ou puis parfont de ma merencolie/ L'eaue d'Espoir que ne cesse tirer,/ Soif de Confort la me fait desirer,/ Quoy que souvent je le treuve tarie./ Necte la voy ung temps et esclercie,/ Et puis après troubler et empirer,/ Ou puis parfont de ma merencolie/ L'eaue d'Espoir que ne cesse tirer./ D'elle trempe mon ancre d'estudie/ Quand j'en escrips, mais pour mon cueur irer,/ Fortune vient mon pappier dessirer,/ Et tout gecte par sa grant felonie/ Ou puis parfont de ma merencolie.*" Ibid., canção LXXXVII, p. 240.

116. Ver p. 142.

117. Francisco de Quevedo, "Parióme adrede mi madre", oitava estrofe.

118. Em seu livro, H. Tellenbach (supra, p. 535, n. 36), sublinha, como um dos principais traços do caráter melancólico, o escrúpulo da ordem, o gosto da obediência soturna a princípios impessoais.

119. William Shakespeare, soneto 65. In: *Les Sonnets, précédé de Vénus et Adonis et de Le Viol de Lucrèce*. Trad. de Yves Bonnefoy. Paris: Gallimard, Poésie, 2007, p. 223.

POSFÁCIO: A EXPERIÊNCIA MELANCÓLICA AOS OLHOS DA CRÍTICA [pp. 496-504]

1. Jean Starobinski, "La Littérature au miroir de la mélancolie". Entrevista a François Azouvi. *Le Monde*, 18 dez. 1987, p. 18; Jean Starobinski, "Interrogatoire du masque". *Suisse Contemporaine*, n. 2, pp. 153-6, 1946; n. 3, pp. 209-21, 1946; n. 4, pp. 358-76.

2. "Jean Starobinski sur la ligne Paris-Genève-Milan". Entrevista a Michel Contat. *Le Monde*, 28 abr. 1989, p. 24. Esse primeiro projeto já articula literatura, medicina e psicologia; ver Jean Starobinski, "L'Imagination projective (le test de Rorschach)", em *La Relation critique*, Paris: Gallimard, 1970. Esse texto, que toma como ponto de partida várias obras sobre o Rorschach, foi publicado originalmente em 1958 em *Critique*, com o título "Des Taches et des masques".

3. Publicado pela American Psychiatric Association, o DSM (*Diagnostic and Statistical Manual of Mental Disorders*) é autoridade no mundo inteiro.

4. Embora a Organização Mundial da Saúde considere a depressão uma das doenças mais disseminadas, nem a dimensão existencial nem o valor cultural da melancolia de antigamente estão totalmente perdidos. Contesta-se a patologização da tristeza, que parece estar na base da aparente epidemia de depressão, e verifica-se que, se vivências análogas existem por todo lado, a depressão à ocidental não é autóctone em outras culturas. Ver, sobre essas questões, Allan W. Horwitz e Jerome C. Wakefield, *Tristesse ou dépression? Comment la psychiatrie a médicalisé nos tristesses* [2007]. Trad. Françoise Parot. Bruxelas: Mardaga, 2010; e Junko Kitanaka, *Depression in Japan: Psychiatric Cures for a Society in Distress*. Princeton: Princeton University Press, 2011; bem como Emily Martin, *Bipolar Expeditions: Mania and Depression in American Culture*. Princeton: Princeton University Press, 2007. Sobre a noção de "depressão redacional", ver Jean Starobinski, *Action et réaction: Vie et aventure d'un couple*. Paris: Seuil, La Librairie du XXIe Siècle, 1999, cap. 4.

5. Jean Starobinski, *Trois fureurs*. Paris: Gallimard, 1974, p. 8.

6. Jean Starobinski, "Who is Mad? The Exchange Between Hippocrates and Democritus". In: Paul Williams, Greg Wilkinson e Kenneth Rawnsley (orgs.), *The Scope of Epidemiological Psychiatry: Essays in Honour of Michael Shepherd*. Londres: Routledge, 1989.

7. Jean Starobinski, *Montaigne en movement*. Paris: Gallimard, 1982, p. 7. [Ed. bras.: *Montaigne em movimento*. Trad. de Maria Lúcia Machado. São Paulo: Companhia das Letras, 1993.]

8. Cf. capítulo "A utopia de Robert Burton" .

9. François de la Rochefoucauld, *Maximes* [edição de 1678]; e "Portrait de La Rochefoucauld fait par lui-même" (1658). In: ______. *Oeuvres complètes*. Org. de L. Martin-Chauffier, revista por Jean Marchand. Paris: Gallimard, Bibliothèque de la Pléiade, 1964, p. 4. Sobre a melancolia de La Rochefoucauld e o que ela comporta de "convenção consentida", ver a introdução de Jean Starobinski para as *Maximes et Mémoires* (Paris: 10/18, 1964, em especial pp. 31-4).

10. Cf. capítulos "Em teu nada espero encontrar teu tudo" e "Baudelaire encenador", bem como Jean Starobinski, *Portrait de l'artiste en saltimbanque*. Genebra: Skira, 1970; Paris: Flammarion, 1983.

11. Jean Starobinski, "Figure de Franz Kafka". In: Franz Kafka, *La Colonie pénitentiaire: Nouvelles suivies d'un Journal intime*. Trad. e pref. de Jean Starobinski. Paris: Egloff, 1945.

12. Yves Bonnefoy, "Prefácio". In: Jean Starobinski, *La Mélancolie au miroir: Trois lectures de Baudelaire*. Paris: Julliard, 1989, p. 7; Hartmut Böhme, "Kritik der Melancholie und Melancholie der Kritik". In: ______. *Natur und Subjekt*. Frankfurt: Suhrkamp, 1988.

13. Sobre essas questões, convém também ler a tese de Wolf Lepenies, *Melancholie und Gesellschaft* (1969), um clássico da sociologia cultural da melancolia. Desde então, os estudos sobre esse tema se multiplicaram.

14. Jean Starobinski, "La Littérature et l'irrationnel". In: Raymond Aron et al., *Penser dans le temps: Mélanges offerts à Jeanne Hersch*. Lausanne: L'Âge d'Homme, 1979, p. 179.

15. Começando talvez pela originalidade que consiste em acentuar o *tratamento* da melancolia, os historiadores descreverão a contribuição starobinskiana para uma historiografia que se tornou extremamente vasta. Aqui, a questão escapa ao meu propósito, mas devo mencionar a homenagem de Raymond Klibansky quando ele sublinha "a atenção perseverante e singularmente perspicaz" diante da melancolia que Jean Starobinski demonstra a partir de sua tese de 1960. Raymond Klibansky, Erwin Panofsky e Fritz Saxl, *Saturne et la mélancolie: Études historiques et philosophiques. Nature, religion, médecine et art* (1964). Trad. de Fabienne Durant-Bo-

gaert e Louis Évrard. Paris: Gallimard, 1989, p. 19. Esse clássico, junto com o estudo que o precede (E. Panofsky e F. Saxl, *Dürers "Melencolia I"*, 1923), é para Jean Starobinski um modelo de *história das ideias sem fronteiras*; "Entretiens avec Jacques Bonnet". In: *Jean Starobinski: Cahiers pour un temps*. Paris: Centre Georges Pompidou, 1985, 9-23, p. 21.

16. Cf. "História do tratamento da melancolia"; Jean Starobinski, "La Littérature au miroir de la mélancolie", op. cit.

17. "História médica" é uma etiqueta estreita demais para um conjunto de pesquisas que se referem às relações entre estados corporais e psicológicos, os conceitos que os designam, as experiências em que eles se enraízam e seus contextos culturais. Para mais esclarecimentos, ver a entrevista de Jean Starobinski a Vincent Barras, *Médecine et Hygiène*, 48, 1990, pp. 3294-7 e pp. 3400-2; François Azouvi, "Histoire des sciences et histoire des mots". In: *Jean Starobinski: Cahiers pour un temps*, op. cit., pp. 85-101; Claudio Pogliano, "Jean Starobinski". *Balfagor*, 45, 1990, pp. 157-79; ______. "Il bilinguismo imperfetto de Jean Starobinski". *Intersezioni*, v. 10, n. 1, 1990, 171-83; Fernando Vidal, "Jean Starobinski. The History of Psychiatry as the Cultural History of Consciousness". In: Mark S. Micale e Roy Porter (orgs.), *Discovering the History of Psychiatry*. Nova York: Oxford University Press, 1994, pp. 135-54.

18. Minha leitura coincide nesse ponto com a de Michel Schneider, "Au Miroir de la musique". *Critique* (número sobre Jean Starobinski), n. 687-8, 2004, pp. 601-10.

19. Cf. "O olhar das estátuas".

20. Jean Starobinski reencontra essa mesma oportunidade em certas formas de reflexividade nostálgica, por exemplo na "memória de Troia", pelas quais a poesia se interroga sobre sua própria condição. Cf. "A noite de Troia".

21. Jean Starobinski, "Peut-On Définir l'Essai?". In: *Jean Starobinski, Cahiers pour un temps*, op. cit., 185-196, p. 188.

22. Jean Starobinski, *Montaigne en mouvement*, op. cit., p. 8.

23. Jean Starobinski, "Yves Bonnefoy: La poésie, entre deux mondes". *Critique*, 385-386, 1979, 505-522, p. 521; ______. "Langage poétique et langage scientifique". *Diogène*, 100, 1977, pp. 139-57. Ver também Jean Starobinski, "Segalen aux confins de la médecine". In: Victor Segalen, *Le Cliniciens ès lettres* [1902]. Paris: Fata Morgana, 1980.

24. Jean Starobinski, "Personne, masque, visage". In: André Reszler e Henri Schwamm (orgs.), *Denis de Rougement: L'écrivain. L'européen*. Neuchâtel: La Baconnière, 1976, p. 291.

25. Fernando Vidal, "La 'Fine Peau de l'apparence': Style et présence au monde chez Jean Starobinski". In: Murielle Gagnebin e Christine Savinel (orgs.), *Starobinski en mouvement*. Seyssel: Champ Vallon, 2001, pp. 216-27.

26. Jean Starobinski, "La Double Légitimité". *Revue Internationale de Philosophie*, ano 38, n. 148-9, pp. 231-44, 1984.

27. Jean Starobinski, "Personne, masque, visage", op. cit., p. 296.

28. Jean Starobinski, "La Rochefoucauld et les morales substitutives (II)". *Nouvelle Revue Française*, 164, 211-229, p. 228, 1966.

29. Lembremos somente o fim de *Action et réaction*: "Estamos na origem de nossa pesquisa da origem. O círculo se fecha, e uma outra ação começa". Op. cit., p. 355. A respeito desse livro, ver Maurice Olender, "De La Responsabilité sémantique de Jean Starobinski" [2000]. In: ______. *Race sans histoire*. Paris: Seuil, Points Essais, 2009, pp. 225-32.

30. Jean Starobinski, *La Parole est moitié à celuy qui parle... Entretiens avec Gérard Macé*. Genebra: La Dogana, 2009, p. 35. Ver Fernando Vidal, "La Vue d'ensemble délivre de l'inquietude. Notes sur un thème starobinskien". In: Michaël Comte e Stéphanie Cudré-Mauroux (orgs.), *Jean Starobinski: Les Approches du sens. Essais sur la critique*. Genebra: La Dogana, 2013, pp. 395-409.

31. O uso das bipolaridades aproxima Starobinski de Baudelaire, em quem ele sublinha a sensibilidade aos "valores antitéticos". Ver Jean Starobinski, "Sur Quelques Répondants allégoriques du poète". *Revue d'Histoire Littéraire de la France*, 67, pp. 402-12, 1967. A propósito da afinidade que leva o crítico em direção ao poeta, ver Antoine Compagnon, "L'Ami de la science et de la volupté". *Critique*. Edição sobre Jean Starobinski, n. 687-8, pp. 674-86, 2004.

32. Jean Starobinski, "La Perfection, le chemin, l'origine" (1977). In: Murielle Gagnebin e Christine Savinel, op. cit., p. 471-92, p. 479.

33. Ibid., p. 487.

34. Jean Starobinski, "La Relation critique". In: ______. *L'Oeil vivant II: La relation critique*. Paris: Gallimard, 1970, p. 12. A lição metodológica que Jean Starobinski dá aqui é a que ele mesmo encontra em seus mestres: ver seu estudo "Le Rêve et l'inconscient: La contribution d'Albert Béguin et de Marcel Raymond". In: Pierre Grotzer (org.), *Albert Béguin et Marcel Raymond: Colloque de Cartigny*. Paris: José Corti, 1979, § I (p. 41-8).

35. Assumo o risco de me apoiar no próprio Jean Starobinski quando ele escreve que "toda *ordenação em série*, na qual textos se sucedem em resposta a uma pergunta, comanda em seu prolongamento a releitura de outras partes de uma mesma obra, ou de outras obras, em que despertarão ecos que, sem isso, não teriam sido percebidos: são construções da crítica, e igualmente encaminhamentos secretos, porém objetivos, da obra". *La Mélancolie au miroir*, op. cit., p. 79.

36. Jean Starobinski, introdução a *Maximes et Mémoires*, p. 30.

37. Cf. "O olhar das estátuas". Starobinski faz referência à *Melanconia* (1912) de Giorgio de Chirico, reproduzida na capa da edição francesa desse livro. A grande escultura no meio do quadro, inspirada em um mármore antigo, representa Ariadne abandonada por Teseu; no pedestal, o pintor inscreveu MELANCONIA. O quadro pertence a uma série de nove pinturas (sendo cinco de 1913) estudada em Michael R. Taylor (org.), *Giorgio de Chirico and the Myth of Ariadne*. Filadélfia: Philadelphia Museum of Art, 2002.

38. Cf. "Jouve, operário do entremeio". O poema de Jouve data de 1923; o quadro homônimo de De Chirico, que pertence à série mencionada na nota anterior, é de 1913.

39. Cf. "O riso de Demócrito".

40. Sobre esse poema, ver *La Mélancolie au miroir*, op. cit., III; e, aqui, o capítulo "Os ruídos da natureza".

41. Cf. "Baudelaire encenador".

42. Cf. "As proporções da imortalidade".

43. "O reino da solidão".

44. Ver supra, "Kierkegaard, os pseudônimos do crente", pp. 308 ss. Máscaras e pseudônimos nem sempre têm a ver com a melancolia; ver, por exemplo, Jean Starobinski, "Stendhal pseudonyme" [1951]. In: ______. *L'Oeil vivant*. Ed. aumentada. Paris: Gallimard, 1999.

45. Jean Starobinski, "Figure de Franz Kafka", op. cit., p. 26. Em Kafka, escreve Starobinski em outro texto de juventude, a imaginação parece acorrentada por "uma espécie de torpor in-

sensível". "Um sono prodigioso a envolve. Pareceria *petrificada* [...]". Jean Starobinski, "Le Rêve architecte (à propos des intérieurs de Franz Kafka)", *Lettres*, 23, pp. 24-33, 1947.

46. "Le Rêve architecte", op. cit., p. 30. Sobre o tema aparentado da janela em Kafka, ver Jean Starobinski, "Regards sur l'image". In: Yasha David (org.), *Le Siècle de Kafka*. Paris: Centre Georges Pompidou, 1984.

47. "'Negadores' e 'perseguidos'".

48. Roger Caillois, *Aveu du nocturne* (1975), citado em "Saturno no céu de pedras".

49. *Le Mélancolie au miroir*, op. cit., p. 65.

50. Ver supra, "*Es linda cosa esperar...*". Sobre a relação entre "errância perpétua" e "resistência imóvel", ver também "'Negadores' e 'perseguidos'".

51. Jean Starobinski a respeito de Baudelaire, em Yves Bonnefoy, *Goya, Baudelaire et la poésie: Entretien avec Jean Starobinski* [...]. Genebra: La Dogana, 2004, p. 24.

52. Jean Starobinski, "Fenêtres — de Rousseau à Baudelaire". In: Richard Reich e Béatrice Bondy (orgs.), *Homme de Lettres: Freundesgabe für François Bondy*. Zurique: Schulthess Polygraphischer Verlag, 1985, p. 78.

53. "Jogo infernal"; *Jean Starobinsky* [*sic*]. *La maschera e l'uomo. Intervista di Guido Ferrari*. Bellinzona: Casagrande, 1990, p. 17.

54. Lembremos que o projeto de juventude de Jean Starobinski era escrever "uma *fenomenologia* do comportamento mascarado". O termo remeterá diretamente à psiquiatria fenomenológica. Por exemplo, em "Um brilho sem fim para meu amor", ele mencionará Hubertus Tellenbach e Ludwig Binswanger. Ver também Jean Starobinski, "Autour du couple action-réaction". Entrevista a Bernard Granger e François Menard. *PSN* 2, pp. 9-29, maio-jun. 2004; e também, para as observações críticas sobre o diagnóstico retrospectivo, "Segalen aux confins de la médecine", pp. 21-3.

55. Robert Burton, *Anatomie de la mélancolie* [1621]. Trad. de Bernard Hoepffner e Catherine Goffaux. Paris: José Corti, 2000, v. 1, p. 24. Os habitantes ativos da utopia de Burton não têm tempo de se tornar melancólicos.

56. "A utopia de Robert Burton". A fórmula faz eco a um dos princípios do pensamento de Rousseau — "Esforcemo-nos para tirar do próprio mal o remédio que deve curá-lo", ele escreve, por exemplo, no manuscrito de Genebra do *Contrato social* — e dá o título a Jean Starobinski, *Le Remède dans le mal: Critique et légitimation de l'artifice à l'âge des Lumières*. Paris: Gallimard, 1989, 5ª parte.

57. "Um brilho sem fim para meu amor". Como esse texto lembra, um tinteiro figura em *Melencolia I*, de Dürer, e a analogia entre a tinta e a bile negra será muitas vezes formulada.

58. Jean Starobinski, *La Mélancolie au miroir*, op. cit., p. 15, e "As rimas do vazio".

59. "As proporções da imortalidade"; "As rimas do vazio".

60. Jean Starobinski, "Je n'ai pas oublié..." (Baudelaire: poema XCIX de *Les Fleurs de mal*). In: *Au bonheur des mots: Mélanges en l'honneur de Gérald Antoine*. Nancy: Presses Universitaires de Nancy, 1984, p. 429.

61. E o que é verdade para a medicina também o é para a psicanálise: Jean Starobinski, "Psychanalyse et critique littéraire". *Arguments*, 12-13, pp. 37-41, 1959.

62. Jean Starobinski, "Sur La Maladie de Rousseau" (1962). In: *Jean-Jacques Rousseau: La transparence et l'obstacle*. Paris: Gallimard, 1971. [Ed. bras.: *Jean-Jacques Rousseau: A transpa-*

rência e o obstáculo. Seguido de sete ensaios sobre Rousseau. Trad. de Maria Lúcia Machado. São Paulo: Companhia das Letras, 1991]. Ver também o resumo no prefácio de Jean Starobinski para Ernst Cassirer, *Le Problème Jean-Jacques Rousseau* [1932]. Trad. de Marc B. de Launay. Paris: Hachette, 1987, pp. 16-9.

63. "A invenção de uma doença".

64. "Figure de Franz Kafka", op. cit., p. 16. E, a respeito de La Rochefoucauld, Jean Starobinski, "L'Experience a eu lieu...", op. cit., p. 29.

65. "Um brilho sem fim para meu amor".

66. Jean Starobinski, "Personne, masque, visage", op. cit., pp. 291-7.

67. "Ainsi Parlait Starobinski". Entrevista com Michèle Gazier. *Télérama,* 2861, p. 58, 10 nov. 2004.

68. "O olhar das estátuas".

69. Jean Starobinski, "Le Voile de Poppée". In: *L'Oeil vivant*, pp. 11, 13 e 17.

Referências bibliográficas

Com exceção do prefácio do autor e do posfácio de Fernando Vidal, os capítulos deste livro, dependendo do caso, remanejam profundamente, modificam pouco ou reproduzem ipsis litteris as páginas publicadas nas seguintes fontes:

Prefácio: inédito

1. HISTÓRIA DO TRATAMENTO DA MELANCOLIA

Tese de doutorado em medicina. Universidade de Lausanne, 1960. Impressa em Basileia, em edição não comercial, pelos laboratórios J. R. Geigy S.A. (*Acta Psychosomatica*, 4).

2. A ANATOMIA DA MELANCOLIA

O riso de Demócrito: "Le Rire de Démocrite (mélancolie et réflexion)". *Bulletin de la Société Française de Philosophie*, v. 83, n. 1, pp. 5-20, 1989.

A utopia de Robert Burton: "La Leçon d'anatomie". Prefácio de Robert Burton. *L'Anathomie de la mélancolie*. Trad. Bernard Hoepff e Catherine Goffaux. Paris: José Corti, 2004, pp. VII-XXI; "Démocrite parle. L'utopie mélancolique de Robert Burton". *Le Débat*, n. 29, 1984, pp. 49-72. Outra versão dessas páginas, em italiano, serviu de prefácio à tradução completa do "Prefácio satírico" de Burton (Pádua: Marsilio Editori, 1983).

Jogo infernal: "La Mélancolie de l'anatomiste". *Tel Quel*, n. 10, pp. 21-9, 1962.

As ciências psicológicas no Renascimento: "Panorama succint des sciences psychologiques entre 1575 et 1625". *Gesnerus*, n. 37, pp. 3-16, 1980.

O retrato do dr. Gachet por Van Gogh: "Une Mélancolie Moderne: Le portrait du docteur Gachet par Van Gogh". *Médecine et Hygyène*, n. 49, pp. 1053-6, 1991.

3. A LIÇÃO DA NOSTALGIA

A invenção de uma doença: "Le Concept de nostalgie". *Diogène*, n. 54, pp. 92-115, 1966.

Uma variedade do luto: "Sur La Nostalgie. La mémoire tourmentée". *Cliniques Méditerranéennes*, n. 67, pp. 191-202, 2003/1.

Os ruídos da natureza: "Les Rivières, les cloches et l'éveil de la nostalgie". In: Dagmar Wieser e Patrick Labarthe (orgs.), com a colaboração de Jean-Paul Avice. *Mémoire et oubli dans le lyrisme européen: hommage à John E. Jackson*. Paris: Champion, 2008, pp. 169-82.

A noite de Troia: "Mémoire de Troie". *Critique*, n. 687-8, pp. 725-53, 2004.

4. A SALVAÇÃO PELA IRONIA?

Uma bufonaria transcendental: "Ironie et mélancolie (I). Le théâtre de Carlo Gozzi". *Critique*, n. 227, pp. 291-308, 1966.

A princesa Brambilla: "Ironie et mélancolie (II). La "Princesse Brambilla" de E. T. A. Hoffmann". *Critique*, n. 228, pp. 438-57, 1966.

Kierkegaard, os pseudônimos do crente: "Les Masques du pécheur et les pseudonymes du chrétien". *Revue de Théologie et de Philosophie*, n. IV, pp. 334-46, 1963.

Arrependimento e interioridade: "Kierkegaard et les masques (I)". *Nouvelle Revue Française*, n. 148, pp. 607-22, 1965.

5. SONHO E IMORTALIDADE MELANCÓLICA

Baudelaire encenador: "Rêve et immortalité chez Baudelaire". *Corps Écrit*, n. 7, pp. 45-56, 1983.

As proporções da imortalidade: "Les Proportions de l'immortalité". *Furor*, pp. 5-19, maio 1983.

As rimas do vazio: "Les Rimes du vide: Une lecture de Baudelaire". *Nouvelle Revue de Psychanalyse*, n. 11, pp. 133-43, 1975.

O olhar das estátuas: "Le Regard des statues". *Nouvelle Revue de Psychanalyse*, n. 50, pp. 45-64, 1994.

O príncipe e seu bufão: "Bandello et Baudelaire (Le Prince et son bouffon)". In: *Le Mythe d'Étiemble*. Paris: Didier Érudition, 1979, pp. 251-9.

"Negadores" e "perseguidos": "L'Immortalité mélancolique". *Le Temps de la Réflexion*, n. III, pp. 231-51, 1982.

6. A TINTA DA MELANCOLIA

"Em teu nada, espero encontrar teu tudo": "Vide et création". *Magazine Littéraire*, n. 280, pp. 41-2, 1990.

Es linda cosa esperar...: "Es linda cosa esperar". *Nouvelle Revue de Psychanalyse*, n. 34, pp. 235-46, 1986.

Madame de Staël: não sobreviver à morte do amor: "Suicide et mélancolie chez Madame de Staël". *Preuves*, n. CXC, pp. 41-8, dez. 1966.

Jouve, operário do entremeio: "La Mélancolie d'une belle journée". *Nouvelle Revue Française*, n. 183, pp. 387-402, mar. 1968.

Saturno no céu das pedras: "Saturne au ciel des pierres". *Nouvelle Revue Française*, n. 320, pp. 176-91, set. 1979.

"Um brilho sem fim para meu amor": "L'Encre de la mélancolie", *Nouvelle Revue Française*, pp. 410-23, 1963.

Posfácio: Fernando Vidal, "A experiência melancólica aos olhos da crítica": inédito.

Índice onomástico

1ª EDIÇÃO [2016] 1 reimpressão

ESTA OBRA FOI COMPOSTA POR OSMANE GARCIA FILHO EM MINION
E IMPRESSA PELA GRÁFICA PAYM EM OFSETE SOBRE PAPEL PÓLEN SOFT
DA SUZANO S.A. PARA A EDITORA SCHWARCZ EM JANEIRO DE 2022

A marca FSC® é a garantia de que a madeira utilizada na fabricação do papel deste livro provém de florestas que foram gerenciadas de maneira ambientalmente correta, socialmente justa e economicamente viável, além de outras fontes de origem controlada.